柏南克

行動的勇氣

危機與挑戰的回憶錄

柏南克／著
顧淑馨、劉道捷、陳重亨／譯

【作者簡介】

柏南克 **Ben S. Bernanke**

二〇〇六～二〇一四年美國聯邦準備理事會主席，曾為普林斯頓大學經濟學教授。時代雜誌評選他為二〇〇九年度風雲人物。

【譯者簡介】

顧淑馨（譯第一篇）

台大歷史系畢業、淡江大學美國研究所碩士。業餘從事翻譯工作近二十年，主要譯作有《樂在溝通》、《與成功有約：高效能人士的七個習慣》、《反挫》、《全球弔詭》、《競爭大未來》、《大外交》、《勇敢抉擇》、《全心待客》、《新世代科技冒險家》、《我的廣告人生》、《職場輕裝學》、《通往夢想的十個黃金法則》、《世界又熱又平又擠》（合譯）等。

劉道捷（譯第二篇和結語）

台大外文系畢業，曾任國內財經專業報紙國際新聞中心主任，現專事翻譯。曾獲中國時報、聯合報年度十大好書獎及其他獎項。翻譯作品包括：《祖魯法則》、《這次不一樣：八〇〇年金融危機史》、《二〇一四～二〇一九年經濟大懸崖》、《投資大師羅傑斯，人生、投資養成的第一堂課》、《梅迪奇效應》、《善惡經濟學》《投機：貪婪的智慧》、《大逃稅》等。

陳重亨（譯第三篇）

淡江大學國貿系畢業，曾任《財訊快報》、《經濟日報》編譯，譯作散見於財信、皇冠、時報、遠流、臉譜、麥田、新星球、聯經、今周刊等出版公司。譯有《獲利的法則》、《自食惡果：歐債風暴與新第三世界之旅》、《大緊縮：人類史上最危險的觀念》、《失控的撙節》、《正如身體駕御意識》。

推薦序

知者不惑，勇者不懼

立法院國民黨團總召集人　曾銘宗

班・柏南克（Ben S. Bernanke）任職美國聯準會主席八年（二〇〇六至二〇一四年）期間，遭逢百年難得一遇的次級房貸風暴和隨後引發的全球金融海嘯，重創金融體系與實體經濟，惟其憑藉著智慧及勇氣，果決地採行一連串因應措施，並實施量化寬鬆政策（Quantitative easing，QE），帶領美國走出一九三〇年代經濟大蕭條以來最嚴重的金融及經濟危機。這位學識涵養深厚的經濟學家，以研究經濟大蕭條及貨幣政策理論見長，其在學術上的貢獻讓他早負盛名，一路由學者身分進入美國最高的經濟金融政策核心，擔任聯準會理事和白宮經濟顧問委員會主席，最後獲任命為聯準會主席，成為全球最具影響力的財經領袖，為學而優則仕的典範，並能夠將其學術理想具體實踐於政策上，令人敬佩。

我個人過去從事金融業及目前擔任金融監理機關首長前後也有數十年，對於柏南克先生在推動各項金融政策及因應危機蔓延所採行各項措施時所遭遇的艱辛與困難，甚有所感。現代經濟體系多元複雜，金融市場環境變化多端，監理工作益趨困難，任何政策工具通常都是一刀兩刃，猶如聯準會的紓困政策，雖可保護美國經濟免於遭受金融體系災難性失靈的危害，卻也引發可能助長企業道德風險之疑慮。因此，金融政策的推動必須有全局的觀照，以及有策略、有配套、有步驟地執行。我在擔任金管會主委之初，體認到台灣金融市場可以進一步開放，非常重視金融業務的鬆綁創新與市場開拓，因此採行了一連串發展面的政策措施，但如市場一味追求發展，很容易陷入失序的泥沼中，所以必須同時在監理面的工作上持續加強，強調風險控管與消費者權益保護的重要性；而在金融業的獲利能力有所提升之後，再進一步要求金融機構強化體質，全面推動金融基礎工程計畫，使金融市場能平衡發展，金融機構能永續經營，以建構前瞻與穩健的金融體系。

相信各國金融監理機關都盡力地避免金融危機的發生，但為何危機仍彷彿歷史循環般地層出不窮呢？柏南克先生指出困難就在於金融問題形成之始，通常難以辨識，導致主管機關未能及時採取積極行動加以防範。誠然，能夠一葉知秋般地見微知著，實為所有金融監理工作者臨淵履冰的追求，固然容有力所未逮之處，但持平而論，許多金融失序現象也在金融監理機關的努力下，在問題尚未成為燎原星火之前就已消弭。金管會近來針對國內金融機構惡性低價競爭情形，嚴加取締，並進一步修法，訂定相關法源，我們的想法就是在形成嚴重問題之前，就積極建置防備機制，讓金融產品及服務價格更為合理化，以防杜金融機構因削價競爭導致經營不善問題之發生，避免日後造成龐大的社會成本。

柏南克先生於書中提到在任職白宮經濟顧問委員會主席期間發生卡翠娜（Katrina）風災，在一個討論重建計畫的 call-in 節目裡，暢談拯救該地方經濟的各種策略，結果第一個 call-in 民眾發言：「我覺得你只顧著講那些數字，根本忘了活生生的受害者。」這給予他一個很好的啟示，即「絕不要忘記數字後面的人們」。的確，政府部門施政思維容易以總體性效果為考量，常忽略了個體面庶民的需要與人性的感受。尤其是現今經濟體系的發展有集中化的趨勢，分配正義的呼聲日益升高，而金融業以市場機制的經濟效率原則從事資源分配，必須輔以政策引導才能充分滿足產業與民眾的需求。有鑑於此，近年金管會除了持續推動中小企業放款，也建置了「創櫃板」、開放設立群眾募資平台，並採行「金融挺創意產業專案計畫」相關措施，希望金融資源能夠深入微小企業及青年創業者。此外，金管會也希望金融業能夠帶頭推動企業社會責任，並先由金融周邊機構推動社會公益活動做起，以期形成社會一股正面的力量與向上提升的良性循環，共同創造更美好的社會。

西諺有云：「自信為勇氣之真髓，智慧為自信之泉源」。本書是柏南克先生的回憶錄，特別以「行動的勇氣」為書名，標識出他公職生涯的注解。書中提到「每當危機發生時，有人會勇於行動，有人則會畏怯。但這一次，我們行動了。」回顧危機四伏的二〇〇七年至二〇〇九年金融海嘯期間，以及其後百廢待舉的金融秩序重建期，柏南克先生的任何決策都將深遠影響世界經濟的走向與億萬人的福祉，他一貫勇於行動，即便遭受多方的壓力與批評，仍堅定地貫徹其政策主張。雖然對其推動量化寬鬆，各國存有仁智互見的看法，但從整體的結果來看，美國逐步脫離金融海嘯的困境，世界金融秩序也逐漸回穩，柏南克先生確實秉持智慧及堅持專業的勇氣，成功地執行了美國聯準會主席的職責。

對於金融海嘯前因後果的分析評論不乏精闢的專書論述，但必須強調這本書是以柏南克先生第一人稱記述，內容詳載美國經濟金融政策事務的運作，以及金融海嘯期間各項政策形成思維與過程的第一手資料，堪稱金融史的重要文獻。衷心推薦給讀者，如能細讀本書，將會對國際金融局勢、金融政策涵義，以及金融體系穩定對國家社會的重要性，產生更為深入且具體的認識。

推薦序

勇氣底下的啟示

中央研究院院士　胡勝正

行動需要勇氣，更需要創意、專業、協調與溝通。

柏南克在美國南卡羅萊納州鄉下長大，就讀哈佛大學與麻省理工學院，成為史丹佛大學和普林斯頓大學等名校的教授，再進入華府的權力中心。共和黨的小布希總統提名他為聯準會主席，民主黨的歐巴馬總統肯定他的表現，留他續任四年，時代雜誌評選他為二〇〇九年度風雲人物。

柏南克擔任美國聯準會主席前後八年期間，正逢全球金融海嘯，本書中，柏南克以獨特的角度觀察，揭露他和其他幾位重要領導者如何以創意和果決的判斷避免經濟陷入嚴重的崩解。本書描述的細節，可做為台灣擬定金融危機SOP標準作業程序的參考。

二〇〇八年九月十五日，雷曼兄弟公司宣布破產，可以說是金融海嘯的分水嶺，柏南克稱之為美國最可怕的「金融恐慌」。迄今還有質疑的聲音，認為如果當時美國政府伸手拯救雷曼，就不至於發生全球金融海嘯，美國政府放棄雷曼，後來卻又對美國國際集團AIG紓困的決定，更是不連貫的逆轉，連支持者似乎都不願對這樣的決定做「無罪推論」，讓柏南克覺得難過。

本書第十二章對雷曼倒閉事件作了詳細的交代，柏南克聲稱，聯準會或財政部並沒有選擇讓雷曼倒閉，其實是很努力替雷曼找買主，包括英國的巴克萊都收到徵詢，但沒有一家穩固可靠的公司能夠為雷曼的負債保證，同時向市場保證，雷曼最後可以存活下來。聯準會甚至考慮直接挹注資金；但雷曼的資產負債表比想像差得多，也沒有合理的計畫與足夠的擔保品，讓聯準會找到紓困的著力點。美國國際集團雖然令人憤怒，但因為擁有足夠的擔保品，可以為聯準會龐大貸款作保證。

柏南克認為，一個經濟法案在政治上不可行，不管支持這種方案的經濟理由多麼完美無缺，都不可能過關。二〇〇八年又是選舉年，要讓一個法案通過，與總統、國會、媒體、兩位總統候選人、國會議員，甚至外國中央銀行總裁的溝通變得非常重要。因為柏南克和團隊的有效溝通，強而有力的策略才能成形，使各國與美國採取一致的步驟，前後一貫，對全球經濟從金融海嘯快速復甦，良有助益。

一九三二、三三年，胡佛與小羅斯福兩位總統交接有四個月的過渡期，在大蕭條時代，引爆了冗長的不確定因素，導致美國修改憲法，將新總統選出到就職的等待期縮短兩個月。這次金融海嘯，又碰到小布希與歐巴馬兩位總統交接的尷尬過渡時期，即將上任者和即將下台者在許多事務處理上，尤其該做但不受歡迎的政策或有歧見的政策，都必須想出怎麼合作，卻又不違反總統只有一位的事實。

選舉之後，財政部長鮑爾森及其他參與處理危機的政務官頓時成為跛鴨，聯準會主席有任期，沒有人事更換的問題，提供了政策延續性。本書第十七章提醒我們，台灣也有冗長四個月新舊總統交接空窗期，以現在全球經濟情勢多變，這四個月期間經濟動盪恐難避免，急需一套ＳＯＰ，使空窗期間，政務不致空轉，加劇經濟動盪。

歐巴馬上任之後，金融危機轉為經濟危機，民眾信心不足，為提振信心，聯準會對系統重要的銀行創辦了後來所謂的「壓力測試」見第十八章，以估計這些銀行需要多少資本，才能度過重大的經濟衰退，問題的重點在於測試嚴苛而透明，大大提高了大家對銀行體系的信心，願意再度投資美國的銀行。這項「壓力測試」後來被各國廣泛採用，成為衡量金融風險的標準作業。

二〇一〇年九月柏南克在國會見證說，金融海嘯的最大教訓在於要有效消除「大到不能倒（Too big to fail）」的金融機構。柏南克認為「總體審慎」的監督管理，必須見樹又見林，要能辨識出牽連廣泛的風險，並加以處理與排除，只看個別金融機構往往難以察覺這種大規模風險問題。但他認為解散大企業、縮小營運規模並不是解決「大到不能倒」問題的最好方式，重點在於大型機構不能因為較大就擁有不公平的優勢。例如要擁有更嚴格的資本、流動性與風險控管標準，主管機關也要有權加以接管或解散。

柏南克受教於哈佛與麻省理工學院，對貨幣政策效果的看法，有異於以佛利曼為首的芝加哥學派，他認為貨幣政策的操作要公開透明，而非讓市場不可預期，他後來推動「前瞻指引」，也是基於這個理念。柏南克主政期間，聯準會共推動了三次量化寬鬆貨幣政策（Quantitative Easing, QE）。在這過程中，儘管聯準會努力解釋與溝通，一般人對量化寬鬆，特別是第二次 QE 的性質與效果，仍有很多誤解與不了解之處，迫使聯準會以後更努力溝通工作，可見「公開透明」知易行難。

柏南克的教育似乎也影響他對財政政策的看法，偏向凱因斯。希臘、葡萄牙發生財務危機，需要紓困，必須採撙節方案，他沒有意見。但德國與美國在最初的振興經濟方案之後，也改採撙節方案，柏南克顯然不同意，第二十二章稱之為「逆風而行」，但聯準會要公開討論卻是「不容易」。柏南克認為，財政行動可能有用，前提是能夠迅速實施、重點放在能夠對經濟產生短期影響上，而且明確地避免增加長期赤字。

柏南克說，金融恐慌一大部分是心理因素，投射鎮定、理性、安心的態度，這場戰爭就贏了一半；蓋特納說，柏南克就是有這樣本能的佛陀。最後，本書給我們的啟示：「如果政府要發揮創造經濟成就的重要功能，就必須明確恢復禮讓、妥協和開放精神，否則經濟會悲慘沉淪，無法發揮非凡力量。」

目次
CONTENTS

自序
AUTHOR'S NOTE

每當危機發生，有人會勇於行動；有人則會畏怯。聯邦準備理事會（Board of Governors of the Federal Reserve System）的成立，肇因於當今鮮為人知的一九〇七年金融恐慌，然而面對一九三〇年代的首次重大考驗，它並未過關。聯準會和世界各國其他的央行首長，眼見災難性的通貨緊縮與金融崩潰襲來，卻始終消極被動，結果造成全球經濟大蕭條（Great Depression，譯注：或稱經濟大恐慌），領救濟食物的人們大排長龍，美國失業率高達25%，更促成外國法西斯獨裁政權興起。七十五年後，我投入大半成年歲月研究和服務的聯準會，因二〇〇七至〇九年的金融危機和其餘波，遭遇到類似的挑戰。然而，這一次，我們行動了。

本書書名的靈感，來自我聯準會的同事、決策者及幕僚。每當國家的經濟福祉需要強而有力且富創意的回應時，他們經常不顧外在嚴厲的批評和譴責，鼓起道德勇氣，為所當為。當然，也有其他政府官員與我們並肩作戰——特別值得一提的是，兩任政府的財政部首長和全體人員——還有世界各國央行和財政部的許多對等官員。我很感激他們每個人，也以曾經能參與全球行動，遏止當代最危險的經濟危機為傲。

不過我最要感激的是內人安娜，我一生的最愛，感謝她建議了本書的書名，還有盡在不言中的許多，各位將會慢慢讀到。

前奏 我還來得及煞車…
I Can Still Stop This…

時間是二〇〇八年九月十六日，星期二，晚上八點。我精疲力盡，心智與感情都已枯竭，可是我坐不住。在聯邦準備理事會所在的艾寇斯大樓裡（Eccles Building），從我辦公室的窗戶望出去，可以看到憲法大道上往來的車燈，還有排列在國家廣場上美洲榆樹的模糊樹影。這時，還有數十名職員尚未下班，可是緊接我門外的走道上寂靜無聲，空蕩蕩的。我們的傳播組組長、也是我的幕僚長蜜雪兒·史密斯（Michelle Smith）安靜地坐著，辦公室裡除了我，只剩她一人。她正等著我開口說話。

四小時前，財政部長漢克·鮑爾森（Hank Paulson）與我在白宮無窗的羅斯福廳，並肩坐在棕色皮椅上，那裡距橢圓形總統辦公室僅數步之遙。廳內有個壁爐上掛著老羅斯福總統當莽騎兵的畫像，他正騎在前腿躍起的駿馬上。在閃閃發亮的原木桌對面，面向著鮑爾森和我的，是白宮的主人，悶悶不樂的小布希總統（George W. Bush），他旁邊是副總統迪克·錢尼（Dick Cheney），接著依序是總統的顧問、鮑爾森的資深助理、其他金融監理機關的代表，他們坐滿了會議桌旁的另外十二張座椅。

通常總統開會喜歡保持輕鬆的氣氛，以俏皮話或是無傷大雅地戲弄親近的顧問作為開場。那天下午則不然，他開口就問：「我們怎會落到這步田地？」

總統是明知故問。一年多以來，我們一直在對抗一場失控的金融危機。三月，聯準會融資三百億美元，協助摩根大通集團（JPMorgan Chase）解救華爾街投資銀行貝爾斯登（Bear Stearns）免於倒閉。九月初，小布希政府接管了房利美（Fannie Mae）和房地美（Freddie Mac），以免這兩家公司破產，美國約有一半的房屋抵押貸款出自它們。就在此刻開會的前一天，凌晨一點四十五分，美國第四大投資銀行雷曼兄弟，在鮑爾森與紐約聯邦準備銀行總裁提姆．蓋特納（Tim Geithner）的主導下，極力尋求合併夥伴未果，已經聲請破產。

而我當時正向總統說明，聯準會為何計畫融資八百五十億美元，給全球最大的保險公司「美國國際集團」（American International Group, ＡＩＧ）。該公司運用奇特的金融工具，為次級房貸擔保的證券提供保險，輕率地冒險投機。到如今，次級房貸的違約率打破以往紀錄，投保過那種保險的金融公司和其他ＡＩＧ的交易對象，均要求它理賠。要是沒有這筆現金，ＡＩＧ不出幾天，也許不要幾小時，就會破產。我向總統表示，我們的動機不是要協助ＡＩＧ、其員工或股東。而是我們認為，整個金融體系，更重要的是美國經濟，恐怕會承受不住ＡＩＧ破產。

市場對雷曼倒閉的反應，已經陷入完全的恐慌之中，其嚴重程度是經濟大蕭條以來前所未見。周一道瓊指數暴跌五〇四點，是二〇〇一年九月十七日以來最大單日跌幅，那一天是九一一恐怖攻擊後的第一個交易日，而這一波賣壓已擴散到全球的市場。由於金融機構喪失信心，銀行間的拆款利率向上狂飆。禍不單行的是，我們陸續接獲報告，自從某大基金因雷曼倒閉而虧損累累後，其大小投資者都陸續把現金撤出貨幣市場共同基金。

每個人都知道，在總統大選年去救ＡＩＧ將會產生嚴重的政治後果。總統所屬的政黨，才剛在兩周前的二〇〇八年全國代表大會政綱中斷然宣布：「本黨不支持政府紓困民營機構。」而且聯準會提議的介入行動，將違反一個基本原則，即企業應遵循市場紀律，政府不應庇護企業因本身錯誤造成的後果。然而我知道，以當前金融情勢如此混亂，若ＡＩＧ違約，情況將會糟糕到難以想像的地步——對美國和全球各經濟體，將造成無法預知，但必然是大災難的後果。

資產超過一兆美元的ＡＩＧ，規模比雷曼大50％以上。其營運遍及一百三十多國，在全球共有七千四百萬個人和企業客戶。它對十八萬家小型企業和其他法人實體提供商業保險，這些機構僱用員工一億六百萬人，相當於美國三分之二的勞工。ＡＩＧ的保險產品保護著地方政府、退休基金、及四〇一（k）退休福利計畫參與者。ＡＩＧ若是倒閉，將會引發美國和國外更多的金融巨人倒下。

總統表情嚴肅地認真聆聽。鮑爾森當天稍早已警示過他，對ＡＩＧ的行動可能勢在必行，他也知道我們的選項極其有限。無民間投資者有興趣買下ＡＩＧ或借錢給它。而小布希政府沒有錢，也沒有去救它的權限。可是ＡＩＧ的許多關係企業若有足夠的價值，可做為融資的抵押品，聯準會就能借錢給它，使它繼續營運下去。

如同他在此次金融危機期間一貫的回應，小布希重申他信任鮑爾森和我的判斷。他說，我們應該採取必要的行動，他也會盡可能地扛起政治責任。我感謝他的信任，更感謝他肯不顧對個人和政黨可能的政治後果，去做對的事情。獲得總統的支持十分重要。另一方面，總統基本上是在告訴鮑爾森和我，美國和全球各經濟體的命運掌握在我們倆手中。

我們接下來的會議，則是當晚六點半在國會大廈，應對起來更加棘手。鮑爾森、我及國會領袖們，擠在一間狹小的會議室裡。眾議院議長南希・裴洛西（Nancy Pelosi）無法參加這次匆忙安排的集會，不過參議院多數黨領袖哈利・雷德（Harry Reid）和眾院少數黨領袖約翰・博納（John Boehner）都在場，另外還有參院銀行委員會主席克里斯・達德（Chris Dodd）、眾院金融服務委員會主席巴尼・法蘭克（Barney Frank）、及其他數人。

鮑爾森和我再次解釋AIG的情況，和我們提議的因應方案。我們被各種問題圍攻。國會議員們問到，聯準會是否有借錢給保險公司的權限。一般情況，聯準會只獲准融資給銀行和儲蓄機構。我說明《聯邦準備法》（Federal Reserve Act）一項針對大蕭條時代的條文：第十三條第三款，賦予我們在「特殊與緊急狀況」下，可以借錢給任何個人、合夥公司或股份公司。議員們想要了解讓AIG倒閉的後果，和融資後的償還方法。我們竭盡所能地答覆：「是，我們認為這個步驟確屬必要。」「不，我們無法做出保證。」

隨著問題漸漸減少，我望過去，看到雷德參議員疲憊地用雙手搓著臉。最後他終於開口。他說：「主席、部長，謝謝你們今晚來到這裡，告訴我們這些，並回答問題。這對我們很有幫助。雖然你們聽到一些評語和反應，但請不要把任何人在此說的任何話，誤認為代表國會對此行動的認可。我要說得非常清楚，這是你們的決定和你們的責任。」

我回到辦公室。負責談判紓困方案的提姆・蓋特納打電話來，表示AIG的董事會已同意我們提出的條件。那些條件嚴苛，但有很好的理由。我們不想獎勵經營失敗，也不想給其他公司誘因，去冒那種把AIG帶到破產邊緣的風險。那筆融資要收很高的利息，並取得AIG將近80%的股份，以便紓困成功時，納稅人也能受惠。聯準會本身的理事會，當天稍早已通過這個方案。我們現在僅須發出新聞稿。

可是我需要幾分鐘好好思考一下。我認為我們的作為是對的；我相信我們沒有其他合理的選擇。可是我也知道，決策過程有時會像脫韁野馬，所以確認很重要。

毫無疑問，我們要冒的風險極大。八百五十億美元固然是一筆龐大的金額，然而其間涉及的利害遠超過金錢。要是AIG獲得這筆融資仍然救不起來，金融恐慌只會加劇，且市場對聯準會控制得住這場金融危機的信心將被摧毀。此外，聯準會本身的前途也可能岌岌可危。雷德參議員已經表明，國會不負任何責任。雖然總統會替我們辯護，可是再過幾個月，他的任期便屆滿。如果我們失敗，憤怒的國會可能拿聯準會開刀。我不想讓後人記得，我是因決策不當導致聯準會難以為繼的那個人。

我望著憲法大道，心想：我還來得及煞車。對AIG融資必須由理事會一致通過，所以我只要改變我的投票即可。我對蜜雪兒說了這些，並加上一句：「我們什麼都還未宣布。」

要是我們行動，沒有人會感謝我們；可是，我們不行動，又有誰會伸出援手？為美國長遠的利益著想，做出政治上不受歡迎的決定，是聯準會以政治獨立的央行存在的理由。它正是為此目的而創設：做別人不能或不願，但一定得做的事。

蜜雪兒打斷我的思路。她輕聲地說：「我們必須發布一點東西。」

我說：「好吧，該做的還是要做。我們再把新聞稿看過最後一遍。」

新聞稿的開頭是：「東部日光節約時間下午九時發布：聯邦準備理事會在財政部全力支持下，於周二授權紐約聯邦準備銀行，融資八百五十億美元予美國國際集團……」

PART I

PRELUDE

第一篇

序幕

第一章｜小城大街
第二章｜優游學術天地
第三章｜理事還是州長
第四章｜參與大師團隊
第五章｜次貸星火
第六章｜新手上路

第一章　小城大街

Main Street

二〇〇六年九月一日早晨，細雨綿綿加上不合季節的清冷天氣。我們三輛車組成的車隊，駛出南卡羅萊納州拉塔市，民宿艾賓頓莊園（Abingdon Manor）的馬蹄形車道。那是一棟有一百零四年歷史的宅第，建築風格屬希臘復興式，它位於我的故鄉南卡羅萊納州迪隆市（Dillon）南方，距離僅十分鐘車程。這棟老宅裡擺滿古董家具、細緻亞麻布用品，及印花布窗簾，令人想起早年卡羅萊納富裕家庭的品味。我在南卡州西部的格林維爾演講後，主持祝禱的牧師，祈求上帝協助我做好制定美國貨幣政策的工作。而演講的前一晚，我就在這座莊園度過，在此用餐並探訪親友。

此刻，我們開上三〇一號公路，朝迪隆駛去。有一輛當地警車為我們開道。我如往常一樣坐在第二輛車的後座，靠右車門這側。我前面，駕駛座旁坐著巴伯・艾格紐（Bob Agnew），他是負責安全任務的資深幹員。我左邊坐著大維・史基摩（Dave Skidmore），聯準會的媒體公關人員。另兩名聯準會安全幹員坐在我後面的那輛車裡。

應安全團隊禮貌但堅決的請求，我已經有七個月不曾開車。巴伯和保護勤務組的幹員們始終友善有禮，但是對執行安全規章絲毫不馬虎。自從二〇〇六年二月一日，我宣誓就任聯邦準備理事會（Board of Governors of the Federal Reserve System）主席起，他們便一直是我的同伴。我的前任艾倫·葛林斯班（Alan Greenspan），把生活在安全氣泡中的日子形容得很貼切，他對我說，那就彷彿在你所能想像最和善的獄吏看守下被軟禁。那天我在迪隆的行動正是如此，一舉一動，都有安全人員——和有線電視台的攝影人員——緊緊尾隨。小時候我常一個人騎著腳踏車在市內遊走，從家裡到圖書館，或是到西大街（West Main Street）二〇〇號我家開的藥局。

那天早上，我們就是駛往西大街二〇〇號。現在那裡已經變成琴泰屋（Kintyre House）休閒餐廳，有著磚塊外露的牆面和打光的木質地板。不同於四十年前，我在那裡將出售的雜誌上架，或引導客人找到要買的洗髮精，今天我則是要與二十位左右的迪隆名人，多半是民選官員和企業老闆，在此共進早餐。我們盤子裡裝的是自助式餐點，有水果、玉米粥、火腿蛋鬆餅加牛肋排，及猶太麵包做的法國土司。我不確定出現猶太麵包，是否與我的猶太裔背景有關，不過更重要的是，我很高興看到共進早餐的人，黑人、白人都有。童年時期的迪隆，黑白種族隔離十分徹底，公廁和飲水機都是分開的。當年城裡的黑人根本無法在這家餐廳吃飯，更別說成為地方領袖的一分子。席間有迪隆市長塔德·戴維斯（Todd Davis）和市議員強尼·布萊迪（Johnny Braddy），後者是我高中同學，我們以前同在樂隊裡，我吹中音薩克斯風，他就在我對面吹小號。

那是迪隆市「柏南克日」的第一項活動，最高潮的儀式則在迪隆郡法院前的草坪上舉行，那是已有九十五年歷史的法院紅磚建築，距早餐的餐廳只有一條街。我從戴維斯市長手中接下市鑰，再從州長馬克・桑弗（Mark Sanford）手中接下南卡州最高平民榮譽的巴爾麥棕櫚勛章（Order of the Palmetto）。〔過去的得獎人中，有一位是搖滾樂團混混與自大狂（Hootie & the Blowfish）的主唱兼節奏吉他手——戴利斯・路克（Darius Rucker）〕。我知道這個獎頒得早了一點，因為我剛當上聯準會主席不久，還談不上有什麼真正的成就。可是看到那麼多同學、鄰居、以及以前的老師，坐在法院前草坪上的折疊椅上，仍舊令我十分感動。

我已經有將近十年不曾造訪迪隆，自從父母〔菲力浦（Philip）和艾德娜（Edna）〕退休，搬到北卡羅萊納州夏洛特（Charlotte）後就沒回來過。夏洛特是母親的故鄉，弟弟塞斯（Seth）和其家小現在也住在那裡。十幾歲時，我恨不得快快離開迪隆。可是隨著年齡增長，特別是進入華盛頓的政策圈後，我的思緒時常會回到故鄉，我在那裡學到勤奮、負責，以及尊重他人。當你在富麗堂皇的政府大樓裡工作，鑽研沒有人味的統計數字，擬定宏大的計畫時，難免容易忘本。今天是一個提醒。在簡短的儀式後，我握手握了一小時，拚命努力把名字和臉孔連在一起。

迪隆市人口約六千五百人，就在小皮迪河（Little Pee Dee River）的西面，此河蜿蜒流經農田、松林，及南卡州東北部沼澤地。迪隆建市於一八八八年，它也是迪隆郡政府所在地，距此最近的城鎮，若不分大小，是約二十五哩（四十公里）外的佛羅倫斯（Florence），那裡人口不到四萬人。我童年有很長的時間，除了看市區裡的家醫科外，特殊就診或看電影，都必須開車到佛羅倫斯去。

迪隆的市名和郡名均取自詹姆士・迪隆（James W. Dillon）之名，他是當地商人、銀行家兼棉花中盤商，曾領導要求把鐵路建至本區域的公民運動。鐵路在迪隆建市的同一年完工，使偏遠的迪隆市得以接觸更廣大的世界。目前國家鐵路客運公司（Amtrak，簡稱美鐵）的巴爾麥號客車，仍往來於紐約市與喬治亞州薩凡納之間，每天會在迪隆停站兩次。不過現在的訪客，更可能經由九十五號州際公路抵達。今日迪隆的知名度主要來自「州界以南」（South of the Border）休息站，那是南、北卡州界上，一個廣大墨西哥主題式觀光景點，沿著公路有婚禮教堂和煙火店，後者讓人聯想到南卡州政府各種比較寬鬆的管制。

迪隆火車站曾是棉花、菸草，及紡織品的轉運點，一度帶來相當程度的繁榮。可是到二〇〇六年我往訪時，迪隆正處於艱困期。自國會取消聯邦價格補貼後，當地最重要的經濟作物菸草大半消失。紡織業也面臨日益激烈的競爭，正在消失中。公共服務反映出稅基的縮小。在我訪問後數年，迪隆曾引起全美的注意，那是二〇〇九年當地八年級生泰希奧瑪・貝席亞（Ty'Sheoma Bethea），寫信給國會議員，為她就讀的老舊破爛學校請願——四十年前我也讀過那所學校[1]。

當初，困苦的生活把我的家族推向迪隆，而非遠離它。祖父喬納斯・柏南克（Jonas Bernanke）於大蕭條時期，在紐約市一連經營過數家藥房，都不太成功。一九四一年，五十五歲的他，看到迪隆有一家藥房要出售的廣告，便決定從頭來過。他與妻子帶著三個兒子南遷，包括我的父親，他第二個兒子。

喬納斯虎背熊腰，愛抽雪茄，聲音低沉，態度嚴厲，顯現海明威式的男子氣概和自信。他用自己姓名縮寫的諧音做為藥房名稱：傑比藥局（Jay Bee Drug Co.）。我的祖父母和外祖父母都是移民。祖父生於鮑里斯拉夫（Boryslaw），在今日烏克蘭西部，不過當時仍屬奧匈帝國。一次大戰時，他被奧皇法蘭

1. 泰希奧瑪請願成功。歐巴馬總統（Barack Obama）二〇〇九年二月對國會發表演說，呼籲通過刺激經濟的預算時，曾邀請她與第一夫人蜜雪兒・歐巴馬（Michelle Obama）同座。經由聯邦貸款提供大部分經費，新學校在二〇一二年九月啟用，還款將由提高郡營業稅支應。可惜數月後，她因母親失去在當地工廠的焊接工作，而不得不暫離迪隆，遷至亞特蘭大郊區。

茲．約瑟夫一世（Franz Josef I）徵召從軍，擔任下士，不過聽他講故事，總讓人以為他是軍官。他被送往東戰線，後遭俄國人俘虜。戰爭結束時，他不知如何設法，從西伯利亞海參崴附近的戰俘營到了上海，再由上海搭乘開往法國馬賽的船回到歐洲。一九二一年喬納斯決定到美國試試運氣。他與祖母寶琳（Pauline），暱稱琳娜（Lina），從德國漢堡，與九百五十七名乘客同乘「柯林頓山號」（Mount Clinton）輪船，來到埃利斯島（Ellis Island）。他們於六月三十日抵達。當時喬納斯三十歲，琳娜二十五歲，正懷著第一胎——我伯伯佛瑞德（Fred）。乘客名單上記載，他倆是統艙級乘客，每人各帶二十五美元入境。

琳娜本身的經歷也非等閒。她生於波蘭靠近烏克蘭邊境的扎莫希奇（Zamosc），一九二〇年取得名校維也納大學（University of Vienna）醫科學位。抵達紐約後，她在東城（East Side）開設小診所，為猶太移民看病，喬納斯則在復旦大學（Fordham University）讀藥學。可是喬納斯決定全家搬到南方，結束了琳娜的行醫生涯，因為南卡州不承認她的歐洲證書。我記憶中的琳娜，絕頂聰明，擁有優雅的歐洲品味。她在迪隆鬱鬱寡歡，對於一九四〇、五〇年代，以農業為主、由基督徒主導的南方文化，她必然覺得格格不入。她與缺乏定性的喬納斯，婚姻常起波瀾（以我幼年的了解所及）。她養育三個兒子，到後半生，尤其是喬納斯一九七〇年死於心臟病突發後，她把全部心力投注於閱讀和作畫。與許多被同化的歐洲猶太人一樣，她和喬納斯雖偶爾也會到迪隆的小猶太教堂參加禮拜，但並不依賴傳統的宗教信仰。

與琳娜和喬納斯對信教的興趣不大相比，我的外祖父母：赫歇爾（Herschel）與梅希亞．佛瑞曼（Masia Friedman）〔移民後美國化為哈洛德（Harold）與瑪希亞（Marcia）〕則呈現強烈對比。赫歇爾和梅希亞是正統猶太人，家中完全遵照猶太教規，並嚴格奉行安息日。他們倆在一戰爆發前後，由立陶宛移民到美國，先後住過緬因州波特蘭和康乃狄克州諾維奇（母親一九三一年出生於此），後遷居距迪隆二小時半車程的北卡州夏洛特。今日，夏洛特是重要的金融中心，周遭是富裕的郊區，可是當年外公外婆住在那裡時，它是個昏沉沉、有點破舊的小城鎮。我首次到他們家長住是三歲的時候，父母帶著還是小嬰兒的妹妹娜恩（Nan），到巴爾的摩的約翰霍普金斯醫院接受治療，她患有先天性心臟缺陷。治療並不成功，娜恩三個月大就夭折。我每年暑假都會到外公外婆家住上一周，直到梅希亞於一九六七年過世，那年我十三歲。後來赫歇爾搬到迪隆，住在我家。他享年九十四或九十五歲，他不確定自己的年紀，因為他的父母為了讓他不必服兵役，在紀錄上動了手腳。

赫歇爾是猶太潔食肉販、希伯來文教師，也是以色列教堂的誦經師（摩西五書（Torah）專業唸誦人）。夏洛特那間以色列教堂均衡接受了現代思想與傳統宗教儀節，是一所猶太教保守運動的教會。赫歇爾是猶太教法典學者，除去有口音的英語，他還會講多種歐洲語言，另外希伯來語、意第緒語（Yiddish，譯注：一種猶太人使用、混雜德語的語言）及阿拉姆語（Aramaic，譯注：主要使用於西亞的一種閃族語）也很流利。暑假我去探親時，他會教我玩西洋棋，還有閱讀和翻譯古希伯來文。他也教我閱讀並解釋部分的猶太教法典，可是我對那些複雜的內容沒有耐心。為加強赫歇爾的教學，梅希亞會要我「教」她，她再熟悉不過的希伯來文。

和琳娜相比，梅希亞顯得較熱情外向，是男孩們夢寐以求的外婆。在夏洛特愉快的夏日傍晚，我會與她坐在前門廊上聊天，一聊就是好幾個小時。我追溯我一生對「大蕭條」始終情有獨鍾，正是源自她講的一九三〇年代初，在諾維奇的生活經歷。佛瑞曼家對每年能為子女買雙新鞋引以為傲，那多虧了赫歇爾在家具店的工作。別家的孩子只能穿破爛的鞋子上學，或是照外婆的說法，甚至是光腳上學。當我問她，為什麼那些父母不替小孩買新鞋，她說，製鞋廠紛紛關門，使那些孩子的父親失去工作。我問：「為什麼鞋廠會關門？」她答：「因為沒有人有錢買鞋。」就連小男孩也聽得出來這當中的矛盾。這影響我日後在專業生涯上花費不少工夫，想要更加了解為什麼會發生嚴重的經濟蕭條。

梅希亞外婆做的菜是傳統東歐猶太式。她用基本原料、牛胸肉及甜泥（tzimmes）（由馬鈴薯或番薯加蔬菜燉煮而成）做逾越節薄餅湯圓湯。一九五八年五月二十三日，《夏洛特觀察家報》（Charlotte Observer）報導了她的薄餅捲食譜。報導中引述我的問話：「外婆，妳為什麼不教我媽咪做薄餅捲？」當時我四歲半，那是我首次對媒體發言。不過，那不是我最後一次後悔對記者做出毫無防備的評論。

父親隨家人由紐約市搬到迪隆，當時他才十四歲。他對那次經歷想必曾感到不知所措，可是我們從未談過此事。他在許多方面與他專橫、壯碩的父親相反：身材瘦削（我懷疑他體重是否曾超過一百二十五磅（約五十六、七公斤））」，個性溫和害羞。他在迪隆唸完高中，二次大戰最後一年時，入海軍服役。除去在驅逐艦短暫的軍旅生活，他與戰事八竿子打不著：他只是奉派在內華達州雷諾管理軍中福利社，而在內華達的沙漠當海軍，父親對這種矛盾現象不以為忤。

戰後，菲力浦到北卡羅萊納大學（University of North Carolina）教堂山分校攻讀戲劇碩士時，認識了我母親艾德娜。她當時就讀於同一所大學的女子學院，現在它已是北卡大格林斯分校。父親愛上母親，但是我想，他也愛上她那宗教氣息濃厚的家庭溫暖，因為他渴望自身氣氛嚴肅的家庭所欠缺的和樂與歸屬感。我的父母親於一九五二年六月十五日在夏洛特結婚。

母親在我們家保留了她父母的傳統：我們要遵守猶太假日，廚房裡也謹守猶太教規，我們吃的肉是冷凍的，由夏洛特以巴士運來。但父親並未嚴守教規，例如周六他仍在藥局上班。不過他熱愛猶太文化，晚上他會在童山濯濯的頭上戴著圓頂小帽，坐在他的座椅上，閱讀有關猶太哲學和歷史的書。周六他也樂於暫時放下工作，在午餐後帶著家人做傳統禱告。在父親津津有味地唱誦那些冗長的禱詞之際，我和弟妹則在比賽誰可以多快唸完那些。我們唸得好像藥品電視廣告結束時的免責聲明。

父親像祖母，喜好藝術和哲學，母親雖然很聰明，卻不特別偏好思想的東西。她冷靜、務實、非常重視外表——也愛擔憂。她不放心我在幼稚園的狀況，常派父親去察看。我離家去唸哈佛大學時，她就擔心我有沒有合適的衣著和融入那個環境的社交技巧。她心目中的哈佛必然是一九五〇年代的景況，而非一九七〇年代初，我所見到的破牛仔褲和抗議示威。二〇一四年我準備離開聯準會時，她會煩惱六十歲的我，有八年沒開過車，能不能自己安全駕駛（到目前為止沒有問題）。

她與菲力浦新婚時，移居南卡州北奧古斯塔（North Augusta）。父親在那裡當社區劇院的經理兼導演。一九五三年十二月十三日，我出生於薩凡納河對岸，喬治亞州的奧古斯塔。他們給我取名班夏隆（Ben Shalom），在希伯來文意指和平之子。由於有妻兒要扶養，父親意識到他必須多賺點錢。他回到迪隆，在祖父的藥局工作。當時小他兩歲的弟弟莫提摩（Mortimer）已經在那裡上班。

父親從工作中學習藥學，後來通過州執照考試。久而久之，在劇院的日子成為懷舊之情的來源。每次我們去看電影時，他都會從各種角度去評論導演和演技。不過他不像祖母那樣，覺得自己有志難伸，他似乎無怨無悔，認為自己是在做必要的事。他勤奮努力，認真鑽研新療法、藥物及維他命，盡其所能做好藥劑師。在醫生人數不多的小城裡，大家管他叫「菲醫師」，叫我叔叔「莫醫師」。父親自認是在提供保健服務，而不是店舖老闆。在CVS連鎖藥房停售香菸的半世紀前，傑比藥局就不賣香菸。他每周工作六天，若星期天有緊急處方需要配藥，他就工作七天。所以通常我在晚飯時分是見不到他的。

母親在迪隆教過一年小學四年級，結果做得並不愉快，便回家當家庭主婦，並兼職替藥局記帳。我小時候常由蘭妮梅．貝席亞（Lennie Mae Bethea）照顧，她是父母請來打掃和煮飯的黑人婦女。（她必定是南卡州少數很懂得猶太人廚房規矩的黑人女性。）雖然父母向來對蘭妮梅很尊重，不過我卻清楚我們之間的社會區隔，很可能的原因是，蘭妮梅自己對那些區隔再清楚不過。有一次年幼無知的我喊她為女傭，她便對我說：「我可不是哪家的女傭，我是管家。」蘭妮梅替我父母工作，持續到我離家讀大學後。當她無法工作時，父母仍提供她養老金（我是後來才知道的）。

妹妹夭折後，雙親又生了兩個孩子：比我小五歲的塞斯，和比塞斯小兩歲的雪倫。由於年齡的差距，我不常跟弟妹在一起，除了被迫當他們的保母外。如今塞斯是工傷賠償的律師，而雪倫是波士頓某音樂學院的行政主管。成年後，我們時常互訪，有時也會一起度假。

我們童年時的迪隆，與許多其他的南方城鎮沒有兩樣。今天依舊如此。商業區是由一或兩層樓單面磚造房屋所組成的，沿著大街延伸六個街區。一九六〇年代時，偶爾還看得到騾車行走在汽車和卡車之間。再向東行，大街變窄，樹木和住宅多起來，其中不乏一些雅致的老宅。有一間是登巴爾圖書館（Dunbar Library），我小時候最愛去光顧。它原是一棟優雅的兩層樓宅第，裡面老舊的藏書多半是捐贈而來。周六，我會騎腳踏車到那裡去，然後車籃裡載著三、四本書回家。

我家在東傑佛遜街七〇三號，位於中產階級聚集區，在沿大街較大較老的住宅北面，五個街區處，是一棟有三間臥房的磚造平房。父親約在我就讀一年級時，向祖父買下此屋，我們便由半哩外較小的房子搬過來。我們的鄰居全是白人。當時迪隆的黑人居民為數不少，多半住在市外郊區，五十七號州公路的沿線。他們的房舍簡樸，有些是拖車屋，但不一定有街道能到達。我一直沒有機會過去那一帶，直到十幾歲，我偶爾需要開車送蘭妮梅回家，才有機會去。

我在東區小學讀到六年級。學校離家很近，所以有時我可以回家吃午餐。七至十一年級，我則搭巴士到迪隆市另一頭去讀迪隆中學，那裡離市區和傑比藥局僅幾條街。那幾年放學後，我經常走路到傑比藥局去，幫忙做一點事，不過大多是隨意來去。四處晃晃後，吃顆糖果，便搭摩西的便車回家。摩西是黑人，只有一隻手臂，父親僱他運送處方藥。暑假期間，父親會付我每小時二十五分錢打半天工。我從打掃、貨品上架、雜誌拆封做起。後來，我被賦予操作收銀機的重任。

求學生涯一開始就有好兆頭，一年級只讀了兩周，老師就發現我能識字，且能做加減，於是把我轉到二年級。我記得在父母的書架上看過一本書，書名好像是《子女是天才》（Your Gifted Child）之類的。我當時六歲，就能完全清楚那本書的內容。

十一歲，我贏得州拼字比賽第一名，有機會到華盛頓特區的五月花酒店，去參加全國拼字比賽。我想要贏，因為優勝者可以到蘇利文劇場，坐在觀眾席上被介紹給大家認識。可惜我在七十個參賽者中，得到令人失望的第二十六名，因為我把阿爾卑斯山的「小白花」（edelweiss）拼錯，在第一音節多加了一個「i」。電影《真善美》（The Sound of Music）中有一首關於小白花的歌，可惜我沒看過這部片子，因為當時迪隆唯一的電影院已經結束營業，那是一間我在小男孩的時候花兩毛五分錢，就能在那裡連看兩部劇情片的電影院。

四、五年級時，我喜歡看青少年小說，多是以運動為主題；十一、二歲時，喜歡看科幻小說。再大一點以後，我的閱讀範圍愈來愈廣。老師就給我書籍和文章清單，叫我自己去看。例如我讀的高中不教微積分，我就自己研讀 Schaum's Outline Series 的微積分入門，為大學數學做準備。我從不看報紙的商業版，因為我與那些報導無法產生共鳴。

很多老師我都還記得，也很感激。四年級我開始學薩克斯風，老師是認真且教學不倦的海倫・卡普，她領導一個是軍樂隊也是表演樂隊的樂隊。球季時，我的壓力較小，較有機會參與學校活動。由於我參加樂隊，星期五晚上要在高中美式足球賽的中場休息時間演奏，所以無法到猶太教堂做禮拜。

說話輕聲細語的物理老師比爾・艾里斯，燃起我對數理的興趣。高三時，我因學術評量測驗得到全州最高分而贏得獎品，所以每當我被問及最喜歡的老師時，我都說的是艾里斯老師，那是因為我得到的獎品是十七天歐洲十一國巴士之旅，而那也是我首次出國。

高中的英文老師約翰・福勒鼓勵我寫作。高三那年他把我寫的七首詩，拿去參加南卡羅萊納大學主辦的比賽。當那幾首詩刊登於名為《滑動之筆》（The Roving Pen）的詩集時，我便開始想像自己是個作家。小時候父親曾付我每行一分錢，要我寫故事，或許我那時已經懂得經濟誘因這回事，所以時常把字寫得很大。後來我寫了一本未完的青少年小說，其內容大致講述高中籃球隊黑白種族的球員，彼此成為好友的故事，並將三分之二的篇幅投給了一家出版社，最後得到了善意且鼓勵的退稿信。

這本未完成小說的主題，反映著我自己的人生即將有的經歷。直到十一年級，我所唸的學校都只有白人就讀，僅有少數學生例外。可是一九七〇年，迪隆開辦了完全黑白混合的新高中，我也在那裡讀完高中最後一年。那是我有生以來第一次有同齡的黑人朋友。後來，我退出卡普老師的樂隊，以便騰出時間編輯畢業年刊和為年刊拍照；同時我也獲票選為最可能成功的畢業生，代表一九七一屆、新學校的第一屆畢業生致辭。那一年我對學校的參與感比過去都強，因為新學校和種族融合，攪亂了社會關係，打破了派別之分，產生新氣象。

高中最後一年在社交上的些許成功，對我來說，是全新的體驗。雖然我與大多數同學都相處愉快，不過我是個書蟲，又害羞，經常獨來獨往。十來歲時，我最要好的朋友之一是奈森・古德曼，他也是猶太人，我倆同樣喜好棒球和數學。暑假期間的夜晚，我們經常一起玩 Strat-O-Matic 的紙上棒球遊戲，一玩就是好幾個小時，那是一種硬紙板遊戲，有三個骰子和代表每個球員的卡片。我打過一季的少棒，多半是坐冷板凳，可是我常常熬夜，用父親的短波收音機，收聽洛杉磯道奇隊的比賽。道奇隊明星投手山迪・庫法克斯（Sandy Koufax）是猶太人，所以我成了該隊的球迷。我記得道奇隊每個球員的所有統計數字，和每一場比賽的戰績，尤其是當他們對戰可惡的舊金山巨人隊（San Francisco Giants）時。偶爾，我等不及比賽結果，就會打給當地電台的朋友，請他去打聽道奇隊打得怎麼樣。

紙上棒球遊戲的設計，是仿照實際棒球賽的動作，並且經過一個「球季」，也會產生與真實棒球統計差不多的數字。那是我最早會思考或然率和統計的經驗之一。後來奈森和我想玩比商家賣的紙板遊戲更進步的東西。於是我們盡可能地複製我從小說《環球棒球協會，亨利・華夫專屬》（The Universal Baseball Association, Inc., J. Henry Waugh, Prop.）裡看來的棒球骰子遊戲，那是我大約十四歲時看的，作者是羅伯・庫維（Robert Coover）。這本書哲學意味很濃（其主題是上帝和道德的關係），然而當時我最感興趣的，是書中描寫的棒球遊戲。對於故事的主人翁，即遊戲的發明人，因沉迷其中而發瘋的情節，我好像絲毫未注意到。

我遺傳了父母嗜讀書和內向的個性。家族中的外向成員是叔叔莫特和弟弟塞斯。我們不常全家一起旅遊，不過每年暑假到南卡州美特爾海灘度假一周是例外。即使度假，晚上我們還是會全體靜靜地聚在家庭娛樂室，各自埋首在書本裡。我父母的社交生活乏善可陳，以市內的小猶太教堂為重心，這個教堂名為歐哈夏隆（Ohav Shalom），意指愛好和平者。

在南方小城當中出現猶太教堂，並不如外表看起來那麼奇特。早在美國獨立革命以前，猶太人便落腳於此，多半以經商維生。一七〇〇年代初，猶太人已在南卡州港市查爾斯頓（Charleston）形成聚落；一八〇〇年代晚期，他們沿著鐵路來到皮迪區，在迪隆和鄰近城鎮開設商店。

歐哈夏隆教堂建於一九四二年，與外祖父母佛瑞曼在夏洛特的教會相同，也隸屬猶太教保守運動。它靠著極有限的經費，在幾個家庭出力之下維持，其中包括我家和莫特叔叔家[2]。我們自己主持禮拜，但有時也會從附近的佛羅倫斯借來拉比（rabbi）。每年秋天的聖潔日，我們會請紐約猶太神學院的學生拉比來。由於母親在家中完全遵守猶太教規，所以通常是由我們家接待他（那時候一定是男性）。多虧外公佛瑞曼的希伯來文課，讓我十一歲就能帶領大家做禮拜，而且在十三歲時就為猶太成年禮做好準備。

約莫是我成年禮的時候，我開始質疑宗教。例如，我開始會與父親辯論宗教與科學的衝突，有時不免把他惹惱，這個主題又與青春期的反叛攪和在一起。不過實際上我並不怎麼叛逆，最多僅在高中最後兩年留過長頭髮。所以那時，父母設法讓我接觸迪隆以外的猶太生活，我雖心不甘情不願，不過還是勉為其難地配合。參加猶太夏令營的時候，我非常不喜歡那裡的生活，倒不是因為它是個猶太營，而是因為營隊紀律鬆散。十三歲時，我在紐約的拉瑪營待了六周，理論上那裡只能說希伯來語（可是根本無人這麼做），所以多半時間我都待在圖書館裡研究棒球員的個人成績。翌年十四歲，我參加為期六周的猶太青少年聯合會全美巴士之旅，那時獲得較好的經驗。我不但首次有機會看到南方以外的美國，也在聖路易看了第一場大聯盟棒球賽。

猶太人在迪隆算是少數民族，但不常成為受歧視的對象。白人社群把這種角色保留給黑人。可是我仍然明白，我是不一樣的。唸小學時，有好幾次，其他同學問我頭上有沒有長角？我相信他們是無心的。（猶太人有角的觀念，顯然來自對《舊約聖經》〈出埃及記〉一段希伯來文經文的誤譯，更糟的是米開朗基羅有一件雕塑品，把摩西雕成頭上長了角。）長大以後我發現，許多福音派基督徒的同學真的相信——如果他們曾思考過這件事的話——根據教義，我是受到永久的詛咒。

我們的家族在迪隆的社會結構中地位尷尬，夾在白人和黑人基督徒之間。年幼時我很少想過種族歧視和隔離的問題，因為那只是周遭環境的一部分，看似正常，無須質疑。長大後，我開始意識到種種的不平等。我參加過佛羅倫斯一個猶太青少年團體的幾次會議，我們在會議上聆聽有關種族、偏見及反猶太主義的報告，我從中接觸到一般認為進步的思想。我因此注意到，當黑人青少年開始開車到我家附近的公園打籃球，市公所就把籃框拆掉，讓誰都無法使用這個場地。一九六八年四月馬丁·路德·金恩（Martin Luther King）遭到刺殺，而一個我以為是「好孩子」的高中同學，居然對此感到滿意，令我十分震驚。

我的父母從未與我好好坐下來，用話語來說明種族歧視的邪惡，但是我看到他們的身教。傑比藥局歡迎所有迪隆居民，不分黑白。（就連好逞威風、不把任何人放在眼裡的祖父喬納斯，在賣汽水時，也是黑人、白人都賣，這種情形在一九四〇、五〇年代並不常見。）父親和叔叔從不問膚色地提供所有顧

2. 然而隨著下一代離開，歐哈夏隆教堂已撐不下去。所剩的七名信徒，含莫特叔叔，在一九九三年同意關閉並出售它。實得款項多數捐贈佛羅倫斯的貝斯以色列教堂（Beth Israel）。

客用藥諮詢，並讓他們賒帳；僱用和擢升員工也採用相同標準。他們認為，只要是辛勤工作養家，無論做多卑微的工作都值得尊敬。菲醫生和莫醫生有時會與賒欠較多的顧客悄聲商量，但不會逼迫明顯無力償還的人。

我以聯準會主席身分回到迪隆時，感覺種族態度似乎有極大的改善。我見到的迪隆市領袖有白人，也有黑人，這讓我感受到一種相互信任和合作的精神：他們有共同的目標，要使迪隆成為更適宜居住的地方。當然人（與社會）改變得很慢，我也相信過往的態度並未完全消失，但是改變的方向很明確。

父親與幾代的迪隆黑人家庭都建立起良好的關係，意外地使我身受其惠。肯·曼寧（Ken Manning）是傑出黑人家族之子，親戚中有人當律師；有人是當地的籃球明星，他自己的表現也很了不起，對我又特別關心。肯參與特別計畫，到康乃狄克州讀高中，然後到哈佛讀大學。我高中畢業時，他已在哈佛唸研究所，之後取得博士學位，轉至麻省理工學院擔任科學史教授，在學術界發展多年，成績卓著。肯有感於教育可以提供諸多的機會，自認有義務說服我和我的父母：讓我離開迪隆去唸哈佛。

換作是今日的中產階級父母，想必都巴不得送孩子去唸大學名校，然而當年去上哈佛，甚至僅離開南、北卡州，都超出我父母認可的範圍，他們認為我應該去唸離家較近的大學。可是肯每次回迪隆都會到我家來，熱心地跟我討論，然後再跟我父母談。他強調，讓我盡量發揮讀書的天分，和接觸更廣闊的世界，非常重要。他無比的自信和充滿感染力的笑聲，令人難以抗拒，最終說服了我們。於是我申請哈佛，又加碼申請其他幾所常春藤聯盟的名校，而父母則緊張地查看他們的存款，因為哈佛第一年的學費就要四千六百美元。某天放學後，電話鈴聲響起。我接起電話，話筒那頭的人表明，他是哈佛招生組的人員，前來通知我錄取的訊息。那時，已有幾位同學知道我申請哈佛，我誤以為這是惡作劇，就問對方他到底是誰。他花了一點時間才讓我相信，是哈佛真的要收我。

高中畢業後，父母強力建議我去打工，幫忙支付哈佛的學費。我走過六個街區，到聖尤金醫院（現在的麥克里奧醫學中心），那裡正在蓋新房舍，我應徵去做粗工。雖然我身高只有五呎八吋（約一七二公分），體重約一百四十磅（約六十三公斤半），他們仍以一．七五美元的時薪僱用我。上工第一天，我全身是水泥屑，而且累得沒有力氣吃飯，只能小口喝水。回到家後我坐在椅子上就睡著了。我還記得幫忙搬運石膏板時，剛開始連腳都站不穩。有一次推小推車一時失控，把剛拌好的水泥倒錯了地方。不過一個暑假下來，我的身體壯碩不少，也更懂得怎麼使力。

十七歲的我，出身中等家庭，父親是藥劑師，自己即將去常春藤盟校讀書，與建築工地的同事之間共通點不多。他們大多年紀較長，是黑人或來自農村的白人。他們叫我艾柏康比（Abercrombie，譯注：美國專賣年輕人運動服的著名品牌）。儘管一開始遭到戲弄，不過我們卻處得很好。有一次我站在一棟兩層樓房的屋頂，靠近邊緣，一個膽子大、個性也大剌剌的同事，突然從後面一把抓住我，把我向前推，我失去平衡，他又拉住我。一段時間後，我被交辦需要一點技術的工作，包括在房屋外牆上塗上一層混凝土。工班中有一對非洲裔兄弟，他們打算之後自己出來做包工，所以他們倆曾試圖說服我加入他們，當他們的學徒。他們說，這一行很好賺，我可能幾年後就會有自己的工班。

暑假結束。父母開車送我到佛羅倫斯。我到那裡搭雙螺旋槳小飛機前往夏洛特，再轉機到波士頓。兩手各提一個小行李箱的我，抵達具歷史意義的校園中心哈佛校園廣場時，已接近午夜。我小心觀察、聆聽，廣場上擠滿學生，哄鬧吵嚷，相互呼叫——還有音樂。我放下行李，舉目四望建築物的隱約輪廓，內心忐忑，我對即將到來的變化沒有準備。

稍後，我走向韋德宿舍五樓的套房寢室，一個世代前，甘迺迪總統便是住在這個宿舍。我把行李丟向疊床的下鋪，那是我被分配到的鋪位，然後重重地往地上一坐，我疲累不堪且一團混亂。身旁一直有我不認識的學生進出房間，呼朋喚友。窗戶上有喇叭，向廣場放送刺耳的吉米韓崔克斯音樂（Jimi Hendrix，譯注：美國一九六〇年代名吉他手兼創作歌手），地上有兩包五美元一包的大麻。我問我的新室友：「你們要不要把門關上之類的？」他們回我：「別擔心。」沒多久後，一個穿著制服的警察站在敞開的房門前俯視我。我心想：「我到哈佛才二十分鐘，現在就要被趕出去，還很可能被捕了嗎？」

「那是你的音響嗎？」警察問道。我才猛然發現他是哈佛大學的校警，不是麻州劍橋當地警察局的員警。他說：「把聲音關小一點，把喇叭從窗戶上移開。」我答好。他便離開了。

我離迪隆好遠。

第二章　優游學術天地
In the Groves of Academe

我在劍橋市比在迪隆自在多了，在這裡好像沒有比思想更重要的東西。我不敢相信，在哈佛厚厚的課程指南裡，所列的科目範圍之廣，從梵文到生物化學，再到中古藝術，不一而足。第一學期我選了數學、物理學、創意寫作研究、日本歷史與文化，還有研究所的猶太史。我對亞洲所知有限，但是感到好奇，也希望修習猶太史能夠讓我對自己的傳統有新的認識。

在韋德宿舍頂樓，與我同住的是一位美式足球球員、一位越戰退伍軍人（我們稱他為「長官」），以及一位數學神童。我們對於將來上課的情形，和能不能適應，都有點緊張。我與我的兩個新朋友都很喜歡翻閱一本學生的「臉書」（facebook），希望從裡面找到漂亮的新生女同學[3]。我也慢慢熟悉學校的所在地劍橋市，花很多時間逛書店，並光顧有民謠歌手演唱的咖啡館，以及放映亨佛萊鮑嘉（Bogart）

3. 三十年後，哈佛的臉書給了學生馬克・祖克柏（Mark Zuckerberg）靈感，而創辦同名的社群網站。

與洛琳白考兒（Bacall）電影的戲院，要不就是熬夜打橋牌。

剛開始上課時我很興奮，可是我原本並不知道，自己在學業上落後這麼多，特別是與來自私立菁英高中，如安多維（Andover）和艾克斯特（Exeter），或是頂尖公立學校，如布朗克斯數理高中（Bronx Science）的同學相比。我沒有那些同學的背景，尤其是數學和物理，我也不知道該怎麼唸起。當我拿到第一科物理學的期中考成績時，心中的警鐘響起。那次考試是早上九點開始，我上課向來很認真，但是課外不曾多下工夫。我心想，沒問題，七點半左右起床，考前就有四十五分鐘可以溫習：這比我高中時為任何考試分配的考前溫習時間都還要長。結果可想而知，我未及格。其他科的成績雖好，可是也不怎麼突出。

後來，哈佛奇怪的行事曆救了我。秋季班在耶誕節前結束，可是期末考要到一月中旬才舉行，所以從耶誕假期到考試之間有連續數周放假的日子，那被稱為讀書期，可讓學生有時間寫期末報告或準備期末考。所以假期開始時，我打包課本，搭上駛往迪隆的巴士，心情真是憂心忡忡又難過。到家後，我除了吃、睡，就是唸書，之後返回學校，還是認真研讀。結果我的物理學期末考考得很好，那門課拿到B，從分數膨脹的角度來看，B在精神上很可能等於D+。日本史我也拿到B，其他全都是A。我決心要拿到更好的成績。

我能夠來到麻州劍橋的最大功臣——肯．曼寧，經常會來看我，帶我去吃晚餐，了解我的近況。他與麻州布魯克萊恩（Brookline）郊區的一個猶太家庭走得很近，也會邀我去參加聖潔日禮拜，不過他當時對猶太教禮拜的興趣比我大。我自始至終以我的傳承為傲，不過我不會再回到傳統的信奉方式。

我在哈佛的第一年，它仍舊是反越戰抗爭的一個中心。我入學前兩年，一九六九年，民主社會學生會（Students for a Democratic Society）的成員曾占領大學會堂，那是校內歷史最悠久的建築之一。後來是拿著棍棒的警察結束了此次占領。我一九七一年進來時，抗爭還在持續。有一項行動是連續幾天在哈佛校園廣場中二十四小時不停地打鼓。十七歲的我，來自小鎮，對政治不感興趣，甚至還有點天真。我以社會學式的超脫態度，旁觀反戰抗爭，當做是大學教育的一部分。不過一九七二年二月，大一新鮮人生活快結束時，徵兵抽籤，我抽到的號碼（三三五），讓我知道自己已不可能被徵召入伍，這結果還是讓我鬆了一口氣。不過其實也無所謂。到一九七三年，戰事進展緩慢下來，徵兵也已停止。

學期終了放暑假時，我回到迪隆，在「州界以南」當侍者。開設「州界以南」的艾倫．謝佛（Alan Schafer），是迪隆郡少數猶太家族之一的成員，一九四九年草創時，這裡只是啤酒攤。謝佛是利用相鄰的北卡州限制賣酒的法令來做生意。數十年後，啤酒攤成長為面積達一平方英里（約七十九萬七千坪）的休息站，有汽車旅館、露營地、墨西哥帽形狀的餐廳、兒童樂園、爬蟲類瀉湖，還有出售煙火、海灘用品及紀念品的商店，其紀念品多半是意第緒主題，有的略傷風化，或兩種兼具。州界以南的廣告看板一度向北遠至費城，向南直達佛州戴托納海灘，但板子上卻使用政治不正確的吉祥物：墨西哥歹徒彼得的圖片，和土味十足的幽默〔「別錯過彼得的新婚套房，住在裡頭可以調節子嗣（Heir-Conditioned）」〕（譯注：與空調 air-conditioned 諧音），藉此招攬由東北部南下的流動工人。

儘管這整片事業與南卡州的鄉下似乎不搭調，但是「州界以南」為附近居民提供數百個工作機會。很少當地人在那裡吃飯，因為那裡的價格太高。做餐廳侍者很辛苦，不過比在建築工地輕鬆多了。加上小費，我的收入比拖石膏板多得多。這份工作也使我不再害羞。如果想多賺小費，就得多和客人講話。我發現南方人比北方人〔我們稱之為北佬（Yankees）〕友善，但是北方人給小費較大方。我開著外公赫歇爾的一九六四年普利茅斯勇士車，往返「州界以南」，穿著墨西哥披肩上班，打工了兩個暑假。我的同事中有跟我一樣的學生，也有幾位暑假來賺外快的當地老師，還有多半是常年在此端盤子的中年婦女，老資格的州界以南員工。

一九七〇年代初，迪隆的種族關係依舊緊張，不過餐館已經不再隔離，而州界以南早就服務各種族裔。有一次在十小時的輪班快結束時，領檯員把一對黑人夫婦安排到我隔壁的服務區坐下。她顯然不知道，負責那一區的女侍已經打卡下班。原本應該轉由我來服務他們的，可是時間已晚，我也想要回家，所以我裝作沒看見。他們大約坐了二十分鐘，最後那位先生把菜單往桌上一丟，夫婦倆起身走人。他們無疑地曾在別處因種族而被拒絕服務，這次他們可能誤以為舊事重演。其實根本與種族無關，可是他們並不知道。我現在想起那一刻，還是非常後悔。但願我能夠向他們道歉。

我回到學校唸大二，並搬進新住處溫索普宿舍，在這裡一直住到畢業。儘管暑假有打工賺錢，我的手頭還是很緊。於是我和一個室友在溫索普的地下室，經營小吃攤賺外快。我們煎漢堡，做奶昔。店裡有一台黑白電視，通常都在播冰上曲棍球棕熊隊或是籃球塞爾提克隊的比賽。那時的波士頓跟現在一樣，運動風氣很盛。棕熊隊有巴比．歐爾（Bobby Orr），塞爾提克隊有戴夫．考文斯（Dave Cowens）和約翰．哈維切克（John Havlicek），棒球的紅襪隊有卡爾．亞澤姆斯基（Carl Yastrzemski）。我們經常去看球賽，多年來我一直是紅襪隊的死忠球迷。

剛進大學時，我想過要主修數學，可是很快就認清，我沒有天分，而且要與哈佛最優秀的數學系學生競爭，準備工夫也不足。其實我的問題出在我對什麼都有興趣。心裡考慮過的主修科目，從數學到物理到歷史都有，變來變去。我很喜歡大一時修的創意寫作課，還有大二的莎士比亞課，因此一度有意選擇英文做為主修。

大二上學期，我最後一刻決定要選修經濟學概論，授課老師是著名的保守派經濟學家馬丁．費德斯坦（Martin Feldstein）。費德斯坦會在大禮堂裡對數百名學生講課，但許多真正的學習常是出現在研究生或資淺教師帶領的小組討論中。帶我那一組的是李．瓊斯（Lee Jones），他目前是波士頓大學教授。瓊斯的興趣在開發中國家的經濟，是他讓我認識到，經濟學是一門挑戰智力的學科，也較有可能改善千百萬人的生活。我也很高興，經濟學可以讓我結合對數學和歷史的興趣。到大二下，我昭告大家，我要以經濟學為主修。

在哈佛的前兩年，我只修過經濟學的入門課。為了迎頭趕上，我在大三上學期，選修了四門經濟學的課。其中教計量經濟學與統計分析的，是資深教授戴爾．喬金森（Dale Jorgenson），後來成為我的業師。他學問好、性情冷靜、說話精簡。他對我非常好，接下來兩個暑假都用我當研究助理，並慷慨地對我的前途提供建言。在他指導之下，我學會用打孔卡片寫電腦程式，和建構經濟的數學模型。

當時喬金森的研究重心放在能源經濟上，這個主題在一九七〇年代尤其重要，因為油價大漲使美國經濟同時遭受通貨膨脹和衰退之苦。大四時完成的論文，便是以與他合作的研究為基礎，探討政府的能源政策如何影響整體經濟的表現。這個研究，也促成我首部專業著作的出版，而這部著作就是與喬金森合著的。我們分析政府實施天然氣價格上限所造成的效應，結論是會抑制新供氣來源的開發，導致反效果。後來喬金森應邀至國會就此主題作證時，也把我帶了去。

我的畢業論文獲選為一九七五年哈佛大學部最佳經濟學論文，而且儘管第一學期的起步並不順利，不過我還是以最優等成績和榮譽優等生畢業，並贏得國家科學基金會獎學金，它讓我無論選擇就讀哪所研究所，都會支付我前三年的學費和生活費。我把目標放在ＭＩＴ（麻省理工學院），那裡的經濟學博士課程被公認為世界第一。但我怕如果選ＭＩＴ，不選哈佛，喬金森會不高興，他卻說：「你應該去最好的地方。」

雖然ＭＩＴ距哈佛沒有多遠，只隔一哩（約一．六公里）多一點，坐地鐵也只有一站，卻與哈佛截然不同。哈佛陶醉於其悠久的歷史和傳統。而ＭＩＴ在我看來，卻樂於不要這些感性的東西。理工科是校內文化和課程的主流，學生也很少有時間去學軟性的科目。（後來我當研究生助教時，教授大學部一門用到許多數學內容的經濟學課。我問幾個學生為什麼要選這門課，他們告訴我，因為這符合ＭＩＴ大學部必修的人文課程。）有一則關於ＭＩＴ和哈佛有何差別的笑話是這麼說的：大約在兩校間的半途上有一家雜貨店，店門前的廣告牌上寫著：「湯罐頭特價五罐一元」。一個學生走進來問：「十罐多少錢？」店員答：「你是哈佛的，不會算數，還是ＭＩＴ的，看不懂英文？」

ＭＩＴ的經濟系當時設在史隆管理學院（The Sloan School of Management），座落校園的最東側，介於肯德爾廣場和查爾斯河之間。如今肯德爾廣場擠滿科技公司、高級公寓，及美食餐廳，可是當年這裡只是一堆破舊的倉庫和其他不起眼的建築。可以用餐的地方只有一家油膩膩的簡餐店。

在以工科見長的學校，卻存在著頂尖的經濟系，有點像是無心插柳的結果。關鍵時刻出現在一九四〇年，年輕的保羅．山繆森（Paul Samuelson）尚未唸完博士，卻同意從哈佛轉到ＭＩＴ。山繆森日後得到諾貝爾獎，並寫出史上最具影響力的經濟學教科書。他當研究生時，完成了將先進的數學法應用於經濟學的基礎研究。山繆森的數學研究法與哈佛老一派的路數不合，一些殘存的反猶太勢力或許也有影響，所以他到ＭＩＴ另起爐灶。繼他之後是另一位諾貝爾獎得主，成長理論家羅伯特．索洛（Robert

Solow），他在一九四九年出走，那時正值數學與統計學研究法於經濟學的地位日益重要的當口，而MIT正是從事計量研究的絕佳環境。我一九七五年入學時，數學研究法已是穩坐釣魚台，但是經濟學界卻醞釀著新一波的論戰：凱因斯學說對新古典經濟學（New Classical economics）。

山繆森和索洛贊同的凱因斯派，是根據英國名經濟學家約翰．梅納德．凱因斯（John Maynard Keynes）的思想而來。凱因斯為了替大蕭條尋找對策，試圖對經濟的榮枯發展出一套一體適用的解釋。他的著作十分晦澀難解，使得經濟思想史學者至今仍在辯論：「凱因斯究竟意所何指」。不過起碼依照他最有影響力的追隨者的詮釋，凱因斯的分析取決於一個很重要的概念，即工資與物價是「僵固的」（sticky）：亦即這兩者的調整速度不夠快，不足以時時確保完全就業，和充分運用資本財（工廠與設備）。按照凱因斯學派的理論，需求意外下降，比如企業減少對新設備的投資，或是政府削減開支，可能會使公司面臨業績下滑，因而減產和遣散員工，導致失業率提高。

凱因斯派學者認為，連續不尋常的高失業，如大蕭條時期，是資源的浪費，而政府及時的行動可加以改善。凱因斯派學者尤其把財政刺激（減稅或增加政府支出）與貨幣刺激（降低利率），視為恢復對商品和服務正常需求的方法，從而確保勞工充分就業和充分利用資本財。他們主張積極運用財政和貨幣政策，來對抗經濟衰退和失業。

受山繆森、索洛及其他知名經濟學家的擁護所激勵，凱因斯思想在一九五〇、六〇年代擁有不少支持者。甘迺迪總統在提出重大減稅案時，便舉凱因斯的理論為依據，此案最後在詹森總統（Lyndon Johnson）任內，於一九六四年通過。普遍認為，一九六〇年代的經濟榮景應歸功於這項減稅案。尼克森總統則在一九七一年宣示：「我現在是凱因斯經濟學的信徒。」不過到我進研究所時，凱因斯學說已經光環不再，至少在學者當中是如此。這一派的主張在學界式微，部分反映出美國一九七〇年代的經濟表現不佳，尤其是通貨膨脹顯著上升，其成因被歸咎於政府支出過多：為越戰和詹森總統的大社會（Great Society）計畫，還有貨幣政策太過寬鬆（利率太低的時間太長）。許多經濟學家也質疑凱因斯學說的理論基礎。比方，工資和物價為何會像凱因斯模型所要求的那般僵固，而不是隨供需壓力而自由調整？當年的凱因斯模型對此並沒有解釋清楚。

為回應此種不滿，在芝加哥大學羅伯特·盧卡斯（Robert Lucas）、明尼蘇達大學湯瑪斯·薩金（Thomas Sargent）及同校愛德華·普瑞史考特（Edward Prescott）領導下，一群經濟學家發展出新古典總體經濟學（New Classical macroeconomics），這三人後來也都獲得諾貝爾獎。盧卡斯等人以現代化和數學的形式，重現了亞當·史密斯（Adam Smith）「看不見的手」的古典經濟學觀點，即市場會自我調整，也就是即使每個買方和賣方，純粹出於自私動機而行動，自由市場仍可產生符合社會期待的結果。他們放棄凱因斯的工資與物價僵固概念，假定市場總是處於供需平衡的狀態，而例外僅在短期間會出現。要是果真如此，那衰退便不像凱因斯學派所認為的，代表資源的大量浪費。衰退反而是經濟以或多或少的優化方式，針對各種變化，如生產力的成長趨緩，進行調整的時期。

相對於凱因斯學說，新古典經濟學對政府干預經濟是否有其必要和功效，持悲觀看法。特別是，他們認為如果工資和物價能夠快速調整來平衡供需，那貨幣政策對生產和就業，充其量僅有短期的效應。

我當研究生時，新古典學派的影響力很大，部分是因為它在研究方法上的創新。不過許多經濟學家雖同意傳統凱因斯學說有其缺失，但不太能接受新古典學派的結論，尤其是認為貨幣政策對就業或生產只有短暫效果這一點。這種理論到一九八〇年代初，彷彿更說不通了。當時由保羅·伏克爾（Paul

Volcker）任主席的聯準會，為了讓經濟降溫，使通貨膨脹下降，把利率提到很高的水準。伏克爾的政策雖然克服了通貨膨脹，卻也帶來深遠而持久的衰退——與認為那種情形不應該會發生的新古典學派理論直接牴觸。

有些研究者設法把新古典學派的洞見和技術發展，納入現代化後的凱因斯理論中。在MIT就有一位，是來自北羅德西亞（Northern Rhodesia）的年輕教授史丹利・費雪（Stanley Fischer）。他們結合新古典派和凱因斯派的思想，形成所謂新凱因斯派綜合體（New Keynesian synthesis），這是今日大多數主流經濟學家的思想基礎。新凱因斯派學者嚴謹地運用新模型和研究法，復興了工資及物價僵固可能導致市場長期供需失衡的看法。於是他們回到當初凱因斯認為，衰退是一種浪費的論點，並恢復財政與貨幣政策，在促進經濟達到接近完全就業上的地位。

我身為研究生，又剛接觸這些爭論，所以不會一味地贊成或反對凱因斯學說。我僅是看著自己的知識追求之旅，會把我帶到哪裡。經過一段時間後，我逐漸相信，在新古典學派和其他思想流派的洞見加持下，新凱因斯學派思想是實際制定政策的最佳框架。

研究所一年級快結束時，影響我研究方向最大的是史丹利・費雪。我上完他的總體經濟學與貨幣政策（一）之後，便跑去找他談，可不可能以這些領域作為研究重心。史丹利建議我看幾本書，有一本是一九六三年出版，米爾頓・傅利曼（Milton Friedman）與安娜・史瓦茲（Anna Schwartz）合著的《美國貨幣史：一八六七至一九六〇》（A Monetary History of the United States, 1867–1960）。史丹利・費雪告訴我，這本八百六十頁的巨著，我要不就是看得津津有味，要不就是昏昏欲睡，我應該根據自己的反應決定要不要研究這領域。

我覺得這本書很好看。在研一大多的時間裡都花在消化吸收數學研究法之後，我特別喜歡傅利曼和史瓦茲以歷史為主的角度。他們檢視近一個世紀的美國史，設法從中了解貨幣政策如何影響經濟，尤其是他們論證了聯準會三度緊縮貨幣供給，如何使大蕭條演變到那種可怕的地步：一次在一九二九年股市暴跌前，兩次在大蕭條初期。讀過傅利曼和史瓦茲的這本書後，我知道自己想要研究什麼，所以我的學術生涯從頭到尾都以總體經濟和貨幣問題為主。

那些年我的人生經歷了另一個重大的變化。一九七七年十月，在MIT的第三年，我正著手寫論文時，認識了安娜・佛瑞曼（Anna Friedmann）。她當時在MIT西方十四哩外（約二十二公里半）的衛斯理學院（Wellesley College）就讀大四，主修化學，副修西班牙文。替我倆安排見面的是我在哈佛的室友麥克・史密斯，後來也是我的男儐相。麥克因他當時交往的女友妮可・艾洛尼而想到，可以介紹與妮可同住的安娜給我認識。後來，她們倆在衛斯理的國際學生中心，為麥克和我做了義大利麵晚餐，飯後還一起打了乒乓球。安娜之後回憶道：「妮可覺得我是個書蟲，班更是個書呆子，所以她認為我們兩個應該認識一下。」安娜熱情外向而我害羞內向，互補的性格促成了我們的交往。

安娜的家庭背景與我相似：我們都是東歐猶太人的後裔，可是生長的環境天差地別。她的父母奧圖（Otto）和蘭卡・佛瑞曼（Lenka Friedmann）是納粹大屠殺的倖存者。一九四三年他們新婚不久，住在亞德里亞海岸（Adriatic Coast）的南斯拉夫史普利特（Split），今屬克羅埃西亞境內。當初德國占領南斯拉夫後，成立親納粹的克羅埃西亞傀儡國，他們倆便計畫與奧圖的父母、兄弟及蘭卡的母親一起離開。某天半夜有人猛敲前門。原來是德國人和其克羅埃西亞同夥正在圍捕猶太人，慌張間，他們除了衣服外什麼都沒帶，就從後門逃走。在塞爾維亞游擊隊的協助下向北逃走，翻過阿爾卑斯山進入義大利。奧圖的父母、兄弟及蘭卡的母親沒能逃出來，他們死於克羅埃西亞法西斯政權的亞塞諾瓦茨（Jasenovac）集中營。

奧圖和蘭卡先暫居義大利南部沿海城市巴里（Bari），安娜的哥哥維克多（Victor）一九四四年在此出生。戰後全家遷至羅馬市郊的小鎮格洛塔費拉塔（Grottaferrata），一九五六年安娜在那裡出生。在義大利當局取締非法移民的行動後，他們移民美國，安娜當時還是嬰兒。佛瑞曼家在有親戚的丹佛定居下來。

雖然安娜的父母親都沒有唸完高中，不過佛瑞曼家最重視的是教育。維克多畢業於哈佛，在MIT取得碩士學位，後來成為石油工程師。安娜靠全額獎學金唸衛斯理，當時是維克多向父母保證，雖然該校只收女生卻是一流學府，父母才同意讓安娜去讀。她為父母主修化學，但真正的興趣在拉丁美洲文學。是她介紹我認識加布列・賈西亞・馬奎斯（Gabriel García Márquez）和豪爾赫・路易斯・波赫士（Jorge Luis Borges）的作品。

我們初次見面後兩個月，我便向安娜求婚。我們在一九七八年五月二十九日，安娜畢業後三天，在波士頓的以色列教堂結婚。之後，我們到義大利度蜜月，探訪佛瑞曼家在格洛塔費拉塔的住處，並與安娜的父母和哥哥住在那裡時認識的人碰面。

我們婚後的第一個家，是一間蟑螂為患的小公寓，位於一棟棕褐色磚造六層樓建築內，距哈佛廣場（Harvard Square）有三條街。我的國家科學基金會獎學金已經到期，所以我們的生活僅靠我的助教獎學金，和安娜在哈佛廣場一家驗光所當接待員的薪水。我們每周有五美元的娛樂預算，就是一起到公寓對街打小鋼珠。

我一面完成論文；一面申請教職，哈佛、史丹佛、普林斯頓及其他學校，都願意聘我為助理教授。安娜也申請到幾個西班牙文學的研究所。後來我們達成共識去史丹佛。

我即將教書和安娜入學前的那個暑假，我們和研究所同學傑若米．布羅（Jeremy Bulow），在史丹佛校園附近同租一棟房子。為分攤房租，我們又邀請傑若米認識的馬克．吉特勒（Mark Gertler）也住進來。馬克一年前拿到史丹佛的博士學位，已安排好暑假要回校做研究。馬克和我都對即將展開的事業感到興奮，我們也發現彼此有很多共同的興趣。我們一見如故，由此開啟了一段長久而成果豐碩的合作與友誼。

我在史丹佛的第一個挑戰是教學。我的職位是在商學研究所，而不是在經濟系。二十五歲的我比許多學生還年輕，因為他們都是做了幾年工作才回學校再進修的。他們看我年輕又缺乏經驗，不免心生疑慮，這也很合理。因為他們多半自食其力，也期待所繳的學費能夠物超所值，而我所受的訓練卻以理論經濟學為主。不過我很快學會把講課內容，與學生想做的事相互連結。比方說，我要他們分析新興市場國家的經濟政策，再思考分析研究結果對到那些國家去投資或設立公司的意義。這段經歷有助於我以更實用的角度去研究經濟學。同時，我也發現自己很善於解說。

我在ＭＩＴ讀過傅利曼和史瓦茲的著作後，成了大蕭條時期迷，就像有人是南北戰爭迷一樣，我不但讀有關那個時期的經濟，也讀政治、社會與歷史。不過最根本的問題——我稱之為總體經濟學的聖杯：是大蕭條為何會發生，為何持續那麼久，影響那麼深。（這基本上跟我童年時在夏洛特問外婆的問題沒有兩樣。）在傅利曼和史瓦茲之前，普遍的看法，根據約翰．肯尼斯．高伯瑞（John Kenneth Galbraith）一九五四年所著《一九二九年大崩盤》（The Great Crash, 1929），認為大蕭條係由一九二〇年代過度的投機，和隨之而來的股市大崩盤所引發的。傅利曼和史瓦茲卻指出，一九三〇年代初的貨幣供給崩潰，才是大蕭條更重要的起因，而非股市大崩盤。貨幣供給遽減之所以危害經濟，主要在於它會導致嚴重的通貨緊縮（工資和物價下降）。美國的物價在一九三一和三二年下跌近10%。如此劇烈的通貨緊縮，造成家庭與公司因預期價格會再跌而延後採購和資本投資，以致壓抑了需求與生產，再加上，採取國際金本位制的國家，彼此產生貨幣上的連結，因而又把美國的通貨緊縮和蕭條散播到國外。

傅利曼和史瓦茲的見解很有啟發性，可是我懷疑，儘管貨幣供給崩潰和隨後的通貨緊縮如此嚴重，是否即足以解釋大蕭條的深度和長度。美國一九二九年大崩盤前的失業率還在5%以下，到一九三三年劇升至25%。雖然通貨緊縮多半發生於一九三三年之前，可是直至美國參戰前夕，失業率才降到10%以下。在我看來，銀行體系瓦解後借不到錢，必然也是經濟蕭條的重要因素。一九二九至三三年，美國二萬五千家銀行中有超過九千七百家倒閉。

這五年期間，美國有三分之一以上的銀行關門，以至於阻礙貸款流通，損害經濟，這種觀點在今日看來或許稀鬆平常，可是我首篇以此為主題的論文，在學術會議和研討會上卻得到懷疑的反應。當年很多經濟學家視金融體系為「表面文章」：基本上只是紀錄誰擁有什麼的會計制度，並不是可單獨對經濟造成重大影響的力量。他們認為，如果某家公司原本來往的銀行倒閉，它絕對可以在別處借到錢。

實際上，要找到替代的融資來源不見得那麼容易。銀行停業導致累積的經驗、資訊、及關係網絡被摧毀，它所服務的區域和企業可能為此付出極高的代價。把這種損失乘以九千七百多家銀行的數字，就可以很容易理解，為何貸款無門可以解釋大蕭條之所以那麼嚴重。我的論文花了一點時間才得以出版，一九八三年六月，它終於在經濟學界聲譽最高的刊物《美國經濟評論》（American Economic Review）上，以主打文章刊出。

後來有一篇我與普林斯頓歷史學者哈洛．詹姆斯（Harold James）合寫的論文，是從國際環境找到證據來支持我們對大蕭條的詮釋。我們研究大蕭條時期二十二國的經歷，發現基本上有兩個因素，支配著各國經濟走弱的嚴重程度。一個因素是守住金本位時間的長短。（較早放棄黃金的國家，貨幣供給得以成長，從而逃過通貨緊縮。）這項發現與傅利曼和史瓦茲強調貨幣供給的主張一致。第二個因素是該國銀行業的危機有多嚴重，這符合我認為貸款與貨幣都很重要的觀點。

一九八〇和九〇年代的大部分時間，吉特勒與我〔後來又加入他的一個學生，目前在波士頓大學的賽門．吉克萊斯（Simon Gilchrist）〕都投入分析金融體系的問題如何使經濟衰退更為惡化。我們歸納出一種現象，稱之為「金融加速因子」（financial accelerator）。其基本概念是，衰退往往擾亂貸款的流動，流動不順又會加重衰退。銀行在經濟衰退時，因損失增加，放款時會更為小心。而借款者因財務狀況惡化，信用價值也降低。當銀行更為謹慎，借款者信用條件變差，貸款的流動受到束縛，連帶阻礙家庭採購及企業投資。而這些支出的減少又加速衰退的腳步。

擴大來說，我們的研究強調，健全的金融體系對經濟十分重要。譬如，衰退開始時，如果家戶和企業的負債水準很高，衰退就會更嚴重，因為所得和獲利下降，使得借款者較難償還已有的債務或是借更多錢。同理，要是在衰退的開端，一國的金融體系已經狀況欠佳，那經濟很可能每況愈下。在大蕭條等極端的案例中，銀行體系瓦解可能拉長經濟衰落的期間。

金融加速因子理論也有助於解釋，通貨緊縮除了會導致家庭和公司不採購之外，為何還會有如此大的殺傷力。假定工資和物價都在下跌，甚至或其成長的速率比預期緩慢，借款方的收入可能就不足以使他們有能力清償貸款。一旦有還款壓力，借款者自然會減少其他類別的支出，而且較差的財務狀況也使他們不易再借到錢。一九三〇年代的通貨緊縮，導致眾多破產和呆帳，使得已經惡化的狀況雪上加霜。

我的閱讀和研究在腦海裡，印下一些大蕭條教導央行首長和其他決策者的教訓，那是經久不變的。第一，在衰退、通貨緊縮或兩者皆是的期間，應強勢採取貨幣政策，以恢復充分就業及正常的通貨膨脹水準。其次，決策者必須決斷地付諸行動，以維護金融穩定和貸款的正常流動。

自大蕭條學到的更一般性的教訓，是決策者面對特別情況時，必須有跳脫框架思考、必要時得挑戰正統的心理準備。一九三三年就任的羅斯福總統便是一個典範，他面對顯然十分棘手的衰退，勇於進行大膽的實驗。他的某些實驗雖不成功，如一九三三年的《全國產業復甦法》（National Industrial Recovery Act），試圖以減少產業競爭來中止價格下跌，不過也有對經濟復甦十分關鍵的實驗。其中最著名的是，他挑戰當時的正統，一九三三年以一系列的步驟放棄金本位。當貨幣供給不再受限於政府持有的黃金數量，通貨緊縮幾乎立即停止。羅斯福也以暫時關閉全國的銀行（讓銀行放假），然後只允許經評定為健全的銀行重新開門營業，同時推動建立聯邦存款保險的立法，來平息愈演愈烈的金融危機。這些措施遭到正統派經濟學家和保守派企業領袖的強烈批判。它們確屬實驗，但是加在一起卻發揮了效用。

當我在史丹佛即將邁入第六年，我開始思考未來有哪些選擇。資淺教師在服務六年後，通常不是獲得終身教職就是另謀他就。而校方已告知我，我很有希望得到終身教職。可是當時的普林斯頓教務長、經濟學家雨果・桑能協恩（Hugo Sonnenschein），在一次造訪史丹佛的機會中，力邀我到普林斯頓任教。普林斯頓最著名的總體經濟學家艾倫・布林德（Alan Blinder）也打電話來。一九八三年我在史丹佛已由助理教授升為非終身的副教授。此時我三十一歲，史丹佛和普林斯頓都願意給我正教授的資格。

在專業上我兩個學校都喜歡，可是安娜偏好普林斯頓。六年前，我倆都熱切地想要改變，想要離開劍橋和衛斯理，也渴望有機會住在加州。小兒喬爾（Joel）一九八二年十二月出生，安娜認為普林斯頓綠樹成蔭的郊區，更有益於居家生活。於是我同意這個選擇。

我們在一九八五年橫跨美國，搬到紐澤西州的歷史性村落洛磯丘（Rocky Hill），它位於普林斯頓校園以北四哩（約六．四公里），人口約七百人。我們買下一棟兩層樓殖民時代式的房屋，有寬大的院落，而且我們都很高興可以從裝著落地窗的門廊望出去，能夠看到一株蘋果樹、一株無花果樹，及一大株杜鵑花。左鄰右舍每一家好像都有小孩。孩子們漫遊於各家的院子之間。小女艾麗莎（Alyssa）一九八六年六月出世。普林斯頓經濟系資淺教師大衛和克麗絲汀娜．羅梅（David and Christina Romer），住在距我們一條街外，正在等候新生命出世。

我們在洛磯丘住了六年後，搬到蒙哥馬利鎮（Montgomery）更大的房子，距校園北方約有八哩（約十二．八公里）。不止是我們，有孩子的家庭紛紛湧入此鎮，使一個農業區快速變成紐約市的遠郊。鎮上的學校，學區也涵蓋洛磯丘，很快就因入學新生愈來愈多而人滿為患。安娜和我都從事教職（此時她在私立普林斯頓日校教授西班牙文），我們都強烈認為，每個兒童都有權接受優質的教育。我們自己的孩子是上公立學校。參與當地家長圈比我深入的安娜，說服我競選當地教育委員會的委員，或是如她後來所說：「是我強迫他選的。」

我當選了兩次，待了六個累人的年頭。像我們這種遷入者想要有更多更好的學校，而長期的在地居民卻擔心辦學校要花錢，於是兩方不斷地起爭執。我觀察到，大家最關心的事，有兩件：即爭取自家子女的福祉和繳最低的稅率，這是一個兩種衝突價值的實例。二〇〇〇年，我在教委會的最後一年，在表決要不要提請選民同意，發行公債為新學校籌款，並以提高房地產稅來償債時，正反雙方票數相同，而我投下關鍵的第五票贊成票。五年後，一所全新的高中落成啟用。那時，安娜與我已遷居華盛頓，喬爾和艾麗莎也都已經讀大學了。

我在普林斯頓的研究興趣，受到新同事和各種經濟學概念所影響而不斷演變。我開始更著重於貨幣政策：它如何運作、如何測量它是鬆是緊、如何評估貨幣政策改變的經濟效應。我對貨幣政策的興趣，讓我接下三家地區性聯邦準備銀行（波士頓、費城及紐約）的顧問諮詢角色，也讓我能到華盛頓的聯準會總部，去拜訪理事會，並向理事會簡報。

我知道制定貨幣政策的過程本身相當複雜。世界各國大多數的央行，均由委員會來做政策決定，委員們必須廣泛地分析經濟資訊。他們光是通過有關貨幣的決策還不夠：對於這些決定和所依據的理論基礎，也必須明確地加以溝通，包括傳達給立法機關（通常是負責監督央行者）和市場參與者（因為貨幣決策的效果如何，利率和資產價格的反應十分關鍵）。如果有條理清楚的理論架構為基礎，在制定政策時可能比較容易前後一致，溝通也會比較有效。我發現自己對各國央行採用的政策架構，及這些架構可以如何改進，愈來愈感興趣。一九九二年，我與哥倫比亞大學費德烈·「瑞克」·密希金（Frederic "Rick" Mishkin）合作，完成一系列對六個主要央行所用的架構的個案研究。瑞克與我在唸研究所的時間有重疊，又發現我倆有相似的興趣，包括著迷於金融危機和大蕭條。相對於馬克·吉特勒的冷靜低調，瑞克性子急、主觀強烈，有時則滑稽得令人爆笑。

瑞克與我合作的初始，有一個特別看好的貨幣政策制定架構，即通貨膨脹目標化（inflation targeting），當年還是很新的東西。簡單來說，採行通貨膨脹目標化的央行，會公開承諾在一定時間範圍內，如一至兩年，要達到特定的通貨膨脹率，如２％。

當然央行不可能光靠宣示，就能達得到低而穩定的通貨膨脹。它必須以調整貨幣政策的行動，來支持它所做的承諾：要它在明訂的時間範圍內，達成通貨膨脹目標的需要，不外乎是提高或降低基準利率。央行若無法說到做到，則訂定官方目標並無多大幫助。然而宣布通貨膨脹目標，有導入紀律和追究責任的作用，因為它迫使決策者要不就達成目標；要不就得為無法達成提出具說服力的解釋。的確，經常與大眾溝通——對未來，說明央行的目標與達成目標的計畫；對過去，回顧以往的表現——是大部分通貨膨脹目標化策略的關鍵要素。紐西蘭央行是通貨膨脹目標化的開拓者，自一九九〇年開始實施。加拿大在一九九一年跟進，然後是英國、瑞典、澳洲、智利、以色列及其他國家。到最後多達數十國，有先進也有新興市場經濟體，均採用了這種做法。

在一九九七年的後續研究中，瑞克和我檢視最早採用它的那些央行，得到了什麼經驗，並探詢美國是否能因採取通貨膨脹目標化而受惠。後面這個問題有爭議性，因為聯準會向來重視其自由裁量權，彈性應對經濟情勢，不受公開宣示的目標所束縛。如同批評通貨膨脹目標化者所說，在保羅·伏克爾和艾倫·葛林斯班兩位主席主持下，聯準會運用其裁量權收到很好的效果：把通貨膨脹由一九八〇年的高峰13.5％，降至一九九〇年代末的２％左右。

不過瑞克和我則認為，通貨膨脹目標化可改善美國的貨幣政策。因為，設定長期通貨膨脹目標，等於許下制度性的承諾，將繼續實行伏克爾與葛林斯班的政策，那些政策曾降低和穩定通貨膨脹，並帶來一九八〇及九〇年代兩度的長期經濟擴張。同樣重要的是，從我倆的角度看，伴隨通貨膨脹目標化而來的政策透明度，可塑造出市場對未來利率走向的預期，從而幫助聯準會更易達成其目標。反之，透明度較低的政策，會引起市場不斷做不必要的臆測。

我在其他論文中主張，通貨膨脹目標化不但可協助通貨膨脹太高的國家，對於相反的有通貨緊縮問題的國家，如日本，也有用處。日本在一九九〇年代走過「失落的十年」（後來變成失落的二十年），交替經歷了低於水準的成長和毫無成長的經濟緊縮。雖然日本有不少問題，包括人口成長緩慢、勞動力老化、農業與服務業效率低、以及銀行經營不善等。然而我覺得，對於日本由全球最活躍的經濟體之一，變成在先進經濟體中可能是最停滯不前的，一九九〇年代初日本股市和房市崩盤後的通貨緊縮，必然是個主因。

我在一九九九年的一篇論文中指出，通貨膨脹目標化不僅可協助日本避免落入通貨緊縮（引導日本央行「日本銀行」（Bank of Japan），對走低的通貨膨脹更快做出反應），事後它也是走出通貨緊縮的一劑藥方。當年日銀已經把短期利率降至零，並保證「在通貨緊縮的疑慮消退前」會維持零利率。那時日本的物價仍在下跌，所以需要比這更寬鬆的貨幣政策，但是日銀決策者一再表示，利率無法降至零以下，他們已經盡其所能了。我不同意。首先我認為，日銀與其不斷就結束通貨緊縮，提出模糊的保證，不如明訂通貨膨脹目標，設法轉移大眾對通貨膨脹的預期[4]。其次，我主張，就算短期利率為零，日本還是有其他刺激經濟的工具，比如買進大量金融資產：米爾頓．傅利曼也做過這種建議。

我認為我對日本狀況的診斷是正確的。日銀也確實在約十四年後採取了我的建議。只是我提出意見

4. 我在論文中建議，暫設通貨膨脹目標為3％至4％。我提出這較高通貨膨脹率的原因，在於多年通貨緊縮已導致物價水準，遠低於借款者當初申請長期貸款時的預期，這意味著債務負擔比借款者原本預計多出許多。若有一段時間的通貨膨脹高出正常水準，可抵銷長期通貨緊縮造成的影響。不過我的論點關鍵，不在於通貨膨脹目標的數值，而在於要有特定的目標宣布出來。

的語氣有時很不客氣。二〇〇〇年一月在波士頓的某個會議上，我劈頭就問日本官員是否在「自廢武功」；我指責他們「為逃避採取行動，便拿制度或技術上的小困難作為擋箭牌」；我批評他們對於像我這類學者提出的有用建議，回應「邏輯混淆或前後矛盾」，我的結論是怪罪他們不肯實驗。我武斷地說：「或許該是日本拿出一點羅斯福式的決心的時候了。」多年後，當我承受來自政客、媒體社論，甚至經濟學家同行，質疑我的動機且令人難堪的批評時，我但願自己能夠收回當年的話。二〇一一年，在回答日本某報特派員的問題時，我坦承：「我現在對央行官員比十年前多了一份同情。」

一九九六年我受邀擔任普林斯頓經濟系系主任，一做就是六年。擔任系主任享有聲望，也有一些規劃系務的權力，但是實質的權威並不大。重要事項得由全體教師一致同意才能決定，而學校行政體系也會參與相當意見。我後來開玩笑說，重要決策由我負責，例如要不要在系上咖啡時間，供應甜甜圈或貝果。聘用教師和決定是否給予終身職，引起的爭論最熱烈。教授們往往力推見地與他一致，或是可增強自己系內同一專精領域的同事。很快我便發現，在一群主見極強、自視甚高的人當中，想用命令方式來解決爭議是行不通的。我必須磋商、聆聽、再聆聽。一旦人有機會表達心中塊壘，即使對結果不滿意，多半也可以接受。

系主任的任期快要結束時，我期待卸下行政職務，多花點時間在專業研究和著述上。在那不久前我才接下兩個職位，可以使我在貨幣經濟學的研究方向上，發揮更大的影響力。二〇〇〇年我被任命為國家經濟研究局（National Bureau of Economic Research）（總部設於麻州劍橋的非營利機構）貨幣經濟學計畫主任；一年後我獲選為《美國經濟評論》主編。我也開始撰寫有關大蕭條的書籍，希望訴求更廣大的讀者。當時我已寫完一百二十頁，而書名也想好：《錯覺時代：政客及央行官員如何造成經濟大蕭條》

（Age of Delusion: How Politicians and Central Bankers Created the Great Depression）。

二〇〇二年初，我在經濟系辦公室外的電話鈴聲響起。是格倫·哈伯德（Glenn Hubbard）打來的，他是哥倫比亞大學教授，正在休假，且擔任小布希總統的經濟顧問委員會（Council of Economic Advisers）主席。「你要接這通電話嗎？」祕書問道。

第三章　理事還是州長

Governor

格倫問了一個簡單的問題：我有沒有興趣到華盛頓去，與總統談一談可能出任聯準會理事的事？這個問題出乎我意料之外。我研究貨幣政策和聯準會已有多年，可是大多是從外人的角度。坦白說，我從未想過要參與這個機構，並做決策。

我考慮格倫的提議，也和安娜商量。那對我們倆都是重大的決定。對我來說，事業上，那代表要離開研究和教學工作好幾年，而我當系主任才剛要屆滿，主編《美國經濟評論》也才滿一年，可能必須辭去。到華盛頓任職，家人也得犧牲。要安娜和艾麗莎跟我一起搬過去，對她們不公平：艾麗莎還在唸高中。所以我必須一個人住在華府，周末再通勤回紐澤西。當時，十九歲的喬爾正在麻州大巴林頓上賽門岩學院（Simon’s Rock College）。

然而暫時轉任聯準會，可以讓我從美國最有權力的機構之一的內部，去見識決策的過程。我對聯準會所有的工作都有興趣，包含銀行監管。不過吸引力最大的是，有機會參與美國的貨幣政策。我整個學術生涯都在研究貨幣經濟學和貨幣史。我自問，如果經濟學不能用於改善決策，從而增進人們的福祉，那這門學問有什麼用處？美國仍未自九一一恐怖攻擊的震驚中復原，我們的鄰居，也是好友，便死在紐約世貿中心，我知道許多人都會被徵召去為國效力。在聯準會擔任公職，根本比不上士兵和救難人員所承擔的，不過我希望至少可以貢獻棉薄。經安娜同意，我回電格倫，告訴他我有興趣。

我在研究工作上曾廣泛閱讀關於聯準會的歷史和功能。視計算標準而定，它可算是美國第四度設立的中央銀行。在美國憲法獲得批准前，國會即特許私有的北美銀行（Bank of North America，一七八二至一七九一），為實質的央行。其次是美國第一銀行（First Bank of the United States，一七九一至一八一一），由財政部長亞歷山大·漢彌頓（Alexander Hamilton）倡議設立，但國務卿湯瑪斯·傑佛遜（Thomas Jefferson）和詹姆士·麥迪遜（James Madison）均極力反對。它在金融家及大型銀行普遍不信任下，度過了二十年的特許期。再來是美國第二銀行（Second Bank of the United States，一八一六至一八三六）。國會曾通過延長第二銀行的特許權，但是傑克森總統（Andrew Jackson）一八三二年加以否決，此舉充分反映出民眾對銀行的傳統敵視，之後國會即未再嘗試延長。

雖然沒有央行，美國仍於一八六二年建立了自己的貨幣：美元，取代由州特許的私人銀行各自發行貨幣的制度。一八七三年，美國恢復南北戰爭期間暫停的金本位。可是一八三六年後美國一直沒有央行，導致嚴重的缺失。最明顯的就是，沒有政府機關可以因應一再發生的銀行擠兌和金融恐慌，使得經濟備受衝擊，重大恐慌發生於一八三七、一八五七、一八七三、一八九三和一九〇七年，小規模事件也不斷。

其實美國終於成功創立央行的最後一次努力，是一九一三年由威爾遜總統所領導，其促因正是一九〇七年的金融恐慌。自一九〇七年十月開始，紐約市存戶的擠兌，加上一家名為尼克波克信託（Knickerbocker Trust）的大型金融公司倒閉，導致股價暴跌，經濟嚴重衰退。由於沒有央行，便由傳奇金融家約翰・皮爾龐特・摩根（J. Pierpont Morgan）領導的財團出面，設法平息恐慌，對遭擠兌的銀行提供貸款，檢查其帳冊，並向民眾提出保證。這時，政府束手無策，卻由一介平民代行，實在顏面無光。為此，國會於一九〇八年設置國家貨幣委員會（National Monetary Commission），研究美國是否可設立中央銀行和如何設立。威爾遜尚未就任前，已有數項立法草案提出。

當時的金融專家都很清楚，對於面臨存戶擠兌威脅的銀行，央行可以接受這家銀行的貸款和其他資產，作為擔保品，出借現金給這家銀行，幫忙終止金融恐慌。央行解決金融恐慌的經典藥方，見於英國記者、經濟學家、兼《經濟學人》雜誌長期主編沃爾特・白芝浩（Walter Bagehot），一八七三年寫的一本小書《隆巴底街：貨幣市場速寫》（Lombard Street: A Description of the Money Market）。白芝浩建議，央行為平息恐慌，應無限制地以高利率，憑藉有效的抵押品，借錢給銀行，這個原則現在稱為白芝浩原則（Bagehot dictum）。

當發生金融恐慌時，存戶和其他短期資金的金主，因害怕金融機構倒閉，自己的錢收不回來，就搶著提領現金。即使是營運正常、有償付能力的銀行，也禁不起持續的擠兌。其現金很快便被提光，剩餘資產包含貸出款項在內，一時也不易出售，除非是賤價拍賣。所以因存戶和其他金主擔心銀行倒閉而引起的擠兌，很可能就會真的搞垮這家銀行。面對恐慌，央行憑優質的抵押品無限制借錢，即擔任「資金的最後貸款者」（lender of last resort），可以補充被提領的現金，避免銀行被迫以跳樓價出售資產，使原本沒有問題的金融機構不致崩壞。一旦存戶及其他短期金主相信，他們的錢是安全的，恐慌即會終止，然後向央行借款的銀行就會還錢並支付利息。白芝浩寫那本書時，英格蘭銀行（Bank of England）是全世界首屈一指的央行，十九世紀大多數時候，它均成功地扮演「資金的最後貸款者」角色，使層出不窮令美國頭痛的銀行恐慌，不致發生在英國。

美國需要一個中央銀行，才能充分發揮全球經濟與金融強國的潛力。但是要爭取設立央行的政治支持，始終是個挑戰。中西部農民，還有擔心央行會為東部金融界利益而犧牲他們的人，都直言不諱地反對。為此，威爾遜總統、維吉尼亞州聯邦參議員卡特・格拉斯（Carter Glass）與其他人，提議創辦一個真正全國性的中央銀行，來照顧國家整體利益，而非僅顧及金融業者的利益。為達此目標，威爾遜和格拉斯支持一種特別的架構：新的央行將不是設在華盛頓或紐約的單一機構，而是一個聯邦體系（federal system）〔因此建議的名稱為聯邦體系（Federal Reserve）〕，下設八至十二家半自主的準備銀行（Reserve Bank），分布於全美各城市。每家準備銀行負責一個區域。最後共計特許設立了十二家[5]。

這十二家準備銀行，與美國之前的央行及外國的許多央行一樣，理論上是私人機構，卻擔負公共目的。每一家自設總裁和董事會，董事選自該區的民間人士，包含商業銀行業者。各準備銀行享有因地制宜的若干決策自由，包括訂定利率，即它願意貸款給區內商業銀行的利率。如威爾遜所說：「我們刻意把各區的準備銀行分散開來，假若它們還不能行使最大程度的獨立權，我們會感到極度失望的。」監督

5. 今日各準備銀行仍在當初聯邦準備體系成立時所在的城市：波士頓、紐約、費城、克里夫蘭（Cleveland）、里奇蒙（Richmond）、亞特蘭大（Atlanta）、芝加哥、聖路易（St. Louis）、明尼亞波利斯（Minneapolis）、堪薩斯市（Kansas City）、達拉斯（Dallas）及舊金山。這些準備銀行也在各自區內的城市設有分行，共二十四家。

各準備銀行和整個體系的責任，則交給聯邦準備理事會（Federal Reserve Board），由常駐華盛頓的政治任命理事組成。最初的理事會裡有兩位依職權而出任的政府官員：財政部長和通貨監理局局長（通貨監理局（Office of the Comptroller of the Currency, OCC）是國民銀行的主管機關）。國會接受這個方案，於一九一三年通過聯邦準備法（Federal Reserve Act），翌年聯邦準備體系開始運作，但是未能及時阻止一九一四年發生的另一次重大恐慌。

聯邦準備體系的革新設計，創造了代表全國且政治上更能持久的機構。可是它也製造出沒有強勢中央監管，也沒有明確權力劃分的複雜體系。有一度，姓名很合適的班傑明・史壯（「強壯」）（Benjamin Strong），紐約聯邦準備銀行總裁，提供了有效的領導。（史壯年輕時是金融界的明日之星，也是摩根的門徒之一，曾協助摩根終止一九〇七年的恐慌）。可是史壯一九二八年過世後，便不再有同等魄力的人繼起。事實證明大蕭條時期的聯準會太過消極。它未能發揮「資金的最後貸款者」角色的效用，阻止不了迫使數千家小銀行關門的擠兌，聽任貨幣供給崩潰，這就是傅利曼和史瓦茲強調的錯誤。其後羅斯福總統的改革，強化了聯準會對各準備銀行的權威，也取消了由財長和通貨監理局局長擔任理事，提高聯準會對行政部門的獨立地位。

如今理事會共有七席理事，由總統任命，經參院批准，任期可以長達十四年。新理事職位每兩年會新聘一次；有職位出缺時，可隨時任命新成員。例如考慮我接任的職位就是任期剩下不到兩年的理事。若要留久一點（我自己並未料到），必須由總統重新提名，參院再次批准。理事會設有主席和副主席，被提名經批准出任這兩個領導位置的理事，任期為四年，可延長[6]。我接到格倫・哈伯德的電話時，主席是艾倫・葛林斯班，他自一九八七年起便是主席。理事們的任期長且多有重疊，目的在使理事會享有更多免於政治壓力的獨立性，不過這個效應實際上會被稀釋掉的，因為理事們幾乎不會做滿任期才離職。

為改進貨幣政策的績效，羅斯福的改革也設置了新機關：聯邦公開市場操作委員會〔Federal Open Market Committee（FOMC）〕，取代聯準會原先的一些內部委員會。聯邦公開市場操作委員會監督聯準會買賣政府證券，那是聯準會決定短期利率，影響貨幣供給的主要工具。自設立以來，其成員共有十九人：聯準會七位理事和十二家準備銀行的總裁。照慣例，聯準會主席也是聯邦公開市場操作委員會的主席。每次會議雖有十九位決策者來開會，但僅有十二人能夠投票：七位聯準會理事、紐約聯邦準備銀行總裁，及其他十一位總裁中的四位，採逐年輪流制。這種複雜的設計使區域任命的準備銀行總裁，對決定貨幣政策也能發表意見，不過政治任命的聯準會理事永遠占多數。

一九七七年，國會明訂貨幣政策目標。國會指示聯準會要同時追求「最大就業」和「物價穩定」。這兩個目標構成聯準會所謂的雙重授權[7]。雙重授權一是確保聯準會非民選的技術官僚，負有民主的責任，二是形成其本身獨立地位的基石。聯準會無法選擇自己的貨幣政策目標，那是法律明定的。不過在國會監督的架構下，聯邦公開市場操作委員會可以決定用什麼方式，最能達成法定的目標。國會的監督工具之一是一九七七年通過的法律裡，規定理事會每半年要到國會作證，說明它設定的經濟目

6. 二〇一〇年〈達德—法蘭克華爾街改革與消費者保護法〉（Dodd-Frank Wall Street Reform and Consumer Protection Act）增設一位主管監理的副主席。截至二〇一五年初尚未補實。

7. 其實這個法律還訂有第三貨幣政策目標：低長期利率。由於低通貨膨脹時長期利率往往也低，預期再來也不會升高，因此這第三任務被視為包含在物價穩定目標內，聯邦公開市場操作委員會做決策時不常列入考量。

標。一九七八年的韓福瑞—霍金斯法，名稱來自提案人明尼蘇達州聯邦參議員胡伯特・韓福瑞（Hubert Humphrey）和加州聯邦眾議員奧古斯塔・霍金斯（Augustus Hawkins）。這個法擴大了國會的監督權，要求聯準會主席每年到參眾兩院作證兩次（通常在二月和七月）、報告美國經濟狀況，及聯邦公開市場操作委員會為達成其雙重使命所做的努力。此後這些聽證就稱為韓福瑞——霍金斯聽證會。

聯準會除了制定貨幣政策，也有職責監管金融體系的某些區塊，包含銀行。它與其他聯邦機關，如通貨監理局、聯邦存款保險公司〔Federal Deposit Insurance Corporation（FDIC）〕等，以及各州金管單位，共同擔負監管之責。聯準會的監理權，包含訂定國會通過的法律的施行細則，是握在理事會手中，而非聯邦公開市場操作委員會或準備銀行的總裁。各準備銀行則負責執行華盛頓制定的政策，監督其轄區內的銀行。

雖然貨幣政策與金融監管的權責分明，但是聯邦準備體系的治理卻依舊很複雜。各準備銀行的董事會仍由民間人士組成，就營運業務提供意見，並告知總裁他們對經濟景氣的看法。但是董事們並不參與銀行監理事務，卻會幫忙選出準備銀行的總裁（由一小群平民協助選擇擁有政府權力的官員，這種例子實不多見）。不過各準備銀行終究是歸華盛頓的理事會管；總裁的任命與準備銀行的預算均須由理事會批准。

我與小布希總統的會面就安排在午餐過後。我不想因交通而延誤，便前一晚先坐火車過來。我依照指示，在約定時間前三十分鐘，至白宮的某一側門報到。小布希政府不希望記者發現我。預定時間到達時，我發現自己置身橢圓形總統辦公室，感覺有點不知所措。我從未到過白宮，也未見過任何總統。

總統誠懇地歡迎我，並表示他聽過對我的讚譽。他盡責地問了幾個問題，那顯然是資淺的經濟顧問，拿著經濟學入門的課本為他準備的。我記得自己當時的說明：對假設性的通貨膨脹率變化我會如何因應。該問的問完後，總統輕鬆下來，探詢關於我本人、我的背景和家庭。最後他問我有沒有任何政治經驗。

我說：「報告總統，比起這裡，那不算什麼，但是我當過紐澤西州蒙哥馬利鎮教育委員會兩屆的民選委員。」

他笑道：「在這裡那很重要。當教育委員吃力不討好，可是那是很重要的服務。」那段交談似乎使此事定了案。我在白宮還見到其他人，有小布希的朋友兼顧問克雷・強森（Clay Johnson），和白宮副幕僚長喬許・波頓（Josh Bolten）。幾天後，我從格倫那裡聽到，總統對這次會面很滿意，打算在所有必要的前置作業完成後提名我。而我也表明如果被提名我會接受。

結果，前置作業並不簡單。背景調查花了好幾個月。其中彷彿有做不完的書面作業，必須交代我住過哪裡，與哪些人有過往來，在哪裡工作過，到哪裡旅行過，還有大學畢業以後如何管理個人財務。白宮人事室與我面談，聯邦調查局（FBI）幹員與我談了兩次，他們要知道我是否曾經密謀推翻美國政府。有人回答過「是」嗎？

調查完成，白宮在二〇〇二年五月八日宣布，小布希總統提名我。任命程序轉到參院銀行、住宅與都市事務委員會（Senate Committee on Banking, Housing and Urban Affairs），他們負責審查聯準會理事提名人。聯準會幕僚協助我為日期未定的批准聽證會做準備，我花很多時間閱讀厚厚的資料，裡面詳述聯準會的職責和對各種議題的立場。我被告誡勿公開評論政策問題，也不要對媒體發表意見。我的提名案沒有爭議，眼前就是要保持這種目標。銀委會於七月三十日舉行關於我的聽證會，前後不到一小時就結束。委員會通過我的案子，然後七月三十一日，參院全院會議也無異議通過。整個過程結束後，一個推動參院加速確認案的團體，送給我一件T恤，上面寫著：「我『活過』總統提名人批准程序。」其實我的提名案算相當順利。

與我同時，參院也批准唐·柯恩（Donald Kohn）擔任理事。柯恩為人隨和、思慮周密、不自我中心，在聯邦準備體系資歷頗深。柯恩自密西根大學獲得博士學位後，於一九七〇年進入堪薩斯市聯邦準備銀行，從此一直在聯準體系內發展，五年後來到華盛頓總部擔任幕僚。這些年來柯恩一路升至聯準會貨幣事務局（Division of Monetary Affairs）局長（這是專為他而設的職位），他也是葛林斯班主席的親近顧問。柯恩與妻子蓋兒（Gail）都熱中於健身，蓋兒喜歡划船，唐則是健行兼自行車手。有些記者推測，柯恩會成為葛林斯班的代理人，例如可能會在通貨膨脹目標化等議題上與我起衝突，因為眾所皆知葛林斯班對通貨膨脹目標化持懷疑態度。但事實上柯恩和我合作無間，我也信任他的判斷。

二〇〇二年八月五日，柯恩與我由主席葛林斯班監誓就職。葛林斯班擲銅板，我贏，所以我先宣誓，從此儘管柯恩在聯準會有超過三十年的資歷，而我是零，但在正式紀錄上我永遠比柯恩資深。在柯恩和我加入後，理事會七席理事全員到齊，戰力十足。

任命案通過後，我開始去認識其他理事。羅傑·佛格森（Roger Ferguson）是副主席，由柯林頓總統任命，也是聯準會第三位非裔理事。他出身華盛頓的勞工階級區，為人沉默謙虛，但具有好捉弄人的幽默感。佛格森的學士、法學碩士及博士均得自哈佛。他任職於紐約達維（Davis Polk）法律事務所時，認識妻子安奈特·納薩瑞斯（Annette Nazareth），她後來成為證券管理委員會（Securities and Exchange Commission）委員。

副主席的職務有不少是行政方面的，如協助監督各準備銀行。佛格森在這方面做得很好。他也像父兄一樣，不時會來看我，務必讓我順利適應新職。佛格森服務於聯準會期間的關鍵時刻，出現在二〇〇一年九月十一日。在飛機撞上世貿中心和五角大廈時，他是唯一在華盛頓的聯準會理事。在他指揮下，聯準會發布聲明，確認它「開放且作業中」，更準備好在必要時作為「資金的最後貸款者」。他與一群幕僚在理事會辦公室附近的會議室，設立了一個電話區，不眠不休地工作，維持金融體系的關鍵部門正常運作。佛格森從他辦公室的窗戶，可以看到當時五角大廈冒出濃煙。理事會的快速反應，使支付和證券轉移系統這種少為人知、對金融體系卻十分重要的流通體系，受到的干擾降至最低，確實有助於保護美國經濟。

另兩位理事蘇珊．畢斯（Susan Bies）和馬克．奧森（Mark Olson）過去是銀行家。他倆跟我一樣都是小布希任命的。畢斯是西北大學經濟學博士，曾在區域銀行田納西第一銀行主管風險管理。馬克的事業經歷豐富，曾任明尼蘇達州一家小銀行的執行總裁、國會助理、及安永會計師事務所（Ernst & Young）合夥人。一九八六年他四十三歲時，曾當選美國銀行家協會（American Bankers Association）會長。畢斯以她熱情外向的方式，馬克則以他低調的明尼蘇達式風格，歡迎我。

理事愛德華（奈德）．格蘭里奇（Edward（Ned）Gramlich），身材瘦長，滿頭白髮，曾任密西根大學經濟系教授和院長，他也讓我覺得賓至如歸。奈德曾在一九六〇年代後期，短暫擔任聯準會的幕僚經濟學家，也做過國會預算局（Congressional Budget Office）代理局長。他是一九九七年由柯林頓總統任命為理事。奈德的學術研究範圍很廣，以個體經濟學的議題為主，在聯準會他也擔負多樣化的任務，包括兼任空運穩定委員會主席，那是國會在九一一攻擊後，為協助航空業而設立的。奈德也主持聯準會的社區發展和消費者保護事務。

迎新結束後，柯恩和我再次宣誓就職：那是在理事會總部大樓〔以一九三四至四八年聯準會主席馬瑞納・艾寇斯（Marriner Eccles）命名〕兩層樓高的前廳，正式舉行的儀式。這個正式儀式在法律上是多餘的，不過對我們的親戚和聯準會人員卻是個不錯的場合。安娜、喬爾、艾麗莎及我的父母都參加了。看到小鎮藥劑師的父親，專注地皺著眉頭，熱切地與大名鼎鼎的葛林斯班交談，我覺得很有趣也很感動。

大多數國家央行的首長都稱為總裁（governor），聯準會首長卻稱為主席（chairman），理事稱為governor。〔自羅斯福時代的改革以來，理事會的正式名稱為聯邦準備理事會（Board of Governors of the Federal Reserve System）。〕所以我現在正式取得「柏南克理事」（Governor Bernanke）的頭銜。有一次在航空公司的櫃台前，售票員問我，我是哪一州的州長（譯注：美國各州州長也稱為governor）。

行禮如儀之後，我逐漸適應新職和長途通勤的生活。我在喬治城（Georgetown）租下一房的公寓，大多數周末則駕駛金屬藍的一九八八年克萊斯勒敞篷車，來回各開一百八十六哩（近三百公里），回到普林斯頓附近的家中。另外，我也與葛林斯班及理事會倫理官凱瑞・威廉斯（Cary Williams）短暫討論後，保留了《美國經濟評論》主編（無給職）的工作，至少暫時如此。

周一到周五，我參加理事會開會和簡報、會見訪客、出差，含訪視各地的準備銀行。我首次出差是與蘇珊・畢斯同行，前往德州布朗斯維爾（Brownsville），訪視達拉斯聯邦準備銀行在當地的社區發展工作。然而我覺得我完全談不上工作繁重。我跟羅傑・佛格森談起此事。他解釋說，新任理事經常需要時間找到自己的工作重心，決定哪些議題對他最重要。

為了找到重心，我必須適應聯準會的委員會制。除去貨幣政策，聯準會有很多工作是由兩、三位理事組成的委員會完成，然後再向全體理事提出建議。委員會的分派由副主席與主席商量後決定，此時資歷就很重要。我個人意願是，多參與銀行監理。可是主持那個委員會的是佛格森，再加上畢斯和馬克兩個銀行家就額滿了。我可以自願多做行政工作，可是在普林斯頓當系主任就已經做過類似的事，而且我想參與政策。最後我進入支付、清算與結算委員會（處理金融體系的流通管道），和消費者與社區事務委員會（處理消費者保護和社區發展），其主席是奈德．格蘭里奇，另一個委員是畢斯。我也負責對經濟研究的行政監督，這理所當然。我在此職位上，協助創辦了新期刊《國際央行學報》（International Journal of Central Banking），專門刊登世界各地與政策相關的研究。

可是我到華盛頓來是要參與貨幣政策。就現實面來說，我知道葛林斯班主席——聯準會的「超重量級選手」，佛格森曾這麼稱呼他——對利率走向有支配性的影響力。我不覺得這有什麼不合理。畢竟到我加入時，葛林斯班坐在主席的位置已有十五年，他所做的決定為他贏得「大師」（Maestro）的封號。我自認對每次利率會議的決定，頂多只能發揮很有限的影響，所以我對整體的決策架構比較有興趣。就此而言，我覺得聯準會似乎未跟上時代。

貨幣政策的決定向來籠罩在所謂的央行迷霧中，這種作風導致記者威廉．格瑞德（William Greider），把他一九八九年探討伏克爾聯準會的書，取名為《殿堂的祕密：聯準會如何治理美國》（Secrets of the Temple: How the Federal Reserve Runs the Country）。同樣地，一九二〇、三〇至四〇年代初，英格蘭銀行代表人物總裁蒙塔古．諾曼（Montagu Norman），以一句座右銘表達了他的哲學：「從不解釋，從不道歉。」曾有人提出各種贊成維持貨幣決策保密的論點，不過在我看來，有一個主因與熱狗工廠不讓外人參觀的理由相同：要是民眾知道熱狗是怎麼做的，其產品的吸引力就會降低。

保密有如雙面刃。它可以使央行官員看起來更為無所不知，並提高他們的短期彈性，但也可能令民眾混淆，使市場措手不及，助長陰謀論。在公私部門的透明度和可究責度均在提升的世界裡，聯準會神祕兮兮的決策過程開始讓人感到不合時宜。我也認為就結果而論，保密會減低貨幣政策的效用。如同瑞克．密希金與我在通貨膨脹目標化的著作中所主張，當央行明確地與市場及公眾溝通，貨幣政策會收到更好的效果。

二〇〇二年八月十三日，我首度出席聯邦公開市場操作委員會議，當時距宣誓就職才一周多。（該委員會每年定期開會八次。）前一個周末，我研讀幕僚們準備的大量背景資料。其中有用綠色西卡紙為封面的綠皮書（Greenbook），內容是國內和國際經濟的數據與分析，還有幕僚的經濟預測。藍皮書（Bluebook）則是檢視金融市場發展，比較各種貨幣政策選項可能產生什麼效應。另外有幕僚所寫的各種備忘錄和其他文件，堆成厚厚一疊。幕僚所做的經濟預測與企業界的專家一樣，既是門科學，也是門藝術。他們採用多年發展出來的多種經濟模型做預測。不過幕僚經濟學家會加入扎實的專業判斷，包括評估標準數據難以掌握的各種影響因素，如嚴苛的氣候、政府稅務或支出政策的可能變化，及地緣政治的發展。

有人廣泛研究過央行和民間預測者的正確性，結果並不突出。很不幸地，只要超過一、兩季，經濟景氣的走向，便極其難以掌握。話雖如此，審慎地推估對訂定前後一貫的貨幣政策仍很要緊，就像商業計畫與作戰戰略，對企業經營和軍人打仗來說也很重要。

葛林斯班以其經濟預測能力著稱，他出任公職前，經營湯森—葛林斯班顧問公司（Townsend-Greenspan & Co），成績斐然。他對電腦模擬的模型不太重視，反而採行一種具有特色、且由細節至整體兼顧的預測方式。他經常檢閱數以百計的小則資訊。而我個人則是比較強調整體經濟指標的發展，即注意森林而非個別樹木，不過我也明白，主席的預測方式，有時能夠得出標準化分析可能錯失的有意義的洞見。

聯邦公開市場操作委員會開會的那天早晨前，在大蕭條時代的艾寇斯大樓後方，興建於一九七〇年代的馬丁大樓（Martin Building）頂樓，會供應早餐。〔威廉・麥契斯尼・馬丁（William McChesney Martin）是一九五一至七〇年的聯準會主席。〕我前去吃早餐，並與準備銀行的總裁們見面、交談，其中有幾位總裁是我當學者接觸聯準會時認識的。委員們相處融洽，很少因個人的政策觀點而結成派系，我們不是在高中的學生餐廳：鷹派（對較在意通貨膨脹的決策者的簡稱）與鴿派（較在意經濟成長和就業的決策者）不會分桌而坐。

會議開始前十至十五分鐘，與會者緩步走向艾寇斯大樓的理事會會議室，來到紅木與黑色花崗石製成的會議桌前，各人被指定的座位上。那間會議室長五十六呎（約十七公尺），天花板很高，裝潢講究，簾幕高掛的窗戶正對著憲法大道。有一面牆上掛著一幅大型美國地圖，標著十二家準備銀行轄區的邊界。

除決策者外，四、五位有報告任務的幕僚也坐上會議桌。通常會議開始時，首先由紐約聯邦準備銀行的公開市場交易室（Open Market Trading Desk）主任，綜合報告重要的金融發展。這個組負責聯準會的證券買賣（在「公開市場」進行），並與市場參與者保持頻繁聯繫。我加入時，組長是迪諾・柯斯（Dino Kos）。接著由聯準會研究統計局局長〔大衛・史塔克頓（Dave Stockton）〕及國際金融局局長〔凱倫・強森（Karen Johnson）〕，或由其首席副局長，報告幕僚們對美國和國際經濟的預測。到會議後半，貨幣事務局局長文森・萊因哈特（Vincent Reinhart）會說明藍皮書中講述的政策選項。這三個局長集合起來可以發揮相當的影響力。我在普林斯頓的同事艾倫・布林德，一九九〇年代中期曾任聯準會副主席，暱稱他們為「三巨頭」。

葛林斯班的座位在會議開始前幾分鐘還是空的，它位於二十七呎長十一呎寬（約八公尺長三・三公尺寬）的橢圓形會議桌中段，面對會議室正門口。主席右邊坐著紐約聯邦準備銀行總裁比爾・麥唐諾（Bill McDonough），依傳統也是聯邦公開市場操作委員會的副主席。麥唐諾是芝加哥銀行家出身，自一九九三年起擔任紐約聯邦準備銀行總裁。聯準會副主席佛格森坐在葛林斯班左側。兩個最資淺的成員：柯恩與我，則被擠到會議桌的角落，在主席的視線之外。約三十五個聯準會和各準備銀行的幕僚，坐在會議室四周的座位上。

上午九點整，壁爐旁的門開啟，葛林斯班主席從他的辦公室出現，大步走向他的座位。整個房間靜下來。葛林斯班坐下，理好文件。他以一句話歡迎我和柯恩，然後要幕僚們開始報告。

葛林斯班在我出席首次會議前，已在早餐時與我照過面，確認我了解聯邦公開市場操作委員會開會的方式。第一項議程是幕僚簡報金融市場和經濟展望，接著是聯準會理事和準備銀行總裁共十九位的提問。再來是「經濟盍各言爾志」（economic go-round），由每個與會者發表四至五分鐘對經濟展望的看法。通常總裁們會先報告個人區內的發展，再論及全國經濟。聯準會理事一般是次後發言，然後是副主席（麥唐諾），最後才是葛林斯班。曾經有一度這十九人的發言，至少部分是即席的。可惜為了討論的品質和發言的自發性（但對透明度是好事），聯邦公開市場操作委員會應當時眾院金融服務委員會主席亨利・岡薩雷茲（Henry Gonzalez）的要求，於一九九四年同意，五年後要公布完整的文字會議紀錄。從此大多數與會者都是唸事先準備的聲明。

我加入聯邦公開市場操作委員會時，正值經濟複雜時刻。美國剛從二〇〇一年三月至十一月的八個月衰退（經濟收縮期），進入復甦初期。（一旦產出開始再度增加，即便就業和少掉的產出尚未完全復原，經濟便被視為停止衰退，在復甦之中）。引發衰退的原因很多，有時是幾個因素加在一起。在二〇〇一年的衰退之前，是網路泡沫破滅和股市全面大跌；而衰退期間又受到九一一攻擊事件進一步的打擊。

聯邦公開市場操作委員會動作迅速地因應衰退。二〇〇一這一年當中，它把政策工具：聯邦資金利率的目標，由6.5%大砍至1.75%，以歷史標準來看，回應相當快速。聯邦資金利率是民間利率，特別指銀行間隔夜拆款所收取的利率。雖說是民間利率，聯準會仍可透過影響銀行的資金供應，間接加以控制。更確切地說，就是聯準會藉著影響銀行準備金的數額，來管理聯邦資金利率。

銀行準備金是商業銀行存在聯準會的資金，情況很類似個人在銀行開的支票帳戶。每家銀行可利用在聯準會的準備金帳戶，向其他銀行收付款和保存多餘的現金。銀行依法必須保留最低水準的準備金。

聯準會藉著買賣證券，能夠影響金融體系內的銀行準備金數字。例如當它賣出證券，得到的付款，便是從購買銀行的準備金帳戶中，直接扣掉價金。這麼一來，聯準會出售證券，便是把準備金自金融體系抽出。而可用的準備金減少，銀行就更需要向其他銀行借錢，從而對同業拆款利率，即聯邦資金利率，產生向上推擠的壓力。同理，要壓低聯邦資金利率，聯準會便購入證券，從而增加金融體系內的準備金，降低銀行間拆款的需求。

當年促使聯邦資金利率升降，是聯邦公開市場操作委員會影響經濟的主要工具，而這個利率的水準是主要的政策指標。若委員會認定經濟活動需要拉抬，就會降息。聯邦資金利率一降，其他利率：由車貸到房貸到企業債券的利率，往往隨之走低，由此促進借款和支出。如凱因斯理論所預測，只要經濟尚有未用的產能，增加支出可導致公司增產，並僱用更多員工。可是未用的產能若是很少或不存在，增加需求可能造成物價和工資上漲，亦即助長通貨膨脹。聯邦公開市場操作委員會若認為經濟「過熱」，生產超出可持久的水準，即可提高聯邦資金利率，帶動各種利率水漲船高，以減緩經濟成長和通貨膨脹。

升息在二〇〇二年八月並非一個認真的選項。二〇〇一年的快速降息之舉，無疑促成衰退期相對短暫。可是隨後的復甦遲緩，經濟也只略見成長，會議桌上的悲觀者擔心，美國經濟的腳步還是不穩。更何況生產雖有增加，經濟仍處於「失業性復甦」。自衰退結束以來，失業率反而上升。通貨膨脹則異常的低，那經常是經濟趨弱的徵兆，因為需求不振時，企業便不願提高價格。股價也因電信公司世界通訊（WorldCom）、能源交易公司恩隆（Enron）、及安達信會計師事務所（Arthur Andersen），接連發生企業治理醜聞，始終漲不上去。

一如往常，葛林斯班在各抒己見中是最後發言。他建議我們不要再降低聯邦資金利率目標，但是在外界密切關注的會後聲明中表示：「風險評估主要朝向可能產生經濟轉弱的狀況。」依照央行的術語，那是在向金融市場傳達，我們擔憂復甦的腳步緩慢，並認為下一次的利率調整，較可能是往下而非往上。葛林斯班這番談話，有效地結束了第一輪，並展開第二輪的議程，進入每人第二次發言的機會，這次是「政策盍各言爾志」。在葛林斯班主持下，這一輪通常很簡短，只不過是與會者表達同意（或很偶爾的反對）他的建議。這一次我表示贊成。

可惜到九月，我第二次參加聯邦公開市場操作委員會議時，美國經濟並沒有好轉的跡象。有些與會者提到，由於愈來愈擔心美國可能與伊拉克開戰，使企業與家庭似乎變得格外謹慎，所以我們也討論到通貨膨脹是否降得太低。民眾往往認為通貨膨脹低是好事，因為那代表他們可以買得起更多東西。可是很低的通貨膨脹率若持續下去，隨之而來就是薪資與所得成長緩慢，那會抵銷掉低物價的任何好處。事實上，通貨膨脹太低對經濟的害處不亞於通貨膨脹太高，日本經驗就是活生生的例子。通貨膨脹很低或是通貨緊縮拖累經濟的程度，可能嚴重到即使把短期利率降至零，恐怕也無法提供足夠的刺激，以達成充分就業。輪到我發言時我承認，放寬利率或許會使已很熱絡的部門如房地產，熱度再升高，可是我表示自己傾向於，把降息當做先一步避免落入通貨緊縮風險的防備動作。

我們也曾辯論，利率無法降至零以下的「零利率下限」（zero lower bound），是否代表我們「已無子彈可用」。一如幕僚的研究報告已探討了數年，我在普林斯頓也如此主張，降低聯邦資金利率並非唯一可想到的刺激成長的工具。可是葛林斯班對零利率下限不以為意。他認為，聯邦資金利率要是真的降到零，聯邦公開市場操作委員會仍能夠找到其他辦法，進一步實行貨幣寬鬆政策，不過他當時並未說明實際的做法。

總而言之，葛林斯班再一次主張不要立即降息，但是他表示，在下一次定期會議召開前或許會有必要。儘管我一直贊成降息，不過還是附和他的意見。聯邦公開市場操作委員會的方向似乎是要再降息，至於確切的時間我認為沒有那麼重要。可是有兩個委員投票反對葛林斯班。其中之一是意外的奈德·格蘭里奇。通常聯準會理事投反對票的門檻，比準備銀行總裁高，或許是因為在華盛頓的理事，有更多機會在非開會期間為自己的論點辯護。另一位反對的是達拉斯聯邦準備銀行的巴伯·麥提爾（Bob McTeer），他之前即有「孤鳥」（The Lonesome Dove）之稱。

參加過兩次聯邦公開市場操作委員會議後，我覺得自己可以開始對外發言了。二〇〇二年十月十五日，我在紐約被問到，貨幣政策若能發揮作用，那應該如何應對資產價格泡沫。這個問題問得正是時候。股市大起大落，曾導致二〇〇一年的衰退，而此時我們又看到房價持續上揚。

大多數人自以為知道什麼是泡沫，可是經濟學家並沒有確切的定義。通常這個名詞是指，投資人對某類資產的叫價，遠高出其「基本」價值，並期待以更高的價錢再出售。我不厭其煩地提到一項尚無定論的辯論，即央行是否應該為了替泡沫消風，而刻意調高利率。

我提出兩個顧慮。一是在泡沫真正破掉前，你很難認出它。誰也無法確切知道資產的基本價值，它取決於許多因素，包括經濟在未來長期的表現。老實說，要是泡沫很易於辨認，那投資人一開始就不會身陷其中。

二是聯邦公開市場操作委員會在二〇〇二年遭遇的問題：當某個部門如房地產很熱，但是其餘的經濟領域並非如此，這時該怎麼做。貨幣政策不可能只對單一類別的資產實行，卻不致影響到其他金融市場和整體經濟。我舉一九二〇年代末的股市榮景為例。紐約聯邦準備銀行總裁班傑明·史壯，是當時聯準會的實質領袖，他反對提高利率來壓抑股市，理由是升息的效應不可能局限於股市。他提出一個比方：升息就好比有一個小孩——股市——不乖，卻把所有的子女都打一頓。史壯於一九二八年過世，繼任者放棄他的不干預策略，把利率調高。如此決策的最後結果，不僅造成一九二九年股市大崩盤（可悲的是，聯準會要股市降溫是成功了），但卻使得貨幣政策太緊縮，助長經濟大蕭條。

運用貨幣政策戳破泡沫會有這些問題，那是否表示央行在泡沫形成過程中只能坐視不管？我表示：非也。首先，有時泡沫會造成整體經濟都過熱：例如股價上漲鼓勵股東多消費，以至於成長難以持久和通貨膨脹升高。對付這種情況，貨幣政策可以同時抑制泡沫和穩定整體經濟。在一九九九年聯準會的傑克森霍爾（Jackson Hole）會議上，馬克．吉特勒和我發表的論文，提出過類似的主張。其次，也很重要的是，央行和其他機構可以用別種手段來打擊泡沫，如法規、銀行監理及金融宣導。或是如我在演講中所提的：「要對症下藥。」

十一月，我以「通貨緊縮：『它』會發生在這裡嗎？」為題發表演講，我談到聯邦公開市場操作委員會在九月辯論的一個問題：假使通貨膨脹降至極低，利率也砍為零，聯準會是否便無子彈可用？我說，央行應盡一切所能避免通貨緊縮。譬如，央行可設定一個大於零的通貨膨脹目標，做為對抗通貨緊縮的緩衝區或安全區。先進經濟體的央行一般把通貨膨脹設在2％左右，而不是零，不過以聯準會來說，它並未明白宣示通貨膨脹目標。我也強調，走在通貨緊縮前面很重要，必要時得搶先一步調降利率。

可是假如通貨緊縮真的發生了，那該怎麼辦？我說，就算短期利率已接近零，央行還是有其他辦法。我提出幾個方法，在短期利率已降無可降時，仍可拉下長期利率如抵押貸款利率等，從而為經濟提供更多激勵。

那次通貨緊縮演講給我帶來「直升機班」（Helicopter Ben）的綽號。我講到對抗通貨緊縮有哪些假定的可行方式時，曾提及一種極端的手法：全面減稅，再由央行發鈔支應減掉的稅。米爾頓．傅利曼稱這種做法為「直升機空投」鈔票。聯準會主管媒體關係的大維．史基摩，原是美聯社記者，我當理事和後來出任主席，演講稿都經過他潤稿，他建議我刪掉直升機灑錢那個比喻，可是我未同意。畢竟我以前寫學術文章時也引用過它。史基摩對我說：「那不是央行官員會說的話。」我答：「大家都知道那是米爾頓．傅利曼說的。」結果華爾街有很多債券交易商，顯然不曾鑽研過米爾頓全部的著作，他們並未把我講的話看作是教授在做假設性的討論，他們認為那是決策者發出的信號，表示此人會把通貨膨脹推高，造成他們手上的債券貶值。

通貨緊縮和傅利曼的主張，是我擔任聯準會理事初期，第三次演講的主要內容，地點在芝加哥大學，場合是祝賀傅利曼九十大壽。我在史丹佛教書時就認識傅利曼，他當時在史丹佛的胡佛研究所（Hoover Institution）。他的個子不高，臉上似乎總是帶著笑容。他喜歡跟任何人談經濟學，即使是像我這樣的年輕助理教授。我是從他與安娜·史瓦茲的著作中了解到，聯準會未能維持美國經濟免於陷入通貨緊縮，是大蕭條的一大主因。有鑑於此，我提醒聽眾，我現在服務於聯準會，結尾時我說：「我要向傅利曼和安娜表示：關於經濟大蕭條，你們是對的，是聯準會做得不對。我們非常抱歉。可是感謝你們，我們不會再犯錯了。」

第四章　參與大師團隊
In the Maestro's Orchestra

身為大師團隊裡的資淺成員，在葛林斯班主掌聯準會的最後那幾年，我發現日子要多安靜或多忙碌全看自己喜歡。即使習慣於學術研究的孤獨，但偶爾還是會感到自己與世隔絕。我出差去演講、訪視準備銀行、或代表聯準會到國外開會，頻率正常，可是大多數日子，我單獨一人在辦公室工作。我很早就上班，把車子停在艾寇斯大樓地下室停車場。有時唐・柯恩的自行車會停在我隔壁的停車位上。

平日若是不開會，我就讀各種報告、追蹤經濟和金融情勢、撰寫演講稿，或是做我遷至華盛頓時尚未完成的學術研究。幕僚們很樂意協助我寫講稿，甚至替我代筆，可是我喜歡自己先寫草稿，然後根據他們的意見再修正。有幾位理事整天開著電視，緊盯 CNBC 頻道，可是我覺得那會使人無法專心。我會定時查看辦公室電腦上的彭博社新聞，或是讀幕僚整理的市場最新訊息。

在我加入那時，理事會很少開全體會議；有不少實際工作是由委員會完成。倒是每隔一周的周一早上，我們會齊聚聽取幕僚簡報經濟、金融及國際動向。幕僚報告完畢即由理事發問。當教授時我習慣在研討會上，提出推測或假設性的問題，可是在聯準會我很快學會要有所節制。某一次我在簡報上隨口問了一個問題。到那天下班前，幕僚傳來十頁的備忘錄，裡頭從四組不同的假設來回答我的問題，還附上書目。從此以後我只問我真正需要答案的問題。

在普林斯頓我經常順路走進某學院的辦公室，去測試某個新構想或是閒聊。在聯準會，除去固定的會議，我不太常看到其他理事，除非事先約好。理事們的辦公室錯落在鋪著地毯的走道兩旁，在拱形天花板的走道上，整個氛圍安靜得像是身處圖書館。每間辦公室外有一間行政助理的辦公室。在聯準會極為資深的麗塔·普洛特（Rita Proctor），她被分配與我合作，自信又有效率的她很快就掌握住我，並教導我聯準會的「行事規矩」。我在普林斯頓是與其他教授共用一個助理。我需要麗塔的時間太少，所以她自願也替馬克·奧森工作。

另一個學者與決策者生涯的差別，在於衣著規範。我當教授時經常穿牛仔褲去上班。我不習慣每天穿西裝，特別是在華盛頓的炎熱夏季。我當然明白，正式的穿著只在表示你認真看待這份工作。只有一次對美國經濟學會演講時，我開玩笑提議，應該允許聯準會的理事以穿夏威夷衫和及膝短褲，來表達對服公職的盡心盡力。

下班後的生活也和上班時一樣安靜。周末時我不是在普林斯頓的家裡，就是在為聯準會公務的路上。學術界的朋友有時會來訪。可是上班日的晚上，我多半是回到空蕩蕩的公寓，打電話給安娜，了解紐澤西那邊的狀況。我在喬治城的住處附近有兩家越南餐館，我經常去光顧。不在外面吃時，我用微波爐加熱 Hot Pockets 三明治，然後邊吃邊看重播的《歡樂單身派對》（Seinfeld）。偶爾我會散步到對街的爵士夜店藍調巷弄，或是到隔幾條街的三層樓邦諾書店（Barnes & Noble）。閒暇時我讀小說和非小說，各種主題如歷史、生物、數學都看，但是很少看經濟學的書。我一時還享受不到自己業餘最主要的嗜好——棒球，因為蒙特婁博覽會隊（Montreal Expos）二〇〇五年才遷至華盛頓，改名國民隊（Nationals）。

我曾受邀參加大使館的酒會和類似活動，但我大多婉拒。我倒是很喜歡參加葛林斯班和其夫人安翠亞．米契爾（Andrea Mitchell），在家裡辦的幾次晚宴。葛林斯班主席展現出在公開場合少見的慧黠、且不時自嘲的幽默感。比方他告訴我們，他如何向安翠亞求婚，他把葛林斯班式語焉不詳表現得太徹底，害得她猜不出他是要幹嘛。安翠亞則拿擔任國家廣播公司新聞部（NBC News）國際特派員的新奇經歷來娛樂我們。理事會畢業校友，包含前資深幕僚和退休理事，形成一個超出聯準會門牆的非正式社團。前理事麥克．凱利（Mike Kelley）與妻子珍妮特（Janet）住在附近的水門綜合大樓，每年都會在耶誕節前後舉辦酒會，把在華府的聯準會前後期的相關人士聚在一起。

在工作上，我與葛林斯班主席一對一的交談機會不多。偶爾我會要求到他的辦公室去見他，他有時也會邀我到他專用的餐廳吃午飯。雖然我倆相處愉快，但我懷疑他認為我太學術，因此不懂得央行工作在實務上的種種複雜面向。那種看法不能說全然不對。我在聯邦公開市場操作委員會議上演講時，一再訴說政策透明的必要性，就他的觀感而言，必然是太過頭了。

我敬畏葛林斯班的聲望和經歷，可是我也察覺到，正規教育出身的學者，想必會在大半靠自學的人身上發現的短處。葛林斯班的經濟學知識有很多是從擔任顧問的工作上學來的。他自紐約大學拿到碩士後，進入哥倫比亞大學博士班，受教於前聯準會主席亞瑟．柏恩斯（Arthur Burns），柏恩斯是實證分析經濟衰退與復甦的先驅，一九五〇年代初，葛林斯班的顧問事業蒸蒸日上，他便自研究所輟學。

很久之後在一九七七年，他以過往文章的彙編而非正規的論文，獲得博士學位。他十分精明，也知道好多不足為外人道的祕辛，可是他的想法自成一格，也不像我所習慣的那麼形而上。他著名的自由論（libertarianism）思想〔他是小說家兼哲學家艾茵・蘭德（Ayn Rand）的信徒〕，會顯現在脫口而出的話語中，不過在制定貨幣政策方面他偏向務實。

儘管我們倆的世界觀有歧異，不過我喜歡且欽佩葛林斯班主席。他一貫的十分誠懇，也熱中討論任何經濟議題。有一次，離聯邦公開市場操作委員會開會前，約二十分鐘時我去找他，我忘了究竟為何事。我走進葛林斯班的辦公室，他正坐在辦公桌前吃燕麥，脖子上圍著餐巾。我們開始討論我的看法，他熱切地回答到一半時驚覺，距開會時間已過了五分鐘，這是重大違規。他一把扯下餐巾，立刻衝往會議室。我則繞路走過走廊，從正門進入。

當時外界有許多人認為，聯邦公開市場操作委員會是葛林斯班的橡皮圖章。我很快就發現，事實並非如此。假定主席有特別強烈的看法，他的建議幾乎必然會變為政策，這通常靠他個人的聲望，和聯準會聽從主席的傳統，就足夠。一九九〇年代晚期就是這種情況，當時他主張不可升息，他的信念是生產力快速提升可給予經濟更多成長空間，所以調升利率的時機尚未成熟。〔那番論述記載於巴伯・伍華德（Bob Woodward）的書中，為葛林斯班贏得大師的封號〕然而他總是把握得住委員會的重心何在，對委員們的看法一般也會顧及，即使不是百分之百，但其方式是聰明地取得妥協，或模糊承諾在未來的會議上會有所行動。

葛林斯班與我在實質上，對許多事情都意見一致。他熱中我也熱中於維持聯準會獨立於短期的政治壓力之外。他以非政治、無黨派的方式做決策。葛林斯班也像我一樣，認為貨幣政策是強有力的工具，並且只要理由充分，他願意採取強勢行動。我們對低而穩定的通貨膨脹有哪些好處所見略同，也大致同意，即使短期利率到達零，貨幣政策仍可發揮效用。葛林斯班也贊同我的看法——貨幣政策制定者無法確切地辨識出資產價格的泡沫，或是藉著提高利率使泡沫安全地「破掉」。

我們倆在某些領域的想法則有分歧。對通貨膨脹目標化等正式的政策框架，我支持但他懷疑，通貨膨脹目標化的目的在改進聯準會的透明度。他甚至拿自己與透明度的緊張關係來開玩笑。一九八七年他對參院某委員會說：「自從成為央行官員後，我已經學會以極為不著邊際的方式含糊其詞。萬一我好像不正常的讓你們聽懂了，那你們一定是誤會了我講的話。」他也不太相信，靠管理與監督就能使銀行遠離麻煩。他認為，只要銀行本身有夠多的、以資本形式存在的錢，也可能承受風險，市場力量自會嚇阻銀行去做不必要的高風險借貸。我主張監管應是防禦資產價格泡沫的第一道防線，他卻傾向於不要事先干預，而用事後降息來緩和泡沫破滅造成的經濟後果。

一九九〇年代大多數時候，聯準會主持下的美國經濟是就業成長強勁，通貨膨脹緩慢下降至低水準。聯準會因而同時達成國會授予的雙重使命：追求最大就業和物價穩定。相形之下，我來到聯準會時，卻是這使命的兩邊都顯現風險。在就業方面，我們必須解決經濟復甦但就業未增加；在穩定物價方面，我們面臨美國自大蕭條以來前所未見的問題：通貨膨脹有可能降得太低，甚至落入通貨緊縮，即工資與物價全面下跌。

以往在衰退結束後，就業市場通常會隨之改善。但二〇〇一年十一月結束衰退，其後兩年間即使生產增加，美國經濟實際上卻少掉七十萬個工作機會，使失業率由5.5%略上升至5.8%。許多經濟學家和權威專家都在問，全球化和自動化是不是已經永久傷害到美國經濟創造工作機會的能力。另一方面，通貨膨脹始終停留在低檔，隨著經濟的步履蹣跚，聯準會經濟學家警告，二〇〇三年的通貨膨脹可能低至0.5％或更低，我們不能排除通貨緊縮真的可能發生。

要擔心可能出現通貨緊縮，對聯邦公開市場操作委員會成員是新的經驗。自從大蕭條結束以來，物價穩定主要的風險總是通貨膨脹過高。一九七〇年代通貨膨脹不斷向上衝。保羅・伏克爾的聯準會終止了它，但付出過高的代價。一九七九年伏克爾接任主席後，數月內聯準會即大幅緊縮貨幣政策，利率跟著飆高。到一九八一年底，聯邦資金利率站上20％，三十年期抵押貸款的固定利率也衝上18％。於是房屋、汽車和其他依賴貸款的產業都陷入停滯。一九八〇年短暫的衰退後，接著是一九八一至八二年的嚴重衰退。失業率超過10％，這種比率之前只在一九三〇年代出現過。

一九八七年艾倫・葛林斯班接續伏克爾，繼續對抗通貨膨脹，不過他能夠做的緩和得多，不良的副作用也較少。到一九九〇年代末，打擊高通貨膨脹之戰似已結束。通貨膨脹率滑落到每年約2％，這似乎符合葛林斯班對物價穩定的非正式定義：通貨膨脹率低到家庭和企業在做經濟決定時，無須考慮它。

一九七〇年代的大通貨膨脹（Great Inflation），在很多決策者內心留下強有力的印象。我剛進聯邦公開市場操作委員會時的芝加哥聯邦準備銀行總裁麥可・穆斯考（Michael Moskow），曾在尼克森政府主掌工資—物價管制的單位，擔任經濟學家，那個單位曾企圖把調漲價格定為非法，結果是不得人心，也失敗得很慘。（可想而知，許多供應商有辦法逃避管制，逃不掉時，假若供應商按照強制的價格無利可圖，有些商品就會乾脆讓人買不到。）唐・柯恩自一九七〇年代起，便是聯準會的經濟學家，當時的主席是亞瑟・柏恩斯（Arehur Burns），在他監督下通貨膨脹卻猛升。葛林斯班本身當過福特總統的經濟顧問委員會主席，他想必害怕想起，福特政府成效不彰的「即刻打擊通貨膨脹」運動，那運動曾鼓勵民眾戴上壓制生活開銷上漲的標章。聯準會決策者受制於擔憂通貨膨脹太高，若要他們考慮到通貨膨脹可能太低，不免強人所難。可是我們很快就得認真面對那種可能性。

聯邦資金利率繼二〇〇一年快速降低後，二〇〇二年大多停留在1.75%，沒有變化。可是到二〇〇二年十一月的聯邦公開市場操作委員會議，是我進入聯準會後第三次參加時，繼續降息的主張較占上風。就業情況在夏季短暫好轉後，又再度停滯不前。我同意需要降息以支持就業成長。我也表示，降息有助於避免已經很低的通貨膨脹率再下降。葛林斯班也得出相同的結論。他對我們說：「我們所要處理的，基本上是潛在通貨緊縮型經濟。那種未來令人害怕，我們絕對要加以避免。」葛林斯班提議，委員會也支持，把聯邦資金利率大砍半個百分點，來到1.25%。我們的會後聲明指出，經過此次降息，「風險已被平衡」，意指將來利率的變化向上向下的可能性大約相等。

美國經濟似乎好轉了數月，但是到二〇〇三年三月開會時，復甦彷彿再度停頓。令人驚訝的是，勞動部的報告指出，民間僱用人數在二月縮減三十萬八千人。達拉斯聯邦準備銀行總裁巴伯・麥提爾說：「有這種復甦，誰還需要衰退！」

在此次會議前數日，美國出兵伊拉克。企業和家庭在未看到進攻伊拉克的結果前，都不願投資或借款。其他委員和我也不確定，戰爭會對經濟造成什麼後果，尤其是對能源價格的影響。在葛林斯班敦促下，我們決定先靜觀其變，再考慮進一步的行動。我們在會後聲明中說，由於不確定性太高，我們無法對近期的經濟走向或貨幣政策，提供有用的說法。那種史無前例的說法，恐怕也增加了民眾對經濟的不安。

我深切盼望，我的學術研究在某些方面，可以有助於相關的討論。尤其是，當短期利率接近零時，精準的政策溝通變得特別重要。因此我對通貨膨脹目標化和政策需要透明的研究，就顯得更為重要。二〇〇三年三月，我開始對這個主題做一系列的演講。

通貨膨脹目標化在聯邦公開市場操作委員會內部雖有爭議，但是我並不擔心，在聯準會的門牆外去談它，會惹得什麼人不高興。聯準會理事和準備銀行總裁，經常就從貨幣政策到銀行監管等各類主題發表演講。有時講稿會事先傳閱，請大家發表意見或是為表示禮貌，但是無須經過主席或任何人核准的傳閱。除了極少數情況，演講主題或要表達的訊息並不需要相互協調。一般預期講者會明白表示，他只是表達個人觀點，並非委員會整體的意見。委員們在定期會議舉行前和剛結束後，也會遵守「空白期」，自我節制不談當前的貨幣政策和經濟展望。這有助於在會議前後使市場保持冷靜。

我在二〇〇三年三月的演講中，一開始就指出，儘管全球的趨勢是朝通貨膨脹目標化發展，包括先進經濟體、新興市場，甚至由共產主義轉向的經濟體都是如此，可是美國很少有人了解或體認到它的好處。我說：「美國媒體對通貨膨脹目標化的討論，使我想起某些美國人面對公制度量衡的態度：他們不懂那是什麼樣的制度，只覺得它是外來的，不易弄懂，並帶點破壞性。」

通貨膨脹目標化不獲信任的理由之一，是它好像忽略聯準會雙重任務的一邊（最大就業），而偏向另一邊（物價穩定）。然而儘管它名為通貨膨脹目標化，所涉及的卻不僅於控制通貨膨脹。針對通貨膨脹所設下的目標，一般只須在幾年內達成即可，這為運用貨幣政策因應失業增加，留有很大的空間。這種版本的通貨膨脹目標化，經濟學家與央行官員稱之為「彈性通貨膨脹目標化」，結合長期的通貨膨脹紀律與短期的彈性，以對付經濟疲弱。幾乎所有設定通貨膨脹目標的央行都是採取「彈性」版。

在我看來，若市場和民眾認為某個通貨膨脹目標具有公信力，則的確可以給聯準會更多而非更少應對經濟衰退的空間。倘若市場和民眾相信，聯準會將視需要而採取行動，以便在一定時間內達成通貨膨脹目標，或是如經濟學家所說：假使民眾對通貨膨脹的預期，是「對準著」既定的目標，那工資和物價設定者的要求便會比較適度。對工資和價格的要求不過分，可使聯準會能夠積極對抗上升的失業率，較不必擔心通貨膨脹可能失控。

以二〇〇三年的情況來說，對通貨膨脹目標化進行溝通的好處似乎特別顯著。面對可能出現通貨緊縮，我們需要刺激經濟需求，並把通貨膨脹推高一點。可是以聯邦資金利率快接近零，再降息的傳統寬鬆政策幾乎已無空間。無論如何，聯邦資金利率本身相對不重要。對經濟真正重要的，如抵押貸款或公司債利率，這涵蓋的期間長很多。這些長期利率不在聯準會直接的控制之下，而是由金融市場參與者所訂定。

再砍聯邦資金利率已無空間，那麼應該如何向下壓低長期利率呢？有一種方式是讓市場參與者相信，我們打算將我們控制的短期利率，維持在低檔一段相當長的時間。那他們在設定長期利率時，便會考慮短期利率的演變。所以要是預期短期利率會偏低較久，那長期利率也會比較低。我說明，如果聯準會訂有一個通貨膨脹目標數字，而實際通貨膨脹預測會一直低於這個目標很多。此時，投資人就會推斷，我們需要維持低的短期利率相當時日。於是長期利率會比別種情況下來得低，從而刺激到需求，並把通貨膨脹往上推向我們的目標。

如果沒有通貨膨脹目標，或缺少一貫的溝通架構，那聯準會所擁有的，即我所謂的馬歇馬叟（Marcel Marceau，譯注：法國默劇大師）式溝通策略。意指只管看我的動作，別理會我說什麼。承平時期這或許無可厚非。市場可以從聯準會過去的作為，推測它未來可能的行動。但是二〇〇二、〇三年時，利率和通貨膨脹都相當低，在類似情況下，聯準會將怎麼做，市場沒有足夠的例子可供參考。而我認為，通貨膨脹目標化能夠幫助填補這種資訊的真空。

聯準會辯論通貨膨脹目標化已有一段時間。葛林斯班在一九九五年一月的聯邦公開市場操作委員會議上，發動相關的辯論，目的是要在去國會聽證會作證之前，試探委員會的立場。不過我當一般理事時，葛林斯班始終堅定地反對。但他好像也很關心，七位理事和十二位總裁就通貨膨脹目標應設為多少，和達成目標的計畫應有哪些重點，能否達成共識。再者，以他在政治上身經百戰，他暗示，不贊成未經國會授權即改變貨幣政策的框架。於是乎，我們大家雖然不斷地討論，需要更有效溝通的情況愈來愈明顯，雖然我們有時也會提出一些通貨膨脹目標，但是我們明白，除非葛林斯班改變看法，否則這些都辦不到。

隨著伊拉克戰爭持續進行，不確定性稍有消退，我們對美國經濟情勢也看得較清楚。二〇〇三年五月的會議快舉行前，我們觀察到情勢並不樂觀。就業人數繼二月大降後仍持續減少，到四月的三個月裡，累積總共少掉五十二萬五千個工作。另一方面，通貨膨脹也繼續下探。由於未建立良好的溝通架構，我們只好辛苦設法傳達，我們對維持寬鬆貨幣政策的承諾，會直至通貨膨脹上升，就業恢復成長。

聯邦公開市場操作委員會的溝通確實走過漫長而曲折的過程。在一九九四年以前，委員會從不發布會後聲明，即使決定要調整聯邦資金利率也不例外。市場人士必須透過觀察短期貨幣市場的發展，來猜測委員會的決定。自一九九四年二月，葛林斯班開始發表會後「主席聲明」，通常由唐·柯恩協助草擬聲明內容。不過委員們不久便體認到，會後聲明可能對市場有何影響，久而久之，他們也日漸積極地參與草擬聲明。由於委員會想要傳達其傾向，但不必然承諾採取特定行動，這也使得聲明內容愈來愈長。

二〇〇三年五月的會議後，我們發表的聲明裡有一個關鍵的新句子，反映出委員會日益關切通貨緊縮。我們說：「通貨膨脹出現不受歡迎的大幅下降的機率雖小，卻高於通貨膨脹由目前低檔上升的機率。」此次聲明雖然拐彎抹角，但把注意力聚焦於通貨膨脹太低，最要緊的是傳達，若通貨膨脹大幅下修將「不受歡迎」，這與前四十年通貨膨脹下降一律視為好事，呈現鮮明對比。委員會此舉等於是說，我們設有通貨膨脹目標，但未提出具體數字，但我們也關切通貨膨脹可能落於目標之下。

市場讀懂了我們的意思。交易商預期貨幣政策會更寬鬆，至少是繼續目前的寬鬆水準，於是開出較低的長期利率，帶給經濟更多刺激。開會前一天的十年期公債殖利率3.92%，到六月中旬已降至3.13%。三十年期抵押貸款的固定利率自5.7%降至5.2%。值得注意的是，我們光用文字便達到這種效果。在六月的會議上，我們繼續下調聯邦資金利率，由1.25%降到1%，這是聯準會一九六〇年代開始，以此利率作為政策工具以來的最低水準。

大約此時我陸續利用演講，提升大眾對通貨膨脹可能太低、也可能太高的認識，其中一次是五月在通貨緊縮代表國的日本。而七月我在加州大學聖地牙哥分校指出，聯準會必須認真看待，即使是很小的通貨緊縮風險，並表明自己已準備好防止通貨緊縮發生。關鍵在於解釋我們的政策用意。我說：「貨幣政策成功與否，取決於央行在溝通其計畫與目標上，能夠做得多好，任何其他單一因素都不如這來得重要。」當然我認為，採用數字化的通貨膨脹目標，是表達我們政策意向最清楚明瞭的方法。

聯邦公開市場操作委員會尚未準備好踏出這一步，不過我們花很多時間辯論，如何傳達我們的政策計畫。在八月的會後聲明中，我們就委員會本身對貨幣政策的預期，提供了雖嫌模糊但有方向的指引。我們說，委員會預期會維持低利率「一段相當時期」。用這幾個字的目的，是想藉著影響市場對短期利率的期待，使長期利率留在低檔。

聯邦公開市場操作委員會為推動經濟更強勁的復甦，曾得到一些財政政策的協助。繼二〇〇一年批准的減稅後，二〇〇三年五月，小布希政府又獲國會通過新的減稅法案。此案減少薪資、個人利息、及股利等要繳的稅，把現金注入民眾的口袋。民眾用少繳的稅去消費，商品和服務的需求便會增加，從而鼓勵更多生產和僱用。

十一月提姆・蓋特納接替比爾・麥唐諾，出任紐約聯邦準備銀行總裁。這個職位是聯邦公開市場操作委員會副主席，在貨幣政策上有重要的發言權，更由於美國許多規模很大的銀行，總部都設在紐約，所以在銀行監理上他也是地位重要。我日後更成為蓋特納的一大粉絲，可是首次見到他時，不覺得他有什麼了不起。蓋特納身形瘦小，講話輕聲細語，看起來比四十二歲的年紀年輕。他沒有專業的經濟學文憑，也沒有擔任銀行主管的資歷。他擁有的是來自重量級人物不足為憑的支持，如兩位前財政部長賴利・桑莫斯（Larry Summers）及巴伯・魯賓（Bob Rubin），還有紐約聯邦準備銀行董事會主席彼特・彼得森（Pete Peterson），此人做過尼克森總統的商務部長，也是黑石（Blackstone）私募基金公司的共同創辦人。我對於靠推薦而非學經歷與長期成就的紀錄，就讓某人出任如此重要的職位，不以為然。

可是事實證明，那是正確的任命。蓋特納雖無博士學位，可是他擁有相當於金融危機管理博士的能力。他在亨利・季辛吉（Henry Kissinger）的全球顧問公司工作過，之後於一九八八年進入財政部。他升得很快，以智慧和領悟力給魯賓和桑莫斯留下深刻印象，而美國財政部忙著在世界各地撲滅金融之火時，他也扮演要角，其中最著名的即是一九九七年亞洲金融風暴。

到二〇〇三年十二月的會議，也是蓋特納第一次參加，美國經濟看來正在走強。初步估計第三季經濟成長超過年率8%。會議上各委員發表己見時，都持樂觀看法。有幾位提到，「相當時期」的說法好像有助於壓低長期利率。葛林斯班說：「事實很明顯，我們傳達那項訊息的努力成功了。」雖然未來展望有變好的趨勢，但是通貨膨脹在我們看來仍然太低，無法令我們對通貨緊縮的風險已除產生信心；失業率則仍為6％。委員會保持聯邦資金利率在1％，並繼續預測，政策調節將維持一段相當時期。

二〇〇二年八月我被任命為聯準會理事，是接替麥克・凱利所餘的任期，到二〇〇四年一月三十一日屆滿。白宮官員沒有確切的承諾，但表示如果我想繼續做，會獲得有力的考慮。此時就回普林斯頓似乎太早，所以二〇〇三年夏天，我申請再次任命。不久便獲通知，我得到再度提名。而普林斯頓接受我的展延，讓我的請假從兩年改為三年，不過明白表示不能再延。

二〇〇三年十月十四日，參院銀行委員會舉行聽證會確認我的任命案。我是與羅傑・佛格森一起出席，他是被提名續任四年的副主席，但是參議員出席並不踴躍。肯塔基州選出的參議員吉姆・邦寧（Jim Bunning），曾是列入棒球名人堂的投手，他照例批評聯準會。他在國會那些年，一直不斷向我和聯準會其他官員投近身球。邦寧要求佛格森和我保證，不會把葛林斯班的決定當成「橡皮圖章」。我答道，一般來說我對政策方向沒有異議，可是我表示，在通貨膨脹目標化等議題上，我曾表明獨立的立場。最後任命案提交參院全體會議，佛格森和我的案子平靜過關。

到二〇〇四年一月底，聯邦公開市場操作委員會的年度首次會議，經濟展望更為樂觀。美國經濟在二〇〇三下半年，成長超出年率6％，十二月的失業率為5.7％，似乎也緩慢下降。另一方面，就業機會並無起色，通貨膨脹仍非常低。奈德・格蘭里奇二〇〇二年九月時曾持反對意見，主張應採取更寬鬆的貨幣政策，現下卻率先轉向，投入擔心利率已有太久太低的鷹派。他說強勁成長的型態正遍及整個經濟，是時候該開始逐步減少貨幣刺激了。葛林斯班也樂觀地認為，即使降低貨幣政策的支持，經濟仍可持續改善。

在寬鬆過程中，處理對外溝通十分重要，而政策緊縮是否能夠成功，溝通同樣攸關重大。我們減少刺激的第一步，是在會後聲明中，去掉將維持低利率一段相當時間的說法，改為表示委員會認為，我們對「移除」寬鬆政策「保有耐心」。市場顯然並未讀出我們的暗示，即雖然緩慢，但我們正朝緊縮政策前進。短、長期利率都沒有什麼變化。

二〇〇四年全年，經濟持續改善。我們也不斷更動聲明的遣詞用字。在五月的會議上，我們刪除「保有耐心」，並說我們認為，寬鬆政策「有可能以緩慢規律的步調加以移除」。我們此刻發出的訊號，不僅是下次升息的時機（很快），也是再之後的升息步調（緩慢）。到六月，我們放棄只單靠文字，並且無異議通過，把聯邦資金利率目標，由1％提高至1.25％。那是自二〇〇〇年五月以來首次調升，當時衰退尚未開始。就業機會增勢持續強勁，通貨緊縮風險逐漸減低，使降息行動變得合理。聯準會率先升息有時可能震動金融市場，可是此次市場參與者已有預期。他們也看到我們所觀察到的經濟改善，並在委員會聲明的協助之下，正確地猜出貨幣政策將如何回應。

我在六月的會議上說：「過去一年美國經濟有長足的進步，……我們應該暫停一下，享受對聯準會扭轉經濟的貢獻。我們的政策行動在溝通策略創新的強化下，有助於在危險時期，對經濟提供關鍵的支持。」

經過一年半的顛簸，二〇〇三下半年至二〇〇四全年的復甦，使失業情況轉為工作機會不斷增加。同時通貨膨脹由令人擔心的低水準，升到接近2％，足以對通貨緊縮提供緩衝，但不致高到干預經濟的健全運作。要不是我們以降低利率和透過溝通來支持經濟，復甦的腳步會更無力，失業率會維持更高更久，通貨緊縮的風險也會大很多[8]。

聯邦公開市場操作委員會說話算話，此後兩年均以「緩慢規律的步調」提高利率。到二〇〇六年一月，葛林斯班最後一次參加委員會議時，聯準會已把聯邦資金利率調高至4.5%。但是經濟仍繼續創造新就業機會和適度通貨膨脹。葛林斯班任內最後一個月，失業率為4.7%，通貨膨脹率趨向略低於2%。

看來大師又再創佳績。二〇〇五年八月，在堪薩斯市聯邦準備銀行的傑克森霍爾年度研討會上，也是他當主席主持的最後一次，葛林斯班被譽為史上最偉大的央行首長。

8. 經修正後的數據顯示，通貨緊縮風險可能比我們當時以為的略低一些，不過通貨膨脹確實非常不振。決策者當然必須根據現有的數據做決定。再者，以當時經濟疲軟，通貨膨脹有可能進一步不可忽視地滑落。

第五章　次貸星火
The Subprime Spark

儘管美國正享受著彷彿金髮女孩式經濟（不太熱也不太冷，Goldilocks economy，譯注：源自三隻小熊的童話故事，女孩到小熊家只挑不冷不熱的粥吃），葛林斯班則因成功的十八年任期備受讚譽，但是可怕的風險卻在增長中。這些風險現在事後看起來是非常清楚的，然而當時卻不那麼明顯。

我當主席的任期快結束時，有人問到金融危機最令我驚訝的是什麼。我答：「危機本身。」我的意思並不是，我們完全未意識到正在發生的事，而是我們僅看到了拼圖的大多數碎片，且看得並不透澈，也未能理解——也許應該用「未能想像到」——那些碎片將如何彼此結合，進而產生可比擬、甚至可謂超越引起大恐慌的金融危機。

有人曾對各式的風險提出警告，但是把所有的碎片拼成完整的整體，即使有經濟學家——在這件事上，有決策者或金融高階主管——曾這麼做，為數也很少。日後的諾貝爾獎得主耶魯大學的羅伯．席勒（Robert Shiller），在其二〇〇五年的著作《非理性的繁榮》（Irrational Exuberance）中警告，房價可能是泡沫。甚至早在二〇〇三年，在懷俄明州傑克森霍爾舉行的堪薩斯市聯邦準備銀行年會上，國際清算銀行〔Bank for International Settlements（BIS）〕的克勞迪歐·波里奧（Claudio Borio）與威廉·懷特（William White）便寫道，長期金融平靜有可能導致投資人和金融機構變得自滿，而去冒過度的風險。他們的論點呼應到數十年前，經濟學家海曼·明斯基（Hyman Minsky）發表的看法，他認為沒有危機時，金融體系的風險往往會擴大。二〇〇五年，也是在傑克森霍爾，芝加哥大學經濟學家（後來是印度央行總裁）拉古拉姆·拉詹（Raghuram Rajan）談到，設計不良的報酬制度可能導致資產經理人冒過大風險。當然有許多評論家也提出危機就在眼前的警告，後來卻並未發生，似乎向來都是如此，例如高通貨膨脹會捲土重來，或是美元將因美國龐大的貿易赤字而崩跌。

假設有房屋被颶風吹倒，你可以怪罪於風力太強，或是房屋的結構有問題。追根究柢當然兩個因素都可能有關係。毀滅性的金融危機就是類似情況。它有直接原因或所謂的觸發因子，相當於颶風。然而要是沒有結構上的弱點，相當於房屋地基不穩，也就是說，若非金融體系本身有缺陷，則觸因無法造成大規模的損害。

二〇〇七至〇九年的金融危機有幾個觸因。最重要也最為人知的，是房價和營建業的猛烈漲勢與之後的崩盤。而亦如眾所周知的，造成房價大起大落的是，抵押貸款紀律遭到破壞，特別是次級貸款（借給信用紀錄不良者）[9]。其他較少被強調的觸因，則有對商用不動產開發商風險過大的貸款，以及全球

9. 通常次級借款人是指 FICO（Fair Isaac and Company）評分在六百二十分以下，不符合正規（初級）房貸資格，除非他們付出很多自備款。

對想必應該是安全的資產需求過大，讓華爾街受這種需求鼓勵，於是建構並出售複雜的新金融工具，最後卻成為爛攤子。

關於那次金融危機的許多記述，幾乎全著重於檢討觸因，尤其是房市泡沫破裂和不負責任的次級房貸。這些因素如同威力強大的颶風，會在任何情境中產生毀滅性的效應。可是金融體系本身若無重要的結構型弱點，颶風也不至於幾乎把我們整個經濟吹垮。美國金融體系變得愈來愈複雜而不透明，金融監理制度卻顯得落伍而危險分散，加上過度依賴舉債，尤其是短期債，使得整個體系在壓力下失去穩定度。觸因的相互作用和結構上的弱點複雜得不得了，可以解釋為何只有那麼少人，預見到此次危機的完整本質和幅度。

然而就算房市和次級房貸不代表問題的全貌，它們仍是關鍵的因素。因此了解聯準會在危機發生前，如何看待這些領域的發展，和聯準會以及其他監管單位，為何未能更有效地化解日益嚴重的風險，便十分重要。

二十世紀中葉至二十一世紀初，金融體系歷經了許多巨變，房屋融資的演進便是一個很好的範例。數十年前常見的情況是，銀行家從他在雜貨店裡點頭打招呼的人手中收取存款，然後以抵押貸款的方式，把錢借給距離銀行三十分鐘車程內的當地人。社區銀行家或大銀行的地方代表，本身往往就認識貸款的對象，對支持貸款的抵押品（房屋）也掌握充分資訊。他們一般把這些貸款記在自己的帳本上，因而有一切的誘因，要努力做出明智的貸款決定。

到二〇〇二年我進入聯準會時，傳統房貸模式已大半被更時髦光鮮的版本所取代。理論上，傳統模式的改變是進步的，目的在解決舊制的缺點。新科技如電腦化信用紀錄和標準化信用評分，使房貸更有效率和競爭力，成本更低，並擴大可以服務的融資對象範圍。此外，承做抵押貸款的公司借出去的錢，不再像過去那樣大部分限於從存款而來。如今它們可以把抵押權出售給第三方，第三方再加以集結包裝，創造出新的證券，然後出售給投資人，這種過程稱為證券化（securitization）。證券化使得貸款公司可以取用全球龐大的存款庫，做為新貸款的資金來源。金主們也看到好處。新型房貸抵押擔保證券〔mortgage-backed securities（MBS）〕可用各種方式加以組合，像是結合美國不同地區的抵押權，以提高分散化，也可分割為許多部分，來因應投資人的風險偏好。

這種新模式〔有時稱為開辦到分銷（originate-to-distribute）模式〕確實有其優點。然而到二〇〇〇年代初，這類做法也助長、甚至鼓勵高風險而不負責任的行為。由於開辦貸款方預料，不會保有借出的貸款太久，便不太注重貸款的品質。它們時常把安排貸款的責任交給中間人，而中間人投入貸款過程，頂多只到在商業區月租辦公室的程度。中間人多半靠佣金賺錢，所以常忙著為貸款公司與借款人牽線。如同傳統模式，貸款方有時是商業銀行或儲貸機構，但也經常有非銀行的公司，藉由華爾街用各種形式的短期借貸提供資金，那種資金來源〔非存款〕很有可能會一夜之間就消失。

當借款人到中間人、到開辦公司、到證券化機構、到投資人的連鎖過程拉長，做為擔保的抵押品的品質該由誰負責，也就愈來愈分散。到最後，那些複雜的證券經過理當是獨立的評等機構〔由發行商花錢請來評定其證券的私人公司〕認可後，購買的投資人則遍及美國的退休基金，到德國的銀行，以及亞洲或中東政府的主權基金。大多數投資人並未獨立分析所購買的證券，而且對其中涉及的風險所知也有限。有部分案例是，不道德的投資公司故意把不良抵押證券倒貨給投資人。不過也有很多證券發行商本身並不了解，它所出售的產品有何風險。有一項研究發現，華爾街好多參與證券化融資的經理人，因預期房價會繼續上漲，自二〇〇四到二〇〇六年，曾大幅提高他們個人對房市的投資。

有一度，這類安排似乎對借款人和投資人都很合適。投資人滿意於能夠買到，殖利率比政府公債高的高評價資產。房貸借款人也受惠於，開辦費用降低和貸款額度增加。的確，多虧每月還款不高、至少初期是如此的次級房貸，借來不難，許許多多的美國人都得以加入，所以房地產業和政客稱這個為擁有房屋的美國夢。那麼初期利率重新調高後，屋主要是還不起貸款，該怎麼辦？當時的假定是，房價總是會上漲，屋主可以借新還舊，最起碼可以賣掉房子，償還貸款。萬一屋主違約，房貸抵押擔保證券的投資人仍有保障，因為房子的價值超過抵押權。分散化和金融工程的魔法稀釋了風險，並把它散布至全世界。

倘若房價暴跌，有很多屋主違約，又該如何？沒有人確實知道，可是那種可能性好像很低很低。直到當然它真的發生了。

二〇〇一年衰退後的那幾年，聯準會的同事和我，密切注意著房屋與房貸市場的發展，可是我們同時看到正面與負面現象。房屋營建業興旺，支撐其他方面停滯的經濟成長，房屋價值上升則支持消費者的信心。葛林斯班主席常說，屋主憑藉房屋淨值去貸款，是一項重要的消費支出來源。我們討論銀行的獲利能力和資金部位改善較多；討論銀行自房貸承受的風險較少。的確，銀行體系顯得格外強健。二〇〇五年沒有一家銀行倒閉，那是自大恐慌時期開始實施聯邦存款保險以來，第一年沒有銀行倒閉。就整個產業來說，各家銀行的報告都是高獲利、低貸款損失的。

我們並非完全不曉得或不擔心，房市或整個金融業所承受的風險。比方在數次聯邦公開市場操作委員會議上，波士頓準備聯邦銀行總裁凱希·閔尼漢（Cathy Minehan）就說，她擔心低利率可能引誘投資人「追逐殖利率」，即做風險過大的投資，希望賺取更多獲利。亞特蘭大聯邦準備銀行總裁傑克．蓋恩（Jack Guynn），經常報告佛州（屬於其轄區）房市過熱，並擔心他區內的銀行會因借錢給營建公司而受害。二〇〇二年八月成為聯準會銀行監理委員會主席的蘇珊．畢斯，則表達嚴重關切問題重重的次貸借款，以及那對貸方與借方可能造成的效應。在好幾次會議上，理事奈德．格蘭里奇和羅傑．佛格森，曾就泡沫的風險來考幕僚。

葛林斯班本人顯然知曉潛在的金融風險。二〇〇四年一月開會時，他公開表示擔心，由信用差的公司發行的債券，利率那麼低，投資人還買，這是低估風險的可能訊號。他說：「我們在現階段易受劇烈的心理變化所害。我們從資產價格結構中看得出來。此結構尚未達到適合用『泡沫』去形容的地步，可是資產價格將變得非常有攻擊性。」

至於我，我主張更有系統地監控，金融體系所受到的威脅。在二〇〇四年三月的會議上我說，我們應該跟進英格蘭銀行和其他主要央行的腳步，發布每季或半年一次的「金融穩定度報告」。這個報告將警示投資人可能的危險，並迫使我們與其他監理機關，在必要時採取行動。我承認，我們也許禁不住會報喜不報憂，免得引起民眾擔心。可是我說：「金融情況確實會改變，而監看這些變化和忠實地向大眾傳達監看結果，是我們共同的責任。」

隨著房價不斷上漲，聯邦公開市場操作委員會也加以戒備。委員會在二〇〇五年六月的會議上，曾聽取幕僚就此主題所做的特別簡報。我沒有參加那次會議，因為那時我已離開聯準會，到白宮任職，不過我不認為，我會比在場的人更有先見之明。如今那次會議的書面紀錄讀起來很痛苦。那次報告是採取辯論形式。站在正方的幕僚經濟學家認為，美國確實存在著房屋泡沫。他們指出，房價上漲的速度比房租快很多。如果把房子當成既是住處，也是投資，那房租與房價應以相近的步調上揚。當時的房市就像一家獲利平平但股價不斷攀高的公司，那是泡沫的正字標記。

站在反方的幕僚們則主張，出現泡沫的可能性不大，或是認為若有泡沫存在，其所構成的經濟風險仍在可應付的範圍內。他們表示，房價上揚是合理的，因為消費者的收入和信心增加；房貸利率處於相對低點；分區限制也提高受歡迎地帶的房屋價值。至於價格不實的問題，歷史經驗顯示，它會緩步修正，或許是透過一段長時間的價格停滯。反方經濟學家指出，倘若房價真的下跌，聯準會只要降息即可緩和整體經濟受到的打擊。

那次會議上的決策者，大部分與多數幕僚經濟學家看法一致，認為風險不大。蘇珊．畢斯再度持相對悲觀的看法，對一些不當的借貸方式感到憂心，像是愈來愈依賴低初期「誘餌」（teaser）利率的浮動利率房貸，或是借款人不必償還本金的「只付息」房貸。不過她並不認為房市或銀行的風險大得離譜。

在聯邦公開市場操作委員會專門討論這個問題前不久，葛林斯班就已開始公開談到房市的「泡沫群」，即一堆小規模的地方性泡沫。房地產經紀商的名言：「地點、地點、地點」，在此好像也能適用。我們不難想像美國某個都會區，甚至跨越數區，出現了房市泡沫。可是因為各地的狀況不同，要想像全國的房價一律都在大漲大跌，就比較困難（評等機構認為，貸款證券化產品，若結合全國各地的房貸，可以保護投資人，這是重大錯誤）。追根究柢，每個地區、每個城市的房價漲跌幅度，確實有相當差距，「有沙的州」（如佛羅里達、內華達和亞利桑那），其泡沫比起像是中西部各州要大得多。可是當時房價上漲的幅度和（地理）範圍夠大，以致大跌的效應是全國都感受得到。

針對金融和房屋市場的失衡現象，二〇〇五年曾出現數次的間接警示，葛林斯班的泡沫群說法是其中之一。二月他在國會依《韓福瑞—霍金斯法》作證時說：「歷史告誡我們，經歷長久相對穩定期的人易於做出過度之舉。」同年八月，他在傑克森霍爾指出，人們可能正為股票、債券和房地產付出太高價，那代表他們未曾適度考量這些資產的風險性。他說：「在長期低風險的收益之後，歷史的發展是不留情的。」一個月後他警告大家，提供給次級借款人各種奇怪形式的浮動利率房貸，在發生他所謂「房價普遍冷卻」時，可能會讓借貸雙方都暴露在重大的損失之中。一九九六年，當葛林斯班公開表達對「非理性繁榮」的想法時，市場曾短暫震動，如今市場卻對葛林斯班在任內最後一年的反思不當一回事。房價在二〇〇五年上漲15%，而前一年漲了16%。股市和債市，二〇〇五年底則也收在與年初差不多的水準。

聯準會有不少人，包括我在內，顯然低估了房市泡沫化的程度，與由此產生的風險。我們至少有兩個重要的問題要問：一是怎麼做可以避免將來歷史重演？然而，改進對金融體系的監管和強化金融法規，當然也是不可少的。第二個問題則更不容易回答：假定我們能夠及早辨認出房市的泡沫，比方在二〇〇三或〇四年，又會如何？若要加以因應，我們應該有何作為？尤其是應不應該藉升息來對抗房市過熱？我曾在出任聯準會理事後的首次演講中指出，貨幣政策在大多數情況下，均非處理資產泡沫的正確工具。現在我仍然覺得這是對的。

在二〇〇一年衰退結束後，失業性復甦和通貨緊縮風險，是切實嚴重的問題。葛林斯班認為，我也附議，貨幣政策的優先要務是協助就業市場，並避免進一步陷入通貨緊縮。央行太過重視資產價格，可能帶來什麼不良後果，有一個實例發生在若干年後。二〇一〇及一一年在瑞典，儘管預測通貨膨脹會維持在央行的目標下，失業率也很高，央行官員仍然提高利率，以回應對房貸債務和房價不斷上升的疑慮。瑞典經濟因而落入通貨緊縮，迫使央行在其後三年，把利率由2%降至零——一次令人難為情地反轉。[10]

有些人，最著名的是史丹佛經濟學家約翰・泰勒（John Taylor），認為我對聯準會的抉擇：要不就達成通貨膨脹和就業目標；要不就放掉房市泡沫裡的空氣。我認為他的說法太過兩極。泰勒主張，在二○○○年代初把利率略微調高，應該可以使泡沫降溫，同時不致令通貨膨脹脫韁，也能把失業率降下來。他聲稱，聯準會根據他發展出來的簡單原則，制定貨幣政策，可以避開房屋泡沫最糟糕的情況。

在二○○○年代初，是否可能出現這樣的貨幣政策：寬鬆到足以達成就業和通貨膨脹目標，又緊縮到足以大幅降溫房市熱度？看來可能性很低。按照泰勒提出的原則，適度升息可使復甦放緩，同時對房價大略僅有些許的影響。二○一○年聯準會的研究顯示，若在二○○三至○五年實行泰勒的原則，一般用浮動利率借房貸的人，起初每月還款的金額會增加約七十五美元。根據當年所做的調查，許多人期待房價有兩位數的成長，因此多付七十五美元，似乎不致對那些買房者的行為有多大影響。無論如何，聯準會自二○○四年六月起開始逐步緊縮，但是房價仍繼續大漲了好幾年。

許多人認為，應該更早提高利率來控制房價，他們認定，當初就是貨幣政策太寬鬆才造成房市熱絡。然而在貨幣政策之外，要找出其他推升房價上漲的因素並不難。曾正確預測網路股和房市泡沫的羅伯・席勒，把房市泡沫歸因於心理因素為主，而非低利率。他在二○○七年曾說，美國房價是自一九九八年前後開始快速上升，比聯準會二○○一年降息早了許多。大約同時也有別國的房價明顯上漲，包含貨幣政策較美國緊縮的國家（如英國）。

再者，一九八○年代後半以至一九九○年代，經濟格外的穩定，經濟學家稱之為「大溫和」（Great Moderation）時期，人們可能因此失去警覺心。那十多年間大致成功的貨幣政策，或許促成了大溫和，繼而間接導致泡沫心理。但是我們不可能故意用貨幣政策製造經濟不穩，以防止人們將來忘了風險。

另一個抬高房價的因素，是外國資金如潮水般湧入美國。這些流入的錢，大多無關乎我們的貨幣政策，卻把含房貸利率在內的長期利率壓低，並且增加對房貸擔保證券的需求。其他有大量外資流入的國家如西班牙，也經歷了房市景氣大好的情況。當聯準會在二〇〇四至〇五年緊縮貨幣政策，長期利率卻並未隨之上升，葛林斯班說，這是一個「謎團（conundrum）」。我演講時，把這個謎團連結到我所謂的「全球儲蓄過剩」：全世界可用的儲蓄超過適合投入這些儲蓄的好投資，而國外的超額儲蓄有很多流入了美國。這些額外流入的資金，肇因於（多屬）新興市場的國家如中國，為促進出口，減少進口，而貶低自己貨幣的幣值。當某一國欲以人為方式維持對美元的低匯率，就必須準備好購買美元計價的資產，像中國便已買下價值數千億美元的美債，包含房貸擔保證券。

如果說，貨幣政策並非處理可能的房價泡沫的恰當工具，那什麼才是？我在二〇〇二年的演講中說，針對資產價格泡沫和其他有礙金融穩定的風險，金融管理與監督應是第一道防線。要是能夠有效地運用這些更集中的工具，那貨幣政策就有餘裕去追求低通貨膨脹和低失業。可惜這一次，監管工具並未得到聯準會或其他金融監管機關的善加運用。這加重了危機的嚴重性。

大致來說，銀行監管有兩個目的：一是確保銀行財務健全；二是保護消費者。聯準會的銀行監理局（Division of Banking Supervision and Regulation）負責管理金融監理工作的安全穩健。消費者與社區事務局（Division of Consumer and Community Affairs）則有一項專責，即擬定保護消費者的規定，並檢查銀

10.二〇一五年二月，瑞典央行被迫再進一步對抗通貨緊縮，開始購買政府公債，並把銀行準備金利率設為負數。

行是否遵守這些規定。這兩類職權各自行使或並用，都有助於不讓房市與貸市的風險增加。可惜並未收到這種效果。我們要問為什麼？

二〇〇〇年代初的房市榮景，似乎與次級房貸等高風險的抵押貸款密切相關，但是也涉及擔保手續不足（如未查證借款人收入），或是對弱勢借款人風險高的特色貸款（如只付利息）。高風險房貸增加對房屋的需求，把房價推高。另一方面，房價漲得愈多，借款人就愈不謹慎。最糟糕的貸款分別出現於，房價接近最高點的二〇〇五年，及房價開始反轉的二〇〇六年。事實上到二〇〇六和〇七年，有些借款人只還了數次，甚至沒有還過一次就違約。

次級房貸並非二〇〇〇年代初的新發明，可是它占整體房貸的比率卻持續上升。一九九四年時，新房貸中僅有5%屬於次級，可是到二〇〇五年，新核准的案子中次貸已占約20%。更麻煩的是，二〇〇〇年代初開始的次貸案，有很大一部分是浮動利率。這些貸款起始的利率都訂得很低，通常會持續兩、三年。之後即隨市場利率調整。這類誘餌利率，常搭配合很低的自備款，使信用很差的借款人，也能夠買到在正常情況下買不起的房子。借錢和被借的兩方，均仰仗借款人在利率重新調高前，得以借新還舊。可是這唯有房價持續上漲（屋主的財產淨值水漲船高），才有可能重新貸款。

包含聯準會在內的主管機關知道這些趨勢，然而事後看來，我們的反應太慢，也太過小心。我以為反應慢不能歸咎於準備不足的金檢人員，他們是與銀行互動最密切的第一線人員。聯準會與任何大機構一樣，有能力強也有能力較差的員工，不過金檢員普遍素質都很高。我也不認為，聯準會的尖兵會被他們監管的對象所綁架，即他們會覺得，放水符合自己的前途或金錢利益。不過他們也同意，監管工作不應負過重的責任，相互競爭的市場力量在某種程度上，會遏阻不當的借貸。一方面是銀行安全，一方面是提供貸款，要維持這兩者間適度的平衡，向來都不容易，而聯準會與其他監管機關，也許太偏向於提供貸款這一面向。常駐在同一家大型銀行的金檢小組，也可能太傾向接受，監管對象的主流思想和偏見。

聯準會有一個始終解決不了的難題，即在十二個區要維持一貫、嚴格的監管執法，有其困難。畢竟理事會雖負責銀行的監管，但是日復一日實際監督銀行的，是隸屬各準備銀行的金檢人員。準備銀行經常不滿華盛頓發出的指示，理由是它們比理事會的幕僚更清楚本身區內的狀況。其實各準備銀行的總裁曾在二〇〇五年，成功地抗拒蘇珊．畢斯想把監理工作更中央集權化的企圖。

雖然聯準會的監理理念和管理問題，造成部分影響，但是若干有效監管的最大障礙，存在於聯準會之外，更廣大的金融監理架構中。此次金融危機發生前，美國的金融監管制度極為分散，處處都有缺口。金融體系有重要的環節未受到充分監督（假設監督得了的話），而關鍵的是，沒有一個機關負起總其成的責任。如此分散的制度有歷史因素、也有政治因素。在美國歷史上，金管機關都是為回應危機和其他事件而特別設置的：南北戰爭期間是通貨監理局、一九〇七年金融恐慌後是聯準會、大蕭條時期是聯邦存款保險公司和證券管理委員會。在政治上，政府內部勢均力敵的權力中心（管轄權重疊的國會各委員會、州與聯邦的主管機關）互相衝突，再加上特殊利益，如銀行與房市遊說團體，向來都會有阻撓改善現有制度、使之合理化的企圖。

其結果是一團混亂。舉例來說，金融市場（如股市和期貨市場）的管理，分別交給證管會和國會一九七四年創設的商品期貨交易委員會（Commodity Futures Trading Commission）。銀行的管理則視各家銀行如何取得營運特許權而定。經聯邦層級特許的所謂全國性銀行，由通貨監理局管理；而州當局特許的銀行由州主管機關監督。州特許銀行可以加入聯邦準備體系成為會員（稱為州會員銀行），也受到聯準會監督，聯邦存保公司則會檢查其他的州特許銀行。至於金融控股公司，即旗下有銀行、可能還有他類金融事業的公司，不論那些銀行是州或國家特許，一律歸聯準會所管。在危機發生前，還有另一個機關：儲貸監理局〔Office of Thrift Supervision（OTS）〕，是管理儲貸機構和擁有儲貸機構的公司。全國儲蓄互助社協會（National Credit Union Association）則監督儲蓄互助社。

各金融機構可以透過轉換特許單位，改變其監管機關，這對監管機關產生不要太嚴格的誘因，以免失去受管轄的「客戶」及它們所付的檢查費。例如二〇〇七年三月，次貸業者全國金融公司（Countrywide Financial），在儲貸監理局保證「減少對立」後，改變它擁有的存款事業的特許單位，使該公司主要的監管機關由聯準會改為儲貸監理局。當時通貨監理局積極想要勸導各銀行，轉為全國性銀行特許。通貨監理局和儲貸監理局都強調，受其監管的金融機構可豁免於州和地方法規的管束，所以轉由它們管理比較有利。

如此分散的金監制度，常使聯邦機關監看整體情勢發展的能力受到限制。比如二〇〇五年，所有次級房貸僅約20％，是由聯邦管轄的銀行和儲貸機構貸出。另外30％，是由受聯邦監管的機構所屬的非銀行子公司貸出。其餘50％全出自僅受州特許和監督的獨立房貸公司。有少數幾州——經常被提及的是麻州和北卡州，在監督非銀行的房貸方面做得很好。可是大多數州缺乏資源和政治支持就很難說了。

即便是監管房貸證券化的工作，也分散於各機關。聯邦住宅企業監督局〔Office of Federal Housing Enterprise Oversight（OFHEO）〕，管理有政府擔保的房貸證券化公司（房利美與房地美）；華爾街的投資銀行也發行各種以房貸為擔保的證券〔通稱為私有品牌證券化（private-label securitization）〕，其主管機關卻是證管會。就像印度民間故事瞎子摸象的比喻，每個主管機關只知道問題的一部分，更有些部分完全未受到檢查。

於事無補的是，許多金融機構搶著擁抱有利可圖的新產品和市場，卻疏於衡量與管理所冒的風險。金融機構經過一連串的併購，但每家公司各有其資訊系統，更加劇管理的困難度。我們事後發現，大型銀行暴露於房貸違約的風險中，不僅是因為那些列於其資產負債表上的房貸，還有許多其他管道，包括它們持有或擔保的證券化資產。各公司用於度量曝險的系統，跟不上各子公司持有的資產快速地變化，或是眾多的曝險管道，或是各種風險交互作用的範圍。

聯準會和其他主管機關，曾促使各銀行改進其評估與度量風險的系統。蘇珊・畢斯也經常在金融業論壇上宣揚，全面評估公司整體的風險，而非局部個別檢視，有許多好處。可惜實際情況是，就在危機發生前那幾年，銀行或金監單位對銀行暴露於危險房貸和其他高風險貸款的全貌，都了解不足。「大溫和」的經驗，使銀行和監管機關，都低估了發生大規模經濟或金融衝擊的可能性。

另一方面，受官僚、法律和政治障礙所限，監管單位疲於奔命地追趕著，變化多端的金融產品與做法。聯邦級主管機關（聯準會、通貨監理局、聯邦存保公司、及儲貸監理局）經常以對銀行發布正式「指引」（guidance），來因應新問題。指引的法律效力低於法規，但在金檢人員眼裡仍有相當分量。此次危機發生前幾年，主管機關陸續發布多項指引，分別針對次級貸款（一九九九與二〇〇一）、低自備款房地產借貸（一九九九）、房地產估價慣例（二〇〇三與〇五）、掠奪式（惡性）貸款（二〇〇四及〇五）、及房屋淨值貸款（二〇〇五）。各聯邦級單位也在二〇〇五年提議，二〇〇六年定案，對已盛行於次級房貸的「非傳統」特色（如允許暫停還款）發布指引。可是大多數的指引和規定，不是不夠嚴格，就是發布不夠及時。

官僚體系的惰性和法律、政治的掣肘，使指引的發布快不起來。各監理機關若要聯手發布，一般情況都是如此：就必須先在本身內部達成協議，再取得跨部門的共識。公告各種規定，有時發布方針也是，需要經過詳盡的法律程序，其中包括讓受影響的各方表示意見，並由主管機關加以回應的時間。每當有規定或指引威脅到原本受益團體的利益時，政治壓力便隨之而來。譬如二〇〇五年夏天，監理單位擔心有些銀行，特別是小型銀行，借出並持有過多的商業不動產貸款，那些都用於興建辦公大樓、購物中心、公寓大樓、及房地產開發。監理單位建議發布指引，督促銀行對這方面的風險設限。這一指引的草案雖較現行辦法有所改進，但是並不特別嚴格。當時舊金山聯邦準備銀行的金檢人員，正試圖控制火熱的西部房市的商用不動產貸款，時任總裁的珍妮特·葉倫（Janet Yellen）後來譏諷此案的最後版本，她在二〇一〇年說：「不如把它拿出來撕碎了，再丟進垃圾箱。它對我們毫無用處。」

即使如此，提議發布這則指引仍招致社區銀行家強烈抗拒，他們十分倚賴商用不動產貸款帶來的獲利。社區銀行雖是金融體系的一小部分，卻擁有不成比例的政治影響力。成千上萬的抗議信湧入，眾院一個金融服務小組委員會還舉行了聽證會。金監機關雖擋住了遊說者和政客，卻花費好幾個月向批評者（和他們自己）保證，這則指引能夠達到目的，但不至於過度束縛小型銀行。所有這些反反覆覆，使得金監機關直到二〇〇六年底才發出最後的指引，距發覺問題至少已過了一年半。

聯準會一面設法保護銀行本身，一面也試圖保護消費者不被銀行所欺。與蘇珊·畢斯相對的保護消費者理事是奈德·格蘭里奇。我二〇〇二年來到聯準會時，奈德擔任監督消費者與社區事務局的委員會主席已有四年，他一直做到二〇〇五年離開聯準會為止。我進入理事會後不久就加入這個委員會，直到二〇〇五年春天，此期間第三位委員大多是蘇珊·畢斯。奈德為人親切，思慮周密，對保護消費者非常用心，對過分簡化的自由市場教條持懷疑態度。可是儘管有他在，保護消費者的監督管理依然不足。

國會賦予聯準會的職責之一，是為保護金融服務消費者最重要的法律，擬定實施規章，例如管理借款人資訊披露的《誠實借貸法》（Truth in Lending Act）。然而聯準會規章的執行責任分散在許多聯邦與州的單位，監督對象則有各式各樣的機構。聯準會直接執行其規定的，只限於加入聯邦準備體系的州特許銀行（二〇〇五年底總數為七千五百家的商業銀行中，約有九百家加入），以及五千家左右的金融控股公司（其中很多是空殼公司，僅為納入一群子公司的傘形組織而設立）。

可惜消費者部門在理事會內的地位相對較低，也缺乏專門監督安全穩健的人力資源。葛林斯班主席並不特別重視保護消費者。他不信任，在他看來是對金融服務市場拙劣的干預，不過他願意支持改進對消費者的資訊披露和金融教育，他認為那有助於市場更有效率地運作。

我被分派到消費者委員會反映我的資歷不足，但我並不反對。雖然我欠缺法規方面的經驗，卻覺得這項工作應該很有意思，也是幫助美國老百姓的一種途徑。我和同事一起參加，與理事會消費者議題諮詢委員會及其他外界團體的定期會議，我也努力自學由理事會主管的複雜規章。

在理念上，我自認既非強烈主張、亦非強烈反對監管。我身為經濟學家，直覺上信任市場。我跟葛林斯班一樣，在大多數情況下，支持金融產品清楚資訊披露，也支持消費者的金融教育，而不主張逕自就禁止某些做法。然而在相當新的行為經濟學領域，正如其擁護者所強調，我知道人類行為的動機，有心理也有經濟因素。從現實面來看，行為經濟學家會說，一般人沒有時間或精力去搞清楚，抵押貸款合約所有的細節。所以有時候，直接禁止不符合消費者利益的做法或許比較好。這也是我為什麼後來變得較為支持行為學派的看法。例如不管警告標示說的多清楚，政府仍不准許銷售易燃的兒童睡衣。到我當主席時，聯準會開始例行地以實際消費者為對象，測試業者提出的資訊揭露條文（像是為信用卡所訂者）是否易於理解：這是理所當然的步驟，但對政府監管單位卻是創舉。我們發現有些金融產品，幾乎寫不出夠清晰的揭露條文。如同易燃的睡衣，有些產品根本就不該讓它上市。

我任主席的第一、二年，二〇〇六和〇七，不斷在國會聽證會上聽到有人說，聯準會在二〇〇〇年代初，「徒有利器不會用」。批評者經常強調，我們未能善用《住宅所有權與淨值保護法》〔Home Ownership and Equity Protection Act（HOEPA）〕的授權，讓惡劣的房貸借貸方式受到制裁。聯準會和《住宅保護法》的故事沒什麼激勵人心之處，但其中有不足為外人道也的內情。

在聯準會的支持下，國會於一九九四年通過此法，其目標是針對存心不良的公司，使用所謂掠奪性（predatory）貸款手法欺騙借款人，特別是老人、少數民族和低收入者。掠奪性貸款的例子有：掉包法（bait-and-switch，借款人拿到的貸款與當初講好的不一樣）；奪取產權（equity stripping，故意借錢給收入不夠還款的人，目的在奪走其房屋）；轉換貸款（loan flipping，鼓勵借款人重複借新還舊，以增加貸款業績，賺取更多費用）；還有加料（packing，在申貸過程向借款人收取不必要的服務費）。

《住宅保護法》依據的假設是，利息很高的抵押貸款較可能是掠奪性的。因此它規定，提供高成本貸款的公司必須做更多的資訊揭露，並給予借款者比別人更多的保障。比方，此法限制使用提前還款的罰則，以免有心的公司要求借款人借新還舊，讓借款人得付出更高的代價，藉以讓他們身陷高利率貸款，不得脫身。條文中也明定，使用高利率貸款的投資人可能要為違規行為負法律責任，這可以阻擋證券化。很重要的是，此法適用於任何提供抵押貸款的業者，如獨立的房貸公司，不限於受聯準會或其他聯邦機關監管者。

二〇〇一年十二月，在我進入聯準會的前一年，聯準會擴大高成本貸款的定義，到法律允許的最大範圍，由此使更多貸款受到《住宅保護法》的保護。促成這項改變得是，聯準會針對掠奪性貸款舉行了一系列聽證會，結果使次級房貸首貸案受保護的比率，由約12%增至約26%。

在此次危機發生之前，《住宅保護法》有一條文曾出現爭議，那是授權聯準會可禁止它認定為「不公平或欺騙」的做法。很關鍵的是，這一條適用於所有的抵押貸款，不只是高成本貸款。基本上《住宅保護法》如此授權，等於給聯準會一張空白支票，可以禁止任何它認為不公平的抵押貸款措施，然而還是一樣，執行禁令的權力不在聯準會，在每個貸款業者的聯邦或州監管機關。二〇〇一年，聯準會不但擴大保護高成本貸款，而且也禁止三類它認定為不公平或欺騙的手段，其中最重要的是轉換貸款。不過有些可疑的做法聯準會並未禁止，像是不充分查證借款人的所得或還款能力就貸款給他。

聯準會不願實施地毯式禁令，有部分是基於銀行監理單位、消費者保護團體、及政客，已嚴格區分次級貸款和掠奪性貸款。相對於掠奪性貸款，普遍遭到譴責，而且譴責有理；但多借錢給信用紀錄有瑕疵的借款人，卻廣受稱道。奈德．格蘭里奇稱讚聯準會二〇〇一年擴大《住宅保護法》範圍時說：「我們有選擇性地努力讓修正不要牽涉太大，以免妨礙合法次級房貸市場的整體成長。」

為什麼要支持次級貸款？在歷史上，放款者經常拒絕讓低收入者或少數民族借得到錢。有些放款者會把整片整片的地帶都畫上紅線，自動拒絕任何住在那些地方的人申請貸款。為反制紅線，國會於一九七七年通過《社區再投資法》（Community Reinvestment Act），要求銀行監理單位鼓勵銀行和儲貸機構，對自己營業範圍內的整個社區都要提供貸款服務。此法更針對貸款給低收入或少數族裔社區的公司，提供一些獎勵，可是基於各種原因，後來連不受此法規範的業者，如獨立的房貸公司，都覺得次級貸款值得承做。比方說，高利貸法律的廢除，使放款方可以向高風險的借款人收取較高的利息。再者，資訊科技的進步，加上標準化信用評分系統（把複雜的信用紀錄濃縮為一個數字）的開發，促成粗糙的自動化放款決定。

次級房貸普遍被視為對付畫紅線的良策，因此便成為貸款民主化的關鍵。它促使美國房屋自有率由一九九五年的64％，提升到二〇〇五年的69％。新屋主中有很多是非裔、拉丁美洲裔和低收入者。正如奈德・格蘭里奇在二〇〇一年所說，聯準會等聯邦級的銀行監理機構，致力於避免干預「合法的」次貸市場——即便許多次貸所用的不實作為已昭然若揭。

除去顧慮到不要抑制，有別於掠奪性貸款的次貸，葛林斯班與聯準會資深法律顧問們，也基於原則問題，不願以一竿子打翻一船人的方式，激進地使用《住宅保護法》下的「不公平或欺騙」授權。在我進入聯準會前後那段期間，葛林斯班在公開談話和致函國會時，都表示擔心一概禁止某些類別的做法是否妥當，顧名思義就是未考慮每筆房貸交易的特殊情況，可能產生非預期的後果。所以，聯準會將依個案判定，某某做法是否「不公平或欺騙」，就像金檢人員檢查各家銀行那樣。也有一種並非全無道理的說法，即《住宅保護法》這項授權並不等於核貸不實的做法（例如未提供所得證明），那類作為雖不應該，卻不見得有掠奪意圖。

我不記得在擔任理事期間，我們曾經正式討論過，應如何運用不公平或欺騙授權這個問題，可是我知道「個案處理」這回事，也不反對。一視同仁地禁止可能產生並非原意的結果，我覺得這個道理說得通。舉個例子，假定我們使用不公平或欺騙的權力，對借款人還款能力證明，施行嚴格的規定，那社區銀行家或許就無法依個人對借款人的認識，做「品格貸款」（character loan）。此舉會排擠具有潛在信用價值的借款人，並進一步侵蝕社區銀行的競爭力。聯準會也抱持這種立場：個案處理經過一段時間可以提供必要的資訊，以決定全面禁止某些不公平的做法是否有足夠的根據。

不管以上論點在理論上站不站得住腳，實務上我們不常用到不公平或欺騙授權，也未能制止某些有問題的行為。我們邏輯上的漏洞是，當借貸的標準惡化，例外就變成常規。譬如，為保留銀行做品格貸款的能力，聯準會並未禁止文件證明不足的貸款。可是那時候，許多放款者連對不認識的借款人，也未要求充分的文件證明。同理，我們未曾一律禁止某些奇怪的房貸類別，像是僅須繳利息的貸款，因為這對有些借款人是合適的。卻有放款者把這種房貸提供給沒有一定的經濟能力，或相關知識不足而無法應對的人。鑑於官僚體系的障礙，使有效的跨機構指引難以迅速擬定，因此聯準會的不公平或欺騙授權，縱然很難說是理想的工具，卻很可能是當年解決不安全房貸可用的最佳方法。我初任主席時，聯準會曾廣泛使用這項授權。當然此時許多傷害已經造成。

雖然《住宅保護法》的爭議，打開了聯準會為房貸作業訂定規則的能力，但是規則要執行才有用。奈德．格蘭里奇很早就投入執行工作。他經常表示，由於監管制度很分散，所以保護消費者法律的執行情況極為參差不齊。加入存保的銀行和儲貸機構，得定期接受聯準會等聯邦監管機關的檢查。可是有很多金融控股公司的子公司，不是銀行或由存款取得資金的儲貸機構，而是譬如像對消費者提供個人貸款的公司，或是透過華爾街獲得資金的房貸公司。監管這類子公司的多屬通常資源有限的州機關，或是聯邦貿易委員會（Federal Trade Commission，ＦＴＣ）。聯邦貿易委員會的資源也不多；而且責任範圍遠超出金融事務，它還要執行反托拉斯法和調查來自各種企業的弊端。其作業方式是回應外界提出的訴願，但不會進行定期的檢查。最後還有既非銀行、亦不屬於金融控股公司的放款者，聯邦金監機關對它們也是鞭長莫及，即使有所謂的監督，也只能歸州機關和聯邦貿易委員會管。

奈德很清楚，除非國會採取行動，否則對獨立房貸公司和其他與銀行或金融控股公司無關的業者，在聯邦層次所能做的不多。因此他把重點放在金融控股公司旗下的非銀行放款者。原則上，聯準會是傘形金融控股公司的主管機關，因此有權對其子公司執行聯準會的規定，即使那些子公司不是銀行。聯準會也確實介入過一個很惡劣的案例。二〇〇四年聯準會抓到花旗集團（Citigroup）子公司花旗融資（CitiFinancial），提供無擔保的個人貸款和房屋淨值融資，聯準會判罰鍰七千萬美元，並下令糾正多項違規。

不過花旗融資公司是特例。國會對金融法規的大翻修，催生一九九九年的《葛李布法》（Gramm-Leach-Bliley Act，譯注：又稱《金融服務業現代化法》）。國會修法時認為，聯準會對控股公司的子公司，應交由其主要監管者去管理（如非銀行的房貸公司由州機關負責），唯有在證據顯示，主要監管者疏於注意嚴重的問題時，聯準會才可以派員去檢查這家子公司。這種安排被戲稱為「聯準會清淡版」（Fed lite），目的在避免聯準會重複監管由其他單位主管的公司。

奈德認為，聯準會應定期檢查控股公司的非銀行子公司，察看它們是否違反保護消費者的法律，不能只在州監管浮現明顯疏失時才有動作。在奈德於二〇〇七年過世的三個月前，他向《華爾街日報》（Wall Street Journal）表示，曾在二〇〇〇年左右，私下向葛林斯班主席提過這個想法。奈德說，葛林斯班反對，「所以我沒有認真去推動」。葛林斯班對該報說，他不記得有跟奈德談過此事，但是他承認不贊成這個構想。他說，他顧慮的是大規模檢查小型機構的花費、動搖合法次級房貸的風險，以及放款公司標榜經聯準會檢查核可，可能給借款人錯誤的安全感。

我在後續的場合也聽奈德提起過執行問題，不過就我所知，他並未很用力地去推動，即使在內部也一樣。我認為他對次級貸款的興起也是憂喜參半。一如他的著作《次級房貸：美國近期的大起大落》〔Subprime Mortgages: America's Latest Boom and Bust（2007）〕所顯示，奈德雖然比很多人更早看出風險，卻也持續看到次貸的正面意義，像是提供增加房屋自有率的機會。儘管他未預見到所有後來的發展，可是奈德無疑地比我們其他理事看得更多，也做得更多。

倘若聯準會像奈德建議的，例行檢查控股公司的子公司，情況是否會不一樣？很可能會，但差別或許不大，因為聯準會很在意要區別掠奪性貸款和次級貸款。不管怎麼說，聯準會不能檢查獨立的房貸業者。我成為主席後，二〇〇七年聯準會與州和聯邦監理機關合作，檢查金融控股公司的非銀行子公司，是否遵守保護消費者的法律。

那時候，就像我們與其他機關自二〇〇六年以來採取的許多步驟一樣，已經太遲。由於監督不足，貪婪而不道德的業者已貸出數十萬筆不良房貸。那些貸款後來暴露出脆弱的金融體系不堪一擊的漏洞。美國房價從二〇〇六年春到二〇〇九年春，下跌超過三成，要到二〇一二年初才開始逐步復甦。嚴重拖欠或淪為法拍的次級房貸比率，從二〇〇五年秋只有6%不到，二〇〇九年底卻已激增至30%以上。不良房貸經過任意組合，再切割為複雜的投資工具，分銷到世界各地。誰也不知道虧損究竟會從哪裡浮現。

第六章　新手上路
Rookie Season

二〇〇五年初，格瑞．曼基（Greg Mankiw）宣布，將辭去小布希總統的經濟顧問委員會（Council of Economic Advisers, ＣＥＡ）主席，回到哈佛任教。我從唸研究所時就認識格瑞，他打電話來問我，有沒有興趣接替他。

對於有特定政策主張的經濟學家而言，能夠成為經顧會的一員，更別說是主席，可謂華盛頓最有意思的職位之一。總統經濟顧問委員會創設於一九四六年，其功能有如白宮內部的經濟顧問公司。它設有主席一人，委員二人。另有約二十四位經濟學家為幕僚，他們多半是暫離大學教職、或聯準會及其他政府機關的公職。會有幾個大學剛畢業生或研究生，充當研究助理。

在一般印象裡經顧會不致有明顯的政治性，其存在是為提供政府客觀的經濟意見，但是它確實比嚴格保持無黨派立場的聯準會要政治得多。政治敏感度不夠的經顧會主席，很容易惹麻煩上身。曼基自己即曾引起短暫的媒體爭議。他說他贊成把工作外包給別的國家，並稱之為「從事國際貿易的新方式」。

我必須考量我適不適合這個職務。迄今在我短暫的華盛頓工作生涯中，白宮在考慮我時，似乎沒有人想要檢測我的政治觀點，充其量只有白宮人員問我，我是否登記為共和黨選民，另外就是我與小布希談到教育委員會的事。

我自認是溫和的共和黨，在社會議題上是自由派，在財政和國防上較保守，並保有標準的經濟學家偏好，贊成盡可能依賴市場力量。十幾歲時，我讀過葛林斯班奉為圭臬的艾茵・蘭德（Pyn Rand）的著作，但是我從未著迷於自由至上主義。我當時相信（現在也未改變），尊重個人權利必須以支持家庭、社群，以及其他促進社會價值與公益的體制，來加以平衡。我認為，我與小布希總統的「悲憫保守主義」（compassionate conservatism）但親市場的施政目標，可以配合得相當好。我知道，就像在任何總統任內，即使我並不完全贊同，仍須遵守白宮的發言立場。可是我在經顧會也可以親身經歷經濟政策在幕後制定的過程，理想化的經濟分析可在此與華府紛擾的政治交手。再說，總統剛當選連任，我預期可以參與新的政策規劃。

由於兩個孩子現在都在外地讀大學〔艾麗莎唸安那波利斯（Annapolis）的聖約翰學院（St. John's College）〕，安娜也準備換個環境。我們在國會大廈以東十二條街外買了房子。安娜也應聘至華盛頓西北區的私立女校美國天主教學校（National Cathedral School），教西班牙文。在我向普林斯頓請假的第三年，也是最後一年，若接下這個新職，就代表我必須辭去終身教職。就工作保障而言，我正是反其道而行：從有終身保障的工作，轉向只能做十四年的聯準會理事，再到去留隨總統高興的經濟顧問委員會。但，我仍渴望到白宮工作。

獲得提名後，我停止參加聯邦公開市場操作委員會議，以避政府影響貨幣政策決定之嫌。我最後以理事身分開會是在二〇〇五年三月，那次會議把聯邦資金利率目標提高到2.75%。五月二十五日我到參院銀行委員會作證，六月二十一日參院全體會議批准我的任命。在曼基離職到我的任命獲得確認前，由友人兼普林斯頓同事哈維・羅森（Harvey Rosen）擔任主席，他原是曼基領導下的顧問。哈維是沉默寡言型的學者，好像在白宮評價很好。我把這視為好兆頭。哈維曾在歡送他的派對上，介紹妻子和兩個成年子女。他說：「民調專家指出，每四個猶太人只有一個人投給共和黨。我家正是那個比例的縮影。」白宮副幕僚長卡爾・羅夫（Karl Rove）瞠目結舌。

經顧會的兩位顧問都需要補足。我與委員會的幕僚長蓋瑞・布蘭克（Gary Blank）合作，找到兩位很強的候選人：凱塞琳・白克（Katherine Baicker），她是哈佛出身保健經濟學（health economics）的後起之秀；還有麥特・史洛特（Matt Slaughter），他是達特茅斯學院（Dartmouth College）專精貿易與全球化的多專長經濟學家。我們也從學界和政府，延攬經濟學家來擔任客座幕僚。更多虧有專任幕僚維持延續性，其中一位是原任職聯準會的史蒂夫・布朗（Steve Braun），他一手包辦經顧會的總體經濟預測。

多年來經顧會都在白宮旁的艾森豪行政大樓（Eisenhower Executive Office Building）辦公。這棟法國帝國時期風格的十九世紀壯麗建築，有一度同時容納了國務院、戰爭部和海軍部。我的辦公室天花板很高，望出去正面對白宮西翼（West Wing，譯注：美國總統辦公室所在地）的入口。只可惜這棟建築正在大肆整修，迫使我大部分的人員得遷到隔一條街的普通大樓裡。我不想離白宮西翼太遠，又想與幕僚保持密切聯繫，只好經常行走於白宮區與我們的臨時總部之間。

經濟顧問委員會的組織特別扁平，不分頭銜和資歷，大家得協力完成任務：我有時會與剛大學畢業的研究助理，共同撰寫政策備忘錄。這裡的工作步調比聯準會快很多。儘管資源有限，我們研究的議題十分廣泛，有些題目只是部分與經濟相關，如移民或氣候變遷。我們常以能夠在數小時內，完成經認真推敲且參考資料充分的備忘錄而自豪。我們也關注經濟數據和新聞，每日提供最新的資訊給白宮。所有我們送往西翼的文件都要經過我。我知道經濟術語太多會遭忽視，所以我們很努力地把話說清楚。我以主席身分，每天早上七時半，代表經顧會參加白宮的幕僚會議，開會地點在羅斯福廳，由白宮幕僚長安迪．卡德（Andy Card）和卡爾．羅夫主持。〔羅夫在會議上喜歡稱我為「數據博士」（Doctor Data），但並沒有真的成為綽號〕。羅夫通常會點名我報告主要的經濟發展，所以我早上七點就到辦公室，查看前一夜的新聞。幕僚和我經常工作到很晚，吃附近 Subway 的外賣餐點當晚餐。

白宮的經濟政策討論，由國家經濟會議主席（National Economic Council，NEC）艾爾．哈伯德（Al Hubbard）負責召集。國家經濟會議是柯林頓政府時代所創設，其角色可類比於國家安全會議（National Security Council）（為白宮處理外交政策和軍事議題）與民主政策會議（Domestic Policy Council）（負責教育等非經濟的內政問題）。國家經濟會議的職責，是蒐集整個行政部門對經濟政策的看法，解決歧見，並向總統提出建議。艾爾．哈伯德（與經濟學家，哥倫比亞大學商學研究院院長格倫．哈伯德沒有親戚關係）身材瘦長，精力旺盛，笑聲洪亮又特別，在指揮政策交通上很有一套。與其說是經濟學家，他更像個企業家，有不懂的地方總是很願意承認，在經濟技術面的事務上，他通常尊重我的意見，他也確保只要是討論經濟問題，經顧會一定有發言的機會。

我與小布希總統關係友好，但不特別親近。〔我曾應邀到德州克勞福（Crawford）的小布希農場作客，但也只有一次，在農場上我婉拒在華氏百度的高溫下跑步的邀請〕。我定期（通常是每周一次）在橢圓形辦公室向總統和副總統簡報，另有八至十位資深幕僚也會參加。小布希總統學得很快，問題也問得很好，可是報告內容要是太基本，或有其他原因令他不感興趣，他也不會掩飾自己的不耐煩。有時他或副總統會透過哈伯德，或哈伯德的副手凱斯．漢尼西（Keith Hennessey），提出後續的問題。

白宮的士氣高昂。小布希跟他的幕僚關係緊密，包括可追溯到他當德州州長時的更核心的圈子，不過他也願意支持別人，像與小布希團隊淵源不深的我。他常常對我們說，能在白宮工作很難得，我們每天都應該想到這一點。他有幾次突然來訪經顧會的辦公室，與大家握手和交談。

小布希以愛逗弄人聞名。有一次我在橢圓形辦公室做報告時，總統走過來，撩起我的褲腳管。我以教授式的穿著配搭：穿棕色襪子配深色西西裝。他嚴肅地說：「你知道，這裡是白宮，我們是有標準的。」我答，我是在Gap買的襪子，十美元四雙，並反問，他不是正在推廣政府內部的保守消費習慣嗎？他面無表情，點點頭，我繼續報告。翌日我參加另一個橢圓形辦公室的會議。總統進來時，在場每個經濟團隊的成員，加上副總統錢尼，都穿棕色襪子。總統想要假裝沒看到，可是沒多久他就爆出笑聲。策劃這次搞笑的是凱斯．漢尼西。

且不論士氣好壞，那段時期並不好過。總統的某些施政頗有進展，包括幾個貿易協議，他也與國會談好一個重大的公路支出法案。同時房利美和房地美日後改革的重要基礎也已經立下。可是小布希想把私人退休帳戶納入社會安全（Social Security）計畫的提案，如同他的整體移民計畫，卻毫無進展。

二〇〇五年八月，卡翠娜（Katrina）颶風肆虐紐奧良（New Orleans）和墨西哥灣沿岸，造成超過一千八百人喪生，經顧會的經濟學家在災後辛勤加班。那時在杜克（Duke）大學的能源經濟學家理查．紐爾（Richard Newell），不斷提供我們關於煉油廠和油管，以及汽油運送和短缺情況的資訊。而經顧會也為研擬合乎經濟原則的紐奧良重建計畫傷腦筋。在有線電視公共事務網C-SPAN一個討論小布希政府重建紐奧良計畫的叩應節目裡，我講到颶風的經濟代價和拯救當地經濟的各種策略，一時忘其所以。第一個叩應進來的人說：「我覺得你只顧著講那些數字，根本忘了活生生的受害者。」那是很好的教訓：絕不要忘記數字後面的人們。

身為經顧會主席，我偶爾要去國會的委員會作證，針對經濟政策議題發表演講，還有與平面媒體記者見面。不過白宮並不常要求我上電視，也從未讓我參與政治活動。我不確定那是因為我並非稱職的發言人（如那次在 C-SPAN 的經歷所示），還是由於他們知道，我可能被考慮為葛林斯班的接班人，所以不想讓我政治色彩太重的緣故。

當我公開對外發言時，爭議最多的問題之一是房價漲得很快。我不知道房價的實際走勢會如何，所以避免做公開的預測。我說，房價上漲至少有部分可歸於一些基本因素，如所得增加及房貸利率低。我當然知道，也偶爾會在對內和對外的討論中提及，房屋與任何其他資產一樣，不可能無限期產生超乎常理的高收益。不過我認為，房價漲勢趨緩或略微反轉的可能性，大於急劇下挫。但我還是在史蒂夫．布朗的協助下，分析房價要是大跌，導致屋主手上的淨值降低，可能會有什麼經濟後果。史蒂夫和我在橢圓形辦公室做簡報時的結論是，房價跌對家庭支出的影響會造成輕度的衰退，類似二〇〇一年為期八個月那次，也可能更嚴重一點。但我們的報告未充分說明，房價跌（及因而發生的房貸違約）對金融體系穩定度的影響。

我被提名為經顧會主席一事引起猜測：大家猜測當葛林斯班的任期在二〇〇六年一月屆滿後，我會不會被提名聯準會主席一職。經顧會曾是葛林斯班成為聯準會主席的跳板，他是替福特總統擔任此職，亞瑟．柏恩斯也是同樣情況，他服務的是艾森豪總統。後來當我獲得聯準會主席提名時，普林斯頓經濟學家兼《紐約時報》（New York Times）專欄作家保羅・克魯曼（Paul Krugman），把我在經顧會那段時期稱為「史上最長的工作面試期」。不過我在考慮要不要去經顧會時，並沒有把那種可能性當真。普林斯頓的同事艾倫・布林德問過我，你覺得會有多少可能當上聯準會主席，我不當一回事，只說發生那種狀況的機率「大概5%」。我從未為那個位子進行政治操作，也從未與小布希總統討論過。

葛林斯班在位的最後幾年，在大家心目中已成為無可取代，以致一九九九年共和黨總統初選的辯論上，連約翰・麥肯（John McCain）都說，萬一葛林斯班過世，他會扶他坐在椅子上，替他戴上墨鏡，讓他繼續在職。我想小布希總統如果可以，說不定會再提名年近八十但仍精明、有活力的葛林斯班。可惜法律規定，聯準會成員一次完整的任期不得超過十四年。葛林斯班最早是以部分的任期被任命，到一九九二年才獲得完整任期的任命。這表示到二〇〇六年一月後，他就不能再留在聯準會，因此也不具續任主席的資格。葛林斯班前後服務聯準會達十八年多，只差四個月就打破威廉・麥契斯尼・馬丁創下的紀錄，一九五〇、六〇年代大多數時間，聯準會的主席都是馬丁。

小布希總統成立了一個副總統錢尼主持的委員會，負責推薦接替葛林斯班的人選。委員包括艾爾・哈伯德、安迪・卡德、和白宮人事主任麗莎・萊特（Liza Wright）。我不清楚委員會正在考慮哪些人。新聞界（和下賭網站）臆測，馬丁・費德斯坦、格倫・哈伯德、還有我，是主要的角逐者。費德斯坦是我在哈佛修經濟學入門課的老師，在學術界有傑出的成就，也在雷根總統任內當過經顧會主席。他曾對雷根減稅造成預算赤字表達關切，因而與財政部長唐・李根（Don Regan）和其他官員起過衝突。謠傳那次爭執雖發生於二十多年前，但會傷及費德斯坦獲選的機會。我想最有希望的是格倫・哈伯德，他卸任經顧會主席後，到哥倫比亞大學任商學研究院院長。格倫與總統關係很近，曾協助規劃小布希的指標性減稅案。他也一直積極參與共和黨政治。我自己的條件則好像主要是在短暫的聯準會經歷，以及有關貨幣與金融議題的著作和演講上。而費德斯坦與格倫，基本上均是以財政政策而非貨幣政策知名。

二〇〇五年九月，遴選委員會邀請我到副總統辦公室面談。我不安地坐在白宮西大廳的等候室，假裝讀著《華爾街日報》。眼見訪客來來去去，我記得心裡在想，這恐怕不是掩人耳目的上上策。過了約定時間約二十分鐘，我被允許入內。面談本身大概進行了半小時。我們多半是談我過去的經驗和資歷。我表示，如果未能獲選為聯準會主席，只要總統希望我留下，我很樂於繼續留在經濟顧問委員會。

好幾周過去了，沒有下文，我相信我會留在經顧會。當安迪．卡德要我在早上的幕僚會議前，去見他五分鐘，我猜想我的直覺沒錯。可是卡德卻問我願不願意擔任聯準會主席。我請求給我幾小時的考慮時間，不過我想我們倆都很清楚：我會接受。

我一離開卡德的辦公室就打給安娜。她哭著說：「噢，不，我就怕會發生這種事。」安娜比我更明白，這個職務會在精神、情感和身體上，都要求我們倆做出多大的犧牲。可是她還是支持我，我對此永遠感念。其後八年，在我家經常出現這樣的對話：安娜批評某記者或政客錯得離譜，我卻反而替他們辯解，說明為何此人的說法或許並非一無是處。

十月二十四日，小布希總統、葛林斯班和我走進橢圓形辦公室，照相機的卡嚓聲此起彼落。安娜、喬爾和艾麗莎已經坐好，但幾乎被記者和他們的攝影機、懸掛式麥克風擋住。總統宣布提名。輪到我講話時，我感謝總統和葛林斯班主席，我說葛林斯班「樹立了經濟決策的卓越標準」。在暗示希望實施通貨膨脹目標化和提高聯準會的透明度時，我說，貨幣政策的優良作業程序在葛林斯班時代已有進步，將來也會繼續提升。但是，我的第一要務是維持葛林斯班政策的延續性。那是間接保證，我會繼續他自二〇〇四年開始的逐步升息行動。

整個過程不到八分鐘。

我再次經歷整個調查程序，包括聯邦調查局更廣泛地詢問。二〇〇五年十一月十五日，在三年半內，我第四度因任命聽證會，來到參院銀行委員會。我獲得熱烈地接納，參院全體會議也通過提名，唯有邦寧參議員表達反對。參院並非以速戰速決聞名，但是確認提名的表決完成於一月三十一日，葛林斯班任期的最後一天。

翌日，二〇〇六年二月一日，在理事會會議室，由副主席羅傑・佛格森主持，在數位理事和幕僚見證下，我靜靜地宣誓就職，成為聯準會第十四任主席。正式的宣誓就任儀式也會舉行，日期是二月六日，地點在艾寇斯大樓二層樓高的前廳。除了家人，葛林斯班、保羅・伏克爾、和小布希總統也都出席。這是一九三七年羅斯福總統主持大樓的啟用儀式以來，第二次有總統來到聯準會。

佛格森為我完成宣誓儀式後，我把書籍和文件搬進主席辦公室，這裡的天花板很高，天花板中央的華麗水晶燈提供照明。由資深顧問琳・法克斯（Lynn Fox）召集的一群幕僚，一早來開有關理事會組織的會議，全穿著棕色襪子出現在我的辦公室，重演凱斯・漢尼西與我對小布希總統開的玩笑。

我的新辦公桌是十九世紀的古董，由已故前理事約翰・拉韋爾（John LaWare）捐贈。不久後幾個電腦螢幕、一台彭博社終端機，及一台電視機，圍繞著那張不乏斑痕的木質辦公桌，使我的工作區感覺上像是飛機駕駛艙。固定式書架構成我的小圖書館，裡面有好多書，如白芝浩的《隆巴街》，是從普林斯頓的辦公室搬過來的。辦公室一頭的壁爐兩側，掛著美國國旗和象徵聯準會的老鷹圖案旗幟。兩扇高大的窗戶看出去，是一片修剪整齊的草地，通往國家廣場。壁爐旁有一道門通向接待區，麗塔・普洛特已經在那裡整理檔案了。

有別於我的前任，我打算使用電郵。為避免被太多郵件淹沒，我需要一個假名。理事會的ＩＴ專員安迪・傑斯特（Andy Jester）建議我用愛德華・昆斯（Edward Quince）。他在一個軟體包裝盒上看到「昆斯」，覺得「愛德華」與它滿配的。我覺得不錯，就決定用愛德華・昆斯。理事會的電話簿上把他列在安全組，所以我當主席期間這個假名一直保密。每當要公布我的電郵時，比方應國會要求，或依據《資訊自由法》（Freedom of Information Act），我們會把那個名字塗掉。

我開始逐步適應主席的新職位，我處理的第一個實質問題，是聯準會對緊急金融狀況的應變能力。甚至尚未正式就任前，我已經在與資深幕僚開會討論偶發事件的計畫。自九一一以來，聯準會人員在羅傑・佛格森與唐・柯恩領導下，大幅改進了聯準會處理危機的戰備力。我決心在此基礎上更進一步。我要求幕僚們每天對重要金融公司的發展提出報告，我把那些報告放在隨身碟上，套進鑰匙圈隨身攜帶。

為推動我之前的構想，即聯準會應提供金融穩定報告，我也任命由資深幕僚組成的委員會，定期向理事會簡報金融體系內潛在的顧慮事項。紐約聯邦準備銀行在提姆・蓋特納領導下，也在做類似的工作。不過投入其中的資源並不多，所以終究對政策選擇的影響有限。

從一開始我也把工作重點放在主席職務的政治面上。當時的理事會立法事務局由溫・韓布利（Win Hambley）主持，我與他們合作，陸續邀請國會重要成員，到聯準會來共進早餐或午餐。我們先以監督聯準會的委員會委員為主，包括參院銀行委員會和眾院金融服務委員會，不過我們接觸的範圍很廣，並且兼顧兩黨。首次餐會在我就職才兩周後舉行，對象是麻州選出的眾議員巴尼・法蘭克，他是眾院金融服務委員會的民主黨資深委員。我也經常到委員們的辦公室去看他們，或是私下向整個委員會簡報，因此，我得知許多國會正在進行的辯論，尤其是預算事務和金融監管，而且也更加熟悉立法的程序。

與國會建立關係需要下工夫，好在我與白宮人士的關係已經很好。隨後幾年我定期會與總統、副總統及不同的顧問，在橢圓形辦公室外的小餐室吃午餐。我也遵循葛林斯班的前例，每周與財政部長吃一次早餐或午餐。我剛上任時，財政部長是好脾氣且直爽的約翰・史諾（John Snow），過去曾任鐵路公司高階主管。此外，全體理事會每月有一次與經濟顧問委員會的非正式午餐。我在史丹佛時認識的勞動經濟學家艾迪・拉齊爾（Eddie Lazear），繼我之後擔任經顧會主席。我偶爾會與國家經濟會議主席艾爾・哈伯德、他的接班人凱斯・漢尼西、及小布希政府的其他首長見面。其中有我的「鄰居」國務卿康朵莉莎・萊斯（Condoleezza Rice），國務院的大樓就在聯準會旁邊。我倆有共同的經歷，都在史丹佛教過書，也曾在小布希總統的白宮任職。

另一個剛上任的要務，是與國際的決策者建立友好的工作關係。我已經認識英格蘭銀行總裁梅文・金恩（Mervyn King）。一九八三年我們都在ＭＩＴ當訪問教授，曾共用一個辦公室。三月底我倆在聯準會同進午餐，愉快敘舊。當年我們只是資淺的教授，沒想不到有一天會各負責一種全球最重要的貨幣。四月我首次一對一的與日本銀行總裁福井俊彥（Toshihiko Fukui）、歐洲央行總裁尚克勞・特里謝（Jean-Claude Trichet）、及墨西哥銀行總裁吉勒摩・歐提茲（Guillermo Ortiz）見面，他們是來華盛頓出席國際貨幣基金（International Monetary Fund）春季年會，那裡距聯準會只有幾條街。

參加國際會議，特別是與其他央行總裁開會，占去我當主席的不少時間。我們每年在國際清算銀行集會六次。（聯準會主席和副主席通常輪流參加。）國際清算銀行創設於一九三〇年，地點在瑞士巴塞爾（Basel），旨在協助管理德國一次戰後的賠款，當強迫執行賠款不成，它便自我調整為替央行而設的銀行（比如將準備金投資），並做為央行首長齊聚討論共同關切的議題之處。經過針對全球經濟、貨幣政策及金融監管的全天正式會議後，我們來到國際清算銀行的餐廳，吃著四道美食的晚餐（每道各有專門搭配的葡萄酒），一面坦誠地長談。數十年來，全球央行的首長已形成某種社團，如今我也是其中一員。

當我不與財政部長、國會議員、或國際官員共進午餐時，就在理事會的員工餐廳吃飯，拿著餐盤排隊，找有空位的桌子坐下，跟以前做理事時沒有兩樣。雖已是理事會主席，可是我認為，繼續聽聽各層級人員的意見很重要。健身方面，也和做理事時相同，每周兩次用划船機加重量來鍛鍊，或是在理事會的小體育館裡練習投籃。籃球場是壁球場改裝的。二對二的比賽是最大的容納限度。

重回到聯準會，使我與幕僚長蜜雪兒．史密斯再度共事，我當理事時與她合作過。蜜雪兒是德州人，魅力十足，先後擔任三位財政部長的公關顧問：勞伊．班森（Lloyd Bentsen）（是他給了她在華盛頓的第一份工作）、巴伯．魯賓和賴利．桑莫斯；接著是葛林斯班，現在是我。她有與媒體打交道的豐富經驗，手腕高明，在我任內她也擔任幕僚長，協助管理我的行程和公共形象。蜜雪兒善於交際、個性外向，永遠知道哪個理事對哪項任務不高興，或是哪個幕僚有個人問題，我也仰仗她告訴我，我需要知道的事情。

我在任第一年，蜜雪兒和我籌劃過無數的公開演講，和訪視十二家地區性準備銀行。我實際上只去了十一家。到亞特蘭大銀行那一次我不得不取消，改為參加十二月在中國舉行的經濟高峰會。我以主席身分的首次演講是在二月二十四日，我回到普林斯頓，聽眾是全體師生。為加強我是抗通貨膨脹戰士的公信力，解除「直升機班」的誤傳，我把演講重點放在低通貨膨脹的經濟好處上，央行首長要談這種主題很容易。如同當理事時那樣，我還是花很多時間準備講稿——就央行業務而言，演講不只是在談政策，演講本身便是政策工具。可是我的時間更有限，更有賴幕僚們幫我起草第一版草稿和陸續修改工作。

我上任僅兩周就要準備，每半年規定要向國會作證的內容。幕僚們給我一本本厚厚的簿子，裡面是關於聯準會各個職掌範圍的簡報資料。我知道我會被問到聯準會直接權限以外的問題。回答這種問題必須小心。我與幕僚開會討論如何答覆。華盛頓的決策者通常以「批鬥預演」（murder board）方式為聽證會做準備，由幕僚假裝為國會議員，讓決策者練習回答問題。我不喜歡這種演練方式，寧可直接交談討論。我從與國會交手的經驗已經知道，議員們常會問引導式問題，目的在為他最擁護的某個政策提案爭取支持。國會議員有很多是律師，所以他們會為種種目的而發問，但很少是因為想要知道答案。

葛林斯班在二〇〇一年曾身陷麻煩，因為他好像贊成即將上任的小布希政府所提議的減稅。他作證時說，減稅比累積大量的預算結餘要好，當時的預測是預算會有剩餘。葛林斯班並未明顯到支持小布希政府的特定提案，不過卻因而從此被遺忘他擁有許多更重要的能力。參院民主黨領袖哈利．雷德剛開始與我會面時，每每會略帶不滿地提及，葛林斯班被認為贊成減稅一事。雷德的訊息很清楚：我應該少管財政事務。

我不可能不理會財政政策，而能好好地討論經濟，所以我決定用非常廣義的方式來談財政問題，好比強調稅收和支出合理的平衡有其必要，不過也表示應由國會和政府來決定如何達到那種平衡。我有時會提到「算數法則」（law of arithmetic），從字面上就看得出來，意指政府的預算赤字等於歲出減去歲入。有時國會議員的發言彷彿在說，可以同時增加支出，減少稅收，和降低赤字——這在數學上是辦不到的。

小布希主持的白宮之所以提名我，顯然是看重我的總體經濟學和貨幣政策背景，寧願忽略我缺乏監督銀行的實務經驗。聯準會的銀行監理委員會有豐富經驗的理事擔任委員，可是我也很認真看待這項職責，定期請負責監理事務的幕僚為我簡報，我有很多東西要學。我上任不久，便與其他金管單位的首長會面，如當時的聯邦存保公司代理董事長馬提・格魯恩柏（Marty Gruenberg），討論最新的發展。

擔任像聯準會主席這樣的職務，再多的忠告也無法幫助你做好準備。你必須邊做邊學，有時學得很辛苦。就職之初，我與葛林斯班在主席餐廳吃早餐。我請問他，有沒有什麼注意事項要提醒我。他一臉正經，但是眼睛眨啊眨的，他對我說，與正式賓客用餐時，一定要坐在看得見時鐘的地方。那樣你就知道會談是什麼時候結束的。那是他唯一的忠告。紐約市長麥可・彭博（Michael Bloomberg）在我倆一起參加的晚宴上，說得比較中肯：「不要搞砸。」

二月十四日我首次以主席身分到國會作證，前一晚我時睡時醒。雖然此後八年我作證不下數十次，但我從不喜歡。在國會作證有時像是耐力競賽，需要多達四、五小時不中斷的全神貫注。我刻意在作證前至少兩小時內什麼都不喝，以免得要求暫停。更累人的是，必須小心斟酌我的答覆，因為我知道，不只是我面前的國會議員，包括媒體、市場及大眾也會仔細加以解讀。當教授的經驗使我大多數時候都能保持冷靜。在議員提問或發言後，我會思考要是對經濟系的學生，我會如何回答。我扮起老師的角色，通常就能忽視任何敵意，或是問題背後別有用心的動機。

在首次聽證會上，我傳達的是大致樂觀的訊息。二〇〇五年美國經濟成長3％以上，穩健的步調之下，失業率也降至5％以下。我們預期二〇〇六和〇七年，經濟會持續健全地成長，且通貨膨脹仍在控制之下。鑑於經濟顯然不太需要貨幣政策的協助，我們便繼續自二〇〇四年中期即開始的動作，在每次會議上把聯邦資金利率目標提高0.25％。此刻它是4.5％。

我說房市在走緩。這在意料之中，與整體經濟穩固的成長沒有矛盾，因為其他部分看來會彌補房市的遲緩。不過我警告，由於過去幾年的房屋價格與興建漲勢很猛，將來可能跌得比我們意料的更快。我們不知道房市會怎麼演變，可是我保證，聯準會將密切注意。

我首次主持的聯邦公開市場操作委員會議，預定於三月廿七、廿八兩日舉行——不是原本的一天而是兩天。在葛林斯班時期，這個會多半只開一天，實際會議時間大概四小時，好讓聲明可以準時於下午二時十五分發布。委員會每年一月和六月，有兩次是開兩天會，多出來那一天，通常由幕僚針對特別主題提出報告。而我想要多開幾次兩天的會議，是希望增加商議的時間。我就任主席後的前幾周，與委員會每個參與者個別談話時，都曾提到這一點。我們很早就同意，把開會兩天的次數增加一倍到四次（每年總共開會八次）。

我也對開會形式做了一些改變，以便推動我的目標之一：降低主席就代表聯準會意見的觀感。我表明貨幣政策是由委員會全體決定，而不是單獨一個人。我決定在發表我自己的想法前，先概要說明委員們對經濟前景的看法，以顯示我有聽進和考量他們的意見。在討論過經濟展望後的商議政策階段，我也不像葛林斯班那樣總是首先發言，我要排在最後一個。我的用意是避免壓抑委員們暢所欲言。聯準會是一個優秀而有深度的組織，我希望大家了解，每個決定都要經過廣泛的分析與辯論。

以往當學者時，我向來重視坦率的討論，新的見解因而得以出現並經詳加探究。有鑑於此，我設法鼓勵已習於唸聲明稿的委員們，較自然地交換意見。我提出一個學術會議慣用的方式：以舉雙手來表示想要提出簡短的問題或評論，此舉能讓主席馬上給予注意。我們稱之為「舉雙手插話」（two-handed intervention）。有時我也會請同仁們詳述某個論點。這些新措施的確有幫助，可是我們的討論始終未達到我希望的那麼自由開放。對非正式的辯論而言，十九人的團體或許是太大了。

不過我很快就得到一個指標，顯示我努力去個人化的作為確實發揮了作用。二〇〇六年秋季，艾麗莎回學校時，有個同學問她，她爸爸是做什麼的。艾麗莎說：「這個嘛，其實我爸是聯準會主席。」據艾麗莎的說法，那個同學大驚失色地回道：「你爸是葛林斯班？！」

奈德・格蘭里奇於二〇〇五年八月辭職，接著葛林斯班卸任，七席的理事會只剩五位成員：羅傑・佛格森（副主席）、蘇珊・畢斯、馬克・奧森、唐・柯恩、和我。到二〇〇六年六月底，佛格森和馬克都離開了。佛格森後來去負責美國教師退休基金會（TIAA-CREF），該會管理教師及其他專業人士的退休基金。馬克辭職後，則去主持上市公司會計監督委員會（Public Company Accounting Oversight Board），那是國會在恩隆案會計醜聞後，為監督稽核人員所成立的非營利財團法人。次年蘇珊・畢斯退休，回到家鄉南卡州，不過她仍活躍於企業的董事會。

白宮二〇〇六年提名了三位新理事。我很高興在此過程中曾被密切諮詢，也很樂見總統擇定的人選。我就職一個月後，白宮助理凱文・華許（Kevin Warsh）與芝加哥大學經濟學家蘭迪・克洛茲納（Randy Kroszner）加入理事會。過去與我共同發表論文的瑞克・密希金，則在九月加入。我在白宮與華許共事過，他是替國家經濟會議負責銀行和金融議題。在白宮之前，他服務於投資銀行摩根士丹利（Morgan Stanley），從事併購業務。年僅三十五歲的華許，是聯準會有史以來最年輕的理事。他的年紀引來一些批評，前聯準會副主席普瑞斯頓・馬丁（Preston Martin）便是批評者之一，不過事實證明，華許的政治和市場敏感度，以及在華爾街的諸多人脈，非常有價值。

蘭迪的學術研究著重於銀行和金融，他也像我一樣，對經濟史極有興趣，包括經濟大蕭條。我到聯準會以前，我倆在學術會議上已經認識。畢斯離開後，他成為銀行監理委員會的主席。精力旺盛、幽默感有時帶點顏色的瑞克，是一般想像中在聯準會服務的穩重銀行家的對比版。不過我與他合作過，知道他對貨幣和金融問題思考深入，並具有強烈的信念。我預期瑞克在聯邦公開市場操作委員會將是盟友，也會幫忙我把聯準會推向通貨膨脹目標化。

最後一項改變是經我建議，白宮提名唐．柯恩為副主席，接替佛格森。柯恩和我三年半前同一天進入聯準會，如今我們又將一起領導它。

雖然二〇〇六年增添了三位新理事，可是我擔任主席一年後，蘇珊．畢斯退休，又是只有五位理事在任。基於不同的原因，最明顯的是，參院對聯準會理事提名人例行的阻擋，其後的三年半裡，我們多半是在只有五位理事的情況下運作。

二〇〇六年三月，在我當主席後的首次聯邦公開市場操作委員會議上，同仁們和我都很樂觀。我們把房市冷卻當成好消息。房屋興建減少和房價持平，可以使任何潛在的泡沫略微消風，並協助整體經濟成長放慢到較可持久的水準，而通貨膨脹可能成為問題的風險隨之降低。我們一致投票同意，提高聯邦資金利率目標0.25％，到4.75％，是連續第十五次調升0.25％。

我知道此後的貨幣政策也許會比較困難。聯邦資金利率已經非常接近我們認定的正常水準。可是景氣好像還是有點熱，能源價格也上漲，使我們有些擔憂通貨膨脹。或許應該再升息數次才對。但是緊縮的終點似乎已經在望。

然後我犯下一個新手的錯誤，其實是兩個。我想替委員會爭取彈性，可以偏離自二〇〇四年六月以來，每次會議都升息0.25％的模式。或許不久以後，有一、兩次的會議上，我們評估經濟展望後認為，讓利率維持不變才合理。四月二十七日我對兩院聯席經濟委員會（Joint Economic Committee）（參眾兩院議員組成的委員會）作證時，發出了有可能不升息的訊號。我說：「『在未來的某個時間點』，聯邦公開市場操作委員會『可能在一次以上的會議中決定不採取行動，以便有更多時間接收與未來展望相關的資訊。』」。我表示：「當然，在某次會議上決定不採取行動，並不代表排除在其後的會議上有所行動。」

我的訊息好像夠清楚了。我是說，在某個時間點，不見得是下次會議上，我們可能略過升息，好讓我們有更多時間評估情勢，可是這麼做並不一定表示緊縮已經結束。我以為外界會照字面解讀我的話，那是我犯下的第一個錯誤。市場是一個音節一個音節地解析我講的話，以找尋他們認為必定存在的加密訊息。市場判定，我已經宣布要立即終止升息，於是做出強烈反應，長期利率下降，股價上揚。我為此次溝通不良感到懊惱。以當時經濟顯著的動能，我認為有合理的可能，至少再升息一次。

之後的那個周六晚上，我到華盛頓希爾頓飯店的宴會廳，參加駐白宮特派員晚宴（White House Correspondents' Dinner），現場有數千人。特派員晚宴是華盛頓社交行事曆上幾個媒體大拜拜的晚宴之一。那些應酬我一個都不喜歡，可是實在敬謝不敏的就是特派員晚宴。它最初舉辦的宗旨，是讓駐華盛頓的媒體特派員和政客，有機會在社交場合放鬆並打成一片，實際上這個晚宴就是大吃大喝，不斷轉檯和觀看名人，即使到活動結束，吵雜的嗡嗡聲仍然不停。〔我當理事時參加過一次，我聽不見台上的表演，而那居然是雷查爾斯（Ray Charles）最後的現場表演之一，令我大失所望。〕我在晚宴上待了一會兒，葛林斯班向來是這麼做，我想我也該比照辦理，況且與其他的來賓見見面也不錯。

那個周末，在特派員晚宴前的某個酒會上，我遇見ＣＮＢＣ商業新聞有線電視頻道的名主播瑪麗亞・巴提洛摩（Maria Bartiromo）。她提到，市場把我對兩院聯席經濟委員會的發言，當做是聯準會已結束升息的訊號。我心想我們是非正式交談，便對她說，市場參與者未能掌握我聲明中「普通英語」的含意，使我感到挫折。這是第二個錯誤。

接下來的那個周一，我正在辦公室工作，彭博社的螢幕上顯示股市突然下跌。我不明所以，可是不久便得知原因。巴提洛摩報導了她與我的交談，特別是我關切我的證詞被錯誤解讀。市場立刻反應。批評接踵而來，五月我再至國會作證時，參議員邦寧也未放過我。蜜雪兒・史密斯和安娜各以她們本身的方式，幫助我保持平衡，可是我感覺糟透了。我未能謹言慎行對市場造成的效應雖只是一時，也不致對經濟產生任何重大的損害。然而，我為追隨傳奇人物葛林斯班的腳步，一直在努力建立個人的公信力，在我當時以為，那次失誤恐怕不可彌補地損害了大眾對我的信心。後來風暴過去，但是我了解到自己現在的言行動見觀瞻，並學到重要的教訓。

多年後，有一次我到紐約經濟俱樂部（Economic Club of New York）演講，巴提洛摩在演講前向我道歉。我誠心地對她說，錯誤所應擔負的責任，我多於她。

結果二〇〇六年五月和六月我們又升息兩次，使聯邦資金利率來到5.25%。經濟成長看似腳步趨緩，主要是因為房屋興建慢下來。但我們在聲明中表示，房市下滑的速度可能加快。不過跟以前一樣，我們認為房市緩步走跌，合乎更平衡而穩定的經濟成長。

另一方面，失業率仍在5%以下，通貨膨脹則上升。通貨膨脹升高部分反映出油價上漲，不過幕僚經濟學家預估，油價只會暫時影響整體通貨膨脹。倒是聯邦公開市場操作委員會的許多成員擔心，通貨膨脹可能獲得某些推力。委員們一致贊成兩次升息。我們在六月的聲明中說：「某些通貨膨脹風險依舊存在」——暗示我們尚未決定，究竟要結束緊縮行動，還是要升息。這個決定取決於經濟情勢發展，尤其是通貨膨脹是否持續。

再下來八月的會議，是我上任以來，首次必須做出困難的政策決定。不論是經濟數據或工商界的實情描述均指出，通貨膨脹的壓力持續增加，即便除去多變的油價後也一樣。我們當時沒有正式的通貨膨脹數字目標，但是近期的通貨膨脹數據顯示，物價上漲始終超出許多委員接受的安心範圍：即2%或再略低。工資也比以前上漲的更快速，這對上班族是好事，卻也意味著企業將面臨生產成本增加，從而形成物價上漲的壓力。許多與會者支持再次升息，至少在會後聲明中發出強烈訊號：未來有可能再調高利率。

在連續十七次升息0.25%，並與唐・柯恩、提姆・蓋特納、及其他委員商量後，我決定暫停升息。我認為我們不應排除將來再升息，但也覺得我們不該強烈暗示會進一步升息。經濟成長已經放慢，房屋興建仍在減少。我們不知道房市會收縮得多快，也不確定房價不振對屋主的支出會有多大影響。但我也明白，利率變化需要時間才能對經濟產生整體效應。我們已經把利率提高不少，或許先前的升息在一段時間後，將足以緩和通貨膨脹。我提議讓聯邦資金利率維持不變，同時為我們的賭注做一點避險，即在會後聲明中承認：「某些通貨膨脹風險依舊存在。」除去一貫屬於最鷹派的委員之一：里奇蒙聯邦準備銀行總裁傑夫・雷克（Jeff Lacker），其他委員都同意。

升息結束，並非二〇〇六年夏天唯一的重大經濟政策事件。七月鮑爾森成為繼保羅・歐尼爾（Paul O’Neill）和約翰・史諾之後，小布希總統的第三位財政部長。鮑爾森身材高瘦，動作敏捷，有一根斷掉的小指，伸出時呈現奇怪的角度。他看起來仍像是當年常春藤盟校美式足球的達特茅斯隊前鋒，那時他有「鐵槌」（the Hammer）的封號。如今鮑爾森頭頂幾乎全禿，一雙碧眼戴著金邊眼鏡，散發出無窮的精力，我花了一點時間才習慣。

鮑爾森在尼克森政府時代，曾短暫服務於白宮，他的經歷幾乎全是任職於投資銀行高盛（Goldman Sachs），最後幾年當到執行總裁。鮑爾森當執行總裁的優勢之一，是他對世上最重要的新興市場：中國，有興趣也相當了解。他當財政部長後，建立了與中國官員半年一次的戰略經濟對話（Strategic Economic Dialogue），我固定會參加。雖然鮑爾森在高盛賺了數億美元，我卻佩服他與妻子溫蒂（Wendy）生活簡樸，閒暇時間多用於賞鳥和從事保育活動。鮑爾森是基督科學教派信徒（Christian Scientist），不抽菸不喝酒。

小布希總統的前兩任財政部長，選的是產業界的領導人物，不過姑且不論政治考量，由具金融服務業經驗的人來當財政部長，比較有道理。財政部的職掌絕大多數是金融和財政政策，對非金融業的執行總裁，你很難預期他能否熟知這方面的問題。

鮑爾森和我繼續每周的聯準會──財政部早餐會，分享各種東西，包含我倆都喜歡的燕麥。儘管背景和個性南轅北轍，我倆合作無間。那是嚴謹學術與街頭智慧的交會，鮑爾森在實務智慧上是豐富無比。

PART II

THE CRISIS

第二篇

危機

第七章｜第一次震撼、第一次反應
第八章｜前進一步
第九章｜序幕的結束
第十章｜亞洲開盤前的貝爾斯登慘劇
第十一章｜漫長酷暑考驗兩房
第十二章｜雷曼兄弟：水壩潰堤
第十三章｜美國國際集團令人憤怒
第十四章｜我們向國會求助
第十五章｜一半的人說絕對不可能
第十六章｜寒風入侵
第十七章｜過渡期間
第十八章｜從金融危機到經濟危機

第七章　第一次震撼、第一次反應
First Tremors, First Response

二〇〇七年八月十五日，我在視訊會議和了解市場最新動態之間的空檔，花了幾分鐘，寫電子郵件給舍弟塞斯，告訴他，我們夫婦必須取消下星期和家人，到南卡羅萊納州美特爾海灘度假的計畫。

「你很可能猜得到其中緣故，」我寫道。

海濱之旅是家庭傳統，我非常不願放棄，我的父母親跟很多中小企業主一樣，幾乎全年無休，但是他們幾乎每年夏天，都會找出一周的閒暇時間，帶我、塞斯及舍妹雪倫，到美特爾海灘去。成年後，這個傳統也一直持續著。而且這次我已經選好在美特爾海灘上要看的書，是《比爾·詹姆斯棒球歷史摘要新篇》（New Bill James Historical Baseball Abstract），但今年去不成了。

塞斯回信說：「聽到你這樣說，感到非常遺憾，祝一切順利。」

「一切」說得有點低調。經過幾個月的不確定後，房市和次貸問題已經惡化，變成嚴重、足以威脅金融穩定的大麻煩，可能像《財星雜誌》（Fortune）一個月前說的一樣，是危害「歷來最繁榮的經濟景氣」，甚至會造成更糟糕的惡果。一周前，八月九日，法國最大的法國巴黎銀行（BNP Paribas）才宣布，禁止投資人贖回三檔持有美國次貸證券的基金。法國巴黎銀行說，因為這種證券的「流動性徹底蒸發」，導致該行無法決定這些基金的淨值，換句話說，投資人極為不信任次貸證券，以至於所有潛在買主都已經完全退出市場。

世界市場隨即掀起一波恐慌的賣壓，投資人很清楚，他們不完全知道誰持有與次貸有關的證券，也沒有跟這種證券背後貸款有關的可靠資訊，更不能預測下一次會有哪家金融機構，不准他們抽回自己的資金。從法國巴黎銀行在巴黎發布聲明後，全球主要信用市場出現了可能資金凍結，且嚴重影響經濟的態勢。八月十五日我發電子郵件給塞斯的那天，更沉重的打擊出現，一位分析師暗示，美國最大的房貸機構——全國金融公司可能破產，道瓊指數跌到四個月來的最低點。

當時聯準會已經花了一些時間，評估次貸慘劇——和整體房市普遍走軟的前因後果。我們的房市專家經常傳遞房貸市場、住宅銷售、價格和興建的最新消息。我們認為過熱的部門略微降溫在所難免，甚至是大家樂見的事情。但是，在我擔任聯準會主席第二年的二〇〇七年頭幾個月，降溫的良性程度開始大減。

就像二〇〇七年三月我告訴參眾兩院聯席經濟委員會的話一樣，房市已經進入「大幅修正」期，房貸違約率正在上升，浮動式利率次級房貸尤其如此，特別令人擔心的是，早期違約（貸款貸放後不久就發生的違約）飛躍上升，愈來愈多的房屋投資客房貸違約，造成許多潛在的買主，尤其是信用紀錄較差的人，發現自己愈來愈難以得到貸款。但是整體經濟仍繼續擴張，繼續創造新的就業機會。的確如此，根據當時的報告，二〇〇七年第二季和第三季的經濟成長率，應該會超過我們的預期，產出的擴張會逼近4%，失業率會維持低檔。那麼，次貸的衝擊究竟會造成怎樣的後果呢？我向聯席委員會委員提出初步結論：「此刻……次貸市場問題對整體經濟和金融市場的衝擊，可能還可以控制得住。」

到八月中我發電子郵件給塞斯時，我當然已經知道自己犯了相當嚴重的錯誤，那個「可能還可以控制得住」的說法會讓我日後難以脫身。但是當時聯準會內部普遍同意我的結論，大多數市場參與者和媒體評論家也一樣，我們認為，房市走緩和次貸問題主要會透過兩個管道影響經濟，第一是造成營造和住宅相關部門、如住宅裝修業的就業機會減少，第二是抑制消費者支出（房價下跌會使屋主覺得比較不富有，降低他們利用套現轉貸或房屋淨值貸款來動用資產的能力）。其中的基本邏輯跟二〇〇五年時，史蒂夫·布朗和我在經濟顧問委員會任職，對小布希總統報告房價暴跌影響時的想法一模一樣。

事實證明史蒂夫和我的報告都錯了，因為我們沒有料到次貸虧損最後可能危及美國和全球金融體系。當時即使是到了二〇〇七年初，這種結果似乎還非常不可能會出現，因為房貸餘額中，只有13%是次級房貸，固定利率次級房貸的還款狀況相當好，優級房貸和所謂的準優級房貸（即信用評等介於次貸和優級房貸之間的Alt-A mortgage）也一樣。雖然浮動式利率次級房貸在初期優惠利率到期的情況下，違約率正在攀升，但這種次貸大約只占所有房貸餘額的8%而已。我們算過，即使次貸違約率極高，造成的財務損失應該還比全球股市單日大跌的損失少。

此外，美國的銀行似乎已經準備好，能夠承受房市問題任何外溢的效果。聯邦存款保險公司二〇〇六年下半年曾經報告過，美國經濟大部分部門繼續表現強勁，抵銷了房市「明顯弱勢」對銀行的影響。聯邦存款保險公司的報告指出：「本公司承保的機構繼續創造連續第六年的創紀錄盈餘，銀行的資本水準維持在歷史新高紀錄，貸款還款狀況只比創紀錄的水準略微下滑。過去兩年半以來，本公司承保的金融機構只有一家倒閉。」銀行股的表現非常優異，是投資人對銀行業深具信心的表徵。

聯邦存保公司所說銀行資本水準維持在歷史高檔的話令人安心，資本代表銀行股東的權益，是對抗虧損的本錢。想像一家虛構的銀行放出一百美元的房貸，其中90%的資金來自存款，10%的資金來自銀行股東——也就是來自銀行的資本，如果這家銀行在房貸上虧損五美元，股東會受到傷害，他們的權益現在只值五美元，但是，銀行仍然具有周轉能力，在存戶提款時，仍然可以還款。如果銀行貸款的資金來自資本的部分比較少，例如，只有五美元，九十五美元來自存款，那麼銀行房貸虧損五美元以上時，股東的權益會一筆勾銷，銀行也會倒閉。因此，充足的資本意味著銀行體系可以承受重大的虧損，繼續對家庭和企業授信。

從二〇〇七年初的條件來看，經濟的良好表現、次貸市場的規模相當小，加上銀行體系健全，促使我和聯準會的其他人斷定，次貸問題雖然讓受影響的社區和整體房地產部門憂心忡忡，卻不可能造成重大的經濟傷害。但是我們沒有預料到次貸市場的問題，可能以大家不熟悉的新面貌，引發一場舊式的金融恐慌。

十九世紀和二十世紀初期一再爆發的金融恐慌，開端經常都是起於單獨考慮時不算嚴重、不會造成系統性危機的事件所引發的擠兌。例如，一九〇七年的恐慌，起源堪稱微小，一群投機客試圖軋空聯合銅業公司（United Copper Company）股票失敗，出現嚴重虧損，然而這些投機客跟紐約市的銀行和信託公司（類似銀行的金融機構）關係密切，眾所周知，因此引發在還沒有設立聯邦存款保險制度時代裡的存戶恐慌，由於不知道自己的金融機構是否融資給投機客，便爭先恐後去提領現金，擠兌一蔓延開來，就引發全國性的金融恐慌，造成嚴重的經濟衰退。恐慌最後的經濟成本遠超過事件的起源——少數投機客炒作失敗的規模。時至今日，存戶幾乎從來不曾在櫃檯前排隊提領現金，從一九三四年起，就算碰到銀行倒閉，聯邦政府也會對銀行存戶，提供一種訂有最高上限、讓存戶免於損失的保障。就算是這樣，也不表示擠兌已經變成歷史，我們到了二〇〇七年八月，才知道擠兌現在會以不同的面貌出現。

幾十年來，在正式的銀行體系旁邊發展出來的公司，包括非銀行貸款機構，如房貸公司和消費金融公司，也包括在證券市場營運的投資銀行等，這些公司依賴沒有聯邦存款保險保護的短期資金營運，經濟學家保羅．麥考里（Paul McCulley）稱之為影子銀行系統。而商業銀行為了補充存款保險的準備金，也逐漸利用沒有保險的資金，例如在所謂銀行同業拆借市場的短期借款。

這種沒有保險的資金叫做批發市場短期資金融資（wholesale funding），跟個人存款構成的零售市場融資不同，這些資金通常是由投資機構，如貨幣市場基金或退休基金提供。但是批發市場短期資金融資，像沒有存款保險前的零售市場融資一樣，可能爆發擠兌。在這次危機期間，很多出問題的複合型證券，是由批發市場短期資金直接或間接融資而來，融資形式大部分是商業本票或附買回協議。

商業本票通常是三十天內到期的短期債券，金融和非金融公司至少從十九世紀中期開始，就已經利用這種債券。傳統上，商業本票是沒有擔保的債券，償還與否只靠發債方的保證，不是靠擔保品。因此，只有聲譽崇高、信用卓著的公司，能夠發行商業本票。然而，這次危機爆發前幾年，新形式的商業本票，也就是所謂的資產擔保商業本票（asset-backed commercial paper，ABCP）開始大行其道。

資產擔保商業本票是由名叫導管機構的影子銀行發行，導管機構也叫做特殊目的機構，是合法的實體（通常由銀行或其他金融機構設立），設立的目的是要作為抵押貸款、信用卡債務、汽車貸款和很多種其他形式的信用、以及比較複雜、結合不同貸款而成的證券（就是所謂的結構型信用商品（structured credit product)」的信託機構。資產擔保商業本票具有資產擔保，因為在必要時，導管機構可以賣掉持有的貸款和證券，償還所發行的資產擔保商業本票。

嚴格來說，簡稱「附買回」的附買回協議，是一種證券的賣出與買回，但是具有擔保貸款的功能，到期日通常很短，經常是隔夜到期。希望在附買回市場借到現金的公司，會拿出國庫券、房貸抵押擔保證券、公司債、或其他金融資產作為擔保品。附買回交易到期時，借款人（如華爾街投資銀行或避險基金）可以為這筆貸款，跟相同的放款人（如貨幣市場基金）或另一個放款人續約或「轉期」。如果借款人因為某些原因無法準時償還貸款，放款人可以自由賣掉上述作為擔保品的證券。

雖然批發市場短期資金融資沒有政府擔保的保障，但大部分市場參與者和主管機關都認為，這個市場比較不受擠兌的影響。因為大家認為，附買回交易特別安全，即使借款公司破產，擔保品還是可以保護放款人。但是次級房貸開始惡化時，批發市場短期資金融資放款人被迫考慮續約時，承接的是借款公司的風險，和借款人偶爾所提供複雜又不透明結構型證券擔保品的風險。

很多放款人評估擔保品，一向依賴信用評等，信用評等由民間公司提供——最著名的公司是標準普爾公司（Standard & Poor's）、穆迪投資服務公司（Moody's）和惠譽國際（Fitch）——信評費用由發行證券的公司支付。連評等很高的房貸相關證券都出現虧損時，可想而知，放款人對這種信評會失去信心。放款人在無法自行評估複合型證券風險的情況下，就會從任何形式的證券擔保放款中抽身，即使擔保品中，只有小量次貸或少數具有風險性的抵押品，大家還是一樣害怕。他們的行為像聽到狂牛症報導的消費者一樣，即使只有極少部分的牛隻染病，還是決定避開所有的牛肉。

一般存戶擠兌時，只是提回自己的現金。批發市場短期資金融資供應者擠兌的狀況就複雜多了，因為他們除了完全抽回自己的資金外，還有其他替代方法，可以要求增加保障，或是要求更有利的條件。例如很多商業本票放款人的第一步，是縮短放款期限，只願意承做隔夜放款，附買回交易放款人可以要求提高放款的擔保品比率，或是拒絕對風險較高或複合程度較大的證券放款。然而，就像傳統的擠兌一樣，結果是影子銀行系統（包括導管機構）發現，要取得資金愈來愈難，因此，他們承受的壓力愈來愈大，必須賣出資產或拒絕提供新信用，來縮減業務規模。

就像一九〇七年銀行擠兌的大恐慌，把少數股票投機客的損失，擴大成全國性的信用危機和經濟衰退一樣，二〇〇七年八月開始的短期融資市場恐慌，最後會把次貸市場的「修正」，變成嚴重的全球金融體系和全球經濟危機。

雖然這場地震到了八月，才以法國巴黎銀行宣布暫停贖回次貸基金的形式來襲，我們卻在六月時，就感受到危機來襲前的第一個重大震撼。華爾街第五大投資銀行貝爾斯登公司（Bear Stearns），經營的兩檔持有大量房貸抵押擔保證券的避險基金，開始出現龐大的損失，貝爾斯登資金的附買回放款人為了因應這樣的現象，要求這兩檔基金增提擔保品，不然就拒絕再提供放款。六月七日，貝爾斯登凍結基金投資人的贖回。貝爾斯登在法律上沒有義務、不必拯救設在獨立註冊實體中、屬於該公司資產負債表外（off-balance sheet，簡稱「表外」）機構的這兩檔基金。但是該公司希望跟兩檔基金的放款人——其中很多是其他投資銀行——維持良好關係，因此，拿出十六億美元，支撐其中一檔基金。七月三十一日，兩檔基金都宣布破產，貝爾斯登虧掉先前貸放出去的大部分資金。此外，美國銀行（Bank of America）因為收費保證這兩檔基金中的部分資產，最後也損失了四十多億美元。短期放款人看到貝爾斯登避險基金的苦難，於是對任何與房貸有關投資商品的融資，自然會小心翼翼，而對複雜又難以評估、混合不同型態房貸，和其他信用形式的結構型信用商品更是如此。

到了七月底，次貸災難在海外浮現。二〇〇二年，德國中型企業放款機構德國工業銀行（IKB）用資產擔保商業本票資金，設立資產負債表外機構萊茵蘭公司（Rhineland），大筆投資包括次級房貸在內的美國次貸證券，以及部分由房貸擔保的複合型證券，結果後來放款人擔心這些投資會出問題，拒絕為萊茵蘭的商業本票續約，德國工業銀行為萊茵蘭公司的大部分資金保證，在外界資金來源抽腿後，德國工業銀行在無可奈何之餘，變成了萊茵蘭公司和其不良資產的所有者，因而受到拖累，瀕臨倒閉邊緣。最後，控制德國工業銀行的德國銀行集團在德國主管官署的支持下，為德國工業銀行紓困。但萊茵蘭公司的破產，使放款人更擔心利用資產擔保商業本票融通資金的其他導管機構。於是資產擔保商業本票的融資很快地就開始萎縮，從二〇〇七年七月底的大約一．二兆美元，驟減到年底的八千億美元左右。導管機構失去資金來源後，他們的發起人有兩種選擇（除了讓導管機構倒閉外），可以賣掉導管機構的部分資產，或是自行提供資金給導管機構，但兩者都會害發起人暴露在虧損中，同時自己的資金需求會增加。

整個夏季裡，我們都在追蹤短期融資市場日增的緊張，我們碰到阻礙，因為我們無權從貝爾斯登之類的投資銀行手中，拿到機密資料，因為投資銀行的主管官署是證管會，而我們也無權取得不在美國營業的銀行（如德國工業銀行）、或大致上不受監理的避險基金的祕密資訊。我們擔心批發市場短期資金融資提供者的撤退，會迫使更多資金和投資工具用跳樓大拍賣的方式，壓低價格，出售房貸，把問題蔓延到持有類似資產的其他公司。不幸的是，當時我們除了監控市場的發展外，找不到其他的施力點。接下來的發展誰也說不準，融資市場的壓力可能會消退，也可能不會。

我們在八月七日的聯邦公開市場操作委員會中，討論市場的騷亂。前一天，美國第十大的房貸業者美國住宅抵押貸款投資公司（American Home Mortgage Investment Corporation）因為特殊形式的浮動式利率房貸（這是該公司的專業）虧損而關門。而我們也注意到，市場傾向於認為聯邦公開市場操作委員會最後會降低利率，以便抵銷最近金融動盪為美國經濟帶來的風險。

但是當時整體經濟似乎不需要靠降低利率來幫忙，因為就業機會成長雖不驚人，卻相當穩定，而且失業率維持在很低的水準上，只有4.4％。此外，七月底上漲到每桶七十八美元的油價，已經把第二季的整體通貨膨脹，推升到5.2％令人不安的高水準。連聯邦公開市場操作委員會的鴿派委員，至少都有點擔心用降低利率來刺激經濟加速成長，可能引發更高的通貨膨脹。我知道，聯邦公開市場操作委員會有些委員一直認為，一年前，大家在我的敦促下，打斷了連續兩年為了抑制通貨膨脹而提高利率的行動，是錯誤的做法。

我們一致同意把聯邦資金利率目標維持在去年5.25％的水準，但是，我們會後的聲明反映了我們之間不同的憂慮，我們承認，最近市場動盪，提高了經濟成長的風險。但是，我們重複聲明通貨膨脹仍然是我們主要政策所關切的重點。會中最激烈的辯論聚焦在看來狹隘的重點——聲明中是否要保留「主要」這個字眼。好幾位委員——包括紐約聯邦準備銀行總裁蓋特納和舊金山聯邦準備銀行總裁葉倫——主張刪掉這個字眼，說這樣做應該會促使市場預期年底降低利率的機率升高。其他委員大多擔心刪掉「主要」一詞，會暗示聯準會對通貨膨脹不夠擔心。有些委員擔心：這樣會表示，聯準會對於到目前為止相當微小的市場動盪反應過度。我相信大部分委員仍然比較憂心通貨膨脹，比較不擔心經濟成長，因此，我支持保留「主要」一詞，認為這樣更能反映委員會的判斷。由於聯邦公開市場操作委員會聲明中文字稍稍改變，可能會對大家的政策期望具有重大影響的事實，所以偶爾會促使我們似乎把太多的時間，花在單一字眼的選擇上。

八月九日星期四早上，太陽已經升上來將近兩小時，氣溫已經升到將近攝氏三十度。七點剛過，我踏出門，坐上司機開的黑色休旅車後座，開始前往辦公室，財政部長鮑爾森和我安排好，要在我的私人餐廳共進早餐。

那天早上稍早，法國巴黎銀行的宣布傳到華府，該行暫停贖回旗下次貸基金的做法令人憂心忡忡，而他們判斷基金中問題資產無法公平估價的問題，一樣讓人憂心如焚。進退兩難的情形已經出現，投資人不願意購買他們一無所知的證券，但是，如果沒有市場交易，就沒有辦法決定這種證券的價值。我準備跟鮑爾森見面時，從員工發來的電子郵件中，得到概略的資訊和早盤的市況跡象。這時歐洲的交易已經接近尾聲，市場對法國巴黎銀行的聲明反應非常不好，銀行短期借款利率激升，股價下跌；美國的市場大多還沒有開盤，但是，現有的資訊暗示今天的情況會相當差。

歐洲央行已經採取行動，設法對抗市場亂象。諷刺的是，歐洲對美國次級房貸問題的感受比美國還強烈。不過我們知道，市場的苦難很容易飛越大西洋。市場好不容易吸收了德國工業銀行七月宣布的次貸悲劇，但是法國巴黎銀行和地區性的德國工業銀行不同，法國巴黎銀行是世界級的銀行，如果連這家銀行都受到次貸病毒的感染，還有哪家銀行會不受感染？別種資產擔保證券要怎麼公平估價？證券化的原意是要藉著把成千上萬筆貸款包裝在一起，變成證券，然後再進一步分割，成為很多部分，對全世界銷售，以便分散風險。然而，大家反而逐漸把證券化當成全球性傳染病的病媒。

不信任提高後，銀行囤積現金，彼此之間不太願意拆借，造成銀行隔夜拆款利率基準的聯邦資金利率，升到超過聯邦公開市場操作委員會兩天前才確認的5.25%目標。外國銀行的美元需求增加，也加重了壓力。早餐時，鮑爾森和我討論歐洲的情勢，同意保持密切聯繫。那天早上，我發電子郵件給取代文森·萊因哈特、出任聯準會貨幣事務局局長的布萊恩·梅迪根（Brian Madigan），要他下令紐約聯邦準備銀行，在公開市場買進大量國庫券，讓賣方收到的現金最後會流進銀行，滿足銀行增加的現金需求。如果銀行借貸的需要減少，聯邦資金利率應該回降到目標上，短期資金市場的壓力應該會紓解，如果一切順利，我們應該會在一、兩天內，從銀行體系中抽回這些現金。

白芝浩所說「資金的最後貸款者」的觀念，主張中央銀行應該在恐慌中，隨時做好準備，滿足大家的資金需求，這些資金應該進而有助於穩定金融機構與市場。那天早上，紐約聯邦準備銀行做出的決策，符合白芝浩的建議與我對梅迪根的指示，在金融體系中注入二百四十億美元的現金。然而歐洲的金融體系比較接近法國巴黎銀行事件的起爆點，因此，狀況更不好，歐洲央行注入了多達九百五十億歐元（一千三百億美元）的現金。歐洲和美國央行的目標都是要確保金融與非金融公司，可以順利穩當地取得短期資金。隨後的一星期裡，加拿大、日本、澳洲、挪威和瑞士央行都進行了類似的操作。

隔天是八月十日星期五早上，我們召開聯邦公開市場操作委員會緊急視訊會議後，發表一份聲明。這是我擔任主席以來，聯邦公開市場操作委員會第一次舉行臨時會議，這也是四年前伊拉克戰爭開始以來這個委員會舉行的第一次臨時會議。聯準會理事會早上八時四十五分，在特別圖書館這個昏暗、散發霉味、四周落地書架上擺滿圖書的房間裡開會，我們坐在聯準會第一屆理事會一九一四年用過的桌子上，桌子側面還用螺絲鎖著金屬名牌，顯示第一屆理事所坐的位置。各地聯邦準備銀行總裁利用視訊參加會議，一片大螢幕放出他們的影像，這種布局讓我想起《好萊塢廣場》（Hollywood Squares）的電視遊戲節目。

我們八月十日聲明中的官式語氣掩飾了其中潛在的力量。我們說：「聯準會正在提供資金，促進金融市場有秩序地運作，就像過去常見的情形一樣，我們開放貼現窗口，作為資金來源。」貼現窗口（過去真的是由放款人員掌理的出納窗口，但現在已經不是這麼回事）是過去經手聯準會提供的隔夜貸款，貸放給包括商業銀行和儲貸業等接受存款金融機構的地方，所收取的利率叫做重貼現率。發布這篇聲明後，我們透過購買證券，在金融體系中又挹注了三百八十億美元；歐洲央行也再度挹注資金，反映歐洲市場的壓力比較大，這次歐洲央行放出了六百一十億歐元（八百四十億美元）的資金。

類似的聲明在一九八七年紐約股市大崩盤後、在二〇〇一年九一一恐怖攻擊後，都有助於安定市場。這次的問題更嚴重，這篇聲明沒有發揮預期的效果，投資人仍然不願意提供短期信用，而是把資金投入短期國庫券之類比較安全、流動性比較高的資產上。商業本票的發行量（尤其是資產擔保商業本票的發行量）劇烈減少，因為放款人希望自己的資金綁住的時間愈短愈好，到期日急劇縮短到只有一、兩天。像是受到詛咒似的，次貸問題也促使大家重新評估其他形式的信用，批發市場短期資金提供者變得更加擔心中等評級的準優級房貸、二胎房貸（有些屋主用這種房貸，把自用住宅的權益套現出來）以及若干商業不動產抵押貸款。如果資金狀況繼續緊縮，持有這些證券的公司和投資機構，可能被迫在市場上拋售這些證券，換取能夠換到的現金，跳樓大拍賣會進一步壓低這些資產的價格，對出售和持有類似資產的公司來說，這樣會使資金更難以取得。

到我發電子郵件給塞斯，取消我們的度假計畫時，情勢已經底定，聯準會必須加強作為——但是該加強什麼作為呢？大家在因應當前的事件時，經常借助歷史上類似的例子，這次也不例外，問題是要挑選正確的例子。二〇〇七年八月，聯準會裡裡外外的人想到的例子，都是一九八七年十月的紐約股市大崩盤，當時道瓊股價指數一天內慘跌將近23%，大家也想到一九九八年八月，當時道瓊指數在俄羅斯債券違約後，三天內下跌了11.5%。在這兩個例子裡，市場都在聯準會的協助下反彈，整體經濟沒有受到什麼明顯的傷害。但是，並非每一個人都會認為這種干預很成功，事實上，有人認為一九九八年秋季聯準會的行動——把聯邦資金利率降低〇．七五個百分點——是反應過度，反倒助長了日漸擴大的網路泡沫。也有人議評聯準會有一個傾向：如果在股票和其他金融資產價格下跌時，會做出過於強烈的反應，他們把這種傾向叫做「葛林斯班賣權」（賣權是一種選擇權合約，如果股票或其他證券的價格下跌，可以保護賣權的買方）。

二〇〇七年八月時，報紙的意見專欄中充斥各種猜測，說人稱「直升機班」的柏南克很快就會做出類似的反應——「柏南克賣權」。很多評論家在反對聯準會干預時，認定投資人已經變得志得意滿，需要教訓一番。這種思考方式認為，治療當前亂象的藥方是風險的重新定價，所謂的風險重新定價是指資產價格的痛苦減價——從股票、債券到跟房貸有關的證券都一樣。《華爾街日報》刊出一篇社論，支持八月七日聯邦公開市場操作委員會議沒有降低利率的決定，指出「信用恐慌從來就不會好看，但好處只是會讓市場恢復一點恐懼和謙卑」。

投資人當然拚命想逃脫《華爾街日報》社論作者希望加在他們身上的「恐懼和謙卑」。放寬貨幣政策的呼籲中，國家廣播公司商業台（CNBC）節目主持人吉姆．克瑞莫（Jim Cramer），八月六日在節目中聲嘶力竭地吼叫，大概是這段期間最多采多姿地呼籲。我的幕僚長蜜雪兒在電子郵件中，告訴我這段節目的消息，她寫道：「我應該警告你，他對你一點也不尊敬」。我認為她的說法太保守了，雖然我從來沒有看過這個節目，不過也不想看。當批評淪為謾罵或叫囂時，我選擇不予理會。

雖然我不理會克瑞莫，但還是會傾聽其他人的說法。聯準會前理事萊爾·葛蘭理（Lyle Gramley）在一封經由老同事唐·柯恩轉發的電子郵件中寫道：「房貸市場的情勢是我所見過最惡劣的一次，而且情況還一天比一天惡化。」葛蘭理補充說：「我不是在危言聳聽。」葛蘭理一九八五年離開聯準會理事會後，為美國房貸銀行家協會服務超過十年，也曾經擔任過全國金融公司董事，他從專業的立場說話，話中言之有物，卻也會可能受他離開聯準會後的職務影響。

市場人士只重視自己的利益是不辯而明的事情——換句話說，他們會贊成對他們自己的投資或利益有利的政策。聽取外界的意見時，我總是設法記住這種殘酷現實。但我不能輕易駁斥葛蘭理和表達類似訊息的人心中的關切，我知道如果容許金融騷亂像雪球一樣愈滾愈大，可能扼殺家庭和企業所能動用的信用；在最糟糕的情況下，可能造成經濟急轉直下。同時，我關心道德風險——就是如果把投資人和金融機構，從他們差勁決定造成的後果中拯救出來，將來可能會有鼓勵更多差勁決定的風險。要是有可能，我希望全力避免「柏南克賣權」的想法。

我們需要正確的工具、需要能打破擠兌心態、安撫市場恐懼心理、容許從股票到次級房貸的金融資產，根據基本面價值重新訂價，卻不造成市場凍結或價格超跌的工具。我們幾乎決定採用先前曾經拒絕過的方案，就是改變我們的貼現窗口政策，鼓勵銀行和儲蓄機構向我們借錢。

銀行大致都忽略了我們八月十日「來搬錢」的暗示，我們的另一個方法是：聯邦公開市場操作委員會可以降低聯邦資金利率，但是這樣做對經濟會有廣泛的影響，包括可能助長通貨膨脹。透過貼現窗口放錢是比較精確的工具，可以把重點聚焦在我們面對的特定問題上，就是放在短期資金日漸枯竭的問題上。然而，我們面臨了兩個問題。

第一個問題是關於找聯準會借錢的恥辱心理。就像白芝浩建議的一樣，我們照例對貼現窗口貸放出去的貸款，收取「懲罰性」的利率，當時的這種利率、也就是重貼現率是6.25%，比我們的聯邦資金目標利率、也就是比銀行同業隔夜拆款利率，高出一個百分點。在正常的情況下，懲罰性利率會鼓勵銀行，先去民間市場尋找資金，而不是依靠聯準會。但是這種安排有一個副作用，就是銀行害怕一旦別人知道他們曾經向聯準會借錢，就會看扁他們，使他們更難吸引民間資金。因為強而有力的銀行如果不是出於無奈，何必付出懲罰性的利率？我們會對貼現窗口貸款戶的身分嚴格保密，但是，銀行擔心貨幣市場參與者可以藉著觀察他們的行為，或是藉著謹慎分析聯準會的資產負債表數字，猜測出哪一家銀行曾經向貼現窗口求助。從過去到現在，幾乎所有的貼現窗口貸款，都是根據良好的擔保品，貸放給健全的機構。聯準會從一個世紀前成立以來，承做的貼現窗口貸款從來沒有虧損過一分錢。不過大家認為向貼現窗口借錢很丟臉的想法，一直都是妨礙貼現窗口發揮效用的可怕障礙。如果銀行因為害怕這樣做，可能為他們的財務健全發出不好的信號，那麼設立資金的最後貸款者，根本就沒有什麼好處。

除了恥辱之外，第二個問題是金融體系的規模已經大到貼現窗口無法負荷的程度。聯邦準備法規定，在正常的情況下，只有存款機構——銀行和儲蓄機構——有資格向聯準會貸款。但是近幾十年來，影子銀行系統靠著批發市場短期資金融資，而不是依賴有保險的存款，在信用市場中扮演日益重要的角色，我們的貼現窗口不能直接協助失去資金來源的非銀行，因而限制了我們終結恐慌的能力。

因此，即使我們想過鼓勵大家加強利用貼現窗口的方法，我們還是害怕這些方法沒有用，可能像舉辦沒有人來參加的派對一樣。如果我們採取十分明顯的步驟，引領銀行到貼現窗口借錢，卻沒有產生效果，大家對聯準會制定因應危機有效措施的信心，反而可能動搖，進而助長恐慌。

然而，到了八月十六日，金融情勢已經惡化到我們準備變得更積極進取的時候了。那天早上，蓋特納、柯恩及我與歐洲、加拿大和日本的央行官員開會，我也安排好，要在那天晚上六時，召開聯邦公開市場操作委員會的另一次緊急視訊會議。為了設法克制羞恥心理，我們決定把懲罰性利率砍半，以便提高貼現窗口貸款的吸引力，銀行應該可以用高出聯邦資金利率目標半個百分點、而不是高出一個百分點的利率借錢。我們也設法遊說若干大銀行來貼現窗口借錢，從而顯示來借錢並不代表本身脆弱。為了鼓勵信用流通期間超過隔夜，我們願意透過貼現窗口，貸放最高三十天的貸款，而且表示，有必要時，我們支持續約。同時，聯邦公開市場操作委員會新的聲明承認經濟成長的風險提高，還說我們「準備採取必要行動」，暗示如果有必要，我們樂於更大方地壓低利率，防止金融亂象蔓延，影響經濟。

我們考慮過，要把重貼現率的降幅提高到超過半個百分點，瑞克・密希金就贊成這樣做，但是我們同時要考慮兩種對立的憂慮。如果我們不把重貼現率降到夠低，擔心恥辱的銀行應該不會來借錢；但是，如果我們的降幅太大，比較小的銀行因為不能像比較大的銀行一樣，用一樣低落的利率，在公開市場上借到隔夜拆款利率，就可能蜂擁而來，擠到聯邦準備銀行，求貸金額比較小的貸款，而我們在行政作業上，並沒有做好面對這種局面的準備，我們可能就得拒絕願意來貸款的機構借款人。

八月十七日星期五早上八時十五分，我們宣布降低重貼現率，同時發布聯邦公開市場操作委員會的新聲明。不幸的是，短期資金市場幾乎沒有出現立即的反應，股市卻出現反射性地飛躍上漲。消息宣布後四十六秒內，標準普爾指數（S&P 500 index）期貨躍漲3.6%。國家廣播公司商業台記者鮑伯・皮沙尼（Bob Pisani）宣稱：「市場認為柏南克是搖滾巨星！」（這種說法至少可以說是言之過早。）

聯邦公開市場操作委員會的同事和我努力打電話，也用電子郵件分享我們的想法。就像預期的一樣，銀行家焦慮的是：向聯準會借錢可能很丟臉。波士頓聯邦準備銀行總裁艾力克・羅森格倫（Eric Rosengren）報告說，道富銀行（State Street）執行長羅納德・羅格（Ronald Logue）不願意借錢。道富是波士頓地區最大的銀行，因此，如果波士頓聯邦準備銀行報告貼現窗口貸款大幅激增，大家自然會猜測借款方是道富銀行。羅格因此要求羅森格倫，是否可以取消貼現窗口貸款總額的分區周報。但是即使這個做法於法可行，卻還是無法達到提振大家信心的效果。德州一位銀行家建議達拉斯聯邦準備銀行總裁理察・費雪（Richard Fisher），聯準會是否可以說服一些「大銀行」利用貼現窗口，「可能是消除恥辱心態翻天覆地的大事。」

上午十時，我們跟全國主要商業銀行和投資銀行合組的交換所協會（Clearing House Association）開視訊會議，由蓋特納和柯恩主持，他們告訴大家，我們會認為，到貼現窗口借錢是「強而有力的跡象」。那天晚上，蓋特納轉來他派駐花旗銀行現場監理官員的話，說花旗銀行的經理人已經授權該行，向貼現窗口貸款。八月二十二日星期三，花旗銀行宣布要借款五億美元，為期三十天，摩根大通銀行、美國銀行和設在北卡羅萊納州夏洛特的美聯銀行（Wachovia）也宣布，他們各自借了五億美元。隔天我們的周報顯示，八月二十二日貼現窗口貸放了二十三億美元，高於前周的二億六千四百萬美元。

聯準會理事會也發函給花旗集團、摩根大通銀行和美國銀行，豁免他們暫時不受聯邦準備法第二十三條第一款（Section 23A）的約束，因為這條條文通常禁止他們把貼現窗口貸出的資金，轉交他們旗下從事消費金融或證券交易之類非銀行業務的子公司。我們的目標是增加影子銀行系統的短期資金供應，因為銀行和其控股公司之間的交易，可能造成銀行有保險的存款暴露在風險中，因此，必須暫時擱置聯邦存款保險公司的功能，而我也必須聯絡聯邦存款保險公司董事長謝拉・貝兒（Sheila Bair）。

貝兒是出身堪薩斯州的共和黨員，也是前參議員鮑伯・杜爾（Bob Dole）的門生故舊，二〇〇六年六月，小布希總統任命她出任聯邦存保公司董事長。她曾經在阿默斯特（Amherst）的麻州大學教書，但也有過擔任公職的經驗，包括曾經在美國財政部任職。她是草原民粹主義分子，天生就不信任華爾街大銀行和負責監理他們的政府機構，尤其是聯準會和財政部。她可能具有地盤意識，不容易合作，但是，我也不得不承認，我很欣賞她的精力、她追求政治目標時的精明，以及應付媒體時的技巧，不過我也欣賞她領導的機構在監理制度中扮演的重要角色。聯準會、財政部和聯邦存款保險公司需要合作時，打電話給她是我的責任，就像這次一樣，我不希望自己無心的疏忽妨礙了良好的政策。

貝兒在我們宣布降低重貼現率那天結束前，回應了我們請求豁免聯邦準備法第二十三條第一款規範的請求。我發電子郵件給她，感謝她的迅速答覆，她回信時說：「小小的信用危機能夠有這種推動力量，真是令人驚訝。」

不幸的是，我們提升貼現窗口放款的初步成就無以為繼。四家大銀行大聲宣揚，一共向聯準會申貸二十億美元後——無疑在內心的羞恥心態作祟下——非常明確地宣布他們不需要這些資金。五星期後，貼現窗口的放款回跌到二億零七百萬美元，比我們放寬放款條件前略低。

在我們努力降低重貼現率之際，承做美國將近五分之一房貸的全國金融公司的問題，仍然是我們的當務之急。聯準會、聯邦存款保險公司及儲蓄機構監理局三個機構的金檢人員，一直努力判定這家持有龐大次級房貸投資組合的貸款公司能否維持不倒。

八月十六日，緊張的存戶在該公司加州卡拉巴薩斯（Calabasas）總部附近的儲貸分行排隊，很多人得知存款由聯邦存保公司保險後，便安心離開。但是全國金融公司還面臨更大的威脅，公司的商業本票和票券附買回交易的放款人已經在八月二日拒絕全國金融公司續約的要求，全國金融公司出售部分資產籌資並無法解決問題，該公司持有的可疑房貸即使能夠找到買主，價值卻已經暴跌。為了避免破產，全國金融公司從先前和大銀行談妥的緊急信用額度中，動用了一百一十五億美元——動用了該公司所能搶到的每一分錢。

八月十日，我請梅迪根和我們銀行監理局局長羅傑・柯爾（Roger Cole），評估全國金融公司在金融體系中是否很重要。換句話說，如果該公司倒閉，是否會危害整個金融體系？我問的問題是：「該公司倒閉對大銀行或投資銀行有什麼影響？對房貸市場有什麼影響？」

這是我第一次針對一家大型金融機構，提出這種問題。我收到儲蓄機構監理局局長約翰・賴希（John Reich）出奇樂觀的信件不到一小時內，發電子郵件給梅迪根和柯爾，賴希原本是社區銀行家，也曾長期擔任佛羅里達州參議員康尼・梅克（Connie Mack）的助理，熱心支持解除管制。二〇〇三年，他擔任聯邦存款保險公司副董事長時，曾經驕傲地在一場記者會中，站在一疊紅色膠帶綁著的紙張前，擺出手持花剪的姿勢，這個動作宣示他將對金融管制發動攻擊。

賴希就在離開辦公室，要按照計畫去度假兩星期前，試圖對我、聯準會理事蘭迪、貝兒和第四位銀行監理官員、通貨監理局局長約翰・杜根（John Dugan），保證全國金融公司即將破產的謠言是無稽之談。他承認這家貸款機構面臨流動性挑戰，卻對最近很多房貸機構的倒閉，提出正面的看法，他寫道：「他們的競爭已經大為減少，比較長期的展望還算有利。」

賴希很快地支持滿頭白髮、褐色皮膚不太自然的全國金融公司執行長安傑羅・莫西洛（Angelo

Mozilo）的要求：莫西洛希望豁免聯邦準備法第二十三條第一款的限制，以便全國金融的控股公司能夠透過旗下的儲蓄機構，利用聯準會的貼現窗口。貝兒和聯邦存款保險公司的懷疑很有道理，轄區涵蓋全國金融公司的舊金山聯邦準備銀行總裁葉倫也一樣。間接貸款給全國金融公司的風險應該相當高，全國金融公司很可能已經喪失周轉能力，不能償還貸款給我們。我們降低重貼現率一天後，柯恩傳來葉倫的話，建議迅速拒絕莫西洛所說豁免第二十三條第一款的要求。柯恩說，葉倫認為，「莫西洛不肯承認公司未來前景堪慮，那根本是一間應該被賣掉的公司」。

八月二十二日，全國金融公司得到美國銀行二十億美元的股權投資，信心大振，等於暫時獲得緩刑。這樣跟葉倫必須出售的看法大不相同，卻是最後併入美國銀行的第一步。八月三十日星期四，全國金融公司正式撤回豁免第二十三條第一款的要求，當時我正飛往懷俄明州的傑克森霍爾，準備在堪薩斯市聯邦準備銀行的年度經濟論壇上演說，這個研討會的主題是很久以前就選定的「住宅、住宅融資與貨幣政策」。

我已經很久沒有公開討論經濟狀況，上次是在七月參眾兩院先後舉行的聽證會上，針對聯準會的貨幣政策，提出半年一次的報告。現在信用市場問題開始拖累經濟走緩，市場參與者正在尋找蛛絲馬跡，看我們是否計畫全面降低短期利率。我們的確是朝這個方向前進，我前往傑克森霍爾前兩天，才跟柯恩和蓋特納辯論：是否不等到排定九月十八日舉行的聯邦公開市場操作委員會下次會議，就先降低利率。不過，市場並沒有預期我們在兩次會議之間會行動，我們也擔心突然降息可能導致交易者認為，我們比他們想像的還擔心。

柯恩在發給蓋特納和我的電子郵件中寫道：「提早行動會有『他們知道有什麼我們不知道的事情』

的風險」。他建議等到聯邦公開市場操作委員會議，才把聯邦資金利率降低半個百分點，比一般預期的降幅加倍。

在隱密的中央銀行世界裡，堪薩斯市聯邦準備銀行，在傑克森湖客棧旅館，舉辦的兩天研討會，是重要的國際大事。過去二十五年來，聯準會最高級決策官員和幕僚、各國央行官員、著名學者、民間部門經濟學家及美國重要經濟記者——總共大約一百一十人，會在勞動節前，來這裡參加會議。與會人員上午在麋鹿角狀的吊燈下，辯論貨幣政策和全球經濟情勢，晚上參加晚宴、欣賞娛樂節目，下午欣賞周遭壯觀的景色。從旅館後方看過去，是白雪皚皚的大提頓山脈（Grand Tetons）雄壯的景觀，晴朗的日子裡，傑克森湖結冰的湖面清楚可見。柯恩每年都會帶領大家，來一趟大家稱為柯恩死亡行軍的辛苦登山健行，比較不健康或比較沒有雄心壯志的人，可以去釣魚、搭船遊湖，或是乾脆坐在走廊上，用雙筒望遠鏡，觀察大角麋鹿和駝鹿，在延伸到山上的高原草地上吃草。

我在普林斯頓大學當教授時，很高興偶爾收到令人羨慕、邀請我到傑克森霍爾參加會議的通知，但是出任聯準會主席後，我已經把這種會議看成雜事。我總是樂於討論經濟狀況，但是，在眾多媒體嚴密的關注和採訪下，我很清楚任何失言都會引發迴響，並遭到放大，因此，我限制自己，只在會中發表預先準備的演講。

二〇〇七年八月的市場動盪使這種風險變得更大，聯準會幕僚長蜜雪兒跟我、柯恩和蓋特納商量後，採取了罕見的行動，發電子郵件給所有聯邦準備銀行總裁，請他們避免接受媒體採訪。同樣不尋常的是，大部分總裁都同意配合。蘭迪提前飛往傑克森霍爾，避免聯準會所有委員在研討會前一天，都在天上飛行，無法聯絡。我們更派了一群電腦專家，在旅館會議廳安裝線路設備，好讓我們在必要時，可以評估市場狀況。

我在星期四近傍晚時抵達旅館，經過一場市場評估會議後，前往隔天和星期六正式會議前的晚宴會場。這場晚宴氣氛沉重，我們的朋友兼同事奈德得了白血病重症，他原本排定要在研討會上演講，但是，重病使他無法到場。內人和我最近才在奈德和太太瑪麗斯主辦的早午餐會上，跟奈德夫婦見過面。奈德當時知道自己來日無多，卻仍然很樂觀，樂於跟朋友在一起。我在研討會晚宴的歡迎詞中，指出我們不但會懷念奈德的遠見，也會懷念他的熱情和慷慨大方的精神。奈德的好友、聯準會經濟研究處副處長大衛·威考克斯（David Wilcox）會在星期六的午餐會上，宣讀奈德事先寫好的講詞，題目是「次級房貸的興衰」。

我在隔天八月三十一日早上的講詞中，必須慎重拿捏，我希望直截了當地把降息端上檯面，卻又必須避免在聯邦公開市場操作委員會的委員們能夠辯論和投票前，破壞委員會的儀節規定。

我描述住宅市場衰退和隨之而來的金融壓力，已經對經濟造成傷害，同時刻意提醒聽眾，我認為，「運作順暢的金融市場和經濟繁榮息息相關。」為了打消聯邦公開市場操作委員會可能單獨為華爾街紓困的念頭，我說：「聯準會沒有責任、也不適宜保護放款人和投資人不受自己的財務決定後果侵害。」但是，我承諾聯準會「會採取必要行動，限制金融市場動盪不安可能為整體經濟帶來的不利影響。」我當時是對很多種聽眾演講——設法說服批評者，我們的動機是要幫助美國民眾，同時希望說服投資人不要反應過度，從所有形式的民間信用中撤退。

市場的反應正面而低調，很多交易者原來顯然希望看到降息迫在眉睫的明確信號。道瓊社專欄作家勞倫斯·諾曼（Laurence Norman）摘要指出：「……市場……像《孤雛淚》飢餓的小主角在救濟院接受施粥時一樣，清楚表示他們需要更多的東西。」

就這樣，柯恩、蓋特納和我甚至早在最後一位聽眾離開前，就已經在思考怎麼說服我們的同事加強作為，以便保護美國的就業和生活，不受華爾街的動盪影響。我們希望他們在下次的聯邦公開市場操作委員會議中，支持短期利率全面降低，而且在必要時，考慮非正統的措施。蓋特納和我早早就離開研討會，柯恩留下來聽星期六早晨的演說。他在一封電子郵件中，摘要著名經濟學家費德斯坦特別悲觀的演說，根本不是樂天派的柯恩認為，費德斯坦的看法太灰暗，但是他坦承：「我沒有那麼不安……不過我認為他的談話可以有效地瓦解公開市場操作委員們的抗拒心態。」

我們回到華府後，加強我所說的「開創性思考（bluesky thinking）」。我們因應這場危機時，把重點放在貼現窗口放款，而不是依賴刺激的貨幣政策。這種方式多少已經背離傳統，但是我已經下定決心，必要時，要採取更進一步的行動。我們不能讓似乎和正統不合的恐懼，阻止我們利用任何工具，處理這個問題。那天晚上，我在發給柯恩、蓋特納和聯準會理事凱文・華許的電子郵件中，列出加強行動的情況，也摘要說明決策官員和幕僚間思考的各種想法。

有一個建議很有意義，就是跟歐洲央行建立外匯交換額度——實際上是建立一種功能，讓聯準會透過這種功能，提供美元給歐洲央行，歐洲央行用歐元作為償還債務的擔保品。這種做法的目的是協助隔離美國市場，不受歐洲的金融動盪影響。雖然歐洲央行已經提供歐元給歐洲大陸的貨幣市場，但歐洲的大部分金融活動都是用美元交易，跟歐洲央行（或另一國的央行）建立換匯額度，可以提供美元，讓歐洲央行把美元借給轄下的商業銀行，減輕外國銀行爭奪會擾亂美國市場的美元資金。在政治上，跟外國央行建立換匯額度一定不會受歡迎，卻可能是保護美國經濟的重要方法。柯恩起初抱著懷疑的態度，說他要看看歐洲央行有沒有更好的理由，不能用自己的美元存底放款。但蓋特納比較開放，認為跟歐洲央行和兩、三個國家的央行建立換匯額度，可以減少在美國營業的外國銀行直接向聯準會借貸美元的需要，轉而向本國央行貸款，這時，本國央行必須負責貸款的管理和盈虧。

我也跟他們討論幕僚的提議，幕僚建議設立兩個機構讓需要資金挹注的公司來競標聯準會的貸款，一個機構是為存款機構所設，另一個則是為華爾街投資銀行之類非存款機構所設。看來透過競標，由潛在的借款人競標資金，決定貸款利率，而不是像我們現在所用重貼現率之類的固定利率，或許可以降低向聯準會貸款的羞辱感覺。借款人可以宣稱自己付出的是市場利率，不是懲罰性利率。而且因為推動拍賣和決定誰得標需要時間，借款人收到資金的時間會延後，這樣可以清楚說明他們不是迫切需要現金。

開創性思考名單上的最後一項構想，是強迫銀行揭露更多跟本身狀況有關的資訊，而且重要的是，揭露跟旗下已經成為影子銀行關鍵因素的資產負債表外工具有關的資訊。這些機構揭露的資訊可能很嚇人，但至少可以讓貨幣市場的參與者再度務實地評估放款風險，根據風險決定是否展延信用，而不是基於恐懼，全面退出市場。

其中一項功能——容許投資銀行之類非存款機構參與聯準會貸款的拍賣——需要超越特別高的心理障礙。我們必須動用很少有人知道的聯邦準備法第十三條第三款的規定，授權聯邦準備銀行幾乎不分信用等級，貸款給任何個人或法人實體。從大蕭條以來，我們都沒有動用過這種授權，我知道這一點很難推銷，卻希望這種方法列入我們的考慮範圍。

我從傑克森霍爾回來後，寫了一封電子郵件給柯恩、蓋特納及華許，表示「幕僚的主張不能說服我把這個選項從劇本中完全刪掉」，在金融體系愈來愈不以銀行為重心的情況下，聯準會擴大放款範圍到超出存款機構，可能是必要的做法，但是我同意那是非到不得已，為了拚逆轉勝才會使出的手段。

第八章　前進一步
One Step Forward

二〇〇七年九月十八日，聯邦公開市場操作委員會開會時，八月肆虐金融市場的亂局似乎已經減輕；股市收復八月的失土，指數還比原本上漲了些，資金和信用市場也平靜了一點。

但是，情勢根本不能說已經恢復正常：資產擔保商業本票的發行量進一步減少，利率升到更高水準。在票券附買回市場上，放款人貸放時，要求借款人增提更多擔保品，即使擔保品屬於比較高的評級，還是要求增提。銀行仍然驚疑不定，互相拆借的期間只要比隔夜長，索求的溢價就仍然會居高不下，甚至愈來愈不願意貸款給絕佳信用紀錄的家庭和企業借款人。同時經濟消息開始變壞，勞工部報告，八月份喪失四千個就業機會，是二〇〇三年以來按月計算的就業機會首次下降。

聯邦公開市場操作委員會議前一周，內人安娜和我在奈德那間可以俯瞰岩溪公園（Rock Creek Park）和華府市區的雅致公寓裡，參加他的小型追思會。奈德夫人雖處於哀傷中，卻不失親切，奈德九月五日去世，離他預擬的講詞由別人在傑克森霍爾代為宣讀沒有多少天。照奈德的遺願，我在九月稍後的幾天，要在他的追思儀式上講話，儀式結束時，一支紐奧良的爵士樂隊演奏起喧鬧的《聖徒的行進》（When the Saints Go Marching In）的曲子。

聯邦公開市場操作委員會開會那天早晨，華府逼人的暑熱已經減輕，我的休旅車在宜人的氣候中，轉進聯準會的停車場，我再搭著鑲了木板的電梯，到二樓的聯準會理事辦公室。

我一直努力爭取聯邦公開市場操作委員會委員們，支持聯準會採取更多行動，避免經濟受到信用市場動盪不安影響的做法，最後讓鷹派和鴿派大致團結在一起，會後我們宣布，聯邦公開市場操作委員會投票一致同意，要把聯邦資金利率目標降低半個百分點，降為4.75%。這是我們四年來第一次降息，市場原本預期我們只會降息〇．二五個百分點，因此，這項宣布造成股價暴漲、債券殖利率下跌。

鷹派委員如里奇蒙聯邦準備銀行總裁傑夫．雷克和達拉斯聯邦準備銀行總裁理察．費雪主張較小幅度的降息，但是，聯邦準備銀行總裁輪流擁有投票權的制度，使他們在二〇〇七年沒有投票權，經常偏向鷹派的堪薩斯市聯邦準備銀行總裁湯瑪斯．何尼（Thomas Hoenig）和聖路易聯邦準備銀行總裁比爾．普爾（Bill Poole）今年擁有投票權，卻沒有投下反對票。他們說，他們希望及早採取更多行動，能夠阻止將來更大幅度降息的需要和預期心理，最近通貨膨脹資料略有改善，至少讓鷹派人士略微安心，幕僚預測二〇〇八年和二〇〇九年內，通貨膨脹率會低於2%的說法，也讓他們略感放心。

我們當然知道經濟學家預測未來有多困難。聯準會研究統計局局長大衛．史塔克頓很高明，具有長期的預測經驗，也有同樣高明的冷幽默感。他在討論由幕僚預測構成的分析前，俏皮地提醒我們經濟狀況到底有多差，「我認為我應該邀請你們，戴上網帽、穿上白色屠夫袍，跟我一起去參觀香腸工廠。」

整體而言，只要必須納入金融動盪對經濟影響的變數時，聯準會的經濟模型和經濟預測模型就會顯得不夠準確，原因之一是（幸好）金融危機很罕見，以致相關資料很少。二〇〇七年時，聯準會的研究人員藉著研究其他工業國家，例如相當晚近才陷入重大金融危機的瑞典和日本等國的方法，積極設法克服這個問題。史塔克頓討論他和手下面臨的挑戰時，提醒我們注意一九九八年，當時幕僚預測專家反映俄羅斯倒債引發的市場動盪，曾經降低美國經濟成長的預測值，但是美國的信用流動並沒有受到多大的影響，美國經濟熬過了那場風暴。俄羅斯亂局爆發後半年，幕僚就反其道而行，調高經濟成長預測值。

史塔克頓說：「我認為我們可以相當公允地說，一九九八年我們的一部分錯誤是，不了解我們進入那段期間時美國經濟到底有多強勁。」

幕僚預測專家像一九九八年一樣，已經反映金融亂象，略微調降經濟預測。他們是否可能犯了相同的錯誤，基於金融壓力，過度預測經濟弱勢？雖然八月的就業機會減少，可是八月最新的失業率4.6％，仍然相當低。另一方面，金融亂象已經在房屋貸款中出現，一九九八年時，亂象主要是在股市和債市中出現。但這次房屋價格和房貸的有無，跟庶民經濟的關係直接多了。大約只有五分之一的家庭直接持有股票，且直接持有債券的家庭比率更少，而擁有自用住宅、而非租屋而居的家庭卻大約達到三分之二，目前的房價下跌和住宅銷售減少，會造成營建和消費者支出下降，可能促使整體經濟走弱，進一步促使房價走低。我警告大家，這種惡性循環可能引發「難以阻止的潛在衰退動力形成」。

瑞克．密希金坐在葛林斯班當主席時，我所坐的角落位置上，說得更坦率：「雖然我們在大眾面前，或許還不准提這個字眼，我們卻非提衰退這個字眼不可，因為現在經濟衰退的可能性已經相當大。」

信用亂象可能表示經濟困難，但是，我們眼前所見的情形到底類似大蕭條，還是輕微多了的情勢，卻還很難判定。到目前為止，信用市場的壓力似乎跟一九九八年俄羅斯債務危機時的壓力像多了，比較不像一九二九年。的確如此，有一陣子，紐約聯邦準備銀行發布一份每日資料比較表，顯示目前的危機實際上是一九九八年的戲碼再度上演。市場動盪仍然局限在最近經驗的範圍內，讓我覺得安心，但是，因為將來展望具有這麼多的不確定因素，我相信為了保險起見，我們必須採取比平常還大的聯邦資金利率降幅。大部分鷹派委員接受這種主張，卻希望清楚表示，聯邦公開市場操作委員會沒有承諾進一步的降息。我堅持應該發出比較具有前瞻性的訊息，表示「我認為市場希望聽到我們已經知道一切、已經走到必要時準備行動的地步」。

就像八月一樣，我們在這種情況下，再度討論道德風險觀念的問題時，認為我們應該避免使用降息來協助整體經濟，因為這樣同時會讓誤判風險的投資人獲得解套。費雪警告說，太大的降幅等於宣布「縱容而非規範冒險的金融行為」。但是鑑於整體經濟受到威脅的關係，包括我自己、柯恩、蓋特納、葉倫和瑞克在內的大部分委員，都對這種主張失去耐心。因此，我說：「我們身為中央銀行，有責任協助市場正常運作，增進整體經濟穩定」。

我們推動降幅超過預期的降息時，卻在另一方面延後行動。八月時出現，並且由聯準會幕僚和紐約聯邦準備銀行發揚光大的開創性思考，產生了雙重建議。第一個建議是提供一種新功能，負責對美國的銀行和在美國營業的外國銀行，拍賣二十八天期的貼現窗口貸款。這是聯準會的責任。

第二個建議是跟歐洲央行和瑞士國家銀行的換匯額度，這件事大致上由聯邦公開市場操作委員會負責監督。我們透過換匯，可以分別用歐元和瑞士法郎作為擔保品，提供美元給這兩家中央銀行，然後，這兩家央行可以對轄下銀行和其他金融機構，貸放美元。我們預期，請歐洲央行和瑞士國家銀行跟我們同時拍賣美元信用，可以減少美國貨幣市場的壓力——尤其是（美國東岸時間）早上歐洲銀行還在營業，還努力在紐約設法借貸美元時的壓力。

我們跟歐洲國家針對在歐美兩地協調信用拍賣細節，和宣布時間的討論，一直持續到聯邦公開市場操作委員會九月會議的前一天。歐洲央行特別敏感，擔心換匯協議可能表現出聯準會出馬拯救歐洲市場的暗示。但我們反而希望避免引發貸款給風險可能很高的外國民間銀行、而不是貸款給信用卓著中央銀行的錯誤推論。鑑於歐洲央行信心不足，加上我們看到貨幣市場的運作略有改善，我們決定暫停討論，拍賣計畫和換匯額度要暫時擱置下來。

我們九月的降息像平常一樣，得到褒貶不一的反應。《華爾街日報》多位社論作者嘲笑我們這樣的做法，但是卻又沒有表達贊成或反對的意見；隔天早上，我唸哈佛大學時的老教授、在傑克森霍爾的悲觀演說，才引起柯恩注意的費德斯坦，恭喜我們針對「大膽、且我認為正確」的行動，努力達成全票通過的協議。

眾院金融服務委員會主席巴尼．法蘭克和參院銀行委員會主席克里斯．達德都發表聲明。法蘭克說，他樂見降息，卻對聯邦公開市場操作委員會的聲明不滿，他認為聲明中仍然過度強調通貨膨脹風險。達德談到八月二十一日他和我跟鮑爾森的會議，似乎暗示他對我施壓也有一分功勞在。當時我告訴他，必要時，我準備動用一切可用的工具，不到一個月後的現在，他把我當時的說法，描述成斬釘截鐵——卻完全不是我本意的降低聯邦資金利率承諾。聯準會努力擺脫政治考慮，做出獨立決定，因此，我對他的說法不覺得特別高興。

值得注意的是，可能批評我們降息行動的英格蘭銀行總裁金恩卻默不作聲。二〇〇七年夏季，金恩曾經強力反對中央銀行的干預。今年八月，聯準會和歐洲央行提供貨幣市場數百億美元與歐元，設法紓解金融壓力時，英格蘭銀行一直袖手旁觀。九月十二日，金恩向英國國會報告時，以沒有指名道姓地嚴厲批評歐洲央行和聯準會。他寫道：「提供這種流動性支持……會鼓勵過度的金融冒險，種下將來金融危機的種子。」換句話說，不會有英格蘭銀行的賣權，金恩的憂心說明為什麼英格蘭銀行沒有跟著歐洲央行和瑞士國家銀行，一起參與他們跟聯準會洽談的換匯協議。

然而，到九月十八日我們宣布時，金恩似乎已經改變心意。我們開會後隔天，英格蘭銀行首次宣布，要在英國貨幣市場中，挹注長期資金（一百億英鎊，大約等於二百億美元，為期三個月）。我後來在危機中表示：「在散兵坑裡沒有無神論者；在金融危機中不會有思想家」。金恩已經跟著其他央行，跳進散兵坑。

金恩改變信仰的起因是全球金融危機降臨英國商業大街。九月十四日，英格蘭銀行採取行動，阻止北岩銀行存戶的擠兌。北岩銀行（Northern Rock）設在英國東北部泰恩河畔的紐卡索，是一家房屋貸款機構，也是一八六六年歐佛倫葛尼公司（Overend, Gurney, and Co）垮台、啟發白芝浩寫出經典論文中的聲名狼藉事件以來，英國爆發的第一件銀行擠兌案件。北岩銀行靠著在貨幣市場和網際網路上籌資、而不是向本地存款戶籌資的方式，快速擴張，等到該行無法利用貨幣市場、也不能在消失中的證券化市場中籌資時，就開始搖搖欲墜。英格蘭銀行同意對北岩銀行放款，但是英國廣播公司報導這個消息後，恐慌的存戶開始擠兌——清楚說明向中央銀行借貸是丟臉行為的後果。英國沒有政府存款保險制度，是依賴金融業出資，僅能提供存戶部分保障，所以英格蘭銀行進行干預後不久，英國政府宣布保證北岩銀行所有存款的安全，到二〇〇八年二月，英國政府宣布要把北岩銀行收歸國有。

九月二十日，聯邦公開市場操作委員會開會兩天後，我跟鮑爾森和都市發展部部長艾逢索・傑克森

（Alphonso Jackson）一起到法蘭克主持的眾院金融服務委員會作證。聽證會主題是設法阻止「取消房貸抵押品贖回權」（查封）浪潮升高，這個聽證會是在政治上很有爭議性的重要討論，兩年來，取消房貸抵押品贖回權——尤其是取消浮動式利率次級房貸抵押品贖回權的浪潮不斷升高，我們預期隨著很多房貸的初期優惠利率大幅上升，取消抵押品贖回權的案例會繼續增加，在房價下跌的情況下，拿出少少頭期款買房子的人，或許再也不能輕易轉貸，以便避免必須繳交比較大的繳款金額。

幾位國會議員希望促成聯邦直接提供援助，幫助陷入困境的住宅所有人；但是，大部分國會議員都不願意耗費納稅人繳納的龐大稅款，處理這個問題。美國政府正在盡其所能，在聯邦沒有動用新資金的情況下，減輕取消抵押品贖回權的問題。小布希總統最近求助於大蕭條時期成立的聯邦住宅管理局，希望協助最近錯過浮動式利率次貸還本付息的民眾。根據這個計畫，這些借款人可以換貸，改為申貸由聯邦住宅管理局保險，還款金額較低的固定利率貸款。而房貸借款人繳納的房貸保險金（並非用納稅人繳納的稅款），則可用來承擔這個計畫的成本。小布希總統也要求鮑爾森和傑克森，研究一個民間部門發起、名叫「希望在眼前」（Hope Now）的避免查封行動計畫。行政部門最後把60％的房貸機構、投資人、同業公會和房貸律師，都納入義務幫助借款人繼續留在自己家裡的志工行動中。

我們聯準會的人認為自己幫得上忙時，會向行政部門和國會提供建議。經常在聯準會內外，談到我們迫切需要避免「不必要的」查封——也就是靠著減少付款或其他緩和措施，就很可能可以幫助貸款人保住房子的查封案例。但是，因為中央銀行無權承接財政支出的計畫，我們在協助陷入困境屋主上的能力受到限制。當時，我們最好用的工具（除了我們保留下來，作為達成整體經濟目標工具的壓低短期利率之外）是我們的銀行監理權，那個月月初，我們配合其他監理機關，針對房貸服務公司，發布監督方針。這些業者通常是銀行旗下的公司，負責收取每個月的付款，再轉交包括房貸抵押擔保證券持有人在內的房貸所有權人，他們也藉著修改貸款條件或啟動查封程序之類的做法，處理房貸違約的貸款人。我們敦促這些業者跟陷入困境的貸款人合作，因為查封耗費時間、又耗費金錢，也因為遭到查封的住宅很少能夠轉售到好價錢，所以修改出問題的房貸，讓貸款人保住家園，對放款人和貸款人同樣有意義。我們對房貸業發出的訊息是：如果他們讓辛苦奮鬥的屋主喘一口氣，監理機關不會批評他們；聯邦準備銀行也會在所轄區域後面努力運作，對全國各地為屋主提供諮詢和協助的很多非營利團體，提供技術性協助和其他支持。

不幸的是，制度性障礙和作業問題有時候會妨礙本來很有道理的貸款合約修改，例如，規範很多房貸抵押擔保證券的法律協議規定：必須大部分或全部投資人同意，才能修改合約的規定，這就是很難跨越的重大障礙。很多借款人必須向貸出第一筆房貸放款人以外的放款機構，申貸第二筆房貸，兩家貸款機構在沒有取得另一家貸款機構的讓步下，通常都不願意修改合約。問題房貸案例大量湧進，服務業者不堪負荷，管理起來比良好房貸費時、費工多了。處理貸款合約修改得到的報酬又有限，業者因此缺少有效管理修約問題的誘因與資源。當然，並非所有房貸合約都可以修改，若干借款人違約，是出於降低利率以外的問題、如失業、生病或離婚之類的其他原因，即使大幅減少他們的每月還款金額，他們還是無法償還房貸。

我在聽證會上曾經像過去一樣，指出修改違約房貸可以嘉惠放款人和借款人，但是，雙方似乎沒有多少行動上的共識。避免查封在政治上可以說成是保護民眾，對抗華爾街的侵害，但是，很多選民顯然認為，這個問題對不負責任的借款人有利，犧牲了負責任借款人的利益。

一天後，內人和我到十九世紀海軍英雄史蒂芬．狄卡特（Stephen Decatur）舊家豪宅的中庭，參加葛林斯班回憶錄《我們的新世界》（The Age of Turbulence Adventures in a New World）新書發表會。葛林斯班在任時，大致避免跟新聞界接觸，現在卻選在聯邦公開市場操作委員會開會前夕，上哥倫比亞廣播公司的《六十分鐘》節目宣傳新書。主持人請他談談怎麼看待聯準會對金融危機的反應時，他好心地閃爍其詞，說他不知道自己會有什麼不同的做法，還說我「做得很完美」。我希望他說對了。當時我卻沒有這樣說，但是，金融危機開始加足馬力時，我忍不住想到，葛林斯班為自己的新書所選的書名中的諷刺意味。

九月的聯邦公開市場操作委員會議後的幾周內，金融情勢繼續緩步好轉，降息和先前增加流動性的做法，似乎對批發市場短期資金融資市場有所幫助。銀行間同業拆款利率顯示，放款銀行對借款銀行的還款能力似乎略微比較放心。股市繼續反彈，道瓊指數在十月九日收盤時，創下一萬四千一百六十五點的空前新高紀錄。

並非所有消息都很有利。華爾街分析師多嘴多舌，悲觀地大肆猜測即將發表的大型金融公司獲利報告。九月二十八日，儲蓄機構監理局關閉網銀公司（NetBank Inc.），網銀公司於一九九六年在亞特蘭大郊區創立，是美國純網路銀行先驅之一，網銀公司關門，是一九八〇年代儲蓄貸款機構危機以來，規模最大的儲貸業倒閉案。

到十月中，華爾街分析師預測的壞消息開始實現，穆迪和標準普爾等信用評等公司繼續降低次級房貸抵押擔保證券的評等，次貸證券的價格繼續下跌。十月十五日這一周內，花旗集團、美國銀行和美聯銀行三大銀行發表獲利報告，表示提列呆帳和房貸抵押擔保證券虧損後，獲利直線下降。十月十九日星期五的股價大跌，為這一周畫下休止符，這一天正好是一九八七年紐約股市大崩盤二十周年紀念。道瓊指數暴跌三百六十七點，創下九月十八日降息以來的最低價紀錄。後來幾天裡，道瓊指數略微反彈，但是，九月初創下的高點要到幾年後才能再見了。

十月十九日市場收盤幾小時後，聯準會理事華許傳來一則令人困擾的謠言，說證管會監督的華爾街券商美林公司（Merrill Lynch）即將申報的虧損會比先前預估的還要巨幅增加。華許認為，急劇修正本身的問題比虧損還大，顯示信用市場惡化速度之快，已經到了連大型金融公司都難以評估本身所持有資產的價值了。十月二十四日，美林公司報告創立九十三年以來最大的單季虧損——二十三億美元，美林也首度揭露：公司帳上持有一百五十億美元由次級房貸證券擔保的複合型抵押債權憑證〔collateralized debt obligation（CDOs）〕。

顧名思義，抵押債權憑證是由很多種債權組成，再經過包裝、然後賣給投資人的證券。大家起初把抵押債權憑證當成能夠加強分散風險、配合每一位投資人的喜惡，量身打造風險程度的工具。但是，現在這種證券像其他複合的金融工具一樣，已經失去投資人的信賴。美林公司創造抵押債權憑證，賣給投資人，但是也在自己的投資組合中，保留了一些高評等的證券。因為投資評等不再能夠讓潛在的買主安心，這些抵押債權憑證的價值劇降。十月三十日，美林執行長史丹・歐尼爾（Stan O'Neal）辭職。

聯邦公開市場操作委員會十月三十到三十一日的會議逐漸接近，關鍵問題像九月時一樣，還是華爾街的動盪不安對「實質」經濟到底有多大的傷害，對美國人的就業、消費和儲蓄有多大的傷害。消費者支出維持高檔的程度好得出奇，除了住宅部門外，新申請失業救濟人數之類的其他領先經濟指標，也偏向強勁的一面。聯準會幕僚像上次會議一樣，預測經濟成長只會略微放慢。

聯邦公開市場操作委員會中的鷹派指出，有兩項發展讓他們增添焦慮。第一項是美元匯價走弱（如果這種趨勢持續下去，可能造成進口物價上漲，通貨膨脹率升高）。第二項是開會前一天，原油價格衝上每桶九十三美元以上，經過通貨膨脹調整後，油價已經打破一九八一年石油危機中創下的天價紀錄。然而，幕僚的通貨膨脹預測卻沒有多少改變。史塔克頓解釋說，預期美元下跌不會對進口物價形成持久的影響，幕僚預期能源價格走勢會逆轉。

考慮經濟成長和通貨膨脹風險後，我們的貨幣政策基本上有兩種選擇。我們可以用進一步降低隔夜拆款利率的方式，購買更多的「保險」，對抗信用市場動盪不安帶來的危險；我們也可以以通貨膨脹風險仍然令人擔心為由，袖手旁觀、等待進一步的發展。十月十五日，我對紐約經濟俱樂部演講時，小心謹慎地避免暗示任何傾向，但是紐約聯邦準備銀行針對華爾街公司所做的最新調查顯示，市場預期我們會把利率降低一碼（〇．二五個百分點）。

我告訴聯邦公開市場操作委員會，對我來說，決定是「非常、非常接近的拉鋸」。我承認通貨膨脹令人擔憂，如果我們維持目標利率不變，市場或許很可能可以承受它的變化。但是我選擇降低利率的一方，我說：「如果包括價格在內的房市狀況真正惡化，就會有相當重大的下行風險。」然而，為了對鷹派人士讓步——後來我感到後悔，我同意改變說法，暗示我們在資料沒有變化的情況下，並不急於再度降息。結果我們把聯邦資金利率降為4.5%，也發表了上述說法，「對通貨膨脹可能存在的有利因素大致抵銷了經濟成長的下行風險」。總之，堪薩斯市聯邦準備銀行總裁何尼反對到底，他說，降息容易，而且經常很受歡迎，但是如果降息犯了錯，後來要升息卻不容易。抵銷風險的說法足以滿足傾向鷹派的聖路易聯邦準備銀行總裁普爾。贊成這種行動和聲明的票數為九票，一票反對。

聯邦公開市場操作委員會發布聲明後，正在尋求民主黨總統候選人提名的達德再度發表聲明，暗示我們的行動和他八月份跟鮑爾森和我的會談有關。除了這篇令人生氣的聲明外，二〇〇七年底到二〇〇八年間，我更關心的是，達德對總統提名的三位聯準會理事人選坐視不理。二〇〇七年五月，總統提名出身維吉尼亞灘的社區銀行家貝西·杜克（Betsy Duke）、和第一資本金融公司（Capital One Financial Corp.）高級經理人拉利·柯雷恩（Larry Klane），接任聯準會七人理事會中的兩個空缺。二〇〇六年六月馬克·奧森離職、二〇〇七年三月畢斯離職後，聯準會理事會不但人手不足，也缺少具有銀行實務經驗的人。同時，現任的蘭迪·克洛茲納獲得十四年新任期的提名，他原本是填補奈德留下，到明年一月三十一日截止的任期。三位被提名人都參加了八月二日參院銀行委員會舉行的聯合批准任命聽證會，但是，達德顯出無意處理這些人事任命案的樣子。

到九月二十六日，我知道我們必須在理事會人手不足的情況下，應付不確定的財經展望。聯準會立法事務處長布萊恩·葛洛斯（Brian Gross），跟聽到達德說過「絕不可能批准所有三位被提名人的任命」的杜克談過，在華府任職經驗很久的葛洛斯在發一封電子郵件時，他採取審慎樂觀的觀點指出，「我認為，從排除『所有三位被提名人』的觀點來看，至少會有一位會獲得批准。」但是，達德卻讓三位提名人選一直懸而未決。

幾個月過去了，處在提名過渡狀態對蘭迪構成了負擔。根據法律，即使他的任期屆滿，他仍然可以繼續任職到有人獲得批准、接任他的職位為止。但是在這種情況下，他很難認定自己是全權的聯準會理事，他接下的是監督聯準會改善金融監理和消費者保護的重要工作，而且在提名顯然陷入停頓的情況下，我們承擔不起再失去一位聯準會理事的後果。我邀請他一月份時到甘迺迪中心聽交響樂，希望提振他的士氣。聯準會從一九一四年成立以來，在職的理事從來沒有減少到五人以下。大約同時，我也擔心失去瑞克，瑞克曾經問過，他在聯準會任職期間，是否可以寫作他備受推崇（又收入多多）的貨幣銀行學教科書新版。政府倫理局的答覆是不可以，因此，我問他，無論如何，是否可以繼續留任。

蘭迪和瑞克對聯準會的工作都有重大貢獻，但是，我卻在確保他們的觀點能夠傳達出來這件事情上，面對程序上的挑戰。聯邦公開會議法認定；凡是四位以上聯準會理事的集會，都是正式會議；任何這種交流都必須公開宣布，而且除非符合特定規定，不然也必須公開集會。聯準會副主席柯恩在聯準會中任職很久，華許在華爾街和政治圈裡人脈豐沛、金融實務知識又廣博，是我在塑造對抗危機策略的多次視訊會議中，最常請教的人。擔任紐約聯邦準備銀行總裁的蓋特納，也參加我們的大部分討論，但是因為他不是聯準會理事，不會抵觸公開會議的法令。邀請蘭迪和瑞克參加對話，就會使視訊會議，變成必須接受陽光法律規範的公開會議——不是推動開創性思考和制定策略的好方法。我設法透過一對一的午餐會和頻繁的電子郵件交換，來請瑞克和蘭迪評估情勢的發展。

我們在十月的聯邦公開市場操作委員會議中，也討論過我在危機爆發前最重視的優先事項——推動聯準會貨幣政策加強透明化與制度化——的第一步重大步驟。長久以來，我一直主張聯準會採用彈性的通貨膨脹目標——這種策略是為通貨膨脹訂定特定的目標，但是也對聯準會職責中的就業部分給予最大的尊重，現在我終於站在可以做事而不是只能談論的位置上。

我剛剛擔任聯準會主席時，曾經請柯恩領導聯邦公開市場操作委員會的一個小組委員會，評估改進聯準會跟各界溝通貨幣政策的方法，包括可能採用通貨膨脹目標的方法。在二〇〇三年於聖路易聯邦準備銀行舉辦的研討會上，柯恩曾就訂定通貨膨脹目標的議題，與我持相反的立場。但是，現在他自稱為懷疑派，而不是反對派。如果備受同事尊敬的柯恩能夠找出方法，減輕自己的疑慮，他應該會向我的立場靠攏，而其他人應該會跟進。

柯恩的小組委員會成員包括葉倫和蓋瑞・史登（Gary Stern），葉倫擔任貨幣政策決策官員的經驗，可以回溯到一九九四到一九九六年的聯準會理事任期，史登當時是資歷最久的準備銀行總裁，從一九八五年起，就主持明尼亞波利斯聯邦準備銀行。這個小組委員會，沒有提出我們正式採用通貨膨脹目標的建議。但是，我根據二〇〇七年六月經過聯邦公開市場操作委員會檢討過的這項研究，提議朝著這個方向前進，方法是公開發布跟聯邦公開市場操作委員會委員所說「物價穩定」有關的數字資訊、和發布更密集、更頻繁的經濟預測。這兩個步驟加起來，應該可以協助市場，對未來的貨幣政策和利率走勢，形成更精確的預期。

聯邦公開市場操作委員會從一九七九年起，就在一年對國會提出兩次的報告中，發布經濟預測。柯恩領導的小組委員會研究過把發布次數加倍、增加為四次，而且要加速發布的做法，小組委員會也評估過走向正式通貨膨脹目標微妙而重大的步驟——把預測經濟成長、通貨膨脹和失業狀況的期間，從兩年延長為三年。至少在正常的情況下，三年已經足夠讓貨幣政策達成（或接近）聯邦公開市場操作委員會期望的通貨膨脹水準。聯邦公開市場操作委員會藉著宣布三年的通貨膨脹預測，實際上會把委員會的通貨膨脹目標告訴大家，這樣做是間接做法，但是，我深信市場會了解其中的意義。

柯恩的小組委員會沒有忘掉聯準會促進就業的另一半職責。然而，這個問題比較複雜，通貨膨脹最後幾乎完全由貨幣政策的鬆緊決定，因此，聯邦公開市場操作委員會可以把通貨膨脹目標，訂在我們認為最有道理的水準上。然而，要達到長久維持的最高就業水準的目標，取決於諸多因素，從勞動力的人口統計資料、工人技術的組合狀況到科技的發展，這些都是貨幣政策決策官員無法任意決定的因素——還有一個額外的麻煩，就是經濟學家完全不能確知可以永續維持的最高就業水準是多少，必須根據歷史經驗去估計。因此，訂定類似固定通貨膨脹目標的固定就業目標並不可行，然而，由貨幣政策決策官員預測未來三年的失業率，至少能夠讓大家了解，決策官員認為在沒有產生物價上漲和薪資提高的情況下，可以將失業率控制在怎樣的程度。

理想的情形是，整個聯邦公開市場操作委員會應該會同意這種預測。很多國家的政策委員會都發布集體預測，英國是其中一個主要的例子。但是我們不能指望多元化（而且地理分布廣大）、全部職位填滿時有十九個參與者之多的聯邦公開市場操作委員會，能夠同意單一的一項預測。然而，我們可以遵照既有的做法，要求每一位參與者在假設他們比較喜歡的貨幣政策付諸實施的情況下，提出自己的經濟成長率、通貨膨脹率和失業率預測，然後我們公開報告每一個變數的完整預測範圍，也報告這些預測的「中心傾勢」（預測範圍要剔除三個最高和三個最低的預測值）。

根據新制度做出的第一套預測值應該會顯示：聯邦公開市場操作委員會委員預測三年內（到二〇一〇年）的通貨膨脹率會介於1.6到1.9％之間；大部分人會預測，到二〇一〇年底，失業率應該介於4.7到4.9％之間。從中得出聯邦公開市場操作委員會的通貨膨脹目標略低於2％的結論，應該不會不合理，從中得出在不甘冒造成經濟過熱風險的情況下，失業率不可能降到比5％低太多的結論，也應該不會不合理。因此，預測是否精確其實不太重要——長期預測的目的是要揭露聯邦公開市場操作委員會在理想的狀況下，希望指引經濟朝著什麼方向前進。

現在剩下的待辦事項就是宣布新制度。九月中，永遠屬於務實派的蓋特納敦促我，考慮延到明年二月、我到國會進行半年一次的作證結束後，才推出新架構。他主張在這個金融體系益發脆弱的當下，不是推出新貨幣政策制度最好的時機，聯準會幕僚不應該從對抗危機的戰鬥中分心他顧。他還說，其中有「這件事在其他事情的雜音中消失不見的真正風險。」我略加考慮後，認定二〇〇七年秋季其實是並非絕佳的時機點。

十月二十五日，記者葉偉平（Greg Ip）在《華爾街日報》上報告我們的計畫要點後，我們宣布時機的選擇縮小，所以我決定我們應該在十一月十四日宣布，而且我應該在新聞稿發布後的同一天早上，到自由派的智庫卡托研究所（Cato Institute）發表演講。

我們宣布前，必須聯繫負責監督我們的國會委員會主席法蘭克和達德。我強烈相信中央銀行應該獨立推行貨幣政策，但是我們建議的改變會影響國會依法建立的目標，因此，絕對應該跟國會磋商。我親自打電話給法蘭克，我們的立法事務處處長拉利克．布蘭卡（Laricke Blanchard）聯絡達德所主持委員會幕僚群中的一位經濟學家。法蘭克擔心向通貨膨脹目標前進，會壓抑聯準會促進就業的目標，但是，至少他在事情臨頭時，會接受我所說改變的主要目標是創造更明確景象的說法。這些事情都辦好後，我前往卡托研究所，說出我加強貨幣政策公開性的原因。

貨幣政策新的溝通方式在報紙和經濟學家之間，大致獲得普遍的讚譽，但是，就像蓋特納預測的一樣，新做法很快地就「在其他事情的雜音中消失不見」。

第九章　序幕的結束
The End of the Beginning

整個十一月裡，投資人設法評估惡化中的危機，市場繼續像雲霄飛車一樣高低起伏。投資人的關切重點是大型金融公司，房貸相關證券和其他信用商品價格繼續暴跌，迫使很多公司申報巨額資產減損，同時美歐兩地融資成本繼續上升。

虧損金額驚人，十一月四日，花旗集團透露，準備把持有的次貸資產價值減記八十億到一百一十億美元，而且花旗集團執行長恰克．普林斯（Chuck Prince）「決定退休」。恰克是在二〇〇三年，接下山佛．韋爾（Sanford Weill）的職務，山佛在一九九八年，合併保險業巨擘旅行者集團公司（Travelers Group Inc）和花旗銀行控股公司，把花旗改造成金融服務超級市場。恰克是這場金融危機中，步美林公司執行長史丹．歐尼爾後塵、第二位下台的金融巨擘執行長。恰克說，鑑於虧損金額龐大，「唯一的光榮的做法」是下台。僅僅不過是四個月前，他在日本接受《金融時報》記者專訪時，才說過後來變成象徵金融服務業在危機前夕志得意滿的話：「音樂停止時……事情會變得很複雜，但是，只要音樂正在演奏，我們就必須起身跳舞，我們現在還在跳舞。」

隨後的幾個月裡，情勢會變得很清楚，花旗的問題會惡化，是因為花旗有一大部分的業務，是利用另外註冊、不列在資產負債表內、名叫結構型投資工具（structured investment vehicle，ＳＩＶ）推動的，這種公司合計持有花旗三分之一以上的資產。結構型投資工具是花旗在一九八八年發明的，類似其他形態的「表外」公司，但結構多少還比較保守一點。結構型投資工具沒有多少資本可以吸收虧損，但是，資金來源通常比其他工具穩定，比較少依賴資產擔保商業本票，比較常利用到期日長達五年的長期債券。結構型投資工具持有的資產也比較多元化，很多結構型投資工具幾乎或完全沒有對次級房貸曝險，而且通常持有相當金額國庫券之類容易出售的（流動）資產，因此，難怪到現在為止，結構型投資工具的還本付息表現相當好。二〇〇四年到二〇〇七年間，結構型投資工具部門規模擴大三倍，就在危機前，三十六項結構型投資工具的資產總值接近四千億美元。

然而，到了二〇〇七年下半年，結構型投資工具開始遭遇壓力。當然，最先陷入困境的公司持有大量次貸資產，但是很快地，投資人就開始從持有極少、或完全不持有次貸資產的結構型投資工具，撤出資金，顯示投資人的不信任程度有多深。隨著資金來源枯竭，結構型投資工具必須迅速出售資產，以便償還投資人。到二〇〇七年十一月底，結構型投資工具平均已經清算23％的資產。隨後的一年裡，幾乎每一家結構型投資工具都會違約、重組，或由發起人收回，納入自己的資產負債表中。

但故事並沒有結束。結構型投資工具搖搖欲墜，對花旗集團之類的發起銀行也有直接影響。發起銀行為結構型投資工具提供建議，有時候還提供備用的信用額度。發起銀行在帳面上，除了透過信用額度之外，不承認任何潛在的虧損曝險。結構型投資工具和其他資產負債表外的確吸引銀行，因為理當可以降低虧損曝險，表示銀行可以對應結構型投資工具的資產，持有較少的資本。然而，發起銀行（和監理機關）沒有考慮到「名譽風險」，發起銀行發現，失去外界資金來源的結構型投資工具行將倒閉時，自己很難在本身的名聲和子公司的聲譽之間劃清界線，但是支撐表外工具，表示要承受這些工具虧損的責任。

十一月五日，花旗集團宣布資產減記後一天，惠譽評等公司宣布，他們正在檢討所謂的單一險種保險商的財力（monoline insurer）。外界幾乎完全沒有聽過包括多種債券保險公司（Municipal Bond Insurance Association，ＭＢＩＡ）、安巴克金融集團（Ambac Financial Group）和金融保證保險公司（Financial Guarantee Insurance Company，ＦＧＩＣ）在內的這九家公司，但它們都在產業內扮演重要的角色，為債券和其他證券提供保險，碰到違約時，要賠償要保人。名叫「單一險種」，是因為基本上，這是他們唯一的業務，他們的傳統業務是承保公司債和市政公債，但是後來擴展到提供房貸抵押擔保證券和其他形式信用的保險。就像大地震或颶風摧毀成千上萬財產時，產險公司會虧損一樣，單一險種保險商因為次貸和其他證券的虧損，會碰到重大虧損，這就是引發惠譽公司檢討他們評等的原因。

如果信用評等公司像當時的情勢發展一樣，取消單一險種保險商三個Ａ（ＡＡＡ）的最高評等，受到影響的應該不只是這些保險商而已，向這些保險商購買保險的公司應該必須承認這種保險的價值減少，而提列帳簿中投保這種保險的證券價值也會減損。這點就是大家熟悉的典型金融恐慌傳染病的另一個特性，脆弱的公司傳染把錢借給他們、或依靠他們提供保證或其他形式支持的其他公司。單一險種保險商的問題，因此造成很多金融公司的股價劇跌。

惠譽公司宣布消息幾天後，波士頓聯邦準備銀行總裁羅森格倫提報他和避險基金經理人的多次談話，他們特別擔心單一險種保險商遭到降評，可能波及當時還不太受危機影響的市政公債市場。由單一險種保險商承保的二．五兆美元證券中，大約有一．五兆美元是融通學校、道路和橋樑興建資金的市政公債，如果單一險種保險商的評等遭到降級，即使發行市政公債的州和城市財務狀況沒有改變，市政公債的評級也會下降。

十一月七日，繼承金融鉅子摩根傳奇遺產的知名菁英投資銀行摩根士丹利公司（Morgan Stanley）的聲明，增添了這時流行的悲觀氣氛，該公司表示，也要從自己的次貸資產中，減記三十七億美元。後來，到了十一月十九日，摩根士丹利更宣布，資產減損金額要增加一倍以上，增為九十四億美元。美聯銀行和其他大公司跟進，宣布金額更高的虧損和資產減損。

在好的一面上，有很多公司已經開始募集資本，而且大部分的資本來自海外，這些資產至少填補了大家資產負債表上的一部分窟窿。貝爾斯登公司從十月開始，跟中國國營的中信證券國際公司建立夥伴關係；到了十一月，花旗集團從阿布達比投資局募得資金，進入十二月後，摩根士丹利要向中國的主權財富基金募資，美林公司要向新加坡政府的一家投資公司募資。這些和其他外國政府對美國金融公司的投資，引起美國國會的注目，國會議員應該樂於見到外國資本進來，強化搖搖欲墜的美國金融體系，但他們卻反而擔心外國人對美國金融機構的影響。然而，這些投資大部分都是被動的投資，事業決策控制權仍然留在現有股東和經營階層手中。

在整體經濟上，雖然好消息偶爾會出現，例如，十月份的就業報告相當強勁，但是十月三十到三十一日的聯邦公開市場操作委員會會議後的幾周內，經濟展望惡化。到了十一月中，資金壓力急劇上升，股價在會議後的三個星期裡，大約下跌了8％。更重要的是，一般經濟愈來愈感受到金融亂象的影響，房貸信用緊縮後，住宅營建繼續直線下降，住宅查封現象蔓延，房價下跌，面對所得和信心下降與油價上漲，家庭支出開始走弱，這一年裡所看到的情況顯示，經濟成長腳步顯然難以為繼。

到十一月中，市場開始假設聯邦公開市場操作委員會很快就會再度降息，但是，聖路易聯邦準備銀行總裁普爾的新聞專訪和聯準會理事蘭迪的演說，促使大家至少暫時重新評估情勢，他們兩位都是有權投票的聯邦公開市場操作委員會委員，普爾在九月和十月時，加入多數陣營，投票贊成降低利率，十一月十五日接受道瓊社專訪時，卻表示經濟風險和通貨膨脹升高、成長走弱的風險大致相當（就像聯邦公開市場操作委員會十月三十一日的聲明一樣），必須有新的資訊出現，才能叫他改變心意。隔天，蘭迪在紐約演說時，對普爾的說法敬表同意。

我覺得普爾是刻意要發出他打算發送的信號，蘭迪卻是無意間發出這種訊息。蘭迪遵循聯邦公開市場操作委員會委員的長久以來的做法，用避免詮釋聯邦公開市場操作委員會十月三十一日的聲明，也就是避免詮釋委員會最新經濟與貨幣政策展望聲明的方式，對市場發出信號。但是經濟與金融情勢快速變化，現在看來，聯邦公開市場操作委員會沒有盡到責任，全力抵銷房價下跌和信用危機的衝擊。此外，蘭迪和普爾不同，大家認為他是中間派，不是堅定的鷹派或鴿派，觀察聯準會的專家認為，從他的說法中，可以看出更多跟聯邦公開市場操作委員會整體觀點有關的資訊。

我刻意用民主方式領導聯邦公開市場操作委員會，我希望大家了解我們做重大政策決定時，考慮到範圍廣大的看法和角度。我認為，委員會委員公開發表歧見大致上有好處，不過有人抱怨言論自由偶爾會產生雜音。但是，我也知道大家偶爾需要果斷而清楚的訊息，現在經濟展望和我們的貨幣政策策略十分不確定，就是需要這種訊息的時候。十一月十六到十八日，我到南非開普敦，參加G20高峰會，參與這個論壇的領袖包括了十九個國家與歐盟的央行總裁和財政部長。華府時間十九日星期一清晨二時四十三分，聯準會三個經濟研究處處長的黑莓機發出嗡嗡聲，表示有我發的電子郵件進來：「我認為，在十二月的聯邦公開市場操作委員會會議前，讓市場得到更多跟我們的想法有關的指引，應該是好事。」我計畫利用預定十一月二十九日在夏洛特發表的演說，前一天柯恩預定在紐約發表的演講，可以強化這種訊息。

我們的預測是金融壓力已經造成經濟展望大幅減弱，我們準備因應這種情勢。面對批評者質疑聯準會降息，意在拯救判斷差勁的華爾街券商和大銀行時，柯恩回答說：「我們不應該為了教訓一小群人口，而把經濟當成人質。」我在演講中，承認經濟展望「過去一個月來，受到金融市場亂象死灰復燃的嚴重影響」，我們應該「充分考慮」新的經濟數據和當前金融情勢。

市場清楚、明確地接受我們的訊息，道瓊指數從柯恩演講前一天到我演講後一天，大漲了四百多點。我們會以股市的表現做為衡量標準，不是因為我們希望拉動股市多少點，而是因為股市的反應代表的是大家能否了解我們政策的良好指標。

然而，我們的清楚訊息和晦暗不明的經濟展望相衝突。十二月七日星期五，勞工部在聯邦公開市場操作委員會開會前，發表相當有利的就業報告，指出十一月就業人數增加九萬四千人，失業率穩定不變，維持4.7%。報告發表後，柯恩和我演講引發的降息的預期心理降低。不論金融動盪有什麼不利的影響，現在都還沒有清楚表現在就業市場上，就業市場的健全對大多數美國人的直接影響，遠比華爾街動盪不安的影響大多了。

雖然就業狀況看來相當良好，但十二月十一日聯邦公開市場操作委員會開會時，聯準會的經濟學家告訴我們，他們已經把二〇〇八年的經濟成長率預測值，調低到低迷不振的1.3%。史塔克頓承認，連這麼悲觀的預測，將來可能證明都太樂觀，因為這項預測顯示美國經濟逃過了衰退。他開玩笑說，他盡量不把人資單位提高員工吸毒檢測頻率當成衝著他來，他說：「我可以向你們保證……我們提出這項預測時，頭腦清楚，晚上吃的力道強勁的東西只有健怡百事可樂和販賣機裡的奶油夾心餅乾，沒有其他的了。」不論幕僚作業時，是否受到什麼影響，總之，他們預測錯了。一年後，國家經濟研究局（National Bureau of Economic Research）靠著高明的後見之明，宣稱我們現在所說的大衰退，是從二〇〇七年的十二月開始。

我們根據自己所知道的資訊，採取審慎行動，聯邦公開市場操作委員會十二月的會議以九票贊成、一票反對的比數，通過把聯邦資金利率只降低四分之一個百分點，降為4.25%。我們剔除了聲明中平衡風險的文字，以免產生我們的降息行動已經結束的印象，但是我們也避免新加入似乎承諾要額外降息的文字。這次投反對票的人是鴿派的羅森格倫，他和聯準會理事瑞克一起主張降息半個百分點，瑞克原本也傾向反對，卻在我的請求下，沒有投反對票。我認為，高票通過聯準會的行動，應該可以避免對脆弱的市場，發出含混的訊息，然而，瑞克很快地會在我的支持下，公開談論如果讓金融壓力持續下去，會為經濟帶來危險的說法。

我一直為跟利率有關的決定左右為難，最後我請求聯邦公開市場操作委員會批准降息四分之一個百分點，因為我擔心大家會以為，降息半個百分點是突然的變化，是我們比較擔心經濟的信號。我說：「我對這一點覺得相當為難，而且我認為我們在後續的會議上，很有可能必須採取進一步的行動。」

我們在第二個戰場上，找出九月時封存的計畫——對銀行拍賣貼現窗口的信用額度和央行換匯額度，付諸實施。在救市的過程中，我們創造了跟許多跟危機有關的縮寫，這一系列縮寫的第一個是TAF（Term Auction Facility），意思是定期競標融通機制，用「定期」為名，意在指這種貸款的期限比隔夜拆款長。照中央銀行的標準來看，一開始時，我們的操作規模相當小，我們計畫分兩筆、每筆貸出二百億美元，期限大約一個月的貼現窗口貸款。我們說，一月時，我們會再標售兩筆金額未定的貸款，然後再研判是否應該繼續辦理。為了紓解歐洲美元資金市場的壓力，我們建立了為期半年的暫時性換匯額度，歐洲央行的額度上限為二百億美元，瑞士國家銀行的額度上限為四十億美元。

定期競標融通機制和外匯換匯額度建立後，我們進入了熱愛航海的柯恩所說沒有經過探測的水域。我們十分了解失敗的風險。根據設計，定期競標融通機制標售意在克服銀行向央行借貸的恥辱感，但是，如果造成銀行避開貼現窗口的恥辱感，也緊緊跟著這種標售機制時，我們該怎麼辦？我們也承認，提供銀行短期貸款雖可降低資金壓力，卻無法打消次貸虧損（不過，我們希望金融機構被迫出售資產的需要減少後，可以減緩房貸抵押擔保證券和其他證券價格的下跌。）同樣地，我們擔心自己的實驗性換匯額度可能不夠大，不足以大幅降低歐洲的壓力，我告訴聯邦公開市場操作委員會：「這個做法可能行不通，我不希望過度宣傳，我們這樣做只是要試一試，看看結果如何而已。」

我們認為，在十二月十一日會議上採取的行動，應該大致可以滿足投資人的期望，但市場的反應迅速地告訴我們並非如此。這天結束時，道瓊指數下跌了二百九十四點。顯然市場中有人希望更大幅度的降息，而且很多人預期我們的聲明中，會更強烈地暗示還有一系列的降息。已經開始預測經濟衰退的摩根士丹利公司經濟學家大衛·葛林羅（David Greenlaw）說：「大家愈來愈覺得聯準會搞不清楚狀況。」

大部分的負面反應起源於我們的溝通失策。雖然記者從十二月初開始，一直在猜測我們可能針對貨幣市場的運作，採取若干行動，我們在聯邦公開市場操作委員會會議後，卻沒有立刻宣布我們新的換匯額度或定期競標融通機制。市場參與者推斷；沒有宣布就代表沒有新行動，因此變得更擔心聯準會不夠積極主動。

我們同意延後到隔天早上再宣布新計畫，是因為我們希望跟發布聲明的另外六國央行協調。歐洲央行和瑞士國家銀行是這個換匯計畫的合作夥伴，他們計畫宣布他們會對轄下的銀行，提供美元資金，英格蘭銀行和加拿大銀行會宣布用本國貨幣提供資金；瑞典和日本央行不會採取行動，但是打算宣示他們的支持。我認為和其他國家同步發表聲明，應該會提供市場更明確的訊息，或許可以提振全球國家的信心。

不過，這種合乎邏輯的決定有一個弦外之音，歐洲央行總裁特里謝希望宣布定期競標融通機制和換匯額度的同時，能夠強化一種印象，那就是換匯額度是解決美國問題方法中的一環，而不是聯準會出手協助歐洲的做法，他的目標是避免凸顯歐洲銀行面臨的美元資金短缺問題。特里謝是出身菁英學校的法國公務員，曾經擔任法國央行總裁，很有紳士風度和外交手腕，對於在公開場合傳達的訊息總是很小心。然而，在他偶爾表現出來的祖父式風度下，也有相當高明的政治手腕，十分善於判斷市場心理。

我有點同情特里謝的憂慮，金融危機核心問題的次貸證券起源於美國，但美元資金市場亂象其實也是歐洲的問題。果然，結果證明：不但最初透過換匯流通的二百四十億美元流入歐洲，而且頭兩次定期競標融通機制標售的四百億美元資金中，大約有三十億美元，流入在美國營運的歐洲和其他外國銀行，其中流入德國銀行的金額最多。外國銀行的美國分行辦理儲蓄保險的業務，不能像美國的銀行一樣，依賴存款作為穩定的資金基礎。然而，我們的貼現窗口依法要對在美國營運的所有銀行開放，這樣做很有道理，因為美國企業和家庭要依賴外國和本國銀行的貸款，如果在美國營運的外國銀行爆發流動性危機，會傷害他們的美國客戶。

十二月的聯邦公開市場操作委員會會議後，我開始跟柯恩、蓋特納、華許和幕僚長蜜雪兒腦力激盪，商量怎麼避免會議前市場期望的上下起伏。一度，我們討論我是否該開始定期舉行記者會的問題，在華府，記者會是家常便飯，對很多任何國家央行而言，也是例行公事，但對聯準會來說，卻非同小可。聯準會前主席保羅．伏克爾曾經在一九七九年十月六日星期六，舉行記者會，宣布對抗通貨膨脹大計，但是大家認為那是特殊狀況。

我已經痛苦地發現到，聯準會主席的話可能很容易遭到誤解或過度解讀，我也知道如果我們定期舉行記者會，一定不會有回頭路可走，然而，我樂於探討這種構想。柯恩建議緩慢開始，在四月和十月各舉行一次半年記者會，這樣應該可以配合我二月和七月在國會所做的貨幣政策證詞。我也提出至少在聯準會會被人視為異端的構想，就是每隔一個月，接受一次列入紀錄的報紙專訪，我知道歐洲央行總裁允許歐元區會員國輪流地接受媒體的定期專訪。那個周末大家都很慎重，我們只同意柯恩、蓋特納和我應該繼續努力，透過加強我們演講時機的策略性安排，設法塑造市場的政策期望。

聯邦公開市場操作委員會會議後的那一周，我們把注意力放在我出任主席初期所做的承諾——強化保護房貸借款人的管制法規。雖然承做房貸的機構大多由其他聯邦機構或各州監督，聯準會的法規卻一體適用所有的放款人。除了少數例外，聯準會一直比較喜歡採用「個案處理」方式，拒絕說明什麼行為和做法，是聯準會依據住宅所有權暨權益保護法認定的「不公平與欺騙」手法。聯準會有很多人認為，全面禁止某些做法可能造成意料之外的後果，可能在無意間，把合法貸款變成非法，或是至少變成難以取得。

然而，到了二〇〇七年底，情形很清楚，無論我們是否可能造成意外之失，我們都必須禁止若干做法。十二月十八日，聯準會提議實施一項規定，禁止放款人不考慮借款人的還款能力就逕自放款的做法，要求放款人一定要善盡查證借款人的所得與資產的義務。這些事情都是常識，卻在房市繁榮的狂熱中、在貸款承做人可以把任何問題有效移轉到不知情房貸抵押擔保證券買主的制度中，遭到拋棄。我們也提出建議，對借款人提前償付房貸行為的罰則要有限制。

立法過程和很多回合聽證會推進的速度慢得讓人生氣，我們在二〇〇六年夏季，已經請蘭迪主持聽證會，發動我們修改住宅所有權暨權益保護法的行動，但是我們一直到二〇〇七年十二月，才提出新條文的建議，最後的條文要到二〇〇八年七月才獲得採納，然後業界和監理機關到二〇〇九年十月，才全面實施最後的條文，這時次級房貸當然幾乎已經走上末路。

聯準會會議建議住宅所有權暨權益保護法修法，這也代表向公開透明前進一步。電視攝影機首次紀錄整場會議，先前聯準會公開會議基本上是印刷媒體的事情，廣電業者只准拍攝前面幾分鐘，但是不准錄音。

內人安娜和我在華府度過耶誕節假期，我們盡量休假。耶誕節前的星期五，我們遵循年度傳統，跟保護我們的特勤人員共進午餐，因為二十四小時保護的關係，我們跟艾格紐、他的副手愛德．馬康默（Ed Macomber）和其他特勤人員在一起的時間很多，我們認為他們是朋友。安娜經常會讓我大吃一驚，說出她所知道特勤人員家人的事情，或是說出他們絕對不會跟我分享的背景事實。從我在廚房裡切傷拇指，到二〇一一年五月、一位自稱獨立記者的人扛著電視攝影機，在美國墨西哥商會頒獎典禮晚宴上，找我搭訕等場合，特勤小組總是在場協助我們。二〇〇八年四月，擁護種族與經濟正義的草根組織全國人民行動聯盟（National People's Action），號召六百位示威人士，坐著巴士車隊，來到我們家前面示威，當時值勤的特勤查爾斯·布里斯科（Charles Briscoe）一夫當關，擋住我們的前門，經過二十分鐘左右，他說服示威者離開，根本沒有驚動警察。

危機管理小組從不同的度假地點（蓋特納和家人在峇里島，柯恩在西雅圖探望家人）透過視訊會議和電子郵件，保持接觸。十二月三十一日下午，我寫了一封長長的電子郵件，向柯恩和蓋特納傾吐我的憂心和挫折，我寫道：「我愈來愈擔心我們的政策利率太高……幾乎無法對抗我想像中的若干正在壯大的重大下行風險。」市場人士批評我們「在因應逐漸增強的風暴時太猶豫不決、太過緩慢，我預測政客很快就會加入他們的陣營。信心是這種遊戲的一環，所以沒有頭緒和不確定的態度一點幫助也沒有。」

我在十二月的會議中，發現難以在降息四分之一個百分點或半個百分點之間做出選擇。現在我知道我們必須增加作為。十二月二十八日的報告顯示，十一月的新屋銷售量意外劇減9%，降到十二年來的最低點，房市崩潰和信用問題可能互相影響，助長更普遍的衰退。我告訴柯恩和蓋特納，房價下跌已經「開始滲透」到消費者心中，而且調查顯示，消費者信心已經降到前次衰退時的水準。我建議舉行聯邦公開市場操作委員會的特別視訊會議。如果經濟資料，尤其是就業資料，一直軟弱無力，元月裡我們應該降息兩次——在視訊會議中降息四分之一個百分點，而且在排定一月二十九到三十日舉行的會議中，把利率再降低四分之一個百分點。蓋特納和柯恩分別答覆我時，再度警告我，反對在聯邦公開市場操作委員會例行會議之間，採取跟利率有關的行動，認為通常只有在因應緊急狀態時，才應該採取這種行動。蓋特納寫道，很難判斷月初突然降息，到底是能夠安定市場，還是會擾亂市場，他說：「他們希望看到靈活和力量，但是他們也希望事情可以預測與穩定。」

這種長距離辯論一直延續到元旦。我指出，到一月底的會議時，聯邦公開市場操作委員會的投票權會輪到兩位鷹派聯邦準備銀行總裁手中——一位是達拉斯聯邦準備銀行總裁費雪、一位是費城聯邦準備銀行總裁查爾斯．普羅瑟（Charles Plosser），如果我們分兩階段行動，我們在一月份裡，有機會盡量減少反對降息半個百分點、甚至必須降息〇．七五個百分點的聲浪。柯恩同意我所說至少在一月初安排一次視訊會議的說法有理，但是，對於我們在會中是否需要行動的說法，卻抱著開放的態度，他寫道：「要是（市場）信心顯而易見地喪失，我會覺得比較安心。」

一月九日下午五時，聯邦公開市場操作委員會視訊會議開始時，我已經決定不要求在兩次會議之間降低利率。我認為，如果我利用這次會議，建立在下次定期會議中大幅降息的共識，可以獲得相同的效果，又可以減少傷害聯邦公開市場操作委員會的審慎議程，然後我可以在隔天的演講中，發出強而有力的信號。我告訴委員會，我們似乎正在陷入經濟衰退中，我指出，幕僚已經再度降低二〇〇八年的經濟成長率預測值，降到只剩1%，同時失業率會從三月的4.4%，升到十二月的5%。美國經濟從未有過在1%的成長率下匍匐前進，卻不跌落到衰退中的紀錄，失業率如此大幅度地增加，代表了接下來失業的情況將更形險峻。我說：「我關心的不只是經濟減緩，而是可能變成更麻煩的事件。」

我知道，柯恩和蓋特納應該會支持在兩次定期會議之間採取行動，葉倫和羅森格倫等鴿派委員也會支持，但是，像里奇蒙聯邦準備銀行總裁雷克之類的其他委員，似乎表現出不希望為單一經濟報告，採取因應措施的樣子。勞工部一月四日報告，十二月就業人數的增加幅度令人失望，少到只有一萬八千人。就業報告發布後，那天下午，我在新聞報導小布希政府考慮推動財政刺激方案聲中，跟小布希總統、鮑爾森及其他最高級經濟官員，參加在白宮裡召開的會議。我們舉行聯邦公開市場操作委員會視訊會議時，聯準會資深幕僚、甚至連聯邦公開市場操作委員會若干委員，如明尼亞波利斯聯邦準備銀行總裁史登，都擔心如果聯準會在備受宣揚的白宮會議後不到一星期，就降低利率，央行獨立性的「光芒」會有什麼遭遇。

視訊會議大約在下午七時結束，我開始對自己隔天要發表的演講，進行最後定稿。那天晚上和隔天早上，我跟柯恩、蓋特納、華許和資深幕僚商量，我們字斟句酌，我應該說額外降息「可能有必要」，還是說「很可能有必要」？我應該說我們準備採取「實質的額外行動」，支持經濟成長，還是該說準備採取「意義重大的額外行動」？我們並不是沒有注意到這種討論很荒謬，但是我們從痛苦的經驗中學到，即使只是一個字，也很重要，我們的目標是盡量向市場發出清楚而有力的信號，同時仍然容許我們有足夠的迴旋空間，以便必要時改變方向。

演講那天，我到聯準會的理髮廳，請連尼・雷吉歐（Lenny Gilleo）（他的名片上印的頭銜是「聯準會髮型師」）替我剪頭髮、修鬍鬚。連尼在馬丁大樓地下室租了一間小小的店面，從二〇〇二年我加入聯準會開始，就一直替我修剪我殘存的頭髮。在替我理髮前，他曾經替葛林斯班、伏克爾和柏恩斯理過髮，並對他們發表過有關政治、貨幣政策和棒球的睿智妙語。他的牆上貼了一張標語「我的貨幣供給取決於你的成長率」。

回到辦公室後，我決定採用我們判斷效果會強一點的字眼——「很可能有必要」和「實質的額外行動」。大家接收了其中的訊息，這場演講在五月花酒店（正是一九六五年我參加全美拼字比賽表現差勁的地方）發表，內容強化了華爾街分析師預期月底會降息半個百分點、而不是降息四分之一個百分點的心理。

股市反彈，支撐因素不只是我的演講而已，還包括美國銀行要收購問題房貸業者全國金融公司的報導，樂觀派認為，這件四十億美元的併購案象徵次貸危機可能已經觸底；對美國銀行來說，這件事也代表好消息，因為大家認為，美國銀行用低價接收了全國金融公司廣大的房貸承做與服務事業。悲觀派卻質問道，以存款規模計算的美國最大銀行美國銀行，難道不是買了一個未來一定會虧損的定時炸彈包裹嗎？

聯準會開始用更積極的貨幣政策，應付日益增加的經濟弱勢時，美國政府也在考慮財政治療之道。鮑爾森和我從十一月起，一直在討論是否採用某種財政刺激，例如暫時降低社會安全與醫療保險的工資稅率，是否能夠振興經濟。我告訴鮑爾森，屋主拚命應付每月房貸還款的此刻，普遍減稅可能會有一點幫助。我也推動利用聯邦貸款保證或其他誘因，吸引州與地方政府加速推動基礎建設計畫、創造就業的構想，但是，總統經濟顧問委員會傳話回來，說他們認為，推動基礎建設的計畫不切實際，基本上，他們反對的原因是短期內「即刻可以開工」的建設計畫不夠多。

身為政治立場超然的央行官員，我們必須慎重其事。我們相信，只要我們負責達成國會為我們制定的目標，那麼在不受政治干擾下制定貨幣政策，對國家應該最有利。而且如果我們對不屬於權限範圍內的財政事務，發揮影響力，我們就不能期望民選的領袖會尊重聯準會長久的自主傳統。同時聯準會有很多專門知識技術，我認為如果我們幫得上忙，又能夠避免捲入黨派之爭，我們至少應該樂於私下提供建議。我秉持這種精神，在一月四日跟鮑爾森和小布希總統見面；一月十四日，又跟眾議院地位最高的民主黨籍眾院議長南希・裴洛西見面，裴洛西八日才呼籲政府通過刺激性立法。不久之後，彭博資訊刊出一篇報導，說我支持財政刺激方案。這篇報導的消息來源是匿名的民主黨籍助理。我認為某些形式的財政刺激計畫不是好主意，就像一月十七日在眾院預算委員會中作證說的一樣，但是我也發出那位助理顯然省略掉了的警告。消息走漏讓我惱怒，我卻不以為奇，我已經學到華府生態就是這樣。

聯準會幕僚起初建議我，要避免在財政刺激問題上，主張任何立場，我拒絕了他們的建議，然後，他們請我考慮主張任何刺激都必須以客觀的觸發因素，如就業機會喪失的數字，作為基準。他們仍然預測二〇〇八年內，美國經濟會放慢腳步，而不是完全陷入衰退，而且他們不相信財政刺激確實有理。大衛・威考克斯警告說：「你說出的有利言詞，應該會把這具火車頭大力推出車站。」他在柯林頓政府時期，曾經在財政部任職，政治直覺比聯準會大部分職業經濟學家都敏銳。不過我對這件事不是這麼肯定，我懷疑自己的話會像葛林斯班的話那麼有分量嗎？而且無論如何，我覺得左右國會最重要的因素是利益與意識形態，不是專家或包括聯準會主席在內，這些貌似專家的建議。

最後我在作證時說：「原則上，財政行動可能有用，前提是能夠迅速實施，且重點放在能夠對經濟產生短期影響上，而且明確地暫時避免增加長期赤字。」我沒有表明我是否喜歡財政刺激以減稅、增加支出、或兩者兼具的形式表現出來。我以共和黨總統任命、在無關黨派之私機構央行官員身分釋出的訊息，跟在柯林頓政府旗下擔任財政部長的賴利・桑莫斯相同，只是前一天他在兩院聯席經濟委員會會議上說的話比較簡明，他說：「刺激計畫應該及時、有目標、具有暫時性。」一月十八日，在我作證完後一天，總統提出一千一百億美元的刺激方案，內容大多是暫時性的個人、家庭與企業減稅方案。

我準備預算證詞時，對自己一周前沒有堅持在兩次定期會議之間降息的決定，感到後悔。不利的金融消息繼續傳出，美林公司和花旗集團提列更多的資產減損、單一險種保險商的問題變得很嚴重，股價一再劇跌，整體經濟看來也更加搖搖欲墜，十二月的零售銷售額減少。一月十五日，零售銷售額發布當天，我寫電子郵件給柯恩和蓋特納，表示「如果我自己可以啟動（降息），這個星期我就會這樣做。」那天早上，他們說服我放下憂慮，我會等到定期會議召開，但是，我很快就會開始拉攏大家，支持非常大幅度的減息、減幅至少四分之三個百分點。隔周，一件意料不到的事件爆發，造成如柯恩先前所說：「信心顯而易見喪失」，讓我們獲得採取行動的理由。

一月二十一日星期一是馬丁·路德·金恩紀念日，聯準會放假，當天早上我還是到辦公室去。我像家父一樣，不能好好利用時間時，會心煩意亂、痛苦難過，這種性格特徵（說「缺點」很可能比較好）曾經在我和內人剛結婚時，造成一些摩擦。後來我們達成協議，周末和假日早上我會工作，下午和晚上則全心全意陪伴家人、從事娛樂活動。但這個假日，我天黑後好久才會回家。

一到辦公室，我就看看彭博資訊社的螢幕，看到一波起源於遠東的賣壓橫掃歐洲股市。期貨市場預測，隔天美國股市開盤時，會暴跌3.5％。我打電話給蓋特納，他已經跟市場中人查證過；華許發來的電子郵件問道：「我們應該開一場市場評估會議嗎？」我同意我們應該這樣做，因此，我打電話給柯恩，他正在路上，但是認為自己趕得及開早上十一點的會議。我用撥號上網，傳電子郵件給柯恩、蓋特納、華許、蜜雪兒、梅迪根和紐約聯邦準備銀行市場部門主管比爾·杜德禮（Bill Dudley）。梅迪根正趕來辦公室（我不知道他什麼時候睡覺，在我的記憶裡，不管我白天還是晚上發電子郵件給他，沒有一次不是十分鐘內就得到答覆）。

我們決定在那天下午，用視訊會議的方式，召開聯邦公開市場操作委員會會議，提議立刻把利率降低四分之三個百分點，同時發布聲明，顯示月底還有更多行動。我坐在電腦終端機前，寫出聲明初稿，傳給大家評論。然後，梅迪根開始為視訊會議預作安排，包括設法找到沒有參加早晨會議的兩位聯準會理事、和十一位聯邦準備銀行總裁。到下午三時十五分，除了瑞克外，他跟每一個人都聯絡上了。費城聯邦準備銀行總裁普羅瑟人在佛羅里達州，但可以到亞特蘭大聯邦準備銀行的傑克森維爾分行，利用安全線路，參加會議；明尼亞波利斯聯邦準備銀行總裁史登要在芝加哥參加會議。我們把會議時間訂在下午六時，下午四時前不久，幕僚聯絡到瑞克，他在太浩湖高山越野滑雪路線的最高處，來不及找到一條安全的電話線路。

視訊會議一開始，由杜德禮負責報告市場情勢，杜德禮和藹可親、笑容可掬，是柏克來加州大學的經濟學博士，擔任高盛首席經濟學家十年後，蓋特納把他挖角到紐約聯邦準備銀行，接替柯斯（Dino Kos），擔任紐約聯邦準備銀行公開市場交易室主任。他了解總體經濟和貨幣政策，卻也熟知華爾街的運作。

杜德禮說，美國股市的總市值在新年的頭三周裡，已經下降將近10％，期貨價格還顯示，股市星期二開盤時，可能再開低5％。我們不知道是什麼力量在推動最新一波的賣壓，杜德禮提到，前周美林和花旗集團的資產減損、單一險種保險商的問題可能蔓延到市政公債市場。他的歐洲朋友舉出美國衰退的可能性增大，可能影響歐洲經濟。

我告訴聯邦公開市場操作委員會委員，我們的責任不是保護股票投資人，但是我說，股價劇跌「反映大家日漸認為美國即將陷入嚴重而漫長的衰退中。」這種想法產生了令人擔心的力量，就是投資人從風險中撤退、放款人從放款中撤退，立刻大幅降低聯邦資金利率目標，可能有助於阻止這股力量。

我說：「我們可能正面對一場廣泛的危機，不能再拖延時間，我們必須馬上處理這場危機、必須設法控制危機，如果我們不能做好這件事，我們就會失去整個大勢的控制權。」

普爾表示反對：「如果每次我們在兩次會議之間行動，就會形成前例。」以後每次股價大跌，市場就會期望聯準會降息。委員會中另一位有權投票的鷹派委員何尼進退兩難，他了解我們必須打破市場的不好的預期心理，也知道我們必須在經濟惡化前採取行動，卻仍然擔心會引發通貨膨脹的問題。柯恩、蓋特納、羅森格倫、華許、蘭迪和芝加哥聯邦準備銀行的查理．伊凡斯（Charlie Evans）都支持我的建議。善於調和不同意見的柯恩說：「這麼做可能讓我們看來相當驚恐……但是我認為不作為的風險更大。」

聯邦公開市場操作委員會以八票贊成、一票反對的票數，通過把聯邦資金利率從4.25％降為3.5％，而且發布聲明，承諾會「視需要而定，適時行動。」普爾投反對票，何尼沒有投反對票。這是一九八二年以來，聯邦公開市場操作委員會最大的降息幅度，也是二〇〇一年九月十一日以來，聯邦公開市場操作委員會第一次在兩次定期會議之間降息。我們在星期二市場開盤前，宣布我們的決定，道瓊指數卻還是暴跌了四百六十四點，但是，隨後股價反彈，道瓊指數收盤時下跌一百二十八點，跌幅1％。

批評我們這次行動的人當中，有人把重點放在我的領導風格明顯的轉變上：突然降息不是面對市場壓力時堅決果斷的新證據，就是猶豫不決的新證據，到底是哪一種情形，要取決於評論者的觀點。我認為自己沒有改變——改變的是情勢。幾個月前，我強調考慮所有觀點、培養共識的重要性。但是，處在危機之中，培養共識不是最重要的事，這時反而應該給團隊強而有力的指引，我決心在必要時，提供這種指引。

一月二十四日，引人質疑我們降息決定的新聞爆發。法國第二大銀行興業銀行（Societe Generale）宣布，一位員工叫傑賀美．柯維耶（Jerome Kerviel），從事未經授權的期貨交易，造成該行七十二億美元的稅前虧損。興業銀行十九日質問傑賀美時，發現傑賀美這筆虧損，卻沒有對大眾宣布，以便他有時間出脫自己的交易部位。現在看來，這件事至少像是金恩紀念日當天、一次性事件所引發歐洲賣壓的一環，但我們不知道令人震驚的流氓交易事件即將爆發。事實上，巴黎時間一月十九日早上，巴黎和紐約的興業銀行資深經理人還在視訊會議上，告訴聯準會的監理官員，該行在提列次貸曝險的資產減損後，第四季仍然有盈餘。

有些評論家說，我們是在驚嚇之餘，採取不必要的行動，但是我已經比市場動盪前，更相信我們必須走在趨勢之前，大幅度降低利率。有些批評已經變成完全衝著我來。我就職才兩年，任期還有兩年，但是，記者已經開始猜測新總統會不會重新任命我（新總統要再過一年後才會上任）。《紐約時報》問有意問鼎總統寶座、跟我同屬共和黨的亞歷桑納州參議員約翰·麥肯，我的表現如何，麥肯回答說：「現在還不清楚。」同時，路透社表示，如果民主黨人贏得白宮寶座，應該會從葉倫、桑莫斯、或過去我在普林斯頓大學的同事艾倫·布林德當中，找人取代我。

路透社引述眾院金融服務委員會主席法蘭克的話，說民主黨籍總統「可能找比較符合民主黨觀點的人選。」法蘭克看到這段引述後，命令資深助理打電話給聯準會的首席法律顧問史考特·艾法雷斯（Scott Alvarez），說他無意表示不滿，或呼籲總統把我換掉，他認為自己只是陳述明顯的事實——新總統在我任期屆滿時，應該可以選擇任命新的聯準會主席。如果說這種話的人不是法蘭克，或許我會懷疑這種解釋。法蘭克說話刻薄，卻直接而誠實，他想批評你時，絕對不會讓你覺得懷疑。隔天他發表一篇六段文字的澄清，說他為自己的「新手錯誤」覺得難堪，他的迅速道歉在華府是特別罕見的事情，我很欣賞他這一點。

一月二十九到三十日聯邦公開市場操作委員會會議前一周，我已經為另一次降息做好安排，幕僚經濟學家繼續預測經濟成長會放慢，而不是預測全面的衰退，甚至還略微提高經濟成長率預測值。但是我卻覺得成長風險很大，因此，我們把聯邦資金利率目標再降低半個百分點，降為3%，我們也修改聲明中的文字，表示我們仍然傾向將來繼續減息，卻也承認最近的降息幅度很大，降息暫時可能已經足夠了。

投票結果是九票贊成、一票反對。理察·費雪告訴我們，他為自己的決定祈禱過，卻不能加入大家的行列，他擔心通貨膨脹，因為即使排除波動激烈的食物與能源成本，二〇〇七年下半年的通貨膨脹率也已經提高。而且他不希望針對金融亂象做出反應，他說：「市場處在躁鬱症的憂鬱期，制定滿足症狀的政策就像餵食赫特族·賈霸（Jabba the Hutt）一樣，即使沒有危險，也不會有結果，因為賈霸會需索更多。」

投贊成票的大多數委員之間，對於聯邦資金利率降幅是否已經足夠，抱持不同的看法。大部分人認為，如果經濟照著幕僚的預測走，避過衰退，那麼降幅很可能已經對經濟提供足夠的支撐。但是瑞克在會中嘲諷這種一絲希望的樂觀，他說：「這點讓我想起一部電影中我最喜歡的場景，這部電影叫《蒙提·派森之布萊恩的一生》（Monty Python's Life of Brian），我記得他們在這一景中全都不老實，然後開始唱《人生總是美好的》（Look On The Bright Side Of Life）。」

事實證明他的直覺正確無誤。但是當時我們考慮的是不同的憂慮，我們擔心通貨膨脹，我們知道要評估金融動盪對整體經濟的影響很難，而且我們不希望對金融壓力過度反應，以免造成市場中的道德風險惡化。然而，從二〇〇七年八月到二〇〇八年一月的半年裡，我們已經把我們的目標利率從5.25%，降到3%，反應比所有其他大國中央銀行都早、都快。我們也建立了創新的放款計畫，紓解資金市場的壓力。二〇〇八年一月底時，看來我們的反應可能正確無誤。我們雖然不敢肯定，但是卻希望我們已經走到了危機就要開始結束的時刻，沒想到，這一切只是序幕的結束而已。

第十章　亞洲開盤前的貝爾斯登慘劇

Bear Stearns: Before Asia Opens

參院銀行委員會把聽證會舉行地點，從平常所用的房間，改到德森參議院辦公大樓（Dirksen Senate Office Building）一樓比較寬敞的五十號廳。五十號廳原本是大禮堂，但是，二〇〇八年四月三日那天早上，裡面還是擁擠不堪。明亮的電視燈光照在證人桌綠色的氈布上，我跟證管會主委克里斯·柯克斯（Chris Cox）、財政部次長鮑伯·史帝爾（Bob Steel，代理前往中國訪問的部長鮑爾森出席）、和蓋特納一起坐在桌後。參議員從架高的平台上俯視會場，證人席和後面高台席位之間的地面上，有十多位攝影記者在爭取比較好的拍攝角度。

我等著聽證會開始，抱著雙手，放在我準備好的聲明上。我的左邊擺了一杯冰水，右邊是一支鵝頸式麥克風和計時器，前面擺的小小牌子上寫了我的名字。我提醒自己保持鎮定、從容。委員會主席達德有著一頭濃密白髮，一看就像是電影裡會出現的參議員形象，他在喧鬧聲中，敲著小木槌，要求大家安靜。預定開始時間早上十點過後十分鐘，大家安靜下來，聽證會開始。

達德開口說：「我們不在傳統的聽證會會議室聽證，而在這裡，看這個房間裡擠了那麼多人，就可以清楚說明其中的原因了。」

參議員和聽眾來這裡，目的是要聽取聯準會在三月中、在達德稱為「重要的四天期間」裡，決定把三百億美元納稅人的錢貸放出去，防止有八十五年歷史、美國第五大的華爾街投資銀行貝爾斯登公司倒閉的第一手說明。除此之外，我們為了阻止籠罩金融市場的恐慌，對貝爾斯登公司在華爾街上的競爭對手，開放通常只保留給商業銀行和儲蓄貸款機構的貸款。我們在這兩項行動中，都宣稱「情勢異常而危急」。

達德顯然非常欣賞這場好戲，繼續說道：「毫無疑問的是，這些意在安定卻站在恐慌邊緣、看來搖搖欲墜金融市場的行動，引發了一場極為激烈的辯論。」他似乎認定我們是出於善意，讓我相當高興。然後他問道：「這是道理十足、防止金融市場系統性崩潰的行動？還是像某些人所說的，是在一般民眾辛辛苦苦、繳不出房貸之際，用納稅人的三百億美元，為華爾街一家公司紓困呢？」

銀行委員會其他委員發表開場聲明時，達德的問題在空中回響。資深的阿拉巴馬州共和黨參議員理察・謝爾比（Richard Shelby）把重點放在法律層面上，他問道，聯準會怎麼會有「片面的管制權」，可以把政府的安全網，擴大到涵蓋過去不受保護的投資銀行？他用柔和的語調說：「委員會今天在這裡必須處理聯準會或任何決策機構，將來是否應該擁有這種廣泛緊急授權的問題。」

所有委員說完後，達德為了讓大家放鬆心情，對著我說：「柏南克主席，過去幾天裡，你在國會耗了相當多的時間，因此我要在聽證會前，私下建議大家或許應該在這裡替你找一間辦公室，過去幾天裡，你來這裡的次數實在太頻繁了。」

我謝謝他，然後開始解釋三月十五到十六日那個周末前的日子裡，到底發生了什麼事情。

在這個關鍵周末的前六個星期，在我們以空前未有的速度，推動了一系列降息，同時發揮創意，巧妙利用我們的放款權力後，我們覺得經濟和金融體系的展望略微好轉。從後續報導指出：那個月美國意外喪失了一萬七千個就業機會來看，我們在一月份的降息似乎很有道理，財政協助也已經發動，總統在二月十三日，及時為即將到來的報稅季節，簽署兩黨協商出來的減稅法案。四月到七月間，個人會收到最高三百美元的退稅，有子女的家庭最高可以收到一千二百美元。

總統簽署減稅法案隔天，我設法在參議院的作證時謀求平衡，預測「會有一段成長無力的期間，接著，貨幣與財政刺激開始顯現影響；從今年稍晚開始，會出現略微強勁的成長步調」。但是我警告說：「下行風險仍然存在」，承諾聯準會「有必要時，會適時行動，支持成長」。同一天裡，葛林斯班告訴在休士頓舉行的研討會，說「經濟顯然走在衰退邊緣」的話，變成了金融媒體的頭條。

當時，雖然下行風險明顯大增，我還是不願意公開場合中，用到「衰」這個字眼，何況，我又沒有葛林斯班那種一般公民的言論自由。凱因斯曾經指出，情緒經常推動經濟決定──他把情緒稱之為「動物本能」。我希望描繪實際的景象，但是想到凱因斯的遠見，又想到消費者信心接近十六年來的最低點，我可不願用唱衰經濟的方式，為流行的悲觀氣氛不必要的雪上加霜。

不管你怎麼稱呼，「動物本能」、情緒或心理都是二、三月間財經故事的核心。消費者情緒正在下降，金融市場情緒正在崩跌，緊張的買家和放款人規避更多種類的證券，包括市政公債之類跟次級房貸毫不相關的證券、學貸擔保證券以及用來融通企業融資併購資金的低評等債券。這樣不分青紅皂白的情形代表一件事，就是恐慌正在形成，經濟和信用市場陷入本身毀滅性循環的程度愈來愈深，利空的經濟消息助長金融動盪，進而破壞推動經濟活動的信用流動。

單一險種保險商的問題惡化。一月十八日，著名的安巴克金融集團（Ambac Financial Group）喪失最高的AAA的評等，八家大銀行和華爾街公司在紐約州保險主管機關的催促下，正在研商急救方案。一月三十日，另一家單一險種保險商金融保證保險公司遭到降評，第三家多種債券保險公司似乎會變成下一家遭到降評的業者。我們的臨時危機處理小組正在密切關注整個情勢，小組成員包括柯恩、蓋特納、華許、我、首席法律顧問艾法雷斯、貨幣顧問梅迪根和其他幕僚。

單一險種保險商為次貸證券提供保證，是他們遭到降評的主因。然而，因為他們也承保市政公債，投資人對市政公債也變得小心翼翼。我們進行腦力激盪，設法協助在當前金融災難中、大致上是遭到池魚之殃的市政債券市場。我們有權在紐約聯邦準備銀行的市場交易中，購買若干形式期限較短（到期日六個月以下）的市政公債，但是，要大舉貸款給州或城市，我們必須動用聯邦準備法第十三條第三款規定的權限。柯恩跟其他主管機關和財政部官員開會，大家慎重考慮後，得到反對為市政公債市場紓困的共識，柯恩摘要說明這種共識：「監視與協助受影響部門達成協議是聯邦政府的適當角色——他們不需要任何明確的支持或紓困。」華許附和柯恩的話：「我認為我們希望避免暗示任何種類的干預。」

金融動盪蔓延到另一個不為人知、但規模不小，叫做標售利率型證券（auction-rate security），信用市場中，很多單一險種保險商也為這種證券提供保險。標售利率型證券在一九八〇年代中期推出，是一種長期債券，但是買方運用時，卻把這種債券當成安全又容易賣出的短期證券，發行這種債券的主要是州與地方政府、就學貸款機構和醫院之類的非營利組織。買方包括企業、退休基金和富有的個人。發行人會借到長期資金，卻支付（通常比較低的）短期利率；投資人得到的利率略高於其他低風險但比較簡單的證券。這種證券的利率並不固定，而是在每一星期到七星期定期舉行的標售會上重新訂定。投資人可能在標售會上賣出證券，收回現金；新投資人可以買進。如果標售會因為新投資人不願問津而標售失敗，發行人必須支付懲罰性利率，給抱著這種沒有人要的證券的投資人。

標售幾乎從來沒有失敗過，如果偶爾碰到買主不夠多的情況，支持標售的大投資銀行和商業銀行通常會介入，充當後備投標人，但是二〇〇八年二月中是例外，很多銀行拒絕購買這種證券，因為很多贊助金融機構的資產負債表中，已經充斥難以賣出的其他複合型債務工具，唯恐再把標售利率型證券加上去。因為投資人興趣缺缺，二月十四日的標售流標率高得嚇人，達到80%。信用紀錄優良的發行人本身沒有犯錯，卻必須面對極高的懲罰性利率，例如紐約與紐澤西港務局發現，自己必須付出的利率幾乎翻漲五倍，從4.2%，提高到20%。

在其他市場上，金融骨牌持續倒下。二月十一日，備受尊敬的保險業巨擘美國國際集團（AIG）在呈報證管會的申報中揭露，會計師強迫該公司為公司所持有，跟次級房貸有關的衍生性金融商品資產，提列五十億美元的資產減損（衍生性金融商品是一種金融工具，價值取決於股票或債券之類標的資產的價值）。三天後，龐大的瑞士銀行集團（UBS）申報二〇〇七年第四季虧損一百一十三億美元，其中二十億美元虧損起源於提列準優級房貸曝險的資產減損。瑞士銀行集團針對準優級房貸提列資產減損，迫使其他持有類似證券的放款人跟進提列。因為投資人的不信任程度居高不下，一般公認的會計準則又變化莫測，所以那些最悲觀的公司與投資人對資產的評估，似乎決定了整個業界的資產價格。

二月二十八日，兩檔資產總計超過三十億美元，由倫敦斐羅頓合夥公司（Peloton Partners）管理、高盛公司前交易員經營的避險基金倒閉。三月三日，新墨西哥州聖大菲的索恩柏格房貸公司（Thornburg

Mortgage），無法滿足保證金追繳令——無法達成緊張的債權人要求以現金或證券的形式，提供額外擔保品的要求，索恩柏格房貸公司擁有三百六十億美元資產，專門對信用紀錄優良的借款人，承做浮動式利率大額房貸（金額超過房利美和房地美公司房貸購買上限的四十一萬七千美元），但是也購買由價格已經暴跌的準優級房貸擔保的證券。三月六日，凱雷集團（Carlyle Group）支持的一檔投資基金也無法達成追繳保證金的要求，凱雷集團的合夥人經常在華府核心圈子裡走動，這檔基金擁有二百二十億美元的資產，幾乎完全由房地美和房利美擔保的房貸抵押擔保證券構成。一般認為，這種資產非常安全，因為投資人認為，兩房隱含有聯邦政府的支持。但是凱雷集團旗下資金購買這些證券的錢，來自以基金資本融資三十倍的資金，因此，只能吸收非常小的虧損，到三月十日星期一，這檔基金在又一次的跳樓大拍賣中，出脫了將近六十億美元的資產。

斐羅頓合夥公司、凱雷集團旗下基金和索恩柏格公司有一些共通的地方：就是票券附買回市場的放款人，現在都不願意接受他們作為擔保品的資產——過去卻像例行公事一樣接受。去年夏天以前，大家都認為，票券附買回交易是安全、可靠的籌資形式——可靠到索恩柏格之類的公司覺得可以安心地利用這種資金，融通購買房貸之類長期資產所需要的資金。因為比較長期的利率通常高於短期利率，操作這種策略通常有利可圖，實際上，傳統銀行接受活期存款、貸放幾個月或幾年後才能收回的貸款時，就是同樣的做法。

只是索恩柏格公司不是銀行，借來的錢當然也不是由政府保證的資金，跟索恩柏格公司資產有關的憂慮浮現時，緊張的附買回交易放款人開始抽銀根。有些放款人縮短貸款期限，為每一美元貸出的資金，要求更高比率的擔保品；有些人則完全不肯貸款，索恩柏格公司無法融通自己的房貸資產、甚至無法融通高評等的大額房貸，發現自己陷入嚴重困境——非常像存款保險設立前遭到擠兌的銀行一樣。

三月三日下午，新墨西哥州參議員傑夫．賓格曼（Jeff Bingaman）代表索恩柏格公司共同創辦人蓋瑞．索恩柏格（Garrett Thornburg）打電話來，留話給我（國會議員代表特定選民，提出特別請求並不罕見，而且隨著危機開展，會變得更稀鬆平常。）賓格曼打電話來時，我正前往佛羅里達州奧蘭多，準備在隔天的社區銀行家大會上，發表有關減輕房貸查封困境的演講。賓格曼希望知道聯準會是否會宣布聯邦準備法第十三條第三款規定的緊急狀態，以便貸款給索恩柏格公司、以及那些在附買回交易市場中不能再利用手頭最高評等擔保品換取資金的其他機構。我知道幕僚會覺得懷疑，但是，我開始認為，為了逆轉形勢，已經到了需要採取最後手段的時候了。

「不要立刻拒絕。」我告訴準備代表聯準會，打電話給索恩柏格的梅迪根：「我至少願意討論這件事情。」隔天我回到華府後，打電話給索恩柏格，表達同情之意，他和他的公司捲入並非自己造成的恐慌中，但是，我心裡知道，只有在有助於一般大眾的利益時，動用緊急授權才有道理。如果我們貸款給索恩柏格公司，會推翻我們行之六十年、避免承做第十三條第三款規定貸款的做法——這樣做起源於我們知道：保護非銀行企業免於承受自己冒險所引發風險的作為具有道德風險，也起源於我們了解國會希望把這種授權，用在更急迫的狀況中。這家公司倒閉不可能衝擊整體經濟，因此，我們相信貸出第十三條第三款規定的貸款於理不合，我們不會對索恩柏格公司貸款，這家公司一定會倒閉。

國會是在一九三二年時，受到一九三〇年代初期成千上萬家銀行倒閉、信用人間蒸發的情勢刺激，才在聯邦準備法中增訂第十三條第三款條文，授權聯準會貸款給任何民間借款人的權力。動用這種權力時，至少必須經過五位聯準會理事，確認信用市場中出現異常而急迫的狀況；釋出貸款的聯邦準備銀行也必須取得證據，證明借款人無法得到其他來源的資金。重要的是，第十三條第三款所說的貸款和標準的貼現窗口貸款一樣，負責貸放的聯邦準備銀行必須「得到滿意的擔保」。換句話說，借款人的擔保品必須夠健全，達到該管聯邦準備銀行可以合理預期獲得完全清償的程度。最後這項要求意在保護納稅人，因為第十三條第三款貸款的任何損失，都會減損聯準會每年提交財政部的獲利，從而造成預算赤字增加。但是這項規定也限制聯準會的干預能力，在我們動用第十三條第三款條文時，不准我們把資本投入金融機構中（例如購買該金融機構的股票），也不准我們保證該金融機構的資產免於虧損。

聯準會曾經在大蕭條期間，動用第十三條第三款的授權，但是，動用次數不多。從一九三二年到一九三六年間，聯準會承做了一百二十三筆這種貸款，大部分貸款金額都很小，最大的一筆金額是三十萬美元，是貸給一家打字機製造商；另一筆二十五萬美元的貸款，是貸給一位種植蔬菜的農民。一九三〇年代末期經濟與信用市場狀況好轉後，聯準會停止承做第十三條第三款條文規定的貸款。

到二月底，我認為我們必須處理影子銀行實體所面臨日漸嚴重的資金取得問題——這些公司都依賴附買回交易與商業本票取得資金。大約在這個時候，雷曼兄弟公司（Lehman Brothers）執行長狄克・傅德（Dick Fuld）敦促聯準會，把像他們公司一樣的華爾街投資銀行，納入我們例行透過定期競標融通機制拍賣、貸給商業銀行的貼現窗口貸款——這樣我們就必須動用聯邦準備法第十三條第三款規定的權限。二月二十八日，接替鮑爾森經營高盛公司的羅伊德・布蘭克梵（Lloyd Blankfein）來電告訴我，他認為更廣泛的開放貼現窗口，應該可以協助像他們這樣的投資銀行和市場。我最關心的是市場，資金緊迫公司的反應是不分青紅皂白，拋售各種證券和其他資產，人人似乎都在努力賣出，卻幾乎沒有人希望買進，導致價格呈現螺旋式下墜。我發了一封電子郵件，告訴蓋特納：「我們的狀況似乎一天比一天麻煩。」

三月七日星期五早上八點三十分，已經脆弱不堪的金融市場，會聽到我們前一晚已經祕密得知的消息，就是二月份美國的就業人數減少六萬三千人，是連續第二個月減少。史塔克頓的幕僚現在預測：美國經濟上半年會陷入衰退，下半年會幾乎毫無成長。

就業狀況是有形的指標，顯示金融不安、信用緊縮和信心下降正在重創美國經濟。我們決定不再依據原定計畫，等到下星期才採取行動，我們決定改在星期五早上市場開盤前，宣布意在增加短期資金供應的兩項新措施。第一，我們要把三月份標售的二十八天期貼現窗口貸款，從一周前宣布的六百億美元，增加為一千億美元。第二，為了讓投資人能夠更安心持有房利美和房地美兩家公司保證的房貸抵押擔保證券，我們宣布願意在我們透過紐約聯邦準備銀行，和二十家證券交易商進行的定期貨幣政策操作交易中，接受這些證券。這些證券交易商就是所謂的主要交易商——包括五大獨立投資銀行（高盛、摩根士丹利、美林、雷曼兄弟和貝爾斯登）——也可以用房利美與房地美的證券，跟聯準會交換二十八天期的現金。把重點放在房貸抵押擔保證券上，是紐約聯邦準備銀行平常操作中意外的新轉折，因為紐約聯邦準備銀行通常只操作國庫券，而且該行員工計畫從每周一百億美元開始操作。星期四晚上，我在匆匆流傳給聯邦公開市場操作委員會委員的備忘錄中，看到這個數字，認為跟房貸抵押擔保證券市場的驚人規模相比，這個數字似乎很小，因此，我發電子郵件給蓋特納，他也同意這一點。半小時後，我們改為一周提供二百五十億美元，也就是三月這個月裡，要供應一千億美元的資金。

星期五當天，差勁的就業報告和我們的流動性新措施爭奪市場的注意力。道瓊指數下跌一百四十七點，但是從我們最新行動的角度來看，兩房房貸抵押擔保證券利率和國庫券利率之間的差距（利差）縮小，是有利的跡象，顯示投資人規避房貸抵押擔保證券的程度已經降低。

我們計畫在三月十一日星期二，宣布額外的措施。第一，我們要把我們跟外國央行進行的換匯額度提高一半——跟歐洲央行交換的額度要提高到三百億美元、跟瑞士國家銀行交換的額度要提高到六十億美元。再者，更重要的是，兩星期內，我們要把從聯準會資產負債表中借給主要交易商的國庫券金額，巨幅擴大為二千億美元。聯準會從一九六九年起，就一直出借小量的國庫券，交換到期日和發行日期不同的其他國庫券，希望確保交易商可以得到最符合需要的特定國庫券。新措施的重大意義在於，出借國庫券時，收取的擔保品不但包括兩房的房貸抵押擔保證券，也包括由投資銀行和其他私人公司包裝的所謂私人品牌房貸抵押擔保證券。

我們已經討論這種行動好幾個月。這種計畫會把數量充足、又是附買回交易市場最樂意接受的國庫券擔保品，交給交易商和市場其他參與者。然後，收受者可以把國庫券拿去附買回交易市場，取得資金。我們藉著協助交易商維持取得資金的管道，也可以提高他們對其他市場參與者的貸放能力，從而支持信用向家庭與企業的流動。而且我們希望，即使最優評等ＡＡＡ的私人品牌房貸抵押擔保證券價格低迷，我們藉著接受這種證券作為擔保品的做法，應該也可以鼓勵批發市場短期資金融資供應者，重新開始信任這種證券。最後這種做法——以私人品牌房貸抵押擔保證券作為擔保品，貸款給主要交易商的做法，表示我們最後必須動用第十三條第三款的法律條文。

周末期間，到瑞士巴塞爾參加中央銀行官員會議的柯恩，安排好擴大換匯額度的步驟，也鼓勵跟美國沒有換匯額度的各國央行採行我們的做法，宣布自己的流動性措施。同時，我在華府向聯邦公開市場操作委員會委員，說明以一系列的房貸擔保品作為擔保，出借國庫券給主要交易商的理由。我們建議把這個新方案，叫做「定期證券借券機制」，這是聯準會最新的縮寫名詞。我在電子郵件中寫道：「這種做法很不尋常，但是市場狀況也一樣。」我告訴大家：「我強烈建議我們推動這個計畫。」我需要聯準會所有五位理事的贊成票，而且因為事關紐約聯邦準備銀行代表自己和其他準備銀行所做的交易，我需要聯邦公開市場操作委員會委員的過半數贊成票。

三月十日星期一下午七時十五分，我召開聯邦公開市場操作委員會另一次臨時會議時，有一種開創歷史的感覺。我解釋說，市場新動盪的一部分是對差勁經濟報告的自然反應，但是一部分可以歸咎於我所說的「自動供給式的流動性力量」。換句話說，恐懼會產生恐懼。我們上周五採取的行動和星期二要宣布的措施，目的是要減輕或打破這種力量。杜德禮檢討正在惡化的金融情勢，提到斐羅頓、索恩柏格和凱雷集團旗下基金，還補充說：「今天有謠言指出，貝爾斯登公司出現資金籌措問題。」貝爾斯登擁有將近四千億美元的資產，規模大約是斐羅頓、索恩柏格和凱雷集團旗下基金加總起來的六倍。雷克發言反對定期證券借券機制，反對聯準會政策鎖定一種特定的資產類別——這時是指房貸抵押擔保證券，他警告說，一開這種前例，會使我們難以抗拒國會要求對其他部門紓困的壓力。

柯恩回答時，引用周末巴塞爾會議中一位央行官員的話說：「有時候需要思考不可思議的事情。」柯恩補充說：「對我們而言，我認為現在就是這種時候。」

我承認：「我們正在跨越某些界限，我們要做過去沒有做過的事情；另一方面，這場金融危機已經歷時八個月了，經濟展望惡化得相當嚴重……我認為，面對真正的特別挑戰時，我們應該要有彈性、有創意。」

聯邦公開市場操作委員會以九票贊成、〇票反對，批准定期證券借券機制。雷克當年沒有投票權，跟他同屬鷹派的達拉斯聯邦準備銀行總裁費雪和費城聯邦準備銀行總裁普羅瑟雖然心有疑慮，還是投下贊成票。我們在金恩紀念日召開聯邦公開市場操作委員會緊急會議時，聯準會理事瑞克因為在山上越野滑雪，錯過了投票；這次因為到芬蘭滑雪，又錯過了投票。星期二早晨我們宣布前，他以聯準會理事身分，登記他批准動用第十三條第三款條文的授權。他在電子郵件中說：「這是惡業，或許我應該永遠不離開聯準會，這樣金融情勢就會改善。」

我們在三月十一日的宣布中，用技術性的金融語言，描述定期證券借券機制，卻沒有提到緊急力量，也沒有提到聯邦準備法第十三條第三款的授權（我們擔心宣揚聯準會上次曾經在大蕭條時期動用過緊急權力，應該會使恐慌加重）。但是市場參與者讚揚新機制，認為這種創舉顯示我們樂於貸款給不是銀行、卻攸關信用流動和金融市場順利運作的金融機構。那天道瓊指數躍漲四百十七點，是五年多以來的最大漲幅。雖然市場勃發短期欣喜若狂的情緒，已經遭到痛擊的貝爾斯登股票卻只勉強上漲〇·六七美元，以六二·九七美元收盤——遠低於十四個月前，盤中天價紀錄的一七二·六九美元。貝爾斯登股早盤曾經暴跌，但是在證管會（SEC）主委柯克斯告訴記者，證管會對包括貝爾斯登在內五大投資銀行作為緩衝的資本「覺得很安心」後，貝爾斯登的股價反彈。

但是貝爾斯登的情況沒有好轉。穆迪公司剛剛宣布，降低貝爾斯登旗下一檔準優級房貸專業基金支持的十五件債券交易案評等，穆迪公司沒有降低貝爾斯登本身的評等，然而，害怕貝爾斯登可能用光現金，無法償付債權人的憂心正在蔓延。公司高齡八十二歲、頭髮漸禿、身強體壯、咬著雪茄的前任執行長艾倫·葛林柏格（Alan Greenberg），告訴有線電視台國家廣播公司商業台，貝爾斯登短缺現金的謠言「荒謬之至」。

從一九二三年起，約瑟夫・貝爾（Joseph Bear）、羅伯・斯登（Robert Stearns）、哈羅德・梅爾（Harold Meyer）共同創業開始，貝爾斯登公司就雄峙在華爾街上。貝爾斯登熬過一九二九年的股票大崩盤，卻沒有裁掉半個員工。這麼多年來，這家公司建立了敢作敢為的名聲，在別人恐懼時，樂於承受風險。第二次世界大戰期間，小羅斯福總統徵用鐵路，運輸作戰物資時，貝爾斯登大買特買折價極深的鐵路公司債券，大戰結束後，情勢清楚顯示這些公司不會收歸國有後，貝爾斯登賣掉這些債券，賺到驚人的利潤。貝爾斯登習慣僱用遭到競爭對手忽視的局外人好手，葛林柏格把這種人稱為「窮困才俊」，說他們是貧窮但精明、極為渴望致富的員工。葛林柏格出身奧克拉荷馬市，父親是布商，一九四九年進入貝爾斯登公司，擔任辦事員，一路升級，到一九七八年升任執行長。他的綽號叫王牌，熱愛橋牌，也是業餘魔術師（特別喜歡玩紙牌魔術）。一九九三年，他把公司經營大權，交給綽號叫吉米的詹姆斯・凱恩（James Cayne），凱恩原本是職業橋牌好手，一九六九年，葛林柏格聘他到貝爾斯登擔任證券經紀人。

一九九八年長期資本管理公司（Long-Term Capital Management）慘劇爆發時，曾經從大學退學的凱恩更坐實了貝爾斯登是金融圈局外人的名聲，當時避險基金長期資本管理公司在貝爾斯登開立多個帳戶，貝爾斯登要負責這家公司交易的結算。但在俄羅斯債務違約、造成這家跟大家關係深厚的避險基金公司的交易策略崩潰時，紐約聯邦準備銀行出頭安排民間部門的紓困行動，凱恩卻拒絕加入這次由另外十四家大銀行和投資公司推動，籌資三十六億美元，拯救這家避險基金公司的行動。凱恩擔任執行長後，葛林柏格繼續留在公司，到二〇〇八年三月，仍然還在公司裡，擔任執行委員會主席。這家公司在兩人合力主持下，淪落到深陷房貸危機之中。

貝爾斯登股價漲到最高峰的時機，正好碰到美國房價頭兩年的急跌。貝爾斯登除了包裝和行銷房貸抵押擔保證券外，也（透過子公司）擔任房貸的發起者，同時也擔任房貸抵押擔保證券的持有者。公司經理人看好次級房貸和結構型信用商品，也因此投資下去。這些業務促使貝爾斯登在二〇〇六年內，創下連續第五年盈餘創新高紀錄的佳績。但是到二〇〇七年六月，該公司兩檔次貸避險基金的瓦解，傷害了投資人的信心，因此，貝爾斯登決定降低利用（沒有擔保品的）商業本票，籌募短期資金的比率，提高利用（有擔保品的）票券附買回交易借款的比率。他們以為，如果公司的問題惡化，附買回交易的放款人應該比較不會擠兌。到二〇〇七年底，貝爾斯登利用附買回交易，貸借了一千零二十億美元，利用商業本票借入的資金卻不到四十億美元。

二〇〇七年第四季，貝爾斯登申報成立以來的第一次單季虧損。到了隔年一月，七十三歲的凱恩辭去執行長的職位，貝爾斯登處理旗下次級房貸基金內爆問題時，凱恩不在辦公室裡，這時通常是去參加橋牌賽或高爾夫球賽。接任的人是舉止優雅、經營貝爾斯登併購業務的艾倫．史瓦茲（Alan Schwartz），他會擔任執行長兩個月。

三月十日星期一以後，史瓦茲的試用期變成了噩夢，當天貝爾斯登大約掌控一百八十億美元的現金準備，到星期三營業結束時，公司的現金已經降為一百二十億美元，到星期四，公司的流動性大舉流失。避險基金和其他經紀商客戶開始提領資金，平常跟貝爾斯登交易衍生性金融商品的公司拒絕交易，放款人準備不再為貝爾斯登隔天早晨的附買回交易續約。若干附買回交易放款人不能確定貝爾斯登近期能否存活，甚至在貝爾斯登拿出最安全的擔保品國庫券出來時，都不願借錢給貝爾斯登公司。這一天結束時，貝爾斯登大約還有二十億美元現金，但是隔天這些錢一定也會完全消失。如果貝爾斯登是老式的銀行，存款戶一定已經擠在門口大排長龍了。在今天這種新世界裡，擠兌的喧鬧聲是用電子的方式表現，卻跟傳統的擠兌一樣危險。

那天晚上，跟史瓦茲一起工作的律師打電話給摩根大通銀行執行長傑米・狄蒙（Jamie Dimon），請狄蒙借給貝爾斯登一筆貸款，好讓貝爾斯登星期五能夠開門營業。二〇〇七年底，摩根大通是美國第三大銀行控股公司，也是貝爾斯登的清算銀行，擔任貝爾斯登和其附買回交易放款人之間的仲介，因此，熟悉貝爾斯登的資產。摩根大通銀行的回應是，可能有意買下貝爾斯登的若干金融資產或業務類別，卻沒有做出肯定承諾。史瓦茲致電蓋特納，告訴他貝爾斯登陷入危險狀態，沒有現金償還債務，隔天早上可能被迫聲請破產。蓋特納和狄蒙一樣，派出一隊人馬到貝爾斯登查帳。

如果貝爾斯登隔天早上真的聲請破產，會有什麼結果？接近午夜時分，柯恩、蓋特納、資深幕僚和我設法想出一點辦法，讓我們至少可以減輕一點打擊。梅迪根提出一些選擇，最強而有力的做法是以新方式、動用第十三條第三款規定的權力，公開宣布「異常、緊急狀態」存在，準備直接貸款給華爾街投資銀行，這樣做大概可以阻止擠兌波及貝爾斯登以外的公司。如果說過去我們淡化定期證券借券機制的緊急性質，現在這樣做就是明白承認這一點。蓋特納建議我們也進一步降低重貼現率半個百分點，降到跟聯邦資金利率相同水準，以便鼓勵銀行向聯準會借貸。

紐約聯邦準備銀行和摩根大通銀行凌晨傳來的消息很不樂觀。貝爾斯登的資產負債表中，似乎滿滿都是令人驚訝的不良資產，摩根大通銀行斷定自己需要更多時間，評估這種資產。同時，摩根大通銀行告訴我們，沒有聯準會的協助，他們不能借錢給貝爾斯登。即使他們自吹自擂「有如要塞一樣堅強的資產負債表」中，高達一・六兆美元的財力是貝爾斯登的四倍，摩根大通銀行還是不願意獨力支持貝爾斯登。

摩根大通銀行的起源可以追溯到美國歷史的最早期。該行的現代化身大致上是併購的結果，由摩根銀行（J.P. Morgan & Co.）和大通銀行（Chase Manhattan Corp.）在二〇〇〇年合併而成。大通銀行的歷史可以追溯到一七九九年，當時艾倫·布爾（Aaron Burr）為了跟亞歷山大·漢彌爾頓（Alexander Hamilton）的紐約銀行（Bank of New York）競爭，才創立曼哈頓銀行（Manhattan Co.）。摩根銀行由皮爾朋·摩根（J. Pierpont Morgan）於一八七一年創立，摩根正是一九〇七年大恐慌中華爾街的救星。

綽號「傑米」的狄蒙（Dimon）年紀不算大，卻滿頭白髮，從二〇〇五年底開始，就擔任摩根大通銀行執行長。祖父是希臘銀行家的他壯年有成（他接到貝爾斯登律師電話當晚，正跟家人在一家希臘餐廳裡，慶祝五十二歲生日）。一九八二年他拿到哈佛管理碩士學位後，開始立足金融界，進入美國運通公司（American Express Co.），擔任魏爾（Sandy Weill）的助理，後來協助魏爾，把花旗集團打造成金融超級市場。一九九八年兩人發生爭執後，狄蒙在芝加哥重建金融事業生涯，到二〇〇〇年，升任當時美國第五大的萬恩銀行（Bank One）執行長；二〇〇四年，摩根大通銀行併購萬恩銀行後，他回到紐約；到二〇〇五年底，出任這家合併公司的執行長，一年後，也出任董事長。我發現他人很精明、卻非常堅決（他濃重的紐約腔助長了這種印象）。他很早就了解危機的嚴重性，決心駕馭自己的銀行走出大風大浪。

星期四晚上紐約的人（指蓋特納，他住紐約）繼續努力時，我上床斷斷續續地睡了幾小時。星期五早上五點起床後，就跟柯恩、華許、蓋特納、財政部長鮑爾森、次長史帝爾開起視訊會議。如果沒有人幫忙，貝爾斯登似乎不可能熬過這一天，貝爾斯登可以用來貸借國庫券的定期證券借券機制，要到三月二十七日才開始運作，因此，我們評估一些可行的做法。

蓋特納提出一個維持貝爾斯登不倒的計畫，紐約聯邦準備銀行的首席法律顧問湯姆．貝克斯特（Tom Baxter）認為無需用到第十三條第三款。因為摩根大通銀行是貝爾斯登及其附買回交易放款人之間的清算銀行，在白天的交易時間裡，一定持有貝爾斯登大量的證券，貝克斯特建議我們貸款給摩根大通銀行，摩根大通銀行是可以吸收存款的商業銀行，有資格向貼現窗口借錢，然後，摩根大通銀行以貝爾斯登的證券作為擔保品，可以把聯準會的現金借給貝爾斯登。我們的貸款應該是沒有追索權，表示如果貝爾斯登欠錢不還，摩根大通銀行不會有事，只有我們會抱著一堆貝爾斯登的證券。基本上，這個計畫是要讓聯準會取代紛紛逃離貝爾斯登的附買回交易放款人。然而，聯準會首席法律顧問艾法雷斯對法律卻有不同的解釋，他說，因為貸款實際上是讓貝爾斯登受益，我們必須動用到第十三條第三款的法律條文。

我認為艾法雷斯的解讀最有道理，至少就法條的精神來說，的確是這樣。我十分信任艾法雷斯的建議，我總是認為律師都不脫形式主義，但是，艾法雷斯卻讓我覺得知識淵博、關心法律的基本邏輯，也關心法律打算推動的政策。

會議進行大約一小時後，證管會的幕僚加入會議，證管會主委柯克斯卻沒有加入，他顯然還無法上線。會議大約開了兩個小時，天色從黑暗變成明亮，中間一度，我的安全人員按我們的門鈴，他們預期我一小時前就應該出門，因此，希望確定我平安無事，我請他們繼續待命。回到會議後，柯恩、蓋特納、鮑爾森和我討論該怎麼辦。貝爾斯登是不是太大、在金融體系中的關係是不是錯綜複雜，以至於公司倒閉後會造成恐慌惡化，還可能導致其他大公司倒閉呢？換句話說，貝爾斯登在系統中是否很重要？先前我們沒有把索恩柏格房貸公司列在這種類別中，但現在這個案例判斷起來卻難多了。

我在困難決定迫在眼前時，總是會努力思考前例，結果想到兩個前例。一九九〇年，德瑞賽公司

（Drexel Burnham Lambert）在垃圾債券交易醜聞引發的大火中倒下，政府拒絕干預。當時出問題的德瑞賽公司像二〇〇八年的貝爾斯登一樣，是美國第五大投資銀行，但是德瑞賽的問題相當獨特，跟比較廣泛的系統性危機無關。此外，德瑞賽牽涉的關係遠不如貝爾斯登那麼錯綜複雜，不像貝爾斯登那樣，透過衍生性金融商品合約和其他財務往來，與大公司建立繁複的關係。葛林斯班領導的聯準會官員慎重評估過德瑞賽的情況後，正確地判定——事後看來，果然正確——該公司的倒閉對比較廣大的金融體系，不會構成風險，就放手讓德瑞賽倒下。相形之下，一九九八年時，聯準會判斷：市場在經歷亞洲金融危機和俄羅斯違約後，過於脆弱不堪，禁不起龐大、錯綜複雜、關係十分廣泛的長期資本管理公司崩潰引發的亂象。當時由麥唐諾領導的紐約聯邦準備銀行，因此設計了一個民間部門主導，沒有用到政府資金的急救方案。讓這家避險基金公司在不到兩年內，有秩序地清算完成。

那天早上，我們沒有時間安排非政府的方案去拯救貝爾斯登，但是我們可以合理地判定，貝爾斯登意外地聲請破產會引發更嚴重的恐慌。貝爾斯登旗下有將近四百家子公司，在業務上，幾乎跟所有其他大型金融機構都有關係，交易對手有五千家，未平倉的衍生性金融商品合約高達七十五萬口。長久以來，大家都把怎麼處理像貝爾斯登之類問題金融機構的做法，叫做大到不能倒的案例。但是光是規模還不是問題，貝爾斯登很大，但是跟最大型的商業銀行相比，卻還沒有那麼大。但，貝爾斯登確實是關係複雜到不能倒的例子。

貝爾斯登的債權人當中，有一些是為投資散戶服務的著名貨幣市場基金，我們擔心如果這些理當非常安全的基金開始提列損失時，會對投資人信心有更廣泛的影響。破產程序也很可能會把其他很多債權人的現金，凍結個好幾年。此外，我們必須化解貝爾斯登的衍生性金融商品部位引發的混亂，原因之一是衍生性金融商品合約數量驚人、性質又相當複雜；原因之一是貝爾斯登的衍生性金融商品交易對手，必須匆匆忙忙地為自己投資組合中的風險缺口，展開爭奪新避險工具的競爭。

但是最大的風險出現在規模二・八兆美元的三方附買回交易市場中（在三方附買回交易市場中，清算銀行擔任附買回交易放款人和借款人之間的仲介。在非常大又相當不透明的雙方附買回交易市場中，投資銀行和其他金融公司自行安排附買回交易，而貝爾斯登主要是在三方附買回交易市場中借錢）。貝爾斯登的附買回交易放款人拒絕為貸款續約時，身為貝爾斯登清算銀行的摩根大通銀行也將會面對嚴峻的選擇，不是冒著損失數百億美元股東資金的風險，自行貸款給貝爾斯登，就是代表貝爾斯登的債權人，決定賣出擔保品，開始在（可能隨之而來的）跳樓大拍賣中處理擔保品，這種決定隨後會進一步打壓證券價格，造成新一波的虧損和資產減損。更糟糕的是，三方附買回交易市場中的其他人因為害怕虧損或資金凍結，可能決定不再貸款給任何借款人，剩下的四大投資銀行會變得特別危險，貝爾斯登倒閉可能導致這些投資銀行也遭到擠兌。我最害怕的是，如果貝爾斯登垮台，附買回交易市場可能徹底崩壞，為金融市場帶來災難性的衝擊，然後在信用凍結和資產價格慘跌的情況下，為整體經濟帶來慘痛的後果。

貝克斯特的貸款計畫可以幫助貝爾斯登熬到周末，讓我們有時間找出比較長期的解決之道。不過，艾法雷斯說，要承做這種貸款，我們必須採取動用第十三條第三款的額外行動，我也堅持聯準會採取進一步行動前，必須獲得政府的同意。我們覺得，如果我們對貝爾斯登提供擔保放款，我們相當有信心能夠收回貸款。但無論如何，貸款都是一種風險，如果貸款無法收回，納稅人就會受損，因此，討論中的計畫至少有一部分是財政問題。鮑爾森離開會議，去請教小布希總統，一會兒後告訴我們，我們已經得到總統的支持。

到了七點左右，時間顯然愈來愈急迫。蓋特納提醒我們，附買回交易市場七點半開盤。聯準會是唯一有權干預的機構，我是聯準會的主席，我細心聽了會中的討論，看到很多風險，但是附買回交易市場——很多美國人連聽都沒有聽過的市場——風險最大。「就這麼辦。」說完，我們再討論一些作業問題後，我就掛上電話，結束會議，走出門，向安全走去，準備上班。我發電子郵件給麗塔，「請替我叫幾個瑪芬蛋糕和柳橙汁，我十分鐘內會到。」

九時十五分，聯準會理事會開會，以四票對〇票，通過授權紐約聯邦準備銀行貸款摩根大通銀行，以便摩根大通銀行對貝爾斯登提供資金。因為我們動用聯邦準備法第十三條第三款的授權，我們可以直接貸款貝爾斯登，但是，半夜裡，紐約聯邦準備銀行根據貝克斯特的構想，準備了背對背貸款的文件，不過現在沒有時間準備新文件。理事會也授權我准許紐約聯邦準備銀行在必要時，貸款給其他證券商，不過目前還不需要——至少星期五不是這樣。雖然我們已經動用第十三條第三款的授權，創造定期證券借券機制，貸款給貝爾斯登，但這其實是聯準會從一九三六年以來，第一次動用提供資金的授權。瑞克還是錯過了這次投票，他正從芬蘭趕回國。聯邦準備法規定需要五票贊成——但是，我們有一位理事出門在外。九一一恐怖攻擊後，佛格森是唯一在華府的聯準會理事，因此，聯邦準備法增訂了一項預防措施，容許「所有到會理事的一致同意」下，可以採取第十三條第三款授權的行動。

股市對這個消息最初的反應是暴跌，道瓊指數下跌三百點之多，然後才略微收復部分失土，投資人不知道下次輪到那一家公司倒楣。貝爾斯登股價從五十七美元跌到三十美元，他們的債權人和顧客繼續擠兌。最後我們一共貸給該公司一百三十億美元。但是我們熬到了周末，然後開始拚命地在「亞洲開盤前」、尤其是亞洲最大的東京股市星期一早晨（紐約時間星期日晚上）開盤前，找出比較長期的解決之道。

周末期間，我留在辦公室裡，忙著跟幕僚討論和監視情勢發展。聯準會在華爾街的耳目蓋特納一直跟狄蒙保持聯繫。我們希望摩根大通銀行買下或投資貝爾斯登，能夠讓貝爾斯登穩定下來，未上市投資公司福勞爾斯公司（J. C. Flowers & Co.）也考慮是否提出併購建議，但是，大家很快就發現，只有摩根大通銀行擁有必要的財力，能夠在星期一前完成交易。到星期六晚上，狄蒙告訴蓋特納，準備以每股八到十二美元的價格，購買貝爾斯登的股票。同時聯準會銀行監理處副處長狄波拉・貝利（Deborah Bailey）報告說，紐約聯邦準備銀行會派幾個小組，會同證管會，檢討其他大投資銀行的現金部位。她寫道：「對若干投資銀行來說，星期一可能是很難過的一天，雷曼兄弟公司尤其如此。」雷曼兄弟是美國第四大投資銀行，如果貝爾斯登倒閉，大家普遍預期雷曼兄弟是空頭攻擊的下一個目標。

蓋特納星期天打電話來，他跟狄蒙談過，交易取消，狄蒙不願意接收貝爾斯登的大量次級房貸資產。蓋特納開始跟鮑爾森和狄蒙研商，看有什麼辦法可以扭轉狄蒙的決定。我在思考這則消息時，幕僚長蜜雪兒轉來前財政部長桑莫斯發來的電子郵件，桑莫斯是柯林頓總統時代她（和蓋特納）的老上司，現在擔任哈佛大學經濟學教授，還擔任蕭氏避險基金公司（D. E. Shaw）總經理。桑莫斯曾經發電子郵件給蓋特納，但是沒有收到回音，因此，請蜜雪兒傳話。

用比較婉轉的話來說，桑莫斯以心直口快聞名，而且看來他似乎是在警告我們，不要拯救貝爾斯登。他說他星期六大部分時間裡，都在跟貝爾斯登一位過去的內部人長談，「聯準會走的路很可能是：一、無法阻止系統性風險，二、會引發各式各樣『幫助朋友』的合理指責，三、對道德風險不利。」他在寫給蜜雪兒的信中指出：「樂於向你、柏南克、蓋特納或任何人解釋，請你至少把下列訊息傳給柏南克：

聯準會既然發動了史無前例的空頭紓困大計，一定要成功，否則會信用掃地。祝你們大家好運。桑某。」

從桑莫斯的電子郵件來看，四月三日達德會提到的「極為激烈辯論」已經展開，桑莫斯談到的道德風險很有道理，但是他不需要向我們解釋（他也不需要解釋，如果我們失敗了，我們會信用掃地，我們知道這一點。）我們希望債權人提供資金給大小金融機構時，務必小心謹慎，如果他們放款時，以為反正任何金融機構倒閉時都可能得到紓困，就會不夠小心謹慎，這才是道德風險問題。不過我們在短期內，不能冒著附買回交易市場和其他資金市場爆發全面恐慌的風險，我們完全了解結果將會是信用流動凍結，和全面影響經濟和美國民眾的生活。

周末期間，達德參議員設法幫忙，他打電話給狄蒙的朋友比爾·戴利（Bill Daley），希望說服狄蒙重回談判桌。狄蒙在芝加哥經營萬恩銀行時，顯然認識柯林頓總統時代當過商務部長、又是芝加哥市長理察·戴利（Richard M. Daley）弟弟的比爾·戴利。結果，我們不需要達德打電話，中午一過，蓋特納和鮑爾森就跟狄蒙談成交易，以每股二美元，買下二〇〇七年一月每股價值將近一百七十三美元的貝爾斯登。鮑爾森想到必須阻止道德風險，因此努力把股價壓到極低水準，他不希望別人認為我們是在拯救貝爾斯登的股東。重要的是，在未來幾周等待兩家公司批准這筆交易期間，摩根大通銀行會負責貝爾斯登的所有債務。如果沒有可靠的保證，貝爾斯登會繼續遭到擠兌，可能在併購案完成前就不支倒地。

什麼事情改變了狄蒙對併購貝爾斯登的態度？事後證明，答案是交易案中爭議性最大的地方。為了完成這筆交易，我們同意在沒有追索權的條件下，最多貸出三百億美元，取得貝爾斯登三百億美元資產——主要是評等機構判斷為投資級證券的房貸相關證券——作為我們的擔保品。狄蒙清楚表示，除非如此，否則其他方式的交易對摩根大通銀行都會金額太大、風險太高。紐約聯邦準備銀行為了檢視這些資產，聘請華爾街老牌分析師拉利・芬克（Larry Fink）主持的貝萊德資產管理公司（BlackRock）幫忙，貝萊德公司告訴聯準會，如果聯準會持有這些資產幾年，可以合理預期會回收貸款資金。貝萊德的評估讓實際負責貸款的紐約聯邦準備銀行總裁蓋特納，可以確認紐約聯邦準備銀行在這筆貸款中「得到滿意的擔保」。我們對資產價值的判斷是基於我們相信自己最後一定能夠穩定金融體系，如果我們成功，那麼我們據以貸款的資產價值，最後應該足以連本帶利地清償聯準會的貸款。如果我們沒有成功，結果會不確定，因為聯準會的任何虧損，都會造成我們提繳財政部的金額降低，我們希望財政部保證我們的貸款，但是，財政部在沒有獲得國會授權的情況下，沒有權力這樣做，因此，我們勉強接受鮑爾森表達政府部門支持之意的承諾信函。

那天下午和晚上，柯恩和我努力打電話，把我們的計畫告知世界各國央行，我打電話給歐洲央行的特里謝、英格蘭銀行的金恩、日本銀行的福井俊彥，他們都表示支持，對於貝爾斯登能夠避免倒閉深感安慰。我們也希望新聞界經常引述的前兩任主席，了解我們的做法和原因，柯恩打電話給葛林斯班，我打給伏克爾，我回報說：「跟他談過了，他沒有問題。」雖然我這樣評估，伏克爾卻很快地公開表示憂心。

星期日下午三時四十五分，聯準會理事會開會，除了宣布異常緊急狀態外，還批准以貝爾斯登三百億美元的資產作為擔保的貸款，理事會也批准一項重要的貸款新機制——主要交易商融通機制，這個機制容許主要交易商可以像商業銀行一樣，向聯準會借錢，而我們接受的擔保品，範圍遠比定期借券機制接受的擔保品多得多。

我們創設主要交易商融通機制，目的是要減輕主要交易商破壞性倒閉的風險。能夠利用主要交易商融通機制，應該可以讓主要交易商「造市」——就是做好買賣金融資產的準備。市場流動性比較高時，運作起來應該會比較順暢、破壞穩定性的價格波動應該會減少。我們也希望，藉著為附買回交易借款人（主要交易商身兼附買回交易借款人與放款人）提供有效的備援資金來源，可以提高信心，維持市場運作。

我們除了創設主要交易商融通機制之外，還替商業銀行打開了另一個流動性塞子，把貼現窗口貸款的最高到期日，從三十天提高到九十天。而且我們把重貼現率（貼現窗口貸款利率）降低〇．二五個百分點，降為3.25%，只比聯邦資金利率目標高出〇．二五個百分點。

我們在亞洲開盤前發布聲明後的幾個月裡，紐約聯邦準備銀行極力談判，訂出作為我們的貸款擔保品的資產組合，確保我們得到最大的保障。同時，貝爾斯登的股東對於每股二美元的收購價憤怒之至，以至於狄蒙擔心他們會投票拒絕這樁併購案，因而重啟談判，同意付出每股十美元的價格，並且在三月二十四日，贏得貝爾斯登股東的同意[11]。蓋特納和我說服鮑爾森，勉強同意不反對狄蒙所提較高的收購價格。比較低的價格的確會發送比較有力的信號，說明我們的干預是為了保護金融體系，不是為了保護貝爾斯登的股東。但是，如果貝爾斯登股東拒絕這項提案，三月十三日的慘事又會重演——我們不知道美國的金融體系會不會在後來的幾天裡內爆（implode）。

我們也為聯準會談出比較好的交易。貝爾斯登三百億美元的資產，要放在紐約聯邦準備銀行創設的有限責任公司裡，讓我們可以依據第十三條第三款的規定，把我們的幫忙安排成有擔保品的貸款。我們根據曼哈頓下城紐約聯邦準備銀行堡壘般建築外面一條街道的名稱，把這家公司叫做少女巷責任有限公司（Maiden Lane LLC），我們要貸款二百九十億美元給少女巷公司，摩根大通銀行要貸款十億美元，要是貸款蒙受虧損，摩根大通銀行必須承受最初的十億美元虧損。從表面上來看，少女巷責任有限公司當然令人不安，它很像是花旗集團和其他公司用在次級房貸賭博的資產負債表外結構型投資工具。但是其中有一個重大差別，就是我們把這家公司納入聯準會的資產負債表中，每季公開報告這家公司的市值。對聯準會和納稅人來說，這筆交易最後很成功，我們的貸款獲得清償，還收到七億六千五百萬美元的利息。此外，到二〇一五年初為止，對聯準會和納稅人來說，少女巷公司持有的資產還創造了價值十七億美元的額外獲利。重點不是這筆貸款獲得清償，而是金融體系和經濟至少在一段時間裡，免於遭到驚人的大破壞。

不過，拯救貝爾斯登還是遭到嚴厲批評，狄蒙對貝爾斯登股東提高收購價後更是如此。批評的重點是為華爾街紓困的做法不公平（我也同意這種觀點），而不是如果我們不採取行動會有什麼後果。伏克爾在四月的一場演講中宣稱，聯準會在拯救貝爾斯登的交易中，採取的行動「到達了法定和隱含權力的最後邊緣，在這種過程中，超越了行之已久的中央銀行原則與做法。」他沒有說我們逾越法定權限的事實，讓我稍感安心，其實他是在警告大家，民間部門過分的做法和監理單位的缺失造成他所謂的「所有危機之母」，而這種情況必須就此結束。我同意他說的這一點，也同意我們走到法定與隱含權限的最後邊緣，我擔心的是，即使推進到極限，可能也不足以應付下一次的爆炸局面。

聯邦公開市場操作委員會在三月十八日，也就是摩根大通銀行同意併購貝爾斯登兩天後開會。史塔克頓和幕僚解釋他們現在認為經濟已經陷入衰退的原因。我鑑於經濟展望惡化，金融壓力大增，建議把利率大幅降低〇．七五個百分點，使聯邦資金利率目標降為2.25％。聯邦公開市場操作委員會批准這個建

11. 狄蒙找到提高收購價的進一步誘因：一位律師的起草錯誤造成摩根大通銀行承諾：即使股東投票反對併購案，摩根大通銀行還是保證貝爾斯登的債務長達一年，這個錯誤提高了貝爾斯登股東的討價還價的力量。

議，兩位鷹派委員費雪和普羅瑟投反對票。四月三十日，聯邦公開市場操作委員會把利率再降低〇．二五個百分點，降為2%。

我們的貝爾斯登行動為金融市場帶來一段比較平靜的期間，三月下旬，投資銀行申報優於市場預期的獲利。六月底前，大型商業銀行與投資銀行募得一千四百億美元的可觀新資本，代表大家對美國金融體系投下信任票。資金狀況改善，主要交易商透過主要交易商融通機制貸借的金額到三月底時，激增到三百七十億美元後，到七月開始時，已經降為零美元。股市也反映信用市場氣氛好轉，三月三十一日當天，道瓊指數以一萬二千二百六十三點收盤，幾乎跟貝爾斯登危機前的水準沒有兩樣。到了五月，道瓊指數攀升到一萬三千零五十八點，離二〇〇七年十月的高點不到8%。最重要的是，經濟顯出小幅成長的跡象，到七月三十一日，商務部（The Commerce Department）報告經濟成長率時，會宣布第一季經濟成長將近1%，第二季的成長則將近2%。在低利率和臨時性減稅的情況下，我們至少抱著一些希望，認為經濟畢竟應該可以逃過一場衰退。

四月三日，我參加參院為貝爾斯登事件舉行的聽證會，在攝影機燈光照射下，說明我們干預的原因時表示，這一切全都是我們無法預知的事情。我知道委員會中比較深思的委員了解——若干委員事後會這樣告訴我——但是對太多人來說，把這件事變成對自己有利的誘惑太大了。為什麼我們在極多一般美國人需要協助時，反而為華爾街紓困？

我解釋說，華爾街和一般美國人息息相關、互相依賴，「鑑於全球經濟和金融體系碰到的絕大壓力，貝爾斯登違約造成的損害，可能嚴重到極為難以控制。」而且損害一定會擴大到金融市場以外，波及廣泛的經濟。如果大家無法得到信用，就不能買車或買房子，企業應該無法擴張，甚至在某些情況下，會無法支付營運成本，這種情形會對就業和所得，產生快速而有力的副作用。

我們為什麼要藉著獎勵失敗，創造道德風險呢？（參議員邦寧吼道：「這樣是社會主義！」）我指出，即使我們採取了行動，貝爾斯登還是喪失了獨立性，股東還是承受了嚴重的損失，而且一萬四千個員工，很多人可能很快就會失業。

「我認為任何公司應該都不願意選擇承受這種狀況，」我告訴南達科他州參議員提姆．詹森（Tim Johnson）：「我們心中想到的是保護金融體系和美國經濟。我相信如果美國民眾了解我們是在努力保護經濟，不是在保護華爾街上的任何人，他們應該會更了解我們為什麼要採取這些行動。」

有一件事很清楚，從現在起，我們在處理危機時，會面對兩大挑戰。第一大挑戰是要做對的事情；第二大挑戰是要對大眾和政客解釋，說明為什麼我們做的是對的事情。

事後回想，這件事到底對不對呢？有些經濟學家認為這樣做是錯誤，我們的行動讓金融市場恢復了某種程度的平靜，但是平靜期間不到六個月。最後，如果貝爾斯登在二〇〇八年九月雷曼兄弟公司聲請破產時崩潰，我們害怕的很多事情都會出現。有人會在事後說，拯救貝爾斯登產生的道德風險，降低了雷曼兄弟之類公司募集資本或尋找買家的急迫性。

二〇〇八年三月我們做出這些決定時，不知道將來會發生什麼事情。但是即使從後見之明的角度來說，我對我們的干預仍然覺得安心。我相信，九月雷曼兄弟倒閉的驚人破壞效應，證實了我們三月的判斷正確——大型投資銀行倒閉，根本不是某些人所想像的芝麻小事，應該會嚴重破壞金融體系與整體經濟。我們動用微小的成本，干預貝爾斯登事件，讓金融體系和經濟得到將近六個月的喘息時間。不幸的是，這段喘息期間不夠修補經濟已經受到的傷害，也不足以防止恐慌在秋季再度爆發。

我也認為，批評者認為貝爾斯登干預行動所引發的道德風險，造成了秋季的危機再起，這種說法實在言過其實。就像我告訴詹森參議員的話一樣，沒有一家公司願意追求貝爾斯登這樣子的命運。而且包括雷曼兄弟在內的金融公司，在夏季期間的確募集大量資本。此外，雷曼兄弟是在瘋狂擠兌的情況下，無以為繼，而這也差點成了貝爾斯登的命運。擠兌顯示雷曼兄弟的債權人和交易對手擔心雷曼不會獲救。換句話說，雷曼兄弟是敗給了市場紀律。

但不可否認的是，這些問題很難回答，我們會在二〇〇八年時序由春入夏期間，自行辯論這些問題。

第十一章 漫長酷暑考驗兩房

Fannie and Freddie : A Long, Hot Summer

貝爾斯登紓困案完成後，是一段相對平靜的期間，但是我們仍然小心翼翼。強大的破壞性力量已經啟動，房價持續下跌，隨之而來的一定是更多的違約和查封，房貸相關證券會出現更多損失。我們不知道損失金額有多大，也不知道損失會從什麼地方冒出來，但是我們知道會發生更多不可避免的事情。

整個夏季裡，我們的銀行監理官員持續傳來壞消息。加州巴沙迪納的印第麥克銀行（IndyMac）搖搖欲墜，印第麥克銀行是美國第七大儲蓄貸款機構，深入參與比次貸高一級的準優級房貸市場。印第麥克銀行由儲蓄機構監理局監督，但該行的存款由政府保險，因此，也接受聯邦存款保險公司的監督。通常我們不會介入其中，但是因為印第麥克銀行可能向聯準會貼現窗口貸款，促使舊金山聯邦準備銀行派出兩位官員，到該行進行金融檢查。七月一日，聯準會銀行監理處的狄波拉·貝利根據金檢官員的報告，告訴我她看不出這家公司還能存活多久，她寫道：「儲蓄存款從星期五起持續流失，該公司現在每小時都在檢查存款流失狀況，這家銀行正在萎縮，正在盡快拋售資產。」現在金融危機已經爆發將近一年，連受到存款保險保障的存戶都可能擔驚受怕，聯邦存款保險公司的銀行清算專家像死神的先遣部隊一樣，已經準備接管印第麥克銀行。

讓我們更擔心的不是印第麥克銀行之類的民間部門放款人，而是兩家持有全球最大住宅房貸資產、具有政府贊助機構性質的房利美和房地美兩家公司。國會當初是為了支持自有住宅比率，才創立這兩家公司，因此，一開始時，這兩家公司是聯邦機構，房利美是在大蕭條期間的一九三八年創立，房地美是在一九七〇年創立。然而，兩家公司後來都由國會改為股份公司——房利美是在一九六八年改制，房地美是在一九八九年改制。雖然兩房在法律上是民營企業，卻受聯邦政府管制，也跟聯邦政府維持密切關係，豁免所有州稅和地方稅，且在財政部中還有一筆信用額度。

這兩家公司就像鴨嘴獸一樣的獨特，他們既是民營公司，實質上又有政府機構的性質，這樣的特質，也讓他們從一開始就有了缺陷。實際上，這種安排創造了一種「無論如何都是我贏」的狀態，股東享受公司賺到的利潤，納稅人卻要為虧損負最後責任。

兩房在提升自用住宅比率方面，的確創造了一些成就。兩房向銀行、儲蓄機構和其他房貸機構購買住宅抵押貸款，再包裝成房貸抵押擔保證券，賣給從保險公司、退休基金到外國中央銀行的廣大投資人。兩房以收費的方式，保證他們的房貸抵押擔保證券免於借款人違約的風險，因此，買方不會面臨信用風險。兩房靠著包裝抵押貸款，再銷售因此而產生的證券，促使全世界的儲蓄流向美國房市。這麼巨額的資金流入可能使房貸變得比較便宜，比較容易取得，因而提升自用住宅擁有率，但是實際提升多少，卻引發大家的激辯。

兩房的上述利益為房市、金融體系和納稅人帶來重大風險，最大的風險很可能起源於國會創設這兩家政府贊助機構時的刻意含糊。從官方的角度來看，如果兩房倒閉，美國政府沒有義務保護直接貸款給兩家公司的人，或購買兩家公司房貸抵押擔保證券的人。因此，聯邦預算不承認必須為一家或兩家政府贊助機構紓困的風險。在這個由官方數據打造真實的世界裡，只要在預算中忽略這種可能的成本，就可以讓歷屆國會和政府都忽略理會這種風險。

然而，投資人卻假設政府不會讓兩房倒閉，以免傷害美國房市、金融市場和整體經濟。這種隱含性政府保證的信念進而讓這兩家政府贊助機構，可以用比政府借款高不了多少的利率借錢。長久以來，兩房的主管機關聯邦住宅事業監督局秉承國會的命令，要求兩家公司只持有少許現金作為緩衝，應付可能的虧損。然而，投資人對兩家政府贊助機構有隱含性保證的信心，經歷經濟和房市的波動起伏，大致上都沒有動搖。

在正常時期裡能夠取得低利資金，為兩房帶來驚人的利潤，兩房在一種特別賺錢的策略中，利用低利取得的資金，購買和持有價值數千億美元的房貸抵押擔保證券，包括很多自己發行和保證的房貸抵押擔保證券。他們從持有的房貸抵押擔保證券中賺到的利率，高於他們所付出隱含補貼的借款利率，這種情形看來像是終極的白吃午餐——源源不絕的利潤，卻沒有明顯的風險。國會也分享這種白吃的午餐，藉著要求兩家政府贊助機構動用若干獲利，支持國會議員選區裡的住宅營建計畫。兩房也把一部分的利潤，用在遊說和政治捐獻上，鞏固這種融洽的關係。這些影響力大致保護兩家公司，熬過了二〇〇三到二〇〇六年間發生的高估盈餘、造成公司若干最高經理人領取巨額獎金的一系列會計弊案。

雖然（或者可能是因為）聯準會經常表示關切兩家公司所顯露的風險，兩家公司因此也努力跟聯準會維持良好關係。我們會定期收到研究報告，有些報告由著名經濟學家執筆，所有報告的結論都不變，都斷定說兩家政府贊助的機構像住宅一樣安全。我出任聯準會主席初期，跟他們的經理人和經濟學家開過幾次會，討論過房市和兩家政府贊助機構的狀況。當時兩家公司執行長的資歷都相當淺，波士頓聯邦準備銀行前總裁理察・賽倫（Richard Syron）在二〇〇三年下半年，才接任房地美公司的執行長，戴著眼鏡的賽倫一口波士頓腔，似乎很清楚政府贊助機構地位與生俱來的衝突（而且還覺得有一點慚愧）。一年後，房利美公司執行長富蘭克林・雷因斯（Franklin Raines）辭職（是房利美會計弊案的受害者），接掌房利美，出任臨時執行長的人，是曾經在海軍陸戰隊服役時得過勳章、又是哥倫比亞廣播公司電視新聞前主播羅傑・莫德（Roger Mudd）的兒子丹尼爾・莫德（Daniel Mudd）。小莫德比賽倫積極進取，讓我覺得他是會強力維護他們公司利益的人。

包括政府審計總署和國會預算局在內的批評者，經常針對政府將來或許必須為這兩家公司紓困的可能性，提出警告。葛林斯班在聯準會幕僚的協助和敦促下，經常毫無顧忌地發表他的看法。我擔任聯準會主席後，繼續批評這兩家公司，認為政府贊助機構的兩房資本水準很低，會為納稅人和整個金融體系帶來風險。

二〇〇七年，抵押貸款危機開始時，乍看之下，政府贊助機構的兩房會像他們和支持者的期望和承諾一樣，可能有助於穩定房市。投資銀行和民間公司，一直在自行創造沒有保證的房貸抵押擔保證券，這些所謂的自有品牌證券當中，有很多是利用兩房不願意證券化的房貸（這種不符合兩房保證或收購標準之房貸，俗稱非標準型房貸）。不合格的原因有兩種，不是金額超過國會容許的合法最高金額，就是不符合兩家政府贊助機構的評等標準。當很多抵押貸款評等不佳的消息透露出來後，投資人對新發行自有品牌房貸抵押擔保證券的需求消失無蹤，當時創造這些非標準型房貸的銀行或其他放款人別無選擇，只能自己保留這些證券。大多數貸款機構這樣做的能力或意願有限，這顯示，只有符合兩房保證或收購標準之標準型房貸，可以支持房市的運作。到二〇〇八年夏季，兩房擁有或保證的美國抵押貸款價值大約為五．三兆美元——其中大約一半尚未償還。在民間部門競爭者紛紛倒閉後，政府贊助機構的兩房，變得更為不可或缺。

但是兩家公司實際上到底有多堅強？事實證明，兩家公司自吹自擂的承保標準，並不能確保他們只買進優質房貸。兩房不可以直接向貸款機構，購買次級房貸和其他奇怪的房貸，然而，兩家公司擔心自有品牌房貸抵押擔保證券的競爭，又熱中於賺取評等較差房貸可能承諾的高報酬率，因此，購買和持有包括次貸和其他較低評等房貸在內的自有品牌房貸抵押擔保證券。根據某些估計，二〇〇四到二〇〇六年間，較低評等自有品牌房貸抵押擔保證券的發行總額大約為一．六兆美元，兩房大約購買了其中的三分之一。兩家公司的執行長都強力支持這種策略，即使較低評等房貸的損失開始升高，他們的決心依然不變。

房價持續下跌，房貸逾期還款和違約案升高到大蕭條以來僅見的水準，而且這種情形並非只限於次貸借款人。六月初，我們的經濟學家告訴我，他們預期二〇〇八年內，會有二百二十萬棟住宅遭到查封，遠高於二〇〇七年的一百五十萬棟。逾期還款對兩房是雙重打擊，不但兩房資產負債表所持有的房貸會虧損，而且別人持有、由他們保證的房貸也會虧損。

由獲利轉為虧損，兩房因此刪減發給股東的股息，股價因此暴跌。股票投資人從來沒有期望得到政府隱含性保證的保護，實際上也沒有得到這種保護。隱含性保證確實促使大部分投資人，沒有拋棄兩房的房貸抵押擔保證券與債券，但是現在連他們的信心都在流失，海外投資人的想法原本也是如此。外國中央銀行與主權財富基金（例如替產油國投資盈餘的基金）都抱著滿手兩房的房貸抵押擔保證券，因為他們認為，這種證券近乎可以取代美國政府公債，又具有很高的流動性，買賣起來更方便。二〇〇八年時，光是中國一國，就持有七千多億美元的兩房房貸抵押擔保證券，略微超過所持有的長期美國公債。

隨著大家對兩家政府贊助機構的疑慮增加，鮑爾森和我都接到各國央行總裁、主權財富基金經理人、東亞與中東國家官員的電話。這兩家公司安全嗎？美國政府會支持兩家公司嗎？好幾位打電話給我的人，都不知道政府原本就不保證這兩家政府贊助機構，新聞報導已經針對有關的風險警告他們。我盡量安他們的心，卻沒有資格提供暗示性或其他性質的保證。

因為系統中似乎有極多的風險，鮑爾森和我都渴望國會把重點放在金融管制的缺失上。七月十日，鮑爾森和我針對需要全面改革的問題，在法蘭克主持的眾院金融服務委員會上作證，鮑爾森強調金融服務的監督支離破碎，具有天生固有的問題，建議國會要求聯準會負責金融體系的整體安定，這點正是財政部三月所提管制建議中的重要特色，這項建議似乎贏得普遍歡迎的反應（法蘭克說，聯準會承擔這種角色並不理想，卻是最好的辦法。他舉喜劇演員亨尼·楊曼（Henny Youngman）的話為證：有人問楊曼：「尊夫人好嗎？」楊曼回答說：「跟什麼相比？」」鮑爾森和我都呼籲制定更有秩序的系統，好讓瀕臨倒閉的大型金融公司能夠再站穩腳步。法蘭克希望能在二〇〇九年初完成立法，但我覺得這樣不切實際。

事情的進展比國會的辯論快多了。聽證會舉行前的星期一當天，兩房股價劇跌，因為某位分析師猜測：由於會計上的變化，兩房可能必須募集數百億美元的新資金。會計規則和管制標準鬆散，是兩房面對所持有或保證房貸可能虧損的金額時，可以持有非常少資本的原因，很少人懷疑這一點。

同時，聯邦存款保險公司在這一周周末，接管印第麥克銀行。該行倒閉讓聯邦存款保險公司大約耗費了一百三十億美元，事後，儲蓄機構監理局局長賴希和紐約州參議員恰克．熊默（Chuck Schumer）互相指責。印第麥克銀行是從六月二十六日以後，才開始遭到存戶大力擠兌，因為當時熊默在發給賴希和聯邦存款保險公司的一封信中說，印第麥克銀行「對納稅人和借款人都構成重大風險」。賴希發布了一份新聞稿，抱怨熊默的信函引爆了擠兌，熊默回應說，擠兌的起因是主管機關疏於防止印第麥克銀行「差勁而鬆散的放貸做法。」兩個人的話都有道理。印第麥克銀行深陷困境，無論如何一定會倒閉，但是，在金融危機時，政府官員的話影響力特別大。

兩房需要扶助，而且，就像印第麥克銀行崩潰所顯示的一樣，財政部和聯準會很快就必須謹慎小心，不能在極多的言語中，承認這種事實。雖然兩房有著政府的隱含性保證，投資人還是很擔心兩家公司發行的新債券，謠言也在市場參與者之間傳開，說聯準會很快就會對兩房開放貼現窗口。我當然不希望這樣做，如果聯準會多年來一直在批評兩房，現在卻要幫忙他們，為他們紓困，這樣會變成多麼可笑的諷刺呢？此外，我認為兩房應該由國會和行政部門負責。路透社報導一則謠言，說我跟賽倫談到對兩房開放貼現窗口的事情，因此，我發了一封電子郵件給各聯邦準備銀行的總裁，我寫道：「這則謠言絕無事實依據，我希望澄清這一點。」相反地，我計畫派我們的金檢官員，對這兩家政府贊助機構的狀況，進行獨立的評估。我們能夠採取什麼做法，要以最好的資訊為基礎。

聯準會和通貨監理局，曾經跟兩房的主管機關聯邦住宅事業監理局達成過協議，要求大家「加強對兩房所面臨風險的共同了解」。換句話說，銀行監理官員會深入檢查兩房的帳簿。柯恩希望檢查悄悄進行，以免激發市場的恐懼心理。為了做到這一點，聯準會和通貨監理局選擇，在聯邦住宅事業監理局的辦公室裡對兩房進行金檢，而不到它們的公司去。

我反對支持兩房的決心沒有撐多久。在印第麥克銀行倒閉那天，兩房的股價、尤其是房利美的股價劇跌，連小布希總統和財長鮑爾森的支持性言論都撐不住兩房。兩房的總市值在一星期內接近腰斬，同時存戶在印第麥克銀行擠兌的場景，在有線電視台上一播再播，而原油價格也漲到每桶一百四十五美元的天價。在所有利空消息紛紛傳播之際，鮑爾森打電話給我，告訴我他已經得到總統的允許，要請求國會對兩房伸出援手。

鮑爾森一直把他跟國會磋商的進展，知會我們，也把他和兩房經營階層的談話，知會我們。在房貸虧損升高、投資人對兩房的信心下降之際，鮑爾森認為自己已經別無選擇，只能請求國會授權動用必要的金融支援，以便穩住這兩家公司。然而，他擔心提議立法之舉，會透露政府十分關切這件事，反而可能造成兩房遭到擠兌。他問我，聯準會是否願意對兩房提供暫時性的信用額度，到完成立法為止。

我勉強同意。要貸款給不是銀行、沒有資格向我們正常貼現窗口貸借的兩房，我們必須動用另一條難得動用的貸款授權，這項權限訂在聯邦準備法第十三條第十三款條文中。我們在第十三條第十三款中的權力，比拯救貝爾斯登時動用的第十三條第三款的權力還有限。根據第十三條第十三款，我們的貸款必須由國庫券或由兩房之類「機構」保證的證券擔保。但兩項權力都只能在異常緊急的情況下動用——第十三條第三款的動用要依據法律，第十三條第十三款的動用要根據聯準會理事會的法規。鮑爾森強調，我們的信用額度一定是暫時性和預防性的貸款。而且，跟聯準會的所有貸款一樣，任何信用額度的擴大，應該有擔保品的全額擔保。因此，我跟聯準會理事商量，他們全都認為維持兩房的穩定至為重要。理事會在七月十三日星期日這天開會，同意動用第十三條第十三款條文的授權，下令紐約聯邦準備銀行在必要時，可以貸款給兩房。我們在新聞稿中表示，我們採取行動，「意在協助確保兩房在金融市場壓力龐大期間，提升兩房供應房貸信用的能力。」

七月十五日，鮑爾森在參院銀行委員會中努力推銷，證管會主委柯克斯和我坐在他旁邊。鮑爾森請求國會授與「非特定的」——意思是無限制的——權力，以便行政部門購買這兩家政府贊助機構的證券與股票。鮑爾森解釋說，無限制授權會讓市場極為安心，以至於他或許可以避免動用到這種授權。他說：「如果你口袋裡有一把水槍，你可能會遇到用上它的機會，如果你有一支火箭筒，大家都知道這件事，你可能就不必拿出來。」市場的恐懼有時候可能自我實現，強力展示可以避免最差的結果。鮑爾森的話讓我想到「壓倒性兵力」的軍事原則，這種原則是促成快速投降、盡量降低傷亡的方法。

眾議院在七月二十三日、參議院在七月二十六日，分別通過支持這兩家政府贊助機構的法案。七月三十日，小布希總統簽署通過，成為法律。該法也包括批評者長久以來主張的政府贊助機構改革措施——更強健的資本規定、更有力的新主管機構聯邦住宅金融局（Federal Housing Finance Agency, FHFA）取代聯邦住宅事業監理局。如果是五年前，批評者會歡慶這些改革是真正的進步，但是，事後證明，到了二〇〇八年夏季，在當時兩房和金融市場的情況下，這些改革大致上都已經無關緊要，真正重要的是支援措施。

二〇〇八年八月五日的聯邦公開市場操作委員會會議，是瑞克最後一次的會議，也是聯準會理事杜克的第一次會議（小布希總統在二〇〇七年五月提名她和第一資本金融公司的柯雷恩出任理事。）。我很遺憾地看著瑞克回哥倫比亞大學，他早早就熱心支持採取強力行動，對抗金融動盪。為了讓歡送他的午餐會氣氛輕鬆，我所需要做的事情是朗讀他先前在聯邦公開市場操作委員會會議上的發言。例如，他有一次描述自己對於聯邦公開市場操作委員會投票比數接近時內心的矛盾；「你們都知道，要在這個結構令人不自在的職務上保持中立，實在很困難。」

杜克的大部分事業生涯都是在維吉尼亞州經營社區銀行（不過一系列的併購案最後促使她落腳美聯銀行）。她友善而仁慈，加入聯準會理事會備受歡迎，但必要時，她也很直率。我經常仰仗她絕佳的見識，她帶來銀行家的務實觀點，對聯準會理事會和聯邦公開市場操作委員會的經濟學家大有助益。我在會議開始前，主持她宣誓就職的儀式。她等了十五個月的時間，參議院才通過她的提名。柯雷恩的提名卻遭到參院阻擋，原因是公眾事務倡議人士抱怨他的僱主第一資本金融公司的次貸做法。柯雷恩多次打電話給我，表達他深切的挫折和失望。

蘭迪的理事任期已經在一月底屆滿，民主黨拒絕通過他的新任期。除了杜克通過任命的例外之外，參議院似乎是在創造一個令人遺憾的慣例，也就是在總統任期最後一年到一年半期間，誰都不能通過聯準會理事的任命。（在二〇〇〇年總統大選前一年的一九九九年裡，參院銀行委員會主席達德的共和黨前任主席菲爾．葛蘭姆（Phil Gramm），曾經杯葛柯林頓總統提名佛格森出任聯準會理事第二任任期的案子，總統大選後，小布希總統重新提名他。）我很感激蘭迪同意繼續服務到替代人選宣誓就職為止。但不幸的是，兩位聯準會理事的職位大致因為政治原因懸缺未補，以至於在艱困時期人手不足。

紐約聯邦準備銀行總裁杜德禮在聯邦公開市場操作委員會會議上簡報時，把主題放在兩房事件的發展上。前一周才完成立法程序的法律有助於防止市場崩解的慘劇，維護了兩房保證的房貸抵押擔保證券市場，也維護了兩房發行、用來融通建立本身投資組合所需資金的債券市場。但對房市來說，這些措施頂多只能治標。雖然新法容許兩房增加房貸抵押擔保證券投資組合，支持房貸市場，兩房卻減少自己的資產，以便降低風險。而且，新法中雖然加上「火箭筒」條款，外國投資人也紛紛撤退，不再購買兩房的證券。在房貸抵押擔保證券需求減少的情況下，結果是推高房貸利率，雖然我們急劇降低聯邦資金利率，三十年期房貸固定利率卻在6.5％的高檔盤旋，高於開年時的5.5％。

我請杜德禮做簡報時，討論聯準會的資產負債表狀態。我們面臨的可能是真正重大的問題，就是我們能不能繼續對金融機構緊急貸款，同時設定足以壓制通貨膨脹的短期利率水準？我們的政策架構中，可能有兩個關鍵因素互相衝突，一個是用貸款紓解金融情勢，一個是設定短期利率。

聯準會放款時，會收取證券或銀行貸款作為擔保品，收受貸款的一方會把資金存在商業銀行中，商業銀行再把資金加在自己的聯準會準備帳戶中。銀行持有大量準備金時，幾乎不需要向其他銀行借錢，因此，銀行間互相拆借短期貸款的利率──聯邦資金利率──通常會下降。

但是聯邦公開市場操作委員會制定貨幣政策時，同時訂定相同的短期利率目標。如果我們不採取抵銷行動，我們的緊急貸款──會提高銀行在聯準會帳戶中的準備金──通常會壓低聯邦資金利率和其他短期利率。我們從四月開始，把聯邦資金利率目標訂為2％──我們認為，這是平衡我們支持就業與控制通貨膨脹兩大目標的適當利率水準。我們需要繼續推動緊急貸款，同時要防止聯邦資金利率跌到2％以下。

到目前為止，我們成功地解決了潛藏的矛盾，方法是每貸出一美元的緊急貸款，就從我們的投資組合中，賣出價值一美元的國庫券。賣出國庫券會抽走銀行體系中的準備金，抵銷因為我們的貸款而增加的準備金。這種叫做沖銷的程序，讓我們可以視需要放款，同時把短期利率維持在我們需要的水準上。

但是這種解決之道不能無限期地持續下去，我們已經賣出很多我們持有的國庫券，如果我們的貸放繼續擴張──對我們的貸款潛在的需求看來經常是沒有止境──我們可能變成沒有國庫券可以賣出，無法再推動沖銷，這時任何額外貸款挹注的資金，一定會造成銀行的準備金水準提高，我們可能失去對利率的控制能力。我們對這一點十分憂心忡忡，擔心聯準會貸款方案[12]日增的聯邦公開市場操作委員會委員，還會因為這件事，獲得額外的攻擊火力。

威考克斯在杜德禮之後提出簡報，告訴聯邦公開市場操作委員會，小布希政府的臨時性減稅有助於略微提高今年稍早的經濟成長率，但是就業數據疲軟無力、金融動盪重新出現，促使幕僚預測二〇〇八年下半年的經濟成長率會低於0.5%。我們針對銀行放款職員所做的每季調查，揭露一項令人特別擔心的發展，就是銀行已經急劇緊縮貸款條件，特別是針對家庭貸款。幕僚維持四月時首次提出的看法，認定經濟不是已經陷入衰退，就是即將陷入衰退。

同時，我們不能完全排除通貨膨脹隱憂。油價已經從七月份每桶一百四十五美元的天價紀錄，跌到一百二十美元，然而，幕僚經濟學家仍然認為，今年下半年，通貨膨脹率會維持在令人不安的3.5%高檔，即使排除波動激烈的食物和能源價格，幕僚仍然預期通貨膨脹率會升高到2.5%，超過聯邦公開市場操作委員會大多數委員所能接受的水準。我們像所有中央銀行官員一樣，總是保持警覺，害怕家庭與企業對我們維持物價穩定的決心可能失去信心。的確如此，歐洲央行為了因應可預見的通貨膨脹風險，一個月前才剛剛提高利率，不顧經濟成長減緩、也不顧金融壓力持續存在的情勢。然而，我仍然支持擔心金融壓力會削弱經濟成長和就業的委員，我們同意維持我們的利率目標不變，等待更多的資訊。只有達拉斯聯邦準備銀行總裁費雪投反對票，因為他希望立刻提高利率目標。

這種結果很好，但十票贊成，一票反對的票數無法呈現出委員會中升高的鷹派氣氛。我在隔天發給柯恩的電子郵件中發洩道：「我發現自己得不斷安撫那些抱持不合理意見的人。這些人認為即使經濟和金融體系陷入危機、通貨膨脹和商品壓力減輕的情況下，我們仍應採取緊縮的政策。」這封電子郵件的標題是「葛林斯班會怎麼辦？」。出任聯準會理事前是葛林斯班最親密顧問的柯恩向我保證，在這種情況下，我對聯邦公開市場操作委員會的管理，跟他預期的一樣好。他寫道：「現在不清楚的是，咯咯作響的輪子是否代表大多數委員」。他提醒我，葛林斯班主政時，事情並非總是很順利，這位大師在一九八七年經過三次沒有人投反對票的蜜月期後，在後來二十一次會議中的十九次，都曾經碰到反對意見。

對於習慣觀察立法團體或最高法院，知道他們的正反票數十分接近，這沒有什麼不尋常的人來說，我擔心聯邦公開市場操作委員會有投票權的全部十二位委員中，有幾個人持反對意見的想法，看來似乎相當奇怪。但是，聯邦公開市場操作委員會會議具有共識決的傳統，在這種情況下，「反對」票代表強烈不同意的聲明。大多數國家的中央銀行都努力呈現統一戰線的立場，但是也有像英格蘭銀行一樣的例外，英格蘭銀行總裁（相當於聯準會主席）有時候還是會受挫於多數票。央行影響金融狀況——進而影響經濟——的能力，有一部分取決於市場是否相信央行會遵循一貫的政策路線，我擔心太多的反對票可能破壞人民對我們的信任。

華府八月的步調通常很慢，國會休會，聯邦機構的很多員工休假。然而，二〇〇八年八月的聯準會

12 財政部多少幫我們解決了一部分問題，方法是在債券市場中籌資，再把得到的資金存進聯準會。財政部的補充融資方案（Supplementary Financing Program）從民間部門抽出現金，讓我們可以融通我們的緊急貸款，卻不至於增加銀行的準備金。然而，補充融資方案規模大小不一，在政府逼近法定舉債上限時，必須停止操作，因此，這樣做不是解決我們問題的可靠方法。而且身為地位超然的央行官員，我們在制定貨幣政策時，不喜歡依賴財政部的幫忙。

卻像去年八月一樣忙碌。我甚至懶得計畫度假，不過我還是偶爾會去看看華府國民隊的比賽。在金融危機加重之際，棒球是我僅存的少數喘息時刻之一，至少一次能休息個幾小時。自從二〇〇五年國民隊落腳華府以來，我一直是國民隊的球迷。不幸的是，我不能關掉黑莓機，而且經常被迫在體育館裡，尋找安靜的角落，好接電話。某一個星期天下午，我在體育館的急救區找到庇護所，兩位護士好奇地看著我低聲講電話。

八月六日，華許報告他和房利美執行長莫德早餐會議的情形：房利美第三季的成績會「很慘」，虧損會比市場預期的高出三倍；莫德擔心公司可能沒有足夠的資本，跟他先前比較自信的語氣相比，這種情形是一種變化。我從金檢官員口中，聽到房地美應該也會宣布重大的虧損，不過賽倫繼續堅持他們公司應該可以募得五十五億美元的資本（根本沒有募到，不過房利美遵照承諾，募到了七十四億美元）。八月十一日，鮑爾森和財政部的幕僚來到聯準會總部的艾寇斯大樓，要來開一場跟兩家政府贊助機構有關的會議，杜德禮和紐約聯邦準備銀行的其他人利用電話，跟我們一起開會。兩房雖然經過七月的改革，資本仍然無法彌補可能的虧損。

七月制定的法律中，有一條條文規定，聯準會必須就兩房的財務狀況，跟兩房的新主管機關聯邦住宅金融局磋商。八月二十四日，柯恩、華許、我和我們的幾位監理官員，跟聯邦住宅金融局局長吉姆·洛克哈特（Jim Lockhart）和他的幕僚開會，討論如何根據初夏完成的非正式安排，建立更完善的機制。我喜歡洛克哈特，他是跟數字為伍的人，原本擔任社會安全管理局營運長，曾經持續一貫地指出兩房的資本額不足。但他顯然陷入兩難，一方面憂心兩房的問題，另一方面也擔心機關主管難免會想保護員工的特權。我在一般事務上，都努力體會其他機關的地盤意識，認為這樣做可能比較容易培養合作關係和良好政策，但是兩房的狀況日益惡化，華許在一封電子郵件中寫道：「兩房以這麼低的資本水準經營這麼久，處在失能和內部力量混淆不清的情況下這麼久，我覺得他們隨時可能爆炸。」

兩房的問題恐將進一步破壞脆弱不堪的金融市場，粉碎房市復甦的任何希望。我們在不動用特別授權的情況下，有權購買兩房保證的房貸抵押擔保證券，因此，我問杜德禮，我們是否應該這樣做，以便協助房市。杜德禮起初感到懷疑。在技術上，要有效購買和管理兩房證券可能很難，而且（就像他在聯邦公開市場操作委員會會議上解釋的一樣）我們的資產負債表上購買更多證券、同時維持貨幣政策控制的迴旋空間有限。不過，他同意研究這個構想。

這一年的夏天裡，我們的雷達幕上，不是只有印第麥克銀行、房利美和房地美有問題而已，我們也在監視華盛頓互惠銀行（Washington Mutual）。華盛頓互惠是設在西雅圖的房貸放款機構，主要的主管機關是儲蓄機構監理局，聯邦存款保險公司因為提供存款保險的關係，也在監視這家公司，舊金山聯邦準備銀行也一樣，因為華盛頓互惠可能向貼現窗口貸款。

華盛頓互惠銀行在一八八九年創立，目標是協助西雅圖從燒燬整個商業區的大火中重生。隨後的一個世紀裡，華盛頓互惠熬過了很多重大創傷，包括大蕭條時代的銀行擠兌，一直到一九八〇年代的儲蓄貸款機構危機時，差點倒閉。公司在一九八〇年代學到的教訓，是要長久存活，需要不斷成長和多角化經營，為了達成目的，公司主要是靠併購其他公司。最相信這一套的莫過於華盛頓互惠的執行長凱利·吉林傑（Kerry Killinger），吉林傑原本是股票分析師，顯然染過的黃褐色頭髮經過細心的梳整，他的綽號叫「勁量銀行家」，一九九〇年他四十歲時，接掌這家公司，然後透過一系列驚人的併購，把華盛頓互惠變成美國最大的家庭貸款業者，最後變成美國第二大的房貸公司，僅次於全國金融公司。我在聯邦顧問理事會會議上，跟吉林傑見過幾次，聯邦顧問理事會（包括每一個聯邦準備區的一位銀行家）依據聯邦準備法成立，意在為聯準會提供諮詢建議。即使在這麼古板的會議上，吉林傑的精力和強烈的意見都能夠散發出來。

擴張太快也可能產生危機，早在二〇〇四年，儲蓄機構監理局就對華盛頓互惠銀行是否盡其所能，整合很多併購來的事業，表示過關切之意。更糟糕的是，打進次級房貸是華盛頓互惠成長策略的一環，久而久之，這種業務開始出現重大虧損。二〇〇八年三月，我們的監理官員報告，指出華盛頓互惠正在召開緊急董事會，考慮可能的因應措施，包括把公司賣掉。董事會聘請雷曼兄弟公司幫助尋找可能的買主。

到二〇〇八年夏季，華盛頓互惠銀行能否繼續存活似乎變成了問題。然而，儲蓄機構監理局認為，這家公司的問題雖然嚴重，卻可以控制。比較保守的聯邦存款保險公司，總是對會讓存款保險基金破產的風險很敏感，希望介入干預。我們的人支持聯邦存款保險公司，我擔心儲蓄機構監理局太重視維護自己監管的客戶，對比較廣泛的系統性風險不夠重視。八月二日，我很高興聽到賴希說要把吉林傑換下台，看來儲蓄機構監理局對這件事的確很認真。

柯恩注意華盛頓互惠銀行的狀況，定期提出報告。（賴希主管的）儲蓄機構監理局和（貝兒主管的）聯邦存款保險公司之間，緊張氣氛持續不斷。貝兒希望華盛頓互惠積極尋找潛在的買主，最好還不只找一、兩家，這樣應該可以確保公司可以用合理的價格賣出去，避免聯邦存款保險公司的賠付。貝兒通知儲蓄機構監理局，必要時，她打算接觸富國銀行（Wells Fargo）和摩根大通銀行，評估他們的興趣。但是柯恩報告說，儲蓄機構監理局的官員大為惱火，指控聯準會和聯邦存款保險公司「掩護摩根大通銀行」，貝兒因此暫時打退堂鼓。

到八月下半月，傑克森霍爾會議漸漸逼近。大家應該會特別注意我今年的講詞，我糾纏幕僚和聯準會幾位委員，請他們審閱我一再改寫的草稿。我希望演講能夠為貨幣政策提供路線圖，同時承認特別高的不確定性。

八月二十一日星期四，精選的與會人員齊聚傑克森客棧旅館，大提頓山脈白雪皚皚的峰頂像平常一樣，總是讓人驚嘆。和過去的歲月相比，不變的是裝了指向天空的碟形天線的轉播車，以及旅館陽台上搭好方便採訪的多座帳篷，加上站在山脈前方，對著攝影機講話的電視記者。

聯準會技術人員再度在會議廳裡，設置了資訊中心。華許、蓋特納、柯恩和我經常離開正式的會議議程，討論有關兩房的最新市場數據和發展。我們設法在不同的時間離開會場，以免引人注目，我也找出時間，跟外國央行官員會面，告訴他們最新的發展、聽取他們的看法和關切。

兩房的消息不好。聯準會和通貨監理局金檢官員意見一致，認為實質的評估應該會使兩房破產。投資銀行摩根士丹利公司的小組正在替財政部評估兩房，也即將得出相同的結論。如果干預變成確有必要，最可能的做法似乎是接管（破產）或監管，監管是破產之外的另一個方法，遭到監管的公司會在主管機關的指導下繼續營運。

星期五早晨，我演講時開宗明義的指出，金融緊張情勢持續，經濟走弱，通貨膨脹躍升，創造出「記憶中最具挑戰性的經濟與政策環境」。我設法引導市場，期待穩定的貨幣政策：我們會保持政策寬鬆，以便支持經濟，但是我們也會採取必要行動，確保物價穩定。我也解釋我們干預貝爾斯登的原因，說明避免將來危機的方法。我像過去一樣，主張金融管制應該採取更普及整個系統的方法，以便偵測現行支離破碎管制性監督可能忽略的風險和危機。

我講完後，會議的其他重點放在金融危機的因果關係上。耶魯大學的蓋瑞．戈登（Gary Gorton）認為，當前的金融恐慌在結構上類似十九世紀和二十世紀初期的恐慌，但是有很多細節不同。我同意他的說法，的確如此，我們認為，我們對恐慌的反應實踐了央行作為資金最後融通者的經典角色。研討會的其他演講者和參與者的看法沒有這麼寬宏大量，我們干預貝爾斯登的行動遭到很多批評。有些參與者認為，讓一家大型金融公司倒閉應該對金融體系有益。倫敦政經學院的威廉．畢特（Willem Buiter）毫不留情地抨擊我們的貨幣政策和貸款方案，他說，過度寬鬆的貨幣政策會帶來嚴重的通貨膨脹。我在發給幕僚長蜜雪兒和史基默的電子郵件中，半開玩笑地表示，我應該公開跟畢特打賭未來一年的通貨膨脹率，他們立刻否定了這個構想（但是，如果打賭的話，我應該會贏。）會議上對於經濟或我們到目前為止的因應做法，確實沒有什麼共識，而且很少人知道未來會有什麼變化。

星期五晚上，我和會議的其他與會人士，到世界銀行前總裁伍芬松（Jim Wolfensohn）在傑克森霍爾的家裡，參加一場小型晚餐會，他也是伏克爾的事業夥伴。我們討論過去一年的大事，伍芬松問在座的人，我們所經歷的事情到底是將來經濟學教科書的一章，還是一個附注。在座的人大多認為，應該是一個附注。我不願意回答，卻仍然對這件事不是附注抱著一線希望。

九月一日是勞動節，但是因為兩房情勢危急，我們繼續努力工作。財政部、聯準會和聯邦住宅金融局的代表在這三天的長周末裡，每天都在財政部長三樓辦公室對面的大會議室裡開會，大家都穿著便裝，幕僚來來去去。除了我以外，聯準會的代表包括柯恩、華許、艾法雷斯和率領聯準會檢查兩房帳目的金檢小組官員提姆．克拉克（Tim Clark）。

在財政部安排一個戰情室很合理——畢竟國會已經把火箭筒交給鮑爾森了。鮑爾森逐一處理各項問題時，要求大家提出解決之道或更多的分析，我可以看出他為什麼是個高效執行長的原因，他像規劃在敵境突襲行動的將軍一樣——就我們討論的事情來說，這個比喻不壞——希望確定我們徹底思考過每一種可能性。我們認為，接管兩房是穩定兩房唯一的方法。要在周末無預警或不走漏消息的情況下這樣做，一定很難，但是，鮑爾森也要求財政部和聯準會的幕僚，徹底思考在接管後，如何維持兩家公司的有效營運；另外，律師們也協助我們找出除了接管之外，還可以有哪些選擇？而且我們也辯論財政部提供的保證結構，釐清財政部為兩房債務和兩房支持的房貸抵押擔保證券，所提供的保證形式。另一個問題是，如果兩房決定對抗接管，我們該怎麼辦？如果他們抗拒接管，可能產生的法律不確定期間，將會造成什麼損害？我們如何確保兩家公司留住重要的員工？

接管的外溢效果也難以預估。例如，很多小銀行持有大量的兩房股票，我擔心接管會進一步壓低這些股票的價值，從而造成社區銀行倒閉。我請我們的幕僚設法估計社區銀行對兩房的曝險，但是，因為資料有限，他們的答案中猜測的成分很高。

規劃持續了整個星期，九月四日星期四早上八點，財政部、聯準會和聯邦住宅金融局的小組再度開會。克拉克的金檢小組再度證實兩房實際上已經喪失償債能力。通貨監理局和外聘的摩根士丹利公司顧問小組同意這一點。時間已經到了該發射火箭筒的時候了。鮑爾森、洛克哈特和我同意召集兩房執行長和高級經理人來開會，我們預先演練我們該講的話。

攤牌時間是隔天，地點是聯邦住宅金融局總部一間毫不起眼的會議室，跟白宮和財政部相隔不到一個街口。我們一直避免會議的消息洩漏，一直到《華爾街日報》記者達米安・巴雷塔（Damian Paletta）

看到我從大門走進聯邦住宅金融局為止，他把新聞發到《華爾街日報》的財經新聞快報上。鮑爾森告訴莫德和賽倫，政府要把兩家公司列入監管時，兩人顯然都很震驚。不用清算而用接管的方式，可以確保兩房能夠繼續扮演支撐房市的角色。接管也可以保護持有兩房債券和房貸抵押擔保證券的人，避免造成全球金融市場發生恐慌。財政部會在兩家公司挹注必要的資本，維持兩家公司的償債能力。

我接著說話，強調經濟情勢的嚴重性，也強調穩定房市和金融市場符合國家利益。我說，市場已經質疑兩家公司的基本償債能力，而且市場的質疑很有道理，我們必須移除跟兩房有關的不確定性，避免更大的金融波動。同時，為了美國房市，兩家公司必須繼續經營。接著洛克哈特開口，討論他所發現的細節，以及他所主管官署應該會採取的行動。鮑爾森請兩位執行長向董事會解釋，兩家公司反正都會遭到接管。鮑爾森一定很有說服力，因為莫德和賽倫都沒有抗拒。

我們決定把他們換掉，這時，鮑爾森長期在金融服務業工作的人脈派上用場。星期天以前，我們已經準備宣布賀伯・艾理森（Herb Allison）要取代莫德在房利美的工作，艾理森是出身美林公司的老手，當時主持美國退休教師基金會（TIAA-CREF）的退休基金。賽倫的替代人選是大衛・莫菲特（David Moffett），出身明尼亞波利斯美國合眾銀行（U.S. Bancorp）的經營階層。鮑爾森告訴他們，這種工作是為民服務的機會。

經過最初期的震撼後，包括很多國會議員的大部分圈子裡，對接管的反應都很好。包括外國央行在內的投資人如釋重負，因為美國政府對機構債券和機構保證債券的隱含性保證，已經變成直截了當的保證。財政部也宣布打算購買小量房貸抵押擔保證券，而且會提供兩家公司流動性支持，作為這兩家政府贊助機構的後盾，消除了由聯準會提供信用額度的必要（我們反正會準備好額度，作為預防措施，但這種額度後來根本沒有用到。）因為投資人對於持有兩房保證的房貸抵押擔保證券，覺得更安心，隨後的兩星期裡，房貸利率下降了半個百分點，但兩房的股價卻跌到趨近零。就像我們預測的一樣，很多小銀行持有兩房股票，我們必須保證他們的主管機關會跟我們合作，確保他們擁有足夠的資本。

前聯準會主席伏克爾在大約同一時間的一場專訪中，適當地扼要說明了現況。他說：「這是我所經歷過最複雜的金融危機，而且我經歷過的危機不在少數。」伏克爾曾經處理過的金融動盪，包括一九八二年的開發中國家債務危機、以及一九八四年美國歷來最大的銀行倒閉案——伊利諾大陸銀行（Continental Illinois）倒閉案，這個紀錄應該只能再保持一陣子而已。

第十二章　雷曼兄弟：水壩潰堤

Lehman: The Dam Breaks

二〇〇七到二〇〇八年間落難的所有公司中，最具有危機爭議性或象徵性的公司，莫過於雷曼兄弟公司，這家充滿傳奇的公司，其起源可以追溯到南北戰爭前美國南方的投資銀行。

雷曼兄弟公司是一八五〇年由亨利、艾曼紐和梅爾（Henry, Emanuel, and Mayer）三兄弟創立的棉花經紀商，三兄弟是從巴伐利亞移民阿拉巴馬州蒙哥馬利（Montgomery）的猶太後裔。一八六八年，三兄弟把公司總部搬到紐約市，還協助創立了紐約棉花交易所。二十世紀初期，雷曼改為經營投資銀行業務，為美國從航空到電影之類的新興成長公司，安排他們所需要的融資。後來，雷曼家族也開始在紐約政壇上發跡，梅爾．雷曼的兒子賀伯特．雷曼（Herbert Lehman）在小羅斯福（Franklin D. Roosevelt）擔任紐約州州長期間，擔任副州長，然後在一九三三年小羅斯福出任總統後，繼任州長。

到一九八四年，雷曼兄弟的事業似乎劃下休止符。美國運通公司買下雷曼兄弟公司後，把雷曼兄弟跟旗下的零售證券商協利證券公司（Shearson）合併，創立協利雷曼公司（Shearson Lehman）。但是協利雷曼經理人與母公司經過幾年的互相毀謗後，美國運通在一九九〇年，把協利雷曼的名字恢復為雷曼兄弟公司，再於一九九四年把公司分拆出去，成為獨立公司。

恢復公司往日榮光的責任落在新執行長狄克．傅德肩上，傅德是在一九六九年進入雷曼兄弟公司，擔任商業本票交易員，是競爭力強大、身體精瘦、眼眶深陷、脾氣暴躁的人，綽號叫做大猩猩，散發的形象跟一向優雅合宜的投資銀行家正好相反。但是他達成了當初的既定目標，把公司的獲利提高好多倍。九一一攻擊損壞公司設在世界金融中心三號的總部後，他從勁敵摩根士丹利公司手中，買下曼哈頓中城的一棟建築，在一個月內重新站起來、重新營業。二〇〇六年，《財星雜誌》刊出一篇文章，稱讚雷曼兄弟過去十年創造「歷來最傑出的經營成就」，說：「傅德極為徹底改造雷曼，到了比較像是創辦人、比較不像執行長的程度。」到二〇〇八年，傅德變成華爾街大公司中任職最久的執行長。

每次我跟傅德討論或接觸，他都明白表現出對公司認同的精神。他把公司的成就當成肯定個人的證明。同樣地，每一次有人放空雷曼兄弟的股票，或是有投資人質疑雷曼兄弟資產的評等，都會像個人侮辱一樣激怒他（實際上，放空是賭股票價值會降低——跟賭股票價值會上升的買進正好相反）但是，到了二〇〇八年夏季，傅德「歷來最傑出的經營成就」即將劃下休止符。

雷曼兄弟有兩個問題。第一，雷曼像貝爾斯登公司一樣，十分依賴沒有存款保險的短期附買回交易資金，但是雷曼比貝爾斯登多一個重大優勢，就是可以利用摩根大通銀行同意併購貝爾斯登那個周末創設的主要交易商融通機制，取得聯準會的貸款。主要交易商融通機制降低了雷曼現金意外外流的危險。然而，就像商業銀行找貼現窗口借錢一樣，利用主要交易商融通機制借錢，也帶有一些恥辱意味（沒有一家公司希望承認自己必須去那裡借錢）。三月和四月期間，雷曼一共向主要交易商融通機制借過七次錢，總金額高達二十七億美元，但是隨後就再也沒有借過。

雷曼的第二個問題更為根本，就是截至五月底該公司六千三百九十億美元資產的評等問題。即使根據危機前的華爾街標準，傅德和副手的行動都算是十分冒險，他們大力打進商業不動產、槓桿貸款（貸款給已經負債的公司，融通他們的併購和其他投機活動）和自有品牌房貸抵押擔保證券業務。在這種過程中，他們沒能遵守公司既定的風險控制方針。隨之而來的是龐大的利潤和經理人獎金。但是不動產崩盤後，其中很多資產的價值暴跌，其他公司當然也蒙受損失，但是雷曼的損失特別嚴重，可是雷曼的資本和現金儲備卻比大部分公司少。此外，傅德和手下對於自己的賭博錯得離譜，似乎抱著否定心態。和很多競爭對手不同，雷曼遲遲不減記問題不動產資產的價值。在避險基金綠燈資本公司（Greenlight Capital）投資經理人大衛·艾恩洪（David Einhorn，此君慣於反向操作）之類批評者的煽動下，投資人和對手公司愈來愈懷疑雷曼對本身資產價值的判斷。

美國證管會負責監督雷曼的主要子公司，這些子公司都從事經紀商與自營商證券買賣業務。但是，美國法律卻允許雷曼的母公司雷曼兄弟控股公司在不受證管會或任何其他官署的監督下經營。然而，為了符合歐洲主管官署頒布的法規，雷曼母公司自願同意接受美國證管會綜合監督實體方案（Consolidated Supervised Entities program）的監督。不過，這種自願安排的監督沒有法定安排嚴格，這點倒是不令人意外。

證管會雖然有心，卻不適合監督投資銀行，證管會從過去到現在，主要一直都是執法機關，證管會的律師負責執行法律，例如禁止經紀商、自營商挪用客戶帳戶中的資金，或是要求忠實揭露證券產品的相關資訊，以及處罰違規行為。證管會的目標不是確保公司良好經營，換句話說，證管會不是監督機構，不能像聯準會或通貨監理局一樣，派出金檢官員，重點檢查所監督銀行的整體安全，檢查銀行是否遵守消費者保護法規[13]。

雖然聯準會不負責投資銀行的監理，而且事實上也缺少這種權限，卻在拯救貝爾斯登後，跟雷曼有所接觸。我們建立主要交易商融通機制後，就可以要求雷曼提供資訊，因為雷曼可能需要跟我們貸款。此外，證管會正在找聯準會幫忙，摩根大通銀行買下貝爾斯登後，紐約聯邦準備銀行經常跟證管會和雷曼公司磋商——每天最多三次。我們最後會派出少數銀行金檢官員，到雷曼和其他還存在的投資銀行去。一開始時，兩個機構的關係波折重重，聯準會金檢官員擔心投資銀行的合作意願，因此，不肯把所得到的資訊，告訴證管會負責證交法執法的部門。七月七日，柯克斯和我談好並簽署合作備忘錄，訂出基本原則後，機構之間的合作大為改善。

毫無疑問的是，雷曼需要資本，需要多少卻難以判定。該公司及其批評者對於公司複雜投資的價值，有著既深且大的歧見。投資人和制定會計標準的人，主張根據比較廣泛應用的按市值計價法，由公開市場的價格決定價值。但是若干資產，例如對特定公司的個別放款，可能沒有熱絡的市場存在，而且即使市場存在，買方和賣方的人數也可能非常少，這種小型市場的價格比較不可靠，在恐慌期間更是不可靠。投資價值的高低，往往取決於你比較相信誰的假設。

13 二〇〇九年一月接替柯克斯、出任證管會主委的瑪麗・夏比洛（Mary Schapiro），二〇一〇年三月在國會作證時，承認證管會對雷曼和其他投資銀行的監督不足，她說，證管會的方案「幾乎從一開始就人力不足」，而且「真正需要的是比較接近金融監理」的方法，而不是證管會「揭露與執法的心態」。

雖然大家在估價方面有爭議，但投資人對雷曼信心缺缺卻無庸置疑，而且到頭來，這一點才最重要。早在貝爾斯登出事前很久，蓋特納和鮑爾森就一直關心雷曼是否能夠繼續生存，鮑爾森尤其關心，鮑爾森至少在一年之久的期間裡，一直對傅德施壓，要他籌集更多資本。貝爾斯登事件結束後，雷曼的信用評等遭到一連串地調降，聯準會和財政部對傅德施加的壓力逐漸升高，告訴他必須籌集新資本，或是找到願意買下他們公司大筆股權的夥伴。蓋特納是聯準會跟傅德之間的主要聯絡人，從三月到九月，蓋特納跟傅德大約講了五十通電話，傅德一再把他所採取的行動告訴蓋特納。一天經常打上幾十通電話的鮑爾森也經常跟傅德通電話。根據他們的談話，鮑爾森和蓋特納都認為，雖然傅德積極考慮很多選項，對公司究竟值多少錢，卻沒有務實的看法。

如果雷曼是中型商業銀行，強迫傅德募集更多資本就是件理所當然的事，因為，該公司要不就符合監理機關的期望，不然就是遭到聯邦存款保險公司接管，然後在必要時，對存款戶賠付。但是聯準會和聯邦存款保險公司都無權接管雷曼，聯邦存款保險公司的存款保險基金也不能用來彌補任何虧損。如果雷曼找不到新資本，政府依法只有一個辦法，就是設法迫使該公司破產，但這樣做是毀滅性手段。我們知道，因為雷曼的規模、因為雷曼跟極多金融公司和市場的廣泛關係、加上投資人信心已經搖搖欲墜，強迫該公司破產可能引發金融大亂。

六月九日星期一，雷曼宣布第二季虧損二十八億美元（是一九九四年脫離美國運通公司以來的第一次虧損），但是雷曼也表示，計畫出售新股，募集六十億美元的資本。柯恩告訴我，他認為新資本「至少應該暫時可以穩定情勢」，但是，他也警告說：「其中有更嚴重的問題。」意外的龐大虧損破壞了雷曼的信用，也引發了雷曼是否可能隱瞞其他事情的問題。柯恩說，一位「避險基金業人士」曾經告訴他，華爾街已經形成雷曼來日無多的共識。柯恩寫道：「問題是倒閉的時間和方式，而不是會不會倒閉。」我再度擔心起自我實現預言的問題：如果大家都認為雷曼難以存活，其他公司會停止跟雷曼生意往來，那麼雷曼就不可能恢復生氣。

如果雷曼無法再利用附買回交易市場籌資，我們希望它能有足夠的現金和容易變現的流動資產，暫時支撐自己所需要的資金。五月時，紐約聯邦準備銀行曾經和證管會合作，評估剩下四家獨立投資銀行（高盛、摩根士丹利、美林和雷曼）承受擠兌的能力。我們要求他們在兩種假設的情境下，接受「壓力測試」，看看他們是否具有足夠的流動資產，熬過類似貝爾斯登三月時所面臨的狀況，存活下來。我們內部把其中一種情境叫做「貝爾」測試，這種情境設法掌握貝爾斯登實際面對的壓力，第二種情境比較輕微，叫做「貝爾輕量」測試。以貝爾斯登的經驗出發，假設附買回交易放款雖然掌握有擔保品，放款人卻仍然可能擠兌。

雖然兩家投資銀行（摩根士丹利和高盛）擁有足夠的流動資產，通過「貝爾輕量」測試，卻沒有一家投資銀行通過「貝爾」測試。我們敦促這些公司解決問題，還特別告訴雷曼，至少需要另外一百五十億美元的流動資產。到七月底，雷曼報告自己的流動資產大約增加二百億美元，而且已經把若干不動產賣掉。然而，事後證明，碰到緊急狀況時，並非所有的額外流動資產都能確實動用，其中大部分已經用來當作擔保品。而且隨著信用日益喪失，雷曼的償債能力和長期生存能力讓人存疑。

八月下旬，傅德提出把雷曼分為兩半的構想：「好銀行」留住公司最好的資產，和所執行的業務，「壞銀行」持有公司的問題商業抵押貸款和其他不動產資產。雷曼公司內部把這兩個單位叫做「乾淨公司」和「分拆公司」，雷曼會在壞銀行中挹注資本，會努力為這兩個單位籌募額外的融資。鮑爾森立刻清楚表示，政府無權像傅德所建議的一樣，把資金投入壞銀行中。在適當的情況下，這種好銀行和壞銀行的策略可能會成功，好銀行在剔除問題資產後，或許可以募到新資本，壞銀行可以用高利率吸引投機型投資人提供資金，稍稍得到喘息的機會，然後再慢慢地出清資產。傅德說，他希望藉由賣掉公司最有價值的子公司，也就是名叫紐柏格柏曼公司（Neuberger Berman）的資產管理部門，來擺脫雷曼的不良資產、彌補虧損。有人認為，這個部門可以賣到七十億到八十億美元。然而，即使最後證明這個計畫可行，也要花好幾個月的時間完成，傅德卻沒有時間了。

國營的韓國產業銀行贊同傅德提出的新計畫，打算買下雷曼的一大部分股權。傅德跟韓國人談了好幾個月。其他可能的買主包括中國的中信證券公司、中東兩家主權財富基金、大都會人壽保險公司（MetLife）和英國的滙豐銀行。九月八日，南韓的主要金融主管機關批評這個交易後，韓國產業銀行撤銷原來的提案，其他可能的交易也沒有結果。傅德也曾接觸投資大師巴菲特，卻沒有成功。雷曼的股價繼續下跌（光是韓國傳來的消息就造成股價一天內從十四．一五美元，跌到七．七九美元），使募集新資本變得更為困難。

到了九月初，在準投資人紛紛避開雷曼公司的情況下，聯準會和財政部把重點放在尋找願意併購雷曼的另一家公司。鮑爾森一直跟美國銀行執行長肯恩．路易斯（Ken Lewis）保持聯絡，路易斯希望擁有投資銀行的事情廣為人知。不過，他表現得小心翼翼，不輕易透露內心的盤算。他可能對雷曼有興趣，但一切要取決於雷曼的狀況，另外還可能要取決於政府是否願意協助。路易斯認為，雖然政府沒有對他施壓，要他買下全國金融公司，他卻認為自己這樣做，有助於促進廣大金融體系的穩定。可是，我卻從我們的監理人員那兒聽到，路易斯對於他的頂頭監理機構里奇蒙聯邦準備銀行頗有微詞，因為該機構對美國銀行施壓，要求美國銀行增資，此舉違背他所認定聯準會對他的承諾。由於里奇蒙聯邦準備銀行因此對路易斯有所批判，他想知道聯準會究竟願不願意讓他買下雷曼。聯準會首席法律顧問艾法雷斯和我研究路易斯的怨言，里奇蒙聯邦準備銀行表達的關切似乎合理，雖然美國銀行最近募集了二百億美元的資本，但是，併購全國金融公司卻使該行暴露在可能相當龐大的房貸虧損風險中，里奇蒙聯邦準備銀行敦促美國銀行，利用保留盈餘和減少發放股息等方法，增加更多的資本，其實很有道理。重要的是，從現有的消息來看，里奇蒙聯邦準備銀行的主管官員認為，如果美國銀行覺得可行，他們並不排除另一樁併購案的可能。這點是好消息，表示我們避免雷曼垮台的最佳選項仍然可行。

傅德拚命強化自己公司的嘗試終歸無效，殘局似乎迫在眉睫。九月八日，聯準會經濟學家派翠克·巴金森（Patrick Parkinson）告訴我，九月十八日當天，雷曼會揭露另一項重大虧損——第三季會虧損三十九億美元。他補充說，蓋特納和證管會主委柯克斯計畫告訴傅德，如果他不增資，他就必須考慮破產，他們的目的是驚嚇傅德起而行動。我們也擔心該公司的資金問題，包括他們大約有二千億美元的資金，必須依賴三方附買回交易市場來籌措。跟共同基金業關係很好的羅森格倫報告，主要放款人已經從雷曼撤退，羅森格倫寫道：「他們希望加速行動，卻不希望被人安上引爆大事的罪名。」同時，負責替雷曼附買回交易交割的摩根大通銀行，要求雷曼增提五十億美元的擔保品。

九月十日星期三一開始，就是更沉重的視訊會議和其他開不完的會。雷曼已經失去募集資金的可能管道。羅森格倫報告：如果信評機構調降雷曼的評等，有些放款人表示，他們會被迫完全抽身。情勢愈來愈明顯，找到一位買主，或至少找到一位願意買下雷曼一大部分股權的大投資人，可能是避免雷曼崩潰唯一的方法，在找不到新買主的情況下，美國銀行的路易斯似乎仍然是最好的人選。

不幸的是，在目前這種混亂的情況下，我卻早就安排好要去訪視聖路易聯邦準備銀行。通常，我認為訪視地區聯邦準備銀行很有價值，因為可以跟地區理事會理事、員工和企業領袖見面，但是，在雷曼問題沒有解決，下周又要召開聯邦公開市場操作委員會會議的情況下，我後悔自己同意安排這次訪視。那天晚上，我參加為聖路易聯邦準備銀行過去和現任理事舉辦的晚餐會，隔天一早，我在旅館房間裡，還沒有著裝，就接到鮑爾森打來的電話，他擔心路易斯臨陣退縮，不知道我願不願意打電話給他？

我打通電話，跟路易斯談了大約二十分鐘。我敦促他繼續評估雷曼的帳簿，看看雷曼跟美國銀行是否契合。我重申監理人員已經發出去的訊息——他的銀行必須慢慢強化資本，但是，我們認為，只要這筆交易具有商業上的價值，美國銀行目前的資本部位應該不至於妨害他們併購雷曼。路易斯同意繼續評估雷曼，還要派遣一個小組到紐約。我覺得深受鼓舞，他對金融風暴的反應是撿便宜貨，而不是蹲下來躲子彈。

路易斯戴著眼鏡，顯得安靜而含蓄，卻仍保有前任執行長休伊．邁寇（Hugh McColl）積極進取的風格。邁寇出身南卡羅萊納州，曾在海軍陸戰隊服役，他透過在佛羅里達州、德州和美國南方一系列積極的併購，把北卡國民銀行（North Carolina National Bank），改造成名叫眾國銀行（NationsBank）的區域性主力銀行。一九八八年，邁寇在國會大幅刪減銀行跨州設立分行的限制四年後，併購美國銀行，成為美國第一家橫跨東西岸的銀行。美國銀行早在一九〇四年，就由傳奇人物吉亞尼尼（A. P. Giannini）在舊金山設立，雖然眾國銀行是併購方，但是因為美國銀行的名號較為響亮，因此併購後，採用被併購銀行的名字。二〇〇一年邁寇退休後，密西西比州出身的路易斯接掌經營美國銀行，路易斯一九六九年從喬治亞州立大學畢業後，進入北卡國民銀行，擔任信用分析師。出任執行長後，他把大部分心力，放在鞏固邁寇領導期間併購而來的龐大事業。之後他在二〇〇四年，併購富利銀行（FleetBoston），為美國銀行在美國東北部地區建立據點。

我在九月十一日星期四飛回華府。聯邦公開市場操作委員會會議訂在九月十六日星期二召開，因為我把重心放在雷曼公司上，準備不像過去那麼周全，柯恩提議幫我忙，我們兩個就在星期五，打電話給大多數聯邦準備銀行總裁，跟他們討論政策選擇，我也和聯準會的其他理事閒聊。

跟八月相比，經濟展望似乎毫無變化。通貨膨脹上升和經濟趨緩同時出現，依然是央行面對的典型艱困處境，我們不能用比較高的利率打壓通貨膨脹，同時又用比較低的利率刺激成長。令人困擾的是，消費者物價比一年前上漲5.4％，反映商品價格高漲和更為沉重的壓力。但是，同期間裡，經濟在春季出現令人驚異的強勁成長後，顯然已經走弱。八月的失業率從前一個月的5.7％，劇增為6.1％。

通貨膨脹上升已經驚動聯邦公開市場操作委員會的鷹派委員。八月五日的會議前，三個地區聯邦準備銀行——堪薩斯市、達拉斯和芝加哥——的民間部門準備理事會，已經建議提高利率。一般說來，民間部門理事會深受地區聯邦準備銀行總裁的影響，因此，這些「建議」至少明顯地代表了聯邦公開市場三位總裁的立場。鷹派得到常見的懷疑派人士支持，其中《華爾街日報》社論版大力抨擊我們「輕率的寬鬆做法」。鴿派已經遭到壓制。他們在公開發言中，主張金融動盪稀釋了貨幣藥方的效果，因此，需要比較強效的劑量。鴿派指出，銀行正在緊縮信用標準，汽車貸款之類重要利率的降幅不如聯準會所設定的目標利率。

在諮詢的過程中，我斷定委員會的中間派贊成政策至少暫時持穩不變，我的看法跟他們一樣，因此，我努力預防鷹派獲勝。當時國外似乎也流行採用觀望態度，歐洲央行七月升息後，八月持穩不動；加拿大銀行和英格蘭銀行也沒有改變主要利率。

九月十二日星期五前，媒體已經廣泛報導政府正在為雷曼公司，努力尋找解決之道。傅德繼續暢談他的好銀行／壞銀行計畫，也談到出售紐柏格柏曼公司的可能性，市場卻不予理會。星期四收盤時，雷曼的股價跌到四．二二美元，只有二月時股價的7%。更糟糕的是，全面的擠兌似乎已經開始，極多顧客和交易對手要求現金或額外的擔保品，以至於雷曼無法處理這些要求。

星期五早上，我到財政部跟鮑爾森共進早餐，我們同意必須盡我們所能，避免雷曼慘烈倒閉的亂象。我沒有追問鮑爾森，財政部怎麼會走漏風聲，讓外界知道他曾發表排除政府金援雷曼的聲明。[14]我知道之所以有這些聲明，部分原因是因為鮑爾森感到沮喪（這點很容易理解），他不喜歡自己成為華爾街紓困的代言人。另外，這些聲明也是戰術的一環，意在鼓勵民間部門找出自己的解決方案。我也知道政府的援助資金全都來自聯準會，而非來自財政部。

最重要的是，我從跟鮑爾森合作的經驗中知道，他願意盡其所能，避免雷曼倒閉一定會帶來的慘痛後果。今年三月，我們曾經合作拯救貝爾斯登，而且我們一直認為，這個決定很正確。雷曼的規模比貝爾斯登遭到併購前夕大50%，跟各方的關係至少一樣複雜（雷曼的衍生性金融商品「帳簿」是貝爾斯登的兩倍）。此外，要說有什麼不同，就是現在的金融市場和經濟情勢更為脆弱不堪，我們仍然擔心附買回交易市場的穩定——這個市場是我支持拯救貝爾斯登的最重要動機——雷曼的附買回交易借款比貝爾斯登多一倍。

看來雷曼的命運會在這個周末決定。蓋特納邀請大型金融機構的執行長，星期五晚上到紐約聯邦準備銀行開會，但是把雷曼和可能的併購公司美國銀行排除在外。與會人士包括其他主要投資銀行的首腦，如高盛公司的布蘭克梵、美林公司的約翰・譚恩（John Thain）、摩根士丹利公司的麥晉桁（John Mack），以及美國主要銀行的首腦，包括摩根大通銀行的狄蒙、花旗集團的潘偉迪（Vikram Pandit）和紐約梅隆銀行（Bank of New York Mellon）的鮑伯・凱利（Bob Kelly）。會議桌上的外國銀行代表包括瑞士信貸銀行（Credit Suisse）的布雷迪・杜根（（Brady Dougan）法國巴黎銀行的艾佛烈・許聶克（Everett Schenk）、蘇格蘭皇家銀行（Royal Bank of Scotland）的艾蓮・艾利瑪尼（Ellen Alemany），和瑞士銀行（UBS）的羅伯・伍爾夫（Robert Wolf）。

蓋特納的目標是談成能夠拯救雷曼的交易，會議要根據兩個方向進行，第一個方向是由專家小組評估雷曼的資產，設法判定這些資產的真正價值，美國銀行的小組已經開始評估。英國的巴克萊銀行（Barclays Bank）新近表示對雷曼有點興趣，讓我們受到鼓舞。巴克萊銀行是世界最大、歷史最悠久的銀行之一（起源可以回溯到一六九〇年），巴克萊像美國銀行一樣，希望提高自己在投資銀行業務中的分量。

第二個方向是華爾街的執行長跟聯準會、財政部和證管會合作，設法為雷曼擬出其他可行方案。隨著周末開始，我們認為最可能的情況是由各公司提供財務支援或保證，協助美國銀行或巴克萊銀行併購雷曼，或是在沒有單一買家的情況下，我們希望達成某種合作性質的安排，透過這種安排，由業界發揮

14 鮑爾森在回憶錄中表示，蓋特納曾經就這個問題追問他，鮑爾森寫道：「蓋特納表示擔心我對政府金援的公開立場：他說如果我們最後必須幫助買下雷曼的買家，我會因此失去信用。但是我要說的是：『政府不會伸出援手』這個聲明可以幫忙我們完成交易。如果這個周末我們必須翻轉立場，也只能隨他去了。」

整體力量，防止雷曼在一片混亂中崩潰。我們想到的類似例子是拯救長期資本管理公司的做法，幾乎正好是十年前，紐約聯邦準備銀行提供會議場所（三明治和咖啡），讓一群金融業的執行長開會，卻沒有提供金援，結果在聯準會的協調下，湊出足夠的資金，讓長期資本管理公司能夠慢慢收攤。

二〇〇八年九月時，如果雷曼走到這種地步，我們希望民間部門像長期資本管理公司事件爆發時一樣，能夠替雷曼找到解決方法。但是這次這些執行長更擔心的是自己公司的穩定性，此外，美林和超大保險公司美國國際集團的壓力日漸明顯，參加會議的人當中，有人擔心雷曼只是一系列市場震撼中的第一個，促請他們捐輸資金、尤其是拿出資金協助競爭對手，顯然可能很難。

同時，隨著所謂「雷曼周末」的到來，民意、政壇與媒體的看法轉趨強硬，都反對聯準會和財政部採取特別措施，防止雷曼倒閉。看來大家最多能夠容忍的做法，可能是由我們尋找一位民間部門的買家。共和黨員在九月初的提名大會上，已經明確地表明不准紓困的態度。參院銀行委員會中共和黨籍有力的資深委員謝爾比附和他們的看法（小布希總統和共和黨總統大選提名人麥肯參議員則是立場微妙）。

媒體群起而攻，地位崇高的倫敦《金融時報》指出，政府兩周前才接管兩房，「對於這類援救行動，應該避之如寇仇。」《華爾街日報》認為：「如果聯準會在拯救貝爾斯登和房利美後，又插手拯救雷曼，聯準會就會建立實質新政策，為華爾街提供擔保、鼓勵更多魯莽的冒險行為。」那個周末我們的挑戰比替雷曼找到解決之道還艱難，我們必須在面對嚴苛批評的情況下，完成這項任務。

有些批評出於意識形態性質（自由市場總是正確無誤），或是出於資訊不夠（如果幾家華爾街公司遭到根本就應該得到的報應，美國經濟還是會安然無恙），有些人只是覺得很不公平，為什麼只為華爾街巨擘紓困，卻不解救平民百姓。我非常能夠理解最後這種說法（我每次看到保險桿貼紙上「我到那裡尋找紓困？」的文字時，都會覺得膽戰心驚）。但是不管大家知不知道，保護經濟免於遭到金融體系災難性失靈的禍害，對每一個人都有好處。

反對者最重要的理由是：不管紓困有什麼短期好處，保護企業免於受到本身冒險的禍害，會在更長期內，導致更冒險的行為。我當然同意這一點，在資本主義制度中，必須容許市場懲罰做了差勁決定的個人或企業。前太空人、後來破產的東方航空公司（Eastern Airlines）執行長法蘭克．波曼（Frank Borman）二十五年前說得好：「沒有破產的資本市場，就像沒有地獄的基督教一樣。」但是二〇〇八年九月時，我絕對相信，在重大金融危機期間奢談道德風險，會造成誤導，又很危險，我知道鮑爾森和蓋特納同意這一點。

「你有一位鄰居躺在床上抽菸……假設他燒著了自己的房子」，我後來在一次專訪中說：「你可能告訴自己……『我不要打電話給消防隊，讓他的房子燒光吧，反正我不會有事。』但是，當然，話說回來，如果你的房子是木造的，又在他的房子隔壁，你該怎麼辦？如果整個城市都是木造城市，又該怎麼辦？」可想而知，二〇〇八年九月時，《金融時報》和《華爾街日報》的社論作者應該會主張讓火繼續燒，因為解救睡著了的菸友一命，應該只會鼓勵其他人躺著抽菸。但是撲滅火勢、然後懲罰這位菸友，應該是好多了的做法，而且，如果有必要，要制定和執行增進消防安全的新法規。

救火的論點同樣適用在雷曼兄弟公司上，我們幾乎毫不懷疑雷曼倒閉會對金融市場造成重大破壞，迫使雷曼股東、經理人和債權人以外的很多人，必須承擔沉重的成本，全世界會有千百萬人，會受到雷曼倒閉形成的經濟震波傷害。在我參加的很多場討論中，我從來沒有聽到有聯準會或財政部的人，說過讓雷曼倒閉不會是慘劇，或是說我們應該考慮讓雷曼倒閉。總之，我們必須撲滅這場火。

談判中當然還是要說些狠話。如果民間部門參與者確定政府會突然拿出解決之道，就不會有什麼誘因，拿出自己的資金。蓋特納為星期五晚上的會議寫下了談話重點後發給我，要我批准，他建議在談話中，對眾多執行長釋出很多誘因，好讓他們自行提出防止雷曼崩潰的計畫。

他建議告訴他們：「突然而混亂的收攤對資本市場可能有廣泛的不利影響，還有資產價格暴跌的重大風險。金融圈必須合作，制定有秩序的重建方法……如果不能這樣做，我無法估計可能的損害控制狀況。」蓋特納很清楚讓雷曼倒閉的風險，我相信大多數或所有的執行長也都了解其中的風險。

蓋特納和我們都希望看到的是，執行長根據自身全面的利益行動，而且跟政府合作。就像他的談話重點所說的一樣，他會要求他們出借分析人才，必要時，還要提供資本。聯準會會在法規上，協助促成必要的核准，而且提供正常的擔保放款（這件事在我們的權限範圍內），但是聯準會不會提供「特別的信用支持」。「信用支持」這個字眼的定義很模糊，我認為蓋特納的本意也是這樣子。與會的執行長可能認為，即使雷曼債台高築，政府應該會想出什麼辦法，彌平這種缺口。蓋特納藉著會提供貸款，卻不提供特別信用支持的說法，應該會壓制這種假設。我們身為中央銀行，有能力根據範圍廣泛的擔保品放款，卻沒有用高價買進不良資產、或以其他方式吸收雷曼虧損的法定權限。

這個周末一切都模糊不清。鮑爾森、蓋特納、證管會主委柯克斯和華許都在紐約談判，我因為聯準會周末可能必須開會，批准雷曼公司的併購案，因此留在華府，我大部分時間都留在自己的辦公室裡。幕僚長蜜雪兒帶三明治給我，我們經常利用視訊會議設備，讓財政部、聯準會和證管會保持協調一致（我辦公室咖啡桌上接聽談話的擴音麥克風開始出現在我的夢裡）。我在辦公室裡酒紅色的皮沙發上打瞌睡，星期五夜裡和星期六曾經短時間回家一下。

星期五晚上和星期六早上，我收到的報告令人失望。美國銀行和巴克萊銀行都發現，雷曼資產負債表上的虧損遠比預期大多了，他們希望政府拿出四百億到五百億美元的新資本。我問蓋特納，他們是否刻意高估數字，來當成爭取更好交易條件的策略，還是要當成藉口，以便停止談判。蓋特納承認這兩種可能性，卻提醒我，包括高盛和瑞士信貸銀行在內的其他公司，都曾經以超然的立場，評估過雷曼投資組合的一部分，當時是為了因應可能提出的大規模解決方案所做的準備。這些第三方公司獨立評估雷曼資產得到的價值——尤其是商業不動產的價值——遠低於雷曼宣稱的價值。

雖然我非常希望避免雷曼公司倒閉，這些報告還是促使我考慮我們的兩項策略——找到一家買主，或是建立一個財團。到紐約聯邦準備銀行會議室開會的大公司中，沒有一家財務狀況非常好，透過（一家公司或聯合）併購，把問題重重的資產負債表結合起來，難道就能形成更強而有力的金融體系？或者只是導致未來更大規模的爆炸性事件呢？我回想到自己對一九三〇年代大蕭條的研究，那時候最悲慘的金融倒閉案，是一九三一年五月信貸銀行（Kreditanstalt）的破產，這家奧地利最大銀行的倒閉，震倒了其他銀行，而且可能破壞了美國與歐洲剛剛萌芽的經濟復甦。信貸銀行破產的原因之一，是先前被迫和奧地利另一家比較脆弱的銀行合併，後者的虧損終於迫使比較大的信貸銀行走上絕路。

這場危機發展到現在，美國的所有機構中，擁有最堅強的資產負債表、又擁有最大借貸與投資能力，卻不擔心信用因此遭到質疑的機構，就是美國聯邦政府。在我看來，情勢的發展似乎愈來愈偏向要結束這場危機，唯一的方法是說服國會，把納稅人的錢，投資在美國的金融機構中。我開始在我們周末的視訊會議中提到這一點。

隨著星期六消逝，情形變得更明顯，雷曼嚴重周轉失靈，即使藉由跳樓大拍賣和非流動性市場的做法，把雷曼資產刻意壓低，都無法解決這個問題。傅德後來宣稱雷曼並沒有破產，但是，他所提出的資本數字明顯誇大，大大高估了真正的資本。既然雷曼喪失償債能力，要救雷曼，就不可能只靠聯準會的借款。即使我們動用聯邦準備法第十三條第三款的緊急授權，我們也必須憑著適當的擔保品，才能放款。聯準會沒有權力，承做我們沒有合理把握能夠獲得完全清償的挹注資本或（其他類似）放款行為。

我們原本可以利用我們的放款能力，促成併購案，但是對考慮買下雷曼的公司來說，雷曼脆弱的財務也會變成這家公司的大問題。不管取得雷曼的業務長期會有什麼好處，雷曼的虧損在近期內，都會讓併購者難以吸收。我希望我們可以從在蓋特納會議室中開會的執行長手上，得到一些幫助。但是他們並不熱中，因為他們深深了解自己的財力有限，如果危機惡化，這些財力可能是他們能否生存下去的關鍵。

其他方面也傳來壞消息。前高盛公司合夥人、億萬富豪克里斯多福・福勞爾斯（J. Christopher Flowers）經營的私募基金福勞爾斯公司報告，美國國際集團也陷入嚴重困境。美國國際集團因為龐大的衍生性金融商品部位虧損，遭到交易對手要求增提擔保品，如果雷曼倒閉，雷曼之外的三大投資銀行——美林、摩根士丹利、高盛——當然很有理由擔心。市場似乎準備攻擊殘存羊群中最脆弱的一隻羊。

雷曼之後，最弱的公司顯然就是犯了很多相同投資錯誤的美林公司。美林在一九一四年成立，創辦人查爾斯・梅利爾（Charles Merrill）有一句名言，就是「把華爾街帶到群眾中」，美林在實踐這句名言方面，成就超過所有公司。美林在第一次世界大戰後的歲月發跡，靠的是賭電影和連鎖商店會大放異彩。一九二九年股市大崩盤前，美林提醒客戶出脫股票，還清融資，此舉讓公司一戰成名，美林熬過大蕭條後，到一九四一年，變成世界最大的證券公司。然而，美林卻在不動產景氣由盛而衰之際，大舉投資住宅與商業不動產的房貸放款。二〇〇七年十月，史丹・歐尼爾辭去美林執行長後，由曾任紐約證券交易所執行長的譚恩繼任。

我努力為星期二的聯邦公開市場操作委員會會議做準備，卻發現難以把精神集中在會議資料上。在跟紐約聯絡之間的空檔中，我盡力跟其他和雷曼問題談判有關的人保持聯繫，跟聯準會理事、聯邦準備銀行總裁和很多位國會議員談話，在談話中我盡量避免裝得一副很樂觀的模樣，卻也不希望表現出失敗主義者的樣子。星期六上午十時，我跟外國中央銀行的領導人舉行視訊會議，與會人士包括英格蘭銀行總裁金恩、歐洲央行總裁特里謝和日本銀行總裁白川方明。特里謝特別擔心找不到雷曼問題的解決之道，他說，雷曼公司倒閉會帶來「全面崩潰」。我告訴他，我同意這一點，而且我們會盡一切的力量。金恩告訴我一項重要的資訊，他聽說監督英國銀行體系的金融監督廳，非常擔憂把雷曼的不良資產交到巴克萊銀行手中，在英國這家旗艦銀行本身狀況並不穩定時，這件事更是令人擔心。我問他，是否可以試著介入這件事，他說他會試一試。

星期天早晨的消息比星期六還差。美國銀行現在確定退出追求雷曼的隊伍（路易斯後來報告說，他曾經告訴鮑爾森，雷曼的資產價值比他們的官方估計少六百億到七百億美元）但是其中有一線光明，就是路易斯正在跟譚恩談判併購美林公司的事宜，路易斯認為美林狀況比較好，也比較適合美國銀行，美國銀行擁有龐大的零售銀行網路，美林卻擁有所有投資銀行中最龐大的零售業務，旗下的經紀人大軍還有「迅雷部隊」的綽號。鮑爾森強力鼓勵譚恩考慮路易斯的建議，譚恩是經驗老到的華爾街營運專家，知道當時風向怎麼吹。把美林從市場上撤出來，表示少了一家岌岌可危的投資銀行，不過如果美林脫離危險，壓力就可能移轉到剩下的摩根士丹利和高盛兩家公司身上。

此外，對雷曼來說，巴克萊的選項似乎變得愈來愈不可能。就像金恩的警告一樣，英國金融監督廳不願意批准這件併購案。卡倫．麥卡錫（Callum McCarthy）領導的金融監督廳擔心的是，如果巴克萊併購雷曼，雷曼不良資產的責任最後會落到英國政府的肩膀上；如果這件併購案導致巴克萊必須接受紓困，那麼噩夢就可能成真。鑑於雷曼倒閉嚴重威脅全球金融穩定，我原本期望可以藉此說服英國，但現在這件事情似乎變成不可能了。

英美兩國證券法不同──金恩最先促請我注意這件事，隨後還獲得蓋特納的證實──也是其中的一個問題。依據英國的法律，巴克萊在併購案獲得巴克萊股東批准前，不得保證雷曼的債務，批准的程序可能要花上幾星期、甚至幾個月的時間。摩根大通銀行併購貝爾斯登能夠安定市場，是因為摩根大通銀行能夠在獲得股東批准前，擔保貝爾斯登的債務。即使巴克萊原則同意這筆交易，但如果我們不能為雷曼找到無條件的擔保，擠兌還是可能會摧毀這家公司。鮑爾森報告說，他已經呼籲英國的財政大臣戴理德（Alistair Darling），豁免股東批准的規定，戴理德拒絕合作，原因是暫停適用這條規定的話，等於「否定千百萬股東的權力」。此外，他跟麥卡錫同樣擔心，如果巴克萊併購雷曼，美國一家公司差勁投資造成的爛帳，最後可能要由英國納稅人承擔，這樣會很難向英國國會交代。

蓋特納的電話粉碎了我僅存的希望，他說雷曼找不到買主，他證實美國銀行跟美林正在談判，巴克萊則是來不及解決法規管制問題，不能為雷曼的負債提供擔保。我問蓋特納，我們在盡可能放寬對擔保品的要求的情況下，貸款給雷曼，設法維持雷曼活命的做法是否可行。

「不可行」，蓋特納說：「我們應該只是對著無法阻止的擠兌放款。」他深入解釋說，如果沒有買主保證雷曼的負債，維持雷曼的生機，再多的聯準會貸款都救不了雷曼，即使我們接受雷曼以最差勁的資產作為擔保，貸款給雷曼，雷曼的民間部門債權人和交易對手只會利用機會，盡快抽回資金。此外，雷曼公司最重要的價值——當然是最初引起美國銀行執行長路易斯興趣的部門——是假設它以其專業、關係與聲譽繼續營業。然而，在已經開始發動的全面擠兌情況下，因為顧客和專業員工棄船的關係，這家公司繼續營業的價值幾乎一定立刻消失殆盡，我們選擇性地為最快逃生的債權人紓困後，會變成只持有雷曼的不良資產，這樣雷曼終究還是會倒閉。蓋特納說：「我們的整個策略是以找到買主為基礎。」這件事有執行面與法律面的困難，如果找不到買主，主管機關沒有挹注新資本或為雷曼的資產提供擔保，我們沒有辦法拯救這家公司。

這時幾乎是超現實的可怕時刻，我們看著的是無底深淵。我逼著蓋特納想出另一種解決方法，但是他想不出來，看來下一步就是為破產做準備了，破產聲請應該會在星期天午夜過後不久提出。蓋特納用典型的蓋特納風格說：「我們只能在跑道上噴灑消防泡沫了。」這種說法表達了我們全都知道的事情：雷曼倒閉就像珍寶型噴射客機降落時墜機一樣，一定是巨型的慘禍，雖然我們應該竭盡所能阻止它的發生，但是，事實上，我們也無可奈何。

我們知道雷曼崩潰可能導致短期貸款市場凍結，促使大家在恐慌之餘囤積現金，因此我們增加聯準會的資金供應。聯準會理事會在星期天中午的緊急會議上，大幅擴大聯準會願意接受的貸款擔保品範圍，為了支持附買回交易市場，我們說，我們願意接受民間附買回交易市場在正常情況下，可以用來作為擔保品的任何資產。我們也擴大若干貸款方案的規模，還暫時放寬聯邦準備法第二十三條第一款條文的規定，解除銀行對證券經紀關係企業提供融資的限制。白芝浩的建議仍然指導我們：我們對抗金融恐慌的方法，是對基本上具有償債能力的金融機構和市場，提供大致上沒有限制的短期信用。只要雷曼提出我們可以接受的擔保品，我們也會繼續以按日計息的方式，對雷曼貸款，以便協助巴克萊併購雷曼旗下的經紀商兼自營商子公司（這家子公司相當健全，但在雷曼體系中所占的比率非常小），併購完成時，巴克萊會把貸款還給我們。我認為，所有這些步驟或許都可以減少雷曼倒閉造成的影響。

不幸的是，以短期來說，我們的做法就像用幾桶水去救五級大火，雷曼的倒閉助長金融恐慌的大火，而且破產程序會拖上好幾年——這一點更是證明在有必要時，傳統破產程序完全不適合在金融危機中倒閉的金融大企業。

對華爾街老手來說，那個周末的大事一定會勾起一些懷舊心理，兩家熬過世界大戰和蕭條的偶像級華爾街大公司雷曼和美林，就在一個周末裡消失無蹤。我毫無懷舊之情，我知道兩家公司所冒的風險帶來不可知的後果，不但危及公司本身，也危及全球經濟。

星期天晚上，還有一些聯準會理事和資深幕僚留在辦公室裡，有些幕僚正在協助解除雷曼的若干衍生性金融商品部位，希望有助於減輕公司聲請破產後一定會有的亂象。我為了對同僚簡報最新發展，也多打了幾通電話給外國中央銀行和國會山莊，再加入紐約聯邦準備銀行和財政部召開的另一場視訊會議，然後才回家。

第十三章　美國國際集團令人憤怒

AIG: "It Makes Me Angry"

九月十五日星期一半夜一點四十五分，雷曼的聲請破產案撼動了金融市場——外國市場先受到震撼，然後才擴及美國市場。柯恩、華許、蓋特納和我在上午九時，召開視訊會議，評估市場發展。這一天結束時，道瓊指數暴跌五〇四點，創下七年以來的單日最大跌幅。美國國際集團股價的跌幅超過腰斬，摩根士丹利和高盛兩家僅存的獨立投資銀行，股價跌幅高達12.5%。

雖然股市像大部分的日子一樣，是那天晚上財經新聞的重點，但是，我們更擔心的是包括附買回交易市場和商業本票市場在內的資金市場，這些市場星期一那天的借貸成本最多翻漲達一倍之多。股價的波動至少在短期內，對經濟的影響不會太大，但是，在供應金融與非金融企業重要信用的資金市場恢復正常運作前，經濟仍然處在風險很高的狀態中。

那個星期一裡，投資人不願把錢借給可能違約的企業或金融機構，反而逃到安全的美國國庫券中，把錢借給政府一個月，只要求低到0.21%的月息。銀行囤積現金，造成聯邦資金利率狂升到6%，遠超過聯邦公開市場操作委員會2%的目標，一直到那天早上，紐約聯邦準備銀行臨時釋出的七百億美元資金淹沒貨幣市場為止，這個情況才得到改善。

上午十時，幕僚經濟學家像平常一樣，在召開聯邦公開市場操作委員會前，對聯準會理事會，簡報經濟展望。我們可以猜測周末事件造成的廣大損害，但是現在還太早，不能確切知道損害程度。下午六時，已經成為民主黨總統選舉提名人的歐巴馬參議員打電話來，要求報告最新情勢發展。我告訴他，雷曼倒閉對經濟的影響雖然還不能確定，卻可能非常嚴重。他小心地聽我說話，也問了幾個問題，他的語氣相當柔和，即使他有什麼意見，他也沒有說出來。我們也討論了房利美和房地美的問題，我大膽地說，政府最近接管兩房是穩定房市必要而積極的第一個步驟，我說，最近的事件傳達出來的最清楚訊息，是國會需要全面翻修金融監理制度。我們同意這一點，卻也同意在新總統明年一月就職前，不可能有什麼辦法。

雷曼大戲在周末上演之際，我們也一直盯著美國國際集團，這家公司在一百三十個國家裡經營保險業務，規模要以兆美元來計算。前一個星期五，先前在花旗集團任職很久、加入美國國際集團才三個月的執行長羅伯．威廉斯塔（Robert Willumstad）告訴蓋特納，他們公司的現金可能很快就會用光。星期五晚上，美國國際集團經理人曾經請教聯準會幕僚，能否向聯準會申貸資金。他們警告說，公司信用評等可能即將遭到調降，交易對手為了避免美國國際集團違約，將會要求美國國際集團增提現金和擔保品。

我們無權管制或監理美國國際集團，不過整個夏季裡，我們都把美國國際集團放在我們的雷達幕上。美國國際集團最大的業務是銷售一般的壽險和產險，公司的美國業務主要是由各州主管機關監督。

這些機關理當確保美國國際集團的子公司正確經營，做好準備，滿足投保人的索賠。然而，統合美國國際集團諸多事業（包括在外國的業務和無關保險的事業）的控股公司，卻不受保險主管機關的監督。但龐大的美國國際集團控股公司正好擁有一家小型儲蓄貸款機構，因而落在規模很小、人力不足的儲蓄機構監理局的監督權限中，雙方的專業技能與資源極為懸殊。一直到雷曼最後周末的前幾天，儲蓄機構監理局都沒有暗示美國國際集團可能陷入嚴重困境，不過公司卻是在六月申報和次貸證券有關的重大虧損後，才聘請威廉斯塔出任執行長。

美國國際集團是一九一九年從中國起家的公司，當時加州出身、喜愛冒險的二十七歲大學退學生史戴（Cornelius Vander Starr），辭掉設在日本橫濱的一家輪船公司職員的工作，搬到上海，在一間由兩個房間構成的辦公室裡，設立綜合保險商美亞保險公司（American Asiatic Underwriters）。經過幾十年的驚人發展後，史戴在一九六七年創立美國國際集團控股公司，控制旗下的北美、歐洲、拉丁美洲、中東和亞洲的事業。一九六八年，摩里斯・葛林柏格（Maurice Greenberg）接下史戴的執行長職位，一年後，葛林柏格推動公司公開上市。葛林柏格出身布朗克斯（Bronx），父親是計程車司機，十七歲時離家出走，加入二次大戰的戰事，曾經協助解放設在南德達豪（Dachau）的集中營。大家口中「支配慾強烈、聰明、暴躁、性急、強迫、偏執」的葛林柏格，把美國國際集團改造成世界最大的保險公司。

美國國際集團會變成威脅美國金融穩定的主要因素，不是起源於該公司的保險業務，而是因為該公司大規模打進衍生性金融商品業務。一九八七年，葛林柏格在控股公司旗下，創設一家名叫美國國際集團金融商品（AIG Financial Products）的子公司，一九九〇年代末期，該公司銷售多種金融工具，但是核心產品仍是各種不同名稱的保險。該集團的顧客包括了美國和歐洲的銀行與其他金融機構，這些顧客向美國國際集團金融商品公司購買保險，目的是希望得到保障，免於在自己的擔保債權憑證中遭到龐大虧損，擔保債權憑證是把很多種民間債務（這裡主要是房貸和其他不動產相關債務）包裝在一起的證券。美國國際集團為了賺取固定支付（大體上就是保費收入），同意當虧損超過特定的金額時，做出賠償。這種保險是透過名叫信用違約交換（credit default swap）的衍生性金融商品，提供給顧客。

這種安排看來是一門雙贏的生意。因為美國國際集團的信用評等很高，顧客購買擔保債權憑證保險時，並不堅持美國國際集團提列龐大的虧損準備金。同時，購買這種保險的銀行和其他機構可以向監理機關，證明自己已經取得穩固的保障，有能力對抗本身的擔保債權憑證可能出現的龐大虧損，進而可以降低為了符合監理規定所必須持有的資本金額。美國國際集團銷售保險時，並沒有增加資本，因此，金融體系中支持擔保債權憑證資本總額可以有效地降低。

經營良好的保險公司在監理機關的監督下，為了保護自己不受巨額損失所害，會有以下的做法：持有大量資本與準備金、限制對單一風險的曝險、出售所承擔風險的一部分給其他保險商（就是所謂的再保險）。從經濟學的角度來看，AIG金融商品公司是保險銷售商，可是實際上卻不受監理，交易不受傳統保險規則規範。加上它本身也不採取預防措施，因此對危機的衝擊毫無準備。

葛林柏格早就知道AIG金融商品公司衍生性金融商品部位的風險。一九九三年，在這家子公司犯了嚴重錯誤，光是一筆交易就賠了一億美元後，葛林柏格決定撤換這家子公司的創辦人霍華·索辛（Howard Sosin），據說他告訴新總裁湯姆·賽維奇（Tom Savage）：「你們金融商品公司的人再擾亂我的三個A的評等，我就會帶著乾草叉來找你們算帳。」但葛林柏格顯然不願意、或沒有能力節制AIG金融商品公司的冒險行動。拖垮AIG金融商品公司的大部分信用違約交換，都是二〇〇三年到二〇〇五年所承做。葛林柏格自己在二〇〇五年三月喪失工作。當證管會和司法部發現美國國際集團採用詐欺性會計手法，最後造成美國國際集團的信用評等遭到降級，同時遭到罰款十六億美元後，美國國際集團董事會強迫葛林柏格辭職，由集團的資深經理人馬丁・蘇利文（Martin J. Sullivan）接任，後來蘇利文的職位由葛林柏格辭職時，才加入美國國際集團的威廉斯塔（Willumstad）接掌。

ＡＩＧ金融商品公司的風險會加重，是因為公司持有的部位非常複雜，價值難以評估，這種狀況的起因之一是其所承保的公司本身就極為複雜、極為難以估價。早在一九九八年初，《財星雜誌》就報導過，「事實上，華爾街很多業者其實已經放棄分析，因為這家公司複雜之至，已經到了他們認為神祕莫測的地步。他們只能依靠信心，告訴自己葛林柏格會繼續創造盈餘。」威廉斯塔出任執行長時，宣布有意專注核心保險事業。如果這些計畫能夠完成（威廉斯塔曾經暗示到九月可以發布聲明），看來ＡＩＧ金融商品公司和公司旗下飛機租賃之類奇怪的事業一樣，可以賣掉或逐漸解散。

美國國際集團名目上的主管機關是儲蓄機構監理局，但是該局幾乎毫不關心ＡＩＧ金融商品公司的風險程度或不透明度。該局在二〇〇七年七月發布的檢討報告中，判斷ＡＩＧ金融商品公司的風險管理計畫相當適當，認為該公司面臨的風險水準相當微小。儲蓄機構監理局指出，ＡＩＧ金融商品公司承保的證券擁有很高的評等，還補充說，這家子公司已經從二〇〇五年十二月，停止對含有次貸曝險的交易提供保險。儲蓄機構監理局根據這份檢討報告，認定自己沒有什麼理由採取行動。然而，美國國際集團從二〇〇五年開始，雖然沒有增加下注，卻也沒有採取行動，減少或為現有的次貸曝險避險。

威廉斯塔在雷曼的最後周末中忙碌不堪，他的公司急需一大筆現金，他和紐約州保險公司監督廳長艾力克・狄納羅（Eric Dinallo）合作，擬具為美國國際集團控股公司從旗下子公司，取得二百億美元現金的計畫。他和他的小組也設法向私募基金公司、包括向福勞爾斯公司和科柯羅公司（Kohlberg Kravis Roberts, KKR），募集資金。

美國國際集團似乎像雷曼公司一樣，遲遲不了解自身處境的嚴重性。星期六早上，柯恩報告，該公司認為自己的困難是暫時性的現金短缺，而且該公司雖然跟福勞爾斯和KKR公司洽談，卻不考慮出售核心資產（如旗下一家保險子公司）或尋找一位願意投資巨額資金的合夥人。我擔心該公司不夠認真看待自己的狀況，因此告訴柯恩，設法敦促他們擬定明確而可信的計畫，處理自己的問題。我已經在不太情願的情況下，考慮我們應該介入的可能性。我寫給柯恩：「如果我們能夠得到他們明確的公開承諾，說他們要採取行動，放棄依賴別人，重新恢復穩定，我樂於考慮在拿到良好擔保品的情況下，貸款給他們。」

柯恩建議我們，秉持鮑爾森和蓋特納應付雷曼事件所採取策略的精神，觀望民間部門是否可能提出解決方案，他承認最後可能需要由聯準會提供短期貸款，協助美國國際集團解決現金短缺的困境，但是他說，我們應該盡一切力量，避免這種結果。我同意他的看法。

到了星期天，就在雷曼土崩瓦解的當下，美國國際集團還是再度引起我們的注意。每次我從該公司和民間部門可能拯救他們的業者口中，聽到消息時，該公司需要的現金金額都在增加。美國國際集團所承保證券的價值正在下跌，交易對手為了自保，已經要求美國國際集團增提擔保品，以免美國國際集團可能無法清償債務。此外，美國國際集團還透過另一家子公司，不明智地在房貸市場加倍下注，投資大量價值也在劇跌的自有品牌房貸抵押擔保證券。美國國際集團透過一種叫做證券貸款的融資方式，利用旗下保險子公司擁有的證券，作為擔保品，借錢融通自己所持有自有品牌房貸抵押擔保證券的資產，這種做法實際上等於在附買回交易市場中借款。提供資金給美國國際集團的一方，有權在通知一天後，要求美國國際集團償還現金，隨著大家擔心美國國際集團穩定性的憂慮升高，很多金主動用這種權利。到星期六晚上，看來美國國際集團需要六百億美元的現金，才能履行自己的合約義務。到星期一早上，有人估計，該公司的現金需求已經超過八百億美元。

同時，美國國際集團跟潛在投資人的談判進行得並不順利。星期天早上，福勞爾斯和KKR公司提議購買美國國際集團的某一些部門，美國國際集團董事會卻以價格不對為由，予以拒絕。隨著該公司所需現金的估計金額提高，潛在買主逐漸心灰意冷。在公司無法清償債務的時刻顯然指日可數的情況下，該公司的代表——包括曾任以色列中央銀行總裁、芝加哥大學經濟學家的副董事長雅各·傅倫克爾（Jacob Frenkel）在內——開始傳話給柯恩和其他人，說美國國際集團可能需要聯準會的協助，才能繼續生存。

到了星期一，我們對於美國國際集團所帶來危機之大，幾乎已經毫無懷疑，這家公司太大了、跟金融體系其他部門的關係太複雜了，以至於公司倒閉的後果雖然難以預測，卻一定非常驚人。在金融市場已經動盪不安的情況下，世界最大保險公司崩潰，對投資人信心會有什麼衝擊？更何況保險業本身在金融體系中占有重要的分量，美國國際金融集團的倒閉將會讓大眾與投資人對保險信心產生何種影響？針對這個問題，我可不想得到解答。

星期一中午過後不久，鮑爾森在白宮記者會中，否認政府止在貸款給美國國際集團，他說：「目前在紐約進行的事情，跟政府的任何過渡性貸款無關，完全是民間部門的努力。」當時鮑爾森深感挫折，因為我們無力拯救雷曼，又陷在反紓困怒火日增和金融體系可能崩潰的兩難中，卻對民間部門拯救美國國際集團的計畫，抱著一線希望。但是這種結果似乎愈來愈不可能。

星期一下午五時，聯準會經濟學家麥克·吉普生（Mike Gibson）向我報告——他後來出任我們的銀行監理處處長——詳細說明他和聯準會其他幕僚跟美國國際集團、紐約州保險監理廳長、以及紐約聯邦準備銀行開視訊會議的情形。他說，美國國際集團的計畫已經生變，公司的經理人已經不再談到由私募基金投資的計畫，他們現在希望聯準會提供貸款，而以他們所提供的雜項資產（從飛機租賃事業到滑雪勝地）作為擔保品。

隨著恐慌惡化，問題開始蔓延。舊金山聯邦準備銀行向我報告，標準普爾公司即將調降華盛頓互惠銀行的信用評等，惠譽公司也可能這樣做。他們的報告補充說：「存款正在『滑落』，沒有人排隊，也沒有混亂的跡象，但是確定存款在減少。」柯恩報告，他和蘭迪再次跟儲蓄機構監理局的賴希和聯邦存款保險公司的貝兒，談到華盛頓互惠事件對存款保險基金構成的威脅，兩人繼續敦促聯邦存款保險公司，盡快賣掉華盛頓互惠銀行。非金融公司也感受到壓力，我聽說，依賴商業本票市場籌募日常營運資金的福特汽車公司，因為擔心資金問題，希望跟我們討論，我覺得自己正在玩抛接手榴彈的遊戲。金融恐慌是集體喪失對維繫制度運作所需的信心，我認為，如果我們不能很快地找出穩定這種狀況的方法，情勢會急劇惡化。

星期一當天，蓋特納和紐約聯邦準備銀行的幕僚努力為美國國際集團尋找解決之道，一直忙到星期一深夜（蓋特納的精力和長時間專注的能力總是讓我深感震驚，他的新陳代謝似乎經過增壓加強。在聯邦公開市場操作委員會會議中途休息時，他會吞下幾個甜甜圈，卻仍然保持身材苗條。）蜜雪兒曾經報告過，說蓋特納認為，拯救美國國際集團行動失敗的「可能性確實有幾分」，因此，我打電話給蓋特納，我們一致認為，隔天早上，他應該缺席聯邦公開市場操作委員會的會議，留在紐約，繼續為美國國際集團努力，他的首席副總裁克莉斯汀·康明（Christine Cumming）會代表紐約聯邦準備銀行，出席會議。

星期二早上，聯邦公開市場操作委員會會議預定開始前一小時，我正在為美國國際集團的問題，跟鮑爾森、蓋特納、聯準會理事華許和杜克等人，開視訊會議。在私募基金公司退場，評估過美國國際集團資產的投資銀行興趣缺缺的情況下，要是還有解決之道的話，就一定包括聯準會的貸款。蓋特納說明他們半夜裡擬出的拯救美國國際集團計畫綱要，鮑爾森和我敦促他繼續努力，盡快回報。

視訊會議開了很久，以至於我遲了將近半小時，才去參加聯邦公開市場操作委員會會議。在正常的情況下，我都會在鐘敲九點時，踏進會議室，今天早上，我匆匆走向座位時，大家好奇地看著我。因為有著太多的問題沒有解決，會議時間又過去了不少，我沒有告訴大家多少事情，只指出市場「持續承受非常重大的壓力」，美國國際集團的情況讓人愈來愈擔心，這也是蓋特納沒有出席會議的原因。

會中並非只討論貨幣政策和雷曼事件的後續影響而已，我按照計畫，也請求會議授權我對其他國家中央銀行，提供額外的換匯額度。國外缺少美元供應，是促成美國與外國銀行短期利率上升的原因之一，擴大換匯計畫會讓我們供應更多的美元給外國的中央銀行，再由他們轉貸給國內銀行，希望能夠藉此安定資金市場。委員會擴大了我們現有跟歐洲央行和瑞士國家銀行的換匯額度限制，而且授權我們跟英格蘭銀行、中國人民銀行和日本銀行建立新的換匯額度。

杜德禮針對市場所做的簡報很恐怖。道瓊指數星期一慘跌將近4.5%後，星期二繼續下跌，短期借貸成本繼續快速上升。高盛和摩根士丹利兩家公司承受的壓力也在增加，他們的資金來源逐漸枯竭，其他公司不願跟他們訂定衍生性金融商品合約，避險基金和其他重要顧客擔心其中一家或兩家公司，可能步上雷曼的後塵，正在把自己的戶頭轉移到別的地方。更糟糕的事情可能是：據說投資人在恐慌之餘，正從一家叫做儲備主要基金（Reserve Primary Fund）的貨幣市場基金中撤資，如果贖回波及其他貨幣市場基金，就會為這場危機打開一條新戰線。

貨幣市場基金是一種共同基金，由證管會管理，通常投資在非常安全的流動資產上，例如投資短期國庫券和高評等的商業本票。貨幣市場基金模仿銀行帳戶，容許投資人開立支票帳戶，而且把基金單位價格固定為一美元——表示投資人可以合理預期投資不會有虧損。很多投資散戶把部分現金投入貨幣基金，通常產品線完整的基金公司會是投資人的選擇。包括企業、市政與退休基金在內的機構或基金，也發現貨幣基金是方便停駐部分現金的好地方。

儲備主要基金由儲備管理公司（Reserve Management）管理，這家公司在一九七一年時，創設第一檔貨幣市場基金，承受的風險比很多基金公司都大，因此，能夠付出比較高的平均投資報酬率，比較高的報酬率吸引投資人，因此，這檔基金快速成長。然而，我們後來發現，儲備主要基金大約把七億八千五百萬美元的資金，投資在雷曼的商業本票上，現在這些商業本票基本上已經變成毫無價值的廢紙，儲備主要基金的資產價值目前已經降到每單位一美元以下。用華爾街的專門術語來說，這檔基金「已經跌破票面」，是十四年來第一檔跌破票面的共同基金。投資人希望提早逃脫，以免這檔基金的經理人決定停止以每股一美元的固定價格贖回，因此，投資人開始抽回現金，這檔基金的擠兌就此開始。到星期二結束時，投資人大約撤走四百億美元的資金，幾乎等於這檔基金價值的三分之二。隨後的幾天裡，擠兌波及其他貨幣市場基金，威脅整個貨幣市場基金業的穩定，危害家庭、企業和非營利組織的現金資產。隨著現金從基金中流失，金融機構和非金融公司都同樣受害，無法依靠賣出商業本票來取得發放薪資與建立庫存所需的資金。

這些問題雖然嚴重，卻不是我們那天面臨的最大問題。杜德禮繼續說：「當然，我們要應付美國國際集團的問題。」美國國際集團雖然不是銀行，卻也碰到類似擠兌的問題，放款人和其他交易對手愈來愈不願意跟美國國際集團打交道，那些用擔保債權憑證作為擔保品，向美國國際集團買保險的公司，要求更多的現金作為保證，確保美國國際集團會清償債務。我們得分秒必爭地找到解決之道，但是，杜德禮或我都沒有什麼具體的想法。

因為時間非常短，剩下的會議議程遭到壓縮，很多與會人士看到經濟進一步減緩的跡象，也看到通貨膨脹憂慮略微減輕的跡象。我重複自己認為我們很可能已經陷入衰退的看法。討論結束時，我們修改了原先預計針對市場情勢發展所做作聲明，同時，我們也一致同意維持2％的聯邦資金利率不變。

事後回想，這是個錯誤的決定。我們會做出這種決定，原因之一是時間不夠——會議時間不夠，判斷雷曼崩潰有什麼影響的時間也不夠。前一周裡，柯恩和我努力敦促大家，達成利率目標不變這種相當中性路線的共識，就當時所能掌握的資訊而言，那似乎是正確的決定。在時間縮短的會議中，設法改變那個結果，可能引發意見的分歧。會議中也瀰漫一股氣氛，大家都希望在得知雷曼事件的後續發展之前，聯準會可以暫時停火。因此，我沒有力推降息的構想，不過有些市場參與者卻期望我們可能降息。

我們在華府討論貨幣政策時，蓋特納和他的小組正在紐約，匆匆草擬貸款美國國際集團的條件，以便貸借高達八百五十億美元的現金給美國國際集團，避免美國國際集團即將崩潰的慘劇。美國國際集團和雷曼不同，似乎擁有夠多有價值的資產，也就是旗下的國內與外國保險子公司，加上其他金融服務公司，可以作為擔保品，滿足法律規定聯邦準備銀行的貸款必須「得到滿意擔保」的要求。然而，貸款給美國國際集團，我們等於又開了先例，而且原因不只是因為美國國際集團是保險公司而已。對美國國際集團的貸款，和我們在危機期間貸放的每一筆貸款都不同，擔保品不是貸款或證券，而是特定事業繼續經營的價值。因此，與我們平常接受的擔保品相比，美國國際集團的擔保品比較難以估價或轉賣，美國國際集團控股公司如果倒閉，作為擔保品的子公司價值也會隨之喪失，在這種情況下，這些擔保品的保障價值也會減少，但是我們看不出有什麼其他方法。美國國際集團擁有的有價證券，根本不足以為美國國際集團所需要的巨額貸款擔保。

蓋特納提議的貸款條件（這些條件是由他請託的銀行家們，透過研究民間金援美國國際集團方案所得到的研究成果），包括了約從11.5%起息的浮動利率。美國國際集團也必須把將近80%的公司股權，交給政府。

提出這些嚴苛的條件很合理。因為我們對這家公司相當不熟、AIG金融商品公司複雜的衍生性金融商品部位很難評估，加上金融市場出現極端的狀況，貸出金額這麼大的貸款難免帶有重大風險。顯然沒有一家民營企業願意承擔這種風險，納稅人承擔這種風險值得得到適當的補償。尤其是要求美國國際集團讓出大部分股權，目的在於確保該公司復甦時，納稅人可以分享其中的利得。

同樣重要的是，嚴苛條件有助於解決援助美國國際集團、卻不援助其他公司一定會有的不公平爭議，也有助於減輕紓困引發的道德風險。如果處在類似狀況的企業經理人認為，自己可以拿到寬鬆的政府紓困案條件，他們一定沒有動力去募集資本、降低風險，或接受別人購買他們的資產或公司的提議。聯準會和財政部正是為了相同的原因，才對貝爾斯登和兩房股東提出嚴苛的條件。不管我們怎麼做，政治上的反彈一定都很激烈，但是，我們需要證明我們為納稅人爭取到最好的交易，同時也把紓困為美國國際集團及其股東帶來的意外之財降到最低。

我的工作是盡我所能，向華府官方推銷這筆交易。首先最重要的是要向我們自己的理事推銷。聯邦公開市場操作委員會會議中場休息時，我曾經就美國國際集團和紐約聯邦準備銀行的努力，向聯準會理事簡報。聯邦公開市場操作委員會會議一結束，我們就開起理事會議——先在我的辦公室裡開，然後，隨著聯邦準備銀行總裁趕去搭飛機，才改在會議室開。會議改到會議室開之前，我們收到蓋特納所提整套條件的影印本，蓋特納也接上電話，參加會議。

重要的問題是，貸放八百五十億美元信用額度的提議，究竟能不能拯救這家公司。對我們來說，終極的慘劇應該是貸出這麼大的巨款，卻看到這家公司倒閉。當然我們無法十分肯定，但是根據外部和內部的評估，我們相信，即使就整體而言，美國國際集團短缺現金，無法滿足即時的需求，卻可能可以繼續存活。AIG金融商品公司像是坐在保險鉅子頭上的避險基金，公司本身加上證券貸款業務，正是美國國際集團現金流失的主要源頭。如果AIG金融商品公司是間獨立公司，那它一定無法繼續存活。但是就我們所知，美國國際集團擁有的保險子公司和其他事業大多還算健全，他們的潛在價值提供了必要的擔保品，保障我們的貸款。

這種說法帶有循環推論的成分：如果貸款給美國國際集團有助於穩定金融市場，那麼過了一段時間之後，美國國際集團旗下的公司和資產就很可能保留足夠的價值，進而清償貸款。但是如果金融狀況進一步惡化，讓經濟情勢更形衰退，那麼美國國際集團的資產價值也會遭殃。在這種情況下，清償債務的所有希望都會破滅。因此，我們必須指望能夠朝著比較好的結果發展。

我們也考慮過是否放手讓美國國際集團倒掉，然後希望金融市場無論如何都會穩定下來。在雷曼倒閉案造成市場搖搖欲墜之際，答案很明顯，至少對我來說是這樣。美國國際集團的規模大約等於雷曼和貝爾斯登加總起來一樣大，也像兩家公司一樣，跟全球金融體系有著緊密而複雜的關係，美國國際集團倒閉的話，會造成非常多面向的混亂局面：引發大家懷疑美國國際集團債權人和衍生性金融商品合約交易對手（其中很多都是重要的金融機構）的償債能力；會把虧損強加在持有美國國際集團商業本票的人身上（雷曼的商業本票造成的虧損，引發了貨幣市場基金的擠兌）；還會吸走州立保險基金，這種基金是作為保險公司倒閉時保護存戶之用（在某些情況下，州立保險基金要依賴業界的事後評估，因此，現金必須直接來自其他保險公司）。州立保險基金的流失，加上美國國際集團如果遭到宣告破產，旗下保險子公司可能遭到州保險主管官署扣押，都會進而壓低大家對其他保險同業的信心，我們可能看到保單贖回和其他保險公司爆發資金危機的浪潮。美國國際集團眾多的其他金融業務中，包括承保退休計畫中很受歡迎的投資產品。快速拋售美國國際集團的資產，也會造成股價和債券價格進一步下跌，迫使更多公司走向周轉不靈。而且毫無疑問的是，還有很多我們甚至還沒有考慮到的後果。

我認為，只要美國國際集團董事會接受我們的條件，聯準會除了貸款之外，別無選擇。聯準會五位理事都投票批准針對單一險種保險商的貸款，此舉符合了動用聯邦準備法第十三條第三款的授權規定。會議紀錄摘要說明了我們的理由，只是和當時的狀況相比，文字顯得有點輕描淡寫：「理事會成員同意，如果美國國際集團失序倒閉，對已經脆弱不堪的金融市場，可能產生系統性的影響，因此，最好的可行方案是對美國國際集團提供貸款，協助該公司在債務到期時，有秩序地履行債務。理事會成員也同意貸款條件應該保護美國政府與納稅人的利益。」

在九月十六日星期二那個似乎沒有盡頭的日子裡，我接下來要去參加下午三時三十分的白宮會議，這是鮑爾森和我先前安排好，要向總統說明市場最新情勢的會議。我們要談的比原來預期的還多。參與會議的人還包括了副總統錢尼、證管會主委柯克斯、商品期貨交易委員會主委華德・魯肯（Walt Lukken）、證管會資深幕僚艾力克・席理（Erik Sirri）、和財政部與白宮的幾位官員（這些官員包括了總統的幕僚長波頓、接替我出任總統經濟顧問委員會主席的拉齊爾、現任預算局局長吉姆・那斯爾（Jim Nussle）。我們說明時，會議室裡鴉雀無聲，總統問了幾個問題後，表示我們應該做該做的事情，他會設法提供政治支持，他建議我們也對國會說明。

我們同意他的說法。下午六時三十分，鮑爾森和我跟國會領袖見面，包括參院多數黨領袖雷德、眾院少數黨領袖博納、參院銀行委員會主席達德。參院銀行委員會資深共和黨委員賈德・葛瑞格（Judd Gregg）到場時，穿著晚禮服，沒有打領帶。眾院金融服務委員會主席法蘭克穿著皺巴巴的襯衫到場，襯衫下襬還露在外面。每個人都站著。房間太小，連桌椅都沒有。

鮑爾森和我簡短地解釋現況，然後接受委員的提問。我記得沒有一位國會議員質疑干預的必要。法蘭克希望知道聯準會到那裡去找出八百五十億美元，借給美國國際集團。我認為現在不是解釋創造銀行準備金機制的時候，於是告訴他：「我們擁有八千億美元」，我指的是危機前聯準會資產負債表的規模。法蘭克似乎相當震驚，他不知道聯準會為什麼有這麼多錢可以運用。我解釋說，聯準會依據聯邦準備法第十三條第三款條文，有權貸出必要的貸款，阻止金融危機，我們現在就是在努力達成這項任務。

雷德清楚表示，我們必須獨力盡到自己的責任。我相信在場的委員大多了解我們為什麼幾乎別無選擇，但是我們不能奢望國會會公開支持我們。

我在不同的會議之間，聽過幾次跟紐約情勢發展有關的簡報，威廉斯塔已經把蓋特納所提、經過聯準會批准的條件，告訴美國國際集團的董事會。鮑爾森在討論期間，也告訴威廉斯塔，一九九九年到二〇〇五年間擔任全州保險公司（Allstate）總裁的艾德・李迪（Ed Liddy），會接任他的董事長職務。鑑於威廉斯塔的任職期間很短，我懷疑他還能多盡多少力量，避免美國國際集團的問題。但是，我們認為，就這場慘劇的規模來看，美國國際集團需要新的領袖。威廉斯塔毫無異議地接受這項決定。

美國國際集團董事會對蓋特納所提的條件表現出驚嚇的反應。就他們公司為自己、為聯準會、最重要的是，為美國金融體系和經濟帶來的悽慘狀況而言，他們不應該覺得驚訝才對。威廉斯塔向董事會報告說：「我們面臨兩個差勁的選擇，不是明天早晨聲請破產，就是今天晚上接受聯準會的方案。」董事會問蓋特納，條件是否能夠談判，蓋特納說不能——如果美國國際集團拒絕這些條件，他準備讓美國國際集團倒掉。我強力支持蓋特納的立場，也把我的這番心意告訴他，我們已經盡力做到這種地步了，就當時的形勢來說，我們提出的條件十分合理。然而，我仍然讚佩蓋特納像橋牌高手一樣的冷靜精神。我們都知道防止美國國際集團崩潰有多重要。

就在蓋特納所提的最後期限下午八點前片刻，威廉斯塔打電話給他，說美國國際集團願意接受這個方案，蓋特納打電話告訴我。現在我們該做的事是發出新聞稿。在與幕僚長蜜雪兒一起檢討新聞稿之前，我再次思考我們的所作所為。事情的變化太快了，慎重思考的時間太少了，但是我斷定我們別無選擇。晚上九點不到，有關我們的拯救行動就在財經新聞媒體上播出了。

包括我在內，沒有人同情自掘墳墓的美國國際集團。一直無力就任何議題達成協議的國會卻很快地團結起來，極力反對這次紓困。隨後的幾個月裡，我多次在憤怒的國會議員前作證，努力解釋我們必須這樣做的原因。國會當然只是反映美國大眾的民意而已。

此外，因為美國國際集團在隨後的幾季陸續出現巨額虧損，因此紓困方案必須調整很多次，最後美國政府（聯準會加上財政部）總共提供一千八百二十億美元的投資和貸款承諾，以免美國國際集團倒下。當我們開始採取拯救方案時，我努力克制自己的情緒，用分析的角度盱衡情勢，把它看成有待解決的問題。但是，一旦我完全了解美國國際集團的經營階層有多麼不負責任（或多麼一無所知）時，我大發雷霆。後來我在一次電視專訪中說過：「這件事讓我暴怒，討論美國國際集團的問題時，我摔過好多次電話，我知道美國人民為什麼生氣，拿納稅人的錢，去支持從事這些可怕賭博的公司，絕對是不公平之至……但是我們別無選擇，只能努力穩定情勢，不然就得甘冒重大衝擊，不只是金融體系要遭受衝擊，整個美國經濟也無法置身事外。」

現在回想起來，政府最後把投資在美國國際集團的資金連本帶利收回的事實，只能讓我稍感安慰而已。聯準會和財政部總共實現了將近二百三十億美元的利得，這點證明這家公司的新領袖——包括接替李迪的執行長羅伯·班莫希（Robert Benmosche）——和貸款貸出後負責監督美國國際集團的聯準會和財政部小組有多麼積極任事。能有這樣的成果，是因為我們的干預最後穩定了金融體系，讓美國國際集團和其他金融機構能夠站穩腳步。

三年後，展現無恥之尤的美國國際集團前執行長、持有美國國際集團大量股權的投資機構史戴國際公司（Starr International Co.）首腦漢克·葛林柏格（Hank Greenberg），提出要求賠償二百五十億美元的訴訟，控告美國政府在這項紓困案中，強行加諸不公平的懲罰條件。他也不想想美國國際集團不負責任的行為正是本身困境由來的事實、不顧美國國際集團董事會承認破產會讓股東一無所有、自願接受聯準會條件的事實，提出這種主張。結果，就是因為這項紓困案，美國國際集團股東最後才能重新獲得這家賺錢公司的控制權。成千上萬家其他公司（例如索恩伯格房貸），在危機中沒有得到類似的救助，最後走上倒閉之路。

「雷曼周末」（後來變成了雷曼與美國國際集團周末）把歷時已經一年的極為嚴重危機，變成美國史上最可怕的金融恐慌。因為雷曼倒閉、美國國際集團卻獲救，對此，外界的質疑聲浪不斷。政府是刻意決定讓雷曼倒閉嗎？如果是這樣，為什麼政府後來要拯救美國國際集團？此外，如果能夠以某種方式拯救雷曼，後來的大部分危機是否可以因此避免呢？

很多人主張雷曼原本可以像先前的貝爾斯登、和後來的美國國際集團一樣，可以獲救，因此，放手讓雷曼倒下，代表重大的政策錯誤。但是聯準會和財政部並沒有選擇讓雷曼倒閉，雷曼沒有獲救是因為我們不能採用其他拯救行動中所用的方法。雷曼案和貝爾斯登案不同，我們在雷曼案中找不到買主，沒有一家穩固可靠的公司，能夠為雷曼的負債保證，並向市場保證雷曼最後能夠存活下來。財政部不像處理兩房案時一樣，擁有經過國會批准的資金，可以挹注下去。雷曼和美國國際集團不同，美國國際集團擁有足夠的擔保品，可以為聯準會的龐大貸款提供保證，雷曼既沒有看來合理、能夠穩定自己的計畫，也沒有足夠的擔保品，可以為挽救危亡所需巨額資金做擔保。根據破產檢查人二〇一〇年的報告，雷曼的狀況很可能比當時呈報的情況還糟糕。我們後來才知道，該公司採用可疑的會計交易，膨脹申報的資本資產比率，也嚴重高估可以付給債權人的可用現金。最後，雷曼的債券持有人在破產案中，大約只能收回債權的27%，其他無擔保債權人大約只能收回25%的債權。根據估計，債權人的總損失接近二千億美元。

有些人主張，像後來其他投資銀行一樣，把雷曼在一夜之間，轉變成銀行控股公司，或許可以拯救雷曼，但是這樣做不能解決雷曼的問題。雷曼已經可以透過主要交易商融通機制，向聯準會貸借短期資金，但是挹注短期現金還不夠，以雷曼的虧損金額來說，雷曼需要找到買主，或是找到長期大投資人或投資人組成的財團。傅德努力了幾個月，一直無法吸引大投資人，在最後那個致命的周末裡，更是找不到。

就當時所能採用的工具而言，如果拯救雷曼的方法確實存在，我們在那幾天兵荒馬亂的日子裡，居然沒有想到，就是我們不夠聰明。紐約和華府有幾十個人參與其事，為了拯救雷曼，我們就像為了拯救貝爾斯登和美國國際集團一樣，開了很多次會議，但是從來沒有一個人，在鮑爾森、蓋特納或我討論是否拯救雷曼的會議或視訊會議上，提出解決方案。我們雖然已經知道雷曼需要援助，卻沒有辦法去救。

我了解為什麼有些人會斷定雷曼的倒閉是一種選擇，從某個角度來看，這種想法是褒中帶貶，到那時為止，我們一直表現得極為足智多謀，很難想像我們居然想不出「什麼」拯救雷曼的方法。甚至連參加二〇〇八年九月聯邦公開市場操作委員會會議的人當中，如聖路易聯邦準備銀行總裁吉姆・布拉德（Jim Bullard）、里奇蒙聯邦準備銀行總裁雷克和堪薩斯市聯邦準備銀行總裁何尼，都沒有參加雷曼周末的討論，卻都以讚許的態度，推斷讓雷曼倒閉是一種選擇，而不是無法避免的結果。

可想而知，鮑爾森在那個周末之前和當時，宣稱不會用政府資金拯救雷曼，也助長了外人以為我們決定讓雷曼倒閉的想法，鮑爾森這樣說有好幾個理由，包括他在個人和政治層面上，他不希望自己變成政府紓困那些大到不能倒的金融機構的代言人，這個身分讓他感到難堪。然而，我知道他會發布這種聲明，戰術考量是背後的重要動機。我們都非常希望民間部門，透過併購或是由民營企業組成財團的方式，帶頭拯救雷曼，但是如果民間部門知道政府最後會介入，就不會有這麼做的誘因，畢竟解決這個問題得付出成本。因此，鮑爾森的談話必須強硬。不過，就某種程度來說，鮑爾森的聲明並不重要，因為聯準會的貸款是唯一可以動用的政府資金。如果大家認為用巨額貸款拯救雷曼是可行的，那麼決定貸款與否的是聯準會，不是鮑爾森或財政部。

鮑爾森和我在雷曼崩解後立即舉行的國會聽證會中，談到我們是否可能拯救雷曼時，都刻意相當含糊其詞。我們談到金融公司面對雷曼崩潰時的準備時間，比面對貝爾斯登破產時還多，我們說的雖然是事實，卻是無關緊要的事實。但是我們事前同意含糊其詞，因為我們極為擔心承認我們無力拯救雷曼會傷害市場信心，增加其他岌岌可危公司的壓力。到了現在，我不知道當時是否應該說明白，原因倒不只是因為含糊其詞使大家誤解我們原本可以拯救雷曼。沒錯，當時我們很有理由擔心高盛、摩根士丹利和其他公司，可能遭到擠兌。然而，我們小心翼翼，不太討論雷曼倒閉的原因，反而讓外界搞不清楚未來是否採取拯救行動的標準。承認我們無力拯救雷曼，對市場信心會比較好呢？還是像我們這樣含糊其詞、暗示我們仍然有能力執行未來的干預比較好？我真的不知道。

雖然我們盡己所能拯救雷曼，當時我卻害怕避免讓雷曼倒閉，可能只是拖延必不可免的狀況發生的時間。今天我深信自己的直覺正確無誤。在雷曼倒閉前那個周末，聯準會在沒有國會支持下、獨力持續拯救主要金融公司的能力，已經快速的山窮水盡。就像杜德禮對聯邦公開市場操作委員會強調的一樣，聯準會在資產負債表無止境擴大的情況下，一定會傷害到我們執行貨幣政策的能力。更重要的是，就像過去與傅利曼共同寫書的史瓦茲所說的一樣，政治上對聯準會的「流氓」行徑（這是她的措辭）的容忍程度，已經到達極限。簡單地說，即使聯準會有辦法獨力拯救雷曼，甚至也能挽救後來出問題的美國國際集團，但是，在面對未來的金融援救行動時，我們將失去能力和政治上的支持力量。即使我們的資源用盡，金融體系愈來愈脆弱的跡象——虧損持續、資本缺少、信心蒸發——在雷曼事件過後很久還一直出現。前幾年，美國碰到好幾次非常可怕的颶風季節，雷曼倒閉前那個周末，我想像一連串的颶風一個接一個地撲向海岸，只不過，這些颶風的名字不是卡翠娜、麗塔或古斯塔夫，而是叫做美國國際集團、美林、摩根士丹利、高盛、華盛頓互惠、美聯銀行、美國銀行、花旗集團……。聯準會在沒有可用工具、沒有政治支持下，怎麼能夠獨力應付這麼巨大的危機？就像我在雷曼周末所說的一樣，我們應該停止自欺欺人，該是去找國會的時候了。不動用納稅人的大量資金和政治意志的支持，就解決這麼大規模的金融危機，根本就是史無前例的事情。

果不其然，連百年難得一遇的財經巨災，都不足以喚起很多國會議員，起而超越意識形態和短期的政治利益。國會不顧雷曼倒閉後的一片狼藉、不顧經濟受到的明顯影響，還是花了兩個多星期、嘗試了兩次，終於才通過立法，提供阻止這場危機所需要的資金。情勢很清楚，要是沒有「若干」大公司倒閉，對整個系統造成連帶傷害，否則國會絕對不會採取行動。換言之，雷曼式的事件很可能在所難免。

如果歷史學家最後同意：拯救雷曼無法避免後續的破產案，無法避免這場危機逐步增強、無法避免隨之而來的經濟衰退，也無法避免需要國會撥出千百億美元的納稅人資金，那麼這家公司在那個周末的崩潰是否可以避免的問題，就會變得無關緊要。然而，我不希望雷曼倒閉可以避免、以及雷曼倒閉是政策選擇結果的想法，變成多數人的看法，原因很簡單，這種看法不正確。我們認為雷曼的倒閉具有絕大的殺傷力，我們已經盡我們所能避免這件事，同樣的邏輯促使我們拯救美國國際集團，還好美國國際集團跟雷曼不同，我們臨時張羅的工具正好適用。

第十四章　我們向國會求助

We Turn to Congress

九月十七日星期三的報紙頭版上，美國國際集團紓困消息橫跨全版的做法，做的跟宣戰新聞一樣。政治與媒體世界設法針對過去幾天的事件，得出凡俗之見，初期的反應對我們不利。星期一和星期二兩天，大部分社論作者和經濟學家，都認為讓雷曼倒閉是基於原則所做的決定，因此，很多人認為，後來針對美國國際集團所做的決定，是個矛盾的轉變，而不是針對不同狀況所做的不同反應。

連通常偏向聯準會的經濟學家都批評我們。曾任聯準會貨幣事務局局長、和我合寫幾篇論文的文森·萊因哈特說：「政府跟雷曼劃清界線，然後再把一部分的線擦掉。」另一位跟我合寫論文，後來到英格蘭銀行任職，變成鴿派政策領袖的亞當·薄森（Adam Posen）寫道：「這是非常糟糕的消息，也是令人非常錯亂的前例。美國國際集團資本和流動性流失幾個月了，頭腦清楚的人都可以逃出去。」我熟識的卡內基梅隆大學（Carnegie Mellon）教授、曾任里奇蒙聯邦準備銀行經濟學家的馬文·古夫倫（Marvin Goodfriend）批評聯準會：「你們沒有任何規則，你們是在遊戲中途，設法制定規則。」我知道我們做了正確決定，但是這些消息靈通觀察家的反應，讓我意識到一個事實，我們很難說服國會、媒體和大眾。我認識或共事過的人，像萊因哈特、薄森和古夫倫，似乎不願對我們做出無罪推定，也讓我覺得難過。

政客像平常一樣，設法兩面通吃。一方面，他們知道紓困案非常不受歡迎，所以盡其所能利用（並且強化）一個概念，那就是財政部和聯準會把華爾街的利益置於大眾利益之前，並且藉由批判這樣的作為，贏取選民的心。參議員邦寧不當地把聯準會比喻成委內瑞拉的社會主義獨裁者，烏戈・查維茲（Hugo Chávez）。道瓊社的一通電訊掌握了這種情緒：「至少在大選季節政治掛帥的一天裡，國會山莊的民主黨和共和黨國會議員，似乎都把斧頭砍進柏南克的身體裡。」另一方面，像法蘭克這種想法比較周延的人知道，他們自己不久之後就得做出不受歡迎的決定，因此，評論起來比較小心慎重。（然而，法蘭克像平常一樣，忍不住要取笑一番。他在那星期稍後的聽證會上，提議把九月十五日——雷曼倒閉和美國國際集團獲救之間的日子——訂為「自由市場紀念日」。他說：「全國對自由市場的認同只維持星期一一天。」）

在金融的世界裡，短期資金市場幾乎停止運作。銀行囤積現金，不願貸放，從貨幣市場基金撤資的速度加快——從所謂的主要貨幣市場基金撤資的情形尤其如此，因為這種基金的投資標的主要是一系列的短期資產，包括金融公司和非金融公司發行的商業本票。從主要貨幣市場基金流出的現金，大多流入「只限投資政府」的貨幣基金，因為這些基金只投資國庫券和大家認為超級安全的政府債券。從九月十日到十月一日，共有四千三百九十億美元流出主要貨幣市場基金，三千六百二十億美元流入只限投資政府的基金，這種轉移確實是史無前例。

九月十七日早上，我七點左右就上班，跟佛羅里達州眾議員康尼・梅克（Connie Mack）——費城運動人隊著名經理梅克的曾孫——吃完早已安排好的早餐後，把美國國際集團紓困案的最新狀況，通報聯準會內外人士。上午九時四十五分，我在柯恩、華許和蓋特納的陪同下，透過視訊電話，跟加拿大銀行總裁馬克・卡尼（Mark Carney）、英格蘭銀行總裁金恩、歐洲央行總裁特里謝和日本銀行總裁白川方明談話。他們全都樂於見到我們經歷雷曼慘劇後，能夠避免美國國際集團倒閉，全都同意應該不惜一切，避免另一家關係複雜的大型金融公司，在混亂中崩解，我表示我有信心——大概比我的實際感受還強——美國國際集團紓困案會成功。

雷曼倒閉和美國國際集團倖免於難所造成的後續影響，衝擊全球金融市場，各國央行總裁都增加放貸，以便平息恐慌。我們也共同確認要在星期四歐洲市場開盤時，共同宣布聯邦公開市場操作委員會星期二批准的擴大外匯換匯額度。我告訴其他國家的央行總裁，感謝他們的支持，這樣說不只是甜言蜜語而已，我們每個人都深切了解自己面對的責任、以及將來的政界和媒體的攻勢。我們都知道，如果我們密切合作，而非孤軍奮戰，我們一定能夠更有效地因應挑戰。

國際視訊會議結束後，我在幕僚長蜜雪兒的建議下，利用視訊會議，向聯邦公開市場操作委員會委員簡報，整個早上，蜜雪兒都聽到心煩意亂的準備銀行總裁要求提供更多資訊，他們受到新聞界包圍，也接到地區準備銀行理事的電話，需要知道怎麼回應。我解釋貸款美國國際集團的條件和原因，蓋特納和杜德禮也發表意見和回答問題。我難以評估各位總裁的反應，大多數總裁似乎了解非常時刻需要非常的措施，但是有幾位總裁也表達了對這次行動的關切，因為這樣做似乎是前後矛盾的突然改變，他們也擔心已經開始積聚的反聯準會政治反彈。

不過，聯準會理事會決定是否動用聯邦準備法第十三條第三款的緊急貸款權，事後向總統報告細節完全適合之至，而且實際上絕對必要。然而，我在視訊會議中，感受到我們在整個危機期間都必須克服的兩難心情，我希望能夠讓更多的同事參與討論，聽取他們有用的建議，得到他們更廣泛的認同，但是，至少在這場危機最緊張的階段中，迅速行動的需要經常壓倒周咨博採的好處。

午餐過後，在蜜雪兒的要求下，我接聽了記者的電話。如果我們要在輿論的公審中站住腳，我們必須讓別人聽到我們的說法。一般說來，我最常跟固定跑聯準會的記者在一起，包括《華爾街日報》的瓊恩·席爾森瑞（Jon Hilsenrath）、《經濟學人周刊》的葉偉平、《金融時報》的克里希納·古哈（Krishna Guha）、《華盛頓郵報》的尼爾·歐文（Neil Irwin）、彭博資訊社的約翰·貝利（John Berry）、國家廣播公司商業台的史帝夫·賴斯曼（Steve Liesman）和《紐約時報》的艾德·安德魯斯（Ed Andrews）。我知道這些記者比較專業，最能夠了解和解釋我們的做法和原因，其他媒體會跟進他們的報導。

這些人對我們告訴他們的事情不見得都會信以為真。《華爾街日報》編輯兼專欄作家大衛·衛索爾（David Wessel）曾經告訴我，如果記者新聞跑得好，當他調整採訪路線時，他們原來採訪的官員都會鬆一口氣。我多年來應付的記者當中，有些人可以輕易地達到衛索爾的標準，但是，整體而言，我認為跑線記者通常對我們很公平，我們比較可能看到通常不採訪聯準會、因此消息比較不靈通的記者，發出不公平或不精確的報導。

整個星期三這一天裡，我們特別密切注意高盛和摩根士丹利兩家公司，兩家公司是僅存的獨立投資銀行，受到市場嚴密的監測和猜疑。跟貝爾斯登、雷曼和美林相比，兩家公司的事業結構都比較強壯，資產負債表也比較健全，但是，他們像其他公司一樣，每天都需要尋找資金，融通持有的證券資產、滿足擔保品的要求。我們現在已經完全了解，放款人、顧客和交易對手不願意跟穩定性受到懷疑的公司打交道，如果大家對這兩家公司的信心繼續下降，我們可能會看到等同於擠兌的事情發生在它們身上。高盛和摩根士丹利歷史悠久，高盛是在一八六九年，由馬可斯・高德曼（Marcus Goldman）在曼哈頓下城創立，他父親是巴伐利亞猶太裔牛隻交易商。一八八二年，他把女婿薩姆爾・沙克斯（Samuel Sachs）帶入公司，公司在新世紀裡蓬勃發展。但在一九二九年股市崩盤後幾乎倒閉，卻在悉尼・韋恩柏格（Sidney Weinberg）的領導下東山再起，韋恩柏格是在十六歲從學校退學後，進入高盛公司，從清潔工助理開始做起。

長久以來，高盛都跟政壇維持良好關係，批評者把高盛稱為「政盛公司」（Government Sachs）。韋恩柏格是小羅斯福總統的密友，據報導，艾森豪總統和詹森總統任命財政部長時，都遵照他的建議。柯林頓總統時期的財政部長魯賓和鮑爾森一樣，原本是高盛最高經理人。在中央銀行的世界裡，原本是義大利銀行總裁、後來出任歐洲央行總裁的馬利歐・德拉吉（Mario Draghi）、原本擔任加拿大銀行總裁、後來出任英格蘭銀行總裁的卡尼和紐約聯邦準備銀行市場部門主管、後來出任紐約聯邦準備銀行總裁的杜德禮也都出身高盛。當時擔任商品期貨交易委員會主委的蓋瑞・耿斯勒（Gary Gensler），也曾經在高盛工作過。這種密切關係會令人擔心高盛不當的影響力，也就不足為奇了。另一方面，如果政府機關裡沒有人擁有市場或產業的相關經驗，期望政府機關能夠有效地管理市場或產業，似乎並不切實際。我只能說，跟我合作的高盛幫不但為政府工作帶來大量的金融專業技能，也為公眾的利益獻身。

高盛現任執行長布蘭克梵和我曾是哈佛大學同學，只是我跟他不熟。後來他拿到哈佛的法學學位，當過幾年律師後，進入高盛，在倫敦擔任貴金屬業務員。他在布魯克林的國民住宅長大，父親在郵局分信，母親是防盜警鈴公司的接待員。我擔任聯準會主席期間，偶爾會跟布蘭克梵見面，討論跟高盛有關的問題，聽取他對市場和經濟的看法。他顯然非常聰明，我發現他對市場發展的遠見特別有用。雖然如此，我還是刻意避免跟華爾街任何業者發展密切關係，這樣做不但是基於聯準會的管理責任，也是為了避免受到金融權力圈中太常發展出來的集體思維所影響。

一九三五年，葛拉斯．史蒂格爾法案通過，強迫（經營貸款的）商業銀行與（承銷股票與債券的）投資銀行區隔開來，摩根士丹利即是根據這個法源，從摩根信託銀行（J.P. Morgan & Company）中分拆出來的公司。老摩根的曾孫亨利．摩根和老摩根的合夥人哈羅德．士丹利（Harold Stanley）把姓氏借給新公司命名，新公司立刻變成華爾街的菁英公司。一九九七年，摩根士丹利公司背離自己的傳統業務，跟零售經紀商添惠公司（Dean Witter Reynolds）合併，在併購過程中，取得發現（Discover）信用卡的經營權。不過摩根士丹利仍然從事證券承銷與交易業務。雖然它在網路泡沫化後，獲利恢復的速度比其他公司來得緩慢，但是它在一九九八年成為美國市值最大的證券公司。而長期位居經營階層的麥晉桁在經歷一連串的權力鬥爭後，於二〇〇五年出任執行長。

麥晉桁是黎巴嫩移民的第六個兒子〔他們原本姓麥克豪（Makhoul）〕，在北卡羅萊納州的穆爾斯維爾（Mooresville）長大，他父親在當地經營雜貨店，他則靠著足球獎學金上杜克大學。業界認為他是積極進取、魅力十足的人物，他在危機發生前，靠著提高風險和增加舉債，拉抬摩根士丹利的獲利。在摩根士丹利做過第一份工作的華許密切注意這家公司，讓我們得知該公司的發展。

同時，華盛頓互惠銀行的問題終於走到緊要關頭。華盛頓互惠列在死亡觀察名單上已經好幾個月，但是儲蓄機構監理局和聯邦存款保險公司之間的看法不同，拖延了解決問題的時間。聯邦存款保險公司董事長貝兒極力勸說華盛頓互惠賣掉自己，然而，儲蓄機構監理局卻繼續抗拒，相信華盛頓互惠可以靠自己的力量存活下去。摩根大通銀行似乎是最可靠的買主，但是另外好幾家公司也表示有興趣，看來談判在周末應該會結束。

同時，我們接到的美聯銀行報告也令人擔心。該行已經多年表現不佳，六月裡，該行董事會把執行長肯恩．湯普森（Ken Thompson）趕下台，湯普森是北卡羅萊納州洛磯山城的人，精明而喜愛交際，唸高中時是明星運動員，整個事業生涯都在這家銀行度過，一開始是在三十四年前，進入這家銀行的前身第一聯盟銀行（First Union Corp.）。我是在聯準會顧問委員會上認識他，他給我的印象是知識廣博、思慮周密。但是他犯了很多同業所犯的相同錯誤，就是積極推動自己的銀行，打進高風險的不動產貸款業務。二〇〇六年，美聯銀行以二百五十億美元的代價，併購黃金西部金融公司（Golden West Financial Corporation），繼承了一個大致由低評等住宅貸款構成的投資組合。黃金西部金融公司大力推廣選擇性浮動利率房貸，這種房貸起初讓貸款戶繳納極少的款項，以至於貸款餘額可能不減反增。美聯銀行併購黃金西部金融公司的情況，非常像美國銀行併購全國金融公司。美聯銀行也大力擴張商業不動產和建築融資，但是現在虧損和資產減記不斷累積，美聯銀行只能看著自己沒有存款保險的資金冰消瓦解。

我對撲滅一場又一場的火災，逐漸覺得厭煩。我們需要比較全面性的危機解決之道，這樣表示我們必須要求國會，動用納稅人的錢。那個周末討論雷曼和美國國際集團的案子時，我在視訊會議上已經提到這一點，星期三晚上，我跟鮑爾森、蓋特納、證管會主委柯克斯和其他人開視訊會議時，再度力推這一點。聯準會不可能獨力做好這件事。我們瞻望未來時，我們看到的是很多大型金融機構、甚至整個經濟和金融體系，都處在嚴重的風險中。為了阻止危機、避免難以想像的後果，我們必須取得必要的權威、財政力量與民主合法性，所以我們向國會求助。

鮑爾森起初不願表態支持。他知道他和自己的小組必須帶頭努力，擬出立法建議案，再向國會推銷。這可不是件容易的事。紓困案已經觸怒很多選民，因此也觸怒政客，一般大眾還沒有受到華爾街困境的全面影響。雖然這是件苦差事，但是其他方案更不理想。到星期四早上，鮑爾森改變看法，認為如果沒有人幫助我們，我們就沒有希望控制危機，因此，他同意尋求立法之道。

同時柯克斯希望禁止放空金融股。麥晉桁像先前雷曼公司的傅德一樣，曾經抱怨放空威脅他的公司穩定。柯克斯認為，如果禁止放空，我們就能替目前承受壓力的公司拿掉一項威脅。

鮑爾森似乎準備支持柯克斯，但是我卻有所遲疑。放空是健康市場決定價格的一環，對一家公司抱持樂觀態度的交易者會買進公司股票，放空股票是悲觀的人表達相反意見的方法，空頭偶爾像金融大海裡的鯊魚，靠著掠食最脆弱的公司大發利市，但這樣對生態系統通常很健康——能讓股價反映完整的看法。可是，從另一個角度來說，現在根本不是正常時期，我希望好好思考一下，我樂於從視訊會議上，知道麥晉桁和中國主權財富基金，正在就這檔基金在二〇〇七年十二月的投資之外，認真進行第二筆投資事宜的談判，同時麥晉桁也和一家中國的銀行談判。募集資本是摩根士丹利恢復市場信心最好的方法。

九月十八日星期四是另一個艱困的日子，但是，事後證明，這一天卻是轉捩點。這一天是從腸胃科醫生的診療室開始，實在有點不吉利。醫生想知道我的胃部不適是不是由壓力引起。比較讓人高興的是，白宮經濟顧問恰克．布拉豪斯（Chuck Blahous）轉來了一封棒球統計天才詹姆斯的電子郵件。詹姆斯寫道：「告訴柏南克撐住，有時候，說情勢不可能再壞下去的人說得很對。」

跟其他主要央行擴大換匯額度的消息已經宣布了。我們把幾次換匯額度的上限加總在一起，總計提供將近二千五百億美元的資金，安定全世界的美元資金市場。

早上和下午我忙著跟財政部和證管會開會，柯克斯再度提議禁止放空金融股。摩根士丹利、高盛和其他公司的股價壓力似乎正在增加，其中部分壓力可能來自空頭。我雖然還有一絲疑慮，卻同意不反對暫時禁止放空。柯克斯會把這個構想帶回證管會研議。

我們花了很多時間，討論貨幣市場基金，連一些規模最大、最有名的貨幣基金都報告資金大量外流，這種擠兌可能對經濟造成重大傷害，不只是因為這樣會造成市場恐慌升高，也是因為很多大公司依賴貨幣市場基金購買他們的商業本票，貨幣基金資金的流失會傷害奇異或福特汽車之類公司融通日常營運資金的能力。我們已經聽說只有最高評等的企業，能夠銷售商業本票，而且甚至這種商業本票，到期日也只有一、兩天而已。同時，在商業本票市場吃到閉門羹（或擔心吃到閉門羹）的公司，轉而動用自己在銀行的信用額度，為短缺現金的銀行增添額外的壓力，使銀行更不願意借錢給其他客戶。金融動盪的影響層面已經逐漸明朗化，對經濟體中非金融部門的影響、對生產和就業的威脅已經展現出來。

我們必須阻止失血。聯準會、紐約聯邦準備銀行、波士頓聯邦準備銀行曾經研究過一種新機制，準備提供現金給貨幣市場基金，滿足他們清償投資人的需要。但是這種機制在技術層面與法律層面都相當複雜。我們不直接貸款給貨幣基金，而是以優惠的條件，貸款給銀行，條件是他們要向貨幣基金，購買流動性比較低的資產擔保商業本票。這樣就可以把資金挹注到貨幣基金，卻不違反聯準會不得直接向貨幣基金購買證券的法定限制。

那天早上，鮑爾森也建議利用財政部的外匯安定基金，為貨幣市場基金保證，就像聯邦存款保險公司保證一般銀行存款一樣，一旦貨幣市場基金投資人認為自己的資金安全無虞，就沒有理由擠兌。我認為這個構想好極了，外匯安定基金是在大蕭條期間創立的，意在讓財政部在外匯市場中管理美元匯率（例如，如果財政部希望抑制美元價值快速上漲，就會賣出美元、買進歐元或日圓，從而增加美元的供應。如果財政部要減緩美元價值的跌勢，就可以賣出歐元或日圓、買進美元。不過，鮑爾森的建議不是要干預外匯市場，過去財政部曾經運用外匯安定基金，達成間接管理美元匯價的目的，最特別的一次是在一九九五年，當時魯賓和桑莫斯領導柯林頓總統旗下的財政部，貸給墨西哥二百億美元，協助穩定暴跌中的墨西哥披索）。

因為貨幣市場基金持有很多外國資產，是歐洲銀行美元資金的主要來源，阻止貨幣基金的擠兌應該有助於穩定美元的主張，應該不會難以推銷。此外，鮑爾森的計畫應該可能不必動用真正的支出或貸款，如果這種備援做法能夠恢復投資人的信心，擠兌應該會停止，外匯安定基金也不會有絲毫的流失。財政部甚至還能因為這個方案獲利，因為貨幣市場基金要為這種保險付出保費。

我們繼續討論應該向國會提出什麼要求。現在每個人都同意危機已經變得太大，聯準會和財政部如果沒有得到國會的撥款，已經無力應付了。但是，假設國會同意撥款，資金怎麼配置才最適當呢？從歷史經驗看來，政府經常藉著挹注資金到能夠存活的所謂好銀行中（就是購買他們的股票），結束銀行危機。在某些情況下，可以藉由把不良資產移轉到新成立公司（也就是壞銀行）的做法，把原本的問題公司變成好公司。如此一來，壞銀行就能分開融資，然後慢慢地處理掉低評等的放款。我傾向採用這種辦法，包括由政府直接投資銀行，換取新發行的股票。這樣做似乎是恢復銀行體系償債能力、向投資人和大眾提供保證、支持信用向家庭和企業流動最簡單、最直接的方法。

把公共資本注入金融機構，在經濟的邏輯上究竟說不說得通，這個問題先撇開不談，鮑爾森仍然對這個構想抱持強烈的保留態度。他擔心政府擁有銀行的部分所有權看起來會像社會主義，或是像更多的紓困行動，因此，這種做法在政治上根本不可行。他相信眾院共和黨籍國會議員，絕對不會接受看來像是政府接管銀行的計畫，把一定會遭到拒絕的建議送到國會去，會摧毀市場的信心。他也擔心政府注資的建議會讓銀行現有的股東恐慌，他們害怕如果公家注資變成國有化——政府完全接管銀行——的第一步，那麼自己的股權會遭到稀釋，甚至人間蒸發；我們嚴厲對待房利美、房地美和美國國際集團股東的做法，對於可能面對接受政府接管命運的銀行股東來說，絲毫沒有安撫效果，如果現有股東受到驚嚇，賣出股票，銀行股價一定會下跌，破壞銀行從民間部門募集新資本的所有可能性。最後，鮑爾森（像我們所有的人一樣）擔心銀行部分或完全國有化後，銀行將會難以重建獲利能力、恢復民營地位。

鮑爾森建議使用國會撥款向銀行購買不良資產的方法（實際上是針對整個銀行體系實施的好銀行／壞銀行策略），這樣做不但可以把這種資產從銀行體系中移走，也可以為留在銀行帳簿中的類似資產提供支撐，這種支撐會強化銀行，協助銀行更容易向民間投資人募集資本。他的構想起源於財政部幕僚的一份備忘錄，這份備忘錄主題叫做「破釜沉舟式的銀行重建資本計畫」，從四月開始，就悄悄流傳，其中雖然討論好幾種穩定銀行的計畫，但重點放在透過標售，向金融機構購買五千億美元的房貸抵押擔保證券。再聘請專業資產管理人，管理買下來的證券，最後轉售給民間投資人，目標是為納稅人賺到最高的投資報酬率。

這份破釜沉舟備忘錄是有用的練習，卻缺少細節，尤其在政府如何決定購買哪些資產、用多少錢購買的問題上，更是缺乏細節。這份備忘錄開始流傳後，聯準會的經濟學家比較深入地考慮過幾種購買資產方案，他們擔心購買資產的做法會很複雜，可能需要很多時間擬定和實施。他們在過去的金融危機中，也找不到可以模仿的前例。一九九〇年代瑞典銀行危機，經常被視為政策成功因應的典範，瑞典政府在危機期間，曾經購買不良資產，但是政府同時也在銀行中挹注新資本，雙管齊下。

不過，我了解鮑爾森為什麼喜歡這種方法，而且我認為，因為鮑爾森是負責說服國會採取行動的人，他的看法值得特別受到重視。如果說，我在華府學到什麼東西，那就是，如果經濟方案在政治上不可行，不管支持這種方案的理由多麼完美無缺，都不可能過關。此外，如果購買資產像我相信的那樣可以抬高不良資產的價格，那麼整個制度就會間接重建資本。最重要的是，鮑爾森向我保證，他在訂定購買資產的授權範圍時，會讓政府擁有購買銀行股權的權限（如果事實證明這是最好的做法的話），也就等於直接注入政府資金（我較喜歡的做法）。計畫有了，我們的下一步是把它推銷出去。下午三時三十分，鮑爾森、柯克斯和我在白宮羅斯福廳，再度跟總統開會，白宮和其他部會的一些幕僚也參加會議，華許陪著我出席。每個人都到場後，總統從橢圓形辦公室走進來，坐在長桌一邊中間他常坐的位置上，與會人士已經根據印好的名牌，找到自己的位置。我相當確定總統認得每一個人，桌上不必放名牌，但是，禮節還是得講究。鮑爾森、柯克斯和我像平常一樣，坐在總統的正對面。

鮑爾森和我向總統說明市場的最新發展，包括貨幣市場基金的擠兌，我們強調必須在經濟受到更多傷害前，把危機控制住。我在鮑爾森的要求下，再次說出我判斷聯準會阻止金融體系擠兌的財力已經用盡，唯一可行的方法很可能是利用國會授權的資金，針對危機，發動全面攻擊。接著，我們檢討財政部和聯準會恢復貨幣基金信心的建議，也評估柯克斯禁止放空的建議。最後、最重要的是，我們談到鮑爾森所提要求國會撥款、購買不良資產的建議。

過去三天裡，我們第二次來見小布希總統，請求他支持我們對美國金融體系，進行空前未有的激烈干預。總統身為強烈偏愛由市場自行解決一切的共和黨員，對我們的提議不可能會滿意，他知道要得到自己的黨支持並不容易。但是他秉持七十五年前小羅斯福總統所採方法的精神，他同意為了自由市場的長遠發展，短期內，或許需要由政府推動劇烈的干預。他再度表達他對我們的全面支持，我們深為感激。國會再度變成我們的下一站。

我回到辦公室後，打電話給眾院議長裴洛西，問她鮑爾森、柯克斯和我當天晚上是否可以跟國會領袖見面，她說她會努力安排。下午六時，歐巴馬參議員打電話來，我向他解釋我們的策略，他承諾盡量支持。總統大選再過六個多星期就要舉行，金融市場和國會的情勢發展對看來十分激烈的總統寶座之爭，可能是重要的變數。對聯準會來說，這種情況很棘手，我們需要跟行政部門密切合作，推動看來超越政黨的立法解決之道。

聯準會每星期四下午，都會報告自己的資產負債表，這種報告原本是沒有人注意的無聊資料，這會兒卻變成很有新聞價值，說明我們提供多少貸款的資訊。這個星期四，報告反映金融體系的壓力惡化。我們透過主要交易商融通機制，借給證券經紀商的資金，達到創紀錄的六百億美元，前一周則是零美元（一周後，主要交易商融通機制放款總共達到一千零六十億美元）。同時，銀行透過貼現窗口的借貸比前周增加一百億美元，達到三百三十五億美元。接下來的一周裡，貼現窗口的貸款上升到將近四百億美元，比九一一攻擊後一天的四百五十五億美元少不了多少。

下午七時前幾分鐘，鮑爾森、柯克斯和我來到國會大廈 H 二三〇室，這間小會議室靠近眾院議長裴洛西的辦公室。國家廣場上，夕陽正開始下山，我們在木製會議桌上坐下來。裴洛西、參院多數黨領袖雷德、眾院少數黨領袖博納坐在我們對面，其他議員，包括參院銀行委員會和眾院金融服務委員會的最高階委員（總共有十來人）圍著會議桌坐著。鮑爾森說了幾句話，然後請我詳細說明我們所面臨的風險。

我沒有預先準備好要說的話，又沒有記下摘要，不記得自己說過的每一件事情，不過與會人士後來向新聞界重新敘述我的大部分說詞。我希望表達我們絕對需要快速行動，我說我們正面對全球金融解體的風險，而且這種情形可能在幾天內就會發生，而不是在幾星期後。我完全相信我說的每一個字，而且我認為大家都看得出來，會議室裡鴉雀無聲。

然後我提到金融解體對國家經濟和他們的選民會有什麼影響。這時，我設法說出持平、甚至小心謹慎的看法，我不希望承擔誇張或引發恐慌的罵名。不過我拿大蕭條作比喻，說大蕭條時，失業率最高升到25%。我也談到日本和瑞典碰到金融危機後，陷入比較不嚴重、卻仍然非常深的經濟衰退。我說，根據這些經驗，如果我們不立刻採取行動，我們可以預期經濟會劇烈衰退，股市和其他資產價格會進一步大幅下降，失業率可能從目前的6%，升到8、9%，通用汽車之類的大型非金融企業，可能步上金融公司倒閉的後塵。

我認為可以公允地說，我的話讓大家動容，我很可能也可以公允地說，雖然我提出了嚴峻的警告，但卻仍然低估了潛在的傷害。至少從大蕭條以來，世人從來沒有看過這麼大的全球金融危機，我們沒有什麼根據，可以評估這種危機的後續影響。但是我的學術研究和讀史心得，讓我相信影響可能很大，甚至可能釀成災禍。我記得自己說話時覺得相當鎮定。我相信，目前唯一正面的做法是盡量集中焦點、慎重詳細、井然有序。我們需要爭取和維持國會議員的信心，讓他們相信我們有一套行得通的計畫。

國會議員問了很多問題。像是，需要多少錢？錢要怎麼運用？援助金融公司時，是否附帶貸款規定與經理人薪資限制？我們如何協助受到危機傷害的自用住宅屋主和其他無辜的人？行政部門什麼時候會提出立法建議案？針對這些問題，我們盡可能地回答。鮑爾森提到利用國會撥款購買不良資產，但沒有提供細節。將近晚上九點會議結束時，我偷偷溜出去，沒有遭到記者阻攔。由於國會領袖們會十分樂於發表談話，讓我比較容易脫身。

雖然壞消息充斥，我離開會議時，卻覺得深受鼓舞，我告訴蜜雪兒，我認為大家正在凝聚採取行動的共識。市場也深受鼓勵，道瓊指數當天收盤時，受到謠傳全面性因應危機方案可能出爐的激勵，上漲四百一十點。

九月十九日星期五上午七時三十分，聯準會理事會開會。我已經解釋過，財政部打算利用外匯安定基金，為貨幣市場基金提供保證；但是，我們認為，鼓勵銀行向貨幣基金購買資產擔保商業本票的計畫，也可能有助於停止擠兌，因此，理事會批准這項計畫。貨幣基金可以利用收到的現金，應付贖回，不必在下跌的市場中，賣出商業本票或其他資產。我們再度履行了我們身為中央銀行的角色，在面臨金融恐慌時貸出資金，只是在這個例子裡，我們是間接貸出而已。因為一些最大的基金總公司設在波士頓，我們因此要求羅森格倫所領導的波士頓聯邦準備銀行，負責推動這項計畫。

同時，瑞典、挪威、丹麥和澳洲央行都要求跟我們建立外匯換匯額度，聯邦公開市場操作委員會已經授權柯恩、蓋特納和我組成的委員會，推動換匯額度。我們批准了要求，並且知會了聯邦公開市場操作委員會。我們把細節的談判交給杜德禮和他的小組負責。杜德禮同時也忙著監視市場，協助監督多種貸款計畫，還要進行聯準會的市場操作，維持聯邦資金利率接近聯邦公開市場操作委員會的2%的利率目標。我對柯恩說，杜德禮「一定是紐約那裡的獨臂貼壁紙師傅（英文有句片語 busier than a one-armed paperhanger，用來形容極度忙碌）」。事實上，我們都覺得自己像貼壁紙的師傅，科幻小說作者雷伊．康明斯（Ray Cummings）說過：「時間使一切事情不至於同時發生。」過去一個月內，我卻覺得時間沒有盡到這個責任。

那天早上稍晚時，鮑爾森、柯克斯和我在白宮玫瑰花園裡，站在小布希總統身邊，看著他為拯救房利美、房地美和美國國際集團辯護，他也提到聯準會透過貸款和協調其他國家中央銀行，把「迫切需要的流動性注入我們的金融體系中。」

「這些針對性措施的主要目的，是要阻止個別公司的問題更普遍地蔓延，」他說：「但是這些措施還不夠，因為這些措施沒有解決我們市場大部分不穩定背後的根本原因，就是房價下跌期間，抵押貸款資產價值喪失造成資金流動遭到限制的問題。」然後他說明我們前一天在羅斯福廳討論的計畫。

市場很高興聽到這些事情。短期國庫券殖利率跌到二次大戰以來最低紀錄後，開始非常激烈地上升，星期四尾盤到星期五尾盤之間，三個月期國庫券殖利率從0.07%，暴漲到0.92%，這樣是好消息，表示交易者願意賣出超級安全的國庫券，換取其他資產。同時企業資金成本急劇下降，資金從貨幣市場基金流出的速度降低。股市大漲3%以上，道瓊指數只比一周前（也就是雷曼周末之前）低了不到一個百分點，金融股預期可以從禁止放空中受惠，狂漲大約11%。我們也宣布，紐約聯邦準備銀行會藉著購買兩房發行、用來融通購買房貸所需資金的短期債券，以便支撐房市。星期五我們買了八十億美元，促使這種證券的利率大幅下降達0.6%之多。普遍的利多反應顯示，大家對於我們終於推出對抗危機的全面計畫感到安心，不管這個計畫的細節如何。

我把這一天剩下的時間，用來對記者、其他國家中央銀行和國會，解釋總統建議的大要。要看懂國會議員的反應相當難，但是，我已經可以看出，要讓他們支持建議案相當困難，因為他們顯然認為這並非穩定經濟的重要行動，而是拿納稅人的錢進行華爾街大紓困。

我也跟一些幕僚和聯準會理事見面，進一步思考鮑爾森所提購買不良資產建議的設計問題。財政部沒有提出多少細節，我們希望了解不同方法之間的得失。我們可以找到的最好前例是資產清理信託公司（Resolution Trust Corporation），一九八〇年代儲蓄貸款機構危機爆發，造成很多儲貸機構倒閉後，資產清理信託公司在清算這些機構的資產方面，做得很成功。但是資產清理信託公司和鮑爾森的計畫有一個重大差異：儲貸業倒閉後，資產自動歸屬資產清理信託公司，資產清理信託公司不必考慮該為這種資產付出多少錢。相形之下，鮑爾森計畫向尚有償付能力的機構購買資產，但是，該付出多少錢呢？

這個問題會變成購買資產時的最大障礙，政府應該支付當前的行情價，還是該付出別種價格？如果政府按照當前低迷的行情價付款（假設在這麼失衡的市場中，還能判定行情價是多少的話），這個計畫可能幾乎完全無助於恢復銀行的償債能力。相反地，這樣可能迫使所有金融機構，按照政府的價格減記資產，至少從法定會計準則來看，這樣做會造成金融機構的財務惡化。另一方面，政府可以付出高於行情的價格，例如按照市況比較正常時的估計價格計算，政府是有耐心的投資人，可以等待到價值更能反映資產的長期報酬率時為止，這樣一定可以協助銀行，但是如果政府必須付出高於當前行情的價格，並且在出售資產時可能蒙受虧損，這樣對納稅人公平嗎？在未來的幾周裡，聯準會和財政部會徹底分析如何進行標售和為資產估價，但是，如何訂出最適當的價格，仍然是關鍵問題。

在極多方面採取行動的急迫性、加上我們所面臨問題的複雜性，讓我們所有的人都精疲力盡。那一周裡，很多資深幕僚工作到半夜，我們知道自己所做的選擇極為重要。就像柏克來加州大學經濟學教授布雷・戴龍（Brad DeLong）在他的部落格中說的一樣：「柏南克和鮑爾森兩人都像雷射光一樣，把精神集中在不犯一九二九年所犯的錯誤上……他們希望犯下自己原創的錯誤。」

星期五晚上，我從聯準會監理官員口中，得知高盛希望把自己的法律地位從證券控股公司，改為銀行控股公司。顧名思義，銀行控股公司是擁有一家以上銀行的公司，高盛在猶他州擁有一家工業貸款公司，是能夠吸收存款的小型金融機構，工業貸款公司可以快速變成銀行，從而使高盛符合銀行控股公司的最低規定。這種法律地位的變化只有一種影響效果：高盛現在要改由聯準會監理，而不是由證管會監理。高盛的經理人認為，光是宣布今後他們的業務要由聯準會監理，就可以降低他們的短期資金遭到擠兌的風險。他們的動機當時遭到錯誤報導，說這樣做是為了能夠取得聯準會的貸款，但是高盛的經紀商兼自營商子公司透過主要交易商融通機制，已經可以利用聯準會的貸款了。

聯準會理事會星期天批准高盛的申請，也批准摩根士丹利的類似申請——他們也變得非常擔心本身資金的穩定性，我們准許地位的變化立即生效。理事會在同一場會議中，批准高盛、摩根士丹利和美林的倫敦經紀商兼自營商子公司，可以向主要交易商融通機制借錢，他們的紐約公司已經可以向主要交易商融通機制貸款，我們的行動讓這些公司利用他們在倫敦持有的擔保品，不必移轉到紐約來。這些步驟減少了高盛和摩根士丹利兩家公司的資金壓力，我認為，至少對這兩家公司來說，這點是危機具有自我應驗恐慌的證明——投資人拒絕借錢、交易對手拒絕交易，完全是因為他們害怕別人也會這樣做。高盛和摩根士丹利把法律地位改成銀行控股公司，加上雷曼的倒閉案、貝爾斯登和美林遭到併購，促使獨立投資銀行的時代戛然而止。

高盛和摩根士丹利並不指望銀行控股公司的地位能夠保障自己的穩定，兩家公司也在追求新的策略性投資人，一星期後，高盛宣布獲得巴菲特的五十億美元投資。

充滿睿智的巴菲特號稱「奧瑪哈聖人」，他雖然坐擁驚人財富，個人卻很謙和，跟華府有著我所不知道的關係。他父親曾經擔任眾議員，所以巴菲特年輕時，就在華府創立自己的第一個事業。照他自己的說法，他少年時，就把好幾條送報路線，整合成單一的事業，把其他少年送報生變成他的第一批員工。他告訴我，每年十二月，他送給顧客的耶誕卡上都寫著：「耶誕快樂、第三次通知！」整個危機期間和事後，巴菲特都支持聯準會，提振了聯準會的政治地位和我的士氣。我喜歡把巴菲特的一貫支持，當成他個人的考慮，但是他不會看不出他對處在困境中決策官員的支持，會改善市場氣氛，對經濟會有好處，從而對他自己的投資也有利。巴菲特在那種特別的時刻投資高盛，的確是對美國經濟投下重要的信任票，大幅降低高盛（間接降低摩根士丹利）的壓力。他的投資條件十分有利，也為他的股東創造相當優異的報酬率。

至於摩根士丹利，他們跟中國人的交易並不成功，但是到了十月中，日本最大的金融集團三菱日聯金融集團宣布，要投資摩根士丹利九十億美元。簽約前，三菱日聯金融集團向鮑爾森提出要求、而且得到鮑爾森允諾，保證將來美國政府不會沒收日本人在摩根士丹利的股權。日本人投資摩根士丹利，加上先前巴菲特投資高盛，兩家新近變身的銀行控股公司讓我們（和市場）放心不少。

就像聯準會理事會星期日的會議所顯示，周末對聯準會（或財政部）不再有太大的意義。我有星期天下午國民隊球賽的票，卻發現自己跟鮑爾森一起，在參議員鮑伯・柯克（Bob Corker）的辦公室裡，和六位共和黨參議員開會。我們解釋財政部的建議和可能的選擇。不過，雖然這次討論有些有建設性的時刻，但是參議員邦寧似乎一直氣憤難平，而且對聯準會火大之至，發表抨擊後就拂袖而去。他的譴責大意是：不能信任聯準會可以挽救危機，因為他認為，這場危機的起因是過度寬鬆的貨幣政策和差勁的監理。

星期五晚上，財政部送給國會領袖一份三頁的立法建議概要。鮑爾森要求撥款七千億美元，購買問題資產，這個數字相當武斷，也是驚人的龐大金額，但是（就像鮑爾森指出的一樣），跟大約十一兆美元的房貸餘額相比——還不提商業不動產和建築融資等跟不動產有關的資產——這個數字其實相當小；問題大得驚人，因此，必須有適當比例的反應。另一方面，這七千億美元不是平常意義的政府支出，而是購買金融資產的支出。如果計畫順利運作，政府最後會賣掉這些資產，收回大部分或全部資金。

對於財政部的建議，國會議員的反應是十分震驚。照鮑爾森自己的說法，這三頁建議原本是要當作討論大綱，他假設國會會補足細節。然而，很多國會議員認為，這份以立法草案形式寫成的簡短建議案，基本上是在要求一份不受監督的無限制權力。即使這不是鮑爾森最初的本意，但是，這樣一定行不通。這個名叫問題資產救助方案（Troubled Asset Relief Program）的建議真是出師不利。

第十五章　一半的人說絕對不可能
"Fifty Percent Hell No"

九月二十三日星期二，鮑爾森和我陪同總統在白宮玫瑰花園發表對記者談話後的第四天，我們再度並肩坐在一起。看來火冒三丈的參院銀行委員會委員坐在我們對面，他們對問題資產救助方案的建議，報以強烈的懷疑。七千億美元的方案打算怎麼運作？一般的美國民眾能得到什麼好處嗎？

我在攝影機燈光的照射與委員嚴厲眼神的注視下，做了我在國會聽證會上空前絕後的事情：我在沒有準備的情況下，只用當天早上粗略寫下的重點，即興發揮。當時我表示，我同意支持購買資產，也認為自己是負責解釋箇中原因的適當人選，告訴大家為何透過購買資產可以強化金融機構、穩定金融體系，同時也公平對待納稅人。經濟學教授在我身上還魂了。

「我先從一個問題開始，」我說：「金融市場為什麼不能運作？金融機構和其他人持有價值千百億美元的複合型證券，包括很多跟房貸有關的證券。我想請你們想一下，假設這種證券有兩種不同的價格，第一種是跳樓大拍賣價格，就是在不流動市場拋售的價格；第二種價格是持有至到期日價格，就是證券透過長期收益最後會有的價值。因為這些證券性質很複雜，加上經濟和房市狀況十分不確定，這些證券當中，有很多證券沒有活絡的市場，因此，今天跳樓大拍賣的價格可能遠低於持有至到期日價格。」

我繼續說：「購買資產可能有幫助，如果政府付出的價格介於跳樓大拍賣和持有至到期日價格之間——換句話說，價格雖然也不高，卻比較接近賣方在正常運作市場中可能得到的價格。金融機構可以用這種中間價賣掉資產，也可以用來估算帳上資產的價值，不必承受會導致耗盡剩餘資產的損失。同時，如果像我們預期的一樣，這個方案有助於重振經濟和房市，用低於長期持有至到期日價值的價格購買，可以確保納稅人拿回本錢」。

我認為，政府不必計算這些資產的跳樓拍賣價和持有至到期日價格，介於這兩種極端價格之間的價格，會在政府以大買家身分參與、同時民間部門買家可能一起現身的標售中，自動出現。我指出，光是宣布資產購買建議案，就已經造成次貸資產價格躍升，就是這個方案可能行得通的證據。

我從過去到現在一直都相信，用這種方式來思考購買資產最有道理。貝兒也支持這個構想。不過，要設立公平、有效的標售機制，來處理十分複雜、難以估價的證券，在概念上和操作上都會引發不小的問題。

這些參議員逼問我們將近五小時，提出問題，也提出他們自己的建議。精通財金事務的羅德島州民主黨籍參議員傑克·利德（Jack Reed）說，如果購買資產推升金融機構的股價，應該分潤納稅人。聽證會半途，委員會主席達德簡短地指出鮑爾森沒有指出的一點——法案中沒有限制政府取得金融機構股權的文字。利德和達德的說法，顯示他們不見得反對公共部門取得銀行的部分股權，不過他們似乎認為，這樣做是為了提高納稅人的報酬率，而不是強迫銀行改組或讓政府取得銀行控制權的方法。在回應這個問題時，我促請參議員讓行政部門可以視情況的變化或結果的不同，擁有足夠的彈性空間運用這七千億美元。

參議員不斷重申對一般大眾公平的主題。懷俄明州共和黨參議員麥可・安濟（Mike Enzi）問起這樣對沒有不良資產可以賣給政府的小銀行公平嗎？這樣我們向承做很多最差勁貸款的較大金融機構購買資產，豈不是獎勵失敗嗎？實際上，很多小型銀行確實持有不良資產，但是，安濟指出了深陷困境的銀行從這個方案中獲利最大的事實，的確凸顯了採取必要行動挽救制度，和避免道德風險之間有所衝突的又一例證。好幾位參議員說，從這個方案中得到好處的金融機構經理人薪酬應該受到限制。另外，包括達德在內的其他參議員也推動資金分批發放、而不是一次發光的方式，這樣做如果國會對結果執行不滿意，才有機會可以中止這個方案。這次聽證會漫長而辛苦，我卻認為我們獲得了一些進展。

隔一天（九月二十四日星期三）感覺像是個殘酷且不尋常的懲罰。我要面對兩場嚴苛的聽證會，一場在參眾兩院聯席經濟委員會，另一場則在法蘭克的眾院金融服務委員會。另外，還要參加兩場爭執激烈的會議：大致上包括眾院所有共和黨眾議員的眾院共和黨政策委員會（House Republican Conference），和參議院民主黨黨團會議（Senate Democratic Caucus）。前一天早上，共和黨眾議員才怒氣沖沖，斷然拒絕包括副總統錢尼、白宮幕僚長波頓、總統國家經濟會議助理漢尼西、聯準會理事華許在內代表團的呼籲。

鮑爾森和我盡力和眾院共和黨議員周旋，但是我們的運氣沒有比副總統所率領的代表團好，國會議員在黨團大會議室兩邊的麥克風後面排隊，等著發洩怒火，他們要傳達的訊息是：為華爾街肥貓紓困，是嚴重的不公不義，等於是要一般大眾送禮給華爾街。一位眾議員告訴我們，他跟選區內小城鎮通曉「真正」美國經濟的銀行家、汽車經銷商和其他人談過，到目前為止，他們還沒有看到華爾街困境產生的任何實質影響。「他們會看到，」我告訴他：「他們會看到。」華爾街的情勢看來可能毫不相干，卻可能扼住中小企業和企業家的信用，殘害經濟，但是大部分國會議員都表示懷疑。我擔心國會要到了經濟受到明顯、重大、可能完全無法逆轉的傷害時，才會採取決定性的行動。

我整天都在強調供需狀況惡化會構成嚴重威脅的論點。我告訴眾院金融服務委員會：「信用是經濟的生命線，」如果金融狀況不好轉，「我們會看到失業率升高、就業機會減少、成長放慢、查封案件增加……這樣對工人階級一定會有實質影響。」

金融危機和一般大眾無關的觀念，不是我們面臨的唯一問題。還有好幾個其他原因，造成購買資產方案難以解釋，又富有爭議性。外界有些經濟學家說，（如果低價購買資產）不會有幫助（如果提高價格）就是對納稅人不公平。這種批評忽視了我的主張——標售會產生介於跳樓大拍賣和持有至到期日兩種低高價之間的價格。也有人看到標售的設計問題，因為等待我們購買的證券很複雜、又很多元化。我認為這種反對理由聽來雖然合理，不過，我們也有辦法反駁。但是，雖然我們盡了最大力量，說明購買資產的理由，我卻看不到大家凝聚贊成這種方案的共識，只看到大家普遍懷疑這種方案怎麼能夠運作。

當我在說明購買資產方案時，我同時設法保有行政部門採取行動的彈性空間。我認為可以授權監督委員會，推動必要的改變，但是我不知道這場危機會怎麼演變，因此，我試著做到魚與熊掌兼得：一方面支持鮑爾森的策略，同時設法保留政府直接挹注資本或其他方法的選擇權。

民主黨參議員跟鮑爾森和我在國會山莊開會時，對財政部方案的支持程度似乎不比共和黨參議員高。這點不足為奇，主要差異在於共和黨人希望政府少干預（在旁觀望，讓系統自行調整），民主黨人希望政府加強干預（直接行動，協助一般大眾，並且削減經理人薪酬）。

會議結束後，我精疲力盡、心灰意冷地回到家裡，內人和我一起看小布希總統上電視、對全國演說。我認為，他所說採取決定性行動、結束危機的呼籲很有效果。但這時我在這個問題上已經不是客觀的觀察者。

九月二十五日星期四早晨，市場狀況稍有改善。財政部和聯準會穩定貨幣市場基金的方案似乎產生了效果，主要基金的外流大致上已經停止，商業本票市場的運作似乎已經改善。然而，金融與非金融企業仍然繼續面臨取得資金的挑戰。

同時，總統授予鮑爾森跟國會談判的全權，鮑爾森開始忙亂地穿梭外交。聯準會具有獨立且超越黨派的立場，但沒有立場積極參與政策方案的制定，因此，我們小心地觀察情勢發展，準備回答問題、提供建議，我接到國會議員不少電話，大多數國會議員都在尋找把該做的事情做好、大家在政治上又能夠接受的方法。

我覺得，這時候關鍵問題在於如果立法成功，我們應該怎麼創造最好的資產購買方案、是否應該把重心轉移到挹注資本或其他事情上。但是在辯論變得更為激烈之際，大部分國會議員似乎都不願意或不能掌握核心問題。因此，鮑爾森發現自己一直在協商一系列次要問題，包括限制經理人薪酬、問題資產救助方案資金分批釋出、協助陷入困境的房貸款戶（這點很重要，卻不可能及時打斷危機、避免崩潰）、監督方案細節和小銀行的處理等等。

薪酬的爭執說明了政治與經濟迫切問題之間的緊張關係。國會裡有很多人，希望限制從納稅人資金得到好處的金融機構薪資報酬，其中的政治吸引力很明顯，而且我的確也了解大家生氣的原因。早在危機爆發前，很多人就認為，銀行家過高的薪酬不公平，現在，因為這些人過分的冒險行徑把經濟推入深淵，讓人覺得更不公平。但在實務上，如果參與問題資產救助方案的條件太沉重，企業會盡其所能，避之為上。我們不能強迫銀行接受資金，如果比較強健的銀行迴避這個方案，比較虛弱的銀行一定也不希望參與，因為在顧客和債權人眼裡，參與會在他們身上烙上脆弱的烙印，這種力量一定會把我們的努力導向失敗。此外，大家提出的經理人薪酬限制的做法不實際，會對失敗的經理人以及設法處理爛攤子的接班經理人一視同仁。我們需要技術高超、經驗豐富的專家進來，迅速整頓艱困公司，但是沒有很多人會像李迪一樣，同意經營美國國際集團，卻只領取一美元的年薪。

因為我比較擔心這個計畫的實務面問題、比較不擔憂政治面上的考慮因素時，對一些事情可能聽而不聞。但是，包括鮑爾森和蓋特納在內站在前線的大多數同僚，似乎都同意我的看法。蓋特納尤其不滿政客「舊約式的思考」方式，他們對施加責罰比較有興趣，對避免迫在眼前的慘劇比較沒有興趣。我們贊同壞人得到應有的懲罰，但是我們相信先滅火、再判定罪責比較好。這麼多年來，我在華府看過很多假裝出來的怒火，我對這種遊戲不感興趣，我把重點放在解決我們面對的問題上，避免用民粹主義式的態度，全面控訴銀行家，尤其是因為我知道當時在聯準會、其他主管機關和國會中，到處流傳責難的聲音，或許我的低調態度在政治上會傷害我們，但採用另一種應對方式卻會讓我難過。

總統大選使問題變得更加複雜。共和黨參議員麥肯在別人輕率的建議下，暫停選舉活動，前來華府，目的據說是要處理危機。但是危機太大、太複雜，不是一位參議員所能解決，就算是總統大選提名人也一樣。我們擔心一、兩位總統候選人試圖利用危機，爭取政治優勢，危及國會訂出方案的可能性。

星期四晚上，小布希總統在麥肯的要求下，在白宮召開會議，我決定不參加，我不希望介入立法爭論的細節，危害聯準會在政治上的獨立性。所有其他關鍵人物都參加了會議，包括總統、鮑爾森、兩位總統候選人和國會兩黨領袖。他們原本有機會達成協議。兩位候選人大致都贊同鮑爾森的計畫，參院銀行委員會還發布一套兩黨協調一致的原則，包括限制經理人薪酬、政府取得接受援助企業的股權等等。小布希總統試圖促使會議達成協議，會議卻退化為惡言相向和一片混亂。選舉政治和共和黨人的抗拒、尤其是共和黨眾議員的抗拒，使協議無法達成。民主黨人除了感到十分憂心之外，也對於他們必須投下大多數的贊成票，來通過共和黨政府這個不受歡迎的措施，而感到大為光火。麥肯雖然要求開這場會，似乎卻不願積極尋求解決之道。

障礙之一是艾力克・康特（Eric Cantor）和幾位共和黨眾議員建議用保險計畫，取代購買資產方案。也就是政府收取費用，保障企業的資產不會蒙受損失。我一直都不了解其中有什麼吸引力，康特卻主張他的建議可以節省納稅人的錢，但是，最後他承認，這種做法不適用在最複雜的證券上，可是那些證券才是問題的核心。要為這些資產提供保險，必須為這種資產訂出價值和公平的保險費，這樣做不會比購買資產簡單。此外，保險和購買資產不同，如果採用保險的做法，一旦資產增值，納稅人幾乎得不到半點好處。為了多爭取幾張共和黨議員的票，最後的法案包括一個康特計畫的選擇性版本，但是這個版本絕對不會實施。

左派陣營的國會議員和經濟學家致力推動協助艱困屋主，而不是購買資產的計畫，我毫不懷疑避免不必要的查封對貸款人和整體經濟有利的想法，而且我經常這樣說，但是要制定具有成本效益、又不會對忠實繳交房貸的貸款人不公平的方案，需要花相當多的時間，在金融體系幾天或幾周內就可能崩潰的情況下，我們需要快速的行動。

兩位總統候選人都跟聯準會接觸，不過歐巴馬對我的看法似乎比麥肯還有興趣，歐巴馬打了幾通電話，要我說明最新發展，而且在七月下旬到我的辦公室來看我，當時他在民意調查中已經領先。我在聯準會停車場接他，然後跟安全人員和幕僚擠在一起，搭小小的電梯上樓。我們在會議上討論最近的發展，但是也討論如果他當選總統、可能採取的金融監理和強化經濟的措施。我很高興他刻意強調他支持聯準會的獨立性（他也迷住聚集在我門口的麗塔和其他行政幕僚，跟他們說了幾句話）。

另一方面，麥肯似乎緊抱政治右派的立場。我對麥肯印象很好，他說話直截了當，是有效率的參議員（內人和我很高興，能夠跟當時高齡將近百歲的他媽媽見面，一起觀賞國會山莊海軍陸戰隊營區儀隊動人的操槍表演）。基於他的軍事背景，他在應付外交政策和軍事事務方面，似乎比應付經濟事務還安然自在，但是他經驗夠豐富，人也夠精明，知道在金融體系幾近瓦解時，自由放任的做法行不通。但是，他也有為難之處，原因之一是他的共和黨選民討厭任何看起來像是紓困的政府干預；原因之二是危機和大家建議的解決方案在共和黨執政期間發生。

他顯然沒有深思熟慮，沒有得到共和黨國會領袖對某個計畫的明確支持，就暫停競選活動，前來華府。他在白宮會議後的那個星期六，打電話到我家，問我幾個問題，表示他對政府所提建議案的支持，承認他對自己介入其中可能引發的問題感到懊惱，他還承諾日後要「專心做好自己的事」。他還一度把金融部門反覆出現的爆炸，比喻成軍方的「即時引爆裝置」。

聯準會幕僚跟財政部和紐約聯邦準備銀行的資深幕僚努力工作，設計有效的資產購買方案，我緊盯著他們，他們在我的敦促下，也聯絡外界的專家，商討標售方式的設計。雖然大家這麼努力，我手下有經驗的幕僚卻仍然擔心政府是否能夠一如鮑爾森的期望，盡快的買下夠多的資產，平息危機。聯準會經濟研究處副處長大衛・威考克斯寫信給我，說：「問題是……說是一回事，做又是另外一回事。我愈來愈相信，需要大規模挹注資本的時間愈來愈逼近。雖然還沒有走到那個地步，卻愈來愈逼近了。」—

在星期四白宮那場徒勞無功會議當天，柯恩把貝兒的一則消息轉發給我：摩根大通銀行已經出價併購華盛頓互惠銀行。貝兒很高興，因為在摩根大通銀行的併購行動中，聯邦存款保險公司無需花費任何成本，企業和市政府之類不受存款保險保障的存戶，也沒有任何損失，然而，這場交易中有一個條件，會讓華盛頓互惠的股東要蒙受重大損失，連持有該公司優先債權的債券持有人——理當在其他形式的無擔保債權之前，最先獲得清償的債權人——都要蒙受沉重的損失。

我和聯準會的其他人，包括蓋特納和蘭迪在內，都擔心強迫優先債權持有人接受損失，在平常時期雖然是正確而常見的做法，但在當時的情況下，卻是錯誤的做法，會為政府如何處理倒閉公司的做法，帶來更多的不確定性，而且會害其他銀行更難以發行新債券。例如在房利美、房地美和美國國際集團的案子裡，優先債券都得到保障。蓋特納（他與貝兒的關係充其量只能說是有點緊繃）對這件事表現得特別憂心，但是，聯準會在這個問題上使不上多少力。這項交易大致是聯邦存款保險公司和摩根大通銀行談判的結果，摩根大通銀行已經表示，如果他們必須保證華盛頓互惠的優先債券，就要取消交易，貝兒又堅決反對動用存款保險基金來保護優先債券持有人，以免聯邦存款保險公司要負擔任何成本（貝兒堅持保護存款保險基金的做法值得稱讚，但有時候看起來卻像把存款保險基金的利益，看得比整個金融體系的利益還重。）貝兒為了證明自己的立場有所依據，她舉一九九一年聯邦存款保險公司改進法為例，該法規定聯邦存款保險公司要在動用最少存款保險基金成本的情況下，解決倒閉的銀行。然而這條規定只有在聯邦存款保險公司、聯準會和財政部一致同意：這樣做會危害整個金融體系的穩定時，可以暫停適用，這條「系統性風險除外」的條文從來沒有動用過。

儲蓄機構監理局向不可避免的結果低頭，關閉華盛頓互惠銀行，讓該行對優先債券和其他債務違約。聯邦存款保險公司取得該行的資產，保證存款戶得到保障。摩根大通銀行隔天付出十九億美元，取得華盛頓互惠的金融業務和貸款組合，這是美國歷史上最大的銀行倒閉案。摩根大通銀行為了強化自己的地位，利用發行新股的方式，募集了一百一十五億美元的新資本。摩根大通銀行在這種環境中能夠募集資本，代表公司實力堅強。

聯邦存款保險公司決定讓華盛頓互惠優先債券持有人承受損失，是否造成這場危機惡化，的確還有爭議，不過貝兒強力捍衛自己的做法。二〇一〇年四月，她告訴參議院，這個案子順利解決。在那年舉行的另一次論壇會議中，她說：「要是這個案子曾經上過頭版，也都是刊在下半版……在當時發生的所有事情中，只能算是一件小事。」

我的看法得到包括了蘭迪在內的聯準會理事的認同，我認為跟華盛頓互惠銀行有關的決定，雖然可能沒有形成災難性的影響，卻很可能加快了下一個金融骨牌——美聯銀行的倒下。美聯銀行這時由史帝爾領導，史帝爾出身高盛公司，曾經在鮑爾森手下，擔任過二十一個月的財政部國內金融事務次長，在二〇〇八年七月，取代被趕下台的湯普森，出任美聯銀行執行長。美聯銀行的根本問題是，持有龐大的低評等房貸投資組合。在華盛頓互惠銀行的優先債券持有人蒙受虧損後，無擔保債權人開始向美聯銀行和其他搖搖欲墜的銀行擠兌，到了華盛頓互惠銀行倒閉那天中午，債權人已經拒絕為美聯銀行的短期資金合約、包括商業本票和附買回交易合約續約。

九月二十六日星期五早上，我到財政部跟鮑爾森共進早餐，鮑爾森告訴我，他對完成問題資產救助方案逐漸覺得樂觀。重要的是，他對政府利用跟民間部門「共同投資」、或利用某種形式的拍賣會做法，為金融機構投資的看法，似乎也變得比較開放。我回到辦公室後，立刻發出電子郵件，給蓋特納、柯恩、蘭迪以及包括大衛・威考克斯在內的資深幕僚。我寫道：「過去他非常堅決拒絕」挹注資金，「今天他改變態度，說他認為這種構想很好。」然而，鮑爾森說，他不會改變立法策略，在公開討論中，會繼續強調資產購買，同時在利用問題資產救助方案資金時，會要求最大的彈性。然而，我還是鼓勵聯準會幕僚加倍努力，找出執行公共資金挹注的最佳方案。我寫道：「兩件事很可能真的會扯上關係。」

艾法雷斯、梅迪根正率領我們的立法團隊，追蹤問題資產救助方案中的另外一條規定，這條規定可以讓我們有能力控制短期利率，即使是在干預行動造成了資產負債表擴張（例如跟外國銀行換匯）的情況下。二〇〇六年，國會授權聯準會，對準備金存在聯準會的銀行支付利息，然而，這項授權基於預算的原因，訂在五年後的二〇一一年才生效。但是，我們在推動問題資產救助方案立法時，要求國會准許聯準會立刻對準備金付息，而且把這項要求納入法案。

最初我們是基於技術性原因，要求對準備金付息。但是到了二〇〇八年，我們需要這項授權，解決一個日漸嚴重的問題：我們的緊急放款具有增加銀行準備金的副作用，會導致短期利率跌破我們的聯邦資金利率目標，造成我們喪失貨幣政策控制權的風險。銀行擁有很多準備金時，彼此之間的拆款需求會減少，從而壓低拆款時採用的利率——聯邦資金利率。

到目前為止，我們一直都在賣出我們擁有的國庫券，抵銷我們的放款對準備金的影響（這種過程叫做沖銷）。不過，隨著我們的放款增加，到了某個時間點，這種權宜之計會變得不再可行，因為我們會沒有國庫券可賣。這時，如果沒有立法行動，我們會被迫限制我們的干預規模，這可能導致大家對金融體系的信心進一步喪失，或是失去能力，無法控制聯邦資金利率這種主要貨幣政策工具。能夠對準備金付息（其他主要央行已經擁有這種權力），應該有助於解決這個問題。銀行應該沒有誘因，用遠低於他們的準備金在聯準會中所賺無風險利息的利率，互相拆款，因此，如果我們訂出的準備金利率夠高，就可以防止聯邦資金利率跌到太低，不管我們放出多少貸款，情形都一樣。

我跟鮑爾森共進早餐後，打電話給金恩和特里謝，討論聯合降低利率的構想。就我所知，主要央行之間從來沒有協調過降低利率，而且我認為聯合降息可以釋出國際團結的強大信號。金恩一改先前對干預政策的保留態度，轉為積極干預的支持者，對我提出的構想多少比特里謝還能夠接納，兩個人都承諾要好好思考一下。我告訴柯恩和蓋特納，說聯合降息似乎有希望，但是可能需要進一步地遊說，尤其是要遊說歐洲央行。柯恩回答說，他會跟兩家央行的副總裁討論這個問題，還建議把加拿大和日本納入談判。

不是只有美國才陷入金融機構和市場搖搖欲墜的困境。從去年九月北岩銀行遭到擠兌以來，英國和歐陸國家都一直在撲滅金融大火。星期五那天，我們聽說比利時和荷蘭合資、銀行和保險業務規模高達七千七百五十億歐元金融巨擘富通集團（Fortis）陷入絕境，起因是投資擔保債權憑證，與未能有效管理併購來的荷蘭銀行（ABN AMRO）。到了星期六，柯恩報告歐洲央行副總裁盧卡斯·帕帕季莫斯（Lucas Papademos）打電話來，柯恩扼要地說：「富通集團一片混亂。」帕帕季莫斯告訴柯恩，總部設在阿姆斯特丹的跨國企業荷商安智銀行（ING），和二〇〇七年八月宣布停止旗下次貸基金贖回、協助引發金融危機的法國巴黎銀行已經聯手，正在標購富通集團。但是，他告訴柯恩，交易在周末期間可能無法完成，歐洲央行對於市場會有什麼反應深感憂慮。

歐洲人的行動比帕帕季莫斯預期的還快。比利時、荷蘭和盧森堡政府星期天聯手行動，挹注富通集團超過一百十二億歐元（一百六十億美元）的資本；歐洲央行也動用跟聯準會建立的換匯額度，貸給富通集團美元資金。德國第二大的商業不動產貸款業者海波不動產控股公司（Hypo Real Estate），在德國政府更大規模的干預行動中，接受總額大約三百五十億歐元（五百億美元）的政府與民間擔保。其他問題機構，包括英國的布拉德福賓利銀行（Bradford & Bingley，到了九月底，英國政府利用在北岩銀行事件中發展出來的程序，把布拉德福賓利銀行部分收歸國有），以及德國和愛爾蘭合資的德普發銀行（Depfa，是遭到德國政府收歸國有的抵押不動產控股公司旗下子公司）。到了九月二十九日，對德普發銀行貸出大筆貸款的比利時德克夏銀行（Dexia）也必須接受紓困。

再來看美國的情況，美聯銀行的惡化速度甚至比我們預期的還快。美聯銀行當時是美國第四大的銀行控股公司，和華盛頓互惠銀行或雷曼公司相比，甚至可能是更大的金融炸彈，該行的銀行子公司持有大量沒有保險的債務，包括沒有保險的債券、批發市場短期資金融資和外國存款。此外，美聯銀行跟華盛頓互惠銀行不同，美聯銀行在銀行子公司之外的證券自營商之類關係企業中，或在控股公司裡（控股公司發行的長期債券金額超過五百億美元）經營大量業務活動。

貝兒很清楚美聯銀行崩潰可能構成的風險，希望找到買主，買下包括母公司、非銀行關係企業和銀行子公司在內的整個公司。華許已經帶領一些人，評估高盛和美聯銀行合併的可能性，然而，在高盛對美聯銀行資產負債表中的虧損感到不安後，這種選擇已經消失。

花旗公司和富國銀行也表示濃厚的興趣。把美聯銀行併入另一家大銀行並不理想，會提高已經由大公司主導的銀行業整體集中程度，也可能削弱併購方銀行。然而，因為形勢所迫，加上我們的選擇快速減少，併購似乎是最好的解決之道。有一點值得安慰，就是花旗和富國銀行在美國東南部的勢力相當小，美聯銀行才是勢力最大的銀行，因此，跟兩家銀行之一合併，不會削弱地區性存款和放款的競爭力。

美聯銀行的處理耗掉整個周末，然後在星期日到星期一、也就是在九月二十八到二十九日的另一次徹夜談判中，事件的發展來到最高潮，參與其事的包括美聯銀行控股公司、可能的買家和聯邦存款保險公司、聯準會、通貨監理局（負責監理美聯旗下最大的銀行）三個主管機關。星期天早上，美聯銀行由花旗（當時是美國最大的銀行控股公司，規模大約是美聯銀行的兩倍半大）或富國銀行（美國第六大的銀行控股公司，規模大約是美聯銀行的四分之三）乾淨併購的展望相當良好。

花旗的新執行長潘偉迪（Vikram Pandit）努力追求美聯銀行，潘偉迪溫文儒雅、彬彬有禮，當時才五十一歲，卻給我精明、理性的感覺，不過有些監理官員（尤其是聯邦存款保險公司的官員），對於他是否有資格領導花旗，抱著保留的態度。他的事業生涯大部分時間裡，都是在摩根士丹利公司從事證券交易業務，而不是從事傳統的商業銀行業務。他在二〇〇七年十二月恰克被趕走後，接掌花旗（恰克以說過「我們現在還在跳舞」這句話而聞名）。潘偉迪在印度中部長大，十六歲時來到美國，拿到電機工程學位後，改為攻讀商業，得到哥倫比亞大學財務學博士學位。他在花旗的任務是協助這位病懨懨的銀行巨人，重新把重點放在自己在全球商業銀行業務的核心優勢上，同時拋棄花旗的不良資產，改善花旗的風險管理。

跟潘偉迪爭奪美聯銀行的對手是狄克・柯伐契維奇（Dick Kovacevich）。柯伐契維奇脾氣暴躁、堅持己見，是富國銀行老牌的董事長，他的銀行事業生涯從在花旗銀行開始，出任明尼亞波利斯西北銀行（Norwest Corp.）執行長後，在一九九八年買下富國銀行，並承襲這家舊金山銀行的名字，他成功地整合兩家銀行的業務，避過風險最高、造成很多競爭對手陷入困境的次級房貸業務，然後在一年前，交棒給長期擔任他副手的約翰·史登姆夫（John Stumpf），訂下年底完全退休的目標。但是，六十五歲生日前一個月，他在併購美聯銀行的談判中，顯出要再度完成一樁重大交易的決心。

柯伐契維奇在初期表現熱忱後的星期天，決定罷手，雖然富國銀行一開始對併購表現得很熱中，卻在星期天決定罷手，原因顯然是擔心美聯銀行商業貸款可能帶來的損失。大家不知道富國銀行會不會重回談判桌、會在什麼條件下重回談判桌，因此花旗可能變成唯一出價的買家。

因為美聯銀行旗下有一家大型銀行子公司，政府掌握了處理雷曼公司時所沒有的工具。聯邦存款保險公司可以購買這家銀行的若干資產，或是為這些資產提供保證，從而提高美聯銀行的整體吸引力。然而，美聯銀行的情況和華盛頓互惠銀行一樣，聯邦存款保險公司依法必須耗用最少的存款保險資金，解決美聯銀行的問題，除非為了避免金融體系蒙受更大的風險，才能暫停該法的適用性。這樣做需要聯邦存款保險公司三分之二的董事批准、聯準會理事會三分之二的理事批准，加上財政部長與總統商議後獲得的許可。

貝兒告訴過我，她認為，美聯銀行的案子不需要政府的協助就可以完成，但是聯準會為防萬一，在星期天下午批准了系統性風險除外狀況，這是十七年前聯邦存款保險公司改進法立法以來，首次動用除外規定。我們通知了聯邦存款保險公司，同時鮑爾森也獲得總統的批准，柯恩和我遊說貝兒，指出金融體系無法承受另一家大銀行的倒閉，動用除外條款會在談判中為我們提供重要的彈性。白宮幕僚長波頓在星期天晚上打電話給她，表達白宮支持動用除外條款的立場。這次貝兒接受我們的主張，隔天一早，聯邦存款保險公司董事會就採取行動，完成了必要的批准。

精疲力竭的幕僚們在星期天晚上徹夜努力，打了很多通電話、開了很多次會。柯伐契維奇親自到紐約市的卡萊爾大飯店（Carlyle Hotel）現場，監看情勢的發展。花旗的經理人似乎比較熱中，他們垂涎美聯銀行三千三百多處的分行、以及這些分行總計將近四千二百億美元的存款（這些都是可靠且低成本的資金來源）。但是，花旗也有自己的問題，所以希望聯邦存款保險公司限制花旗可能從美聯銀行繼承而來的虧損。貝兒要求聯準會和財政部承擔部分風險。雖說我總是抱著支持的態度，樂於促成交易，但是，當時我看不出聯準會有什麼方法可以幫忙。財政部在問題資產救助方案完成立法前，也沒有錢可用。最後，聯邦存款保險公司同意為美聯銀行三千一百二十億美元的貸款組合中，超出四百二十億美元部分的任何損失，提供保證，聯邦存款保險公司則換得花旗的特別股，也換得購買額外股份的選擇權，因此只要花旗股價上漲，聯邦存款保險公司就可以得利。

有了這種保證後，花旗同意買下美聯銀行的所有負債——存款和債務——以及美聯銀行的所有貸款。貝兒的幕僚向她保證，聯邦存款保險公司在這樁併購案中不可能虧損，正式的交易清算也反映這個結論後，她簽字放行。鮑爾森後來在回憶錄中指出，他在國會奮戰，爭取七千億美元，希望幫助整個金融體系之際，聯邦存款保險公司卻同意為一家銀行，提供二千七百億美元的貸款保證，而且看來似乎還沒有人注意到這件事。就這個案子來說，我認為貝兒拿捏得很好，在本身保護存款保險基金的責任，和必須避免系統性性金融危機之間，找到了平衡點。我向她和她的幕僚道賀。

但是故事還沒有結束。星期一美聯銀行賣給花旗的消息宣布後、但還沒有成為定局前，柯伐契維奇和富國銀行捲土重來，提出收購美聯銀行，卻不需要聯邦存款保險公司彌補虧損保障的建議案。富國銀行會重行進場，原因之一是受到國稅局九月三十日發布的通知鼓勵，這項通知在富國銀行完成併購案後，會提高富國銀行原本預期的租稅利益。貝兒非常喜歡富國銀行的提議，原因之一是聯邦存款保險公司的風險會降低；原因之二是她認為富國銀行是比較強而有力的接手人。她鼓勵美聯銀行和富國銀行重新談判。

聯準會和聯邦存款保險公司再度有了不同意見。我們認為，貝兒為聯邦存款保險公司爭取更好交易的願望，壓倒了其他重要考慮。政府努力促成與花旗的協議，事後卻拒絕履行，這種做法可能危及未來的談判。我們也擔心現有的交易終止後，會助長市場擔心花旗有問題的恐懼心理，因為花旗已經宣揚這件併購案會強化自己的事業。

十月二日星期四晚上，柯恩告訴我，貝兒努力推動美聯銀行和富國銀行的併購案，柯恩說，她「完全不關心標售程序的誠信」，也不關心先前的交易取消後，市場可能認為花旗前途不確定的問題。這個訊息是另一場徹夜談判的序曲，美聯銀行和富國銀行的律師拚命趕工，同時，花旗被蒙在鼓裡。華許在午夜來臨前片刻，發電子郵件給我，說史帝爾（可能跟貝兒一起）要在美聯銀行董事會批准跟富國銀行的交易後，打電話給花旗。華許寫道：「預料早上老花會暴跳如雷，威脅要採取法律行動……到時候我們就說：是富國銀行自己向美聯提案的（我們並不同意），把執照發給他們的是聯邦存款保險公司。」

十月三日星期五早上三點，柯恩發來的電子郵件寫道：「貝兒和史帝爾打電話給潘偉迪……潘偉迪『氣瘋了』，貝兒為這個決定辯護，說這個交易對『基金』比較好。情形不妙……這件事會在早上衝擊已經陷入困境的市場。」後來潘偉迪打電話給我，發洩怒火，敦促我們阻止美聯銀行和富國銀行的交易。這個案子跟所有銀行控股公司的合併一樣，需要聯準會理事會的批准，他警告說，如果他們自己的交易沒有完成，花旗可能陷入險境，因為市場已經認為花旗需要美聯銀行的存款，才能繼續存活。我也接到前財政部長、現任花旗資深顧問兼董事魯賓的電話，他認為，花旗可能可以改善自己的條件，重新入局。

蓋特納強烈偏向花旗，他承認富國銀行的條件比較好，卻主張現在讓交易化為泡影，會摧毀政府身為誠實中間人的威信，他警告說，如果政府片面毀約，美國看起來會像香蕉共和國一樣。這個案子跟華盛頓互惠銀行的交易不同，聯準會主管控股公司的權限讓我們可以使上一點力（因為華盛頓互惠銀行是儲蓄機構，併購華盛頓互惠的摩根旗下銀行，是由通貨監理局主管的國民銀行，這種案子不需要聯準會批准）。然而，法律規定，必須有明確的發現，才能駁回控股公司的合併，例如我們必須發現，這個併購案有害地區銀行市場的競爭，或是相關銀行沒有盡到投資當地社區的責任。然而，所有這些標準都沒有提供多少有利花旗、不利富國銀行的基礎。美聯銀行接受富國銀行的提案，是否違反自己跟花旗的臨時協議，才是真正的問題，不過這是法院的事，不是聯準會的事情。

我們設法居中協調，為了安撫花旗，我們支持讓花旗併購美聯銀行在東北部幾個州裡的分行，增加花旗的存款基礎，花旗同意不阻攔富國銀行和美聯銀行的合併，不過花旗會繼續向富國銀行追索六百億美元的損害賠償。十月九日，聯準會理事會批准美聯銀行和富國銀行的合併。我花了好幾小時，向北卡羅萊納州的參議員和眾議員保證，完成這件併購案，不表示美聯銀行扮演夏洛特市重要僱主的日子結束，我告訴他們，情形正好相反，避免美聯銀行垮台應該有助於維護當地銀行的就業機會，又可以避免對全國造成更嚴重的經濟影響。

主管機關忙於處理美聯銀行的談判時，鮑爾森繼續和國會領袖討論問題資產救助方案。九月二十九日星期一清早，他打電話來，他們已經在半夜一點談定了。鮑爾森在華爾街仲介交易的經驗派上了用場，他成功地抗拒大幅改變這項立法案的壓力。資金會分兩批發放、每批各為三千五百億美元。而國會未來只能藉著通過法案，來阻止第二批資金的動用。不過國會當然有權阻止第二批資金的發放，但只能透過一個方法，那就是通過新法案，並且還要有辦法推翻總統的否決。如果經過五年後，這個方案出現虧損，總統必須提出計畫，利用向金融服務業收費的方式，彌補虧損。這個方案會有好幾個主管機關，包括一位特別監察長和一個國會監督小組，還有一個部長級官員組成的理事會（我最後出任主席），負責提供資金最好運用方式的建議。

方案中包括參議員傑克・利德的構想，也就是利用股票權證（以固定價格買進普通股的權利）讓參與的納稅人分享參與其中公司股價反彈回升的利益。方案也要求財政部制定計畫，協助陷入困境的房貸戶。財政部送到國會的三頁計畫現在變成超過一百頁的法案。財政部建議案中的重要因素——資金的授權和運用資金所需要的彈性——都完整無缺。法案中也有聯準會對銀行準備金付息的授權提前生效的條文。鮑爾森宣布這項立法案後，兩黨總統候選人都小心謹慎地表達支持之意。

同時，我在星期一早晨的聯邦公開市場操作委員會視訊會議上，向各地聯邦準備銀行總裁報告美聯銀行的最新發展，以及我們新近得到的對準備金付息授權有什麼意義。我也要求委員會，把我們跟主要央行的外匯換匯額度提高一倍以上，增加為六千二百億美元，獲得委員會的同意。這次危機對歐洲銀行的衝擊超過美國銀行。光是星期一那天，英愛爾蘭銀行（Anglo Irish Bank）的股價就慘跌46%，德克夏銀行慘跌30%，德國商銀（Commerzbank）和德國郵政銀行（Deutsche Postbank）分別暴跌23和24%，瑞典銀行（Swedbank）暴跌19%。我幾乎想像不到還有什麼是更明確的不信任投票。

但是，九月二十九日最重要的事情是國會對問題資產救助方案的投票，美國人民希望我們終止金融危機，但是我們卻無法說服他們，在金融體系中挹注千百億美元納稅人的資金，是解決問題的方法。

亞歷桑納州參議員瓊・凱爾（Jon Kyl）告訴我，他的選民對問題資產救助方案的看法呈現兩極：「一半的人說不行；另一半的人說絕對不行。」社論和評論作家大致都支持這項立法案，《華盛頓郵報》（Washington Post）寫道：「無可否認的是，這種不完美又高度不確定方案的替代方案，可能絕對、絕對的糟糕多了。」

我認為這個立法案會通過，因為兩黨領袖都已經簽字認可。但是到了接近中午的時候，監看國會山莊情勢發展的華許發來一封令人困惑的電子郵件：「謹供參考，我們最不樂見的事，那就是眾院共和黨可能湊不到足夠的票數，以至於議長都選邊站，支持反對的立場。」我相信這句話一定是在匆忙中寫的，因此句法有點錯亂，但是，訊息很清楚：共和黨的支持者不多，眾院議長裴洛西的同黨不希望大家把民主黨，看成是支持問題資產救助方案的政黨，因此，無法補足所需要的贊成票。

華許發來電子郵件兩小時後，情勢變得很清楚，眾院會否決這項法案，眾院領袖把原定十五分鐘的投票時間，延長為四十分鐘，希望說服「反對」票轉向。下午二時十分，議事槌敲下時，有二百零五位眾議員贊成，二百二十八人反對。我從辦公室裡的電視，看著情勢發展，同時用我的彭博資訊螢幕，看著市場的反應。覺得好像遭到卡車撞擊一樣，股市也有一樣的感覺。道瓊指數暴跌將近七百七十八點，創下歷來單一交易日最大跌幅紀錄，這個紀錄到現在還沒有打破。用百分比計算的跌幅為7％，是九一一攻擊後市場恢復交易當天以來最大的跌幅。同時標準普爾指數下跌將近9％。總之，一天之內，美國股市總市值蒸發掉一・二兆美元。

對我們結束危機的努力來說，眾院的投票似乎是嚴重挫折，但是在美國人民看到自己的四〇一（k）計畫退休帳戶——或是他們所謂的二〇一（k）計畫帳戶——的資金縮水後，支持問題資產救助方案的呼聲大增。頭腦清楚的國會領袖重新整合，努力再試一次，為了增加法案的吸引力，還把存款保險金額從每個帳戶十萬美元，暫時提高（後來改成永久提高）為二十五萬美元的條文，納入法案中。十月一日星期三，參議院以七十四對二十五票的票數，通過這項法案，十月三日星期五，眾議院以二六三票贊成、一七一票反對的比數，通過法案，總統那天下午就在法案上簽字。

行政部門有了一樣力量強大的新武器，聯準會終於不用再獨自扛著恢復金融穩定的重責大任。

第十六章　寒風入侵
A Cold Wind

總統簽署問題資產救助方案法（正式名稱是穩定經濟緊急法）的那一個星期裡，金融市場繼續失血。股價有時候會在一小時內，上下翻騰幾百點，把市場波動性指標推升到創紀錄的高峰，但是主要趨勢卻始終是往下走。從十月三日星期五到十月十日星期五之間，道瓊指數下跌一千八百七十四點，跌幅驚人，高達18％。我把辦公室裡的彭博資訊螢幕轉成背向辦公桌，以免因為上面閃動的紅字分心。

問題資產救助方案雖然立法完成，大家對金融機構的信心卻幾乎完全消失，連強而有力的非金融公司都發現，要取得信用極為困難。一周前，連評等最高、旗下擁有金融與非金融企業的奇異（General Electric）企業集團，都因為放款人沒有為奇異的商業本票續約，被迫向巴菲特舉借三十億美元的資金。公司債利率和企業違約保險成本飛躍上升，顯示交易者預期經濟低迷會拖垮更多公司。

我在公開場合中，把當前情勢描述為「大蕭條以來最糟糕的金融危機」，但私底下，從倒閉或接近倒閉的大型金融機構數目來看，從這種情勢對金融與信用市場的廣泛影響、以及全球性的影響規模來看，這次危機幾乎可以確定是人類史上最糟糕的金融危機。這場金融危機會不會引發大蕭條以來最嚴重的經濟不振，甚至引爆更糟糕的情勢，仍然是一個無法確定的問題。數據顯示經濟將進一步沉淪，聯準會十月上半月針對銀行貸款職員所做的定期調查顯示，銀行急劇緊縮貸款條件，讓家庭與企業的信用流動幾乎已經枯竭。九月減少的就業機會達到十五萬九千個，是連續第九個月減少，失業率雖然只微幅提高到6.1%，卻顯然會急劇升高。

經濟低迷情勢惡化不只表現在政府的統計數字上，也表現在全國各地企業與社區領袖的談話中。十月中，聯準會理事杜克前往舊金山，會晤當地聯邦準備銀行的民間部門理事會、以及由當地企業家組成的顧問小組，她在發給我的電子郵件中寫道：「他們的話令人覺得震驚和害怕，所有企業的報告都呈現一個完全『趴了下來』的景象，各個企業正盡其所能，取消每一項資本投資計畫和可以自由裁量的方案，信用愈來愈難取得……中小企業和非營利事業發不出薪水，紛紛關門。我要懇求大家盡力恢復整個金融體系的信心。」

危機對經濟的影響快速蔓延，無視國界。我十一月到聖保羅參加國際會議時，抽出時間，會晤巴西最大銀行的執行長和當地其他企業領袖，其中一位執行長告訴我：「九月初一切都沒問題，接著，突然之間，一切停頓下來，沒有貸款、沒有投資，就像寒風橫掃經濟一樣。」

鮑爾森和我為了比較購買不良資產和注資艱困銀行兩個方案哪個比較好，辯論了好幾個星期，鮑爾森在我們的私下談話中，已經接受了我比較喜歡的挹注資本策略，因為這樣政府可以購買股票，擁有銀行的部分所有權。挹注資本會增加銀行吸收虧損的緩衝能力，直接強化銀行。相形之下，購買不良資產則會間接強化銀行，強化程度只能到提高銀行所持有資產價格的地步而已。

十月一日，我們和小布希總統共進中餐時，鮑爾森提到了一個議題：問題資產救助方案的部分資金可能有兩種用途，一是為銀行提供新資本，二是購買銀行的資產。問題資產救助方案法的文字寫得很籠統，讓政府可以決定採取哪一種策略，甚或是兩種策略並行，而鮑爾森對此暫無定論。但是在總統簽署問題資產救助方案法一星期後，鮑爾森的立場顯然已經轉變，他放棄了購買資產的可能性。不管這種策略有什麼理論上的優點，情勢都已經變得很清楚，金融市場和經濟惡化的速度太快了，大家根本沒有時間，設計和執行有效的資產購買方案。

英國在首相（前財政部長）戈登．布朗（Gordon Brown）領導下，似乎也殊途同歸，採用包括政府以購買股票的方式為大銀行挹注資本的計畫。他們在十月八日星期三，宣布這個計畫，鮑爾森在同一天裡會晤記者，並且發布聲明指出，問題資產救助方案對政府的授權當中，有一項是授權財政部把資本注入銀行，他說：「我們在利用我們得到的所有工具時，會把這些工具發揮到最大效用，包括強化每一種規模金融機構的資本。」

經濟學家和社論作家通常都贊成重建銀行的資本，但是政治上的反彈很激烈。鮑爾森和我跟國會議員開會時，都強調需要彈性，以便因應情勢的變化。新聞報導指出，問題資產救助方案法涵蓋挹注資本在內的很多方法，九月二十三日，達德參議員也在他主持的聽證會中，指出這一點。然而，很多國會議員認為，強調注資的重點是請君入甕的手法。不管這樣公不公平，這種看法進一步增加了政客對問題資產救助方案的敵意。

事後回想，我不知道自己是否應該更早、更強力地說服國會，接受資本挹注的想法。或許應該如此，不過我覺得，當時鮑爾森針對這樣做在政治上的可行性、以及市場可能會有什麼反應所做的推論，聽起來更正確。總之，最初強調購買資產這個做法並非什麼計謀，我們和財政部真的曾經非常努力要執行問題資產救助方案。聯準會幕僚努力尋找能夠穩定金融體系、又能公平對待納稅人的方法。但是，他們最後得到的結論是，因為替複雜又龐雜的資產，建立公平的價格很難，財政部可能要花數周，才能訂出有效的方案。幕僚擔心的另一個問題是：在問題資產愈來愈多的情況下，把七千億美元的每一分錢都花在不良資產上，可能都還不足以穩定金融體系。另一方面，提供七千億美元的新資本，會使銀行體系的資本增加一半以上，安定債權人和顧客的情緒，提升銀行放款的信心。如果強化金融機構，能夠刺激民間投資人也把資本注入銀行，那就更好了。

就在鮑爾森愈來愈支持挹注資本方案之際，聯準會幕僚小組則是在威考克斯的領導下，擬出了替代實施策略。其中一個策略是共同投資方案，主要的目的是要引進民間投資人。銀行主管機構和財政部會判定哪些銀行需要資本，然後資本不足的銀行會有機會尋找民間投資人，找不到民間投資人的銀行，則必須接受問題資產救助方案的資本。鮑爾森喜歡共同投資的構想，最後卻選擇比較簡單、只由政府注資的計畫，原因是二〇〇八年秋季時，資本市場實際上對絕大多數銀行關緊大門。雖然這次派不上用場，威考克斯和手下小組擬具的基本方法後來會重新出現。

我很高興鮑爾森現在準備利用問題資產救助方案，把資本注入到銀行裡，我預期較為大量的資本緩衝會降低銀行倒閉的風險，也會減輕市場中的恐懼和恐慌。但是我也知道，在混亂的情況下，資產價值起伏劇烈，光是增資可能還不足以恢復信心，銀行可能也需要政府的保證。一個月前，我們看到財政部的保證阻止了貨幣市場基金的擠兌，而且在整個危機期間，受到聯邦存款保險公司保障的存戶都安然留在自己的銀行裡。但是在二十一世紀的銀行體系中，存款只是銀行資金來源的一環，英國、愛爾蘭和希臘認清這一點後，已經開始保證銀行的所有債務（包括長期債務）和存款。

聯準會雖然可以依據優良擔保品，貸款給銀行，卻無權直接擔保銀行的負債。我跟聯準會幕僚討論為銀行間短期同業拆款——交易中很小的一個環節——提供間接保證的構想。銀行彼此之間不必直接拆款，可以把聯準會當成仲介，放款銀行要把存款存在聯準會裡，然後聯準會把這筆存款借給借款銀行，（對借款銀行來說）把聯準會當成仲介，借款銀行就不必承受放款銀行違約的後果，或許就能重振短期拆款市場。從表面上看來，這種策略似乎合法可行，實際運作時，卻可能拖泥帶水，難以用相當快的速度執行。幸好有一個更好、更自然的替代方法浮上檯面。其實，聯邦存款保險銀行一直都擁有廣泛地保證權力，問題是要不要運用而已。

十月八日星期三，鮑爾森和我在財政部跟貝兒開會（蓋特納利用麥克風電話與會），我們希望說服貝兒，利用存款保險基金，為整個銀行體系的債務提供擔保。如果要這樣做，聯邦存款保險公司的的董事會必須加入聯準會和財政部的行列，宣布對所有銀行而非針對單一銀行，適用系統性風險除外條款，就像當初我們為了促成花旗併購美聯銀行時（這個案子最後遭到破壞）所做的一樣。貝兒因為碰到諸多事件，被迫從安穩、舒適的圈子裡走出來，因此變得比較敏感，把這次會議說成是「突襲」。我可不認為這是這個會議的目的。我們的目標只是向決策官員，提出他們有權採取行動的議題，我們的確不期望得到立即的承諾。

貝兒的確不願做出承諾，她說，即使我們宣布系統性風險除外狀況後，她還是懷疑自己是否具有保證所有銀行債務的法定權限；她也懷疑三百五十億美元的存款保險基金，能否當成數兆美元銀行債務和存款可以信賴的保證。我們則是認為，如果普遍的保證有助於防止未來的銀行倒閉案，存款保險基金應該會安穩多了。

隔天早上，貝兒發電子郵件給鮑爾森、蓋特納和我，說她考慮過後，斷定沒有必要為整個制度提供全面擔保，她的幕僚相信銀行擁有足夠的資本和盈餘，足以彌補預期的虧損，長期而言，這樣應該足以重建信心。她擔心為銀行擔保，可能會有意想不到的後果，包括吸走貨幣市場基金的資金（我認為財政部為貨幣基金提供的保證，已經減輕了這方面的憂慮）。她也擔心脆弱的銀行可能利用得到擔保的資金，進行孤注一擲的冒險，如果運氣好，他們會把獲利留給自己，如果運氣不好，他們會把虧損丟給存款保險基金。她的結論是：利用問題資產救助方案的資金，投資銀行股、同時為財政部認為有需要的銀行提供保證，是比較好的做法，這樣聯邦存款保險公司可以發揮正常功能，處理可能還可以管理的個別銀行倒閉案。

她在電子郵件中，顯然完全沒有主張聯邦存款保險公司缺少必要的權限，而且雖然她抱著保留態度，她和幕僚都曾經認真研究過保證計畫。到了星期五，她提出另外的建議，聯邦存款保險公司會動用系統性風險除外權限，但是只為銀行新發行的債務提供擔保，不為既有債務和銀行控股公司發行的債務提供保證；同時，投資人要為這種保證支付10%的共同費用。也就是說，如果得到保證的銀行債務違約，投資人會承擔損失10%的風險，聯邦存款保險公司只為優先順位債務提供擔保，不保證優先順序較低的債務，如次順位債務（次順位債務或垃圾債券在優先債券持有人的索賠完全滿足前，不能獲得清償。）銀行必須為聯邦存款保險公司的擔保付費。此外，聯邦存款保險公司會擔保一般存款保險不保障的帳戶，例如企業甲存帳戶。

聯準會一向反對擴大存款保險，原因是這樣會增加道德風險，但是在危機期間，至少暫時為企業、市政府和非營利機構的甲存帳戶提供保險，的確很有道理，如果沒有保險，這些實體可能迅速把存款從公認有風險的較小銀行，轉存到大到不能倒的銀行。然而，如果債務保險要向投資人徵收10%的共同負擔，還把銀行控股公司的債務排除在外，似乎不可行，潛在的銀行債務買家一定連10%的風險都不願意承受，尤其是買家現在可以購買歐洲銀行的債務，歐洲有些國家已經全面保證銀行的所有負債。

談判持續了好幾天，在幕僚的辛苦工作下，我們在十月十三日達成協議，聯邦存款保險公司董事會一致同意動用系統性風險除外條款，批准廣泛的保證；聯準會理事會在同一天裡動用除外條款，聯邦存款保險公司會對銀行及其控股公司發行、到期日三十天以上到三年以下的優先債務，提供完全的保險（沒有10%的「折減率」）。由正式名稱叫做臨時貸款保證方案（Temporary Loan Guarantee Program）保險的債務，第一個月免費；要脫離這個計畫，銀行必須主動退出（很少銀行這樣做），參與銀行繳納少許費用，就可以得到保障，期間較長的債務保證費用較高。就像貝兒最初的建議一樣，這個方案也把存款保險擴大到企業、政府和非營利機構所用的帳戶。我發了一封信給貝兒，承諾聯準會監理官員會小心監視受保銀行的冒險行為。

最後，一共有一百二十二家銀行和銀行控股公司根據這個方案，發行三千四百六十億美元的債券，獲得安穩的長期資金，大家對銀行體系的信心也因此提高。聯邦存款保險公司因為提供債務擔保，虧損一億五千萬美元，因為擴大存款保險，虧損二十一億美元，卻多收了一百一十億美元的費用，因此，保險基金淨賺九十億美元。

所有事情似乎都同時發生，聯準會在討論注資和銀行擔保時，也忙於研究支持商業本票市場的新方案。從二〇〇七年危機爆發以來，放款人對於購買商業本票變得非常小心，只肯對信用最好的發行人提供資金；雷曼的商業本票違約後，購買商業本票的貨幣市場基金變得特別疑神疑鬼。從雷曼最後周末前不久到十月中，商業本票發行餘額大約減少六分之一，等於減少三千億美元。愈來愈多的商業本票到期日縮短到一、兩天，無法延遲償還融資的借款人的風險因此提高。

二〇〇八年九月不是聯準會第一次因為受到商業本票市場失能的刺激，進而採取行動。一九七〇年六月，賓州中央鐵路公司（Penn Central）意外宣布倒閉，商業本票違約時，擔心的放款人很快就拒絕讓其他很多公司的商業本票續約，隨後的三個星期裡，商業本票市場的企業借貸減少9%以上。當時聯準會透過貼現窗口，貸款給銀行，並鼓勵銀行，轉而貸款給不能再利用商業本票市場的客戶，這個做法阻止了商業本票市場的頹勢。

不過二〇〇八年時，利用貼現窗口貸款給銀行的做法，不可能會有幫助。銀行已經盡力減少放款，我們需要更直接的方法，支撐商業本票市場，我們可以動用聯邦準備法第十三條第三款規定的權限，直接貸款給商業本票無法展延的公司，但是這樣做似乎太過火，我們希望恢復商業本票市場的正常運作，而非用我們的貸放取代這個市場。

拯救貝爾斯登時，我們創造過一個法律實體，藉以持有貝爾斯登若干高風險的資產，聯準會也曾借錢給這個實體。聯準會和紐約聯邦準備銀行的幕僚開過幾次會，提出很多開創性的思考，得出類似的解決方法建議案。聯準會可以創設名叫商業本票融資機制（Commercial Paper Funding Facility, ＣＰＦＦ）的新實體，該實體可以利用聯準會根據第十三條第三款授權提供的資金，購買商業本票。鮑爾森和我十月一日跟總統共進中餐時，討論過這種基本構想。

我們必須打破促使商業本票買主一次只願放貸幾天的心態（當然前提是他們願意放貸）。承做到期日非常短的商業本票買主，希望在放款出問題時，成為最快上門討債的那個人，讓到期日較長的買主承擔後果，這是另一種擠兌心理的例子。如果聯準會充當商業本票的備援機構，涵蓋範圍包括到期日比較長的商業本票，我們或許可以恢復放款人和借款人的信心。

我們很快就碰到意料之外的問題。我們知道，聯準會貸放出貸款時，承貸的聯邦準備銀行必須「得到滿意的擔保」，如果我們推動商業本票融資機制，紐約聯邦準備銀行就必須取得滿意的擔保。發行商業本票的公司具有必須償還的法定義務。但是，根據長久以來的習慣做法，商業本票很少用有價證券之類的明確擔保品擔保。

由於商業本票是商業本票融資機制中唯一的資產，這樣的放款還能視為得到適切的擔保嗎？我們宣布創設商業本票融資機制的計畫時，我們以為已經找到這個問題的答案了。我曾經請求鮑爾森，提供問題資產救助方案的資金，讓這個新的機制應用，如果問題資產救助方案的資金是最先吸收虧損的資金，那麼聯準會供給商業本票融資機制的貸款，就算是得到了適當的擔保，符合法律的規定。鮑爾森的反應似乎相當積極，因此，我們指望利用問題資產救助方案的資金，推動商業本票融資機制的運作。但讓我失望的是，要不是我誤會了鮑爾森的原意，就是他和幕僚改變了方向。隨後的幾天裡，聯準會和財政部的幕僚談判，都沒能達成協議。鮑爾森後來寫道，他婉拒把問題資產救助方案的資金投入商業本票融資機制中，是因為他不希望改革商業本票機制變成問題資產救助方案的第一個計畫。我不知道為什麼這一點是這麼重要的考慮因素。不過鮑爾森確實喜歡我們所建議的整體做法，這種做法後來變成聯準會和財政部合作的模式。

我們已經宣布要採行商業本票融資機制，現在卻碰到不能利用問題資產救助方案資金的意外狀況，我們急著找出方法，確保我們透過這種機制的放款得到適當的擔保，我們開了幾場冗長的會議，打了很多電話，終於找到可行的做法。首先，我們規定：商業本票融資機制只能購買評級最高的商業本票（不幸的是，這樣會排擠掉一些重要的公司）。我們也規定，希望把商業本票賣給這個機制的公司，事先必須預付費用，適用的利率高到可以催促他們在狀況恢復正常時，盡快回歸一般市場，收取的費用會放在預防虧損的準備金裡。最後，我們為了控制風險，訂出單一公司出售商業本票給商業本票融資機制的金額上限。有了這些先決條件，聯準會與紐約聯邦準備銀行就樂於規定該機制的貸款可以得到適切的擔保。在這個機制存在的期間，沒有出現虧損，反而為納稅人創造了利潤，收到八億四千九百萬美元的費用。

在國會針對問題資產救助方案進行辯論的期間，很多國會議員、尤其是民主黨的議員，都熱心地主張幫助房屋面臨查封的屋主。問題資產救助方案通過後，規定政府必須透過購買資產的方式，修改所買到房貸的貸款條件，更重要的是，這項法案也授權政府動用問題資產救助方案的資金，推動防止查封的計畫。

這些規則只是處理查封流行病的最新做法。到了七月，國會也通過一個叫做「屋主希望」（Hope for Homeowners）的計畫，不要把這個計畫跟一年前民間自動推出的「希望在眼前」計畫混為一談。「屋主希望」計畫授權聯邦住宅管理局，在民間部門房貸持有人承受虧損後，可對高達三千億美元的問題房貸重新貸款。聯準會認為，法蘭克和其他國會議員主張的這種方法很有希望。重新貸款可以將問題房貸從放款人的帳本上移除（在適度認列損失後），同時降低借款人的每月繳款金額。國會規定聯準會和其他機構負責監督這個計畫。花很多時間研究住宅問題的杜克代表聯準會。

這個方案以失敗收場。全部只有幾百位借款人申請。重要的是，國會不肯在修改貸款條件上多花錢，以至於聯邦住宅管理局的重新貸款計畫無法吸引放款人，造成大部分放款人拒絕參與。雖說國會的節儉態度是對財政正義的認同，卻也反映出一個事實，那就是艱困屋主是對不負責任的人「再度紓困」。我發現這種態度很值得注意。這時查封流行病已經蔓延開來，不再限於明知自己買不起房子的房貸戶。在經濟沉淪、信用枯竭的情況下，有好幾百萬人民不是自己繳不出房貸，就是知道有人陷入這種困境。此外，幫助艱困房貸戶不但對貸款戶本人有利，也有利於因為有住宅遭到查封而受害的社區、廣大的房市（查封和強迫拍賣會打壓價格、抑制營建業）和整體經濟。

當我們在國內努力推動新計畫時，我也密切注意貿易夥伴的財經系統，這時國外吹著強勁的寒風，歐洲尤其如此。

我繼續敦促其他主要國家央行，跟我們一起協調降低利率，我相信降息本身會支持全球經濟成長，各國展現團結一致則會鼓舞市場。九月二十六日，我跟金恩和特里謝談話時，他們表示有興趣，卻也有所保留。尤其歐洲央行一直擔心通貨膨脹，然而，隨著金融狀況和經濟數據惡化，抗拒開始冰消瓦解，其他國家央行願意加入我們的行列。

協調降息有著棘手的運籌問題，參與的每一國央行都必須與其政策委員會召開特別會議或視訊會議，然後必須協調宣布的時機和文字，事前不能走漏風聲，不能暗示任何即將撼動市場的消息。

十月七日星期二傍晚前，聯邦公開市場操作委員會召開視訊會議。委員會中的兩位鷹派委員——費雪和普羅瑟——正好在紐約，因此到紐約聯邦準備銀行，跟蓋特納一起參加這次會議。蓋特納開玩笑說：「我只想指出，我今天在紐約，召集了歷史性的老鷹聯盟，在我身體的兩旁一起開會。」一向主張德州至上主義的費雪面無表情地說：「主席先生，我們很高興能夠訪問第三世界國家。」普羅瑟回應說：「我們只是想從側翼包圍他，卻沒有成功。」

除了小小的玩笑外，這場會議的氣氛很凝重。杜德禮描繪了一個「極端危險、極端脆弱」的金融環境，我們除了把跟其他央行的換匯額度上限增加一倍以上，增為六千二百億美元外，還把國內排定的貼現窗口信用標售金額提高六倍，增為九千億美元，目的是希望不論信用市場有多動盪，我們總是要像平常一樣，確保銀行可以取得資金。這麼大的金額顯示問題的嚴重性，但是雖然我們盡了全力，恐慌仍然持續下去，信用市場繼續凍結。

我告訴聯邦公開市場操作委員會，這種金融狀況為經濟帶來的重大風險不斷增加，協調一致的反應會顯示主要國家央行的決心和合作，比我們單打獨鬥更能為美國和全球經濟，帶來更強烈的影響。我也相信，協調一致的行動可以提供掩護，讓其他國家的央行、尤其是繼承德國聯邦銀行鷹派傳統的歐洲央行，能夠成功地降低利率。聯邦公開市場操作委員會全票通過，把聯邦資金利率降低半個百分點，降為1.5％。

我們跟其他國家央行來回協調的過程，在一場視訊會議中達到最高潮，參加這場會議的人包括我、特里謝、金恩、加拿大銀行的卡尼、日本銀行的白川方明。最後，到了十月八日紐約時間早上七點，聯準會、歐洲央行、英格蘭銀行、加拿大央行、瑞士國家銀行、瑞典央行各自宣布降息半個百分點[15]。政策利率已經接近零利率的日本銀行表示強力支持。我們沒有跟中國人民銀行協調，但是中國人民銀行那天早上也降低利率。能夠完成這麼複雜戲碼的感覺很好，我希望，世界主要國家央行一致行動形成的激勵效果，能跟降息一樣重要。

協調降息雖然充滿戲劇性，卻沒有解決全球金融體系的基本問題：恐慌持續、對大型金融機構的健全日益不安。在各國央行宣布同步降息的當下，道瓊指數上漲一百八十點，當天收盤卻下跌一百八十九點，跌幅為2%。市場發出清楚、明確的信號：市場需要更多力量，而且要快。

截至目前為止，全球（央行之外）對此次金融危機的反應多是採取臨時措施來因應，而且各國的做法也不同。歐洲國家紓困的金融公司比我們多，卻沒有發展出一套全面的因應方式。德國雖然為抵押不動產控股公司和德國工業銀行紓困，但政府認為紓困存有道德風險的說辭，妨礙歐陸國家的合作。另外，也有一些國家不滿這種行動的外溢效果。當愛爾蘭在九月二十九日宣布為銀行存款和負債提供擔保後，英國擔心愛爾蘭銀行會吸走英國銀行的資金，因而在九天後，也宣布為銀行債務提供擔保。

有些擁有大銀行的小國根本沒有採取獨立行動的力量。例如冰島只有三十萬人口，卻有三家大銀行的業務遍及北歐其他國家、英國和荷蘭。到十月初，三家銀行都已經垮台，把股東（大部分是本國人）和債券持有人（大部分是外國人）的財富虧損一空。冰島希望能像歐洲央行和英格蘭銀行一樣，與我們建立換匯額度，被我方拒絕。冰島的金融機構跟美國的金融機構沒有什麼關係，而且無論如何，他們的問題都太嚴重，光靠換匯無法解決。

十月十日星期五出現了強化全球合作的機會，世界各國財政部長和央行總裁會齊聚華府，參加國際貨幣基金與世界銀行會員國秋季例行會議。這兩個機構的起源，可以追溯到一九四四年在美國新罕布夏州舉行的布列敦森林會議（International conference in Bretton Woods），兩個機構的目標都是要促進國際

15 降息後，其他國家央行的政策利率分別是：歐洲央行3.75%，英格蘭銀行4.5%，加拿大銀行2.5%，瑞典央行4.25%。

經濟合作，國際貨幣基金的重點工作放在維持經濟與金融穩定，世界銀行的重點工作則是放在促進開發中國家的成長。兩個機構都有一百八十八個會員國，因此也成為國際諮商和政策合作的重要管道。

有一系列規模較小的會議，會在全體會議之前舉行，星期五舉行的第一個會議是七大工業國組織會議，參加的有美國、加拿大、日本、法國、德國、義大利和英國的財經首長。星期六要舉行的是規模較大的二十國集團會議，與會國家除了主要工業國外，還包括最重要的新興市場經濟體，如中國、印度、巴西、墨西哥和俄羅斯。二十國集團在政策上的角色，一直隨著新興市場經濟體在全球經濟上的分量增加而提高。然而，因為七大工業國是世界大多數最大金融機構與金融市場的所在地，我預期在這種情況下，七大工業國的會議應該比較重要。結果這場會議是我擔任聯準會主席期間，所參加過最重要的國際會議。

我們在美國財政部的現金廳開會，現金廳是一間兩層樓高的大理石大樓，裡面裝置很多巨型的銅製吊燈，大樓的大門正對著財政部大門，一八六九年啟用時，是當成財政部跟銀行與民眾進行金融交易的地方，到一九七六年才停止使用。現在這裡變成正式活動和社交聚會的場合。為了舉行七大工業國組織會議，廳裡擺了排成正方形的長桌，座位上放了國家名牌，現場還安排同步口譯人員，但是美國代表團並不需要，因為大家都會用英語討論。首長們的副手和助理在這棟大樓裡進進出出，助手、特勤人員和其他支援人員則在外面的走廊打轉。鮑爾森身為地主國財政部長，按照習慣會主持這場會議。

國際會議經常是讓人昏昏欲睡的場合，偶爾會有一種主要的用處，就是讓決策官員和資深幕僚跟國際上的對手維持溝通。這種會議場場都是相同的主題、相同的陳腔濫調。副手事前寫好大家同意的會後公報，公報上的官僚語言含混不明，目的是要爭取大家的一致支持。

可是這次不同，這次會議的氣氛絕對不會讓人昏昏欲睡。全球經濟體系面對了自一九三〇年代以來，前所未有的重要關頭。大多數國家財政部長和央行總裁，都在會上為這場危機指責美國。是哪個國家撤銷金融管制害慘世界各國，使各國受到「牛仔式資本主義」的蹂躪？是哪個國家的次級房貸，造成全世界金融機構的資產染病？是誰讓雷曼倒閉？特里謝操著一口響亮的法式英文，在最後這個問題上的發言特別有說服力，同時還傳閱一張圖表，顯示雷曼最後周末以來資金市場急劇惡化的景象。其他人附和特里謝的說法，會議一度惡化到似乎只剩交相指責。

在全球危機中，美國自然是領袖，但是美國的威望和信用處在低潮。當危機的效應擴及全球、威力加強時，其他先進國家從原先幸災樂禍的態度轉變成憤怒。我們算是什麼角色，還敢提出建議？我們從七大工業國組織會議上聽到這些話，而且在星期六的二十國集團會議上，這種論調更是不斷出現。

雖然有這些衝突，七大工業國代表還是願意決心共同努力，因此，會議桌上的人雖然偶爾會口出怨言，卻還是互相尊重。因為我們知道我們是少數能夠止血的國家，因此，我們破除多年來建立的儀節，不理會議議程，展開百無禁忌、內容豐富的討論。

我對我們應該怎麼做，已經思考過一陣子。在會議舉行前的那個星期三，我已經草擬好一套我希望七大工業國能夠採用的原則，這些都是基本原則，但是我相信這些東西涵蓋過去曾經多次平息恐慌的因應措施。簡單地說，我希望與會官員保證協調合作，穩定金融市場，恢復信用流動，支持經濟成長。我寫道，為了達成目標，出席會議的各國應該對本國銀行，提供必要的短期借款與資本，合作監督從事國際經營的銀行，不再容許對系統很重要的機構倒閉。而且我希望我們保證重新啟動房貸抵押擔保證券、商業本票和銀行同業拆款市場。我在財政部的支持下，把我的政策承諾建議清單，交給研究會議公報文字的副手。

這些原則跟其他代表的發言相呼應。在七大工業國最後發表的聲明中，我最初的清單縮減為五個重點。第一、會員國承諾防止更多的雷曼事件——也就是說，要防止更多具有系統重要性的機構倒閉（美國的問題資產救助方案立法後，可以信而有徵地做這種承諾）。第二、我們保證努力解開資金市場的凍結狀態（聯準會的商業本票機制正是為了達成這個目的而制定）。第三、我們承諾重建銀行資本，增進信用流動。第四、我們宣稱要建立存款保險，保護一般存戶，維持大家對銀行的信心（這一點不在我原來的清單上，因為美國長久以來，已經設有聯邦存款保險。但是對歐洲來說，這是個問題，歐洲大部分國家沒有全面性的存款保險）。第五、我們承諾努力重新啟動證券化，以便抵押貸款和其他形式的信用，可以由投資人提供資金。

七大工業國會議的與會官員散會時，都已經恢復決心。美國現在的做法已經不像雷曼事件之前，處於見招拆招的狀態。雖然動員的速度不夠快，但是，我相信我們現在有機會在全球的層面上，對危機發動有系統的攻擊。

全球決策官員實踐諾言。最重要的是，星期天晚上，歐元區國家同意對區內銀行挹注資本、提供保證。奧地利、法國、德國、義大利、荷蘭、葡萄牙、西班牙和瑞典都宣布類似聯邦存款保險公司所提議的銀行債務擔保計畫。更多國家擴大自己的存款保險制度。包括挪威和西班牙在內的若干國家宣布也要購買資產。到了星期一，英國基本上等於把蘇格蘭皇家銀行（Royal Bank of Scotland）和蘇格蘭哈利法克斯銀行（HBOS）收歸國有。這些計畫大部分都遵循七大工業國會議上採納的原則。

美國財政部針對重建銀行資本計畫、也就是對資本收購計畫（Capital Purchase Program）的研究，一直持續到十月十三日星期一的哥倫布紀念日。鮑爾森已經改變心意，因此，現在聯準會和財政部在銀行需要挹注資本的事情上，立場已經趨於一致，聯邦存款保險公司和通貨監理局也同意支持這種方法。為了避免銀行認為接受資本收購計畫的資金是種恥辱，我們希望訂出的方案能夠吸引所有銀行，而不只是一些體質較弱的銀行。因為如果大家認為，接受資本收購計畫的資金是銀行疲弱無力的跡象，那麼銀行會盡其所能，避免接受這種資金，我們就無法對銀行體系挹注足夠的資本，來結束恐慌、重新啟動信用流動。我們需要訂出對納稅人公平，卻又沒有太多懲罰性的條件，以免阻攔比較強健的銀行接受資金。

我們也必須避免讓外界產生政府接管銀行體系的印象，這是鮑爾森最初的憂慮之一。我們同意注資會以政府購買新發行特別股的形式進行，因為這種股票沒有投票權，政府除了根據問題資產救助方案法，對經理人薪酬可以有所規範外，政府不能控制介入受助銀行的經營。因為政府的股票是特別股，政府在領取股息方面排名第一位，順位在普通股股東之前。此外，按照上述法律規定，政府還要收到股票權證，讓納稅人在銀行股價上漲時能夠分享利潤，政府在頭三年裡，每年會從持股中，收到5％的股利，過了頭三年，股利會躍增為9％，以便鼓勵銀行到時候用我們預期會很充沛的民間資本，取代政府資本。

為了確保廣泛地參與，納入比較強健的銀行，我們需要美國的主要銀行參與（有人提醒我，二〇〇七年八月我們努力招攬銀行來貼現窗口的舊事。）鮑爾森在哥倫布紀念日下午，召集了九位銀行執行長，到他的大會議室開會，會議室橢圓形長會議桌的一邊，坐的是摩根大通銀行的狄蒙、富國銀行的柯伐契維奇、花旗集團的潘偉迪、美國銀行的路易斯、高盛公司的布蘭克梵、摩根士丹利公司的麥晉桁、美林公司的譚恩、道富銀行的羅格和紐約梅隆銀行的凱利。坐在他們對面的是鮑爾森、貝兒、蓋特納、通貨監理局局長杜根和我。鮑爾森和我都表示，強弱銀行都參與很重要，貝兒告訴這些執行長跟銀行債務保證有關的事情，蓋特納評估建議中的資本金額，表示最多只占每家銀行風險加權資產的3%；鮑爾森要求這些執行長承諾接受這筆資本，必要時可以跟他們的董事會商量。

摩根士丹利公司的麥晉桁立刻在一張紙上，草草寫好接受注資的同意書，推到桌子的另一邊去。富國銀行的柯伐契維奇一如平常一樣爭強好勝，堅持自己的銀行不需要任何資本，但最後還是同意跟董事會商量。潘偉迪說，這種資金是低廉的資本，銀行應該樂於取得這種資金。美國銀行的路易斯敦促大家不要為了細節討價還價，應該顧及銀行體系的整體利益。最後，所有銀行都接受政府建議的一千二百五十億美元資本金額，也就是資本收購計畫最初二千五百億美元承諾金額的一半。過一陣子會宣布龐大虧損的美林公司雖然已經排定要由美國銀行併購，還是接受了屬於自己的那一份資本。

歐洲來的消息加上美國新資本方案的消息走漏，在股市中掀起欣喜若狂的情緒。星期一道瓊指數飛漲九百三十六點（上漲11%），漲到九千三百八十七點，收復了前一周一千八百七十四點跌點的一部分，創造了七十六年以來單日最大漲幅紀錄。

星期二早上，鮑爾森、貝兒和我站在財政部現金廳的記者會上，鮑爾森說明新的資本收購計畫。他表示資產購買還在規劃當中，但是會延後推動；貝兒說明聯邦存款保險公司擴大存款保險的做法，以及為銀行債務提供擔保的計畫；最後我詳細說明聯準會的商業本票融資機制，表示我們要在兩星期後的十月二十七日，開始購買商業本票。

我們離穩定下來還有好幾個月，但是把外國採取的步驟加在一起，前後一貫、強而有力的策略終於成形了。

第十七章　過渡期間
Transition

二〇〇八年十一月四日，歐巴馬擊敗麥肯，成為第一位當選美國總統的非裔美國人，這一天距離我在迪隆就讀種族隔離學校的時間不到四十年，這個結果讓我深感驚異。我也想起一九三二年到一九三三年間，胡佛和小羅斯福兩位前後任總統交接前的四個月過渡期間，引爆了不穩定的經濟情勢，結果導致美國通過憲法修正案，把新總統當選到就職的等待期縮短為兩個月。即使過渡期縮短，從小布希換手到歐巴馬的過程，一定會使還沒有獲得控制的危機變得更難以處理。聯準會免於像財政部和內閣其他部會一樣，面對人事全盤更換的問題，因此，決心盡量提供政策延續性。

重要的決定迫在眉睫。小布希政府會要求國會撥出另一半的問題資產救助方案資金嗎？問題資產救助方案資金應該用來協助苦苦掙扎的汽車公司嗎？政府可以做什麼事，幫助繳不出房貸的屋主？即將上任和即將下台的政府在這些問題和其他事務上，都必須想出怎麼合作，卻又不違反一次只能有一個總統的真理。

同時，鮑爾森把重點放在推動財政部的資本收購計畫上。十月十三日出席財政部會議的九大銀行，已經接受政府一千二百五十億美元的新資本，剩下的一千二百五十億美元，要分配給其他銀行。要訂出怎麼把資本提供給較小機構的細節，要花一些時間。雖然並不確定銀行是否樂於參與，但是，各種規模的銀行對問題資產救助方案資本，都有著強大的需求，因此，到二〇〇八年底，財政部對銀行的投資已經接近二千億美元。

為了穩定銀行體系所作的努力，這個資本方案是重要的一步。而且根據危機時期方案的標準來看，這個方案在一般大眾心目中，似乎不會特別不受歡迎。限制接受注資公司的經理人薪酬，在政治上有其討喜之處，同時限制又不至於過於嚴苛，因此不會阻撓銀行的廣泛參與。所有規模的銀行、包括社區銀行在內，只要他們的主管機關判斷他們可以繼續存活，都可以申請政府的資本，這一點在政治上也有幫助。然而，有些政客仍然擔心自己要為贊成問題資產救助方案辯護，因而對財政部和聯準會施壓，要求我們提供證據，證明這個資本方案確實可行，他們最常問的問題是：「銀行究竟有沒有把拿到的問題資產救助方案資金貸放出去？」

這個問題看來似乎很簡單，實際上並非如此。貨幣是可以取代的東西：這個一塊錢跟別的一塊錢一樣。因此，問某一筆貸款，是不是用問題資產救助方案的資金貸出，或是用放款人取自其他地方的其他資金貸出，並沒有多少意義。此外，資本的目的主要是吸收可能的虧損，使銀行更願意甘冒貸款的風險。比較好的問話方式應該是：「問題資產救助方案資本的供應，是否讓銀行貸出的貸款，比其他情況下貸放出去的款項還多？」

不過，即使是這個問題也很難回答，我們怎麼能夠證明一件沒有發生的事——如果沒有問題資產救助方案，情況會怎麼發展？我深信，問題資產救助方案和其他措施，能成功地阻止金融體系的崩潰，讓經濟不陷入極為嚴重、漫長的衰退，且避開蕭條。不錯，這個資本計畫推出後，銀行的貸放確實遠比危機前低落，但是這樣做根本不是公平的比較，因為，經濟衰退大大減少尋求信用的企業和家庭數目，也使符合申請信用資格的企業和家庭大大減少。

聯準會資深經濟學家梁尼利（Nellie Liang）領導的幕僚小組，負責搜集資料，發展指標，以便評估問題資產救助方案對銀行貸款的影響程度。但是，我們從來沒有找到兼具全面性，又容易解釋的衡量指標。此外，我們雖然希望銀行貸款出去，卻不希望銀行貸出不良放款，不良放款正是害我們陷入這種困境的元凶禍首。因此，某些政客主張要替接受問題資產救助方案資金的銀行，設定貸款目標，這種做法並不明智。我們的策略固然難以用短短幾句話來解釋，卻偏向反對放款人和金檢官員在典型的放款興衰後，採取過度保守的思維，我們和其他聯邦銀行監理官員都鼓勵銀行，貸款給有信用的借款人，我們也敦促我們的金檢官員，在鼓勵合理的謹慎和確保有信用借款人能夠得到貸款之間，追求適度的平衡。

同時，聯準會的新商業本票融資機制迅速證明很有價值，到十月二十九日結束、也就是開辦兩天後，這個機制已經購買一千四百五十億美元的三個月期商業本票，一星期後，已經持有二千四百二十億美元的商業本票，到巔峰期的二〇〇九年一月，持有的商業本票價值高達三千五百億美元。這個方案阻止了這個重要資金市場的迅速萎縮，協助商業本票利率恢復比較正常的水準。

即使實施這些重要的新工具和政策行動，金融體系仍然因為雷曼事件的震撼而驚魂未定。一年前，投資人的恐懼聚焦在次級房貸，現在則幾乎避開所有型態民間信用的資金融通，例如對信用卡貸款和汽車貸款敬而遠之。他們沒有什麼理由，認為其他可能的信用會蒙受類似的損失，而且他們從來沒有承受過類似虧損，這些形式的信用原本也是像次貸一樣，包裹成證券，賣給投資人，然而，現在則是遭到次貸危機株連。投資人對資產擔保證券的需求劇減，對整個經濟構成了另一種風險。

為了因應此一現象，聯準會跟財政部合作，研擬另一種方案。十一月二十五日，我們再度動用聯邦準備法第十三條第三款條文，宣布創設「定期資產擔保證券貸款機制」（Term Asset-Backed Securities Loan Facility, TALF）。但是因為設立這種機制的難度很高，我們要到四個月後，才貸出第一筆貸款。根據定期資產擔保證券貸款機制，我們應該貸款給購買期限最多五年、有資產擔保的三個A最高評等證券的投資人，資產擔保的內容計有信用卡貸款、就學貸款、汽車貸款、商業抵押貸款和中小企業管理局所保證貸款等。我們的貸款應該沒有追索權，表示借款人可以用他們購買的資產擔保證券還給我們，取代完全清償貸款，這種做法等於為借款人提供了「下行風險保護」。但是，只有在這些證券的報酬率跌到低於貸款成本時，在到期日前用這種證券償還才有道理。

我們訂定了自保措施。投資人只能貸到占證券購買價格一部分比率的貸款，這樣，一旦出現虧損時，投資人要承擔第一筆虧損，跟我們「共同承擔風險」。此外，財政部採取他們在聯準會商業本票機制中不願採取的行動，從問題資產救助方案中提撥二百億美元，作為資本，這麼一來，聯準會可以貸出的款項提高到二千億美元。這筆資金成為排序第二的資金（次於民間部門），用以彌補任何虧損的資金。結果定期資產擔保證券貸款機制融資的證券中，沒有一筆「還給」聯準會，這個方案沒有出現虧損，還為納稅人帶來利潤。

即將卸任的小布希政府和即將上任的歐巴馬政府——在聯準會和聯邦存款保險公司的建議下——也為住宅查封的問題奮戰。隨著好幾百萬屋主失業和更多的屋主發現自己「溺水」（房子的市價比積欠的房貸還低），查封的問題愈來愈嚴重，原本大致上限於初期優惠利率次級房貸的查封，現在擴及傳統的優級房貸。經濟和社會所付出的成本，不只是放款人的損失，也不僅是流離失所家庭所面對的痛苦。查封的空屋讓社區顯得破敗，壓低附近房價，減少地方的稅基。

鮑爾森志願性的「希望在眼前」方案，從二〇〇七年十月開始推動後，在減少查封方面，已經開創值得信任的開始，然而，因為政府沒有提供資金，這個方案的規模必然受到限制。後來的「屋主希望」計畫在二〇〇八年七月完成立法，該法案透過聯邦住宅管理局提供再融資，但是，國會規定繁重的要求和費用，阻撓屋主和放款人參與，實際上破壞了這個計畫。

同時，聯準會在全國各地，支持或共同支持超過一百件的防止查封事件，例如二〇〇八年八月，波士頓聯邦準備銀行召集二千二百多位苦惱的借款人，跟放款人、服務業者和顧問一起在吉列體育館（新英格蘭愛國者足球隊的本部），進行一場巨型工作坊研討會。我們跟非營利機構美國鄰里互助合作組織（NeighborWorks America）合作，盡量減少查封對社區產生的破壞。

大選後，在新政府上台、問題資產救助方案資金可以用來舒緩查封困境的情況下，似乎是提出新構想的好時機。貝兒一直努力推動政府採取更多行動，防止查封。二〇〇八年七月，聯邦存款保險公司接管印第麥克銀行後，開始修改銀行所擁有或服務的房貸契約，限制房貸繳款不得超過艱困借款人所得的31％。要達成這個目標，必須採用多種策略，包括降低貸款利率、豁免部分本金、延長房貸到期日（例如，從三十年延長為四十年）。

這樣做似乎相當值得，但是，我們在過渡期間辯論不同的方法時，要判斷這種做法的成敗似乎還太早。到二〇〇八年底，只有幾千件印第麥克的房貸合約修改完成，我們不知道修改過的契約能否固守下去，最後是否會形成另一次的違約。（聯邦存款保險公司後來的評估發現，印第麥克銀行嚴重貸款違約的案例中，後來有三分之二在修約後一年半內再度違約。）不過，到了十一月中，聯邦存款保險公司的做法（以「印第麥克模式」之名廣為人知）獲得兩房修正後採用。貝兒也對行政部門施壓，希望動用問題資產救助方案資金，為放款人提供保證，以便鼓勵放款人採用印第麥克指引方針。如果借款人的房貸合約修改後違約，那麼政府會賠償一半損失。

我並非總是同意貝兒的看法，卻欣賞她的政治手腕。她不理會政府正常的政策程序，利用媒體和遊說國會，說服包括眾院議長裴洛西和達德參議員在內的國會議員（以民主黨人為主），支持她的計畫。但是貝兒差不多把那些沒有完全支持她的計畫的人，都打成反對為查封困境紓困的人。我記得《紐約時報》有一篇報導讓鮑爾森非常生氣，因為報導批評財政部沒有按照貝兒的建議，立即採取行動，就像卡翠娜颶風後的美國聯邦急難管理署（Federal Emergency Management Agency）一樣。

聯準會完全同意貝兒計畫的目標，卻質疑其中的若干細節。聯準會研究處副處長威考克斯和其幕僚比較過其他策略。聯邦存款保險公司的保證計畫有幾項缺點，其中一項似乎是對放款人慷慨到沒有必要的程度。聯邦存款保險公司的原始計畫中，對放款人提供不合常理的誘因，把最沒有償還能力借款人的房貸，修改成具有流通性的房貸，一旦借款人再度違約，放款人不僅會得到政府的保證付款，而且還能查封房子。

聯準會經濟學家建議其他計畫，包括聯邦存款保險公司印第麥克模式的幾種變體，他們認為，他們的計畫應該可以讓政府負擔比較低的成本，達成比較能夠永續維持的貸款形式。我們也建議可以由聯準會和財政部創立新的特殊目的工具，從放款人和投資人手中，整批購買有風險的房貸。按照我們的計畫，政府新設的這個實體可以從問題資產救助方案中取得五百億美元的資本，也可以向聯準會借錢，買進的房貸會交給獨立專家去修改，而不是交給民間部門的放款人和投資人修改，然後才由聯邦住宅管理局重新提供資金。

鮑爾森基於和我們類似的原因，質疑貝兒利用問題資產救助方案資金，為修改過的房貸提供部分保證的計畫。但是他就快要離開財政部長一職，因此，要求手下把焦點放在分析相衝突的提案上，但是不要提出建議。十二月十五日，總統當選人歐巴馬選擇的國家經濟會議主席桑莫斯，跟歐巴馬的其他顧問商量後，提出一份備忘錄，加入戰場。桑莫斯贊成修改「屋主希望」計畫，提高這個計畫對放款人和借款人的吸引力。他對聯邦存款保險公司在房貸修約後再度違約時補償放款人的計畫，也和聯準會有著相同的憂慮。不過，他反而支持鼓勵放款人對問題房貸降息的誘因。桑莫斯的備忘錄沒有處理聯準會設立特殊目的工具、整批買進問題房貸的構想，但是，他告訴我們，如果新的政府接下房貸修約的責任，就可能免不了得動手查封人民房屋，這種事情所形成的政治印象，他不喜歡，最後的決定必須等新總統和新財政部長宣誓就職後再說。

我們不管總統就要換人，繼續推動貨幣政策。市場持續動盪不安，讓我們在十月二十八到二十九日、總統大選前不久的聯邦公開市場操作委員會會議上，有很多東西可以討論。買主繼續全面撤退，從聯邦公開市場操作委員會九月會議到十月的會議前一天，道瓊指數下跌了將近二千九百點，總市值大約喪失了四分之一。市場的波動令人震驚；然而道瓊指數劇跌後，卻在我們開會的第一天，飛躍上漲將近九百點，可是並沒有什麼明顯的好消息可以解釋這次躍漲。

房價和股價下跌、加上信用緊縮，逐漸加快經濟沉淪的速度。家庭和企業信心——對經濟成長至為重要的「動物本能」——似乎直線下墜。密西根大學著名的家計調查顯示，消費者信心降到將近三十年來的最低點；聯準會經濟學家預測，衰退會持續到二〇〇九年年中，事實證明，他們跟時機有關的猜測正確無誤。但是大部分幕僚和聯邦公開市場操作委員會會議的與會人士，跟大部分外界預測專家一樣，都還不了解這次衰退的程度會如此之深。我們現在知道二〇〇八年第三季裡，美國經濟萎縮２％，到第四季，萎縮的幅度令人震驚，高達8.2％，是五十年來最差的一季，二〇〇九年第一季的萎縮幅度為5.4％，因此，輕易地變成大蕭條以來最嚴重的經濟衰退。同時，通貨膨脹快速下降，反映在每桶油價下跌三十美元和整體經濟疲弱上。

市場悽悽慘慘、經濟萎縮無力現在變成全球現象，橫掃新興市場與先進經濟體。俄羅斯股市停止交易，以便阻止股價下殺，墨西哥已經耗用15％的外匯存底，試圖挽救披索的跌勢；我們在十月底舉行聯邦公開市場操作委員會會議的第一天，日本的日經股價指數跌到二十六年來的最低點。諷刺的是，危機起源於美國，全球投資人在渴望找到大家認為安全的資產時，卻拚命吸納以美元計價的資產，尤其是美國國庫券。從我們上次開會以來，這種做法已經把美元價值推升９％之多。在美國經濟快速衰退的情況下，美元上漲根本不是好消息，會造成美國的出口變得更昂貴，在世界市場的競爭力降低。

我們在這次會議中，再度擴大外匯換匯額度，慎重地選擇墨西哥、巴西、南韓和新加坡四個新興經濟體，加在換匯國家名單中，我們會選擇這些國家，是基於他們對美國與全球金融與經濟穩定很重要，我們也拒絕了若干國家的換匯請求。增加換匯國家後，跟我們換匯的中央銀行增為十四個。兩星期前，我們取消歐洲央行、英格蘭銀行、瑞士國家銀行和日本銀行的換匯額度限制，反映出歐洲與日本的美元需求，也反映我們跟這些國家央行的關係密切。

進一步降息的理由似乎很強大。我告訴聯邦公開市場操作委員會，到目前為止，我們所採取的步驟很可能還沒有完全發揮作用。但是我認為，我們面對的可能是嚴重而漫長的經濟衰退，需要大膽的行動。委員會無異議地批准聯邦資金利率降低半個百分點，降為1%，跟二〇〇三年我們擔心通貨緊縮時的利率水準一樣。

聯邦公開市場操作委員會會議召開的前一天晚上，通常會舉辦晚宴，我在晚宴上與準備銀行的總裁們見面。他們非常擔心我們的干預行動所產生的政治風險，尤其擔心美國國際集團的紓困案。雖然根據聯邦準備法第十三條第三款規定推動貸款方案，是聯準會理事會的權責，不是聯邦公開市場操作委員會的責任，若干聯邦準備銀行總裁仍然覺得，聯準會沒能充分諮詢他們的意見。每一位總裁都要我保證，以後不能再把他們拒絕在外，要讓他們分享資訊，這樣他們下次公開露面時，才不至於答不出一定會被問到的問題。有鑑於最近事件的急迫性，我沒能堅守一向的建立共識風格，實屬合理。但是，這些總裁的顧慮確實有理，因此，我提議每周開兩次視訊會議，讓他們得知聯準會任何行動的最新消息，也了解金融、經濟和立法方面的最新發展。

我們希望藉由問題資產救助方案挹注的資本，能夠結束搶救搖搖欲墜金融巨擘的可怕周末，不幸的是，經濟狀況惡化和虧損激增，仍然繼續壓迫比較脆弱的金融機構。九月才接受聯準會八百五十億美元紓困的美國國際集團就是其中一家。十月初，我們已經額外增撥了三百七十八億美元的貸款，協助融通美國國際集團持有的自有品牌（政府不予保證）房貸抵押擔保證券資產，但是，連這筆錢都不夠。該公司第三季的虧損暴增到二百四十億美元，為了繼續存活，他們需要資本，也需要聯準會略微放寬九月最初紓困案中的嚴格貸款條件。

讓美國國際集團倒閉不是選項，原因跟我們兩個月前介入時一樣，因此，我們修改了急救方案的條件，然後，還把救急資金提高到超過一千五百億美元（其中包括財政部的資金）。鮑爾森起初希望聯準會提供新方案的所有資金，但是，蓋特納和我說服他，說聯準會無法獨力完成任務，美國國際集團需要挹注巨額資本，在民間市場幾乎關閉的情況下，資金只能由財政部提供。十一月十日，聯準會和財政部宣布調整美國國際集團紓困案，包括由財政部購買四百億美元的特別股。美國國際集團沒有資格利用資本收購計畫，因為這個廣泛計畫的目的是強化體質相對健全的公司，而不是強化艱困企業。我們要求美國國際集團接受更嚴格的條件，包括對財政部持有的股票配發比較高的股息。根據調整後的紓困案，美國國際集團必須償還聯準會十月份撥發的補充貸款，如此一來，我們就能把提供給美國國際集團的信用額度，從八百五十億美元，降為六百億美元，交換條件是我們同意大幅降低我們收取的利率，而且把還款期限從三年延長為五年。

為了限制將來威脅美國國際集團穩定性的風險，聯準會再度動用第十三條第三款的權限，准許紐約聯邦準備銀行，創設兩個新的法律實體並對其融資，這兩個法律實體名稱分別叫做少女巷二號公司和少女巷三號公司，聯準會要貸款少女巷二號公司二百二十五億美元，讓該公司利用這筆資金，購買造成美國國際集團極多虧損的自有品牌住宅抵押貸款證券。少女巷三號公司會得到紐約聯邦準備銀行的三百億美元貸款，用來向美國國際集團的交易對手，購買由美國國際集團金融商品公司保險的擔保債權憑證。我們透過購買擔保債權憑證，可以有效地結束九月時把美國國際集團推向絕境的保單。蓋特納把從美國國際集團移除不良資產，比喻為綁上止血帶，目的是要阻止流血，運用同樣的比喻，我們的貸款和財政部的資本就是輸血。我們希望這些資金足以再度救活病人，這樣做不是因為我們偏愛美國國際集團，而是為了整個系統好。我們特別希望避免美國國際集團的評等遭到進一步調降，因為這樣會自動導致新的擔保品和現金的需求。

為了保護聯準會，我們聘請外界資產經理人，為我們要購買的證券估價。美國國際集團提供了十億美元，吸收少女巷二號公司最先出現的任何虧損，另外提供五十億美元，吸收少女巷三號公司最先出現的虧損。這兩家新公司和他們持有證券的總市值會表現在聯準會的資產負債表上，每次更新。十一月十日宣布日前的星期日，鮑爾森和我坐在他的辦公室裡，打電話給國會領袖，解釋這個新方案，說明我們幾乎別無選擇，必須實施這個方案的原因，這時就像跟國會打交道時常見的情形一樣，當下的反彈少之又少，反彈要以後才會出現。

美國國際集團得到很多新資本、又擺脫很多不良資產後，似乎至少暫時穩定了下來。但是修改紓困條件重新點燃了我們在最初的拯救行動中所引發的反紓困怒火（有些是真正的怒火，有些是刻意在電視攝影機前演出來的）。我了解這種憤怒，尤其是因為紓困並沒有成功避免現在看來很嚴重的經濟衰退。但是我毫不懷疑繼續幫助美國國際集團生存下去，對於防止危機進一步轉移很重要。此外，幫助美國國際集團生存，是拿回納稅人過往投資的最好方法——其實也是唯一的方法。

我們的少女巷三號公司購買美國國際集團保險的擔保債權憑證，引發了一個我應該預料到、卻沒有預料到的新問題。當我們購買美國國際集團保險的這些證券時，基本上是容許美國國際集團的交易對手——大部分是大型金融機構，其中有些是外國大型金融機構——獲得保險的全部好處。當大家理解這種事實時，國會和媒體嘲笑我們進行「祕密紓困」。批評我們為什麼沒有堅持要求包括高盛公司之類的交易對手，負擔一部分損失呢？

我極為專注在控制恐慌上，以至於一開始時，對這種批評百思不解。紐約聯邦準備銀行曾經討論過對若干交易對手，推動自願減少給付的構想，卻沒有成功（這點不足為奇）。就像我們一再指出的一樣，我們沒有法律手段可以強迫推行減少付款，美國國際集團的交易對手掌握了收到保險給付的合約，這些合約的效力，並不低於美國國際集團其他債權人或持有該公司比較傳統保單顧客的索賠。如果我們以監理機構的身分，對交易對手施加壓力，要求他們接受減少給付的要求（許多批評者堅持我們應該做到這一點），會變成明顯的濫權行為。而且很多交易對手是外國機構，不在我們的司法管轄範圍之內，其中部分國家的主管機關支持他們拒絕接受減少給付的要求。

我們也因為沒有立刻揭露擔保債權憑證交易對手身分，而遭受外界批評。雖然我們具有合法的理由，但是，我們之所以做出這樣的決定，卻是因為沒料到外界會有批評的聲浪。我們最初只注意到合乎法令的問題，包括合乎統一營業祕密法（Uniform Trade Secrets Act）不得片面揭露的規定，而且我們擔心一旦透露對方的身分，會影響他們日後跟美國國際集團繼續交易的意願。然而，我們在遭到國會和媒體抨擊幾個星期後，要求美國國際集團揭露交易對手的名字，美國國際集團立刻照辦。

我盡力解釋我們的行動，也為我們的反應辯護。這時，聯準會幕僚長蜜雪兒已經放棄聯準會的傳統保守溝通策略，建議我跟媒體和大眾進行更密集的溝通，包括接受邀請在華府的國家記者俱樂部演講，回答記者的問題（我二月會去那裡）。我跟《紐約客雜誌》的約翰・卡西迪（John Cassidy）合作，刊出一篇長篇報導，初次透露聯準會如何對抗這次危機的內幕。我也提高公開演講的頻率，挑選全國各地備受注目的場合，說明我們在對抗危機時採取的很多步驟，也說明這些步驟如何密切配合的情形。我也定期到國會委員會作證，經常在不列入紀錄的會議或電話上，跟國會議員保持聯繫，我把重點放在政黨領袖和監督我們的委員會上，除了無法解決的時間衝突外，我總是接受任何國會議員的會面要求或電話。

美國國際集團不是唯一住在加護病房的病人，幾周之內，花旗集團似乎也逼近絕境。花旗集團前身是一八一二年創立的紐約都市銀行（City Bank of New York），從創立以來，花旗就一直是強而有力卻充滿爭議的機構，美國經歷的恐慌，花旗幾乎無役不與。一九七〇年代和一九八〇年代，花旗因為對拉丁美洲國家的貸款面臨重大損失，幾乎垮台，一九九〇年代又因為商業不動產貸款出問題，再度面臨幾乎崩潰的命運，幸好靠著沙烏地阿拉伯王子阿瓦里德（Al-Waleed bin Talal）在一九九一年時，注入五億九千萬美元的資本，才存活下來。一九九八年，花旗跟旅行者集團公司進行歷史性的合併後，變成美國最大的銀行控股公司，但是，到了二〇〇八年九月，花旗落居摩根大通銀行之後，變成美國第二大的銀行控股公司，從魏爾所期望的「金融超級市場」願景略微後退，規模卻仍然十分龐大，在全球各地持有的總資產超過二兆美元。

花旗是分布廣泛而複雜的金融機構，在幾十個國家經營很多類別的業務與營運，旗下經理人致力打造前後一貫的策略。我們的監理官員特別擔心花旗銀行辨認與衡量整個公司風險的能力。脆弱的經營能力和高風險的投資，使花旗特別容易受到危害。花旗的部分結構型投資工具失去外界的資金來源，納入花旗的資產負債表後，問題變得更嚴重。貝兒曾經嚴厲批評包括執行長潘偉迪在內的經營階層、也嚴厲批評由理察・巴森斯（Richard Parsons）領導的董事會。花旗的問題中，有多少應該歸咎於前年十二月才接任執行長的潘偉迪，有待商榷。但是，貝兒說得對，花旗是脆弱的公司，聯準會和通貨監理局沒有做好整頓花旗的工作。

哥倫布紀念日那天，潘偉迪從財政部收到二百五十億美元的資金，對花旗控股是一大支持，不過它的情況還是很危險。而在整體經濟惡化之際，市場對花旗控股公司的憂慮再度升高，花旗控股的銀行子公司花旗銀行，極為依賴沒有聯邦存款保險的五千億美元外國存款，也極為依賴批發市場短期資金融資，然而，這兩種資金都有可能遭到擠兌。而花旗銀行追求美聯銀行，背後的主要原因，是希望得到更多有聯邦存款保險的美國境內存款。花旗比較不穩定的短期資金，正在以我們見過很多次的型態，開始撤退。

十一月二十日星期四，我在聯準會我的專屬餐廳裡，款待聯準會理事吃一年一度的感恩節午餐。當時的氣氛很愉快。但是跟花旗銀行有關的電話那天早上開始進來，而且持續整個周末，謠言傳出花旗正在替自己找買主，只是當時還不清楚什麼機構可以進行規模這麼龐大的併購。

到了星期五，總統當選人歐巴馬宣布有意提名蓋特納出任財政部長，使事態變得更為複雜。蓋特納原本不屬於歐巴馬的核心圈子，但是在選戰期間，歐巴馬曾經以總統候選人的身分，要求蓋特納針對這場危機做簡報，蓋特納顯然讓他印象深刻。消息宣布後，蓋特納立刻自請卸下紐約聯邦準備銀行對抗危機的責任，也卸下貨幣政策的決策責任。但是他仍然以總統當選人顧問的新身分，跟我們保持密切聯繫。

這次我們在沒有蓋特納參與的情況下，再度辯論如何穩定處在崩潰邊緣的金融巨擘。十月中我們在華盛頓的七大工業國組織會議中，曾經公開承諾要避免再讓對系統很重要的金融機構倒閉。花旗輕易地符合這種標準，但是貝兒最初說，她認為可以讓花旗倒閉，我認為她這樣說有著挑釁的意思，但是，無論如何，她最後還是參加了我們防止花旗控股公司倒閉的行動，我的確同意貝兒所說，花旗是從自己錯誤決策所產生的後果中獲得拯救。但是就像我們怎麼說也不嫌多一樣，我們這樣做不是為了花旗、花旗經理人、債權人或華爾街上的任何人，而是為了整體經濟與金融穩定。

就像過去一樣，我們發現自己處在「必須在亞洲開盤前處理好」的模式中，不可避免地要開很多次視訊會議、做很多試算表；在可能的解決方案提出來又遭到否決時，我們的情緒不可避免地會出現集體波動。問題資產救助方案的存在多少減輕了一些壓力。另一方面，我們不但要跟花旗談判，也要跟財政部和聯邦存款保險公司談判，談出每個機構在這場拯救行動中應該擔負多少責任。三個機構的領導人和幕僚都覺得，自己在政治上、金融上、而且經常在身體上，都有孤注一擲、承受壓力的感覺。花旗對我們要求他們提供資訊的反應慢得令人生氣，對事情也沒有幫助，反而進一步降低我們對花旗經營階層的信心。貝兒在某一個時候，寫電子郵件給我，說：「拿不到我們需要的資訊，這個地方亂成一團，如果花旗連自己的資產都找不到，我們怎麼能夠擔保任何事？」雖然有這些壓力，但是涉及的利益太大，使我們始終保持努力不懈，我敢說，包括貝兒在內，每一個參與談判的人都知道，到最後，讓花旗倒閉不是選項。我們全都必須讓步，以便找到可行的解決之道。

我們在十一月二十三日星期天深夜，宣布穩定花旗集團的方案，內容包括，以問題資產救助方案的二百億美元資本，換取花旗公司的特別股，這種特別股要配發政府8％的股息，而不是財政部資本收購計畫規定的5％股息。此外，我們同意針對花旗三千零六十億美元的問題資產組合，提供一種名叫「護欄式」（ring fence）的備援保證，這些問題資產包括住宅與商業不動產房貸抵押擔保證券。花旗要承擔這個資產組合中最初的三百七十億美元虧損，包括現有已經提撥、用來對抗這種虧損的八十億美元準備金。政府要承擔任何額外損失的90％，其中財政部要透過問題資產救助方案，承擔政府應承擔損失中最初的五十億美元，聯邦存款保險公司承擔接下來的一百億美元損失。財政部和聯邦存款保險公司提供這種保證後，會換到花旗的特別股。在極不可能的情況下，也就是在虧損極為嚴重，以至於花旗、財政部和聯邦存款保險公司承諾的保證虧損一空時，聯準會就得提供等於剩餘資產90%的備援貸款，而這份貸款將以花旗所有的資產作為擔保品。交易還有一個規定，就是花旗同意幾乎取消所有的股息，採納貝兒和聯邦存款保險公司主張的房貸修改程序，以便減少不必要的查封。聯邦存款保險公司要參與這種安排，必須再度動用系統性風險除外條款，以便以最低的成本進行干預。市場至少在一開始對這種安排表示歡迎，花旗的股價飛漲將近60%。

我們為什麼要為花旗的資產提供護欄式的保證，而不只是為花旗挹注更多的資本？護欄式的保證是花旗意圖併購美聯銀行時，由聯邦存款保險公司想出來的方法，目的是要保護花旗銀行，避免碰到最糟糕的狀況，消除花旗可能承受極端虧損之類相當微小的風險、安定投資人信心，同時日漸減少的問題資產救助方案也只需提供數目相對不大的資金。

問題資產救助方案第一筆三千五百億美元的撥款中，鮑爾森已經提撥二千五百億美元，作為資本收購計畫的資金，提撥四百億美元救助美國國際集團，現在又提撥二百億美元，作為花旗集團的新資本。在他面臨屋主和汽車公司要求協助的情況下，保留一部分資金，作為急難救助之用，當然很重要。要解決這個問題，最好的方法是要求國會，釋出問題資產救助方案中的第二筆三千五百億美元資金，但是小布希政府擔心政治狀況，也擔心國會會不會配合，因此還沒提出請求。

十一月二十五日星期二，花旗事件解決後，聯準會發布聲明，預示我們對這場危機的下一步反應。我們說，我們計畫購買五千億美元由房利美、房地美和政府國民抵押貸款協會〔吉利美（Government National Mortgage Association, Ginnie Mae）〕保證的房貸抵押擔保證券（吉利美跟兩房不同，是由政府全資擁有的公司，兩房在財政部接管前，是由民間股東擁有的公司）。我們也宣布，要購買一千億美元由兩房和政府所支持其他企業發行的債券，融通他們持有這種投資組合所需的資金。我們這樣做是出於對房地產市場的憂慮。市場的不確定性已經迫使買主退出房貸抵押擔保證券市場，投資人不知道政府會支持兩房多久，也不知道房市的情況會變得多糟糕。此外，某些金融機構短缺流動資產和資本，積極地在市場上拋售房貸抵押擔保證券，推升房貸利率。我們的購買計畫應該會提高房貸抵押擔保證券的需求，同時表示政府對這些公司的承諾。雖然我們在一月前，不可能實際購買任何房貸抵押擔保證券，但是，宣布本身對投資人的信心，應該具有強大的影響。新聞稿發布後幾分鐘，兩房發行的房貸證券殖利率和國庫券的殖利率利差下跌〇．六五個百分點，算是很大的波動。十一月底到十二月底之間，三十年期房貸利率從大約6％，降為大約5％。

在房貸市場惡化後，我希望盡快宣布購買房貸抵押擔保證券的計畫。我們討論自己需要採取什麼行動，才能授權實施這種方案。聯邦公開市場操作委員會已經有一項指令，容許紐約聯邦準備銀行，在符合聯邦公開市場操作委員會的貨幣政策決定下，購買房利美、房地美或吉利美保證的房貸抵押擔保證券。聯準會貨幣事務局局長梅迪根認為，只要我們採取其他行動，把聯邦資金利率維持在目標水準，就不需要聯邦公開市場操作委員會的進一步批准。聯準會的法律顧問艾法雷斯說服我們，就算光是為了維持跟聯邦公開市場操作委員會的良好關係，推動這種規模和這麼重要的方案，無論如何都應該先獲得聯邦公開市場操作委員會的批准，我沒有忘記聯邦準備銀行總裁曾經抱怨過，雙方的溝通不夠。

我們在視訊會議中，對聯邦公開市場操作委員會簡報這個提案與其意義。會議結束後，柯恩和我努力打電話，看看委員是否支持這個計畫，是否同意我們在下次會議前宣布這個計畫。在我們得到了委員的支持後，就宣布購買房貸抵押擔保證券的計畫。委員會在十二月的會議中，正式批准這個方案，實際的購買大約從一個月後開始。

雖然柯恩和我在宣布前打了很多電話，好幾位聯邦準備銀行總裁還是不高興，他們認為，因為這個決定意義重大，我不應該在聯邦公開市場操作委員會投票前，宣布這個方案。我思考之後，認為我這樣做是出於迅速行動的必要性，但是他們的話確實有理。因此，我在二〇〇九年一月的聯邦公開市場操作委員會上，承認我在僅得到非正式批准的情況下，就宣布這個方案，的確是錯誤的做法，我承諾將來會遵循更慎重的程序。我們同意購買資產應該像改變短期利率一樣，受到聯邦公開市場操作委員會相同程度的監督。

當美國銀行執行長肯恩・路易斯在九月婉拒購買雷曼兄弟時，他讓我們至少還有一線希望，那就是他同意併購可能是下一個倒下的骨牌美林公司。路易斯在沒有政府協助的情況下，跟美林公司的執行長譚恩完成這筆交易。十一月二十六日，聯準會理事會批准這項合併案，兩家公司的股東則是在十二月五日批准。

鮑爾森和我很高興美林公司看來似乎穩定下來了，因此當我們在十二月中聽說這筆交易可能撤銷時深感震驚。路易斯要求跟我們開會，我們在十二月十七日，第一次聽說美國銀行考慮放棄。路易斯告訴我們，美國銀行最近才判定，美林公司第四季的虧損可能遠比預期大（美林最後宣布虧損一百五十三億美元）。路易斯說，他考慮動用合約中一條名叫重大不利變化的條款，這項條款容許美國銀行事後如果發現美林的狀況遠比簽約時差很多，可以取消合約。

路易斯帶來的消息意味著，我們在控制危機的戰鬥中，可能面臨另一次重大打擊。如果併購案沒有完成，美林公司一定會立刻面臨金主、顧客和其他交易對手的擠兌，這種擠兌也會很輕易地波及美國銀行。就像我們才看到的例子一樣，花旗集團之所以碰到資金壓力，原因之一是併購美聯銀行的行動失敗。我也很篤定地認為，如果路易斯放棄這筆交易，更大範圍的恐慌應該會升高，這種情形對美國銀行不是好事。我不知道他究竟在想什麼。

我跟艾法雷斯和聯準會銀行監理官員商量後，更相信路易斯動用重大不利變化條款的計畫沒有道理。從商業和法律觀點來看，動用這項條款的理由似乎特別薄弱，美國銀行在股東投票前，有很多機會分析美林公司的資產（可沒有人宣稱美林誤報自己的資產），而且重大不利變化條款的動用，明確規定不得以市況變化為理由。如果路易斯試圖動用這項條款，他或許會引來一場最後可能輸掉的漫長法律訴訟。在訴訟期間，兩家公司無疑都會遭受沉重的市場壓力，到最後，美國銀行可能被迫併購大為弱化、甚至已經破產的美林公司。

雖然聯準會負責監理美國銀行的控股公司，卻無權強迫他們完成併購案。當路易斯要求我發信給美國銀行控股公司董事會，指示他們完成併購案時，我拒絕他的請求。在法律上，這項決定必須由美國銀行自己做成。另外，在路易斯對股東揭露美林的虧損、併購計畫或跟政府的談判等問題上，我們也很謹慎小心地，不對他提供任何建議。不過，我和鮑爾森倒是清楚地表明了一個重點，那就是我們認為動用重大不利變化條款對美國銀行和整個金融體系，都是很糟糕的主意。我們也把自己在公開場合說過的話告訴他，說我們會採取必要行動，防止再發生對金融體系很重要的金融機構倒閉的狀況。路易斯在這種整體保證下，說服董事會，在元旦當天完成併購案。

路易斯造訪華府後的一個月裡，我們努力判定這家合併公司需要什麼條件，才能繼續生存。我猜路易斯威脅要動用重大不利變化條款時，目的之一很可能是希望得到政府的協助，此外，美林公司的虧損的確很大，路易斯有理由擔心公司合併後的穩定，尤其是因為美國銀行自己也有重大虧損。我們曾經援助過美國國際集團和花旗集團，投資人接下來應該會刺探美國銀行的弱點，我們希望在擠兌迫使做出反應前，先採取行動。

在華許和很多監理官員與法律幕僚——包括美國銀行的頂頭監理機構里奇蒙聯邦準備銀行幕僚——的建議下，我們和財政部比照花旗控股公司的交易案，提出一項方案，鮑爾森從問題資產救助方案中，增撥二百億美元的資本，挹注這家併購公司，美國銀行必須跟花旗和美國國際集團一樣，配發8%的股利。財政部、聯準會和聯邦存款保險公司像在花旗集團的案子中一樣，動用系統性風險除外條款，我們為大部分由美林公司所有財產構成的一千一百八十億美元投資組合，提供護欄式的保證，美國銀行像花旗集團一樣，必須負責最初一百億美元的虧損，也要為超出一百億美元後的虧損負責10%。財政部要為後續最高七十五億美元的虧損負責，聯邦存款保險公司接下其後二十五億美元虧損的責任。聯準會承諾，在所有其他資金用光後，聯準會會貸放等同於任何剩餘資產價值90%的貸款，美國銀行為了得到這種保障，在護欄式保證開始實施時，要交給政府四十億美元的特別股。我們在二〇〇九年一月十六日宣布這項方案，華許發了一封電子郵件給我，他在信件的最後寫了一句：「總統先生，就職日快樂！」新上任的政府會面臨很多問題，但是看來美國銀行不會是其中的一個問題。

花旗和美國銀行的護欄式保證安定了市場，卻根本沒有耗用財政部、聯邦存款保險公司或聯準會半毛錢。事實上，到了五月，美國銀行要求政府，不要實施護欄式協議，美國銀行說，該行預期虧損不會超過該行必須負責的一百億美元。我們准許美國銀行取消這項協定，但是美國銀行必須同意支付政府四億二千五百萬美元的終止費，補償政府在宣布這項協議後，為美國銀行承擔的部分風險。

然而，爭議會繼續困擾美國銀行這個案子。美國銀行的股東批評路易斯，沒有提早揭露美林公司的虧損。有人則是指稱鮑爾森和我強迫美國銀行完成這項交易，指責我們濫權。眾議院政府改革暨監督委員會主席紐約州民主黨議員艾多福斯・唐斯（Edolphus Towns）和加州資深共和黨議員達瑞爾・艾沙（Darrell Issa），在六月二十五日的一場詐欺聽證會上，宣傳這項爭議。德州民主黨眾議員丹尼斯・庫辛尼奇（Dennis Kucinich）在聽證會前不久的會議上告訴我，他們「無法確定我違反任何證券法令」，但是我應該預期這場聽證會很難熬。鮑爾森和我在這場聽證會中，像參與刑事審判庭作證一樣宣誓，我解釋說，我們設法說服路易斯完成這筆交易，但是決定權仍然在他與銀行的董事會手上，向股東揭露美林公司虧損的責任也是這樣。聽證會經過三小時的誇大言詞和影射之後結束，委員會的指控沒有產生任何影響，委員會也沒有繼續追究這件事。然而，二〇一二年九月，美國銀行同意支付將近二十五億美元，針對併購案過程中對未能向股東充分揭露美林的財務狀況，讓股東產生誤會，進而造成股東的財務損失，與股東達成和解。

二〇〇八年十二月，底特律三大汽車公司高階經理人和代表他們的其他人，向國會求援。聯準會也接到汽車業高級經理人的電話，他們顯然非常擔心自己的公司在未來幾個月內，是否能夠繼續生存。這些公司會受苦受難，是因為受到經濟衰退和自身差勁的策略性選擇（包括了未能因應前幾年的高油價、調整他們的汽車與卡車的生產）雙重影響的結果，但是他們也正經歷某種營運減緩的困境。供應商和其他債權人因為擔心不只一家汽車公司會倒閉，要求他們事先給付現金。國會已經考慮過協助汽車產業的各種方法，但是還沒有找到解決之道。

國會最初的營救行動失敗後，參議院多數黨領袖雷德、眾議院議長裴洛西、參議員達德和其他國會議員要求聯準會，對汽車公司貸款。我們實在極為不情願這樣做，我們認為，我們應該配合聯準會的原始目標，把精神放在處理金融恐慌上，我們根本不是適當的機構，無法監督龐大的製造業重整，我們在這個領域中幾乎毫無專業技能可以利用，而且汽車工業遭到的威脅，跟需要迅速反應的金融緊急事件不同，威脅發展的速度很慢，因此國會有時間討論出解決的方法，如果國會決定不採取行動，聯準會卻推翻了國會的決定，似乎不合法。

幸運的是，這個問題變成了假設事件，因為鮑爾森和小布希總統同意動用問題資產救助方案的資金，援助通用與克萊斯勒兩家汽車公司和他們的金融部門（福特汽車公司決定不參加）。十二月十九日，小布希總統在白宮羅斯福廳宣布這項投資，歐巴馬政府則會延續這個政策。承諾金援汽車公司無疑表示，需要問題資產救助方案中的第二筆三千五百億美元資金。一月十二日，我們宣布援助美國銀行方案前四天，小布希總統要求國會撥出第二筆資金，此舉讓即將上任的總統不必承擔這種在政治上令人討厭的責任，而國會也沒有阻止這項要求。

十二月十六日的聯邦公開市場操作委員會的會議很重要，因此我把會期延長為兩天，提早從十二月十五日星期一開始。十一月的失業率已經升到6.7％，就業人數減少五十萬人以上，減幅驚人。而且看來我們可能正向深淵中猛衝。十二月一日，國家經濟研究局正式證實：美國經濟已經從一年前開始陷入衰退，這項消息導致道瓊指數暴跌六百八十點，聯準會經濟學家預測，第四季和二〇〇九年第一季，美國經濟會快速萎縮，到二〇〇九年三月，失業率則會推升到7.75％，到二〇〇九年底，失業率會再往上推升到8％以上。事後證明，即使是這麼可怕的預測，跟事實相比，都還顯得相當樂觀。

我們準備把現在是1％的聯邦資金利率進一步下降。二〇〇三年時，我們不願意把利率降到低於這種水準太多，原因之一是擔心在這麼低的利率下，貨幣市場基金和其他機構無法正常運作。然而，在這次會議上，我們最後為聯邦資金利率目標，訂出0到0.25%的範圍。對某些鷹派人士來說，這是艱難的決定，因為他們從這場危機開始以來，一直都抗拒降低利率，因此我們的討論拖了很長的時間。普羅瑟指出，他「有點不甘願地」投贊成票。費雪起初投的是反對票，但是他在午餐休息時間裡，離投票正式宣布前幾分鐘告訴我，他希望改變投票，委員會議重新開始時，我宣布他改變投票，說明費雪改變態度，原因是「為了維持統一陣線」。

這是歷史性的決定，表示聯邦公開市場操作委員會接受經濟狀況需要接近零的資金利率。就這點而言，美國已經變成多年來一直維持短期利率接近零的日本。

既然聯邦資金利率基本上已經等於零，我們要放寬貨幣政策時，再也不能光靠降低聯邦資金利率水準了，我們必須找出其他方法。我們在十二月的會議中，花很多時間討論可能的選項，我們的辯論反映葛林斯班當主席最後幾年時的狀況，當時資金利率已經降為1%，而且同樣憂心通貨緊縮的問題。這次討論也反映我在二〇〇二年「直升機班」演說中，談到的通貨緊縮和非傳統貨幣工具的主題。雖然隔夜拆款利率基本上等於零，長期利率卻比較高，如果我們能夠壓低長期利率，就可以刺激住宅、汽車與資本投資的需求。支出增加接著應該會使更多人找到工作，從而有助於對抗通貨緊縮。

我們把重點放在兩種工具上，第一種工具是大規模購買資產（LSAP），這樣做可能意味著購買價值數千億美元的證券，放在我們的資產負債表上。我們已經從事這項業務，因為三周前，聯邦公開市場操作委員會宣布，已經正式批准我們以六千億美元，購買政府贊助機構發行的房貸抵押擔保證券和債券。除了購買這些證券之外，我們也可以加強購買國庫券，我們原本已經定期買賣小額的國庫券，作為正常貨幣政策操作的一環。幾周前，我在德州奧斯汀演講時，談到有系統地購買大量國庫券的可能性，而且我們在十二月份的聯邦公開市場操作委員會的會議聲明中，表示我們要評估這種可能性，對市場來說，這是相當強烈的暗示。我們購買國庫公債之類比較長期證券的目的，應該是要壓低這些證券的利率，從而對其他比較長期的利率施加降息壓力，對經濟提供額外的刺激。

我們討論的第二個工具是溝通策略，也叫「開口操作」。我們在短期利率基本上等於零的時候，比較有希望說服大眾和市場，我們會長期保持低落的利率，這樣應該有助於壓低比較長期的利率，因為對未來短期利率的期望，會影響投資人決定哪樣的長期證券殖利率是他們願意接受的。我們也再度談到明確的通貨膨脹目標數字，這件事是我二〇〇二年進入聯準會後，就一直主張的事情。在目前的情況下——在經濟衰退期間，通貨膨脹可能降到非常低的水準——訂定明確的目標，有助於說服市場，相信我們在通貨膨脹回到我們的目標水準前，應該會繼續維持寬鬆的政策。不過我們知道，訂定目標數字在經濟和政治上，都是重大的行動，因此我們只同意要進行進一步的討論。我們為了這次會議的聲明，採用具有描述性質的語言，我們仿效葛林斯班時代常用的「相當長的一段時期」和「可能考慮評估」之類的用語，說我們預期疲弱的經濟狀況，應該可能確保聯邦資金利率「在一段時間內」，維持在極低的水準上。

即將上任的政府宣布有意提名蓋特納擔任財政部長後，蓋特納就自請卸除職責，不參加聯邦公開市場操作委員會的會議，我們依照對待離職聯邦公開市場操作委員會委員的習慣，在委員會議後的晚宴中，嘲笑和恭維他。我一開始嘲笑他列入《紐約每日新聞》（New York Daily News）名叫「歐巴馬內閣性感寶貝」報導的名單中，但是我的結論是感謝他過去一年半以來的努力。我說：「你正是任何人都希望在金融危機散兵坑中、陪伴在身旁的人。」雷克與蓋特納是在智識上旗鼓相當的好夥伴，他代表所有聯邦準備銀行總裁，取笑他顯然隨時樂於為任何人紓困；蓋特納則是用同樣的方式回應他，他說雷克經常說紓困案本身是市場亂象的起因，而蓋特納替這種說法取了個名字──「消防員引發火勢」理論。這是讓人最愉快的說法，這次的聚會幾乎洋溢著愉快的氣氛，只是難免略微沾染了委員會在艱困時期的少許潛在緊張情緒。

蓋特納離職對聯準會是一大損失，我會懷念他在我們深入商議時，他說出的不雅語彙所蘊含的強度，也會懷念他所說：「計畫勝過沒有計畫」、「在跑道上噴灑消防泡沫」、「舊約式的思考方式」之類的獨特警語。不過我很高興自己會在新政府中，得到一位能幹的夥伴。總統當選人歐巴馬選擇蓋特納時，顯示他不惜承擔一些政治上的炮火，也要得到他想要的顧問。蓋特納曾經耐心地對歐巴馬解釋過，為什麼找他當財政部長會是個差勁的選擇，最重要的原因是，他背著制定不受歡迎紓困案罵名的包袱，他建議歐巴馬找他的良師益友桑莫斯當財政部長，但是歐巴馬已經下定決心，強烈要求蓋特納接受新職，蓋特納最後終於接受。

內人安娜和我都認識蓋特納溫柔、腳踏實地的太太卡羅爾。卡羅爾是社工人員，寫過一本青少年小說。卡羅爾對蓋特納獲得任命的反應，大概跟安娜得知我獲得聯準會主席任命的反應一樣──因為知道這種工作可能對先生和家人帶來的壓力，因而感到不快樂。卡羅爾像安娜一樣，對於想像中身為國家級決策官員配偶的虛榮毫無興趣。這時我已經很了解卡羅爾和安娜的憂慮。蓋特納的任命宣布時，股市暴漲，我開玩笑地為這場「蓋特納反彈」恭喜他，他和我都知道市場（和媒體）的判斷多麼容易變化。

蓋特納很快就會開始碰到麻煩，他在國際貨幣基金任職時，在計算稅額方面的一些錯誤，變成他的批准任命聽證會上的重點問題。雖然除了這個問題之外，還有其他麻煩，但是蓋特納在面對逆境時，都能夠保持冷靜，他在政府任職期間培養出一項重大優勢，就是不管碰到什麼障礙，他都能夠把重點放在做出正確的政策上。他能夠吸引精明、全心奉獻的人才，他強調團隊合作，他僱用幕僚的標準是「不自私、不炫耀、不哭哭啼啼」。我也欣賞他對華府泛泛空談和政治化妝術耐心有限的態度，不過我知道，對財政部長這種比較政治化的角色而言，他的風格可能偶爾會對工作的效率有所危害。我對歐巴馬所任命負責經濟政策的其他人選也很滿意。我認識桑莫斯已經有幾十年，我自己是在唸大學時，跌跌撞撞地闖進經濟學的領域，桑莫斯卻似乎是從小就受到栽培，要變成這個領域中的明星。他父母都是經濟學家，兩位舅舅——肯尼斯．艾羅（Kenneth Arrow）和山繆森——都得過諾貝爾經濟學獎。桑莫斯出任國家經濟會議主席後，似乎可能監督和辯護自己的觀點，而不是像小布希總統時代的艾爾．哈伯德一樣，高明地扮演政策的交通警察。但是桑莫斯的分析技巧、尤其是他看出論證中弱點的能力，應該會驅策身邊的每一個人追求卓越，產生更好的政策。

就我原來的總統經濟顧問委員會主席舊職，歐巴馬提名了我在普林斯頓的舊同事克莉絲蒂．羅莫（Christina Romer），她也是我在紐澤西州洛克希爾的鄰居。羅莫目前在柏克萊加州大學任教，是才氣縱橫的經濟史學家，她跟我一樣，曾經發表跟大蕭條有關的論文，深知合乎正統的被動決策造成大蕭條嚴重惡化，而且她像我一樣，比較贊成在金融與經濟穩定遭到可怕威脅時，要採取積極主動、不墨守成規的政策。

總統當選人歐巴馬也任命丹尼爾．塔魯洛（Daniel Tarullo）洛出任聯準會的新理事。塔魯洛要接任蘭迪的位置，這樣會迫使沒有贏得參議院批准第二任任期的蘭迪，要在二〇〇九年一月份離職。塔魯洛是喬治城大學法學教授，專精金融監理，曾經在柯林頓政府中，擔任過多種職位，目前領導接收小組的經濟事務工作小組，我從來沒有跟他共事過，於是我邀他來見面，他對聯準會的認識以及對我們工作的興趣，讓我驚嘆不已。我認為他在蘭迪離職後，應該自然而然地接下銀行監理委員會的工作，我比較不確定的是，出身律師的塔魯洛在一群經濟學家當中，要怎麼融入聯邦公開市場操作委員會，但是他後來不只是堅持自己在貨幣政策辯論上的立場，他還針對勞動市場的問題有特別深入的研究。一月二十七日，參議院以九十六票贊成、只有邦寧參議員投下一票反對票的情況下，通過他的任命後，聯準會理事會變成由杜克、華許、塔魯洛、柯恩和我組成，還有兩席理事有待補全（在蘭迪離開和塔魯洛宣誓就職之間的一星期裡，聯準會理事會變成有史以來第一次只有四位理事在任）。

政府改朝換代之際，當然會有很多送舊迎新的場合。我在一月五日星期一，在聯準會舉辦了一場小小的晚宴，向鮑爾森致敬。魯賓和桑莫斯兩位前財政部長、即將就任的新財政部長蓋特納、聯準會兩位前任主席伏克爾和葛林斯班以及聯準會副主席柯恩都參加。鮑爾森一副若有所思的樣子。在他任期內，發生了很多事情，他似乎很高興一切都要結束了。他跟即將上任的政府密切合作，而且相信他已經把繼續對抗危機的武器，交給蓋特納和他的同事——尤其是問題資產救助方案釋出的第二筆資金。

他回到芝加哥附近的老家後，就能自由地追逐自己的熱情——中國和環境保護。他會在芝加哥大學裡設立一個機構，致力推動美國與中國之間建立商業與文化關係。他會繼續經常到中國訪問，還會出版一本跟中國經濟機會有關的書籍。在生態方面，鮑爾森和太太溫蒂會繼續從事他們的嗜好（兩人都是熱心的賞鳥人士）、同時推動他們的慈善工作，資助保護喬治亞州外海小聖塞蒙斯島的基金會。

二〇〇九年一月二十日，安娜和我參加在國會大廈階梯上舉行的新總統就職典禮。我們兩人都是第一次參加總統就職典禮，我的安全人員護送我們穿過一排、一排的警官，走進國會大廈裡一間華麗的小房間，跟聯邦調查局長羅伯·穆勒（Robert Mueller）夫婦一起等待，然後坐在議長主席台後面的座位上。我們放眼望去，前面的國家廣場上站滿無數群眾，我們在攝氏零下二度的凜冽狂風中發抖，就職典禮終於開始。艾瑞莎·弗蘭克林（Aretha Franklin）高歌《我的國家屬於你》（My Country, 'Tis of Thee）；首席大法官約翰·羅伯茲（John Roberts）主持就職宣誓儀式，新總統開始發表他的首次就職演說。

雖然國家面臨經濟災難，總統在競選時主打的政見是希望，現在他再度發揮這個主題，他說：「我們依舊是地球上最繁榮、最強大的國家，我們勞工的生產力並沒有比危機開始前差。我們頭腦的發明能力沒有減弱，我們的商品與服務需求不比上星期、上個月或去年少，我們的能力沒有減少……從今天開始，我們必須重新振作、重新出發，重新開始再造美國的工程。」

安娜和我坐在講台上，聽著這些話，我希望這次就職典禮代表我們重新凝聚集體力量和決心、恢復美國和世界繁榮的契機。

第十八章 從金融危機到經濟危機
From Financial Crisis to Economic Crisis

在二〇〇八年狂亂的秋季裡，聯邦準備體系從幕僚到領袖的勇氣與能力都備受考驗。隨著壓力升高，壞消息似乎永遠沒有結束的時候，我在每個人臉上看到精疲力盡的表情。高級幕僚幾乎一周七天、一天二十四小時待命，所有階層的員工都準備盡量加班。梅迪根白天晚上隨時都在辦公室裡，臉色變得極為蒼白，同事都擔心他的健康。家庭和個人生活退居次要地位。某一個周末，蜜雪兒六歲的兒子亨利把她響個不停的黑莓機藏起來，她找到黑莓機後，她兒子十分垂頭喪氣。但是我們的士氣始終很高昂，大家知道，自己在做重要的工作，而且以自己的專業技能為榮。我們盡可能召開自然流暢、解決問題、發揮開創性思考的會議。這些會議產生了一些最好的構想，即使這些構想行不通，也能夠讓我們專心一志。一群經濟學家驕傲地自稱「九大笨蛋」，在某一次冗長的腦力激盪會議後，我在大家撰寫備忘錄、分配研究題目時，開玩笑說：「九大笨蛋怎麼每次都會聚在一起工作？」但是我擔心我們能夠維持這種努力多久。

雖然我內心翻騰不已，事實上，我卻設法表現出鎮定與慎重的樣子（蓋特納曾經說我是「中央銀行的佛陀」，我把他的話當成恭維，但是你永遠不能很確定蓋特納怎麼想。）就像我告訴經常替我傳達意思的蜜雪兒一樣，金融恐慌有很大一部分是心理因素。投射鎮定、理性和安心的態度，這場戰爭就打贏了一半，如果太關切其中涉及的重大利益，會讓人難以忍受，甚至陷入癱瘓，因此我盡量把重點放在手邊的工作上——準備演講稿或規劃會議。

安娜把我們的家庭生活變成像綠洲一樣舒適，她會強迫我照顧自己，找時間休假。我在她的建議下，跟醫生商量後，把食物中的麩質蛋白完全拿掉，危機初期困擾我的消化問題因此減輕。安娜根本不是熱情的棒球迷，卻總是願意陪我去看國民隊的比賽。我為了報答她，陪她到甘迺迪中心看舞蹈表演。她會做一些小事，例如購買芳香劑，讓我們的房子散發迷迭香、薰衣草和其他香味（如果她不特別強調，我通常不會注意到。）而且她總是幫助我保持生活的平衡，吃晚飯時，我會告訴她，聯準會採取了什麼耗資幾百億美元的行動，她會說：「很好」，然後提醒我把垃圾和回收資源拿出去。到了周末，我們也會去採購食品雜貨，我們試圖保持低調，卻不很成功，因為我們的安全人員跟在我們後面。

我們有兩隻狗，一隻叫做斯坎波（Scamper），是古老米格魯巴吉度獵犬，另一隻叫做丁客（Tinker），是無法判定狗種的友善小狗，兩隻狗讓我們多少能夠分散注意力。早上牠們會送我到門口，然後回到客廳窗戶旁邊俯瞰院子的寶座上。危機期間，我不只一次希望自己能夠翹班，整天跟兩隻狗坐在一起。

二〇〇八年時，安娜實現了多年來的夢想，在華府為市區的小孩，開創了一種名叫機會學院的教育課程。隨後的幾年裡，參加課程的小孩增加後，她增聘兼職教師，父母親也會自願奉獻時間，取代少少的學費。我們自己負擔大部分的費用，偶爾會得到朋友和基金會的幫助。安娜每星期在這個計畫上耗用六十個小時以上，沒有支領薪酬，還深深愛上她所做的事情，我回家時，聽她談起白天的經驗時，總是很欣慰。我相信聯準會正在幫忙大家，但是安娜可以從學生的進步和快樂中，更具體、更直接地看出自己努力的成果。

新總統宣誓就職的確代表對抗危機之戰的新階段。他的團隊帶來不同的構想，但是比較大的轉變是危機的性質已經改變，變得比較不像金融危機、反而比較像是經濟危機。歐巴馬總統配合這種情勢，把第一項重大政策行動目標，放在阻止已經超過一年的可怕經濟緊縮。就像新舊凱因斯學派預測的一樣，包括消費者支出、家庭採購、資本投資在內的民間需求崩潰，已經造成生產與就業搖搖欲墜。就像凱因斯在一九三〇年代第一次說的一樣，經濟衰退時，公共支出可以暫時取代民間支出。在經濟仍然直線下墜、短期利率已經接近零的情況下，經濟的確需要財政協助，包括增加政府支出、以及可以促進民間支出的減稅，或是兩者並行。去年秋季，我已經這樣說過，當時《華爾街日報》的社論認為，我的說法等同於支持歐巴馬競選總統。我不是為特定候選人背書，而是支持某一種方案，就像我支持小布希總統二〇〇八年初通過（以減稅方式推動）的財政刺激方案一樣。

歐巴馬就職不到一個月，就在二月十七日，簽署一項重要的財政方案——二〇〇九年美國復甦與再投資法案（American Recovery and Reinvestment Act of 2009）。這項法案牽涉到的金額達七千八百七十億美元，其中包括二千八百八十億美元的減稅，目的是為了刺激消費與投資——其中最值得注意的是暫時減少社會安全薪資稅，另外，對州與地方政府補助一千四百四十億美元，主要是用來支持地方政府的教育與醫療補助計畫（政府提供貧民健保服務的主要計畫）。剩下的三千五百五十億美元分散在很多種聯邦支出計畫中，包括四百億美元的擴大失業救濟，以及一千零五十億美元的基礎建設投資。

我敢說，經濟復甦法案確實有助於創造就業，減緩經濟萎縮的速度——我們的幕僚和不分黨派的國會預算局都認同這種結論。然而，復甦應該是緩慢而漫長的過程。事後回想，有些經濟學家說（包括歐巴馬的總統經濟顧問委員會主席羅莫），這個刺激方案規模太小，聯準會若干財政專家當時也表示過這種憂慮。隨後的幾年裡，我從純經濟的觀點來看，同意這個方案很可能實在太小。

我知道，我說七千八百七十億美元的方案規模太小，是很難想像的事情，但是這種規模的大小，必須跟這個法案的目標協助阻止規模十五兆美元的美國經濟、陷入七十年來最嚴重的經濟衰退相比。而且，很多因素減少了這個方案的影響力。第一，這種標題式的數字多少誇大了這個方案的實際規模，例如，法案中的若干醫療補助計畫支出和一些稅務修復，原本就可能會發生。第二點比較重要，就是州與地方政府的削減支出與增稅，抵銷了這個法案的大部分效果。在經濟活動萎縮的情況下，州與地方政府的所得稅、銷售稅、財產稅稅收急劇減少，很多州與地方政府必須依據法律規定，以預算平衡的方式施政，因此他們對於收入喪失的因應之道是裁員（包括裁掉成千上萬個教師、警察和消防員）、提高稅率、取消資本支出計畫。聯邦政府的刺激方案的確對州和地方政府有幫助，卻根本不足以彌補他們所面臨的預算危機。

為這個方案辯護的人認為，這是規模最大、政治上又可行的方案，他們的說法很可能很正確（參議院裡有三位共和黨參議員支持這個法案，眾議院裡沒有一位共和黨眾議員支持）。選民通常支持減稅和增加社會計畫與基礎建設支出的方案，至少在他們直接受惠時是這樣。但是，這個方案產生的驚人預算赤字，以及經濟衰退造成的稅收減少與社會支出（例如失業救濟與食物券支出）自動增加，讓很多美國人憂心忡忡。有些選民喜歡把這種刺激方案，當成是「耶誕樹」方案，是不分青紅皂白、資助國會議員辦理小型工程的方案，這種想法對大局也沒有幫助。如果這個法案的焦點能夠更集中，而且主打強化美國基礎建設與改善美國經濟長期的生產力潛能，或許這個法案會得到更廣泛的支持。但是大家很難知道答案如何。

歐巴馬政府上任前幾星期裡，也把重點放在推出減少房貸查封的計畫上。蓋特納和他的小組在新舊政府交接期間，經過深入的對話和辯論後，決定了一個策略。二月十八日，歐巴馬總統宣布房貸可負擔計畫（Making Homes Affordable program），這個計畫分成兩大部分，第一部分叫做房屋輕鬆再融資方案（Home Affordable Refinance Program），目的在於協助還在繳交房貸的溺水屋主重新融資，換成條件比較好、每個月繳款金額比較低的房貸。這個方案的某些部分，呼應哥倫比亞大學教授克里斯多福・梅爾（Christopher Mayer）和格倫所提的建議案（格倫就是在擔任小布希總統的經濟顧問時，邀我參加聯準會理事面談的人）。溺水屋主繳交的房貸降低後，就比較有機會維持房貸的正常繳納。然而，只有由政府間接控制的兩房所擁有或保證的房貸，才合乎這個方案的申請資格。

第二部分叫做房屋輕鬆貸調整方案（Home Affordable Modification Program），是以已經錯過繳納房貸的屋主為目標。房屋輕鬆貸調整方案跟房屋輕鬆再融資方案不同，是由問題資產救助方案出資，還納入不由兩房所擁有的房貸契約。借款人債務負擔超過每月總所得31%的人，就有資格申請試驗性房貸修正方案，借款人如果能夠在試驗期間，維持房貸繳款，就可以轉換成永久性的修正。民間房貸服務業者每完成一件永久性的修正方案，房屋輕鬆貸修正方案就會付給他們一筆固定的金額。為了鼓勵永續維持的修正，借款人證明自己能夠如期繳納房貸時，服務業者也會收到持續性的給付。

我一直想不通的是，為什麼幫助屋主在政治上不能更得人心。但是美國人顯然對於為鄰居紓困的傾向，不會高於為華爾街紓困的傾向。實際上，有些人認為，有線電視台國家廣播公司商業台記者瑞克．桑德利（Rick Santelli）對屋主紓困案著名的嚴厲批評，引發了茶黨（Tea Party）運動。二〇〇九年二月，桑德利在芝加哥商業交易所（Chicago Mercantile Exchange）交易大廳報導時，轉身面對交易員（用不合文法的句子）大聲叫道：「你們這些人當中，有多少人願意為擁有多餘浴室、卻繳不起房貸的鄰居繳交房貸，舉起你們的手來。」交易大廳異口同聲地響起「不願意！」的答案，桑德利問道：「歐巴馬總統，你有在聽嗎？」

新政府執政的頭幾個月裡，完成穩定金融體系的計畫，仍然是最重要的任務。短期資金市場的狀況已經明顯改善，主要原因是聯準會推動的貸款計畫。但是，雖然問題資產救助方案撥出新的資金，扶持花旗與美國銀行的安排已經付諸實施，市場對銀行的信心仍然搖搖欲墜。一、二月裡，超大型銀行的股價暴跌——花旗和美國銀行大約下跌了80％，其他大銀行的股價大概也都跌了一半以上。大銀行債務違約的保險成本也高得令人擔心，顯示市場參與者認為，再有一家大型金融機構倒閉的可能性相當高。經濟疲弱不振、大家繼續擔心銀行的虧損，很可能是市場憂心忡忡背後的主要原因，但是大家不能確定新政府的計畫，究竟對銀行投資人和債權人有什麼意義，這一點對情勢也沒有幫助。

在過渡期間和就職之後的幾天裡，蓋特納經常召集財政部、聯準會、聯邦存款保險公司和通貨監理局開會，討論我們的選項。監理多家超大型銀行控股公司的紐約聯邦準備銀行，通常以電話的方式，參加這種會議。新政府留用聯邦存款保險公司董事長貝兒和通貨監理局局長杜根；杜德禮離開公開市場交易室主任的職位，取代蓋特納，出任紐約聯邦準備銀行總裁。

一開始，我們和新上任的財政部官員把重點放在支撐銀行體系的策略上，包括進一步挹注資本、購買資產和新型態的保證。到了十二月底，柯恩向我報告紐約聯邦準備銀行的工作時，重點也都放在這些領域中。新總統就職後的隔天，聯準會幕僚則是向我說明了一長串可能的策略選擇。

貝兒和聯邦存款保險公司也擬出一些建議案，包括創立一家「集合銀行」——基本上，這是一家由政府擁有、負責購買或保證銀行問題資產的銀行。貝兒也建議容許銀行在聯邦存款保險公司的保證下，發行所謂的擔保債券。擔保債券在歐洲很常見，在美國卻很罕見，是由銀行發行，由特定高評等資產、通常是由房貸擔保的債券，如果擔保債券背後的貸款違約，銀行必須用另一筆健全的貸款取代，因此，對投資人來說，擔保債券比標準的資產擔保證券安全，因為資產擔保證券的標的資產違約時，可能造成投資人的虧損。

聯準會支持為銀行挹注更多資本，也接受擔保債券的構想。但是我們擔心貝兒集合銀行的計畫，因為她希望用聯邦準備法第十三條第三款的貸款，當作這家銀行的資本。我們當然不能排除這種可能性，但是我們知道對集合銀行貸款的話，會進一步擴大我們的資產負債表（當時約為二・一兆美元，比危機前的水準多出一倍以上），在銀行體系中增加更多的準備金，可能使貨幣政策的執行變得更為複雜。為了解決這個問題，我們問財政部官員，他們是否支持立法，讓我們直接對大眾出售我們的短期債券（我們暫時稱之為聯準會證券）。如果我們像很多國家的中央銀行一樣，發行自己的短期債券，我們應該可以不必創造銀行準備金，就可以融通我們的借貸，這樣可以讓我們更便於控制聯邦資金利率。財政部官員對這個構想存疑，他們懷疑國會不會批准（這點我必須同意），而且他們不願意市場上有一種新型態的政府債券，跟國庫券競爭，以免財政部融通國債的任務變得更麻煩。財政部擔心競爭，這也是他們不信任貝兒發行擔保債券建議的原因，因為這種債券背後有美國政府的「完全保證」（full faith and credit），實際上等於美國政府公債，會與國庫券競逐市場資金。

雖然國會已經撥出第二筆的三千五百億美元資金，但是大家還是擔心銀行虧損可能超過問題資產救助方案的財力，這份憂慮始終出現在大家的討論內容中。因此，從問題資產救助方案資金中得到最大的價值，變得非常重要。就像有關購買資產還是挹注資本的原始辯論一樣，大家似乎比較贊成按需要而定，為銀行挹注更多的資本，而不是像資本收購計畫一樣，以大家普遍受惠的方式進行。

蓋特納的財政部長任命批准後，他變成了撥付問題資產救助方案資金的最後裁決者。他鼓勵有力的跨部會討論和開創性思考，但是最後他拋棄了我們評估過的很多選項，主張一種相當簡單的方案。他建議對最大、對系統最重要的銀行，進行他最初所說「評估練習」，後來叫做「壓力測試」的考驗。這樣應該可以估計這些銀行需要多少資本，才能熬過嚴重性超過目前所經歷的衰退，同時也能面對金融市場的進一步惡化。如果市場分析師認為這種估計可信，壓力測試應該會增加大家對通過測試銀行的信心。沒有通過的銀行可以得到向民間籌資的機會，如果他們無力籌措資金，財政部會用問題資產救助方案的資金，填補其中的缺口。我們希望，不管是用哪一種方式，顧客、交易對手和潛在的投資人應該都要知道，這些銀行可以繼續存活。

除了壓力測試外，蓋特納還建議把聯準會的定期資產擔保證券貸款機制——為了讓資產擔保證券市場解凍而創設的方案——從二千億美元，大幅擴大為一兆美元，並且擴大適用更多類別，例如購買商業設備融通貸款之類的資產。新的金額上限（似乎很難達到）目的是要傳達政府要讓重要的資產擔保證券市場解凍的強烈決心。我們同意只要財政部從問題資產救助方案中提供額外的資本，在聯準會出現虧損時，提供保護，就擴大定期資產擔保證券貸款機制。

蓋特納也希望定期資產擔保證券貸款機制可以納入比較舊的「傳統」資產，例如現有的自有品牌房貸抵押擔保證券，以便提高這種資產的價格和流動性。我們抗拒這種做法，擔心這樣做對我們資產負債表規模的影響，也因為我們希望這個方案把重點放在新信用的擴大上。最後，我們的確採取有限度的例外做法，納入由商業不動產抵押貸款擔保的高評等傳統證券，為了確保這些證券的評價跟上市場行情，我們要求為這些證券重新評等，並且重新包裝在新證券中。我們採取這種例外做法，是因為我們相信，支持既有商業房貸抵押擔保證券市場，應該有助於重振當時已經死氣沉沉的這個市場，協助重新啟動新商用建築營建計畫的信用流動。

此外，蓋特納提議由財政部推動聯準會不用參與的一種新方案，這個方案主要是針對其他傳統資產。根據公私投資方案（Public-Private Investment Program），民間投資人會得到問題資產救助方案的貸款，用來購買現有的資產，例如自有品牌的住宅房貸抵押擔保證券和危機前所創造的結構型信用產品。投資人也會把自己的資金投下去冒險，他們和政府會分享這些資產後來重新出售所得到的利潤。這個方案把決定用什麼價格、購買什麼資產的責任，交給民間投資人，而不是由政府自行承擔，從而避免了由政府決定不良資產價格的問題。投資人具有做出精明選擇的強烈誘因，因為他們自己的報酬由他們所選擇的資產決定，也由他們壓低購買成本的能力決定。雖然說花很長的一段等待時間，財政部終於找到方法實現鮑爾森最初的期盼，那就是動用問題資產救助方案資金購買問題資產，卻不必付出過高的價格。

二月十日，蓋特納在財政部貼了大理石牆壁的現金廳裡，站在一排美國國旗前面，公開介紹壓力測試的構想，也提出擴大定期資產擔保證券貸款機制、創造公私投資方案的建議。這種策略比較像是正在發展的方案，比較不像是規劃完成的計畫，金融市場對缺乏細節的反應很不好，當天道瓊指數暴跌了三百八十二點。我在事前向聯邦公開市場操作委員會委員簡報時，曾經預測市場應該不喜歡這種沒有細節的計畫。但是在市場信心一天比一天降低的情況下，我知道宣布一些東西的急迫性，結果我們沒有花多少時間，就擬出細節。聯準會和其他銀行監理機關在蓋特納演說之後兩周，就發布進行壓力測試的計畫。三月三日，我們提供更多和擴大定期資產擔保證券貸款機制有關的資訊，到了三月底，財政部公布公私投資方案的大綱。

然而，進行壓力測試需要花一些時間，我們等待結果時，大家對銀行體系的懷疑持續不減。另外，還有一個問題（蓋特納和桑莫斯在白宮中激烈辯論的焦點）持續存在，那就是如果壓力測試顯示，資金漏洞比剩餘的問題資產救助方案資金所能填補的還深，我們應該怎麼辦。桑莫斯的態度很悲觀，他認為，如果壓力測試可信的話，那麼它應該會顯示銀行有著壓垮問題資產救助方案的災難性虧損。因此他主張把一些艱困銀行收歸國有，也就是由政府完全接收。這個構想看來沒有六到八個月前那麼奇怪，蓋特納宣布壓力測試後一周，極力主張自由市場的葛林斯班，提到暫時把若干銀行收歸國有的可能性——他說，這可能是百年難得一遇的事情。其他著名的評論家，如《紐約時報》的克魯曼，也同意可能必須這樣做。但是蓋特納希望只要有可能，就要避免國有化，我同意他的看法。二月二十五日，我告訴眾議院金融服務委員會：「我們完全沒有這樣的計畫。」我跟財政部和白宮開會時，也重複我的看法。

我知道國有化在政治上，可能有一些吸引力。因為這種做法看起來比較不像紓困，而且我們可以針對國有化的機構，推動改革，不必應付民間的董事會和股東。但是根據我們最近處理房利美、房地美和美國國際集團半國有化的經驗來看，我相信在實務上，這樣做會變成噩夢。銀行一旦國有化後，可能在很多年裡，都會變成國家病房。政府沒有有效經營銀行的專門技能，民間投資人根本不太可能想在政府控制的銀行裡存款。政治力幾乎一定會介入——例如，國有化的銀行可能受到壓力，對政府偏愛的團體撥發貸款，不管這種團體的信用如何，這樣做可能導致更多的虧損和紓困。

不過，除了國有化之外，是否有其他可行方案，要取決於壓力測試的結果。聯準會身為大型銀行控股公司的監理機構，必須帶頭研究。聯準會監理部門副處長柯里恩．史蒂芬森（Coryann Stefansson）推動了一次全面性的評估。聯準會和其他機構的幕僚從二〇〇九年二月到五月，承擔了額外的工作。超過一百五十位聯準會的金檢人員、分析師和經濟學家，連續十個星期晚上和周末加班，把重點放在十九家資產超過一千億美元的美資超大型銀行控股公司，這些銀行加總起來，大約擁有美國銀行體系三分之二的資產和一半的貸款。

壓力測試不是新構想，多年來，銀行和金檢人員都用這種技巧，分析某種資產組合在不利的情況下，可能會有什麼表現。但是我們比較具有雄心壯志，希望利用相同的標準，同時針對所有大銀行和他們的資產，進行單一的嚴格測試，這樣我們和市場就可以評估每家金融機構的整體健全程度，也可以拿他們互相比較（二〇〇八年十月，大衛．威考克斯和他的幕僚曾經提議針對銀行體系，進行壓力測試，做為我們對鮑爾森所提共同投資計畫中的一環）。我們要求每家銀行根據兩種假設的經濟狀況，估計未來兩年可能的虧損和獲利。其中一種是基本狀況，跟民間部門預測專家的共識相同，另一種是不利的狀況，假設經濟和金融狀況嚴重惡化。我們的金檢官員和經濟學家，深入評論銀行呈報結果的一貫性和合理性，會利用統計和經濟模型分析資料。當我們對估計的營收和虧損覺得滿意後，會計算一家銀行在每一種情境中需要多少資本。

然後我們會像先前跟財政部安排好的那樣，告訴銀行有半年時間募集足夠的資本，這樣他們甚至在不利的情境下，都可以維持生存和繼續正常貸款。如果他們無法在六個月內，從民間市場募集所需要的資金，他們就必須根據財政部規定的條件，接受問題資產救助方案的資金。

我們也決定相當詳細地公布每家銀行壓力測試的結果，包括每家銀行每種資產預期的虧損。各銀行強烈反對，我們一些老資格的金檢官員也覺得不安。釋出這種資訊會違反聯準會歷代金檢官員的做法，也違反所有其他銀行監理機構的做法，背離神聖不可侵犯的「監理祕密」原則。在正常時期，保密會提高銀行跟金檢官員合作的意願，消除他們擔心競爭者會取得他們獨門資訊的疑慮。在二〇〇九年初恐懼與不確定氣氛充斥的情況下，一旦揭露銀行弱點，可能會進一步侵蝕大家的信心，導致新的擠兌和銀行股價進一步劇跌。然而，聯準會理事認為，盡量多釋出資訊，有助於減輕足以癱瘓銀行財務健全程度的不確定性。

我們的測試嚴苛而透明，市場判斷測試結果十分可信——尤其是因為我們報告的虧損預估，比外界很多分析師估計的還嚴重。例如，我們預測，未來兩年內，在假設的不利情境中，銀行貸款應該會出現9%的虧損，高於一九二〇年以來，包括大蕭條時期在內的任何兩年期間的實際虧損。不過，我認為外界之所以信任我們的評估，還有另一個同樣重要的原因：我們可以利用問題資產救助方案的政府資金，協助陷入嚴重困境的任何銀行。有備援資金可以利用，使主管機關掌握了正確的誘因：如果沒有這種資金，別人可能懷疑我們因為擔心引發擠兌，因而輕易放過比較脆弱的銀行。有了這種備援資金，投資人可以看出我們絕對有理由嚴格對待銀行，確保艱困銀行被迫接受他們所需要的所有資本，以便維持穩定。

因為大家發現，接受測試的大多數銀行不是具有適足的資本，就是具有接近合理的適足資本，因此，壓力測試大大提高了大家對銀行體系的信心。壓力測試的結果在五月公布後，民間部門變得願意再度投資美國的銀行。到十一月，接受測試的銀行資本合計增加了七百七十億美元。接受測試的十九家金融機構中，有十家需要更多的資本，但是，只有通用汽車的財務部門通用汽車金融服務公司（GMAC）無法自行募集資本。財政部利用問題資產救助方案的三十八億美元資金，挹注通用承兌公司〔後來改名為艾利金融公司（Ally Financial）〕，這是先前挹注一百二十五億美元資金之後的再度注資，大家的信心恢復後，大型金融機構違約保險的成本急劇下降。

壓力測試是關鍵的轉捩點，從此以後，美國銀行體系會穩定地強化——最後，整體經濟也會跟進。

寫到這裡時，已經是金融危機最嚴重時期結束後六年，政客、新聞記者和學者仍然繼續辯論這場危機的原因和影響。為什麼危機會爆發？什麼原因使危機變得這麼嚴重？政策反應是否正確？如果世界各國政府最後沒有控制住這場危機，會有什麼結果？

未來歲月裡一定會出現新見解，新見解會像一九六〇年代傅利曼和史瓦茲的作品徹底改變我們對大蕭條的了解一樣。然而，我們對抗這場特別複雜的危機時，不能奢望等待學術辯論的開展，我們需要一個前後一貫的架構，指引我們做出回應。

對於學習貨幣與金融史出身的我來說，要了解二〇〇七年到二〇〇九年這場危機，最好的方法是把這場危機當成十九世紀與二十世紀初期古典金融恐慌一脈相承的例子。最近這場在全球金融體系中出現的危機，當然已經變得複雜多了、全面多了，然而，我們的監理體系大多沒有跟上這種變化。這一點使大家更難以從歷史上找出類似狀況，也更難以想出有效的因應之道。但是從歷史的脈絡中了解實際發生的狀況，的確具有無上的價值。

根據歷史上的類似例子，我當時和現在都相信：恐慌跟直接引爆因素（主要是次級房貸的濫用和房價泡沫）一樣嚴重或更嚴重，是這場危機在金融面與經濟面之所以成本驚人的原因。雖然大家經常覺得，我們是用急就章的方式處理危機，但是，事實上，我們（包括財政部和聯邦存款保險公司）的政策，是努力參考對抗金融恐慌的經典對策，最後終於紓解了危機。如果這些對策無法減輕危機，歷史經驗顯示，美國應該會碰到遠比實際重大衰退嚴重多了的經濟崩潰。

美國以前經歷的銀行恐慌細節都大不相同，但是，重大恐慌通常都循著脈絡一貫的事態發展，很多恐慌爆發前，都有過信用熱潮，造成放款人和借款人變得更容易受到金融震撼的侵害，大部分恐慌爆發時，都是從造成存戶擔心自己的銀行是否安全的關鍵事件所引爆，股市投機炒作陰謀失敗，引發一九〇七年的大恐慌就是例子。

恐慌期間，幾家金融機構遭到擠兌的消息會快速傳染開來，傳染可能透過幾個管道擴散。例如，跟一家金融機構有關的利空消息出現後，存戶自然想知道擁有類似資產或事業模式的其他機構，是否也可能有問題。而且金融機構都有著緊密相連的關係，經常透過各種業務關係，互相拆借和交易，因此，就像骨牌倒下一樣，一家機構倒閉可能造成其他機構倒下。

最危險的傳染途徑可能是資產的跳樓大拍賣。面對擠兌的金融機構必須快速取得現金，滿足存戶或其他債權人。如果金融機構借不到需要的現金，就必須出售資產，他們首先拋售政府公債之類容易賣掉的資產，然後會設法出脫難以賣出的資產，例如對個別企業的貸款。如果很多金融機構都同時努力出脫難以賣出的資產，那麼這些資產的市場價格就會暴跌，隨著資產價值下降，金融機構的財務狀況會進一步惡化，導致債權人的恐懼升高，這樣可能引發更全面的擠兌。

沒有現金償還經常債務的公司就是流動性不足。流動性不足的公司不見得沒有償債能力，也就是說，即使這家公司缺乏現金，但公司的資產價值仍然可能超過負債。然而，在恐慌期間，沒有流動性和無力償債之間的界線很快就會變得模糊不清。一方面，如果存戶和其他短期放款人不懷疑自己的銀行可能無力償債，因此不可能違約的話，就可能不會去擠兌。另一方面，隨著跳樓大拍賣和恐慌引發的經濟不振打壓資產價值，連起初健全的公司可能都會被迫陷入無力償債的困境，要結束這種困境，可能需要短期借貸和挹注資本。

嚴重的恐慌爆發時，整體經濟幾乎無法免於受到重大傷害。投資人在恐懼與不確定之餘，只希望持有最安全、最具有流動性的資產，放款人變得極為保守，因此信用消失，或是只供應給付出高成本、接受嚴格條件的最佳借款人。股票和公司債之類風險較高資產的價格也可能急劇下跌，造成家庭財富與公司新資金來源減少。隨著信用緊縮、資產價格下跌，企業與家庭按下暫停鍵，聘僱、投資和支出急劇下降，把經濟推入衰退困境。

這種基本情境在美國重複過很多次，一直到大蕭條後推動改革——尤其是建立存款保險制度——時才停止。接著，美國的金融體系進入一段漫長的相對安定期間，但是日本、北歐國家、拉丁美洲與東亞新興市場國家仍然爆發過重大金融危機。經濟學家深入研究過一九八〇和一九九〇年代的亞洲與拉丁美洲危機，卻認為這些國家的經驗跟美國並不特別相關。新興市場國家是依賴國際貿易與投資的小型經濟體，金融體系的發展並不健全，因此遠比美國更容易受到所謂的外部震撼、例如國際資本流動的劇烈變化傷害。包括我在內的經濟學家，也研究過北歐國家和日本的經驗，但是我們的結論是，制度、經濟和政治上的差異使這些國家變成特例。我們應該聽聽馬克吐溫的名言，他說：「歷史不會重演，卻會極為相似。」雖然最近的危機在截然不同的財經背景中發生，卻和過去的恐慌相似。

二〇〇七到二〇〇九年的恐慌像先前的大部分危機一樣，也是在信用熱潮之後出現，這次的熱潮集中在信用評分較低借款人的房貸上，但是也表現在商業不動產之類的其他領域中。這次恐慌也像先前的危機一樣，有一個明顯可以看出來的引爆因素，例如二〇〇七年八月、法國巴黎銀行宣布禁止投資人贖回其所發行的三檔基金。這種宣布和其他事件促使投資人逐漸了解：次貸以及跟次貸綁在一起的結構型信用產品雖然評等很高，也可能出現重大虧損。

恐慌的另一個明確的特徵是金融公司面對普遍的擠兌。一九三四年推出的聯邦存款保險理當消除了銀行擠兌的可能性，但是這種保險沒有考慮危機發生前短期資金市場多年的演變，尤其是附買回協定和商業本票之類批發市場短期資金融資的成長。

企業和機構投資人尋找更好的現金管理方法，是助長批發市場短期資金融資成長的原因。沒錯，對於擁有多餘現金可以貸出的人來說，永遠可以把現金存在銀行裡，但是存款保險（危機爆發前，每戶的保障上限是十萬美元）對於那些擁有高額現金的人來說，根本無法提供什麼保護。企業、退休基金、貨幣市場基金、保險公司和證券經紀商都在尋找取代銀行存款的方法，大家普遍認為，商業本票和附買回協定比沒有保險保障的銀行存款更安全、更方便。

同時，批發市場短期資金融資的另一方——希望借到現金的企業——對這個市場的興趣也在增加。銀行發現，批發市場短期資金融資比一般存款便宜、又比較有彈性（受到的管制比較少）。影子銀行系統核心中的非銀行金融機構（例如投資銀行、證券經紀商和結構型投資工具）不能接受有保險保障的存款，因此極為依賴批發市場短期資金融資。他們利用這種資金，融通包括流動性不足長期證券之類的資產。危機爆發前夕，金融體系對批發市場短期資金融資的依賴，超過對有保險保障存款的利用。二〇〇六年底，有保險保障的存款總額為四兆一千億美元，金融機構的批發市場短期資金融資總額高達五兆六千億美元，其中包括三兆八千億美元的附買回交易和一兆八千億美元的商業本票。此外，銀行所持有沒有保險保障的存款（包括外國存款和大額定期存單）為三兆七千億美元。

因為許多批發市場短期資金融資——包括資產擔保商業本票和附買回交易在內——是直接或間接擔保的資金，企業和主管機關認為其中沒有什麼擠兌風險。但是只有在大家知道擔保品具有良好評等，又容易賣出時，放款人才會安心。國庫券沒有信用風險，而且在一個廣大又具有流動性的市場中交易，是理想的擔保品。但是批發市場短期資金融資的成長速度，比國庫券和其他高評等擔保品的供應來得快。同時，包括外國中央銀行和主權財富基金在內的全球投資人，為了追求安全與流動性，極為喜愛高評等的證券，結果就造成安全而有流動性的資產短缺。

華爾街公司看出其中的獲利機會，他們為了因應這種情勢，就聘用財務工程師，把風險較高、流動性較低的資產，變成數量龐大、看來比較安全的資產。他們採用的方法，是把不同信用等級的貸款和證券包裝在一起，然後再把這些包裝好的貸款和證券切割成較低和較高評等的部分，較高評等的部分具有評等公司發給的三個A最高評等，評等公司會向證券發行人收費，還經常跟證券發行人商量證券的設計問題。這種結構型信用產品為尋找具有較高殖利率、高評等證券的世界各地投資人（包括很多金融機構在內），提供新的擔保品和似乎很有吸引力的資產。

雖然結構型產品似乎暫時滿足了安全資產的龐大需求，卻有一個重大缺陷。這種產品提供給投資人的現金流量，取決於幾百、幾千種不同貸款或證券的複雜履約情況。這種複雜性降低了投資人獨立判斷結構型產品品質的能力，有些潛在買主堅持要求比較多的資訊和比較高的透明度，但是大部分人為了省事，都依賴信用評等。當包含了次級房貸的最高評等證券出問題時，投資人沒有自己的分析可以依靠，於是傳染病開始冒出頭。就像一九〇七年跟破產的股票投機客有一點點關係的銀行都遭到存戶擠兌一樣，一個世紀後的投資人蜂擁而出，從可能帶有次貸病毒的任何結構型信用產品中抽出資金。

最嚴重的擠兌在資產擔保商業本票市場中出現，這個市場在二〇〇七年八月法國巴黎銀行發表聲明後，就快速萎縮。在附買回交易市場上，擠兌並非總是以放款人完全拒絕放款的形式出現。其他的擠兌形式包括了，附買回交易放款人可能要求提高擔保品比率、拒絕接受某些形式的證券擔保品，或是只願意承做隔夜放款，不願意承做比較長期的放款。而且，因為附買回交易放款是以擔保品的市場行情為基礎，資產價值下降，立刻導致可以貸放的附買回交易資金減少。整體而言，所有金融機構的批發市場短期資金融資從二〇〇六年底的五兆六千億美元，降到二〇〇八年底的四兆五千億美元，減少的部分大多出自非銀行金融機構。

花旗集團等公司設立結構型投資工具，目的是要持有複雜的結構型證券，擠兌對這些結構型投資工具的打擊特別嚴重。大部分結構型投資工具都被迫向設立他們的金融機構求救，最後，這些資產負債表外工具的虧損，幾乎完全由他們的發起人吸收。

除了批發市場短期資金融資出現擠兌的情況外，金融公司也要面對其他現金需求。提供信用額度給機構和企業顧客的銀行，現在發現這些額度都動用到最高限度。衍生性金融商品合約的交易對手要求更多的擔保品；避險基金和投資公司的其他法人顧客紛紛結束帳戶，提領現金和證券。在銀行間同業拆借市場中，銀行拒絕互相拆款。在恐慌期間，現金是王，投資人和企業努力把持有的短期、安全、流動的資產提高到最高額度。

資金緊縮迫使大家進行跳樓大拍賣，現在沒有人要的結構型信用產品尤其如此。這種資產的價格暴跌，迫使金融機構減記仍然記在帳簿上的其他類似資產的價值。隨著恐慌發展，流動性不足變成了喪失償債能力，資本額最少或甘冒最大風險的公司不是倒閉，就是在喪失償債能力的邊緣中搖搖欲墜，使市場上的恐懼更為提高。

金融體系息息相關的性質也提升了傳染病的感染能力：雷曼公司倒閉直接引發貨幣市場基金的擠兌，因為其中一檔「儲備基金」持有雷曼公司的商業本票，因而蒙受重大損失。最後，投資人拒絕融通跟房貸完全無關的資產擔保證券，如信用卡債務、就學貸款債務，以及由政府保險的中小企業貸款債務——除了因為害怕傳染病橫掃市場之外，這些都是他們應該沒有理由害怕的資產。

沒有擔保的銀行拆款成本飛躍上漲，反映了這場危機的過程（請參閱圖一）。銀行向另一家銀行拆款時所付的利息，和最安全借款人美國政府利用短期國庫券借錢時付的利息相比，通常只高出一點點（介於〇・二五到半個百分點之間）。二〇〇七年夏季前，銀行間拆款利率和相關國庫券利率之間的差距〔名叫泰德價差（TED spread）〕，都維持在正常的範圍內，顯示雖然跟次貸有關的利空消息出現，大家對銀行的信心仍然很高。然而，到二〇〇七年八月中，恐慌擾亂金融市場的初步跡象出現時，泰德價差躍升將近二・五個百分點，到二〇〇八年三月再度飛躍上漲（跟貝爾斯登紓困案同時），到了夏季才小幅下降，然後在雷曼兄弟公司倒閉時再度飛漲，到二〇〇八年十月中，漲到超過四・五個百分點的最高峰。隨著政府的政策效應擴大，泰德價差在二〇〇九年中，才逐漸下降到正常水準。

所有這些金融動盪都直接影響到美國民眾。美國經濟在危機開始幾個月後，從二〇〇七年十二月開

圖一：危機期間銀行間拆款成本飛躍上升

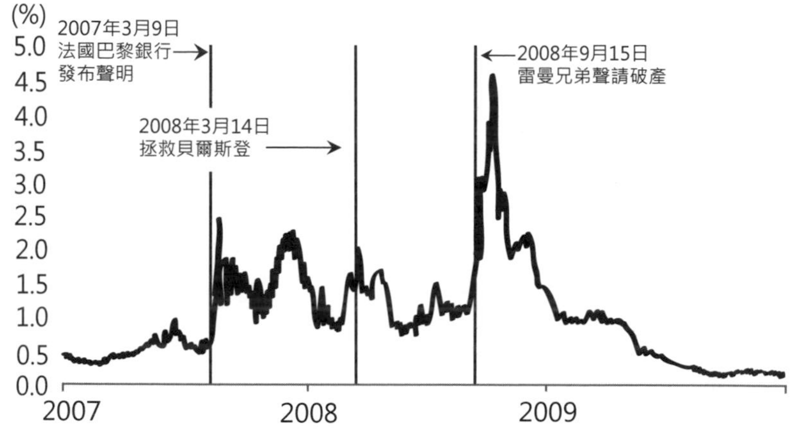

線條代表泰德價差。泰德價差是信用市場的痛苦指標，是用倫敦銀行同業拆款利率為代表的銀行間三個月拆款利率，和三個月期國庫券利率之間的差距。泰德價差顯示，信用風險在這場危機的幾個關鍵點急劇升高。

資料來源：聖路易聯邦準備銀行

圖二：危機升高後，就業市場崩潰

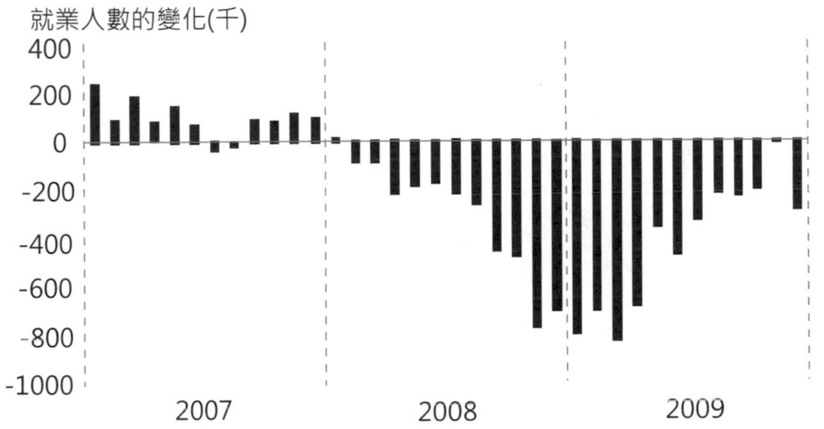

柱狀圖顯示，美國的就業人數在 2007 年以前小幅增加，但是大衰退開始後，就業人數小幅減少，然後在 2008 年 9 月危機升高時，出現非常陡峭地暴減。金融情勢恢復穩定後，失業的速度開始慢下來。

資料來源：美國勞工部勞工統計局

始陷入衰退，雖然如此，在二〇〇八年恐慌惡化前，失業狀況（請參閱圖二）都還相當輕微。然後，就業市場崩潰，在二〇〇八年的最後四個月裡，一共有二百四十萬個就業機會消失，在二〇〇九年上半年裡，又有另外三百八十萬個就業機會消失，在這一年剩下的期間裡，就業人數繼續減少，但是減幅沒有先前那麼陡峭。

家庭消費也跟著金融危機的步調亦步亦趨，二〇〇八年上半年，家庭消費支出經過通貨膨脹調整後，大約保持持平不變，卻在第三季劇減2.9%（以年率計算），其中雷曼公司倒閉的九月減幅最大。隨著危機升高，第四季家庭消費支出暴降，減幅高達四．七個百分點，是一九八〇年卡特總統為了對抗通貨膨脹，實施信用管制，導致消費者支出崩潰以來最大的單季減幅。二〇〇九年上半年，消費支出繼續以大約1.6%的速度減少。企業的資本投資減幅更大，最大的減幅出現在二〇〇八年第四季和二〇〇九年第一季。總之，金融危機升高和經濟狀況惡化之間的密切關係，強烈證明危機高峰期間的恐慌程度是這次大衰退這麼嚴重最重要的原因。就像學術研究（包括我對大蕭條期間國際經驗所做的研究）所記錄的一樣，很多國家的經驗都顯示，嚴重的金融危機之後，通常是嚴重、漫長的衰退。

金融恐慌嚴重損害經濟的結論，並未排除經濟衰退的其他原因。恐慌之前的住宅泡沫破滅，的確造成營建活動減少，降低屋主資產的價值，從而打壓家庭財富與消費。事實上，跟金融危機和後續經濟不振有關的歷史與國際證據通常都發現，如果危機和不動產價格結合，經濟不振會變得更嚴重。

不過，有些經濟學家認為，光是房市泡沫破滅，就可以解釋衰退的深度和持續性，後來的金融危機大致上是餘興節目。這點不只是學術辯論而已。金融危機能否解決，強烈影響到這個問題的答案，同時還牽涉到我們對抗二〇〇七年至二〇〇九年恐慌期間所做的抉擇是否正確，也強烈影響將來決策官員可能做的決定。如果危機大致上的確是餘興節目，那麼決策官員在穩定金融體系上，的確就花了太多的心力。根據這種看法，決策官員反而幾乎應該把全部的力量，用來協助房屋價值低於抵押貸款的屋主。

我同意應該加強幫助屋主，不過要設計出達成這樣目標的有效政策，比很多人理解的還難。然而，說金融危機跟經濟衰退幾乎毫無關係，似乎令人難以想像。光是時間因素就足以反駁這種假設。二〇〇七年十二月開始的經濟衰退，緊緊跟著二〇〇七年八月開始的金融危機，而且是在二〇〇八年九月和十月，恐慌升到最高峰後，才變成真正嚴重的衰退。恐慌高峰期間，第四季經濟活動的嚴重降幅，是半個世紀以來最糟糕的紀錄。金融危機安定下來後不久，經濟萎縮才在二〇〇九年六月結束。

認為經濟衰退只和房市有關的人，把這段期間的房價劇跌看成理所當然。可是，如果沒有金融危機，房價會不會跌得這麼深或這麼快，現在還不清楚。房價在二〇〇六年時已經走平（請參閱圖三），二〇〇七年八月危機浮現時，房價大約只比二〇〇六年初低4%。可想而知，如果不是因為這場恐慌，房市泡沫可能會像聯準會預測專家預期的那樣，用比較漸進的方式消氣。

但是到二〇〇八年三月貝爾斯登公司賣給摩根大通銀行時，房價已經比危機前的水準下跌將近10%，到雷曼兄弟倒閉時，房價又繼續下跌了9%。從二〇〇八年九月雷曼公司倒閉到二〇〇九年五月，房價進一步下跌了11%，然後大致上保持平疲，一直到二〇一一年才開始回升。這種型態顯示，房價下跌的速度和深度，至少有一部分與危機和危機對經濟的影響有關，如就業減少、所得降低、信用更為緊縮、信心動搖。實際上，房價可能是因為危機和經濟衰退力量強大，才似乎一路超跌（從二〇〇九年九月到二〇一五年初，房價漲幅超過25%）。總之，金融危機似乎大幅加快且加深了房價的跌勢。

聯準會花了一點時間才看出這場危機，和了解它的嚴重性。為了因應，我們必須避免其他可能的風

圖三：房價在危機開始後才暴跌

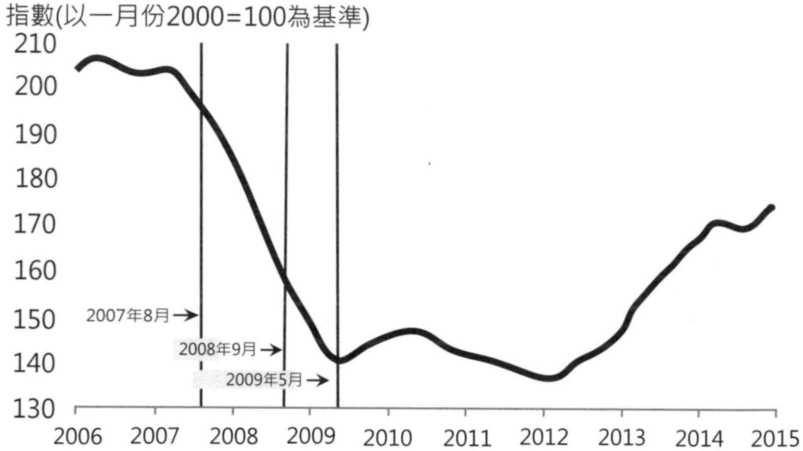

本圖顯示，美國二十大城市房價從 2006 年初到 2007 年 8 月危機開始時，只微幅下跌，危機期間跌勢加速，到 2009 年 5 月危機消退時，開始穩定下來，2012 年初，房價開始反彈。

資料來源：經過季節性調整的標準普爾凱斯席勒二十大城市綜合房價指數（S&P/Case-Shiller 20-City Composite Home Price Index）

險，包括通貨膨脹升高到增加金融市場的道德風險。當我們更清楚情勢後，我們對過去金融恐慌的知識，指引我們診斷這場新危機，也影響我們所採用的對策。聯準會的反應包括四大要素：降低利率以便支撐經濟；為了穩定金融體系，採取緊急流動性借貸的措施；（如果可能，跟財政部與聯邦存款保險公司協調）動手急救，防止重要金融機構在混亂中倒閉；以及（配合財政部和其他銀行監理機構）進行壓力測試，揭露銀行狀況。

二〇〇七年九月，一旦我們似乎看出華爾街的金融動盪可能威脅到美國大眾時，我們就開始降低聯邦資金利率目標。我們不斷降低利率目標，直到目標利率降到接近零，不能再降為止。然後，我們會闖入前所未知的領域，找出方法，壓低長期利率，開始宣布大規模的購買房貸抵押擔保證券。這段旅程令人驚心動魄，但是我的大部分同事和我都下定決心，不要再犯聯準會在一九三〇年代所犯的大錯——拒絕動用貨幣工具來避免劇烈的通貨緊縮，導致大蕭條嚴重惡化。

我們的緊急流動性借貸以很多新穎的方式表現出來。一九一三年國會創設聯準會時，設想我們會在恐慌中放款給銀行，擔任資金的最後貸款者。隨後的一百年裡，金融體系的變化要求我們，要應付批發市場短期資金融資放款人和其他短期債權人，而不是應付存戶，因此，我們要對範圍廣大的金融機構放款，而不只是貸款給銀行而已。大家普遍認為，我們經常從開創性思考中想到的做法很有創意，甚至相當大膽。但是基本上，我們做的是國會創設聯準會時希望我們做的事，就是白芝浩一百五十年前所建議、也是中央銀行在恐慌中總是會做的事情。當金融機構失去資金來源時，中央銀行會取而代之，根據擔保品貸放資金，降低金融機構以跳樓大拍賣價格拋售資產的壓力。白芝浩從來沒有聽過資產擔保證券或附買回交易協定，但是我認為，他應該會了解我們用來阻止傳染病的原則。

白芝浩很可能沒有想到，中央銀行會跨越國界，擔任國際資金的最後貸款者。但是美元的全球性角色表示外國的動亂可能波及美國市場。因此，我們透過跟十四個其他國家中央銀行訂定換匯協定，做到了支持歐洲、亞洲和拉丁美洲以美元計價的資金市場。這些換匯協定是我們所推動規模最大的單一方案，在最高峰時，餘額接近六千億美元，事後證明，這些資金在控制全球性傳染病上至為重要。

我們在某些情況中，還超越白芝浩的建議，動用我們的貸放權限，拯救瀕臨倒閉的大型機構，如貝爾斯登公司和美國國際集團。就像我們當時強調的一樣，我們採取這種行動，不是出於考慮他們的股東、高級經理人或員工，而是因為一旦這些機構倒閉，一定會造成更大規模的金融傳染病，助長已經橫掃市場的恐懼和不確定心理。

最後我們跟財政部和其他銀行監理機構合作，利用二〇〇九年春季的壓力測試，協助恢復大家對銀行體系的信心。我們藉著提供跟銀行未來營收與虧損有關的可信資訊，為民間投資銀行體系做好準備。

在這段恐慌的大部分時間裡，聯準會獨力用自己想出來的急就章手段，扛下對抗危機的重擔。這些手段包括防止對系統很重要的機構倒閉。從二〇〇八年七月起，國會的行動促成了更全面性地因應。財政部獲得授權，為兩房紓困，後來又透過問題資產救助方案，開始重建美國銀行體系的資本。財政部為貨幣市場基金保證、聯邦存款保險公司為銀行債務保證之類的措施，也有助於安定市場。

二〇〇九年金融恐慌消退後，這場危機造成的損害甚至變得更為明顯。經濟衰退更為惡化，變成大蕭條以來最嚴重的經濟沉淪。失業率會在二〇〇九年十月，升到10%的高峰，四分之一的屋主會溺水，也就是積欠的抵押貸款金額超過房子的價值。二〇〇八年內，貸款機構查封了一百七十萬棟房子，二〇〇九年查封了二百一十萬棟，二〇一〇年查封了一百八十萬棟。更糟糕的是，這場危機及其經濟影響對美國人的信心形成極為沉重的打擊，以至於危機隱然變成市場預期心理的實現。現在市場已經變得比較平靜，但是我們仍然有未竟的工作。

PART Ⅲ

AFTERMATH

第三篇

餘波盪漾

第十九章　量化寬鬆：正統的終結
Quantitative Easing: The End of Orthodoxy

二〇〇九年三月七日我又回到家鄉，南卡羅萊納州的迪隆。這時候距離我剛接任聯準會主席，迪隆市舉行「班．柏南克日」活動為我慶祝，已經過去兩年半了。這一次我走過大街上破敗的磚造店面前，美國哥倫比亞廣播公司（CBS）新聞節目「六十分鐘」的史考特．培利（Scott Pelley）與我並肩而行。我這一天的活動都有電視台攝影機沿途跟拍：我跟幾位迪隆高中的學生見面；去我小時候住在傑佛遜街的老家看看，這間房子後來幾度易手，也曾經被法院拍賣過；後來還參加一場高速公路交流道以我命名的典禮儀式。詳細地說，各位開車走九十五號州際公路，要是在「班．柏南克交流道」下來，就會看到「州界以南」休息站，我小時候曾經在這裡當服務生；各位再往前開就會到迪隆。真希望有一天在電台聽到「班．柏南克交流道附近交通順暢」的廣播。

我帶著培利到我家以前開設的藥房附近，沿著人行道走向一張木頭長椅。我向他解釋聯準會的做法，我們如何因應金融危機，我對美國經濟又有什麼期待。等到節目播出之後，我從許多人的反應知道那段在商店街上拍攝的效果不錯，大家都很有印象，這正是我希望的。「你知道我就是出身自商店街，這就是我的成長背景。」我對培利說：「華爾街我是沒去過，不過我也很關心華爾街的情況。原因只有一個：因為華爾街發生的事情，會影響到這條商店街。」我解釋說，如果我們不能穩定金融市場，讓銀根重新活絡起來，那麼我那個借錢在隔街設立更大藥房的爸爸就要倒楣了。培利也問我說，現任的聯準會主席很少接受電視訪問，為什麼我願意接受採訪，我回答說：「因為這是個難得的機會，可以直接對整個美國說話。」

我談到聯準會怎麼幫助抵押貸款利率調低，強化銀行體質，讓它們可以繼續進行放款，和穩定貨幣市場基金。「而且我認為許多不同的市場都開始冒出綠芽，信心開始回來了，這些正面效應都能讓我們的經濟回復正軌。」我說。有些人說「綠芽」的意思是指我在二〇〇九年三月就知道經濟要強勁復甦，不過不管是我或者是聯準會的同事，當時其實都還不曉得。我那麼說的意思，是指抵押貸款和其他金融市場在當時的一些改善，而我認為這樣一定可以幫助經濟開始復甦。那個預測現在看來沒錯。三月九日，就在採訪結束才兩天，道瓊指數即觸底收在六千五百四十七點，雖然逼近十二年來最低點，卻已開始漫長的回升之路。金融狀況在整個春季也持續改善，反映出我們的貨幣政策行動已然生效，銀行已經通過壓力測試。當然這裡頭還有其他因素。當時的經濟萎縮會在六月結束，不過失業率持續上升至十月才告停歇。

「六十分鐘」新聞節目讓廣大觀眾可以了解聯準會，這是我們迫切需要的。我一向主張聯準會的運作應該公開透明，主要是因為我認為如果市場和大眾更了解我們的想法，貨幣政策也會更有效果。況且聯準會和政策上的公開透明，也是爭取大眾信任所必要的。我們負責媒體運作的幕僚長蜜雪兒．也認為聯準會不應該再繼續擺出一副諱莫如深的神祕模樣。「大眾和媒體都應該要有這個機會，對於決策成員、政策選擇和機構本身有更深入的了解。」針對「六十分鐘」採訪邀請的討論時，她寫道：「我們就來做吧！」

這還只是個開始而已。那一年我還參加美國新聞俱樂部的活動，回答記者的問題；在一些大學裡回答學生的提問；在報上發表專欄文章說明聯準會的行動；同時也在吉姆・雷勒（Jim Lehrer）主持的公共電視節目上露臉。不過在電視上露面，尤其不是我的專長，所以對於我離開聯準會之後的工作機會，主持「今夜脫口秀」不會是其中之一。但是我很高興我們有主動對外溝通的機會，而不只是在負面報導排山倒海之際，被動地出來說明聯準會的立場和看法。在二〇〇九年初，當時的經濟狀況的確很可怕，如果我可以對外說明，對未來提出保證，也絕對是件好事。

在聯準會收購房貸抵押擔保證券的時候，聯邦公開市場操作委員會在它二〇〇九年的第一次會議上，也沒有再採取其他行動。那次會議只有四位理事參加。當時蘭迪・克洛茲納才剛離開理事會，而丹尼爾・塔魯洛還沒宣誓就職。接替蓋特納擔任紐約聯邦準備銀行總裁的比爾・杜德禮，也成為聯邦公開市場操作委員會的副主席。

因此我們把每次會議都當做是理事會和聯邦公開市場操作委員會的聯合大會，藉由與會成員的重疊強調大家一起合作。有些委員對那些滿是字母排列的放款工具不太高興，里奇蒙聯邦準備銀行的傑夫・雷克就常說我們推動的一些計畫，包括收購房貸抵押擔保證券都會對金融市場造成不必要的扭曲。打從亞當・史密斯開始，經濟學家普遍相信自由市場有效配置資源的能力。但我和大部分同事也都認為，一旦遭遇金融恐慌，恐懼和規避風險的心理很可能會讓金融市場難以發揮重要功能。我當時就表示，在這種時候一定要採取干預行動。在獲得聯邦準備銀行大多數總裁的支持後，聯準會又將緊急放款行動再延長六個月，直到十月。

在聯邦公開市場操作委員會的會議上，我們對於經濟的討論非常熱烈，與會成員大多數也希望盡快採取新的措施。當時美國的經濟衰退愈來愈嚴重，而且也漸漸擴散到全球。委員會六個月前開會時最關心的通貨膨脹，如今已經因為支出萎縮、大宗商品價格下跌而迅速探底。經濟成長得以恢復起色的跡象真是遙遙無期，所以那時候我就說：「我想我們都應該體認到，零（利率）大概要維持相當長的時間吧！」

我在擔任聯準會主席之前，也曾經討論過短期利率降到零以後的貨幣政策，當時是在回應一種普遍看法，認為利率要是降到零，貨幣政策可就彈盡援絕，束手無策。我當時就表示不同意，現在就是到了把我的想法付諸實現的時候。其實這也只是代表正統方法的結束而已。

我們收購幾千億美元的房貸抵押擔保證券，應該是我們採取的行動中最重要，但也絕對是最受爭議的工具。我們通常稱為大規模資產收購（large-scale asset purchases），簡稱「ＬＳＡＰ」，不過金融界堅持說是「量化寬鬆」（quantitative easing），簡稱「ＱＥ」[16]。第一次實施，就是在二〇〇八年十二月收購房利美和房地美的債權，還有在二〇〇九年一月收購房貸抵押擔保證券。之後又收購了一些國庫券。

16我試過讓媒體和市場使用大維·史基摩（Dave Skidmore）建議的「信用寬鬆」（credit easing）而非「量化寬鬆」，但沒有成功。「量化寬鬆」原本是指日本在大概十年前的做法（但也不成功），跟我們收購證券其實有很多方面是不一樣的。特別是，日本的量化寬鬆方案主要是想增加貨幣供給，但聯準會收購長期公債和房貸抵押擔保證券是為了降低長期利率。

我們的目標是降低長期利率，如三十年抵押貸款和公司債的利率。要是能夠辦到，就可以刺激支出，例如房屋興建和商業資本投資等等。我們計畫收購六千億美元的抵押相關證券，尤其是想在這個投資人紛紛走避的時候，有效提升這些證券的需求。增加房貸抵押擔保證券的需求，是希望殖利率會因此降低，也會讓抵押貸款人支付的利率降低。而金融市場恢復向前看之後，抵押貸款利率也的確在二〇〇八年十一月底開始下降，其實那時候只是宣布要收購證券而已，根本都還沒開始買。

同樣地，我們收購長期公債，例如十年內到期的公債，這些證券的殖利率也會下降。當然，民間部門的貸款利率不可能像美國公債這麼低，因為國家正是最穩當的借款人。但是公債殖利率一旦降低，通常就會影響其他長期利率，比方說，投資人在研判公司債時，通常就會拿期限相當的公債來做比較。如果公債殖利率降低，投資人通常也能接受殖利率較低的公司債。此外，聯準會收購公債，等於是減少公債的供給，投資人也會因此轉向其他資產，例如股票，這些資產的價格也就會上漲。我們收購公債，最終目標是要迅速而大規模地降低信用成本[17]。

接下來的聯邦公開市場操作委員會議是二〇〇九年三月十八日，鷹派和鴿派都趨於悲觀。「我不知道現在狀況到底怎麼樣，看起來相當黯淡。」查爾斯・普羅瑟說，珍妮特・葉倫表示同意：「經濟和金融方面的消息都很糟。」市場上瀰漫著恐懼氣氛，害怕銀行體系欠穩，從年初開始，幾家體質堪稱強健的銀行股價也大幅下跌。事實上，道瓊指數在十八個月內幾乎跌掉一半，如此的市值蒸發不但大肆摧毀巨額的購買力，也讓大家心生恐懼，不知經濟會衰退到什麼地步。由於企業主更加積極裁員，美國在二月就流失了六十五萬份工作，而全球有更多國家陷入衰退，更使得國際貿易瀕於崩潰。值此之際，我們必須採取更多行動才對。

擴大證券收購就是最有力的一招。不過，是要收購更多房貸抵押擔保證券或是公債，我也沒有明顯偏好（我們推測，收購房貸抵押擔保證券可能對房屋部門比較有利，但收購公債的話，效果也許比較廣泛）。我提出的政策方案就包括這兩個選項。會議討論中揭示的警訊，比我原先預期的還多，各地區準備銀行的總裁也說地方財經業界都很悲觀。「有一位在電話上說『你是想要聽點好消息是吧？』」達拉斯的理察．費雪說：「我說：『請告訴我』，他就說：『那你還是打電話找別人吧！』」委員會也很想採取行動，「我想，我們要幹點大事才行。」查理．伊凡斯表示。到最後我們都同意，不但要收購更多房貸抵押擔保證券，也要開始收購公債。從那時候開始，我們開始全力收購證券，這套計畫就是後來說的第一次量化寬鬆（QE1）。

這一整套計畫就是想要博得市場的關注，我們也的確辦到了。我們宣布在二〇〇九年加強收購房利美、房地美和吉利美擔保的房貸抵押擔保證券，總額達一．二五兆美元，較之前增加七千五百億美元。對於房利美、房地美以及聯邦住房貸款銀行（Federal Home Loan Banks）發行債券的收購，我們也增加了一倍，從一千億美元擴增為兩千億美元，增加對它們的融通。我們也計畫在未來六個月內首度收購公債，總額達三千億美元。到最後，我們加強引導銀行間利率指標，即聯邦資金利率的規劃。在一月時，我們曾說聯邦資金利率預料會在非常低的水準停留「一段時間」，到了今年三月時就成了要停留「更長的時間」。我們是希望這個短期利率的新訊號，可以引導長期利率下降。對於這一整套計畫，委員會一

17 在理想情況下，我們其實也應該收購民間部門的債權，像是公司債和民間的房貸抵押擔保證券，直接引導這些證券的利率。但是美國聯準會跟大多數國家的央行不同，除非援引緊急條款「第十三條第三款」，不然就無此權限。

致通過。傑夫．雷克雖然擔心收購房貸抵押擔保證券，可能會讓房屋部門之外的優良貸款人借不到錢，但連他也支持這套計畫。

積極行動的貨幣政策新時代已然到來，我們的聲明產生強烈的震撼效果。從我們開會的前一天到那一年的年底，道瓊指數總共上漲三千多點，達一萬零四百二十八點，漲幅超過四成。長期利率也因為我們的新政策而下降，十年期公債殖利率在一天之內就從3％降為2.5％，這個幅度非常可觀。到了夏季期間，長期殖利率出現反轉，上升突破4％。我們認為這是個成功的訊號，殖利率回升表示投資人預期經濟將見成長，通貨膨脹壓力升高，這和我們力求經濟復甦的目標是一致的。事實上在經過四個季度的收縮以後，修正後數據顯示經濟在第三季成長1.3％，第四季更擴大為3.9％。

其他國家的央行也推出量化寬鬆的計畫。當美國聯準會在二〇〇九年三月宣布第一次量化寬鬆時，英國央行也在同一時間開始收購政府公債，不管是以政府公債為收購對象，或者收購總額相對於經濟的規模而言，英國方案最後看起來是跟美國差不多的。日本央行早在十年前就開始進行量化寬鬆，此時也擴大收購政府公債，並且實施許多促進信用流動的方案。不過歐洲央行（ＥＣＢ）對於收購資產則是頗多限制，重點只擺在加強對銀行的長期放款。

當時原本花了八百五十億美元援救的美國國際集團，在半年後卻又再度告急。二〇〇八年十月，我們又提供三百八十億美元的貸款；十一月時，又跟財政部合作再伸出援手，其中包括問題資產救助方案提供四百億美元的資本投資。但是美國國際集團的情況還是沒有恢復穩定，該年第四季反而驚傳嚴重虧損六百二十億美元，使得二〇〇八年的虧損金額高達九百九十億美元，相當於整個密西西比州一整年的經濟產出。為了避免美國國際集團的債信評等遭到降級，引發新一波的資金逃逸，甚至整個破產，聯準會和財政部在二〇〇九年三月再度馳援施以急救。我們在三月一日星期天完成援救安排，隔天該公司就宣布第四季的巨額虧損。這套新措施包括問題資產救助方案再加碼三百億美元，使得政府對之總投資高達七百億美元，等於國會撥款援救資金的一成。而這筆帳裡頭還沒算進聯準會給予的放款支援。

美國政府以各種方法來穩定美國國際集團，總共花了一千八百多億美元的資金，本來就讓民眾非常不滿，這時候又出現一個援救金額千分之一的數字，更使得群情激憤——三月十五日星期天的報紙引述一位匿名的政府高級官員指稱，美國國際集團還準備撥發一億六千五百萬美元的紅利，獎勵金融商品部門的高級主管和金融人員。真是豈有此理！這個消息馬上引發各方痛批，差點讓美國國際集團滅頂。愛荷華州共和黨參議員查克・格拉斯利（Chuck Grassley）說美國國際集團的員工應該學學日本人的例子，辭職道歉，甚至應該自殺謝罪！新罕布夏州民主黨眾議員保羅・霍茲（Paul Hodes）說：「我認為『ＡＩＧ』（美國國際集團）三個字現在是代表傲慢（arrogance）、無能（incompetence）和貪婪（greed）。」報紙專欄作家查爾斯・克勞薩默（Charles Krauthammer）則公開呼籲說趕快「吊死一兩個人以儆效尤」。當時的確都快出事了，外頭傳來的死亡威脅讓公司上下提心吊膽，康乃迪克州郊區金融商品部門辦公室和附近公司高層主管住所都加強戒備。眾議院甘冒違憲之嫌投票通過一項法案：任何接受問題資產救助資金超過五十億美元的企業，如果還要發給紅利獎金，則課以90%的沒收稅（這個法案後來被參議院擋了下來）。

發放紅利的消息讓我們的政治立場急速惡化。在之前施以援救的六個月中，巴尼・法蘭克在眾議院的金融服務委員會（Financial Services Committee）都不曾針對美國國際集團的狀況召開聽證會，但這個消息讓他馬上在三月傳喚蓋特納、比爾・杜德禮和我參加聽證會。那時候公民團體「粉紅代碼」（Code

Pink）派了二十四人坐在我們後面，個個身穿粉紅襯衫外搭救生衣（這個婦女團體原本是為了抗議伊拉克戰爭而組成）。電視攝影機的鏡頭一旦轉向我們，那些抗議人士就高舉標語表達訴求：「我的工作在哪？」、「誰來援救我？」法蘭克敲下木槌宣布聽證會開始，又特別提醒說：「這是非常重要的公眾聽證會。不應該受到干擾和中斷，也不要模糊焦點。」沒多久以後，當蓋特納要開始發言時，法蘭克不得不插嘴告誡那些抗議人士：「各位坐在那兒，能不能表現出大人的模樣，而且不要再玩那些告示牌了好嗎？」

正如我在聽證會上的解釋，我是到三月十日才曉得發放紅利這件事，是聯準會的法律總顧問史考特．艾法雷斯告訴我的。那時候我就知道美國國際集團又為我們帶來一場政治和公關災難。我曾試圖擋下撥款，但聯準會的律師表示那些紅利都是依法簽訂的合約，不是想撤就可以撤銷的。律師還警告說，如果提起訴訟來阻擋撥款，到時萬一敗訴，而且也的確很可能敗訴，根據康乃迪克州的法律規定，美國國際集團可能要因此負擔懲罰性賠償（結果還是納稅人付錢）。到最後我只好找來美國國際集團的執行長艾德．李迪，叫他想辦法少發一些獎金，也慫恿比爾．杜德禮發出公函提出同樣要求。

正如金融危機期間所發生的許多事情一樣，美國國際集團發放獎金也有其來龍去脈，並不是一開始就能看得明白。事實上早在政府施以援手之前，這筆獎金就已經答應發放了，主要是為了留住一些核心員工，而且這些人大多跟搞垮公司的爭議行動無關。這些人都有他們自己的專業，對於解決該公司當前的複雜狀況都是必要的，留住這些人才能夠保障納稅人在這家公司的投資。不過我當然也可以理解，失業的勞工和面對法拍的屋主對這件事會有多火大。明明就是已經要接受納稅人援助的企業卻還要發放獎金，難怪會被質疑不公平，也沒人能夠理解，所以大家都感到生氣也就不意外了。然而我們就事論事，要解決金融業破產的狀況，我們很需要更多的法律權限，包括廢除既定合約的權力，像這樣的事情就是個正當理由。

最後，有些應該獲得獎金的員工自願退還全部或部分紅利，而財政部也指派一位律師，肯恩．范伯格（Ken Feinberg），針對那些接受問題資產援助資金的企業的福利措施進行監督。那場民怨最後還是消退了。但是因為這次事件或其他類似的爭議狀況，卻還是一直對聯準會帶來一些政治上的傷害。二〇〇九年七月的蓋洛普民意調查顯示，只有30％的受訪者認為聯準會做得很棒或不錯。我們在九個聯邦機關中排名墊底，只獲得40％的支持率，甚至比國稅局還糟。

我常常提醒自己，我們接受任命，擔任這些職位，並不是為了讓自己受到歡迎。我們接受任命，竭盡自己的能力，是為了制定和實施政策來維護美國人民的長遠利益。從春天到夏天，我們繼續努力以支持經濟和穩定金融體系。我還是每周七天進辦公室，周末時段則是用來撰寫或修訂演講和聽證文稿，或是反省思考最近的一些發展。

不過那年八月的第一個周末，我的確是休了個假，去參加我兒子喬爾的婚禮。（喬爾和他的未婚妻艾莉絲．肯特（Elise Kent）選定佳期時可是費了一番心思，刻意避開聯準會八月的傑克森霍爾會議時間。）喬爾和艾莉絲選擇在陽光明媚的波多黎各聖胡安一家飯店舉行婚禮。這當然是大好喜事，我也很高興趁這個機會輕鬆一下。有許多人來參加婚禮，包括喬爾在紐澤西讀小學以來所認識的朋友。這對新人在一星期後又在麻州大巴靈頓舉行派對，喬爾和艾莉絲就是在這裡的賽門岩學院認識的。前來慶祝的客人裡頭有麻省理工學院的教授肯．曼寧，三十八年前就是他鼓勵我離開迪隆前往哈佛求學。我的女兒艾麗莎那時正在南加大就讀學士後課程，準備進醫學院，她也參加了這兩個聚會。安娜和我都很高興看到孩子們努力建立自己的生活，日子過得有滋有味，絲毫不受那些引起華府政客和議員關注的事件所影響。

進入二〇〇九年之後，我開始考慮還要擔任聯準會主席多久。我的任期原本會在二〇一〇年一月結束，預料總統大概會在夏季時決定是否再度提名我擔任四年的任期。我一直在考慮要不要繼續第二個任期。我當時接受這個職位時，可從沒想過會有這麼個意外收穫：一場全球性的金融危機和嚴重的經濟衰退。我也常常招致許多批評，有些人說話夾槍帶棍，完全是衝著我個人而來。我當然曉得身在此位必定會招來一些批評，但這些風言風語，總之還是讓我困擾。也許有些人的批評也沒錯，雖然我們很努力，但終究沒躲開危機，也阻止不了衰退。在那些黑暗的日子裡，我甚至也會懷疑自己是否真的適任，繼續擔任這個職位對於整個國家和聯準會是不是真的都好。

在那些日子裡，我有時候會看看一段林肯的話來得到安慰，那是聯準會停車場的經理史蒂夫・貝茲曼（Steve Bezman）送我的卡片上引用的。我一直把它夾在電腦旁邊。「這些對我的攻擊，我如果都要去在意的話，就什麼事都別做了，更不必說還要去回應。」對於內戰期間的軍事失利遭到國會批評時，林肯這麼說：「我竭盡全力，使出渾身解數，而且我一定拚到最後一刻！假如最後證明我是對的，那些批評根本沒有意義；要是最後證明我是錯的，就算十個天使下來挺我也沒用。」

但不管我想不想繼續做，我都不知道自己是不是會被留任。媒體報導猜測說，之前婉拒財長提名，但最後被任命為歐巴馬經濟顧問的桑莫斯，已經或幾乎是答應要接任聯準會主席。同為理事的丹尼爾・塔魯洛在華府交遊廣闊，消息靈通，他對柯恩說，沒聽過桑莫斯答應那件事，不過傳聞依然久久不息。我輾轉聽到一些人說桑莫斯批評我們對於危機的處理頗不客氣，我因此認為他也許是在爭取這個職位。

在我仔細思考續任與否的時候，朋友和同事們都給我許多支持。蜜雪兒、柯恩和其他人都認為我現在離職的話，對聯準會並不好。對政治狀況極為敏銳的華許在共和黨議員那邊頗有人脈，他說我雖然跟國會常有爭執，但議員們還是很看重我。他對我再獲提名連莊深具信心，而且之後的幾個月他也會努力在參議院幫我拉票，爭取共和黨議員的支持。政府之外的支持者似乎也不乏其人。二〇〇八年十一月，就在危機發展到高峰後不久，《華爾街日報》調查五十四位民間企業的經濟學家，其中四分之三都贊成我連任。《華爾街日報》後來又做了一些調查，結果更令我感到鼓舞，不過我也知道總統需要考慮的因素有很多，民間經濟學家的意見恐怕還排不進去。能否再次獲得提名雖然無法確定，但也不是不可能。

二〇〇九年春天我反覆思考這個問題，最後認為如果此時離開，那麼有些重要的工作其實是半途而廢，未竟全功。雖然金融危機最嚴重的時候似乎已經過去了，還是有許多工作必須完成，經濟情勢才能恢復正常。美國經濟至今仍然處於大蕭條以來最嚴重的衰退之中，貨幣政策正是復甦的關鍵；改革金融監管體系的重要任務也才剛開始而已。而且，我自己覺得很重要的一點是，我個人名聲主要就是來自聯準會，但它現在可說是腹背受敵，左派和右派都大加撻伐，就民意支持上正是處於最低潮的時候。

要解決這些問題，當然也未必非我不可，但此時拍拍屁股走人彷彿半途開溜一樣。過去幾年來的磨練，也讓我掌握必要的經驗、知識和人脈，都是在這場危機中持續推動政務所不可或缺的。而且，坦白說，前後兩任總統是不同的政黨，如果新總統也能再次予我任命，正是對我這些日子以來的努力最大的肯定。這些種種的考慮，我都花許多時間和安娜討論。雖然我剛開始接任這個職位時，她頗不以為然，但現在她也認為我一定要堅持下去。所以我決定爭取再一次任命。

身為歐巴馬總統的貼身顧問，蓋特納對於這個決定一定可以發揮決定性作用。不過我也不會嫉妒他。在金融危機最黑暗的時候，蓋特納曾經跟我一起合作，我相信他認同我們共同完成的事業，也一定會支持我。不過賴利．桑莫斯是蓋特納的恩師，現在又一起在華府任職。況且，我跟總統雖然處得還不錯，但他跟總統的關係可比我親近得多，就像我二〇〇五年在白宮與小布希總統的短暫相處。

到了六月，蓋特納問我有什麼規劃，我說我想再做一任，而且也明白地說是最後一任。我認為聯準會主席這個職位做兩任剛好，對於忍受這個職位所帶來的強大壓力，我想不論如何都無法超過八年。或許是如此表態影響了蓋特納，因為我如果做到二〇一四年一月，總統還是有機會任命桑莫斯接任，當然歐巴馬必須先勝選連任才行。

不過後來我也不曉得這個決定是怎麼做出來的。蓋特納在他的回憶錄《壓力測試》（Stress Test）中寫道，處於金融危機之中，政策的延續性是個重要考量。歐巴馬總統當然也知道我下定決心，願意採取一切必要的行動，把經濟弄好。我當時跟總統的幕僚長拉姆．伊曼紐（Rahm Emanuel）的關係不錯，他當然也算過參議院的支持票數，說我可以過關。在政治經驗方面，我除了過去參加學校董事會和短暫的總統經濟顧問委員會之外，實在是乏善可陳，但這一點反而幫到我。正因為我被認為沒什麼黨派背景，即使是擔任聯準會主席，也不會影響桑莫斯繼續擔任歐巴馬的親信顧問。不管狀況到底是怎樣，決定很快就下來：蓋特納通知我，只要我想繼續留任，那個工作就會是我的。

八月十九日星期三傍晚，我跟蓋特納到白宮橢圓形辦公室晉見歐巴馬總統。這個時間是故意挑選的，此時媒體團都已離開，而且裡頭的員工也剩下沒幾位。這次見面時間很短，總統跟平常一樣，對我們很友善也很客氣。他稱讚我做得不錯，並表示會再提名我。我把我告訴蓋特納的話也告訴他，我說我需要多點時間，是想要完成那些還沒做完的事情，但再做四年也絕對是我的上限。他說他了解，然後告訴我很快就會公布決定。半小時後我發送電子郵件給蜜雪兒：「晉見總統。成功！」然後我這次告訴安娜時，她沒有哭。她已經知道未來會是什麼狀況。

隔天我就飛到傑克森霍爾參加聯準會年度大會。像往常一樣，我會在星期五早上發表專題演講。在那場演說中，我回顧了一年來的危機，那真是可怕的一年，簡直是前所未見。距今不到十二個月之前，我們根本想像不到政府會接管房利美和房地美，雷曼公司會倒閉，美國國際集團需要政府多次馳援，貨幣市場基金會出現短缺，花旗集團和美國銀行也需要援助才恢復穩定，還有通過問題資產救助方案、實施量化寬鬆等等。那道萬丈深淵，我們曾經是那麼接近。「雖然我們已經避開最糟糕的狀況，但艱鉅挑戰仍然橫亙眼前。」我說：「我們必須在先前的努力上加緊合作，確保經濟復甦可以持續下去。」

雖然那次大會中的許多場演說都在談金融危機和經濟前景，但吃飯應酬中的熱烈話題還是未來四年誰會帶領聯準會。對此問題我當然是要顧左右而言他，不過有許多同事都公開表示支持我續任，其中包括我在哈佛時的老師馬丁．費德斯坦，我第一次獲得提名時，他其實也是候選人之一。博弈網站「Intrade」說我獲得留任的機率是79%。

我在麻省理工學院時的論文指導教授史丹利．費雪如今是以色列央行總裁，他在周五的午餐會上發表演說。當他在說話時，我的安全人員叫我出去接電話。我走出會場，有許多好奇的眼睛一直盯著我。不過懷俄明州山區的手機通訊不太好，那通電話沒接成。後來我終於成功回電，一位白宮助理告訴我，總統會在周二正式宣布提名，那時候他和家人會在瑪莎葡萄園（Martha's Vineyard）度假。

我在傑克森霍爾機場的員工休息室向參加這次會議的聯準會資深人員宣布這個訊息，在場的人包括史塔克頓、梅迪根和聯準會國際部主管南森．席茲（Nathan Sheets）。當時我們正等著搭飛機離開，機場撥出那間休息室給我們使用。我回到華府之後，也打電話給聯邦公開市場操作委員會的每一位成員通知這件事。至少有那麼幾天，我覺得自己應該是做出正確決定。

八月二十五日星期二早上，我在蜜雪兒・史密斯和安全人員安格紐及馬康默陪同下，搭車前往安德魯斯空軍基地。空軍派出一架小型噴射機載我們到瑪莎葡萄園機場，又從那裡趕往奧克・布魯夫學園（Oak Bluffs Elementary School），宣布儀式會在這裡舉行。我按照指示穿著藍外套和休閒褲，沒有打領帶。上午九時，總統的車隊到達，伴隨著安全人員和通訊技術團隊。歐巴馬從一輛黑色休閒車走出來，也很快穿上他自己的藍色外套，先以個人身分向我道賀。然後我們一起走到攝影機前面，總統感謝我幫助全國和全世界度過一場史上最嚴重的金融危機，認為這是我對大蕭條的研究背景，還有我的鎮定沉著、勇氣和創造力相互配合才能達成。我則感謝總統的支持，包括對我個人和「強大而獨立的聯準會」。接著我又趕往機場，到中午吃飯時已經回到華府的辦公室。

幾個月後的十二月十六日，《時代》雜誌選我做為「二〇〇九年風雲人物」，讓我再次感到振奮。其實早在幾個月前蜜雪兒就告訴我此事大約能成，所以我們也配合《時代》記者麥可・格倫渥（Michael Grunwald）做了一些採訪。就跟接受「六十分鐘」新聞節目的採訪一樣，我希望這篇報導可以表現出我人性化的一面，幫助讀者更加了解聯準會和我們的行動。我想後來也的確達成這樣的效果。格倫渥說我是「全球最重要經濟體的最重要領導成員」，並讚揚聯準會挽救經濟免於陷入第二次大蕭條。那一期的封面是把我的頭像做成像鈔票上的人物一樣。

但是《時代》雜誌也注意到，聯準會行動儘管獲得好評，也在政壇上引發強力反彈。我是在十二月三日感受到這股強力震波，參議院銀行委員會針對我的提名舉行一場聽證會，從早上十點開到下午三點還沒結束，簡直快累斃了！我前一晚沒睡好，只能勉強維持自己的專注力和冷靜。委員會主席克里斯・達德對我再獲提名表示支持，他說聯準會在我率領下採取非凡行動，但也質疑聯準會是否應該繼續扮演金融監管的核心角色。達德對我個人是高度的肯定，但對於聯準會則是左批右打毫不手軟，這讓我感到非常困惑，好像我個人跟聯準會的決定和政策一點關係也沒有。

共和黨的資深議員理察・謝爾比則是完全站在批評的立場，對於援救行動甚感不滿，認為除了增加道德風險之外毫無效果，同時也使得聯準會的資產負債表更形膨脹，金融風險也更高。「主席先生，」他用阿拉巴馬州的口音慢條斯理地說：「多年來我一向尊重聯準會，它不但在貨幣政策上扮演極為重要的角色，同時也是謹慎小心的監管機關……但我擔心，我們的信心和信任現在是擺在一大堆不適當的事例上。」然後他大概描述美國經濟仍然面對極大的挑戰。「現在擺在我們眼前的問題是，」他說：「柏南克主席是否就是帶領我們走出困境、擺脫麻煩的最適當人選。」儘管謝爾比在公開場合有時語帶苛刻，但他跟達德一樣，私底下似乎也頗看重我和他的關係。他經常邀請我到他辦公室單獨對談，有時候也會帶著幾位共和黨參議員與我溝通。在那個鄉村老好人的外表下，其實是為人精明、心胸開闊。有一次我請他吃飯，他選擇了華府地區最頂級的義大利餐館。在我們的對話中，我很驚訝地發現他非常喜愛華格納歌劇。

對聯準會（和我）最有意見的是參議員邦寧，他不只是針對我，連前任葛林斯班的政策都大加抨擊，認為我沒有跟前任完全劃清界線。聽證會後兩個星期，在參議院銀行委員會討論我再獲提名的公開場合中，邦寧拿我獲選為《時代》雜誌年度人物開玩笑：「柏南克主席也許應該再想一想，要不要接受年度人物的封號。那個組織的年度人員曾兩度選出史達林，其他還有阿拉法特、希特勒、柯梅尼、普丁，連尼克森都當過兩次。」他說：「不過我還是要向他道賀，希望他至少能證明自己比那些人都強。」

我在聽證會上竭力捍衛政績，但也表示聯準會是跟財政部、聯邦存款保險公司和國會密切合作，才得以避免金融和經濟崩潰。有些誇大不實的攻擊，例如指稱這次金融危機應由聯準會擔負全責，或者認為聯準會應該早有預見而完全避免，對於此類指控我嚴加駁斥。我指出，我們已經採取許多方法，讓聯準會的決策更加公開透明，說明我們採行的貨幣措施（降低利率和收購證券）都是必要且負責任的做法。我承認聯準會在監督管理上確有失誤（在這方面也不只是我們而已），但是未來如果想要維持金融秩序的穩定，聯準會就必須保有監督權力。這天真是一場硬仗，不過我覺得自己已經充分說明了。

兩個月後銀行委員會投票，以十六票贊成、七票反對，通過將我的任命案提交參議院大會表決。我在銀行委員會和參議院的支持大多來自民主黨議員，除了奧勒崗州議員傑夫・莫克利（Jeff Merkley），他曾在電話上指責說我和金融危機的根源牽涉太深，所以不會投我一票。不過我認為任何跟二〇〇七年之前聯邦經濟政策有關係的人都無法完全擺脫這個指控。共和黨議員有四位支持我：猶他州的鮑伯・班尼特（Bob Bennett）、田納西州的鮑伯・柯克、新罕布夏州的賈德・葛瑞格（Judd Gregg）和內布拉斯加州的麥克・約翰斯（Mike Johanns）。

我很欽佩這四位議員，而且在我任期內也曾跟他們進行極具成效的合作。班尼特議員氣度高貴，為人體貼而舉止合宜，他曾經投票贊成問題資產救助方案，後來在共和黨提名初選中落敗，部分原因可能就在於這一票。葛瑞格是一位非常能幹的議員，聯準會和共和黨議員出現爭議時，他經常挺身而出幫我們說話，在這方面，田納西州的共和黨議員拉瑪・亞歷山大（Lamar Alexander）也不吝給予助力。約翰斯過去曾與我在華府共事過，他當時是擔任農業部長，為人理性而低調，總是仔細聆聽我的證詞。柯克和我在政策上頗有歧見，所以我們兩個的關係是比較複雜一點。他尤其不滿我們採取量化寬鬆的政策，後來也主張廢除聯準會提振就業的法定使命。但他是參議院裡最熟悉經濟事務的議員之一，同時也最有意願跨越政黨成見尋求合作。針對許多主題，他都會詢問我的意見，並且私下安排其他共和黨議員與我會談，讓我有機會解釋我們的行動。

雖有這幾位和其他幾個例外，共和黨人對聯準會和我的敵意愈來愈深，也讓我覺得很困擾，事實上我原本是共和黨籍的總統任命就職的，而他們原本在金融危機期間也很支持我們的行動。對於那些言之有物的批評和指教，我當然是仔細聆聽也樂於接受，但我覺得這場危機讓共和黨愈來愈走極端。已故的紐約州參議員丹尼爾．莫尼漢（Daniel Patrick Moynihan）曾說過，看法人人都有，但不要以為它就是事實。有些共和黨人，尤其是極右派愈來愈分不清其中的界線。他們指責危機是聯準會、房利美和房地美造成的，卻很少考慮民間部門顯而易見的過失，還有其他監管機構，尤其是國會本身的疏失。他們譴責援救是浪費納稅人的錢，卻不考慮放任大企業倒閉會對經濟造成更大損傷。社會上明明沒有通貨膨脹壓力，他們卻認為有，一旦發現官方數字不能證實他們的預言，反而說這裡頭事有蹊蹺、顯有陰謀。他們否定貨幣政策、財政政策可以刺激就業，卻又要聯邦在他們的選區增加支出。有些人甚至鼓吹不可靠的貨幣制度，比方說要恢復金本位。

我覺得，採取那樣的立場只會讓共和黨更加遠離主流觀點，同時也偏離了共和黨的傳統。我認為我還是一個保守派，相信個人應該自立自強，應該為自己負起責任，並且也同意市場經濟才是創造經濟成長、增進社會福祉最好的制度。但是對於共和黨極右派的無知，我已經失去耐心。我沒有離開共和黨，倒是覺得共和黨離我而去。

當然，民主黨也有因自己的幻想所帶來的一些問題，尤其是極左派（不過要是極左和極右同聲表示反對，那我想我一定是做對了某些事情）。自認為是社會主義者的佛蒙特州的參議員伯尼．桑德斯（Bernie Sanders）和身邊的一群民主黨人，總以為這個世界是大企業和有錢人共謀形成的龐大陰謀（企業和有錢人的確是擁有許多權力，但現實世界中一些最糟糕的事情，往往不是因為大陰謀，而是出自於無知、無能或者單純只是運氣太差）。當我擔任聯準會主席時，我決心擺脫所有政黨牽絆，我認為我所扮演的角色必須做到這一點。我在華盛頓的經驗也幾乎都跟政黨沒什麼關係。我想我現在就是一個不偏不倚的獨立派，未來也會這麼繼續下去。

二〇一〇年一月二十八日，經過行政部門的積極遊說拉票和克里斯．達德從中斡旋，參議院大會投票表決以七十票對三十票，同意我繼續留任，贊成與反對的票數雖說仍有差距，但已是歷屆主席表決中最接近的。對此結果我並不感到驚訝，對於現在的經濟和金融狀況，民眾感到不滿是可以理解的，而國會正是反映出人民的看法。

倒是投票表決之後，我接到幾位參議員的電話讓我更覺得困擾，他們說的都是同一個調調：認為我做得很不錯，但是因為政治理由，必須投下反對票。這些打電話來告解的人似乎都以為，因為政治因素而投下違背自己看法的反對票，是再正常不過的事情。其中有一位說得非常坦白。他打電話過來，表達他對我在工作上的信心，然後因為投下反對票而向我道歉。我問他為什麼要投票反對，「哎呀，」他直白地回答：「有時候你就是要丟出一些紅肉，來安撫那些大猩猩嘛！」

這種說法讓我想起喜劇演員莉莉．湯姆林（Lily Tomlin）的觀察心得：不管你有多麼憤世嫉俗，都不該再繼續這樣下去呀。如果可以的話，我寧可跟政治離得愈遠愈好。不過身為聯準會主席，也快要再宣誓接下四年的任期，我知道政治還會繼續消耗我許多時間和精力。

第二十章　建立金融新體系

Building a New Financial System

即使是在金融危機的大火持續延燒之際，我們也開始思考，一俟大火撲滅之後，需要做好什麼。這些問題當然都不好解決，而且後續影響極大：在舊灰燼上建立的金融新體系，應該是什麼樣子？要怎麼防止未來再度發生金融危機？或者更現實的問題是，我們現在應該做些什麼，才能夠在危機失控之前先行掌握？

當我們在二〇〇八年末至〇九年初考慮這些問題時，就注意到金融改革的全球對話已經開始。二〇〇七年八月，美國小布希總統曾要求顧問團隊金融市場工作小組（成員包括財政部、聯準會、證券管理委員會和商品期貨交易委員會的高層主管）檢討可能造成金融風暴的原因，後來證實那場風暴正在醞釀。在國際方面，二〇〇七年十月七大工業國也要求金融穩定論壇（成員包括各國央行總裁、財政部長和主要金融中心的主管機關）進行相同討論磋商。在危機爆發之前的二〇〇七年六月，鮑爾森在財政部的工作小組已經開始針對美國金融監管制度的過時且各自為政的情形進行規劃改良，打造改革的「藍圖」。

這三個獨立單位後來各自發表報告，都提出一些有用的建議，但其中鮑爾森的「藍圖」最具遠見和企圖心，對於我想要達成的監管全面改造最有幫助。它的重點是通盤調整聯邦金融監管機構，排除組織架構上紊亂混雜的疊床架屋，破除各部會間的隔閡，拉近差距。

鮑爾森的報告分別提出短期和長期工作建議，最終目標是為監管制度打造出三大「高峰」。第一高峰是建立獨立而「審慎」的監管機構，確保個別金融機構，包括銀行、儲貸機構、信用合作社和保險公司等都能保持安全和穩定。報告建議由通貨監理局來處理這些審慎的監督管理工作。

第二高峰是設置「商業管理」的新機構，針對銀行和其他金融業者，包括券商和共同基金等等，負責消費者與投資人保護的工作。現今屬於證券管理委員會和商品期貨交易委員會的權力都將整併在這個新機構，其他屬於聯準會與其他銀行相關部會局處，跟消費者保護有關的權責也將一併收納其中。

財政部計畫中的前兩項，主要都是監督管理功能的重組和擴張，而第三高峰則是個全新的構想，建議設立一個負責整體金融體系維持穩定的新機構。這個機構也要負責監督一些重要的基礎設施，例如金融機構用來處理支付或證券轉移的電腦網路。在鮑爾森的提案中，這個重要角色將由聯準會來扮演，負責監控整個金融體系，找到任何弱點、缺失都要處理，在穩定金融秩序的目標下，必要時得與其他審慎主管機構合作，針對個別金融機構進行查核。

財政部計畫對於金融監管的目標，與要達成這些目標需要進行哪些組織架構上的調整，都表達得非常清楚。但鮑爾森（還有我們）也知道，「藍圖」提出的長期建議只會被視為理想。國會在總統大選年是不會進行如此規模浩大的改革行動。無論如何，我們也都明白至少不會在危機尚未平息的時候做出這種改變。

在鮑爾森發布「藍圖」之前的四天，即二〇〇八年三月二十七日，角逐總統寶座的歐巴馬在曼哈頓的庫伯聯盟學院（Cooper Union）發表演說，提出他對二十一世紀金融監管的規劃，談到幾個他認為很重要的核心原則。他主張聯準會應該有權監督向它貸款的任何金融機構，而且疊床架屋的監管架構應力行精簡、釐清權責（但他並未詳細指明哪些機構需要精簡），並設立一個新的監督委員會（類似鮑爾森提議的金融穩定監督機構）以辨識金融體系中難以預期的威脅。我很高興看到歐巴馬把這些問題帶進大選的辯論中，因為大多數選民通常不會注意到這些事情。他演講中談到的一些原則也似乎都很合理，對於金融改革可說是不致過度急躁的務實態度。

然而在危機發生前後出爐的報告和研究，雖然提出許多有用的建議，卻都無法解決貝爾斯登和雷曼公司所引發的急迫問題：如何處理牽連廣闊的大型金融機構倒閉，但不致拖累整個金融體系。鮑爾森和我早在二〇〇八年七月於巴尼．法蘭克主持的眾議院金融服務委員會的聽證會上就曾提出這個重要問題，但是在國會有機會認真考慮之前，雷曼公司即宣告倒閉，金融局勢又再變化，此後國會辯論的焦點就轉到問題資產救助方案。

二〇〇八年底，在大夥忙著撲滅金融大火之際，我們在聯準會也開始研擬自己的金融改革提議，我希望在國會熱烈討論此事之前，先做好一些準備。我們找了幾位聯準會理事和聯邦準備銀行總裁組成一個委員會，由凱文．華許率領，負責研擬金融改革的重要原則。

對於金融市場的監督與管理，華許的委員會著重在更為明確的「宏觀審慎」，也就是從整個體系的角度來著手。就歷史過程來看，金融監管已經淪於苛細，只注意到個別業者的安全和穩定，這是見樹不見林，以為照顧好幾棵樹，整個林子就能自我完善。而「宏觀審慎」的做法剛好相反，不但要注意個別的樹，也要注意到整座森林。它不僅關注個別金融機構的健全與否，也會注意到那些足以影響整體金融體系穩定的因素，包括金融機構相互連動與橫跨業者和市場的風險。比方說，少數幾家金融機構在次級抵押貸款上過度曝險，未必會帶來整個金融體系的問題，但要是有許多家金融機構都過度曝險，那就可能拖累整個體系。採取宏觀審慎的監管，其目標是要能辨識出牽連廣泛的風險，並對此加以處理和排除，這一種大規模風險問題只看個別金融機構往往難以察覺。

華許的工作團隊也針對實施宏觀審慎監管的做法，探索設立穩定金融監督機構的構想，這個想法在精神上接近鮑爾森改革藍圖提出的第三高峰。二〇〇八年秋季，在親眼目睹各級金融市場的複雜連動使得危機益形嚴重惡化之後，我完全相信在現代經濟中要維持金融市場的穩定，一定要有一個能夠涵蓋整個體系的監管制度。二〇〇九年三月我在美國外交關係協會（Council on Foreign Relations）發表演說，即特別強調我們對於金融體系必須更全面地進行監督，並且再次主張需要設立一個新制度，可以更妥善地處理銀行以外的大型金融機構，如雷曼公司和美國國際集團的問題。

鮑爾森在他二〇〇九年一月離職之前，重點都擺在解決金融危機帶來的種種急迫威脅，因此金融改革法案就由繼任的蓋特納和其財政部同僚繼續推動。白宮幕僚長拉姆·伊曼紐也開始逼迫蓋特納趕快拿出一點東西來，因為二〇〇九年四月已經排定要召開二十個國家的G20高峰會。拉姆常常掛在嘴邊的一句話是：「這麼嚴重的金融危機可不能浪費了。」不過這時候逼蓋特納拿出什麼來也不太實際。政府在頭一個一百天裡頭有更重要的事情要做，包括經濟刺激法案和銀行壓力測試。況且當時財政部高層人事調補作業進行得非常緩慢，讓蓋特納頗感兵員不足之苦。大衛·威考克斯在二〇〇九年二月的一封電子郵件上寫道：「蓋特納的團隊人力不足，他們根本忙不過來。」為了填補人力短缺，財政部從我們這裡調兵借將，找了幾位資深員工過去幫忙，其中包括經濟學家派翠克・巴金森，他曾幫我們設定一套緊急貸款機制；律師馬克・范德維德（Mark Van Der Weide），他是銀行監管方面的專家。蓋特納和我都認為，派翠克可以幫忙財政部研擬法案，我在二月下旬和蓋特納的午餐會後，寫信對柯恩和其他一些人說：「可憐的派翠克還不曉得這件事呢。」但他最後還是咬牙接下這個任務。

蓋特納在二〇〇九年六月十七日發布八十八頁白皮書，提出行政部門的規劃。這套計畫如果獲得國會通過，將是大蕭條年代以來規模最為浩大的聯邦金融法規修訂。這套計畫相當務實，並不準備從頭打造金融體系或金融監管法規，而是針對現有的監管機構和做法進行調整。

比方說，政府對於「大到不能倒」問題的解決並不曲附民意走極端。當時民眾普遍對於金融援救感到不滿，左派和右派同聲譴責，要求政府放手讓那些超大型金融機構倒閉。當時民意會有這些訴求，也都是可以理解的。那時候還有人呼籲恢復國會在一九九九年廢除的格拉斯—史蒂格（Glass-Steagall）法案，它主要是禁止大型金融機構同時經營商業銀行（抵押貸款和企業貸款等）和投資銀行（如債券承銷等）的業務。當年因為廢除格拉斯—史蒂格法案，才為「金融超級市場」的出現打開大門，讓大型金融業者可以同時提供商業銀行和投資銀行的服務。

政府規劃中沒有類似格拉斯—史蒂格法案那樣的規定，我尤其覺得正確。像格拉斯—史蒂格那樣的法案在危機處理過程中也沒什麼好處，反而會阻礙摩根集團收購貝爾斯登、美國銀行收購美林，當時兩家陷入危險的投資銀行都是因此才得救。更重要的是，就算格拉斯—史蒂格法案仍然有效，那些在危機中陷於險境的大公司還是照樣會出問題。大致上來說，像美聯銀行和華盛頓互惠銀行出現的問題，跟過去幾百年來銀行出問題的情況沒什麼兩樣，就是不良貸款太多。另一方面，貝爾斯登和雷曼公司也都是華爾街傳統投資銀行的老字號，跟商業銀行業務關係不大。這幾家金融業者在危機中的悲慘狀況，就算有格拉斯—史蒂格法案也不會出現什麼轉機。不過花旗集團或許是個例外，該集團旗下擁有銀行、證券和保險公司，它在一九九八年形成，正是為格拉斯—史蒂格法案的廢除添上一記重拳。當年那個法案要是繼續存在，花旗集團大概也不能變成像今日這樣的龐大與複雜。

我贊成政府不恢復格拉斯—史蒂格法案的決定，事實上不要求解散大型金融機構的做法，讓我鬆了好大一口氣。大家可能都沒有好好地去理解，在金融市場上規模可以帶來極大的經濟效益。當然大企業因為具備政治影響力，獲利能力會比較強，市場上也認為它們出問題時政府會出面營救，所以它們比小公司更具優勢。而一個企業的規模愈大，帶給金融體系的風險也愈大。

但規模的確會帶來一些正面的經濟效益，比方說大企業可以提供更多樣的服務，在更具效益的規模營運下在國際上服務非金融業者。任意對企業規模施以限制就可能破壞那些經濟效益，於就業和獲利上兩面失利，只是便宜國外競爭對手。此外，金融企業的規模也不是造成體系風險的唯一因素，比方說貝爾斯登的規模只是後來收購它的摩根集團的四分之一，它也還沒到「大到不能倒」的程度，但是它在業務上牽連甚廣，所以不能讓它倒閉。就算是大多數金融業者只是小本經營，也一樣會造成嚴重的金融危機。大蕭條期間，美國的金融危機比加拿大嚴重多了，但美國的小銀行成千上萬，而加拿大只有十家大銀行和少數幾家小銀行（加拿大的銀行體系至今仍以大企業為主，最近的危機也安然度過）。

考慮到以上種種，我同意政府的看法，解散大企業、縮小營運規模並不是解決「大到不能倒」問題的最好方式，至少也要先試試其他漸進方案，發現其中還有什麼不足之處。特別是比限制金融機構規模更重要的是，要確保大型機構不會因為規模比較大就擁有不公平的優勢，例如以為大企業陷入危機，政府就會幫助它們。這件事可不容易做到，政府計畫以三種方法來處理。

首先，它針對攸關體系安危的大企業，包括銀行和非銀行金融機構（如美國國際集團和華爾街的投資公司等），提出更嚴格的資本、流動性和風險管理標準。要是大型的綜合機構會對金融體系帶來更大風險，那麼他們就應該保持更大的安全距離做為緩衝。而更嚴格的要求，包括法規和資本要求帶來的額外成本，也會讓大企業更小心評估規模帶來的經濟效益是否真的足以負擔那些成本。如果不能的話，那麼長期下來，市場力量就會引導這些企業變得比較小，業務涵蓋也不會像以前那麼複雜，或者至少不會再繼續變得更大。

其次，政府規劃由聯準會監管所有攸關體系安危的金融業者，不只是目前即由聯準會監管的大型銀行控股公司，未來也將包括大型的華爾街投資銀行，可能還有大型保險公司和其他重要的金融企業。不從事銀行業務的大型綜合金融公司未來也無法逃避嚴格的監督。

第三項很重要，政府規劃賦予主管機關法定權力，一旦攸關體系安危的大型金融企業瀕臨破產時，主管機關得以依法而有序地進行接管或解散。未來政府一旦面對此類挑戰，就不會只有丟錢援救或坐視倒閉兩種選擇，也可避免造成危險的混亂，像雷曼公司那樣。我覺得要解決「大到不能倒」的問題，這些法律規定都是必要的。這些做法除了可以避免雷曼事件重演之外，也讓那些大公司不再心存僥倖，以為規模夠大就能無條件獲得政府的援救。我們在危機期間雖然幫助那些攸關體系安危的大企業恢復穩定，但要是能讓聯準會不要再負責這種援救任務，我是再高興不過。

該提案也跨出重要的一步，強調以宏觀審慎的方式，監督管理個別金融企業和市場。蓋特納原本設想，讓聯準會負責整個金融體系的監管，跟鮑爾森之前的建議一樣。但貝兒積極遊說國會重要成員，包括克里斯．達德等人，反對擴張聯準會的權力。貝兒似乎只準備讓聯準會管理那些非常大型的金融業者，如同政府過去的規劃一樣。但她希望能夠再設置一個監管會議機構負責整個金融體系，尤其是決定聯準會可以管理哪些金融業者。這個監管會議機構的首長將由總統任命。在其構想下，這個監管機構如果認為聯準會在管理職權上有所欠缺，也可以自行研擬增設必要的法規。

我跟蓋特納對貝兒的計畫都不太起勁。聯準會早就具備維護金融穩定的專業和經驗，現在再加進一個監管會議的頂頭上司，很可能讓聯準會對體系風險的反應在速度和效率上都打了折扣。不過到最後政府的計畫還是接納貝兒的構想，建議成立金融服務監督委員會（Financial Services Oversight Council），但不是由總統指派主席，而是由財政部長領導。這個委員會不負責法規研擬，也不親自指定哪些金融機構屬於「攸關體系安危」（以上為貝兒原本構想），但可以建議聯準會該特別注意哪些金融機構，以及對於這些機構的管理標準進行協商。這個委員會也能幫助相關局處掌握職責之外的金融狀況，並提供一個討論平台，讓各個主管機構之間一旦有所爭議，得以協商解決，同時匯整各個主管機關的看法，協助辨識金融風險的到來。

蓋特納和他的財政部同僚最後不得不屈服於政治現實，在白皮書上採納貝兒的一些建議，最主要就是因為達德和理察．謝爾比不但不給聯準會更多權力，反而決心要剝奪我們的監管職權，讓聯準會只負責貨幣政策。達德想要把所有的銀行主管機關整合成一個超大型組織。儘管蓋特納已經接納設立監管委員會的提議，達德還是回應說：「現在還要交付聯準會更多責任……就像是你兒子把自家旅行車都撞爛了，你還要給他一輛馬力更大、跑得更快的汽車一樣。」我覺得達德這些意見與其原則無關，而是因為當時痛打聯準會就能博得民意喝采。而謝爾比也很想利用這股反對聯準會的情緒。等到美國國際集團的紅利爭議在三月中爆開之後，連原本支持聯準會負責監管金融體系的巴尼・法蘭克都轉向增設監管委員會的想法。他認為在那場紅利爭議之後，聯準會已經沒有足夠的政治支持，不可能拿下維護整體金融穩定的監管職權。我相信法蘭克的政治直覺，所以認為再反對設置委員會也是徒勞無功。不過到後來，我愈深入了解它的運作，也漸漸能夠接受這個構想。

政府的改革計畫還包括許多其他措施，仍會給予聯準會一些權力，讓它得以撥款給金融機構和收購證券，確保體系中的一部分故障也不至於拖累全身，危及整體金融的穩定。這個計畫也試著把影子銀行體系（shadow banking system）攤在陽光下，許多不良證券都是從那裡冒出來的。比方說，它要求抵押貸款的債權人或債權證券的發行人也要保留一部分證券，「共同承擔風險」（借錢本來就有信用風險），這是巴尼・法蘭克特別想要達成的目標。

該計畫也準備加強管理金融衍生商品，例如造成美國國際集團嚴重虧損的投資商品。重要的是，要求更多衍生商品交易的規格化，由交易所集中清算，而不再是由當事人私下解決。讓衍生商品交易更為公開透明，將有助於主管機關和其他相關機構了解各公司和市場之間的互動狀況。況且大多數交易所都有會員支持，一旦出現違約情況，也會由交易所保證履行。如果大多數衍生商品都能在交易所買賣的話，萬一有大公司倒閉也比較不會讓火勢四處蔓延。為了確保交易所本身穩健運行，這方面的監管職權，包括金融體系中類似機構的管理和監督，也都會交由聯準會來負責，做為它維護金融體系穩定的一部分。

相較於鮑爾森藍圖對監管機關的大幅簡化，財政部版本算是溫和改良，現有的主管機關大多保留不變。這裡頭，政治現實是一大考量。比方說，蓋特納和同僚決定不合併證券交易委員會和商品期貨交易委員會，儘管兩者管理的市場和工具非常類似，目的也幾乎一樣。（例如美國證券管理委員會管理公司債交易，而商品期貨交易委員會管理公債期貨合約。）可是要把這兩個單位合併為一，在政治上就是行不通，因為它們的監督者是國會中兩個不同的委員會。國會監督委員會對自己地盤當然是小心守護，因為這兩個單位所管理的市場人士，可是會提供很多競選經費的。

該計畫還包括兩個主管機關的改變，其中一個變化比較重要，另一個則否。比較不重要那個是儲貸機構的主管機關，儲貸監理局將正式廢除。過去在它的監督之下，兩大儲貸機構（華盛頓互惠和印第麥克銀行）破產倒閉，另一個也差點完蛋（全國儲貸）。就名義上來說，像美國國際集團這麼龐大的企業，也該由這個組織迷你、經費有限的機關來監督。根據財政部規劃，這個管理局的監管職權將轉移給其他銀行主管機關接手。

比較重要的改變是推動設立「消費者金融保護局」（Consumer Financial Protection Agency），構想主要來自後來獲選為麻州參議員的哈佛大學法學教授伊麗莎白・華倫（Elizabeth Warren）在二〇〇七年發表的文章。華倫在文中呼籲設立金融商品安全委員會，保護消費者免於信用卡問題和不良抵押貸款的侵害，就好像消保會在烤麵包機起火時為消費者安全撐腰。鮑爾森二〇〇八年的「藍圖」也有類似構想，建議設置「商業行為」機構，不過這是防治內線黑幕，保護股票、債券投資人和金融服務業的貸款人和使用者（財政部方案則建議證券管理委員會負責保護投資人）。我們之前就接獲暗示，新政府傾向於不讓聯準會插手消費者保護，柯恩說塔魯洛曾談到「把消費者（保護）移到其他部會」。當時大約是在歐巴馬就職的四個星期以前，柯恩曾對政權交接小組的領導人塔魯洛做政務匯報。

對於設置新的消費者保護監管機構的構想，我的感受頗為矛盾。聯準會跟其他銀行監管機構一樣，對它所監督的金融機構有聯邦法律賦予保護消費者的權責，這裡頭包括大約五千家銀行控股公司和八百多家各州特許銀行，它們都加入聯邦準備系統。對於如何行使消費者保護法條，我們備有許多詳細的施行細則。在金融危機爆發前，我就知道聯準會因為種種原因，未能採取足夠行動來制止抵押貸款濫用的諸多情況，不過在部門主管珊蒂・布朗斯坦（Sandy Braunstein）的領導和我強力要求下，聯準會的消費者保護工作人員也有很大的進步。他們根據「住宅所有權與淨值保護法」（Home Ownership and Equity Protection Act）讓聯準會在二〇〇八年七月採行不公平抵押貸款防治細則，以及對於信用卡管理大刀闊斧改革在二〇〇八年十二月獲得通過，都是他們特別滿意的工作成績。

根據我們對於消費者使用狀況的廣泛測試，新的信用卡管理規則特別修訂在開戶和每月報表上的資訊揭示要求，其他還有保護消費者免於承擔預期之外的利息費用，同時為帳款清繳爭取到合理的時間期限。我們的改革都可做為信用卡持卡人權益法案的基礎，後來就成為二〇〇九年的信用卡法案（Credit CARD Act），在歐巴馬政府的督促下於五月獲得國會通過。部分新聞報導指出，這項法案大多沿自聯準會現行規定，但我們的貢獻反而遭到漠視。

當然我也理解歐巴馬政府認為金融服務業的消費者保護必須事權統一，由單一機關負起全責的理由。在他們的計畫中，這項法案可以讓他們毫不含糊地宣稱是人民的勝利。而且各國央行大多數也不負責消費者保護的工作，所以我幾乎難以說服當局說這原本就是我們的核心任務之一。再從立法的優先順序來看，我認為更重要的是維持我們在銀行管理上的安全和穩定，並且加強針對整個金融體系「宏觀審慎」的監管重任。這個矛盾的臨界點，我想就是聯準會內的消費者顧問委員會的一場會議，該委員會集合了借貸雙方的相關人士。我在會議上詢問委員會成員，聯準會是否應該繼續保有消費者保護的權責。

這些人雖然都跟聯準會合作了好幾年，也看到我們比過去更為積極，但大多數還是表示支持成立新機構來專門負責消費者保護事宜。到最後，就跟貝兒提議的金融穩定委員會一樣，我對當局規劃剝奪聯準會的消費者保護權責並未積極抵抗。

當然，我決定不再力爭消費者保護權責，讓聯準會裡一些受到影響的員工感到相當氣餒。珊蒂・布朗斯坦為此召開了一次公聽會，讓我可以傾聽大家的意見。但我跟大家說，就算我們頑抗到底，大概也打不贏。我還解釋說，當局依法也會提供大家選擇出路的權利，可以轉換到新機構任職，薪水和資歷也都能保留不變。不過那場公聽會開得真是難過。他們都非常關注消費者保護，也花費許多時間完善諸多細則，結果最後得到的卻是國會投票表示不信任。我了解他們的無奈，也跟他們一樣感到挫折。

財政部公布計畫後幾個星期之內，蓋特納的工作團隊就把政府的浩大提案導入立法程序，由巴尼・法蘭克根據提案擬定一系列的法案。從二〇〇九年十月中到十二月初，他主持委員會議進行法案修訂，最後把各項修訂結果全部匯整成一部超大法案，總共一千二百七十九頁。十二月十一日在參議院進行表決，以二二三票對二〇二票獲得通過，但沒有一位共和黨議員投下贊成票。

這條改革之路還有許多需要妥協的地方。在法蘭克的委員會還沒開始進行立法事宜之前的九月，他就先跟美國獨立銀行家協會（Independent Community Bankers of America）的會長康登・范恩（Camden Fine）達成協議。范恩領導的銀行家們對於新的消費者保護機構頗感疑慮，他們都不想跟一個新的消費者金融保護機關打交道。但范恩答應不進行遊說反對，只要法蘭克同意資產在一百億美元以下的銀行不必接受新機關的定期檢查（范恩協會成員幾乎都在百億美元以下）。這個消費者保護機關的立法仍以所有放貸機構為對象，不分大小，但實際上只針對大銀行實施檢查。至於較小的銀行是否符合法規要求，仍交由聯準會、通貨監理局和聯邦存款保險公司執行查核。

法蘭克同意范恩的要求，因為要處理這個問題，他必須把銀行體系做點區隔。要是讓整個美國的銀行業團結起來，很可能就有足夠的政治實力擊沉這個消費者保護機構。儘管大型銀行還是抱持反對態度，但民眾對於華爾街的憤怒未消，很少政客要跟大銀行站在一起，至少不敢公然這麼做。況且國會議員的選區裡頭，至少都會有一家地區銀行。長著一副方正下頷的范恩，過去是密蘇里州的小鎮銀行家，也曾經是密蘇里州稅務署的主管，為人精明能幹，一向對小銀行照顧有加。他認為這次金融危機根本不是小銀行造成的，事實證明也是如此，卻因為大銀行的罪過也要一併遭到懲罰，簡直是豈有此理。我擔任聯準會主席的時候，幾乎每年都會在辦公室跟他見面，由他向我匯報獨立銀行家協會的開會結果。當時在二〇〇九年的秋天，聯準會在外的支持者並不多，獨立銀行家協會應該就是其中之一。

在此期間，聯準會必須保持的獨立性同時遭到極右和極左派的攻擊。當時兩方人馬都高舉著公開透明的旗幟，一個要求「稽核」（audit）聯準會的帳務，另一個要求我們公布危機期間從貼現窗口和緊急貸款機制借錢的金融機構。這兩個訴求在表面上似乎都很有道理，因此我們也很難展開反擊，但是這些做法都可能對聯準會的運作帶來嚴重威脅，不但會妨礙政策效率，更會危及聯準會的獨立，讓我們無法擺脫政治壓力。

我覺得對聯準會查帳的要求最讓人感到灰心，因為我們的運作長久以來都是經過嚴密審計查核的。那些人不停高舉「稽核聯準會」的不實口號，故意誤導「稽核」的意思，讓大家以為我們的運作都不必經過審計查核。像聯準會這麼大的金融機構的資產負債表，有誰不想進來翻查一下？事實上聯邦準備銀行的財務報表都要經由一家民間的會計事務所進行審計，聯準會的財報也要由督察辦公室（Office of

Inspector General）聘用外部公司進行查核。包括審計人員的意見書等所有的查核資訊，都會在聯準會的網站上對外公開。而且就跟大多數聯邦機關一樣，我們的督察辦公室也有權對聯準會的各種運作進行調查與審核。

所有這些財務稽核之上還有美國政府責任署（Government Accountability Office；GAO）統籌評估聯準會所有運作的效率和完整性，負責向國會報告，唯一例外是無權過問貨幣政策的決策過程。但就「複查檢討財報」來說，政府責任署是檢討（review）並非稽核（audit），是檢討政策和績效。雖然這些複查檢討也非常重要，但跟一般所謂的「稽核」還是相當不同。美國國會早在一九七八年就修法排除政府責任署檢討聯準會貨幣決策的權責，但其他運作包括對各銀行的監管等也都照常要接受檢討。國會之所以排除貨幣決策的檢討權責，是再次確認他們了解貨幣政策旨在追求經濟的長遠利益，不能受到短期政治壓力的干擾。取代政府責任署檢討的是，國會要求我們提供定期報告和參與聽證，藉以掌握聯準會行動是否遵循我們被交付的目標：最佳就業狀況和物價穩定。

國會小心翼翼地在這裡頭取得平衡，一方面要讓聯準會負起責任，另一方面也要保護它免於政治壓力的不當侵迫，但是現在「稽核聯準會」的訴求，讓政府責任署得以檢討貨幣決策的任何面向，包括對任何會議決策提出事後批評，很可能就會打破過去的平衡。政府責任署的檢討通常也是由國會議員發動，其中自然反映著某些政治目的，因此這類審查很容易就會變成騷擾的工具。後來我在演講時對聽眾說，各位要是對國會管理聯邦預算的績效感到滿意，自然也可以讓他們立法審查聯準會，讓國會擁有決定貨幣政策的權限；我這麼說也不誇張吧。

在國會中推動「稽核聯準會」運動的，是由德州眾議員隆恩·保羅（Ron Paul）所領導，他原本是婦產科醫生後來從政進入國會，在二〇一二年卸任。他兒子蘭德・保羅（Rand Paul）則在二〇一〇年克紹箕裘獲選為參議員。老保羅曾經爭取過自由意志黨和共和黨的總統參選人，對於回復金本位制度情有獨鍾。在參議院推動「稽核聯準會」的是佛蒙特州參議員伯尼・桑德斯，他自認為是民主社會主義者。保羅和桑德斯都有嚴重的民粹傾向，他們不信任技術專家機構，例如聯準會就是其中之一，也認為金融權力在少數人手中過度集中。在民主體制中，有一些民粹派也算是健康，讓大家牢記政府應該要服務人民，對於政府和產業界菁英行使不當影響力的情況要特別警惕。包括我在內的政策制定者都應該要能夠聽到這些訊息。然而不管是左派或右派的民粹，一旦走向極端，也可能導致憤世嫉俗地操弄公眾怒火，蔑視事實和邏輯論證。民粹主義一旦占據政治對話的主導地位，幾乎就不可能做到良好的治理。

我並不擔心保羅或桑德斯會特別為難我個人。他們的看法也有一絲清爽的純淨，似乎不太會受到現實世界的紛雜所影響。這兩人主要的差異，除了意識形態之外，桑德斯通常是聲嘶力竭地吶喊訴求，而保羅則是氣定神閑和藹可親。不過保羅的想法有時候會毫無道理地偏向陰謀論。比方說他為了證明貨幣政策應該接受政府責任署的檢討，在二〇一〇年二月的聽證會上指控聯準會曾提供水門案非法入侵的經費，還說聯準會在一九八〇年代曾提供伊拉克獨裁者海珊五十五億美元的貸款，讓他購置武器和核子反應器。這些話讓我聽得目瞪口呆，直呼「太離奇了」，後來聯準會的督察辦公室對此嚴密調查，證實我的反應沒錯。

跟大多數政客相比，我們每個人都可能在某些時候卸除武裝，展現誠實的一面。我在二〇〇九年五月兩院聯席經濟委員會舉辦的聽證會上告訴保羅，他跟他的同志所鼓吹的「稽核聯準會」，似乎是想要操縱聯準會如何擬定貨幣政策，他爽快地承認，並回應道：「當然！因為這個政策很重要。」他在二〇〇九年發表著作《終結聯準會》（End the Fed）中更明白地表示，他把「稽核聯準會」當做是徹底廢除本會的跳板。我跟這位議員也曾真誠地私下討論過，有一次還邀他來聯準會一起早餐會報。他的態度無疑是真誠的，但想法有點武斷，對於金本位制度在歷史上的真正表現（相對於理想化的版本）欠缺清晰的認識。

儘管法蘭克和北卡羅萊納州民主黨眾議員梅爾．瓦特（Mel Watt）反對，後者後來被任命為監督房利美和房地美的機關首長，保羅在十一月九日於眾議院金融服務委員會中與佛羅里達州民主黨眾議員艾倫．格雷森（Alan Grayson）一起提出修正案，成功撤銷貨幣政策免受政府責任署審查的法條（格雷森可說是保羅的好搭檔。他雖然擁有好幾個哈佛學位，仍是極端反對聯準會的民粹派，最喜歡在聽證會上抓著我和其他聯準會代表死纏爛打）。第二天，股市大亨巴菲特在接受電視台「CNBC」採訪時警告國會，千萬不要破壞聯準會的獨立性。新罕布夏州參議員葛瑞格則表示，跟保羅修正案相關的任何法案送到參議院以後一定全力阻撓。

相對於主張「稽核聯準會」的群眾，我倒是跟那些逼我們透露借款人身分的國會議員有點同感。不管是中央銀行的運作或一般政府施政，公開透明都是非常重要的，尤其是這裡頭包含著極大的權力運作。不過我也知道，馬上要做到公開透明恐怕會在未來的金融恐慌中造成嚴重問題。要是我們被迫公開借款人的身分，那麼除了最絕望的銀行之外，誰也不敢前來貼現窗口借錢。那麼我們自由放貸以平撫金融恐慌的能力就要大受限制，而這是中央銀行幾世紀以來的正常運作[18]。遺憾的是，有許多批評者把短期資金貸款

18過去歷史上曾經發生有趣的「點名」事件，是一九三二年八月底，美國報上突然公布接受金融重建公司（Reconstruction Finance Corporation；RFC）貸款的銀行清單。經濟史學家指出，金融重建公司在頭七個月的運作（一九三二年的二月至八月）頗有成效，挽救不少銀行免於倒閉，但是在貸款人身分被公開之後，成效大減。

和挽救貝爾斯登、美國國際集團等搖搖欲墜企業的長期貸款混為一談，那些短期資金貸款其實都有安全抵押品，借款人也都是仍然保有信用能力的金融企業。那些流動資金貸款並不是送給個別企業的禮物，而是在金融恐慌期間，流動資金告竭的時候作為補充。我們借錢給這些金融機構，是希望他們跟客戶間的資金流動可以維持正常，而他們的客戶就包括一般家庭和地方企業。

當然我也了解桑德斯的難處，他說他回到家鄉怎麼跟選民交代：「各位的錢都借出去，不過我們不曉得借給誰。」所以我決定推動聯準會的透明化。多年來聯準會依法每周定期公布資產負債表，但一向稱之為「H.4.1」報告，所以少有人知道這到底是什麼。如今聯準會的工作人員已經設置新網站，在二〇〇九年二月正式啟用，讓大家可以更方便取閱這些訊息。其中包括危機時期貸款計畫的細節，並以互動式圖表來顯示資產負債表的變化趨勢。我也要求唐·柯恩組織一個內部專案小組，檢討過去在公開透明上的做法，未來將以釋放盡可能多的有用資訊作為目標。二〇〇九年六月，我們開始按月公布貸款報告，包括借款企業數目，按企業類別的貸款餘額，抵押品也按類區分並公布信用評等。不過因為金融體系和經濟一直未能脫離險境，所以我們還是拒絕公開貸款企業的身分，儘管因此面對彭博新聞社（Bloomberg News）和福斯新聞（Fox News）根據資訊自由法提出訴訟。

當國會正忙著立法事宜，我們也忙著檢討自己在銀行監管上的缺失，努力設法改善。我再次找來柯恩，要他從聯準會和聯邦準備銀行找些人手，從這次事件歸納出一些「經驗教訓」，讓各銀行和我們自己做參考。在整個二〇〇九年裡頭，我們就根據柯恩小組提出的準則，堅持要求美國銀行界擴增吸收虧損的資本，提高流動資產以應付擠兌狀況，並要求他們改善風險管理。我們也要求聯準會的監管人員，若有發現缺失一定要強力要求銀行進行改正行動，並且將缺失反映給銀行高層。

我們在銀行監管上的改革由丹尼爾．塔魯洛領導。他知識淵博、擇善固執，但有時耐心不太夠，不過對於抗拒改革的聯邦準備系統來說倒是最佳人選。在我的支持與配合下，塔魯洛裁掉一些準備銀行的自主監管權，這是畢斯在二〇〇五年沒有達成的目標。他的努力讓各地區銀行的監管作業趨於一致，對於大型銀行的監督管理也趨協調。塔魯洛魄力十足，有時候惹得相關人士非常不高興，但是在他的堅持下，聯準會的監管文化也慢慢開始改變。我們在聯準會的內部破除組織隔閡，二〇〇九年春季的大銀行壓力測試中採取綜合各部門的新方法，讓我們的監管人員、經濟學家、律師、會計師和金融專家一起合作。二〇〇九年，聯準會的銀行監理局局長羅傑．柯爾退休，我們指派資深經濟學家派翠克．巴金森接任，他之前曾借調到財政部協助金融改革專案。我們在銀行監管方面正力圖擴大視野，而派翠克正符合要求。他從來沒有當過基層的監管人員，但他對整個金融體系有深刻的認識，也非常了解金融體系在經濟中所扮演的角色，由他來領導這個部門的工作剛好可以帶來「局外人的眼光」。

除了改變我們內部的文化以外，我們也希望聯準會所監督的銀行能改變經營文化，要求各銀行的管理高層和董事會，更注意那些在危機發生之前就導致過度冒險的因素。比方說，我們跟其他銀行監管機關都要求銀行的薪酬獎勵應該針對長期業績，而不是根據冒險押寶的短期獲利。這套原則我們不只應用在管理高層，也適用於底層員工，包括交易員和放款人員，他們的決策都可能為銀行帶來風險。

國會的工作自然是集中在國內的監管事宜，但是光對美國的銀行實施新規定和更嚴格的監督管理，並無法確保日益國際化的金融體系維持穩定。要是缺乏各國的協力合作，更嚴格的國內法規只會迫使銀行業者出走，遷移到國外的金融中心。此外，如果缺乏各國的協調合作，即使國外管理法規也一樣嚴格，卻難以跟美國的規定保持一致，就會造成全球資產市場的破裂，也會減損新法規的效用。這些潛在問題的解決都要靠巴塞爾與國際清算銀行。國際清算銀行除了是各國央行聚會討論之處，也是國際論壇「巴塞爾銀行監管委員會」（Basel Committee on Banking Supervision）的主持人，這個委員會是由二十幾個國家組成，包括主要工業國和新興市場經濟體。

二〇〇九年九月初，巴塞爾委員會開始針對銀行資本和流動資金的新要求進行國際協商，丹尼爾．塔魯洛、比爾．杜德禮和我代表聯準會參與討論，代表團成員還包括聯邦存款保險公司的謝拉．貝兒和通貨監理局局長約翰．杜根。這次協商達成協議，日後被稱為「第三次巴塞爾協定」（Basel III accord）。第一次巴塞爾協定是在一九八八年完成，為風險基礎資本（risk-based capital）設定原則，也就是說銀行對於風險資產如商業放款等，應持有較多的資本做為風險吸收之用，而比較安全的資產如政府公債等則備抵可以比較低。然而長期下來，第一次巴塞爾協定雖有早期設定的風險權值，銀行後來也都已經找到規避方法，有些符合協定中低風險定義的資產其實富含高風險，或者是把高風險資產納入資產負債表以外的投資工具（例如花旗集團的結構型投資工具）。第二次巴塞爾協定是在二〇〇四年推出，建定了一個更精巧（但也夠複雜）的方法來計算大銀行的資本需求，由監管人員參考銀行本身的風險模型進行監督。這些針對各類資產設定資本數額的新規定（但美國也從沒完全照做），主要是勸阻銀行鑽制度的漏洞，而不是為了增加或減少銀行的資本總額。

但是我們現在都痛苦地知道，全球各地有許多銀行就是因為資本不足才陷入危機。因此第三次巴塞爾協定的主要目標就是要提高銀行的資本額，尤其是那些跨國經營、攸關體系安危的大銀行。新協定在二〇一〇年十二月公布，不只是要求各大銀行提高資本，而且也要另外設置「對抗景氣循環」的資本緩衝。各銀行應在業績良好時確實增加資本，到了景氣變差時才能吸收虧損並維持放貸。隔年巴塞爾委員會又要求那些攸關體系安危的大銀行，其資本額必須高於其他銀行同業。

除了針對風險基礎資本外，第三次巴塞爾協定也對國際資金要求設定最低槓桿比率的新標準。這個槓桿比率是指銀行總資本相對總資產的比率，不考慮個別資產類別的風險大小。在這方面，美國早於其他大多數國家，在此次金融危機之前就已要求銀行必須符合最低槓桿比率，雖然這個比率設定得相當低。第三次巴塞爾協定則把這項要求推廣到所有跨國銀行業者，而美國的監管機關，包括聯準會也都要調升銀行業的槓桿比率必須超過巴塞爾最低標準。

關於這個槓桿比率應該設定在哪兒，不管是國際談判或國內協商都激起相當大的爭議。主張高槓桿比率者認為，第二次和第三次巴塞爾協定對於風險基礎的限定標準太過複雜，銀行很容易從中動手腳，就他們看來，只有這個槓桿比率才能反映銀行資本的真實情況。反對者則指出，槓桿比率如果沒有配合風險基礎的要求，讓銀行不管持有高風險或低風險資產，都要求一樣的資本準備，就等於提供誘因，鼓勵它們去冒更大的風險。我認為合理的折衷是同時採行這兩種資本要求，像我們在美國採取的方法一樣，把槓桿比率當做是最後一道防線，輔助風險基礎資本標準的控管。

第三次巴塞爾協定最後也會解決另一個重要問題。在這次危機期間，有些金融機構的資本額雖然符合最低標準，但因為缺乏足夠的現金和容易脫手的流動資產，無法滿足支付需求而飽嚐壓力。例如美聯銀行符合主管機關的資本標準，但因為資金來源枯竭差點破產（也因此不得不被富國銀行收購）。為了解決這個問題，第三次巴塞爾協定原已較前嚴格的資本要求又增添新的流動資金標準。根據國際協議，銀行業者除非遭遇最嚴重的擠兌，否則都應該要持有足夠的現金和流動資產以應急需，不必向本國央行求助。

當我們忙著協商第三次巴塞爾協定時，國會也繼續進行監管改革的立法工作。在眾議院通過法蘭克法案一個月以前，克里斯．達德也公布他擬定的提案，厚達一千一百三十六頁。但他不像法蘭克，沒有跟著財政部的提案一起發布，他認為靠著兩黨協商就能在參議院通過，少數黨在這邊比在眾議院更有能力阻擋。由於無法吸引理察．謝爾比進行實質談判，達德在二〇〇九年十一月十日公布討論草案，但謝爾比在十一月十九日的參議院銀行委員會議上提出批評，尤其反對設置保護金融服務業消費者的新機構，認為此舉讓銀行的負擔太大，而且這個機構也不足以向國會負責。

我跟聯準會的律師團一起研究達德提出的法案，很高興看到它提出一種新機制，讓聯邦存款保險公司可以依法安全地解散破產的大型金融業者，這是政府計畫中力推的重要法條，也是我念念不忘的優先事項。不過我也很遺憾地看到他在法案中，堅持削減聯準會的權限，除了貨幣政策之外幾乎刪除殆盡。根據達德提出的議案，我們不但失去消費者保護和銀行監管的權限，在確保金融體系安穩的作用也不大，達德反而提出一個新機構負責金融穩定，由總統任命的獨立主席領導。

二〇〇九年十一月二十九日，我投書《華盛頓郵報》為聯準會辯護，主張銀行監管和金融穩定的維繫都很需要聯準會的參與。投書報社本是華府國會議員常用的手段，但聯準會主席倒是少見。我寫道：「在控制這場危機方面，聯準會發揮重要作用，我們應該保留而非降低這個機構的能力，以促進金融穩定及經濟復甦，不會引發通貨膨脹。」我指出聯準會所提供的多種專業與經驗是獨一無二、無可取代的。此外，在金融恐慌期間聯準會必須扮演緊急流動資金的放款人，我們需要了解恐慌的來源和籌款企業的狀況；基此，我們需要扮演一些監管金融機構的角色。從金融危機後的全球趨勢來看，各國央行在銀行監管和金融穩定兩方面都是朝著扛起更多責任的方向走。例如，英國央行早在一九九七年就喪失監督銀行的權力，結果二〇〇七年北岩銀行的擠兌就被殺了個措手不及，部分原因就在於英國央行無權監督銀行。二〇一二年英國國會又把銀行監管的權責交還英國央行，並在央行裡增設一個新的金融政策委員會，全權扛起維護英國金融體系的重責大任。同樣地，歐洲央行後來也被賦予穩定金融的新任務，並在二〇一四年開始在歐元區進行銀行監管。

達德在二〇一〇年一月六日宣布不再參選連任。他的個人聲望和在參議院的影響力日漸下滑，部分原因是來自一連串的爭議，包括安傑羅・莫西洛的全國金融公司，在達德家鄉康乃迪克州和華盛頓獲得優惠利率的再抵押貸款，引發民眾對達德的質疑。因為不再參選，所以達德把他的注意力都擺在三十六年國會生涯中最後的重要立法工作。但是謝爾比公開反彈，表示這個提議要寫成法案在參議院爭取支持，還要再下很多工夫，也要花費許多時間。這就讓我們有幾個月的時間可以向達德委員會內外的參議員多做說明和解釋。

聯邦準備銀行各個總裁對於喪失銀行監管權責都特別警覺，因為這本來就是準備銀行的重要功能之一。過去幾十年來，準備銀行已經歷過幾次縮編裁員，許多金融服務如支票結算等，都已經被整合到更少的幾個地點來處理。尤其是隨著支票電子結算的出現，過去許多處理紙本支票的員工都已經不需要了。準備銀行也還要參與貨幣政策的制定，分發貨幣和硬幣，注意各地區的經濟狀況，參與一些社區發展的工作，而現存員工裡有一大部分就是負責檢查和監督銀行及銀行控股公司。

從一開始，部分準備銀行總裁就懷疑聯準會聲明保護所有監管權責的承諾。提姆・蓋特納和政府高層則堅稱，國會只保留三十五家資本額五百億美元以上的銀行控股公司給聯準會督管。蓋特納認為要是可以保留最大型金融機構的監管權責，各州特許銀行的監管權可以交給其他機關去負責，這一點跟丹尼爾．塔魯洛的主張是一樣的。我同意監管最大型銀行的權責，對聯準會管理金融危機的能力是非常重要的條件，但我也想要保留監督較小銀行控股公司和各州特許銀行的權責。

我如此主張，有一部分是在回應準備銀行各總裁的疑慮，當時他們都把喪失監管權責視為存亡威脅。不過我也同意他們的擔心有其道理。要是各準備銀行無權監督那些規模較小的銀行，很可能會變成一個危險的盲點。過去我們可以檢查全國所有大大小小的銀行，對於整個銀行業的情況就比較能夠掌握，才能儘早發現一些潛在問題。透過檢查那些較小的銀行，也加強我們跟當地社區的聯繫，提升監控地區經濟發展的能力，對於貨幣政策的制定也大有裨益。畢竟，還有誰會比當地的銀行更了解地方經濟呢？因此在能力所及的範圍之內，我都會努力讓聯準會監管大型和小型銀行的權責不變。在我連任確認過程中參加的十幾次國會會議上，我都會談到這件事，在那一年的冬季和隔年春季，也打電話給許多國會議員提出說明。後來在幾次國會的聽證會上，我也再三地極力說服。

我知道我可以指望財政部和白宮強力支持聯準會保有對最大型銀行的監管權。事實上達德想要凍結我們監管銀行權限的決心也軟化不少，主要是因為歐巴馬總統在一次白宮會議上提出請求。跟達德在二〇〇九年十一月的提案相比，他在二〇一〇年三月於委員會上提出的法案，仍然保留聯準會監管資本額五百億美元以上銀行控股公司的權責。在達德的法案中，較小控股公司的監管權責則分給通貨監理局和聯邦存款保險公司進行查核。原本由聯準會負責監督的各州特許銀行也將交由聯邦存款保險公司。

雖然我們頗有進展，準備銀行的總裁們對於達德最新提案還是非常關切。在七家美國最大的銀行控股公司中，紐約聯邦準備銀行負責監督其中的六家，若是歷數三十五家大型銀行控股公司，則受其監管者高達十家。其他幾家準備銀行負責監管的三十五大控股公司不會超過四家，而聖路易和堪薩斯市兩家準備銀行的轄區中則沒有大型銀行控股公司。不過堪薩斯市聯邦準備銀行要負責監管一百七十二家州特許銀行，超過其他各家準備銀行。這就難怪堪薩斯市聯邦準備銀行總裁何尼會跟達拉斯總裁費雪聯手領導各準備銀行護衛銀行監管權。何尼多方奔走，自己也去拜訪幾位參議員，邀請他們跟其他準備銀行總裁開會討論。二〇一〇年五月五日，他找了另外三位準備銀行總裁和一群議員碰面，但是他的積極行動反而可能破壞我們在國會的溝通，當時已經快談出個結果了。何尼那時針對他跟參議員會議的討論，提交給聯準會和所有準備銀行總裁的匯報上寫道：「聯準會（尤其是主席）的領導一定要積極。」雖然我作風一向低調，但在這件事情上我可不消極，跟我在華府期間從事的任何事情一樣。有一次我打電話給參議員鮑伯．柯克，因為太強勢鼓吹保留聯準會對各州特許銀行的監管權責，他罵我像個遊說國會的利益團體代表。

聯準會聯合領導的傳統最終占了上風，理事會成員和準備銀行總裁們一起團結合作。聯準會在二〇〇九年七月即聘請琳達．羅伯遜（Linda Robertson）接任國會聯絡室主任，她曾在柯林頓政府的財政部擔任類似職務。國會山莊的每個職員和議員她人概都認識，也很清楚國會運作，知道議員們對於誘因和壓力的反應。她努力做好聯準會的工作，也讓總統那一邊能充分掌握我們的狀況，讓雙方的合作就算還不到完美的程度，也能保持相當的和諧。

到最後，雖然內部不免有些摩擦，我還是很感謝準備銀行總裁的支持，讓聯準會能安然度過一場政治危機。許多準備銀行總裁都善用自己的人脈，他們在當地和國會議員的關係都是培養多年。即使是鷹派的何尼也提醒看法近似的國會議員說，聯準會也不是鐵板一塊，大家對於貨幣政策的看法都能在聯準會裡充分表達。各聯邦準備銀行在地方上都設有二十四個分支辦公室，聘任民間人士組成委員會，透過這些民間人士、顧問委員會成員和前理事委員，和地方建立廣泛而深入的關係。因此在各個準備銀行分區裡，都有幾十位地方知名人士屬於我們所謂的「聯準會大家庭」，很多人也都願意貢獻一己所長。不過負責跟國會統籌溝通的琳達擔心兵多力分，可能弊大於利，因此對於各地區準備銀行的努力多有節制。

然而在謝爾比的嚴厲批評後，達德雖然嘗試過許多方法，卻從未能在參議院的兩黨協商中達到目的。他拉攏委員會中的兩黨成員針對特定問題達成折衷，也是進展有限。當他跟謝爾比陷入僵局時，他找來委員會中的共和黨籍議員柯克一起合作，柯克在共和黨中大概只算是中層位置。儘管多方嘗試，達德始終難以達成全面的協議，於是在三月二十二日法案提交參議院大會表決時，每一位共和黨議員都投下反對票。但他堅持不懈的努力，後來也的確發揮跨越黨派的效果。五月二十日參議院大會以五十九票贊成對三十九票反對，通過監管改革法案，其中有四位共和黨參議員投下贊成票。參議院法案跟眾議院法案一樣，都保留聯準會對所有銀行控股公司和各州特許銀行的監管權責，這要感謝明尼蘇達州參議員艾咪．克羅布察（Amy Klobuchar）和德州的貝利．哈欽森（Bailey Hutchison）；他是理察．費雪的朋友，也曾是政治上的對手）提出的修正案，還有康登．范恩率領的獨立銀行家協會努力遊說。達德之前也跟伯尼．桑德斯達成一項協議，要求聯準會增加資訊揭示，並對聯準會治理及危機期間援救計畫提供一次性的審查，以取代「稽核聯準會」的訴求。

接下來到了六月，幾位被選出的參眾兩院議員代表一起開會，解決參眾兩院法案的差異。在與會成員都同意妥協方案後，歐巴馬總統於二〇一〇年七月二十一日簽署法案成為法律。我也去雷根大樓參加簽署儀式，那裡是距離白宮幾個街區的綜合辦公大樓。我對這個法案感到很滿意，雖然還不到完美的程度，但最後結果和政府的提議已經非常接近，可說是非常的成功。巧合的是，那天下午我也參加了達德委員會的聽證會，對國會提交聯準會主席一年兩次的工作報告。我說，這一次的立法對於實現整體目標大有幫助，「降低未來發生金融危機的可能性，並加強金融主管機關的能力，因應可能出現的風險」。

達德冷靜地指出，聯準會和其他幾個機關還要花費數月甚至數年的時間，才能制定細則來施行這個正式名稱為「達德—法蘭克華爾街改革與消費者保護法」（Dodd-Frank Wall Street Reform and Consumer Protection Act）。我同意說：「還有許多工作需要完成。」事實上根據某個估計，這項法案需要各機關制定二百四十三項新規定，進行六十七個一次性的研究，完成二十二個定期報告；所有這些都必須在各機關人員執行正常工作的同時來完成。有許多規定牽涉到「多家機關」，表示這五、六家機關也要就此達成協議。

我覺得這個法案就爭議問題最後大多已達成合理的妥協，監督管理上的重要缺口已經堵上，聯準會將是攸關體系安危的大型金融業者，包括銀行控股公司、華爾街投資公司和大型保險公司如美國國際集團等的主管機關。對於這些大型金融業者，我們需要制定更嚴格的資本和其他標準，但是哪些業者符合攸關體系安危的資格則不是由聯準會決定。這項工作將交由一個新機構，即金融穩定監督委員會（Financial Stability Oversight Council）來負責，按政府原先的提議，是由多家聯邦政府的金融主管機關（包括聯準會）的首長組成，由財政部長擔任主席[19]。

另外，緬因州參議員蘇珊・柯林斯（Susan Collins）提出修正案，確保更嚴格的資本標準不只適用於本國業者，在美國境內營運的外資銀行也一體適用。這項措施激怒了某些外商銀行和它們本國的主管

19 該機構在二〇〇九年六月提案時名稱原為「金融服務監督委員會」（Financial Services Oversight Council）。

機關。在「達德—法蘭克法案」之前，聯準會一向相信那些外商銀行在美國的分行一旦碰上擠兌問題時，海外母公司會提供資金來支持它們。但事實證明在這次危機期間，外商銀行在美分行必須自食其力，從聯準會調借大筆款項以解燃眉之急。因此聯準會將會制定嚴格法規，要求外商銀行在美分行也要跟本國銀行一樣，遵守那些嚴格要求。

這個法案最後是跟政府原先提議一樣，主管機關在架構上改變不大。不過儲貸監理局是被裁掉了，另外也新設一個消費者金融保護局（Consumer Financial Protection Bureau）。巴尼・法蘭克和康登・范恩的協議也如其約定，較小的銀行不必接受該局的定期檢查。這個新機構以「局」（bureau）的層級來定位，是根據鮑伯・柯克的建議，技術上它會是聯準會的一部分。但這只是名義上而已。消費者金融保護局的局長將由總統任命，經參議院批准，因此他的運作將獨立於聯準會。聯準會無權僱用、解僱消費者金融保護局的任何員工，也無權指示他們進行什麼工作；聯準會對於消費者金融保護局的規定，既無權暫緩也不得推翻；聯準會不得干預消費者金融保護局的任何檢查作業和訴訟。我們只要出錢讓它營運下去就好（二〇一四年的經費是五億六千三百萬美元），這種不尋常的安排讓它不必為了預算每年進國會。但對納稅人來，誰出錢也都一樣。我們在消費者金融保護局的運作上多花一塊錢，交還給國庫的淨收益就少一塊錢。

行政部門又找來伊麗莎白・華倫設立這個新機構，讓它得以順利運作，她早在二〇〇七年就建議設置。但是共和黨人對此反對到底，所以她也絕不可能被提名擔任局長。我們之前曾有過非常融洽的交談，對於聯準會提供的合作她應該也是覺得很高興。但我們在政策上想要尋求一致看法時，她的直覺顯得太過民粹，當她成為麻州參議員時又常嚴厲地批評聯準會。

「達德─法蘭克法案」最重要的改革之一是賦予主管機關解散大型金融機構的權力，當這些攸關體系安危的大型金融業者陷入困境時。根據「有序清算權」（orderly liquidation authority）的規定，大型金融機構要是陷入困境，財政部長在徵詢總統意見後，取得聯準會與聯邦存款保險公司董事會的許可，可以依法關閉這家公司，交由聯邦存款保險公司處置。聯邦存款保險公司得接手經營這家公司，確保該公司履行義務以保障債權人（例如附買回交易的對手）。聯邦存款保險公司也得以拒絕原先簽訂的契約，例如美國國際集團的紅利獎金契約，讓無擔保債權人承擔損失。那家失敗企業的高層主管會被解僱，股東則是排在最後順位才會知道自己的投資剩多少。解散大型金融機構所需要的資金，由財政部無限量貸予聯邦存款保險公司，萬一要是發生虧損，這個缺口會由大型金融業者補足。為了讓聯邦存款保險公司的工作容易一點，大型金融機構要先提出計畫，業界戲稱「生前遺囑」，事先安排好解散事宜而不至於驚動整個金融體系。

隨著新的「有序清算權」到位之後，聯準會就不能再引用第十三條第三款的「異常且緊急」條款來搶救個別金融機構，例如之前援助美國國際集團和貝爾斯登公司都是根據這個條款。這項權力的喪失，我倒是很高興，但我們還是可以引用第十三條第三款緊急放款給許多金融機構，例如放款給證券商或者資助貨幣市場，雖然必須先取得財政部長的同意。對此我並不認為這是什麼讓步，畢竟一旦遭遇嚴重金融危機的時候，我想聯準會和財政部也不會不攜手合作吧。

不過這個最終法案的某些方面，還是削減了我們未來因應金融恐慌的能力。根據伯尼・桑德斯與克里斯・達德的妥協方案，我們還是要公開貼現窗口的借款人身分，只是可以延後兩年。這項規定在二〇一二年九月開始實施。延後公開總比馬上公開好，但是這項新規定也必定會讓那些在恐慌期間求助於聯準會的金融業者被烙上印記。這個法案也限制聯邦存款保險公司擔保銀行債務的權力，例如二〇〇八年哥倫布紀念日（譯注：十月十三日）即曾做此宣布。現在聯邦存款保險公司如果要這麼做的話，不但要聯準會和財政部長都點頭，還要取得國會的同意。這個障礙可不容易排除，我們之前看到問題資產救助方案的投票就頗為曲折。聯邦存款保險公司也不能再以體系風險的例外，來援助個別金融業者，例如之前幫助花旗集團恢復穩定那樣。

從我們的角度來看，其他影響聯準會的法規也證明比原本的提議更好。根據達德和桑德斯之間的協議，我們得以免除持續不斷的政治壓力，不必接受美國政府責任署針對貨幣政策的檢討（無須「稽核聯準會」）。但法案規定我們要接受美國政府責任署兩項一次性的查核，第一個是針對我們在危機期間的放款狀況，另一個則是要檢討聯準會獨特的管理制度，這是一個世紀前根據「聯邦準備法」（Federal Reserve Act）建立的。危機時期放款的檢討報告在二〇一一年七月公布，我們認為當時的貸款案在設計和運作上都極富效率，而且所有放款均已如數回收。關於管理制度的審查，主要針對由九位民間人士組成的準備銀行董事會，這是依法邀集銀行家及具備金融專業經驗者所組成。為了避免利益衝突，我們早有政策禁止準備銀行的董事們參與銀行管理和緊急放款的決策。美國政府責任署會發現，我們那些避免利益衝突的政策都被如實遵守，但還是建議我們在聯準會的網站上公告周知。根據現行法律，準備銀行理事會中有三位董事是由當地銀行業者推選代表擔任，為了避免外界認為銀行家自選管理者的疑慮，達德—法蘭克法案禁止這三位董事參與準備銀行總裁的票選，只限定由其他六名董事負責此事。

對於衍生性金融商品，最終法案和政府原本提議一樣要加強管理，讓更多衍生性商品進入交易所，促使買賣更加公開透明。而最後定案更超出政府原本設計，增設了後來被稱為「伏克爾條款」的規定，這名稱是來自最早的倡議者，即聯準會前主席保羅．伏克爾。伏克爾曾說，在他的時代裡，只有自動提款機才是最有價值的金融創新，他認為讓銀行在證券市場上自營交易，只會讓他們疏忽放貸本業，況且這也會讓銀行承擔太多風險，造成虧損之後又讓納稅人來收拾。歐巴馬總統在二〇一〇年一月簽署的「伏克爾條款」，禁止銀行企業從事許多證券、衍生商品、商品期貨和選擇權的短期自營交易。例外狀況是，買賣政府公債時可以利用衍生商品來對沖（或減少）銀行企業的風險，或者是幫客戶進行交易。就某方面來說，伏克爾條款可說是部分恢復了大蕭條時期的格拉斯—史蒂格法案，把商業銀行和投資銀行業務區分開來。

達德—法蘭克法案仍有未竟之功：房利美和房地美的現狀仍未解決，例如貨幣市場基金的脆弱和附買回市場的擠兌也沒解決。但是這部法案還是大有用處，也是了不起的成就。

我相信這麼多政府官員、國會議員和主管機關的主管和工作人員，一年半以來的辛勤努力，不管他們知不知道，都是受到威爾遜總統（Woodrow Wilson）高尚而務實的態度所引導，他在推動建立聯邦準備系統前，曾在就職演說中指出：「我們的經濟制度必須就其現狀來處理和修正，而不是光靠紙和筆憑空畫出。如此腳踏實地一步一步來，我們就能讓它成為應該要有的樣子。」威爾遜這些話，一個世紀之後仍然不過時。

第二十一章　曙光乍現又消失的第二次量化寬鬆

QE2: False Dawn

二〇一〇年二月三日，參議院投票通過我第二任期的六天後，我在聯準會艾寇斯大樓的寬敞中庭前舉起右手宣誓就職，安娜陪在我身邊。在危機期間一直幫助我的好朋友兼同事唐·柯恩，也同一天宣誓就任聯準會副主席。中庭的一樓、二樓和兩側大理石階梯都聚集了理事會成員，眾多貴賓和幾百位聯準會員工前來觀禮。

我對聯準會員工說：「美國和全世界都欠各位一份感激。我們迅速而有力地採取行動，發揮創意，面對大蕭條以來最嚴重的金融危機，力挽狂瀾，阻止經濟崩潰。」

我的感激之情是發自內心的，對於危機的因應都是團隊一起努力的成果。但我那一天還不能宣告勝利，因為仍有一千五百多萬個美國人尚未就業，數百萬個美國人可能會失去自己的房子。我說：「我們還要再竭盡所能，確保政策可以幫助美國恢復繁榮。」

在二〇〇九年夏季，美國經濟已經開始恢復成長，一年半以來的衰退似乎結束了，這是一九二九年至一九三三年大蕭條第一次探底以來最漫長的經濟衰退。對於二〇〇九年最後三個月的預估，原本是認為經濟產出正迅速擴張，然而那時的經濟成長卻沒能帶來就業市場的顯著改善。當年十月，美國的失業率仍達10.2%，為二十六年來最高，而且一直到年底都還站穩10%以上[20]。這個狀況讓我想起二〇〇一年經濟衰退之後的情形，我開始懷疑經濟是否會二次衰退。

我們的放款計畫和證券收購，還有歐巴馬政府的財政刺激和銀行壓力測試，似乎也都在發揮預期的效果。金融狀況改善，可說是經濟大規模復甦的開始。股市已大幅回升，融資市場的運作也更趨正常，銀行體系儘管還沒完全康復，但也似乎穩定下來了。至少就金融體系來說，現在應該是解除緊急措施的時候了。

我們在二〇〇九年六月採取第一個行動，聯準會每兩周一次的貼現窗口拍賣，提供給銀行的貸款額度從三千億美元減少為二千五百億美元。到了二〇一〇年三月，這個貸款拍賣完全停止，貼現窗口提供的銀行貸款條件也恢復正常。之前因應危機所提供的緊急貸款期限延長為九十天，但三月之後則恢復為隔夜償還。同時也沒什麼正當理由鼓勵銀行向聯準會調頭寸，所以貼現窗口的利率也很快地調升〇．七五個百分點。

除了根據第十三條第三款的「異常且緊急」條款，針對穩定貨幣市場基金、商業票據市場和證券公司的放貸計畫之外，所有的放款措施都在二月一日結束，與其他各國央行的換匯交易協定也一併停止。唯一剩下的特別貸款措施是「定期資產擔保證券貸款機制」（term asset-backed securities loan facility,

20 二〇一二年勞工部公布修正值，二〇〇九年十月為10%；二〇〇九年十二月為9.9%。

TALF），但在二〇一〇年六月三十日之後也不再承做新貸款。全部算起來，「TALF」總共放貸七百一十億美元，遠低於原本計畫的二千億美元額度，後來在二〇〇九年二月更調高至一兆美元的額度。不過它的幫助可不小，支持了將近三百萬筆汽車貸款、一百多萬筆學生貸款，貸給中小企業者將近九十萬筆，還有其他十五萬筆貸款和數百萬筆信用卡貸款。

我們這些貸款和援助計畫，我覺得都做得很不錯。聯準會這些貸款計畫不像援救貝爾斯登和美國國際集團那麼出名，當然爭議也比較少，但對於整個金融恐慌獲得控制可是非常重要。況且，我們雖然對範圍廣泛的對象釋出成千上萬筆貸款，但大家每一塊錢都還清，利息也沒少給，聯準會甚至因此賺了幾十億美元，也就等於是所有納稅人都賺到錢。更重要的是，這些貸款計畫讓金融體系的周轉不致失靈，信用流動順利暢通。沃爾特．白芝浩應該也會很高興。

雖然聯邦公開市場操作委員會中的鷹派和鴿派都同意緊急貸款計畫是該解除了，但他們對於貨幣政策應該在什麼時候恢復正常，則有不同看法。到了三月底，聯準會的證券收購方案也將結束，這是一年前就答應的事。在二〇〇九年三月第一次擴大量化寬鬆之前，聯準會手中的證券資產只有七千六百億美元，但現在我們持有的美國公債；房利美、房地美和吉利美房貸抵押擔保證券，以及房利美和房地美的債權，總額高達兩兆美元。這段期間的聯邦資金利率一直是幾乎等於零，而且我們在公開聲明中也一直表示它在「更長期間內」也會繼續維持在非常低檔。以堪薩斯市聯邦準備銀行總裁湯瑪斯．何尼為首的鷹派（他在二〇一〇年的聯邦公開市場操作委員會議中可以投票），都很擔心貨幣政策這麼寬鬆會有不良副作用，就算不會造成通貨膨脹壓力上升，也可能讓金融市場再度熱中追逐風險太高的報酬。他們對委員會施以壓力，要我們好好計畫一下，該如何從這種不太正常的貨幣政策走出來。

由於失業率仍然逼近歷史高峰，通貨膨脹壓力也相當低，我覺得我們距離緊縮政策還遠得很。我這個想法是受到兩個歷史事件所影響，一樁是七十幾年前，另一樁是最近的事。第一樁是大蕭條期間，於一九三七年至一九三八年的經濟衰退。羅斯福總統在一九三三年上任之後，採取貨幣政策和財政政策雙擴張的手段，讓美國經濟重新走上復甦之路。然而當時大家太害怕通貨膨脹出現，於是在一九三七年把貨幣和財政政策雙雙調為緊縮，儘管當時的失業率仍然居高不下。增稅和貨幣供給緊縮（有一部分是聯準會政策造成）使得復甦力道軟弱的經濟又急劇衰退。另一個最近的例子則是日本央行在二〇〇〇年和二〇〇七年兩度緊縮，撤除零利率，但都操之過急，最後的事態發展逼得央行不得不走回頭路。當然，詳加規劃總是好的，聯邦公開市場操作委員會委員針對政策機能正常化進行討論和協商也很合理。況且要是找到一個可行的策略，一旦需要時可以緊縮信用，也許聯準會內部的鷹派和外頭的批評人士就不會這麼緊張。

寬鬆政策要怎麼恢復常態的問題，巴尼·法蘭克也認為公開討論會有幫助，所以他邀請我參加他在眾議院金融服務委員會於二月十日召開的聽證會。不過我對這個聽證可不太熱中，尤其是兩周之後我就有半年一次的貨幣政策執行報告聽證會要開。而且前一周我也被排定要參加七大工業國集團的財長和央行首長在加拿大伊魁特（Iqaluit）的會議，參加法蘭克的聽證會肯定會耽誤到準備時間。不過乖乖出席還是比拒絕法蘭克要容易多。

伊魁特是加拿大北部努納武特（Nunavut）地區的首府，距離北極圈只有兩百英里，人口僅七千人。四面八方是白雪茫茫，冬天只能搭飛機過來。此地的嚴峻樸素，對於這次會議的東道主，加拿大財長吉姆·費海提（Jim Flaherty）和其歐洲夥伴的政策日標似乎還挺搭的。如今危機發生時的一些混亂狀況已經結束，他們跟美國聯邦公開市場操作委員會和國會中的鷹派一樣，都主張財政和貨幣政策不應該再繼續擴張下去。但蓋特納和我合力反駁，我們對於寬鬆政策至今取得的成果，是否足以承受改弦易轍頗為懷疑。

伊魁特的討論還沒談出結果，大夥就忙著去玩狗拉雪橇（我沒去，但梅文・金恩去了），還有參觀冰屋和品嚐海豹肉沙西米（冰屋我跟上，但海豹肉就婉拒了）。那段很靠近北極的旅程，天氣一直很捧場，但要返回華盛頓時反而耽誤了。我們離開加拿大以後，碰上一場嚴重的暴風雪，後來被稱為「末日雪暴」（Snowmageddon），華盛頓和大西洋沿岸很多地方積雪達兩英尺。由於華盛頓機場關閉，我們只好先到波士頓過一夜才回到家。

那時候政府部門停止上班，但為了周三的聽證會，我還是要先做準備。周二上午，我在聯準會的前廳會議室和穿著牛仔褲、毛衣和法蘭絨襯衫的員工碰面，這間會議室雖然不大，但布置優雅，四面掛滿了歷任主席的照片。我們複習了一些我可能被問到的問題，另外有些員工則是透過電話會議來參與準備。結果聯邦政府一直到周五才恢復上班，所以那場聽證會延到三月才舉行。但我們在聯準會的網站上先公開我的聲明，說明到了適當的時候，如果聯準會的資產負債表還是比平常膨脹太多（很有可能），我們將會如何調升利率。

在危機爆發之前，聯準會是透過調整銀行準備，來引導聯邦資金利率。具體來說，如果是要提高聯邦資金利率，我們會賣掉一些證券，把錢回收進來，就能減少銀行準備，那麼各銀行就比較需要互相借調頭寸，聯邦資金利率自然就會上揚，因為這個利率就是銀行間拆款之用。但是第一次量化寬鬆時，我們收購了大量證券，銀行體系資金氾濫，大多數銀行也就不必互相調頭寸。由於銀行間幾乎沒有短期借貸，聯邦資金利率也就降到幾乎為零。在這種情況下，只是稍微減少銀行準備的供給，恐怕難以影響銀行的借貸需求，因此也難以引導聯邦資金利率。簡單來說，聯準會引導短期利率以追求最大就業和物價穩定的傳統方法，現在可能不再有效了。

因此如果必須緊縮的時候，我們就需要靠新方法才能提高利率，即使到時資產負債表仍然很大。在問題資產救助方案中就有一個重要的新工具，這是國會給我們對銀行準備金在聯準會帳戶支付利息的權力。我們設定那個利率是〇．七五個百分點，未來如果要採取緊縮政策，就可以調升這個利率。要是這個利率調高，那麼各銀行會樂於把錢存在聯準會，而不願意借給其他銀行或任何人，因此調高這個利率就可以影響聯邦資金利率和其他短期利率。

為了補充該項工具，我們也測試了其他辦法來吸收銀行體系中的準備，而不必拋售聯準會的證券。其中之一是提供期限更長且殖利更高的定期存款帳戶。各銀行把準備存在聯準會裡頭，就像是消費者在銀行開的支票帳戶，而銀行也像擁有支票帳戶的消費者一樣，可以在必要時從聯準會帳戶中提領資金。我們準備提供給銀行的定期存款帳戶，也像是定期存單（certificates of deposit; CD）。存在定期帳戶中的銀行準備，就像是錢存在定期存單裡頭一樣，那麼銀行體系中可動用的準備供給就會減少。既然可動用的準備減少，那麼資金利率就會走高。還有一種辦法，是拿聯準會的證券向券商和其他非銀行的金融業者借錢，這就不必動到銀行的準備，但也可以造成銀行體系可動用準備減少，而引導資金利率上揚。

當然，我們只要賣掉一些證券，就一定可以緊縮貨幣政策，但量化寬鬆的效果也因此會受到影響。到最後我當然也願意考慮拋售證券，只要拋售過程循序漸進，而且提前公布。不過我覺得這是讓聯準會資產負債表正常化的長期方法，並不是緊縮政策的主要工具。我很擔心聯準會要是拋售證券，會引發金融市場的動盪，並對利率走勢帶來難以預料的影響，這對於金融管理而言是個比較不精確的做法。

我們的新方法雖然還在繼續發展中，但我也看到相當多的狀況，有信心緊縮政策應該不會造成技術上的障礙，即使聯準會此時的證券部位比危機前高出許多。我希望國會議員和市場人士都能了解這一點，也希望他們明白，開發這些新工具並不代表聯準會將很快考慮緊縮信用。

聯邦公開市場操作委員會中的鷹派，除了擔心平常就很重視的通貨膨脹之外，現在也很擔心利率太低可能鼓勵投資人蠢動，投資市場最近正為了報酬率太差而感到沮喪，如今的低利率可能鼓勵他們承擔過度風險，助長資產市場再吹出新泡沫。我對這個問題也非常重視。畢竟過去的泡沫化我們也都經歷過，所以我也想要確保聯準會現在所做的一切，都能夠維護金融穩定。而且，我之前就說過，我認為投機狂熱的第一道防線就是監管政策。

我們對那些規模最大、營運最複雜的銀行業者已經加強審查，並且特別注意整個金融體系中的風險。在二〇一〇年，我們進一步提高對於金融體系的監督，包括一些過去不曾監管的部分，委請跨學科小組進行分析和報告，從統計研究到市場耳語都不放過，並定期向聯準會和聯邦公開市場操作委員會提出簡報。達德—法蘭克法案在二〇一〇年七月通過之後，我們在聯準會裡增設傘狀組織，金融穩定政策與研究辦公室（Office of Financial Stability Policy and Research）負責監督和協調這方面的工作，委請梁尼利擔當首任主管，她是經驗豐富且精明幹練的金融學家，曾在二〇〇九年協助帶領針對大型銀行的壓力測試。跟危機之前比較起來，聯邦公開市場操作委員會在討論貨幣政策時，已經比過去更注意影響金融穩定的風險問題。

這些追求金融體系穩定的新努力，比我剛擔任聯準會主席找內部人員組成的工作小組更見雄心與企圖。我不想吹噓我們之前做過什麼，但體系威脅其實是很難預測的。要是資產泡沫很容易看得出來，一開始就不會有那麼多投資人盲目地投身其中。不過我也相信，改變方法會讓我們更有成功的機會。

我特別要求梁尼利和她的部屬，對於他們所看到的跡象，不只是去思考它們可能會帶來什麼後果，更要去思考最壞會造成什麼狀況。經過之前的房地產市場暴漲，我開始認為聯邦公開市場操作委員會花太多時間在爭論房地產價格上漲是否代表資產泡沫化，反而沒去多想這個泡沫如果確實存在的話，那麼一旦泡沫爆破之後會造成什麼嚴重後果。要是更加注意最壞情況會是什麼，我們對於實際狀況該做什麼回應也會有更好的準備。

認識到金融衝擊往往難以預測，我也鼓勵員工在金融體系中要多多注意結構型弱點，並且想辦法來加強體系的彈性。這個構想激發出聯準會的許多改革，例如加強銀行資本要求，強化銀行體系吸收虧損的能力，不管虧損原因為何都有辦法加以吸收消化。

二月的暴風雪融化之後，春天稍稍提早來到華盛頓，到了三月底，潮汐湖四周的櫻花盛開怒放。然而美國經濟情勢仍然相當疲軟，二〇〇九年我在新聞節目「六十分鐘」上說看到金融市場有些好轉的跡象，現在就希望景氣可以持續好轉，讓我們也能在鄉鎮商店街看到改善。不幸的是，好景沒能持續下去。這次換歐洲爆發金融危機，而且又再拖累美國和全球各國的經濟。

從二〇〇七年到二〇〇九年，西歐地區遭遇嚴重的金融恐慌。在雷曼危機之後，許多歐洲國家也跟美國一樣，經歷了經濟產出大幅下降、失業率急劇升高的慘況。許多歐洲人，尤其是一些政客都把自己國家的困境歸咎於英美國家的「牛仔資本主義」。（我跟蓋特納在一些國際會議上，從來不否認這樁危機原本是由美國所引發的，雖然那些歐洲的銀行業者急切買進證券化的次級貸款債權也不是毫無責任。）不過這個新的歐洲危機，幾乎都是歐洲國家自己搞出來的，基本上來說，就是歐洲國家在貨幣政策和財政政策上的脫節所致。在二〇一〇年，歐洲有十六個國家使用共同貨幣「歐元」，但是每個國家卻又在不當的強制限制下實施不同的課稅和歲支政策。

共用歐元是個偉大的實驗，也是一九五〇年代以來，實現歐洲經濟大整合的一部分。藉由成員國在經濟上的緊密關係，各國領袖希望歐洲也能加強各國在政治上的統合，他們認為這是解決歐洲烽火不斷，包括兩次世界大戰的解藥。也許他們是希望，不管是德國人、義大利人或葡萄牙人，有一天會先認為自己是歐洲人，才會想起他本來是哪一國人。

從一九九九年開始，二十八個歐盟國家中包括德國、法國、西班牙、義大利等十一國，同意採用歐元取代原本各國使用的馬克、法郎、比塞塔和里拉等貨幣，而這個新貨幣則由單一機構，即歐洲央行負責管理。原本各國的央行即納入新的歐元體系，承擔類似於美國聯邦準備體系中地區準備銀行的角色。使用單一貨幣會讓跨國交易更容易進行，對於像是義大利和希臘等一向苦於通貨膨脹、貨幣貶值的國家更是大有好處，只要市場人士認為歐洲央行有打壓通貨膨脹的決心，新的通用貨幣就可以帶來對抗通貨膨脹的信用能力。

所有的努力都環繞著這個重要目標而來，歐洲新成立的中央銀行也只被賦予這麼一個重要任務，就是要維持物價的穩定，相較之下美國的聯準會可是要負責兩個使命，一是創造就業機會，二是壓低通貨膨脹。歐洲央行的總部設在法蘭克福，這是德國的金融中心，也是原本德國央行的所在地。這個象徵意義十分明顯，大家都預料歐洲央行對於通貨膨脹，會跟德國央行一樣，採取「強勢貨幣」的堅定立場，而不會像南歐國家央行那麼溫和。在加入共同貨幣之前，歐盟要求各國政府必須先減少赤字和債務（依照「穩定與成長公約」（Stability and Growth Pact）的協定），並且將通貨膨脹壓力控制在適當水準。

大致上來說，歐元的引入非常順利，全球也很快就接受，其地位僅次於美元。後來又有更多歐盟國家加入原本的十一國。歐洲人希望他們的新貨幣也能跟美國的單一貨幣一樣，在管理法規協調和諸多限制解除後，歐盟各國的人民、貨品、金融資本的移動，也會像美國各州之間一樣暢行無阻。

但是歐元區和美國還是有一個重要的不同。在美國，聯邦政府是以全國利益為考量來管理財政政策，而且美國的國債也是由整個國家來做擔保。但歐元區不是，歐盟各國的財政政策是由各國國會來決定，對於課稅和歲支，並沒有一個類似歐洲央行，超越各國政府的唯一權力組織來控管。正因各國在財政上欠缺一致和協調，再加上歐洲各國勞動市場和其他經濟政策的顯著差異，最後就會衍生出許多嚴重問題。

這次的歐洲危機是在二〇〇九年十月觸發，但當時我們在美國根本不太有人注意到。那時候希臘新總理喬治．帕潘德里歐（George Papandreou）剛上任不久，他出自政治家庭，父親以前也曾擔任希臘總理，他本人則在美國的哈佛大學和其他大學教過書。他上任後不久就公開宣布，希臘的財政赤字其實比政府過去公布的高出許多。經過修正之後的數字顯示，希臘財政赤字大約是全年經濟產出的13%，這跟歐盟「穩定與成長公約」明定的3%上限簡直是天壤之別。帕潘德里歐這番話震驚各界，「穩定與成長公約」的約束力也大受質疑，原本大家都以為各會員國之間可以相互監督預算。此外也引發外界的疑惑，國際投資人為什麼一開始就願意以那麼低的利率借給希臘那麼多錢呢？

希臘可以輕鬆地進入國際資本市場，正反映出歐元的成功。自從二〇〇一年開始採用共同貨幣以後，希臘的貨幣政策就等於交給歐洲央行來處理，它借的是歐元，不再是原來的本國貨幣德拉克馬，也不能再依靠通貨膨脹或貨幣貶值來減輕債務負擔。國際投資人都以為希臘會遵守，至少是盡量遵守「穩定與成長公約」規定的政府赤字和國債的上限。最後一點，雖然這個歐元之所以成立的公約禁止政府援救，債權人還是認為歐元區國家會彼此幫助，不會放任個別國家破產，導致金融市場混亂，讓其他借貸國的投資人信心喪失。於是這就成為國家級的道德風險，讓人聯想起美國政府對房利美和房地美的全額擔保。由於這些原因，希臘能夠以非常接近德國的利率來借錢，但德國可是最有信用能力的國家。結果到了二〇〇九年十月，全世界都知道希臘的債務已經遠遠超過它的能力所及，而且過去一直在竄改統計數字來掩蓋事實。大家很快就清楚，要是沒有外界的幫忙，希臘一定會違約。

對這個問題要怎麼回應，歐元區非常擔憂，如果可以，他們應該很想放手不管。從表面上來看，放手讓希臘破產說不定也有些道理。希臘只是歐洲邊緣的小國，對於整個歐元區的貿易和投資比重不大。放手讓它倒的話，可以警惕國際投資人以後要更加小心謹慎，如此一來也降低了共同貨幣的道德風險。況且拒絕進行干預，也比較不會讓那些外界期待挺身施援的救主，例如德國的選民日後產生不滿和反彈。

不過從另一方面來說，就像雷曼公司破產讓整個金融體系動搖，希臘違約也可能對歐洲和整個世界帶來嚴重影響。儘管希臘是歐洲最揮霍無度的借款國，累積巨額公私債款的國家卻不是只有它。早在危機爆發之前，民間資金就已經大量流入西班牙，才吹出後來破裂的營建業泡沫。愛爾蘭在二〇〇八年答應要保護銀行債權人，不得不伸手援救大型銀行，結果帶來政府的巨額赤字。葡萄牙相當疲軟的經濟，也使得財政狀況趨於惡化。而義大利的政府債務更是全歐之冠。要是放手讓希臘違約，國際投資人很可能會以為其他負債累累的歐元國家也會跟著破產。那些負債國的利息負擔可能因此大幅增加，從而引發一連串的債務危機。

希臘違約會對整個歐洲的銀行體系帶來什麼衝擊也是關注重點。在之前那個危機的影響下，許多歐洲的銀行業都已是損筋傷骨，到現在仍面臨資金匱乏的窘境。這個威脅對於歐元區的經濟是特別的嚴重，因為歐洲比美國更仰賴銀行貸款。雖然希臘境外的歐洲銀行大多數未持有大量的希臘公債（只有法國的銀行可能曝險部位最高），但它們也一樣持有許多其他脆弱歐元國家的公私債權。要是希臘違約發生骨牌效應，歐洲整個銀行體系的穩定就危險了。

最後，各國領袖也必須考慮到，破產的希臘要是退出歐元區，恢復自己的本國貨幣，再來又會發生什麼狀況。要這麼做有一個原因，就是為了拿回貨幣政策的決定權，這對希臘因應破產後可能帶來的經濟崩潰或許會有幫助。但希臘要是離開歐元區，其他國家是否也會跟進，外界必定充滿了疑慮，光是這樣的懷疑都可能帶來損失。比方說，銀行存款戶可能擔心自己的歐元存款會被迫轉換成比較不值錢的本國貨幣，為了躲避這種風險，他就可能會把錢提領出來，轉存到安全的地方，例如德國的銀行（在這種分行跨境的時代，也許只是過條街就有，或者只是透過網路銀行就辦得到）。那麼那些讓人擔心可能退出歐元區國家的銀行，就要遭受嚴重的擠兌逆襲。

因為這些考量，歐洲各國財長，特別是央行官員們再怎麼不願意，也不能不援救希臘。曾經批評雷曼破產的歐洲央行總裁尚克勞・特里謝對此尤其堅定，極力說服其他歐洲領袖。體認到金融動盪可能不只歐洲遭殃，我跟蓋特納馬上在會議上、電話會議和一對一談話中勸說歐洲夥伴，要以最快速度採取最明確的方式來解決這個問題。國際貨幣基金和歐洲以外的國家也都很擔心這樁大事可能波及各國，一致呼籲歐盟趕快處理這個危機。

當歐洲領袖忙著討論該怎麼辦時，大家就更能明白歐盟組織無權設定財政政策的後果是什麼。對於這麼龐大的援救應該怎麼分擔，各國的討論進行得非常緩慢，而且相互間的歧見非常大。從帕潘德里歐公開希臘債務狀況，到歐元區各國政府答應援助就花了四個月的時間，而且也沒搞定什麼細節。又經過更多的折衝往返，希臘總理帕潘德里歐終於在二〇一〇年四月二十三日要求歐元區國家趕快拿錢救急。到這時候，大家擔心希臘違約的恐懼已經浮上檯面，希臘十年期公債的殖利率已經比德國同類型公債高出六個百分點，反觀前一年十月時僅高出一個百分點。那一年的五月二日星期天，歐洲領袖宣布將提供希臘一千一百億歐元救急，大約是一千四百五十億美元。這筆錢三分之二是由幾個歐洲國家提供貸款，另外三分之一是國際貨幣基金的貸款，履行其援救可能違約國家的職責。

但是市場認為歐洲對這件事的態度模糊，也不夠積極。五月二日宣布的援助方案並未能改善葡萄牙和愛爾蘭的貸款條件，這兩國的公債殖利率也都上揚了，只是不像希臘那麼嚴重。援助方案宣布的隔天，周一的美國道瓊指數雖然還是上漲，但之後一路走軟到周五，總共跌掉7%。而希臘人民總該是援助方案的受益者吧，但他們卻覺得很不公平，因為援助協議要求希臘大幅削減公共支出。雅典街頭暴民流竄，五月五日有一家希臘銀行遭到汽油彈襲擊，造成三人死亡。

對希臘援助方案的反應顯示，美國根本無法擺脫歐洲金融危機的影響。結果二〇一〇年五月美國股市道瓊指數的震盪為雷曼倒閉以來最激烈，反映全球恐懼急劇升高，大家都想規避風險。為了評估金融危機蔓延到美國的危險，梁尼利的團隊和聯準會銀行監管人員一起合作，耗費許多時間評估美國曝險的規模有多大。好消息是美國銀行業者持有的歐洲政府公債，包括希臘債權並不多。但是另一方面，美國許多銀行業者對於歐洲大銀行的曝險部位頗大，和歐洲經濟的關係也相當密切，例如借錢給歐洲企業的情況堪稱普遍。而且美國的貨幣市場基金也提供大量資金給歐洲銀行，這方面主要是歐資銀行用在美國的放款。

在五月二日宣布援助案未獲正面回應後，歐洲領袖也再次採取行動。五月七日，他們宣布歐元區各國政府要嚴格遵守赤字和債務的約定，並且承諾勒緊財政腰帶。五月九日星期天，歐盟領袖宣布成立歐洲金融穩定基金（European Financial Stability Facility）和一個相關機構，有權在國際資本市場上調借五千億歐元，這些資金再加上承諾援助希臘的一千一百億歐元，都是要用來幫助歐元區的國家。此外，歐洲央行明確表示將透過新成立的證券市場計畫（Securities Market Program），收購那些艱困國家的債券，目的是要壓低這些債券的利率。在這個計畫終止之前，歐洲央行將在幾個月內適當地收購債券。不過該計畫並非量化寬鬆，因為歐洲央行在收購主權債券的同時，也會賣出一些其他資產，讓它的資產負債表總額大致維持不變。

五月九日，在特里謝的要求下，我透過視訊會議和聯邦公開市場操作委員會討論三個月前結束的換匯額度。我還接到英國的梅文．金恩和日本的白川方明打來關切的電話。那時候的聯準會處境微妙，參議院正要表決達德—法蘭克法案，我擔心參議員會把重啟換匯看作是援救外資銀行，事實上換匯沒有信用風險，反而可以防止歐洲金融亂象蔓延到美國。除了對國會可能帶來影響之外，我覺得美國經濟能否順利復甦也跟歐洲現況有關係。此外，歐洲央行實施的證券市場計畫，也正採取一些大膽的政治行動。我也還是認為各國央行一起合作，會讓大家更有信心，各央行採取的動作才能發揮更大效應。因此我極力鼓吹，而聯邦公開市場操作委員會也批准恢復聯準會和歐洲、英國、瑞士及加拿大央行的換匯額度。但為了避免可能帶來的政治影響，我也拜會多位國會議員，包括在五月十一日參議院銀行委員會中進行簡報，而大多數參議員似乎也都明白，促進全球金融穩定符合美國的利益，讓我鬆了一口氣。

對歐洲最新行動和換匯額度重開的消息，投資市場的反應比上周好多了。希臘、葡萄牙和愛爾蘭公債的殖利率在周一大幅降低，美國道瓊指數暴漲近四百點，漲幅約4％，跡象顯示投資人認為美國經濟的威脅正在減少。但是隨著時間過去，大家對於歐洲順利解決問題的樂觀期待又逐漸低迷。投資人擔心希臘就算獲得援助，也無法清償債務；葡萄牙和愛爾蘭的財政狀況看起來也愈來愈糟。到最後大家也開始擔心義大利和西班牙，這兩個經濟體的規模更大。沒有人敢說歐洲有足夠的資源和政治意願來解決這些問題，或者銀行及其他放款機構是否也要被迫分擔損失。於是在短暫喘息之後，市場又覺得那幾個國家很危險，公債殖利率恢復上揚。美國道瓊指數再度跌跌不休，從四月希臘總理請求援救那一天到七月初總共下跌13％。歐洲的銀行主管機關在七月針對歐陸銀行進行壓力測試。但是市場的反應卻不像去年美國的壓力測試，投資人認為歐陸測試結果不太可靠，而且歐洲的銀行業者也不太敢放款，就算是彼此借貸都心懷疑慮。

十一月十九日歐洲央行在法蘭克福開會，我見到尚克勞．特里謝。此時危機持續滾動，但金融風暴的中心已經從美國轉移到歐洲。「尚克勞，現在輪到你了！」我告訴他。他笑得很難看。九天後，國際貨幣基金和歐盟利用新設的援助機制，同意提供愛爾蘭八百五十億歐元救急。

聯邦公開市場操作委員會在二〇一〇年四月二十七日至二十八日召開定期會議，正好在希臘總理帕潘德里歐向全歐求救的四天後，那次會議上我和大多數同事對於美國經濟前景都還抱著謹慎樂觀的態度。我們討論到歐洲這次危機可能會影響美國，但到那時為止還沒看到具體的風險。美國的失業率仍然太高，從一月到三月都停滯在9.7％。不過我們希望並預期經濟成長將會持續加強。我們認為家計支出和商業資本投資增加，應該足以抵銷歐巴馬政府二〇〇九年財政刺激退潮的效應，那麼失業率到今年底應該就會適度降低。通貨膨脹率仍然維持低檔，或許是有點太低了，但我們預料它會逐步回升。

不幸的是，春去夏來，我們的預測看起來好像是太樂觀了。到了六月二十二日至二十三日的聯邦公開市場操作委員會期，經濟前景似乎比四月時疲軟。儘管如此，我們還是按照原定計畫，繼續討論要怎麼在適當時機為發胖的資產負債表減肥。有些通貨膨脹鷹派主張趕快拋售證券，但多數委員希望等到經濟復甦轉好再說，而且現在復甦狀況明顯正在好轉。我的看法也是如此。然而在跡象顯示景氣又趨惡化的情況下，我想我們當時的思考實在是太狹隘了。要討論我們最後應該怎麼擺脫寬鬆政策，雖然這暫時還不是問題，但我們也應該要多思考一下，當經濟景氣需要更多支持時，應該要怎麼辦。

會議過後一周，比爾·杜德禮對一個問題提出警告，在此之前我們沒有想太多。三月底結束第一次量化寬鬆時，我們決定手中的房利美和房地美擔保的抵押擔保證券到期後，也不再收購新的做為替補。在這些證券的抵押債務逐漸付清後，也許是透過賣房子或再融資，我們持有的房貸抵押擔保證券部位也逐漸縮小。隨著時間過去，這個進展雖然緩慢，但在聯準會資產負債表減少的同時，就會像是被動地緊縮貨幣。這個雖然不算大問題，但杜德禮警告說，最近抵押貸款利率已經下跌，兩個月來從5%跌到4.5%，很可能會引發一波抵押再融資的浪潮，聯準會的房貸抵押擔保證券部位很可能迅速縮減，就等於是顯著地緊縮貨幣，這恐怕不是我們想要的。

到了八月十日會期時，美國經濟顯然正在失去動力。進入夏天之後，失業率還是維持在9.5%，而通貨膨脹則在1%左右浮沉，雖說還不到立即陷入通貨緊縮的危險，但實在低得不太妙。正如我早在二〇〇八年就提出警告，成長率太低的話，經濟景氣恐怕難以維持長久。經濟成長率要是無法提振消費者和企業信心，經濟景氣很可能又要跌進新的衰退。這時候我認為不太可能獲得更多財政幫助，那麼應該就是要靠貨幣政策提供更多支持。

這時候為聯邦公開市場操作委員會規劃政策選項的金融事務司（Monetary Affairs Division）剛換新主管，由比爾．英格里胥（Bill English）接掌。比爾和我一樣是麻省理工學院畢業，也是史丹利．費雪的學生。一個月前，在聯準會服務三十年的布萊恩．梅迪根退休，才由他接任。之前因為聯準會不增補到期的房貸抵押擔保證券，使得信用狀況趨於被動的緊縮，現在我建議這個狀況必須暫時叫停，委員會也接受我的提議。為了維持資產負債表的總額不變，我們都同意開始收購更多長期公債，以彌補逐漸萎縮的房貸抵押擔保證券部位。當它們都到期時，我們已經收購美國公債來取代。我們決定收購美國公債來彌補房貸抵押擔保證券部位，恰好也符合傑夫．雷克和其他幾位委員主張建立一個只有公債的部位組合，因為在危機爆發之前一向都是這麼做的。雖然這個消息不算是什麼頭條新聞，但我們替補到期的房貸抵押擔保證券部位的決定，讓市場明白我們很關心經濟前景，也暗示說萬一景氣再度下滑，我們會採取更多行動。一年到頭都在唱反調的湯瑪斯．何尼，這時又再唱反調。他說美國經濟現在不需要貨幣政策的更多幫助，說他還是很擔心寬鬆的貨幣政策會造成金融穩定風險。

我們在八月十日的行動，其實只是以攻為守而已。聯準會是已經做好準備，可以進一步寬鬆貨幣政策，但重要的是，我們必須讓金融市場、平民大眾和政界人士對此有所了解。所以我準備在八月二十七日的傑克森霍爾會議上做說明，放棄原訂「達德—法蘭克法案施行計畫」的講題，改談美國經濟前景和我們的貨幣政策選擇。八月十四日到十五日，我利用那個周末準備講稿。不過因為聯邦公開市場操作委員會也還沒做出決定，所以我在演講中也不能做出明確承諾，但我們已經花了許多時間討論過這個可能，所以我要發出訊號，讓外界知道我們已經準備好可以採取行動。兩個星期後，我站在傑克森湖山莊（Jackson Lake Lodge）的講台上，讓大家都明白我們還是有辦法刺激經濟景氣。我說我們決心維護景氣持續復甦，並且防止通貨出現任何的緊縮跡象。我更進一步討論到現在採行的兩種政策選擇，收購證券和長時間壓低短期利率，以爭取市場的信任。這兩種方法都是要增加長期利率下降的壓力，以刺激經濟成長並創造就業。我補充說，雖然這些非正統的政策方案有其潛在成本和風險，不過目前最大問題是衰退和緊縮，所以它們帶來的利必定大過於弊。

要作決定的話，還得等到下次會期九月二十一日，但是對於經濟復甦能否持續的憂慮加深，我們都明確表示這個行動應該是很快了。我們對外指出聯準會「準備在必要的時候提供更多幫助」來支援經濟復甦，同時稍微抬升通貨膨脹率到讓人滿意的水準。

九月會期是多年來第一次沒有唐・柯恩參與的會議。柯恩這時候已經快滿六十八歲，原本今年春季在四年的副主席任期屆滿時就想退休，他總共在聯準會服務了四十年。然而聯準會自從蘇珊・畢斯在二〇〇七年三月離職後，五位理事又有兩員開缺（除了其中一個月之外），所以我勸柯恩暫緩退休，先留下來參加一個會期，後來又再挽留一次，但最後也留不住。對我個人和整個聯準會來說，柯恩的退休都是莫大的損失。他是傑出的經濟學家，更是明智的決策者，聯準會上上下下和全球各國央行人士都對他十分欽佩和信任。他對聯準會和其歷史的了解可謂無人能出其右，危機期間更常以自嘲式的冷面幽默風格提供堅定的道義支持。

柯恩退休後，理事會只剩四位理事，但要找人替補，參議院一定又依照慣例拚命找碴。其實歐巴馬總統早在四月二十九日就提名三位遞補：馬里蘭州首席金融官莎拉・羅斯金（Sarah Raskin）、麻省理工學院教授彼得．戴蒙（Peter Diamond）和珍妮特．葉倫；然而夏天都過了，仍舊毫無動靜。

彼得和葉倫，我們都認識幾十年了（我在麻省理工學院讀研究所時，彼得就在那裡任教），所以蓋特納問我意見時，我就十分支持他們的提名。至於莎拉，我個人雖不認識，但也很歡迎她來。她是個律師，之前曾擔任參議院銀行委員會的顧問。我們一直在尋找熟悉地方銀行業務的人進理事會，莎拉正好符合這個需求。

葉倫被提名接替柯恩空出來的副主席職位，她跟我一樣本來也是學術界的經濟學家。她在耶魯大學獲得博士學位，論文指導老師詹姆斯．托賓（James Tobin）是非常優秀的凱因斯學派學者，曾榮獲諾貝爾經濟學獎。葉倫的學術研究也明顯偏向凱因斯學派，通常側重於失業和工資問題。她取得學位後曾在哈佛大學擔任助理教授一段時間，後來在華府的聯準會找到工作，並在這裡的自助餐廳遇見喬治．阿克洛夫（George Akerlof），他是說話輕聲細語又害羞的經濟學家，以其充滿創意的研究工作聞名學界。葉倫後來和喬治結為夫妻，兩人不但一起做研究和撰述，也曾一起在柏克萊加州大學執教多年。喬治深研買賣雙方不對稱資訊對市場機能的影響，後來即以此榮獲諾貝爾經濟學獎。

葉倫也有實際參與政策擬定的經驗。她跟我一樣，曾在葛林斯班時代擔任過兩年半的聯準會理事，並且曾是柯林頓總統經濟顧問委員會的主席。此外，她從二〇〇四年以來即擔任舊金山聯邦準備銀行的總裁。這段時間以來，她在聯邦公開市場操作委員會裡頭屬於鴿派，對於高失業率和失業為個人、家庭和社區帶來艱難困苦一直非常關心。不過就我對她的了解，還有她在一九九〇年代通貨膨脹疑慮深重時的表現，我也毫不懷疑她在必要時一定可以堅定捍衛物價穩定。對於會議的準備，她一向是一絲不苟，以審慎研究來支持自己的主張，時常採擷研究文獻做參考，或者親自指導自己的工作人員進行必要的研究。開會時她一開口，大家都安靜傾聽，而她也總是可以帶來最具體的豐富貢獻。

參議院最後確認莎拉和葉倫的任命，反對聲浪很小。我在十月四日為她們主持宣誓就職。彼得・戴蒙卻沒過關，雖然他在學術界聲譽卓著，對於財政政策、社會安全保障和勞工市場等經濟理論都做出重要的研究成果。他在麻省理工學院的頭銜是最高等級的「研究所教授」（Institute Professor），並且曾經擔任過美國經濟學會（American Economic Association）的會長。但參議院銀行委員會中由理察・謝爾比領導的共和黨籍議員認為他太偏向自由主義，於是駁回這項任命案，在二〇一〇年八月退回白宮。

事情演變至此，大多數人都會打退堂鼓吧！但彼得卻請求總統再次提名他。沒過多久，我們就都曉得彼得因其勞動市場的研究，和別的學者一起獲得諾貝爾經濟學獎的肯定。但謝爾比毫不退讓，還是說他沒資格擔任聯準會理事的職位：「諾貝爾獎無疑是個重大殊榮。但獲得諾貝爾獎並不表示夠資格擔任任何職位。」另外，鼓吹反對增稅的葛羅佛・諾奎斯特（Grover Norquist）帶領的保守派組織成長俱樂部（Club for Growth），也宣稱投票反對提名將是二〇一一年議員評分的關鍵，意思就是說要是投贊成票的話很可能就會被貼上標籤。由此看來彼得是永遠過不了關了。後來他在二〇一一年六月自動放棄提名，並投書《紐約時報》痛批華府「黨派對立」嚴重分裂。這對聯準會和整個美國都是個嚴重的損失！這狀況也顯示保守派對聯準會的仇視，並沒有因為達德—法蘭克法案通過而告終。

二〇一一年三月，葉倫原本在舊金山的職位由其研究團隊主管約翰・威廉斯（John Williams）接任，他是傑出的貨幣經濟學家，曾與大衛・里芬史奈德（David Reifschneider）和其他學者的研究，讓我們對降無可降的利率對貨幣政策的影響有更為深入的思考。約翰後來在聯邦公開市場操作委員會裡是中間派，我常常把他的反應當做指標，來判斷整個委員會的趨向。

快到十一月二日至三日的聯邦公開市場操作委員會期時，比爾・杜德禮和我開始對外放話，讓市場知道聯準會準備進行第二輪的大規模收購證券。杜德禮在十月一日的演講中指出，如今這種高失業率、低通貨膨脹率的經濟狀況，「完全不能讓人滿意」，並且做出一些提示，讓市場預期這一輪的收購金額大概會是五千億美元。他說收購這麼多證券，大概可以發揮聯邦資金利率降低〇・五到〇・七五個百分點的效果。我自己在十月十五日於波士頓的演說倒是沒說得這麼明白，只表示說「其他狀況不變得話，現在看來是需要再次採取行動了」。

在這段期間，我跟葉倫都努力爭取委員會成員的支持，分擔打電話說服各準備銀行總裁的責任。我知道湯瑪斯・何尼一定又會唱反調。他愈來愈常在公開場合說些譁眾取寵的言論，以穩重的聯準會文化來看尤顯挑釁。聯邦公開市場操作委員會期的前一周，他在演講會上說我們準備再次收購證券是「找鬼拿藥單」。他擔心聯準會收購證券會助長金融動盪，並且播下通貨膨脹肆虐的種子。之前一個月的《商業周刊》對他曾以長篇專文報導：「湯瑪斯・何尼覺得聯準會真是夠了」，而他對於媒體的重視似乎也相當得意。多年來，何尼給我的印象是客氣溫和、彬彬有禮。我也尊重他有唱反調的權利，可以提出尖銳問題，也可以對外公開解釋他的立場。但我現在覺得，他在還沒聽到其他委員的看法之前就胡亂放話，一方面會影響公眾對聯準會的信心，也會讓聯準會失去靈活運作的空間，干擾聯邦公開市場操作委員會的審議過程。

有些準備銀行總裁，包括達拉斯的理察・費雪、費城的查爾斯・普羅瑟也跟何尼一樣，懷疑是否需要如此大張旗鼓。但他們在二〇一〇年都沒有投票權。費雪認為現在是兩黨對聯邦預算吵個沒完，讓工商業界抱有疑慮，才無法提振投資和僱用，這時候光祭出貨幣支援沒有用。普羅瑟則是一直很擔心通貨膨脹，而且對我們進一步寬鬆以創造就業的做法沒什麼信心。

我知道我可以指望波士頓的艾力克・羅森格倫，他今年的確可以投票。而那一年可以投票的準備銀行總裁裡頭，我想聖路易的吉姆・布拉德和克里夫蘭的珊德拉・琵亞納托（Sandra Pianalto）都會支持採取進一步行動。新任理事莎拉・羅斯金是第一次參加聯邦公開市場操作委員會的定期會議，葉倫也是第一次以副主席身分與會。葉倫會希望採取有力行動，我猜想莎拉和丹尼爾・塔魯洛也是如此。貝西・杜克對於持續寬鬆的好處就不是那麼樂觀，而且對聯準會資產負債表愈來愈龐大會帶來的風險也感到憂慮。葉倫曾找杜克一起吃飯溝通，杜克後來同意支持聯準會繼續收購證券，不過對整個行動並不是太熱中。

華許對此則是頗為保留。他過去是我最親近的密友和顧問，對我的幫助十分寶貴，尤其是在二〇〇八年秋季，金融危機飆到最高峰的時候。我們在危機中開始的第一輪證券收購行動，他是支持的。但現在，金融市場已漸恢復正常，他認為貨幣政策的效果也達到了極限，再繼續收購證券很可能引發通貨膨脹並危及金融穩定，他認為這時候該是其他華府人士扛起政策責任的時候了。我跟他在十月八日碰面，我向他保證，萬一結果不如預期或是造成通貨膨脹壓力上升的話，證券收購隨時可以叫停。我在公開場合也曾經告訴他，我從不諱言大規模收購行動有其成本，它有好處也有風險。我們談得不錯，但我不確定是不是已經說服他。後來十月二十六日我們又再碰面，他告訴我說他不反對。不過我也曉得，這一票他是投得相當勉強。

我認為，十一月會期上採取行動的可能性非常高。從六月開始一直到九月，就業人數正持續下降（當時可以看到的資料只到九月份）。誠然，那段期間的就業萎縮，主要是因為人口普查接近完成，因此聯邦政府的臨時工作人員大幅裁減所致。但同時期的非政府就業人數平均每個月才增加八萬四千人次，雖然足以容納最近的畢業生和其他一些剛開始找工作的人，但這個增加幅度無法有效改善整體的失業率。從年初以來，失業率幾乎是掛在9.6%的高檔不動。持續報來的數字令人失望，二〇一一年的經濟成長似乎是太過疲軟，無法有效改善失業狀況。對於長期失業帶來的侵蝕作用，我是特別關注。在九月時，失業人口中有40%以上已經超過六個月沒工作。這不但會讓他們的技能荒疏，也會讓他們跟就業市場脫節。同時，就聯準會的另一項任務來看，通貨膨脹已然太低，未來似乎也只是持平，甚至可能繼續降低。過去六個月以來，通貨膨脹壓力平均只有半個百分點。在通貨膨脹太低甚至通貨緊縮的情況下，要達到全面復甦就更困難了。

我相信委員會在此時絕不能袖手旁觀，讓經濟復甦失去動力。而且，我也不認為證券收購會無效。自從八月時我公開暗示要採取更多行動，美國的金融情勢隨即有所改善，市場顯然是在期待更多政策出籠。當時的道瓊指數已見上升12%，而市場對於通貨膨脹的預期，根據保值抗通貨膨脹的債券價格來衡量，也朝著更正常的水準迭見增加。新一輪的資產收購計畫雖然不可能即刻顛覆現況、創造出幾百萬個就業機會，卻是防止經濟再次衰退的關鍵。

聯邦公開市場操作委員會投票決定至二〇一一年六月收購總額六千億美元的美國公債，平均一個月大約是七百五十億美元。很快就被新聞媒體冠以「第二次量化寬鬆」稱呼的第二輪收購計畫，會讓聯準會的資產負債表膨脹到二．九兆美元，相較於危機發生之前的二〇〇七年中期甚至連九千億美元都不到。原本聖路易聯邦準備銀行總裁吉姆．布拉德從去年夏天就一路鼓吹，說我們應該設計一套沒有期限的收購計畫，可以根據經濟復甦和通貨膨脹的狀況來彈性調節證券收購的額度。不過我擔心的是，如果不事先設定期限的話，那麼到時候要停止收購恐怕很難不驚動市場。我們的確是說過會定期檢討收購進度，要是經濟前景允許的話就會進行調整，但是在實務上其實難度挺高。

一點都不讓人意外的是，何尼當然投反對票，而且那天會後接受《華爾街日報》記者蘇帝・雷迪（Sudeep Reddy）訪問時又把委員會痛批了一頓。到了聯邦公開市場操作委員會十二月會期時他還是投反對票，這是他第八次也是最後一次投反對票，可說是一九八〇年以來聯準會決策最死忠的反對派。

華許信守承諾投下贊成票，但隔周他在紐約發表演說和投書《華爾街日報》，都表現出他對這個決定其實頗有保留。他認為單靠貨幣政策不能解決現在經濟的問題，並呼籲稅務和監管改革要以提高生產力和長期成長為目標。我也認為華盛頓其他官員應該負起更多責任來推動經濟成長，透過聯邦支出來進行基礎設施建設，例如興建道路等等，都有助於長期提升生產力，並且讓民眾就業馬上有感。但現在沒人預期財政支出方面會有什麼新動作，華許強調的其他領域也沒有。現實就是，現在只剩聯準會在死撐！雖然工具不完美，但我們就能決定自己可以做些什麼。

何尼的批評讓我覺得惱火，不過對於華許的投書，雖然有幾位同事不太高興，我倒是不覺得怎樣。對於華許的忠心和誠實，我是從來就不懷疑的。在我們進行政策商談的時候，他一向都是坦率而積極地參與。而且我很感激他，儘管抱有疑慮還是投票支持第二輪資產收購計畫。我認為他在投書上的公開批評，是針對聯準會之外的決策者，而不是在攻擊聯準會的政策。華許再三個月就要離開聯準會，不過不是因為我們之間有什麼政策上的分歧。二〇〇六年他接受任命時，我們就說好他只做五年。一直到現在我們還是非常親近。

市場對於第二次量化寬鬆似乎了然於心，從容面對。我認為這是因為我們早就有所預告，而市場也已經心領神會。不過，我還是希望市場都能真正明白我們設定的目標。我曾經認真考慮過在十一月會議後，臨時召開一次記者會，不過後來覺得這樣可能會干擾市場，引發不必要的反應。所以我後來撥出幾個小時接受幾位重要記者的電話採訪，以不具名的方式回答一些問題。我在十一月四日也投書《華盛頓郵報》傳達一些訊息。雖然有這些努力，沒想到還是招致國外領袖和國內政客的批評。

十一月二日，我們會議的第一天正是期中選舉的日子，選民給民主黨打的分數是歐巴馬總統說的「慘敗」。熬過四年的少數黨身分，共和黨終於取得眾議院的控制權。結果巴尼．法蘭克眾議院金融服務委員會主席的位子只好讓給阿拉巴馬州眾議員史賓塞．巴克斯（Spencer Bachus）。共和黨在參議院的席次雖然也有增加，但還是屬於少數黨。也許是受到選舉結果的鼓舞，共和黨政客和保守派評論家，包括電台主持人格林．貝克（Glenn Beck）都大肆抨擊我們的決定，甚至過去對貨幣政策從來不感興趣的莎拉．裴林（Sarah Palin）都出來要求我們「停止且不得再做」。

更讓我覺得不安的是，共和黨四位國會大老，眾議院的約翰．博納、艾力克．康特（Eric Cantor）和參議院的米奇．麥康納（Mitch McConnell）、瓊恩．琪兒（Jon Kyl），在十一月十七日聯名發函致聯準會，對再度量化寬鬆至表關切。函中表示，我們收購資產可能會「導致難以控制的長期通貨膨脹，並可能引發人為的資產泡沫」。不過對此斷言，他們都沒有提供任何證據作為支持。在聯名函送達的前一天，參議員鮑伯．柯克和印第安納州共和黨籍眾議員麥克．潘斯（Mike Pence）才建議修法，撤銷聯準會促進就業的任務，只保留維持物價穩定作為貨幣政策的目標。（其實這項修法如果通過的話，聯準會任務果真遭到刪減，對於政策本身的影響也不太大，因為通貨膨脹太低的話，照樣需要用政策來進行刺激。）

有些經濟學家也跟著熱烈表態，反對我們的決定。《華爾街日報》在十一月十五日刊出二十三位經濟學家、評論家和資產管理人（主要都是保守派）的聯名公開信函，說我們的證券收購計畫「應該重新考慮，並且不再施行」。根據這封聯名信函的說法，這項政策根本沒必要，也不會有效，而且可能造成「貨幣貶值和通貨膨脹」的危險。聯署人裡有史丹佛大學的麥克・博斯金（Michael Boskin），曾在小布希政府擔任經濟顧問委員會主席；哈佛大學歷史學家尼爾・佛格森（Niall Ferguson）；國會預算辦公室前主任道格拉斯・霍茲—埃金（Douglas Holtz-Eakin）；還有史丹佛大學的約翰・泰勒。媒體和政客原本很少注意經濟學家的發言，不過要是他們論點擁有足夠的爭議性（媒體最愛）或支持某些先入為主的看法（政客最愛），那麼大家就會跟著起鬨。

國外官員也出聲批評。德國財政部長沃夫岡・朔伊布勒（Wolfgang Schauble）對我們決定的反應被媒體翻譯成「無厘頭」。其他，特別是新興市場，如巴西和中國都抱怨我們的行動，要是真的可以降低美國的長期利率，恐怕對新興市場造成有害的資金外溢效應。美國的低利率可能引發資金迅速流向新興市場，因為投資人想要尋找更好的報酬。我們的消息公布後一周，歐巴馬總統前往南韓首爾參加「G20」的二十國高峰會時，聽到許多國外領袖同聲批評第二次量化寬鬆。兩個月後我見到總統時，開玩笑地向他道歉，說給他造成這麼多困擾。他笑著說要是我們能先緩一個星期再公布就好囉！

我之前在十月二十三日去南韓慶州參加二十國財長和央行首長會議時，就有機會為十一月可能採取的行動先做說明。我說我們這麼多國家都是重要的貿易夥伴，美國經濟要是強勁復甦，對全世界都有好處。各國要是貨幣、預算和經貿政策穩健，就比較不會受到美國寬鬆的短期效應所干擾。其他各國的央行官員普遍比財政官員更能理解我們的目標，也因此對我們的行動大多表示同情。

跟國外比起來，我比較擔心國內的批評。幾位共和黨大老聯名的那封信函，似乎暗示他們要把貨幣政策當做政治議題來打。我知道這是出於選民對經濟狀況的不滿，這方面是可以理解的，但是這也代表著民眾對我們政策的困惑，不了解這些政策的目標和運作方式，同時也是受到一些刻意誤導的言論所惑。我們遭遇到的困難，從視訊網站「YouTube」的一支卡通短片可以明顯看出。這支短片是兩隻不曉得是什麼的動物搞笑地解釋「量化寬鬆」是什麼，可是根本就沒說對。這支短片在網路上爆紅瘋傳，到了十二月中旬，總共有三百五十萬人次的點閱率。

不管是卡通短片、國會領袖聯名信或經濟學家的公開聲明，其背後的經濟邏輯都是錯誤且造成誤導。尤其是我們的政策幾乎不可能導致顯著通貨膨脹或者「貨幣貶值」（意思是指美元匯率急劇降低）。這個想法是以為聯準會印了很多鈔票來收購證券。但事實跟外界說法剛好相反（很抱歉的是我自己也曾經因為解釋得太過簡化，說過一、兩次這種話），我們的政策根本不必印鈔票，甚至也不必動用什麼「現金」，或者是支票帳戶的錢。流通貨幣的數額有多大，是看大家願意持有多少現金來決定的（比方說，耶誕節購物季前後流通量就很大），並不會受到聯準會收購證券所影響。聯準會收購證券，只是讓銀行體系的準備增加而已。像我們現在這樣的疲軟經濟，這些銀行準備就不太會動，也就不能發揮「錢」這種東西的功能。

經濟一旦有起色，銀行就會利用準備增加放款，最後導致貨幣和信用的擴張。我們現在想要看到的，就是能夠出現這種狀況。要是貨幣和信用過度成長，最後就會帶來通貨膨脹，所以我們必須在適當時機扭轉寬鬆政策，就可以避免通貨膨脹到來。我過去在許多場合也解釋過，我們擁有需要的工具在必要時提高利率和收緊貨幣政策。所以這時候說什麼害怕惡性通貨膨脹或者美元匯率崩潰，實在是太誇張了。市場對於通貨膨脹預期的指標，顯示投資人都相信聯準會可以維持物價穩定，讓通貨膨脹率保持在低檔，更何況美國政府也能夠以非常低的利率取得長期貸款。事實上我們那時候最關心的反而是希望通貨膨脹率再稍稍高一點，但還是很難達成。

第二個常見的誤解是以為數千億美元的證券收購，是一種政府支出，就像是小布希和歐巴馬政府的財政刺激方案。這種誤解會導致一些嚇死人的說法，以為我們這套政策要讓納稅人負擔成本，但這完全是誤導。我們收購證券，其實比較像是一個家庭的金融投資，例如購買股票或債券，而不是支付房租或瓦斯費。事實上，我們從證券上獲得的收益，在扣除付給銀行準備（存在聯準會裡頭）的利息以後，反而幫納稅人賺了不少錢。

對於第二次量化寬鬆的誤解，我相信還是要做更多的溝通和解釋才是有用的回應。所以我親自去拜會國會議員和一些批評者，或打電話給他們，包括參議員謝爾比、柯克、保羅・雷恩（Paul Ryan；眾議院預算委員會的共和黨資深議員）和大衛・坎普（Dave Camp；眾議院籌款委員會共和黨資深議員）。九月時我舉辦了一場說明會，邀請高中老師來參加。另外還在媒體上露面幾次，包括十二月五日第二次接受「六十分鐘」新聞節目的採訪。但我知道我們還需要更努力，才能把這些訊息傳送到各處。

第二十二章　逆風而行

Headwinds

聯準會馬丁大樓用餐室的時鐘滴滴答答地來到下午兩點十五分，那是二〇一一年四月二十七日。蜜雪兒．史密斯和她的公關部門同事蘿絲．琵亞納托——她是克里夫蘭準備銀行總裁珊德拉．琵亞納托的妹妹——正在等我。我拿著瓶裝水喝了一口，眼睛一直盯著時鐘。再過幾分鐘，我就要採取過去聯準會主席從來不曾有過的行動：定期召開記者會。

因為聯準會裡頭沒有夠大的禮堂或電視轉播室，所以我們決定在自助餐廳那層樓，利用最大的用餐室來召開記者會（我那個小餐室就當做休息間來用）。要召開這種備受關注，讓市場十分敏感的實況轉播記者會，所需要打點的後勤工作實在是多到嚇人，蜜雪兒、蘿絲和其他許多員工都忙碌了幾個星期，希望可以掌握所有的突發狀況。

我們很仔細地考慮這個記者會要怎麼進行，因為每個細節都可能傳送出潛在訊息。我們希望傳達出去的是一種參加經濟研討會的感覺，而不是一般的政治性記者會，所以我不會站在講台後頭，而是坐在桌子後面（不過桌子是放在一個稍微架高的平台上，讓房間後頭的電視攝影機能夠清楚拍攝），前面則是幾張長桌安置記者。遵循華府傳統，我的右後方是美國國旗，左後方是聯準會的會旗。

針對記者可能提出的問題，我和員工加緊排練研擬答案，比平常準備國會聽證會還起勁。我們認為記者的提問，應該會比國會議員來得尖銳，而且更偏重技術層面。在媒體應對方面，我當然也不是毫無經驗。我在美國新聞俱樂部（National Press Club）幾次演講後都接受記者提問，也曾經接受過好幾個媒體的記者採訪。不過我還是很緊張。那時候有線電視的商業台好像已經一個星期沒有大新聞了，所以他們都要求參加記者會。蜜雪兒邀請了大約六十位記者，每家媒體一人，包括報紙、雜誌、通訊社、網路媒體、有線電視台和廣播電台。國外媒體也到了不少，有德國的《明鏡》（Der Spiegel）、法新社、日本朝日電視台、韓國《經濟日報》。

下午兩點十五分我走進那個臨時布置的轉播室，在相機快門此起彼落聲中坐進安排好的位置。我先看了一下與會記者，然後開始簡短地發言。

關於定期舉辦記者會一事，我們已討論過一段時間了，聯邦公開市場操作委員會在三月十五日的會議上批准這項提議。國外有許多中央銀行也舉辦記者會，有些是定期一個月召開一次，現在聯準會既然要更加公開透明，那麼舉辦記者會也是順其自然的一步。正如我常說的，貨幣政策的效力其實98％都是靠宣傳，真正行動只能發揮2％的效果而已。尤其是在短期利率接近零的時候，能否影響市場對於未來利率的預期就變得非常重要。不過，像這種沒有事先套招的現場問答直播，還是很有可能會出紕漏，任何錯誤或意料之外的政策訊號都可能在金融市場掀起軒然大波。而且我們也曉得，記者會這種事一旦開始以後，未來想要叫停，就算不是不可能，也是非常困難。

不過在二〇一〇年十一月實施第二次量化寬鬆，招致各方抨擊之後，我們就更需要對外界清晰而有效地說明我們的政策。三月二十四日，我們就宣布在會議後舉辦記者會，一年總共要舉辦四次，這個排程剛好也跟聯邦公開市場操作委員會成員提交經濟成長、失業及通貨膨脹狀況的季報同時。

我在開場白說，我們會在六月底完成第二次量化寬鬆，預計要收購六千億美元的公債，我們仍然預期聯邦資金利率在「更長的時間內」將維持低檔。

那時候要談第二次量化寬鬆的最終效果還言之過早，但從早期跡象來看似乎頗為樂觀。打從我八個月前在傑克森霍爾年會上暗示將進行第二輪證券收購，美國金融市場即見大幅緩解，股價上揚27%，公司債和公債殖利率差距也縮小（顯示投資人更願意承擔風險）。計畫公布後，長期利率也已經下降，正如之前的預期，但隨後又見上揚，因為投資人對未來的經濟成長更有信心，不必擔心通貨出現緊縮。我們在二〇〇九年三月的第一次量貨寬鬆時，也曾經看過類似狀況。

金融狀況改善，經濟成長大概也會受益。在二月和三月份，就業人數平均增加將近二十萬人，去年十一月時猶令人沮喪的9.8%失業率，如今已經降到9%以下。我說，聯邦公開市場操作委員會預計復甦會繼續以溫和步伐前進，失業率繼續緩慢下降，雖然有些無可預料的發展，最嚴重的就是日本三一一大地震和海嘯，對於經濟成長帶來些許壓力。日本三一一除了造成大概兩萬人死亡之外，地震和海嘯也破壞了全球供應鏈。關鍵零件的突然短缺，讓全球汽車和其他製造業都受到影響。為了塑造出團結形象，聯準會和財政部與日本方面協調，在國際外匯市場上採取非常罕見的聯手干預行動。大地震發生後一周，我們跟其他「G7」國家一起買進美元、賣出日圓，以壓低日圓匯率，讓日本出口更具有競爭力。這也是我在聯準會期間唯一的外匯干預。

通貨膨脹預期也帶來一些棘手問題。我們要進行第二次量化寬鬆的原因，有一大部分是因為當時很擔心通貨緊縮，但如今不到半年的時間，這個風險似乎已經不見了，這是寬鬆計畫另一個明顯的成功。不過物價回升是不是有點超過啊？從第二次量化寬鬆宣布之後，汽油價格漲了快一美元，每加侖四美元；食品價格也不斷上漲，主要是因為全球主要作物（小麥、稻米、玉米和黃豆）的價格都在上漲，而且美元匯率有點疲軟的關係。

記者會由《華盛頓郵報》的尼爾．歐文（Neil Irwin）提出第一個問題，談到第一季經濟成長明顯放緩；《華爾街日報》的瓊恩．席爾森瑞（Jon Hilsenrath）接著問說，對於瓦斯和食物價格上漲，聯準會是不是會做些什麼，或者應該做點什麼。大家都知道外界批評證券收購可能引發難以控制的通貨膨脹，聯準會是否應該考慮扭轉寬鬆的貨幣政策呢？

要對能源和其他大宗商品價格的波動，採取適當的貨幣政策，長期以來就是中央銀行的重大挑戰。多年來，聯邦公開市場操作委員會通常注意這些價格的變化，但也密切關注可以反映通貨膨脹趨勢的穩定工具，也就是排除能源與食物價格的「核心通貨膨脹率」。不過這種方法也常常遭到譏笑，例如常常有人問說：「你們聯準會的人就不吃飯、不開車嗎？」我們當然也要吃飯和開車，不過聯準會認為物價穩定就等於整體通貨膨脹壓力維持低檔，這其中也包括能源和食品價格反映出來的通貨膨脹壓力。

我們比較關注核心通貨膨脹的變化，是因為貨幣政策的變化和其於經濟上表現出來的影響，這兩者之間通常會有個時間落差。我們要考慮的不只是現在的通貨膨脹率，還要預測未來幾季之後，貨幣政策已經發揮效果時的通貨膨脹動向，就像是美式足球的四分衛，他在拋球給隊友時，不是丟向隊友現在的位置，而是丟向隊友會到達的位置。根據研究指出，排除波動最劇烈的商品價格，才能更準確地預測整體的通貨膨脹壓力。二〇〇八年的夏季，我們就曾面臨相同的困境。當時能源價格大幅上漲，但經濟狀況仍然疲軟。事後來看，我們當時沒有調升利率，就是正確的決定。

我回答席爾森瑞說，最近看到的油價上漲很可能只是暫時的，也不是貨幣政策造成的，其原因包括像是「阿拉伯之春」的政治動盪（市場憂慮石油供給可能減少）。就我們目前可得的資訊來判斷，不管是油價或農產價格上揚，現在都不太可能變成通貨膨脹壓力全面攀高。所以貨幣政策不需要對此有所回應。這場記者會大概持續一個小時才結束，看來是場關鍵性的勝仗，事前準備和會中支援也都做得很好。

說到關鍵性勝仗，「ＨＢＯ」電視台在二〇一一年五月播放了一部電影叫《大到不能倒》（Too Big to Fail），這是根據安德魯·索金（Andrew Ross Sorkin）同名書籍改編，敘述這場金融危機的故事。片中由保羅·賈瑪帝（Paul Giamatti）扮演我，為他贏得了一座螢幕演員公會獎。賈瑪帝為了這個角色蒐集材料，曾經到聯準會找我聊過。他爸爸巴特·賈瑪帝（Bart Giamatti）曾是美國職棒大聯盟的行政人員，所以我們吃午飯時很快談到棒球比賽之後，就再也沒聊到聯準會或金融危機。從他演出獲得的肯定，我想他應該是得到需要的資訊了吧。我讀過索金那本書，不過沒看過那部電影。我是故意不看的，覺得這麼複雜的事件恐怕難以避免過度簡化（如此猜想或許也有欠公允），更何況在螢光幕上看到扮演自己的角色大概也會覺得很奇怪吧。所以要是有人問我對那部電影的看法，我會回答說：我不必看那片子啊，我早就看過原版。

大概是在那部電影正播映的時候，比爾·柯林頓邀我跟他見面。我以前見過希拉蕊·柯林頓，當時她是參議員後來又擔任國務卿。我跟她吃過一次午餐，我從聯準會走到國務院赴會，旁邊跟著安全人員。她很熱情地歡迎我，然後我們在一間很小的餐室裡頭，有一張只有兩人座的餐桌，兩人一起用餐。對於聯準會在危機期間所採取的行動，她向我表示支持，不過她說得少、聽得多，一直問我對於全球多個經濟體的看法。

我跟比爾碰面那一次，我們在海軍天文台附近柯林頓夫婦在華盛頓的住所待了一個多小時。他之前動過幾次心臟手術，最近一次是在二〇一〇年，所以看起來有點瘦。據說他現在改吃素食，可是一談到政治、外交和經濟，又顯得精神奕奕。他熱情地跟我問好，稱讚聯準會對危機的因應，鼓勵我繼續對民眾溝通，像是「六十分鐘」的專訪和記者會。他說大家的心裡會覺得不夠篤定、會感到害怕，就需要有人跟他們解釋到底發生了什麼事。他對我說，要是大家都能更了解狀況，也就會變得更有信心。

事實證明，聯邦公開市場操作委員會對於二〇一一年的通貨膨脹情勢判斷沒錯，天然氣價格在五月初飆到最高之後，就一路跌到年底。包含食品和能源價格的整體通貨膨脹指數雖然攀高至九月，後來也是穩步下降。然而，我們對於經濟成長還是太過樂觀（民間部門的預測也是）。在二〇一〇年，春季時表現良好的經濟成長，到夏天又是搖搖欲墜。就業成長大幅減緩，五、六、七月平均每個月只增加五萬個工作。到了八月份發布第一次統計報告，顯示就業成長完全停滯。年初下跌的失業率令人好振奮，但是之後一直停滯在9％持續到秋季，和兩年前衰退正式宣告結束時只改善了一個百分點。此外，前一年的統計數字大規模修正後發現，那次衰退幅度比原先預想還深，復甦也更加緩慢。到了二〇一一年中期，美國的財貨和勞務產量才回到衰退前的高峰，但就業卻比高峰時少了六百五十萬個工作。經濟學家常常被批評說無法預測未來，其實因為資料數據的不完整和時常需要修正，我們甚至連剛剛發生的事都不太能確定。那些雜音四出的資料數據，讓決策變得更加困難。

我們無休無止地辯論，經濟成長怎麼就是無法加速到自給自足的程度，可以產生良性循環。那些突發性的衝擊，例如日本地震和海嘯也無法解釋經濟何以動能不足。於是我開始想到一些更嚴重的阻力，讓經濟成長像是逆風而行，那些是我們原先預期會讓復甦減緩的因素，但現在證實它們的阻礙比原先預想得更大更久。

有一道逆風是金融危機以後的持續影響。雖然美國金融市場和機構都已大致穩定，但信用還是趨緊，只有信用紀錄最好的客戶才拿得到貸款。信用趨緊就表示新企業減少，原有的企業也不太敢擴張，那麼就無法創造出更多新工作。那些可以借錢的家庭和企業都減少告貸，大家花錢更謹慎，只想趕快還清債務。這就是我以前在學術界跟馬克．吉特勒一起研究的「金融加速器理論」，結果現在卻證實了，真是糟糕！我們的研究顯示，經濟衰退會讓借貸雙方的財務狀況都變差，使得信用流動受到限制，於是又讓衰退愈陷愈深，也低迷得更久。後來我告訴馬克說，我寧可看到我們的理論是錯的。

信用緊縮又會造成另一道持久的逆風：房屋市場復甦緩慢。在經濟衰退結束後，房屋興建通常快速反彈，就會帶動相關產業如房地產和房屋修繕等跟著一起成長。但這次並沒有。二〇一一年開工的私人住宅只有六十萬戶，跟二〇〇五年的兩百萬戶實在相差很遠。在某個程度上，這也許是因為危機之前的繁榮所致，那時候興建了太多房屋，這些過剩供給現在正需要消化。此外，在危機前太過寬鬆的抵押貸款條件，現在則是走向另一個極端。想要借錢的民眾，包括許多第一次買房子的首購族都被拒之門外。其他妨礙房屋貸款與興建成長的因素是法拍屋數量居高不下和過多屋主認賠出售，這些都讓房價難以回升，此外還有部分金融機構帶來的不確定性，例如房利美和房地美未來何去何從。

聯邦、各州及地方財政政策這道風也吹錯方向。歐巴馬總統的經濟刺激方案在二〇〇九年二月啟動後，國會卻又走向撙節模式，呼應歐洲的趨勢。同時，各州和地方政府因為稅收減少，在平衡預算的考處下被迫裁員，也減少公共建設。這道逆風可是非同小可。政府部門的就業在經濟復甦時通常會增加，但是這一次的公共部門就業人數（不包括普查工作人員）在最嚴重時曾銳減七十五萬個工作職位以上（那些丟掉工作的公職人員，有三十萬以上是教師）。聯準會工作人員預估第二次量化寬鬆可以創造出七十萬個工作機會，但是貨幣政策的效果大多被財政緊縮抵銷了。

要公開討論財政逆風，也真是不容易。聯準會雖然管不著政府支出和稅收，但現在的財政政策就是阻礙了經濟復甦和創造就業機會，這可是直接挑戰我們達成就業任務的能力。我跟理事們商討良久，最後決定公開提出兩點呼籲。我首先強調，光靠聯準會無法提升就業，尤其是在短期利率都已經接近零的地步。美國經濟現在更需要國會的幫助，要是不能再增加公共支出（例如興建道路和橋樑等），那麼至少也要讓失業的工人可以去接受再培訓。第二點，我說聯邦赤字當然很重要，但它主要是長期問題，有一大部分來自照顧老年人口和持續上升的健康醫療費用。國會在解決赤字上應該注意這些長期問題。現在要是增稅或裁減經常支出，不但延緩經濟復甦，也無助於解決那些長期問題。

要是信用、房屋和財政三道逆風還不足以阻礙經濟復甦的話，歐洲危機再次到來，也使得美國的金融狀況在二〇一一年的夏天再度惡化。二〇一〇年五月援救希臘、二〇一〇年十一月援救愛爾蘭之後，二〇一一年又要援救葡萄牙（七百八十億歐元）。每個接受援助的國家都被要求大幅削減預算赤字，並實行改革以提高經濟競爭力和效率。理想上而言，對於援救設定嚴厲條件，當然是有助於降低道德風險，也會讓他們修正那些讓國家經濟陷入困境的不良政策。要是條件不夠嚴厲，相同處境的國家就不會做出艱難抉擇，只想對外請求援助。

然而，嚴厲的援救條件也必須要合情合理才有意義，接受援救的國家能夠配合那些要求，但也不至於在政治上崩潰才行。那麼歐洲做對了嗎？這個問題對歐洲來說當然是很重要，對於全球其他地區也是，畢竟各國都跟歐洲金融有所聯繫，也都有貿易往來。不管是跟著提姆．蓋特納（在「G7」和「G20」的國際集團會議或電話會議上），還是只有我一個人（在巴塞爾央行會議和其他地方），我都聽過好幾個小時的爭議和討論。

蓋特納和我大致上認為，歐洲的做法是愈來愈不對勁。對此我們毫不懷疑。有些國家的確是需要勒緊財政腰帶；還有許多歐洲國家，不只是接受援救者，因為重重法規限制，而使得國家經濟顯得很沒有效率，要是早日撤除那些限制必定受益甚大。比方說，有些國家的法規讓企業裁員非常困難，這就讓公司老闆一開始就不敢僱用員工。不過我們認為現在的歐洲在幾個重要方面都走在錯誤的軌道上。

那幾個狀況較差的國家因為負債沉重，免不了要實施撙節，未來預期也將陷入更嚴重的衰退。但遺憾的是，那些可以提高支出、減少課稅的國家例如德國等，並不準備這麼做，以抵銷那些疲弱國家必須實施撙節帶來的不利效應。事實上剛好相反，德國等富裕國家反而也削減預算，說是要為窮國做示範。結果，整個歐元區的財政政策大緊縮，各國總體經濟好像只剩「沒有犧牲就沒有收穫」這種方法，也不管這樣犧牲到底會不會真的有什麼收穫。就在這個時候，歐洲央行緊縮貨幣政策，更使得撙節效應加劇。當通貨膨脹率上升，超過歐洲央行「接近但不超過2%」的目標時，歐洲央行在二〇一一年的四月和七月兩度調高利率，儘管當時失業率和金融壓力仍是居高不下。這個做法跟聯準會不同，我們當時決定不理會石油和農產價格的短暫上揚。當然那個決定在當時是很難被理解的，因為歐洲央行因此而調升利率。不過二〇〇八年油價上揚時歐洲央行倒是跟我們一樣靜觀其變。整個歐元區都趨於財政緊縮，再加上歐洲央行調升利率，幾乎就是保證歐洲的經濟成長一定會非常緩慢，而像是希臘、愛爾蘭和葡萄牙這些國家也必定要陷入景氣收縮、失業狂飆的處境。

除了歐洲最近的經濟成長讓人擔心之外，我跟蓋特納也都覺得歐元區一些結構上的基本問題也沒有好好處理：十七個獨立國家統一在單一貨幣政策和中央銀行之下，卻沒有協調一致的財政政策。（愛沙尼亞在二〇一一年加入後，歐洲央行會員國總共十七個。）雖然他們是採取了某些辦法，包括更嚴格限制赤字的法規，但誰也不認為歐盟國家在可預見的未來會像美國一樣，達到財政整合的地步。歐洲各國領袖到現在還是拒絕或拖延一些合理且有助益的財政合作，例如一起進行基礎建設，創設共同基金為破產的銀行善後，設立歐元區的存款保險制度，讓成員國一起分擔金融事業破產的風險。

另一個有爭議的問題是，那些出狀況的國家要是厲行撙節以後還是無力償還負債，又該怎麼辦呢？是不是還能接受其他歐元國家和國際貨幣基金的援救？或者是由民間債權人（大多數是歐洲的銀行）來承擔部分損失？這個狀況就跟美國的華盛頓互惠銀行倒閉時，是不是要讓那些年紀很大的債權人負擔損失一樣。我們（尤其是蓋特納）都表示反對，擔心這樣反而會造成大家恐慌，讓危機四處蔓延。因此要是歐元區國家破產，我們根據相同的理由，也反對讓那些民間債權人來承擔損失。特里謝非常贊同我們的看法，不過對於美國的其他意見，他還是不支持（特別是，他不認為貨幣或財政政策對歐元區經濟有什麼用，寧可把重點放在預算平衡和結構改革）。但對於國家違約的問題上，特里謝跟我們一樣，都很擔心這種事情一旦發生，債權人對其他那些狀況較糟的歐洲國家恐怕也難以再有信心。

這個問題到了夏季開始廣受關注，因為希臘經濟近乎崩潰，就算有之前的援救仍是難以清償負債。歐洲政客開始討論要強迫民間債權人一起來承擔損失，其中也有一些是官方債權人（歐洲各國政府和國際貨幣基金）。他們認為大家一起分擔損失，才不會造成道德風險，同時也是保護本國納稅人的一種辦法。但特里謝和歐洲央行都極力反對這種做法，因為放任希臘違約或重整債務都可能造成危機蔓延。（除了經濟上的理由之外，特里謝似乎還認為破產違約就是很丟臉。）在當時，愛爾蘭和葡萄牙是不會受到蔓延擴散所影響，因為他們接受的都是官方貸款，沒有從民間市場借錢。但是另外兩個更大的國家，西班牙和義大利可能就危險了。

七月二十一日，歐盟領袖答應再給希臘一筆援助，金額大概是二〇一〇年五月一千一百億歐元貸款的兩倍。但是希臘債務的民間債主也首次被迫要做出一些讓步，答應降低利率並延長還款期限。這其實也就是部分違約了。可以預見地，一些民間債權人會很快地出脫義大利和西班牙債券。二〇一一年初，義大利十年期公債殖利率是4.7％，西班牙十年期公債殖利率為5.4％（兩者與一年前的4％相比顯見上揚）。等到希臘開始討論債務重整時，這些公債的殖利率也開始上揚，在八月一日時義大利債券殖利率是6％，西班牙公債則為6.2％。西班牙公債殖利率後來趨於穩定並下降，但義大利公債殖利率到年底時已上揚到7.1％，儘管歐洲央行在八月時也重新啟動債券收購方案。

利率上升幾個百分點，也許看起來不太重要。但是利息成本一增加，政府赤字也會跟著增加。如此一來很可能陷入惡性循環：債權人害怕違約風險，就會要求更高的利率，但利率上升又會造成債務人更還不起錢而違約。到了二〇一一年夏季，愈來愈多的人開始想到某些不可思議的狀況，例如某些國家可能違約破產，因此退出歐元區或被掃地出門，造成歐元的崩潰。那些狀況原本就不好的歐洲銀行很多還持有大量的政府公債，因此歐元國家要是破產，很可能也會拖垮歐洲銀行體系。看起來這場金融災難正在醞釀中，而且很可能比二〇〇七年到二〇〇九年那一場還慘。

正當歐洲新危機節節升高之際，二〇一一年五月十四日國際貨幣基金總裁多米尼克・史特勞斯—卡恩（Dominique Strauss-Kahn）突然在紐約被捕，據說是涉嫌襲擊飯店女傭且強姦未遂。這真是讓我太驚訝了！很多人都認為尼古拉・薩科齊（Nicolas Sarkozy）之後很可能就是史特勞斯—卡恩會當法國總統。這個人不但非常優秀傑出，而且溫文爾雅，在國際貨幣基金服務期間是個非常有魄力的領導者，也很清楚歐洲要趕快採取果斷的行動，才能遏制危機的發生。沒想到他竟然涉嫌犯下這些沒有人會原諒的罪行，結果國際決策圈在這個關鍵時刻竟然出現了一大段空白，由史特勞斯—卡恩的副手，美國經濟學家約翰・利普斯基（John Lipsky）暫代這個職務。

法國財長克里斯蒂娜・拉加德（Christine Lagarde）後來在美國政府的支持下，於七月接替史特勞斯—卡恩，成為國際貨幣基金創立以來的第一位女總裁。基金會的首席經濟學家奧利維爾・布蘭查（Olivier Blanchard）則繼續留任，他是我在麻省理工學院共事多年的同事兼好友。雖然拉加德之前才在法國政府服務，但她跟史特勞斯—卡恩一樣，並不特別偏袒歐洲的債務國。事實上，她以前也常常批評歐洲各國政府不願採取更多行動來刺激經濟成長。但是由德國財政部長沃夫岡・朔伊布勒帶頭的歐洲官員幾乎都不準備接受國際貨幣基金、美國或任何人的勸告。至少就這一點，他們也會同意吧。

在此同時的美國，國會好像正使盡全力，讓金融市場更覺不安。因為歐巴馬政府想要提高聯邦政府的負債上限，國會正跟白宮僵持不下。

債務上限的法律其實是個歷史的偶然。在第一次世界大戰之前，美國國會在批准聯邦支出的時候，也會同時批准任何必要的公債發行。到了一九一七年，國會為了管理方便而通過一項法律，允許財政部在總負債低於特定數額之下，得視需要來發行必要的公債。這實際上就等於國會把支出決策和借貸決定分開來進行。

到了某個時候，那些國會議員突然明白批准債務上限可以做為政治上討價還價的籌碼。但這些政治上的角力和爭鬥其實跟歌舞伎裡頭的打架一樣只是裝模作樣，通常執政黨到最後還是可以提高債務上限（但也要因此承擔政治上的抨擊）。在二〇一一年之前，府會雙方最嚴重的衝突是發生在一九九五年，共和黨控制的國會就債務上限和支出法案與柯林頓總統僵持不下，結果聯邦政府因此兩度暫時關閉。但是現在華府黨派分裂的情況愈來愈嚴重，債務上限的對抗也就不再只是象徵性，看起來是愈來愈危險。

許多美國人以為債務上限的爭議，是在吵美國政府應該花多少錢、課多少稅。但其實債務上限並不是要決定支出和課稅，而是針對那些已經發生的支出，美國政府要不要付帳。拒絕提高債務上限，並非如外界所言像是一個家庭剪掉信用卡，而是刷卡刷了一大堆之後卻拒絕付帳。

政府應該要做到的重要承諾之一，就是支付國債的利息。如果美國政府無法支付利息，就是美國公債違約，而美國公債是全世界持有最廣泛、交易最熱絡的金融資產。當時，全世界包括個人和機構持有的美國公債，總額大約是十兆美元。即使只是暫時違約，都可能帶來災難性的經濟後果，並且讓美國政府的公信力和信用能力永遠受損。其他的政府支出，例如承諾付錢給退休人員、軍人、醫院或包商卻沒辦到，也會造成信心危機，帶來金融及經濟上的嚴重影響。拒絕提高債務上限等於是在綁架全國民眾的經濟福祉，不管大家原先爭執的是什麼，這都是讓人無法接受的結果。

二〇一一年的債務上限抗爭，是因為共和黨在二〇一〇年期中選舉聲勢大漲之後，想要推動裁減政府支出的政策。大家都在努力想要為政局解套，包括一個懷俄明州共和黨參議員亞倫．辛普森（Alan Simpson）主持的委員會，裡頭也有柯林頓時代的白宮幕僚長厄斯金．鮑爾斯（Erskine Bowles），雖然這是結合兩黨力量的調停，最後還是沒有達成任何結果。四月時蓋特納警告國會說，要是再不提高債務上限，政府資金將在八月二日告罄。當時大家都覺得國會並不認真考慮公債違約的後果，但市場對此也沒什麼反應。

美國聯準會作為財政部的國庫代理人，表示聯邦政府支出大多由聯準會支付，其中就包括公債的利息。隨著政爭持續，聯準會和財政部也討論到，萬一國會不提高債務上限，可能會造成哪些支出上的問題。聯準會負責金融體系穩定的主管和專家也跟一些金融機構進行溝通，說明公債利息要是延遲支付時要怎麼處理。但我們聽到的狀況真是讓人不安，銀行及其他金融機構的電腦系統幾乎從沒設想過聯邦政府可能違約的狀況，系統設計人員甚至連只是暫時違約都沒考慮過。

七月三十一日，經過幾個月的角力之後，國會終於達成預算協議，同意提高債務上限。但這個預算協議非常複雜，除了要求未來十年裁減特定開支以外，還要設立一個聯合委員會，這個「超級委員會」是用來推動更多的預算裁減。這個委員會要是認為預算裁減幅度不夠，可以進行全面性的「隔離」（sequestration）行動。我當然樂見這場債務危機得以解決，但也很擔心國會強推撙節可能危及脆弱的經濟復甦。

這件事後來仍是餘波盪漾。八月五日債信評等機構標準普爾公司表示，美國預算等爭議未來預料還會發生，因此將美國公債的債信評等由原本最高的「AAA」級往下調。但他們的報告裡頭出現一個很嚴重的錯誤，導致該公司高估美國未來十年的財政赤字會多出兩兆美元。財政部很快就指出這個大錯誤，標準普爾公司也直認不諱，但堅稱這個資料上的錯誤並不影響政府債信能力的評等。我看，標準普爾公司就想表示它沒被政府嚇倒吧。這件事剛好也可以反映出政府和債信評等公司之間的奇特關係，政府可以管理監督債信評等機構，但後者卻有權力評等政府債信能力。

原本就擔心歐洲而風聲鶴唳的金融市場，現在又因為信用降級風波平添緊張。先是希臘宣布債務重整，美國債務上限爭議又愈演愈烈，道瓊指數從七月二十五日那個周一開始，四周總共下跌近一千八百點，跌幅達14%。讓人覺得好笑的是，市場一邊擔心美國公債違約，投資人卻又哄抬公債價格，十年期國庫券殖利率從原本的3%下降到只比2%高一點，調整幅度相當大。美國公債做為風暴（歐洲再加上美國經濟）避風港，明顯勝過違約憂慮。

美國的房屋興建在二〇一一年仍是經濟復甦的主要阻力。在我的鼓勵下，聯準會理事貝西・杜克和莎拉・羅斯金帶領專責委員會，探索要怎麼讓它起死回生。她們的努力受到大衛・威考克斯的支持，後者在大衛・史塔克頓退休後於二〇一一年七月接任聯準會研究部主管，另外消費金融專家凱倫・朋絲（Karen Pence）也率領團隊投入相關研究。這個專責委員會特別注意法院拍賣的新案例，二〇〇九年時美國遭法拍的房子達二百一十萬戶的高峰，到二〇一一年雖已減少，但仍有一百二十五萬戶之多。

貨幣政策已經讓抵押貸款利率明顯下降，在我們宣布第一輪抵押貸款債權證券收購之前的二〇〇八年十一月，抵押貸款利率大約是在6%，到了二〇一一年中期時已降至4.5%。在抵押貸款利率降低後，信用紀錄良好的屋主可以重新設定抵押貸款，減少每個月的本息負擔。但不幸的是，大約有四分之一的屋主在二〇一一年時，房價總值低於負債金額，因此無法重新設定抵押貸款。歐巴馬政府推出「房屋輕鬆再融資方案」原本狀況也頗令人失望，那些屋主都是由房利美和房地美承做的抵押貸款，但房價總額迄無起色，難以調整。後來政府在二〇一一年十月修改住屋再融資的條件，一方面降低各種費用；另一方面也擴大適用資格，才有效提高屋主參與，幫助兩百三十萬戶的房子進行再融資。

歐巴馬政府還有另一個重要的法拍援救措施叫「房屋輕鬆貸調整方案」，提供誘因讓金融服務業者調降貸款人的支付金額，例如延長抵押貸款期限或降低利率等。這套計畫實施起來，讓財政部在管理上遭遇非常大的挑戰，國會也要求財政部對於參與計畫的金融服務業者和貸款人要嚴密監督。如此一來政府又要對業者提出許多操作上的要求，導致業界參與意願低落，這也是意料之中的事情。此外文書作業也太過繁瑣，讓許多貸款人望之卻步。結果第一年下來，只成功修訂了二十三萬筆抵押貸款。後來財政部累積更多經驗，經過改進和推廣，才吸引更多抵押貸款的參與[21]。但是修改後的抵押貸款也未必就能避免法拍。即使是有嚴格的篩選標準，二〇〇九年修改的抵押貸款中有46%再次出現拖欠，二〇一〇年再拖欠的情況也高達38%。由於經濟衰退造成就業遲遲無法提升，家戶所得的情況很不穩定，才使得很多家庭連每個月適當的貸款支付都繳不起。

我們雖然可以監督管理某些放款機構，房屋部門大多不在聯準會的管轄之內。但是我們認為這是經濟復甦的重要因素，因此還是努力建言，提供意見。在二〇一二年一月公布的白皮書中，我們提出改善管理的建議計畫，分析能夠減緩法拍趨勢的替代策略，例如一次性地削減貸款人積欠金額，並且提出法拍的替代方法，例如鼓勵債權人讓負債人以低於負債數額的價格自行出售房產來償債。（這種方式對於借貸雙方的成本，都比現行的法拍來得低，而且對於周遭鄰里也比較好，因為法拍往往造成長期空屋，衍生其他問題。）

雖然我們自認這份報告的建議深具建設性且兼顧公平合理，卻引來某些國會議員的嚴辭批評。參議院金融委員會中，猶他州共和黨資深參議員奧林·哈奇（Orrin Hatch）指責聯準會干涉財政政策。但是

21 到二〇一四年底，房屋輕鬆貸修正方案的參與件數達到一百四十萬件。

發布這份報告，我一點都不後悔。當然也不是所有的法拍都可以避免，但是減少不必要的法拍，雖是很難，但也會有許多好處，而且牽涉到的不只是借貸雙方而已。遭到法拍的房子太多，就成為房屋部門復甦緩慢的重要原因，也因此造成整體經濟難以快速恢復元氣。不過國會的反應顯示，雖是預防住屋被法拍，其中也跟政策一樣充滿了政治意味。有些人希望會有更為寬大的方案，另一派人則覺得政府已經太過慷慨，兩個極端的好惡反應對比強烈。

我們在另一項管理經驗中，也親身發現到處理法拍屋問題的困難。正當危機肆虐期間，金融服務業者未經適當核覆就簽署了幾百萬份法院拍賣文件，此即所謂的「機器人簽署」（因為像是找機器人來處理）。在二〇一一年到二〇一二年初，聯準會和通貨監理局命令十六家抵押貸款服務機構僱用獨立顧問公司來審查二〇〇九年到二〇一〇年期間的法拍案件，包括所有已完成和未完成者。這十六家金融機構所承做的抵押貸款高占全美三分之二以上。如果發現債務人受到「機器人簽署」或其他不公平的對待，金融服務商必須給予適當的補償。不過大家很快就發現，這幾百萬件法拍案光是要審查，費用就比補償金還要高出許多。在國會和消費者保護團體多次抗議之後，聯準會和通貨監理局只好叫停，改採標準相對簡化的補償新措施。這個新措施的目標是讓債務人獲得大致上的公平，卻又不必花費巨額的顧問費用。到最終，這十六家金融服務機構中的十五家同意支付一百億美元給債務人做為補償（其中三十九億美元為現金，其他形式的補償，包括抵押貸款條件修正等，共計六十一億美元）。獲得直接補償的債務人達四百四十萬人。

從歐洲蔓延開來的金融壓力再度復活，再加上債務上限的鬧劇，還有諸如房屋部門低迷等持續不退的不利因素，似乎都在為經濟敲起喪鐘。到了二〇一一年夏季結束時，我四月時在記者會上那份審慎樂觀又已消失無蹤。美國經濟似乎又要再次失速。按原定計畫，我們在年中結束第二輪量化寬鬆，我相信那套計畫已經幫助創造就業機會，同時也防止了二〇一〇年秋季出現的通貨緊縮威脅。但是量化寬鬆都結束以後，聯邦公開市場操作委員會諸位成員預期充分就業的進度還是非常緩慢，而且通貨膨脹壓力也還是偏低。那麼我們還能怎麼辦？

我們可以再次收購長期債券，進一步擴張聯準會的資產負債表，但是聯邦公開市場操作委員會對於再一次全面量化寬鬆的興趣似乎相當有限，至少在當時是如此。我們政策招致的批評往往誇大或不公平，尤其是我們從政府其他部門獲得的支援和幫助是如此之少。不過這也不表示委員會成員不可以有疑問。我們收購證券，真的有效嗎？聯準會的內部分析顯示的確有效，但效果還不夠大，光靠這些還無法促成經濟成長和創造就業步上正軌。即使收購證券過去曾經有效，但目前利率如此之低，是否也已經到達極限，逼近收益遞減的那個點？是不是信用市場還有哪些問題，使得低利率的好處難以發揮？

其他問題也可能跟一些有害的副作用有關。除了通貨膨脹風險，聯邦公開市場操作委員會成員最擔心的是再繼續收購證券，可能威脅到金融穩定。謝拉．貝兒在二〇一一年七月離開聯邦存款保險公司後曾警告說，聯準會持續壓低長期利率是正在吹出一個「債券泡沫」。她和一些人認為，人為壓低債券殖利率可能帶來意外效果，由於現有債券殖利率較新發行者突然大幅走低，造成價格暴跌。這個狀況帶來普遍的大幅虧損，很可能動搖整個金融體系。但我們對於利率大幅變化的風險事實上是非常注意，尤其是對於擁有大量債券的銀行和保險公司，我們認為這些問題都在控制之中。不過，過去這幾年來如果我們曾經學到什麼，就是我們對於影響金融穩定突發威脅的偵測能力一定要保持謙虛，千萬不得自滿。

既然委員會在短期之內不太可能支持再次大量收購證券，讓資產負債表繼續膨脹，我只好天馬行空地異想天開一下。打從前一年的夏天以來，我一直跟聯準會內部人員討論許多貨幣政策的選項。經過二○一一年，一直持續到二○一二年，這些對話和討論都在持續進行中。那時候我在一些公開場合上也談到一些想法，但很多只是出現在幕僚會議和備忘錄而已。

我在二○一○年的傑克森霍爾演講中曾談到，把聯準會中各銀行準備的利率從原本的0.25％降到零，甚至是稍微低於零的水準。也就是說，各銀行要是不把錢放貸出去，任由它們閒置在聯準會裡頭，就要付出代價。但是把銀行準備的利率降到零，市場的短期利率大概也只會下降一點點，也許是0.10％到0.15％而已。對此我是不強烈反對，或許這樣會讓市場知道，只要能夠幫助經濟復甦，我們什麼都願意做。不過反對這麼做，其實是有很好的理由，因為貨幣市場基金可能因此受到傷害，商業票據和其他金融市場，包括聯邦資金市場也會受到干擾。比方說，利率要是一路降低到零（甚至低於零），貨幣市場基金恐怕連管理成本都收不回來。這個狀況要是發生的話，基金就得關門大吉，它們就要開始拋售商業票據，那麼市場籌資的重要管道也會因此關閉。

我也曾考慮盯住兩年內到期的債券利率，透過買賣這些債券，引導利率走向我們設定的目標。如此一來也會傳達出強力訊號，讓市場明白至少在兩年內我們會將利率壓在低檔。不過要做到這一點，又要收購很多證券才行。到時聯準會的資產負債表可能膨脹到失控的地步，這個風險我們可不敢承擔，至少目前還不想。

我們仔細考慮一套「放貸資金」計畫，答應加強放款給中、小企業的銀行都可以獲得便宜的融資。英格蘭銀行和英國財政部準備在二○一二年七月採行這套計畫。這個鼓勵小型企業創業信貸的想法，很讓人感興趣（莎拉・羅斯金就特別支持）。可是美國的銀行對於「放貸資金」計畫興趣缺缺。它們的情況跟英國銀行不一樣，本來就能取得廉價資金，但認為放款給小型企業的利潤不大。

還有一個更激進的想法，有許多學者支持，叫做名目GDP（國內生產總值）目標。我曾在二〇一〇年發動第二輪量化寬鬆之前，與柯恩、葉倫和杜德禮討論過[22]。實施名目GDP目標，央行就不再設定固定的通貨膨脹目標。當經濟成長強勁時，通貨膨脹目標就要降低；萬一成長低迷，通貨膨脹目標就要提高。在二〇一一年，經濟成長相當緩慢，名目GDP目標所建議通貨膨脹目標就會在3%或4%甚至更高。

基本上來說，採行名目GDP目標，是要改變外界對央行未來行動的預期，從而影響現在的資產價格和利率。比方說，如果在二〇一一年採用名目GDP目標，即可暗示聯準會將長期壓低短期利率，也可能再收購更多資產，即使是在通貨膨脹上升的情況下。要是市場認為央行未來將是如此，那麼他們馬上就會調低長期利率，即可刺激當前的經濟成長。

聯邦公開市場操作委員會準備在二〇一一年十一月會期討論名目GDP目標。我們不只考慮這個辦法在理論上會有什麼好處，也要考慮到目前經濟成長正是猶豫不前，這樣的方法是否合適且可行。後來經過漫長的討論，委員會明確地否決這個想法。我原先對這個辦法頗為好奇，但後來也同意同事們的看法，認為在當前這個時候最好是先保留。要向大眾說明名目GDP目標的操作方式，其實是複雜且困難（也不容易向國會解釋，而這是必定要有的協商）。就算我們可以向各方面解釋清楚，也還有許多挑戰亟待克服。要讓名目GDP目標發揮效果，首先就是要讓大眾相信它。也就是說，大眾必須相信，

22 名目GDP是指未經通貨膨脹調整、以美元計價的國內財貨與勞務總產值。名目GDP的成長即是產值成長與通貨膨脹的總和。

在一九八〇及九〇年代中一向嚴密控制物價壓力的聯準會，現在突然決定願意容忍更高的通貨膨脹壓力，而且可能持續很多年。他們也必須相信聯準會未來的政策制定者會繼續實施這套策略，而且國會不會橫施干涉。

但要是我們可以說服民眾，接受比較高的通貨膨脹率呢？這個結果本身也有風險。民眾是否會相信，未來的政策制定者也有勇氣和能力來鎮壓通貨膨脹，正如這個策略所訴求的，即使要冒著經濟陷於衰退的危險。如果民眾不能信任的話，名目GDP目標很可能對通貨膨脹趨勢帶來更多不確定性而引發恐懼。那麼經濟就不會像預期那樣增加支出和投資，家庭和企業可能都會變得更加謹慎而減少消費和投資。到時候聯準會也許就要陷於一九七〇年代的困境，欠缺民眾和企業的信任，使得經濟處於低成長、高通貨膨脹的雙重痛苦。

也有個跟名目GDP目標有關，但更容易向外界說明的想法，就是直接提高我們的通貨膨脹目標到比方說4%，這不必像名目GDP目標所承諾的，以後還要再把通貨膨脹壓到非常低。就理論上來說，個人和企業會在物價抬高之前，就樂於支出更多。我以前在普林斯頓大學的同事保羅．克魯曼在二〇一二年四月《紐約時報》專欄上就主張採用這個辦法，那篇文章的題目叫〈柏南克，快回到地球吧〉，並附上一則我戴著太空衣頭盔的漫畫，看上去有點莫名其妙。（我現在對於人身攻擊早就處之泰然，不過我還是認為這文章說得也不太公平，因為聯準會在我的領導下，已經不能說是消極被動。）我在二〇一〇年傑克森霍爾的演說中，談到許多拒絕提高通貨膨脹目標的理由，而同樣這些原因我也不會採用名目GDP目標。較高的通貨膨脹預期對於經濟成長可以帶來什麼好處，這都可以再討論，但要靠說話、放消息就影響民間提高通貨膨脹預期，這完全是說來簡單，做來難。

雖然我們最後沒採用名目GDP目標的做法，但我們還是會利用民意對未來政策的預期，來影響現行金融狀況。我們之前已經開始提供一些政策引導的消息，比方說在二〇〇九年三月，我們說利率在「更長時間內」將維持「非常低」的水準（換句話說，也就是接近零）。到了委員會議期間，我又把那個模糊的「更長時間內」說得更明確一些。在二〇一一年八月的會議，我們在聲明中表示聯邦資金利率目標預料「至少到二〇一三年中期」都會維持在低檔，這意思也就是說至少會持續兩年。我們明確指出的日期，符合聯邦公開市場操作委員會成員的經濟預期，也跟模型分析推測調升利率的適當時間一致。不過還是有三位聯邦公開市場操作委員會成員，費雪、普羅瑟和明尼亞波利斯聯邦準備銀行總裁納拉亞納．柯薛拉柯塔（Narayana Kocherlakota）表示反對，部分是因為他們認為當前經濟不需要更多的貨幣刺激。普羅瑟並認為，明確地說出一個日期，好像我們在政策上要改成自動駕駛一樣，不管未來經濟發展的情況都不改變利率目標。

我當然也覺得，我們的政策應該要能即時對應經濟狀況，而不是設定一個明確日期。根據經濟狀況來做出決策，針對現況進行引導，讓市場更能理解我們的想法。但要找出最好的辦法，讓整個委員會都能同意，就要花費許多時間。但不管怎麼說，我們在用字遣辭上的改變似乎已經發揮功效。投資人首先擺脫短期利率可能升高的預期，長期利率也就跟著往下走。但是過了一段時間以後，經濟復甦的狀況還是令人失望，明定日期的缺點馬上暴露出來。當原本預定的日期逐漸逼近時，我們不得不再次出來說明，更改日期。所以在二〇一二年一月的聯邦公開市場操作委員會議後，我們說預期利率偏低「至少會到二〇一四年的年底」，到了二〇一二年九月，我們又把那個期限推遲到二〇一五年的年中。

在這段期間，我們也找到新方法，在資產負債表不會膨脹的情況下也能進一步壓低長期利率。二〇一一年九月，委員會決定在二〇一二年六月底之前收購六至三十年到期的美國公債，總額四千億美元；費雪、普羅瑟和柯薛拉柯塔也一樣投下反對票。但這一次我們並不是創造銀行準備來收購證券，而是賣出等值的公債部位，只是這些公債的到期日都是在三年以內。

我們稱之為「到期日展期計畫」（Maturity Extension Program），不過新聞界稱之為「扭轉任務」（Operation Twist），是沿用聯準會在一九六〇年代一套計畫的名字，這其實不太正確。當時的聯準會是由威廉·麥契斯尼·馬丁帶領，買進長期債券同時賣出短期債券，是為了「扭轉殖利率曲線」，亦即降低長期利率（以刺激消費和投資），並提高短期利率（據說是要保護美元匯率）。[23] 我們這一次的目標並不是要讓長、短期利率逆向，而是希望長期利率可以再貼近已經到底的短期利率。因為銀行體系已經有許多準備閒置，而且我們早已承諾至少在二〇一三年中期之前都要守住零利率，所以出售短期公債應該是不會刺激短期利率上揚。我們打的算盤是，這套「到期日展期計畫」收購證券，可以發揮第二次量化寬鬆的效果。

「到期日展期計畫」在政治上的反應頗為平靜，至少跟第二次量化寬鬆比較起來要平靜許多。這一方面是因為這套辦法不會增加銀行準備，所以也不會受到「印鈔票」的批評。但雖是如此，在我們決定的前夕，國會的共和黨四位大老還是再次發布公開信函，批評我們濫施干預。眾議院議長約翰·博納和參議院少數黨領袖米奇·麥康納，以及他們的副手艾力克·康特和參議員瓊恩·琪兒，要求我們「別再對美國經濟施以無端干預」。我懷疑這封信的背後另有他人指點或什麼因素，因為我和這四位議員的關係一向不錯，並且一向樂於跟他們討論經濟狀況和聯準會的政策。博納對我的連任也是特別支持，並曾在私人聚會時表示，我能在危機期間主持聯準會，他特別感到高興。

雖然大眾對我們最新計畫的反應頗稱溫和，但政治氣氛仍然相當不利，主要是因為當時共和黨正在進行二〇一二年總統大選的提名人角逐。為了迎合選民的不滿和憂慮，很多候選人都把聯準會和我當做攻擊對象。前眾議院議長紐特・金里奇（Newt Gingrich）說他會叫我滾蛋，說我是「聯準會史上……最危險、最集權、最愛通貨膨脹的主席」。（最後獲得提名的米特・羅姆尼〔Mitt Romney〕則是相當含蓄地說他「會找個新人」來接替我。）德州州長瑞克・培里（Rick Perry）在痛毆聯準會的拳擊場上可說是冠軍，他在二〇一一年八月愛荷華州的造勢活動上，說我們支持經濟成長的努力「簡直就是叛國」，又嗆說：「這個傢伙要是從現在到大選這段期間又印出更多鈔票，我是不曉得你們愛荷華州會怎樣，要是在德州的話一定整得讓他很難看！」

這些不實指控讓人很難忽視，我擔心民眾可能因此受到誤導〔不過我聽到培里州長這麼說的時候，還引用革命英雄派屈克・亨利（Patrick Henry）的名言跟同事開玩笑：「如果這是叛國，我們就反叛到底！」〕。發出抨擊的也不只是右派人士，左派的「占領華爾街」運動在二〇一一年秋季席捲好幾個大城市，強烈抨擊華爾街援救、收入不平等和失業沒工作。抗議人士就在波士頓、芝加哥、紐約和舊金山的聯邦準備銀行旁邊紮營示威。我在十月參加兩院聯席經濟委員會議時說，我不會責怪抗議人士感到不滿。「失業率高達9％，經濟成長又很緩慢，這些狀況當然不是很好。」我說。我很擔心這些批評會影響聯準會內部的士氣，所以我約見了好些員工，讓他們知道該怎麼回應朋友和鄰居的問題。

我們同時壓低長、短期利率以提振需求來解決失業問題，結果遭遇另一個擁有政治勢力的族群強力

23 債券殖利率跟到期日的長短很有關係，因為長期利率通常高於短期利率，所以殖利率曲線通常是向上傾斜。

挑戰：銀行存款戶。二〇〇七年在金融危機發生之前，退休者和其他存款戶都能靠存款——比方說六個月的定存單——獲得5%以上的報酬。但是到了二〇〇九年的年中之後，要找到利率高於0.5%的定存恐怕都要靠運氣。低利率的根本原因，其實是因為經濟疲軟，所以不管是儲蓄或投資都無法創造出穩健的報酬，我只要逮到機會就一再地對外界解釋這個因果關係。當然，我們的政策把利率壓得更低，但這都是為了刺激經濟復甦。要是經濟成長足夠強勁，自然就能提供更多報酬。太早調高利率，只會讓這個復甦變得更加緩慢。那些退休的人也一定希望就業市場正常發展，免得二、三十歲的孩子還得搬回老家跟爹娘一起擠。

好笑的是有些批評我們政策傷害存款戶的人，也說我們政策讓富人更富（富人的存款應該更多吧，所以同樣是那些人，我們既傷害又幫助）。這種說法的邏輯是說，因為利率較低往往會抬高股票、房地產等資產的價格，而有錢人當然比窮人擁有更多的股票和房地產。但是這種觀點忽略了一個事實，低利率也會讓資產報酬變得更少。要搞清楚貨幣政策的分配效果，最好是拿資本投資報酬和勞動收入的變化做比較。事實證明，貨幣政策寬鬆對於資本利得和勞動收入的影響通常是很類似。但最重要的是，如果是在疲軟經濟時，低利率有助於創造就業機會，對於中產階級幫助尤其大。

為了加強對外溝通，讓民眾了解我們的想法和做法，我繼續透過各種管道和華府及華爾街之外的群眾接觸，這些做法也都是過去聯準會主席很少採用的。二〇一一年十一月，我前往德州厄爾巴索參觀布利斯堡，在寒冷的清晨四點，和基地指揮官丹納．皮塔德（Dana Pittard）在機場迎接兩百五十位從伊拉克返鄉的士兵。我碰到一些士兵和軍眷，他們問了很多深入的問題。這跟我明查暗訪的許多印象一樣：大家都很擔心，想搞清楚現在的經濟到底是怎麼回事，對他們會有什麼影響。雖然培里州長曾嗆聲說要讓我好看，但我在德州並沒有受到什麼不愉快的對待。我回家的時候心裡充滿了感激，謝謝那些士兵的犧牲奉獻。

在二〇一二年三月，我應邀到喬治・華盛頓大學以聯準會為題做了好幾次演講。能夠回到課堂上的感覺真好！那些演講我就從聯準會當初是怎麼成立的開始說起，我希望同學們都能知道中央銀行的功能與作用，並且理解我們在金融危機期間與其後的行動，這些動作從某些方面來看雖然不太尋常，卻都符合聯準會長久以來的目的。針對這些演講，我也接受美國廣播公司記者黛安・索耶（Diane Sawyer）的訪問。後來我們也在聯準會網站上公布演講內容，大家都能在網上找到相關視訊和文字稿。隔年普林斯頓大學出版社把這些演講內容結集出版。

二〇一二年稍後，我從某些跡象發現，我們主動對外溝通其實是有效的。那一年的九月七日我受邀參加職棒華盛頓國民隊的練習賽，國民隊的對手，邁阿密馬林魚的三壘教練喬伊・艾斯巴達（Joe Espada）拿了一顆球找我簽名，這時候滿臉大鬍子的國民隊右外野手傑森・華斯（Jayson Werth）隨口就問說：「所以量化寬鬆有什麼新消息啊？」這一問讓我覺得滿驚訝的，不過我後來想到，華斯跟球隊簽了一紙價值一億兩千六百萬美元的七年合約，難怪他對金融消息會有點興趣。兩天後，聯準會理事理察・費雪在一次音樂會之後，有人介紹他認識大提琴家馬友友時，也被問到這個問題。

經過二〇一一年到二〇一二年，歐洲的金融和經濟狀況還是一團糟，一些不好的影響也逐漸蔓延到美國和世界各國。關於這些狀況，聯準會資深老將史蒂夫・卡明（Steve Kamin）帶領國際金融部門，隨時提供匯報讓我們充分掌握。卡明是出身自麻省理工學院的經濟學家，在二〇一一年八月接替同樣是麻省理工學院畢業的南森・席茲（Nathan Sheets）掌理國際金融部。對我來說，歐洲最重要的發展之一就是歐洲央行領導階層的變化。

尚克勞・特里謝擔任歐洲央行總裁八年，任期在二〇一一年十月三十一日結束。那年八月在傑克森霍爾研討會上，我公開讚揚他在任期中的非凡表現並致上感謝，我們曾經跟其他國家的央行官員緊密合作來控制這場危機。但我對他在歐洲推行緊縮貨幣和撙節政策的做法並不支持。尚克勞・特里謝並非經濟學家出身，我覺得他對總體經濟政策的態度跟許多北歐政客一樣太泛道德化，對於經濟衰退時提升總體需求的經濟政策又太輕忽。不過他這個人相當精明，危機期間的外交處置頗為高明，在歐洲和全世界也都很受尊敬。

美國要挑選新的聯準會主席可說相當簡單，就是由總統提名，參議院同意即可。但是歐洲央行總裁人選，則需要幾個歐元區主要國家的領袖進行不公開的協商之後才能確定。德國是歐盟主導國家，說話自然比較大聲，甚至可以挑選德國人來擔任這個職位。不過它的最佳人選，原先擔任德國央行總裁的艾賽爾・韋伯（Axel Weber）如今已不在考慮之列，因為他在二月時自行請辭。之前他就堅定反對歐洲央行的債券收購計畫，認為政府透過央行以這種方式提供融資並不恰當，甚至有違法之虞。

下一個最明顯的人選是義大利的馬利歐・德拉吉（Mario Draghi）。戴著眼鏡的德拉吉說話溫和，學養深厚，也是麻省理工學院的經濟學博士，比我早兩年畢業（有一次我們剛好聊過）。他既有學術經歷（佛羅倫斯大學教授）也有市場經驗（曾任高盛副董事長），也曾跨足公共部門（曾任義大利央行總裁及其他相關職務）。他也擔任過金融穩定理事會（前身即金融穩定論壇）主席，幫助協調歐盟各國的金融監管。

德拉吉的主要問題在於他的國籍。德國和其他北歐國家可能會懷疑，他在決定貨幣政策或處理財政糾紛時，會不會偏向那些債務國。不過他很巧妙地攏絡德國媒體和大眾輿論，先後贏得德國總理梅克爾（Angela Merkel）和歐洲央行董事會的支持。對此我很高興，我認為他是我的朋友，也是一位學有專精的優秀公務員。

德拉吉跟前總裁尚克勞·特里謝一樣，都很了解歐洲央行在歐盟權力結構中的特殊作用。並且在入主歐洲央行之後，努力不懈地拉攏各方盟友，為一些原本頗為爭議的辦法爭取支持。跟尚克勞·特里謝比較起來，德拉吉更受到美國經濟思潮主流新凱因斯學派的影響，也因此他更樂於推動信用擴張政策，幫助歐洲疲軟的經濟。事實上德拉吉上任後第一件事就是調回尚克勞·特里謝在夏天提高的利率，但歐洲在二〇一一年第三季還是陷入衰退。

德拉吉之後又大動作保護歐洲銀行業者，讓它們得以不受限制地取得必要的廉價資金，並促使同僚支持再度調降利率。他在著名的二〇一二年七月二十六日演說中表示歐洲央行將「不惜代價捍衛歐元」，讓市場大為振奮，也使得狀況較差的歐元國家稍減壓力。我想他的意思就是白芝浩那一套，意思就是說歐洲央行已經準備好了，萬一歐元國家或銀行遭遇投資人擠兌時，隨時都能挺身而出，當最後一道防線。令人驚訝的是德拉吉這番喊話之後，義大利和西班牙公債殖利率到了二〇一二年底就跌了大概兩個百分點，而歐洲央行在那段期間其實都沒出手收購任何債券。這可說是央行心戰喊話的絕佳範例。

雖然德拉吉這些做法都很正確，但是它們面對財政政策帶來的逆風甚至比美國還大，一些更有效的貨幣措施（例如大規模的量化寬鬆）也面臨激烈的政治阻力，所以歐洲經濟復甦還是遙遙無期。

我二〇〇二年進入聯準會時抱著一個目標，希望聯準會可以變得更為公開透明，對於職責的歸屬更為明確，特別是希望為通貨膨脹控管建立一套數字化的目標，讓大家對聯準會績效得以一目瞭然。如今在稍稍短於十年的時間，於二〇一二年一月，我終於達成心願。

在這十年中，聯邦公開市場操作委員會為了通貨膨脹目標的設定曾經多次辯論（貝西・杜克曾笑著說，她很樂意接受一個目標，只要大家不要再煩這件事了）。現在，委員會大多數成員都支持，或者至少是不反對這套做法。之前的主席葛林斯班曾說設立通貨膨脹目標可能讓政策制定受到限制，但大多數委員已經不擔心這個問題。在當前艱困的經濟環境下，清楚明白的溝通比彈性更重要。一個數字明確的通貨膨脹目標，不但表示我們抵擋通貨緊縮的堅強決心，也展示出對抗過高通貨膨脹的承諾。

不過聯準會的任務既然是依法訂定，要再向前一步當然也需要先問問國會和政府的意見。這件事我可是進行了好一段時間。二〇〇九年一月時，新政府才剛準備要上任，我跟柯恩就先在我的辦公室和提姆・蓋特納、賴利・桑莫斯和克莉絲蒂・羅莫談過設定目標的事。他們並不反對，但認為這在政治上不是優先要項。蓋特納後來又給我一個機會，讓我在白宮當面向歐巴馬總統說明，總統聽得很仔細，也提出一些好問題。他對我說，要是聯準會認為有這個必要，那就應該要做。

但我精心排練的說明並未打消眾議院金融服務委員會主席巴尼・法蘭克的疑慮。我解釋說，要是設定通貨膨脹目標能夠增強企業和消費者的信心，體認到聯準會調控低通貨膨脹的承諾，就會讓我們能夠更積極地採用寬鬆政策來促進就業。法蘭克知道我的理由，但他也明白當前政治氛圍的重要性。他認為如今正處於經濟衰退之中，不應該冒險給人錯誤印象，要是設定通貨膨脹目標，卻不設定就業目標，大家會以為聯準會不在意就業狀況，那就不好，所以他不支持這個改變。後來我向聯邦公開市場操作委員會報告磋商結果，大家決定再次暫緩決策架構的重大改變。不過我們在二〇〇九年二月開始做些調整，讓委員會成員對於「適當貨幣政策」下的通貨膨脹、失業及經濟成長的個人預測，可以拉長為三至五年的「更長期時間」。如此一來，就算我們沒有明確表示數字化目標，也能讓大家都知道我們試圖引導經濟走向何方。

到了二〇一一年初，經濟狀況至少是比以前好一些了，我認為現在正是再次考慮設定通貨膨脹目標的時候。為了強調我們這套方法和聯準會的雙重使命足以並行不悖，我建議在公布目標時也要加上更多的說明，讓大家都知道我們的承諾不是只有通貨膨脹調控，也會顧及創造就業機會。因此由珍妮特・葉倫率領一個小組針對我們的政策擬定完整而簡潔的聲明稿，這個小組成員包括普羅瑟、芝加哥準備銀行的伊凡斯和羅斯金。聲明中明確指出通貨膨脹目標是2％，但也強調委員會將採取「平衡做法」，同時追求物價穩定和就業最大化的目標。

那句「平衡做法」很能反映出聯準會的就業和通貨膨脹目標有時候會互相衝突，比方說通貨膨脹太高時（必須採取緊縮政策），剛好失業率也太高（必須寬鬆）。如果是在以前，聯準會官員都不太願意談這件事，只會強調低通貨膨脹對於長期的經濟和就業發展比較好。現在新的政策聲明中點明這兩個目標雖是「通常互補」，但也可能在短期間內相互衝突，這時候決定政策的人就必須做個取捨。比方說，通貨膨脹率如果只是略高於目標，但失業率很高，委員會可能會冒著通貨膨脹再升高的危險，先解決失業率過高的問題。

我邀請巴尼・法蘭克到我辦公室討論，如今在共和黨控制的眾議院裡頭，他可是金融服務委員會裡面的少數黨大老。我向他說明我們的建議，表示我們都很清楚聯準會要兼顧兩個任務。他雖然還是不是完全滿意，但基於我們過去長期的合作，他還是願意試試看。事實上在目前狀況下也沒有政策衝突的危險，不管是通貨膨脹率太低或失業率太高，都必須採取寬鬆的貨幣政策。跟法蘭克碰面之後，我又打了十幾通電話給一些國會領袖。從其他諮商過程中，我知道有些共和黨議員也認可那篇聲明稿。其實有許多議員原本就支持設定明確的通貨膨脹目標，例如威斯康辛州眾議員保羅．雷恩。

後來聯邦公開市場操作委員會通過這份政策聲明，並在二〇一二年一月的會議之後發布。其中丹尼爾．塔魯洛棄權沒投票，因為他希望委員會可以更明確地表示為了降低失業率，聯準會願意暫時接受比目標值更高的通貨膨脹率。因為我們之前下了很多工夫進行溝通，並且也採用漸近式的方法來暗示通貨膨脹目標，所以國會對此也沒有多作批評。

二〇一一年底，法蘭克宣布明年從國會退休，我跟丹尼爾．塔魯洛邀他到聯準會參加歡送餐會。法蘭克一直是聯準會的好朋友，也是戰力超強的國會議員，平時作風幽默又好笑。有一次，我跟他對某事的立法策略有不同看法，當然後來證實他的意見才是對的，結果他留訊息給我的祕書轉告我：「這時候有的人會說我早就告訴你了。幸虧我不是那種人。」

在電影《今天暫時停止》（Groundhog Day）裡頭，主角比爾．莫瑞（Bill Murray）的生活在同一天不停地重複，到了二〇一二年的春季，我們開始覺得美國經濟似乎也跟那部電影一樣停滯不前。過去兩年來，就業市場在去年秋、冬之交略有改善，但之後就停了，失業率一直維持在略高於8％的高檔。房屋部門依然不振，拖累復甦，歐洲的情況雖然稍稍恢復平靜，但金融市場還是動盪不安，阻礙了經濟成長。這幾道逆風還是困擾著美國。

我們之前預估失業率要是降到5.5％左右，大致上就達到充分就業。但是經濟都復甦三年了，我們距離目標還是相當遙遠，更遑論對於經濟加快腳步成長也不太樂觀。二〇一二年六月，聯邦公開市場操作委員會成員預估失業率到二〇一四年第四季可能還會在7％以上，這可是在兩年多以後，而開會當時的失業率是8.2％。至於通貨膨脹率那時候則是稍稍低於2％，預料到二〇一四年都能維持在目標以下。

到了六月會議後的記者會上，記者數次問到我們既然預期成長緩慢，似乎又跟當前政策取向有點矛盾。要是我們相信自己的預測，不是應該要多些動作才對嗎？我回答說，我們已經採取相當寬鬆的政策。比方說，就是在這次會議上，我們決定將「到期日展期計畫」延長到今年年底，在配合短期債券出售的同時，即將收購二千六百七十億美元的長期公債。我也一再強調，我們採用這些非常規的政策工具，例如量化寬鬆，雖有好處但也有它的成本和風險，因此這些做法不像傳統工具如降低利率那麼常用，也是有道理的。

我的答案不是沒道理，所以大家也都能理解委員會全體的想法。不過我自己並不滿意。我們的預測很清楚地表明，要是現在不進一步採取行動，我們要達成經濟上的目標可能需要花幾年的時間才辦得到。而現在又不能指望國會幫忙，事實上國會僵局又讓我們發現一個新問題：今年底「財政懸崖」就到了！要是國會不答應解禁，聯邦政府的舉債上限就快到了，而且小布希政府時代制定的減稅措施也將到期，「預算隔離」（budget sequestration）就會開始（全面性的歲支刪減自動生效）。我的結論是，我們必須加快腳步朝向目標前進，首先就要在聯邦公開市場操作委員會裡頭為採取更多行動凝聚共識。

委員會成員不管今年有沒有投票權，我都會跟他們談話或用電子郵件溝通。因為大家都可以暢所欲言，發表意見，也都會影響到同僚的看法。有一陣子我跟明尼亞波利斯聯邦準備銀行總裁納拉亞納・柯薛拉柯塔互通了許多電子郵件，他以前是明尼蘇達大學的教授，在二〇〇九年十月接下蓋瑞・史登的職位。他在二〇一二年雖然沒有投票權，但是去年他可以投票時則是極力反對聯準會採取更多的貨幣刺激。他說現在勞動市場的問題，是在於企業界很難找到擁有適合技能的勞工，這個問題需要的是更多教育訓練，不是貨幣政策的刺激。不過我認為他的說法並沒有什麼證據可以支持。我說服他的論點，也是我先前就相信的簡單看法：我們邁向目標的進展實在是太緩慢了。要是我們覺得現在的做法有效，而且它們的風險也能夠控制，我們就應該要更努力。經過多次討論之後，柯薛拉柯塔最後脫離鷹派、加入鴿派，雖說是面對十分確切的事實和證據，但因此就能改變自己的看法，像他這樣的例子也不多見。

那年八月，我父親菲力浦過世。他把家族藥房賣給一家連鎖企業後，就跟我媽媽艾德娜搬到北卡羅萊納州夏洛特市過退休生活，那裡是我媽媽的故鄉，我弟弟塞斯一家也住在那兒。在搬進養老公寓之前，我爸媽本來是住在一幢小房子裡。後來我爸爸就病了，拖了幾個月，最後是住進長老會醫療中心的加護病房，在八月八日因心臟衰竭過世，享年八十五。塞斯和我妹妹雪倫都隨侍在側，吟唱他熟知的希伯來禱文和聖歌。他住院的時候，我和安娜曾去探視，但我還是要回華府才行。結果在我們還來不及再次探視，他就過世了。等到我們下一次過去，是參加他的葬禮。他是個好人，潔身自愛又善良仁慈。我深深感謝許多朋友給我的安慰，歐巴馬總統也親自致電慰問，讓我很感意外。不過讓我最感驚訝（也很感動）的是眾議員隆恩．保羅親筆寫下的弔唁卡。

回到華盛頓之後，我繼續為更多的寬鬆政策拉票。我們之前已經做了很多，本來也以為這樣就夠了，但是奄奄一息的就業市場迄今仍無起色。八月時失業率仍然高掛8.1%的高檔，事實上也還沒完全反映出它的疲弱。那個月的失業人數是一千二百五十萬人（其中五百萬已經失業六個月以上）。另外有八百萬人是在打臨時工，他們都希望可以找到正職，還有二百六十萬人也很想工作，但最近已經不太積極尋找甚至就放棄了。我在八月三十一日的傑克森霍爾會議上大聲疾呼，說就業狀況是個「重大隱憂」，讓市場相信聯準會還會再進行第三輪債券收購，我說我們會「提供更多必要的政策融通……以維持就業市場的改善」。

兩個星期後在九月會議上，委員會決定進行所謂的第三次量化寬鬆。「到期日展期計畫」已經沒辦法再延長了，因為那些短期債券就快賣完，所以我們只能再次擴張資產負債表，收購四百億美元房利美、房地美和吉利美擔保的抵押債權證券為銀行增加準備，另外「到期日展期計畫」還是繼續收購公債，每個月四百五十億美元。更重要的是，我們還說要是沒看到「勞動市場未來有實質改善」的跡象，就會繼續收購債券並採取其他政策措施。

跟馬利歐．德拉吉一樣，我們也說會不惜代價。但是第三次量化寬鬆跟前兩次不一樣，前兩次都預先公布收購總額，第三次量化寬鬆並未設定上限。這個風險可不小，以後只能在勞動市場實質改善才能喊停，如果沒有達成目標就宣告計畫失敗，那麼市場信心就會全垮。但不設上限的好處是，市場和大眾都會相信聯準會在必要時會力挺到底，我們也希望這樣的信心會讓長期利率處於低檔。現在可不必再忙著開始和結束了。

在十二月會議中，我們又擴大第三次量化寬鬆的規模，承諾到今年年底「到期日展期計畫」結束以後，每個月繼續收購長期公債四百五十億美元。這個數字再加上九月時批准的每個月四百億美元收購抵押債權證券，我們的資產負債表未來將以每個月八百五十億美元的速度繼續膨脹。我們在會後聲明也換個說法，不再預期短期利率在特定時間內會非常低，而是改採查理．伊凡斯說的「門檻」，這個觀念他曾經公開談過，珍妮特．葉倫和比爾．杜德禮在委員會裡頭也表示支持。我們說，只要失業率還是高於6.5%，預期利率目標就會維持低檔，而未來一、兩年內的通貨膨脹預料也不會超過2.5%。這些數字都只是「門檻」而已，並不是說失業率降到6.5%就要調高利率，而是說我們要看到失業率降到6.5%才會考慮升息。這意思是，我們又再次表示不惜代價搞活經濟。

對於再收購抵押債權證券和「門檻」說法，里奇蒙聯邦準備銀行總裁雷克表示反對。他現在是聯邦公開市場操作委員會裡頭唯一的反對派，不過對於局勢感到緊張的可不只他一個。我是覺得這些收購在二〇一三年的年中大概可以慢慢退場，但實際上還是要看數據資料才能決定（也要看一些不在我們控制之列的因素，例如財政政策等）。我們的證券收購可能也要持續很長一段時間吧。套句撲克牌的術語，全押！

第二十三章 「縮減」鬧劇
Taper Capers

我和客人一起在主席餐室俯瞰著國家廣場西端，冬日的太陽已經下山。二〇一三年一月十七日星期四的寒冷夜晚，馬丁大樓顯得空蕩蕩，只剩下幾位餐廳人員和走廊上的保安人員。

餐室裡頭設有八人座的長桌，透過落地窗可以看見夜照輝煌的國會大廈、華盛頓紀念碑、傑佛遜紀念堂、林肯紀念堂，還有波托馬克河對岸的五角大樓。那些在用餐前閒聊的客人也許會注意到，每隔沒多久就會看到閃著亮光的飛機沿河緩緩下降，往雷根機場飛去。

這次晚宴是要歡送即將卸任的財政部長提姆．蓋特納。除了蓋特納以外，我邀來的陪客還包括三位前財政部長魯賓、桑莫斯和鮑爾森；兩位聯準會前主席伏克爾和葛林斯班，以及前副主席柯恩。我四年前歡送鮑爾森時，同樣也邀請這些人作陪。

飯前我們坐下來輕鬆聊天，鮑爾森和桑莫斯說起中國的發展，兩人都說得很起勁，因為他們兩個都剛去過中國。伏克爾和魯賓則是低聲交談，伏克爾在決策圈裡還是很有勢力，例如達德—法蘭克改革法案還採用伏克爾條款就是明證。他現在雖然已經八十五歲，但三年前才再婚，精神顯得很愉快，也更常高聲談笑。七十四歲的魯賓在柯林頓時期擔任財政部長，曾經歷過亞洲、拉丁美洲和俄羅斯危機。他後來又回到任職最久的華爾街，但在此之前也曾經是桑莫斯和蓋特納的導師。危機發生時，他剛好是花旗集團的資深顧問，因此得以親眼目睹了這一切。

我則是跟蓋特納和柯恩一起聊天。柯恩對他離開聯準會之後的工作似乎挺滿意的，他在布魯金斯學會有個職位（位於華盛頓的非營利組織，從事政策研究），也是英格蘭銀行負責金融穩定的某個委員會成員。柯恩雖然沒有擔任過部會首長，但是他的資歷不容懷疑，他在政府任職時間比在場的任何一位都來得長，也一直是我和葛林斯班不可或缺的顧問。

葛林斯班遲到了，據說是活動行程排得太滿。他今年八十六歲，雖然走起路來不像以前那樣邁開大步，但別的事情可沒放緩。他社交生活還是很活躍，偶爾還會來場網球賽，他繼續經營他的諮詢業務，也正在準備一本新書。

牛排和馬鈴薯上桌之後，大家一起為蓋特納舉杯祝酒。我們這位主角興致高昂，不停地說著趣聞和笑話。我永遠搞不明白，像蓋特納從事這個備受矚目、動輒得咎的工作，是靠他高強的幽默感來排毒解悶，或者他就是對那些壓力和批評無動於衷。如果這份淡然處之只是表演的話，那他的演技也真是太好了。他看起來雖然很年輕，但其實在一九八八年就進入財政部擔任國際組的工作，之後便一直從事公職。在財政部執掌近四年，歷經挑戰之後，他這幾個月來一直不太掩飾地說要離職。歐巴馬總統之前曾挽留他到第一任期結束，但現在第二任期都開始了，他也不好對家人交代，所以總統就默許。

這場聚會雖然熱鬧，但多少也帶點尷尬。我們這幾個人都有著複雜的人際關係，個個都是爭強好勝的人，對於政策有著不同的看法，也各自擁有許多不一樣的經歷。伏克爾和魯賓對於危機時期和之後的聯準會政策諸多不滿，而葛林斯班也有不少意見（我想起以前有一次也是在這間餐室，跟魯賓吃了一頓挺緊張的午餐，當時他想說服我放棄量化寬鬆）。桑莫斯對我們的行動也有過批評，至少在華府裡頭說過。但是我們有過的一些共同經驗，把我們聚在一起，雖然看法頗有分歧，卻都很高興能對這個世界有所貢獻。

最高層的政府決策不但要花許多時間，而且幾乎無時無刻不處於壓力之下，但是能夠參與歷史，做一些重要的事情，這本身又令人感到振奮，我們也都知道面對異常複雜問題而苦苦掙扎的挫折感，而這些時間裡又必須置身於無情的公眾和政治監視之下。日新月異的通訊技術，先是二十四小時無止無休的有線新聞台，接著又是網路部落格和推特，不但讓監視更為嚴密，也讓譁眾取寵、道聽塗說的小道消息取代平靜和理性，人身攻擊勝於深入分析。在一個充滿漩渦與反漩渦的時代，我們都知道在經濟史中的某一刻，化身為象徵是什麼滋味，儘管我們自己再不願意也可能成為民眾的希望或恐懼的化身，任由媒體塗脂抹粉，搞得親朋好友都認不出來。

可是決策工作就是這樣，這個副作用我們也都很清楚。不過我們很快就明白，在這其中嚐到最深的挫折，不是這些負擔，而是政府本身的失能。原本設計這套制度的人是希望大家都能敬慎從事，結果現在卻都癱瘓了。如今制度促成的是賣弄炫耀，盲目的意識形態之爭，充斥怨恨和敵意，似乎一定要把那些錯誤方法都試過了，才會找到有用的路。這個餐桌上曾在一九八〇、九〇年代擔任公職的前輩都向我們保證，骯髒的政治和各種惡鬥僵局，簡直就跟合眾國本身的歷史一樣悠久。魯賓談到他那個時代的債務上限和預算纏鬥，跟最近的情況簡直沒兩樣。

晚餐快結束時，我開玩笑說在座諸位裡頭，很快就只剩下我還在領政府薪水。後來，我帶著安全人員送桑莫斯回他的旅館。他卸下白宮職務已經兩年了，如今正想爭取我卸任後的聯準會主席職位，這也不是什麼祕密。他在回答我的問題時說他贊同目前的貨幣政策，包括我們第三次量化寬鬆的數千億美元證券收購。我不知道誰會接替我的位子，但我認為最重要的是他或她會繼續採用這些政策。

二月五日我進白宮的橢圓形辦公室和總統開會，我把二〇〇九年獲提名連任時的話又說了一次：我這個任期到二〇一四年一月結束後，下一個任期希望他不要考慮我續任。我在華府這個熱廚房超過十年可是受夠了。歐巴馬總統說他了解。對於可能的替代人選，我們也稍稍談了一下。總統說桑莫斯、葉倫和柯恩都是可能人選，我不想太過影響他的選擇，我要是說誰比較好，他也許會以為我反對其他兩位。所以我說我覺得這三位都很合適，應該也都會繼續聯準會當前的政策。

蓋特納那場歡送宴會，大家心裡想的都是政府失能的問題，因為就在幾個星期以前，政府就在二〇一二年底即將到來的幾個財政期限，所謂的「財政懸崖」邊搖搖晃晃（這個名詞是我一年前在國會聽證時首先使用，不過之前也有人在其他場合說過）。國會要是在十二月三十一日之前沒動作，聯邦政府的舉債上限就會達到頂端，而小布希政府開始的減稅措施也將到期，屆時「預算隔離」就會自動生效。要是任由政府這麼跳下懸崖，對於美國的經濟復甦必定是個重大打擊。

在那最後時刻，國會和政府總算做了些事來避開一些最糟糕的結果。歐巴馬總統在一月二日簽署一項法案，讓「預算隔離」的生效日期延後到三月一日，同時延長小布希政府的減稅案，但高收入者不再享有這項優惠。不過，過去兩年來社會安全工資稅暫時減免措施（減了二個百分點）則是到期廢止。政府舉債上限雖然已經到頂，但財政部援引過去僵局的做法，採用一些會計上的特殊處理，讓政府得以繼續支付帳單一段時間。

雖是避開最糟糕的局面，但是受到預算瀕臨崩潰邊緣的影響，還是讓財政逆風大為肆虐。增加課稅和支出削減，很可能使得需求大幅受限，白宮和國會的僵局（還有財政懸崖）讓市場疑慮頓增。獨立於兩黨之爭的國會預算辦公室後來估計，二〇一三年的財政措施大概讓經濟成長減少了一・五個百分點，這可是我們負擔不起的損失！

蓋特納擔任財政部長的最後一天是一月二十五日，國會在二月十四日宣布舉債上限在五月十八日以前暫時中止，讓新任財長路傑克（Jack Lew）有點時間和國會處理長期的債務問題。路傑克在二月二十八日宣誓就職，他是精明幹練的律師出身，在政府部門和民間都擁有長期的豐富經驗。在公職方面，曾在柯林頓時代擔任行政管理和預算局局長（還有其他資歷），歐巴馬上任後他再次膺任這個職位，後來才到白宮接任幕僚長。過去他也曾擔任紐約大學的營運副總裁和花旗集團的資深主管。我會在早餐或午餐時定期與傑克碰面，我之前跟歷任財長包括約翰・史諾、鮑爾森和蓋特納也都是這樣密切聯繫。傑克有財政專家的美譽，他也很了解金融市場和金融監管，我們很快就發展出順暢的合作關係。

二月二十六日，我到參議院銀行委員會參加聽證會，發表一年兩次的聯準會報告。當時我們還是全力實施貨幣寬鬆政策，去年十二月宣布每月收購八百五十億美元的證券，直到勞動市場前景顯著改善為止。對我來說，持續收購證券還是很有必要。過去三年來，失業狀況雖是觸底反彈，就業大概總共增加六百萬人，但跟金融危機前相比還差了兩百萬個工作（暫且不計後來就業人口又增加了多少）。一月的失業率仍然維持7.9%的高檔，一千兩百三十萬人找不到工作，其中失業超過半年者達三分之一以上。

我覺得事態緊急，經濟必須盡快復甦，否則很多長期失業的工人可能永遠也回不了職場，但是財政方面的決策者讓我很感失望，他們不但不能幫助經濟成長，反而淨是扯後腿。我告訴參議員：「光靠貨幣政策……無法挑起全部負擔。」當然，如果沒有其他狀況的話，國會降低聯邦預算赤字的確是很好。不過我倒是認為，他們那時候根本看錯問題。那陣子我常說，財政穩定的最大威脅其實是在之後的幾年，而最大問題乃在於人口老化和保健醫療費用的增加。美國在醫療保健的成本效益亟需改進，像是社會安全制度等重要的福利計畫一定要確保財源充裕。我們也必須提高生產力、促進經濟增長，一旦社會趨於老年化時才更有能力承擔成本。但是國會議員不去處理那些重要的長期問題，只關注裁減短期支出和增稅，反而讓原本就顯疲弱的經濟雪上加霜。

我在聽證會上沒這麼說，但現在用這麼寬鬆的貨幣來抵銷財政（及其他）不利因素的狀況，連我自己都懷疑聯邦公開市場操作委員會還能支撐多久。最近的一次會議表決，在一月二十九日至三十日會期中大家還是贊成繼續當前政策，唯一投票反對的是堪薩斯市聯邦準備銀行總裁艾絲特・喬治（Esther George；接替湯瑪斯・何尼）。不過這個投票結果並沒有完全反映出委員會的憂慮和懷疑，因為大家（包括我本人）都認為最新一輪的資產收購像是一場豪賭。我相信不設上限的第三次量化寬鬆會比之前兩次更有用，能提供更大助力來推動經濟成長和創造就業機會。但要是經濟再次陷於泥沼又能怎麼辦呢？這裡頭還是有些我們無法控制的因素，例如國內財政緊迫或者是歐洲危機復燃。我們也都知道聯準會大量收購證券已經持續相當長的時間，這讓很多同事都很不安。我尤其擔心可能會失去三位理事的支持，包括傑若米・史坦（Jeremy Stein）、傑伊・鮑威爾（Jay Powell）和貝西・杜克。克里夫蘭聯邦準備銀行總裁珊德拉・琵亞納托也很擔心，但她在二〇一三年沒有投票權。傑若米和傑伊是在經歷參議院慣常的拖延之後才獲得同意，在二〇一二年五月加入理事會。他們宣誓就職以後，聯準會六年來首次全員到齊。

對於他們的任命，我一直感到很高興。這兩位對委員會的金融專業將大有提升，因為先前學有專精的凱文・華許已經離開了。傑若米是哈佛大學專攻金融的經濟學家，在歐巴馬政府剛上任時曾擔任財政部和白宮的顧問。我跟他很熟，對於他的工作表現也很了解。我在普林斯頓大學擔任經濟學系主任時，就曾想找他來任教。傑伊是老布希時代的財政部副部長，後來成為投資公司凱雷集團（Carlyle Group）的合夥人。他是共和黨籍，但當然不是茶黨（歐巴馬總統把他跟民主黨的史坦配在一起，是為了讓參議院可以順利通過任命案）。離開凱雷之後，他加入華盛頓的兩黨政策中心（Bipartisan Policy Center），並在二〇一一年的舉債上限爭議中發揮幕後作用，讓國會議員了解不提高上限的風險。大家都知道他行事溫和，善於營造共識。

傑伊和傑若米同時進入理事會，兩個人也常常在一起，所以我有事找他們也常常兩位一起談。他們雖然都希望對聯準會表示支持，但對於現今的寬鬆貨幣政策和不斷擴大的資產負債表也不太滿意。傑若米在許多演講場合都談到自己的憂慮，也因此頗受媒體關注。他特別擔心我們的證券收購可能引發金融市場的投機活動。這個憂慮雖然之前也有人談過，但傑若米說得更複雜詳細。他同意我長久以來主張的觀點，消弭金融動盪的第一道也是最佳防線，乃是依靠有效的監督和管理，並不是靠貨幣政策。不過他不想只依靠監督管理。他認為金融風險防不勝防，只有提高利率才能「堵住所有縫隙」，減少冒險投機的誘因。我同意提高利率可以堵住所有縫隙，但也要注意它對眾多金融和經濟決策都會帶來影響，要用這個工具來解決金融市場的特定問題，就要冒著對整體經濟帶來不利的風險。

傑伊對此雖也關切，但大多只在聯準會裡頭講，跟杜克一樣。珊德拉・琵亞納托則跟傑若米一樣，會在公開場合說出自己的憂慮。但這四位也絕對不是鷹派，他們也都同意目前的經濟復甦需要貨幣政策的實質支援。但他們也很擔心聯準會持續膨脹的資產負債表可能影響金融穩定，聯準會未來不知道該如何停止寬鬆政策，也擔心那些證券部位要是賠錢，我們對於國庫的捐輸就會暫時受到影響。

聯準會的獲利能力一向很不錯，因為公債和抵押債權證券部位的利率，通常是比我們付給各銀行準備的利息（當時是0.25%）還要高，而且那些以流通在外貨幣形式的負債也不必支付任何成本。聯準會這些獲利扣除營運支出後，全部都要繳回財政部，以減少聯邦政府的赤字。我們在危機期間和之後繳給國庫的款項，其實是比危機之前還要高出許多，這一方面反映出我們持有大量的證券部位，也顯示出我們的貸款計畫其實是很能賺錢。不過等到經濟成長到某一個程度，通貨膨脹壓力上升，就會迫使我們必須提高短期利率，到時我們付給各銀行的利息可能會高於證券部位的利息收益，我們繳回國庫的款項可能連續幾年處於低檔，甚至沒有。儘管我們認為這個結果目前是不太可能，但還是要提早做準備，在記者會和國會聽證中都談到這個情況，並發表一份聯準會員工針對國庫款項各種可能狀況所做的研究。

當然，貨幣政策並不是為了賺錢。要是利率開始上揚，就可能表示我們的政策有效，經濟終於強勁成長且能創造就業。雖然聯準會繳回國庫的錢會暫時受到影響，但是經濟強勁和更多就業機會帶來的公共利益遠大於此。另外，經濟轉好也會帶來附加好處，就是讓政府的財政狀況改善，例如稅收可望增加。種種這些好處，應該都能彌補捐輸國庫減少的不利。雖然這些道理都說得通，但是我們繳回國庫的款項要是暫時停止，而且在這個時候還要支付各銀行利息，其中還有很多是外商銀行，那麼聯準會在政治上和大眾觀感上就要面對一些問題。我們當然也不會因此就選擇錯的政策，但總之就是個憂慮。

這三位理事在聯邦公開市場操作委員會都有投票權，我也不能承受失去三位理事——蜜雪兒．史密斯說是「三個好朋友」——不支持我，所以我得找個辦法安撫一下，讓他們了解證券收購並非毫無止境，也就是傑伊曾經對我說的，我們需要一個「出口匝道」。其實在委員會的公開聲明裡，就曾約略談過退場。聲明中是說，我們也要考慮到證券收購的「可能效用和成本」。換句話說，要是我們的結論是這套計畫根本無效，或者萬一它造成太大風險，那麼我們就會停止收購債券，即使啟動就業市場的目標還沒有達成。也是為了安撫這「三位好朋友」，我在一些公開場合也繼續強調這些非正規政策的風險，包括在二月二十六日參加韓福瑞—霍金斯聽證會時，我也特別明確地表示，我認為收購證券的好處到目前還是遠遠大於它可能帶來的風險。我提醒大家注意到這套計畫的缺點，是希望民眾和我那些不安的同事都能了解，聯準會並不是什麼都不管，放著讓它自動駕駛。我們現在可以踩緊油門，必要時也會放鬆油門。

我預期聯邦公開市場操作委員會到下一個會期，也就是三月時，就會對繼續實施第三次量化寬鬆進行徹底的討論，關於它的效果、成本和風險。隨著會期逐漸逼近，我很努力地拉票。我約見理事會所有成員。我預定在三月記者會上發表的開場白文稿，也先拿出來給傑伊、傑若米和杜克看，詢問他們的意見。這個做法可是不常有。我跟他們說，雖然我對證券收購的看法跟他們不太一樣，我還是會盡可能接納他們的意見，我說：「要是沒有理事會的支持，我這個主席也做不了。」我還說收購規模預料到九月就會減緩，也許六月以後就有可能。

就是在這時候，記者和交易員開始狂猜何時開始「減緩」（tapering）。寬鬆政策的退場必定是慢慢退出，而不是一下子就停止，所以記者用這個詞「減緩」來表示。雖然我之前也曾經這麼說，但並不特別喜歡，所以我鼓勵聯邦公開市場操作委員會成員使用其他的替代說法。「減緩」好像就表示一旦我們開始減少收購，就要按照預定目標一路減少。但我想告訴大家的是，證券收購的步驟可能不像大家所想的這樣，而是有很多種變化，必須伺機而動，要看勞動市場進展的程度，或者風險已然增高，弊大於利。

不過就跟過去一樣，對於新聞媒體想要選用哪個詞我也管不著。

不管退場策略叫什麼，都需要對外界清楚明白地溝通。我最想避免的，就是前主席葛林斯班在一九九四年調整貨幣政策趨於緊縮時造成的失誤。當時因為美國經濟在一九九〇至一九九一年間陷入衰退，聯邦公開市場操作委員會在那段期間和之後大幅調降聯邦資金利率的目標，後來利率目標維持了一年半都不動，到了經濟開始出現過熱的早期跡象時，聯準會在一九九四年二月開始反向操作，慢慢調高利率。葛林斯班雖然曾警告市場，未來的政策即將有變，但長期利率反應太大，遠遠超乎聯準會的預期，美國十年期公債殖利率從一月初的5.6％一路攀升到五月初的7.5％。投資人顯然是認為，聯準會在二月份調高利率，正是未來一連串加速升息的開始，速度一定會比聯準會預想的還要快。這時候聯邦公開市場操作委員會又要擔心長期利率的上升，可能又會讓經濟成長的腳步變得太遲緩。

幸虧最後結果還算不錯。葛林斯班實現了平緩著陸，在經濟維持成長的同時，也順利壓低通貨膨脹。在整個一九九〇年代中，是美國經濟史上最長的擴張期，而葛林斯班也成為經濟調控的大師，至少在某段時間裡頭當之無愧。但在這個過程裡頭也絕非一帆風順，平靜無波。如今將近二十年之後，我希望我們運用更好的溝通技巧，例如採用失業率和通貨膨脹率的「門檻」來決定第一次調升利率的時間，可以讓聯準會的政策退場更加順利。

在三月份的會議之後，委員會批准的聲明和我在記者會上的發言，應該都順利傳達我們想要發送的訊息：我們正在認真討論如何逐步減緩證券收購，但還不準備開始進行。隔天的《華爾街日報》頭條標題說：「聯準會還不準備緊縮政策」，我想我這個平衡的動作做得還不錯。聯邦公開市場操作委員會的核心成員，包括前述那三位立場有點搖擺的理事，都認為減緩收購的時間大概是在年中附近。根據媒體報導和我們針對券商的調查，很多市場人士似乎都預期，也希望時間押得更晚。而我的工作就是在採行有助經濟復甦政策的同時，盡量拉近這些不同的期待。

我們在四月三十日至五月一日的會議目標，大致上跟三月會期一樣，讓外界明白當前經濟狀況還沒好到可以撤回證券收購，但這個時間點的確是正在到來。經濟正在溫和成長，消費支出提供確實的助力（這又是因為汽油價格的下降），房屋興建的增加也大有助益。不過正如我們之前所擔心的那樣，即使是在「預算隔離」的打擊來到之前，聯邦支出在今年的頭三個月裡頭就已顯著減少。我們在聲明中強調政策上的彈性，讓大家知道我們會根據經濟情勢的變化來調整未來的行動，聲明說：「順應勞動市場和通貨膨脹變化的前景，委員會已準備好加快或減緩證券收購的步伐。」

結果投資人好像只聽到「加快」而已，認為委員會正在積極考慮增加收購證券。之後的三個星期，美國股市溫和上漲。市場對於第三次量化寬鬆何去何從的預期，反而跟大多數委員會成員的看法更加分歧。

我在五月二十二日出來更正訊息，但效果欠佳。那天早上在兩院聯席經濟委員會的聽證會上，我在聲明中警告說：「太早緊縮貨幣政策……可能……帶來減緩或終止經濟復甦的巨大風險。」這些話是要對抗聯準會內外的鷹派觀點，他們都希望我們趕快結束證券收購的政策。但我的意思並不是說目前這樣的收購速度會永遠持續下去。其實就算我們開始轉為緊縮時，我都不認為聯準會資產負債表的成長率會有多大的縮減；到時候我們還是在寬鬆，只是不像以前那麼積極而已。

我發表完開場聲明沒多久，在回答記者提問時，我又說：「我們可能在接下來的幾次會議中……減緩收購速度。」那天下午我們公布四月三十日至五月一日的會議紀錄，其中揭示某些委員會成員「希望到六月會期時收購額度可以向下調整」。

這份聲明縱觀全文雖然意思非常一致，但市場卻認為其中包含許多不同訊息，惹得行情上下波動。我在準備聽證會時股票價格就上漲了，在進行問答階段時獲利開始回吐，等到會議紀錄公布時股價就跌了。似乎市場終於聽見第三次量化寬鬆不會永遠持續下去的訊息！這段坎坷崎嶇的溝通過程，讓我想起二〇〇六年才剛上任時準備結束貨幣緊縮周期的往事，也更能深入體會一九九四年葛林斯班要改採緊縮政策的種種困難。同時也讓我想起達拉斯聯邦準備銀行總裁理察・費雪演講時說過的十九世紀初法國外交家塔列朗和其競爭對手，奧地利王子梅特涅的故事。據說塔列朗去世的消息傳到時，梅特涅的反應是：「他現在又想做什麼？」似乎不管我怎麼說，也不管我說得多麼清楚明白，市場都會聽出不同的意思。

在兩院聯席經濟委員會的聽證之後，我又開始另一項溝通任務，到兩家我很熟悉的學校發表畢業致辭，賽門岩學院和普林斯頓大學。我自己覺得這項任務可比記者會和國會聽證會好太多。我兒子喬爾二〇〇六年就是從賽門岩學院畢業，又在二〇一三年於康乃爾大學威爾醫學院完成學業。我太太安娜也曾擔任賽門岩學院董事會的監察人。

我到賽門岩學院致辭是在五月十八日，那天陽光燦爛，風和日麗，不過我知道，儘管經濟復甦已經四年了，這些大學畢業生還是得面臨嚴峻的就業市場。不過我試著向前看，把眼光從幾季拉長到幾十年後，並且反駁那些唱衰美國經濟的專家，他們說美國經濟成長將會長期低於平均水準。我告訴畢業生說：「如今人類創新的能力和誘因，比歷史上的任何時期都來得強。」入選美國職棒名人堂的紐約洋基隊好手尤吉・貝拉（Yogi Berra）曾感慨說時代都變了，以後再也不會跟過去一樣，但我要對畢業生說這個想法不對。六月二日在普林斯頓致辭，我也感到很有樂趣。我模仿十誡給畢業生十個建議。我談到自己的職業生涯和過去七年半以來，美國經濟和金融體系像是在雲霄飛車上走了驚險一遭，我對他們說：「真是世事難料！」我也為自己選擇的職業下了一個實實在在的定義：「經濟學是一門非常複雜的思想，它可以精確地說明決策者過去所做的選擇為什麼是錯的。但是對於預測未來就派不上多大用場。」

在我擔任聯準會主席期間，我都很高興能對老師和學生們說點話（不管是長春藤名校、傳統黑人大學的畢業生或者是讓成年人進修之用的社區大學），我也一再強調終身教育的重要性。這不只是因為我跟安娜都是教育工作者出身。我很清楚，穩健的貨幣政策可以支撐住一個健全的經濟體，但光靠貨幣政策無法創造出健全經濟。從長遠來看，能夠為後代子孫提升生活水準的經濟能力，其實是來自我們能掌握具備經濟價值的技能、培養高瞻遠矚眼光的機會，而這些都要靠教育來推展。其他都不及教育如此重要。

普林斯頓大學畢業致辭之後兩周半，六月十九日，在聯邦公開市場操作委員會議結束的記者會之後，我坐在辦公室裡。沿憲法大道的榆樹在這個夏天應該是綠蔭如蓋了，不過我沒有看向窗外。我正盯著的是電腦螢幕上彭博資訊的畫面，股票和債券價格正在上頭起起落落。在這場被稱為「縮減恐慌」的震盪中，十年期公債殖利率和美元匯價都大幅上揚，而道瓊指數則下跌走軟。經濟上的後果也讓人很擔心：要是長期利率繼續走高而股價下跌，投資和消費需求就會受影響，美元匯價上漲也會妨礙美國商品的出口銷售。

在剛剛結束的會議上，聯邦公開市場操作委員會再度確認以每個月八百五十億美元的規模收購證券。但是許多成員也希望我們提早思考，為日後必定到來的退場先做準備。為了安撫他們，我在記者會上說收購規模調整要根據數字資訊，採取逐步縮減的方式。我說，如果我們預期勞動市場可以持續改善，而且通貨膨脹率（二〇一三年的當時都在1％左右）逐漸回復到我們設定2％的目標，就可以在「今年稍晚」逐步減少收購。在那之後，要是一切順利的話，我們就會以「慎重的腳步」繼續縮減收購規模，到大概是二〇一四年的中期結束。到那個時候，五月時7.6％的失業率，根據我們預測，應該會降到7％左右。失業率降回7％也還沒到我們最後的目標，但是跟市場首度預期第三次量化寬鬆的二〇一二年八月的8.1％相比，顯然就代表就業市場確實大幅改善。我想最重要的是，只有在正式宣布達成目標以後，才能結束收購計畫。

為了讓市場對我們調節收購規模不致過度反應，我曾在記者會再次強調去年十二月就被納入聯邦公開市場操作委員會聲明的觀點：我們預期在證券收購計畫結束後「相當長的時間內」，也會維持非常寬鬆的貨幣政策（也就是說聯邦資金利率趨近於零）。最後一點，市場很擔心我們完成收購計畫後會很快地反向操作，以求縮減資產負債表，但我在記者會上表示，聯邦公開市場操作委員會大多數成員都認為我們應該要繼續持有那些抵押債權證券直到它們到期，並不會急於出售。

我知道只要一說到減少收購，就能在市場上引發一陣至少是和緩的負面反應，但是根據紐約聯邦準備銀行針對券商的調查，我認為我說的退場方式已經非常接近市場期望。我甚至希望在市場疑慮稍退之後，說不定還可以帶來一些正面回應。我通常是不太在意短期的市場波動，不過那次記者會之後，我在彭博頁面上看到的卻不是我所預料的。這個趨勢要是持續下去，很可能就會帶來我們不想要的貨幣緊縮。

市場的強烈反應讓我們很驚訝，這要怎麼解釋呢？我現在回想起來，覺得我們對於市場反應的猜測，太過依賴對券商的調查。期貨市場對於聯邦資金利率走向的解讀雖然正確，但這並非是針對我們收購證券給予反應。因此紐約聯邦準備銀行的經濟學家就去詢問各家券商的經濟分析師，這些人對於聯準會政策聲明上頭的蛛絲馬跡一向都不會放過。事實上這次的調查，就是由我們這邊的經濟學博士調查他們那邊的經濟學博士。這不就像是在照鏡子。結果並不能實際反映出那些在市場上搶進搶出的交易員在想什麼。顯然也有很多交易員並未注意公司經濟分析師的看法，而且多少都認為我們對證券的收購應該會一直持續下去吧。所以有些人就說是「無限期量化寬鬆」。這些想法當然都不對，而且跟我們一直以來的說法根本不一樣。而有些投資人顯然是根據這些無根猜測來建立市場部位。現在我們發布對證券收購的聲明，而他們就像梅特涅一樣，對著明明白白的白紙黑字還是要問道：「他現在又想做什麼？」因此儘管我在記者會上講得很清楚，他們的結論卻是以為這是調高聯邦資金利率的早期訊號，因此大家狂賣公債和抵押債權證券，一下子就把長期利率拱上去。

我們全員出動，努力消除市場的錯誤印象。六月二十四日我用電子郵件和傑若米・史坦和傑伊・鮑威爾商討對策，又邀他們一起過來吃午飯順便談一談。我要到七月十日才有安排演講，但比爾・杜德禮在六月二十七日、傑伊在六月二十八日都有公開演說的機會，所以他們就可以開始為我們的政策做澄清。自從那次會期結束後，十年期公債和更重要的三十年期公債殖利率在一周之內就跳升了半個百分點，這對房地產銷售和房屋興建都是嚴重威脅。同時道瓊指數已經下跌將近4%，美元匯率也上升近3%，全球新興市場經濟體也因此叫苦不迭，因為投資人以為在美國可以賺到更多利息，因此紛紛撤資轉進。

杜德禮和傑伊在演講中都強調，如果我們認為對經濟可能帶來損傷，就不會減少證券收購的規模。傑伊說：「如果經濟表現疲軟，委員會大概就會延後減緩收購，甚至還會增加。」杜德禮說勞動市場的情況要是不及聯邦公開市場操作委員會的預期，「我想資產收購在更長的時間內還會積極進行」。傑若米則說，我們對於政策的立場基本上是沒有改變。我七月十日在波士頓演說，針對某個提問時我強調，「逐步縮減證券收購」並不等同於調高短期利率的緊縮貨幣。我說：「大致上來說，現在還是寬鬆的。」這些澄清果然生效了，抵押貸款利率和長期公債殖利率都下降了一些，而股票則見回升。不過各個市場還是提心吊膽。

不幸的是，那個夏天出問題的不是只有「縮減恐慌」。在我六月的記者會上，《華盛頓郵報》記者伊蘭．莫依（Ylan Mui）問我兩天前歐巴馬總統在公共電視ＰＢＳ上的談話。歐巴馬對採訪記者查理．羅斯（Charlie Rose）說：「柏南克在工作上的表現非常好。」但他又說：「不過他留任的時間已經比他希望或者說他認為應該留任的時間長很多。」他這話大概是指我接下第二任期時的矛盾感覺，還有我準備幹滿八年就離開的決心。但我沒有回答伊蘭的提問，自從上次共和黨總統候選人拿我開涮，說當選後就要把我換掉的消息傳開後（其實聯準會主席不像行政體系的內閣閣員，可以毫無理由就換掉的），我就不再回答這種關於個人去留的問題。

我也不是不能回答伊蘭的問題，但這可能讓人誤會，以為我可能會被換掉。我認為總統那些話並不表示他對我有什麼不滿，或者說他對我的看法跟當初任命我連任時有什麼不同。不過我還是接納蜜雪兒．史密斯和大維．史基摩的意見，避免公開討論我連任與否的計畫，他們從實際經驗證實決策者應該盡可能不要讓自己變成跛腳鴨。

關於誰會接替我擔任聯準會主席的猜測，也在那年夏天達到白熱化的程度。大部分人都認為不是桑莫斯就是葉倫。不過也有人提到柯恩、佛格森、我在普林斯頓的同事艾倫．布林德，還有我在麻省理工學院的老師史丹利・費雪，他擔任過八年的以色列中央銀行總裁正好剛卸任。白宮對這件事的處理，我是不太滿意。總統和他的顧問群就放著不管，讓這些猜測一周拖過一周，我認為這樣子不但有損那些候選人的聲譽，甚至會讓大家對於貨幣政策感到疑慮。外界的紛紛擾擾當然會讓葉倫覺得困擾，不過她還是專注在自己的工作。桑莫斯和總統的關係很好，專業能力上也相當優秀，但他也有一些嚴重的弱點，包括他過去和學術界及政治圈與某些對手的摩擦。時間愈拖愈久，但一直沒有發布正式消息。就我來看，應該是葉倫的勝算比較大。桑莫斯的願望在七月下旬遭到致命打擊，五十四位民主黨參議員中有三分之一聯合上書支持葉倫，這些人大多是黨內的自由派。對於這項任命，總統大概也認為不會有多少共和黨議員同意，所以他現在可不能沒有民主黨議員的支持。

那年夏天聯準會的人事異動也不只是主席而已。七月十一日，貝西・杜克宣布將在八月底辭去理事職務，她在這裡度過多災多難的五年。她說她原本是想在聯準會待久一點，希望可以見識一下太平時代是什麼樣子（她擔任理事後才一個多月，雷曼公司就倒閉），不過現在她不得不放棄這個希望。莎拉・羅斯金雖然是聯準會百年歷史中第八位擔任理事的女性，但她在七月三十一日成為第一位接獲提名財政部副部長的女性。二〇〇三年以來擔任克里夫蘭聯邦準備銀行總裁的珊德拉・琵亞納托，於八月八日宣布將在二〇一四年初退休。這些年來，我一直很欣賞珊德拉積極、務實而謙虛的工作態度。她總是認真聽取大家的意見，包括聯邦公開市場操作委員會的同事、商界人士、銀行家和她轄區內的地方領袖。她跟傑若米、傑伊和杜克一樣，對大規模收購資產曾經頗有保留，但她沒有因為反對而興風作浪，而是透過慎重且低調的論述來說服委員會成員。她也會在演說中表達自己的看法，但不會像何尼在二〇一〇年那樣出言挑釁。

友邦的中央銀行在二〇一三年也有變化。日本央行總裁白川方明就職五年後於三月卸任。他是一位好戰友，腦袋靈光也務實、積極，為了幫助日本經濟從二〇一一年的地震和海嘯災難恢復過來出力甚多。他做人謹慎但也比較保守，這或許是因為早在擔任總裁之前就長期服務於央行的關係。接替白川的是黑田東彥，曾擔任過亞洲開發銀行總裁，原本跟日本央行比較沒關係，外界認為他跟強調刺激的「安倍經濟學」會比較合拍。媒體報導指出，他可能採取更多「跟柏南克一樣」的方法，包括不設上限的資產收購和其他積極策略，讓日本的通貨膨脹率回升到2％的目標。

我在麻省理工學院的老同事梅文．金恩在七月一日卸下長達十年的英國央行總裁職務（金恩在二〇一一年受封爵士，二〇一三年晉爵終身貴族，所以他現在也是英國上議院的成員。我有時候會叫他「金恩爵士閣下」）。金恩在倫敦和華府英國大使館的歡送會我都去參加了。接替他的是馬克．卡尼，原本是很受尊敬的加拿大央行總裁。而卡尼在加拿大的職位則由史蒂芬．波若茲（Stephen Poloz）接任，他原本是加拿大央行研究部門的主管，也曾經帶領過外銷推廣機構。

經歷「縮減恐慌」之後，貨幣政策順利進入夏季。七月三十日至三十一日的聯邦公開市場操作委員會會議，我們在聲明上做了一點改變。我在半年一度的貨幣政策聽證會和其他場合都持續強調，我們收購證券和利率政策在策略上是有所區別的。收購證券的主要目的是加強經濟的短期動能，讓它得以自我運轉以幫助成長。而把短期利率壓到接近零的程度，則是為了在證券收購結束後，幫助經濟得以運行長期的成長。這套計畫就像火箭有許多節推進器，在升空到一定高度之後要由第二節推進器接力推升，才能夠脫離地心引力。

眾議院金融服務委員會和參議院銀行委員會的聽證會分別是在七月十七日和十八日，這也是我以聯準會主席身分最後一次在國會露臉。許多國會議員，包括那些曾經尖銳批評我們行動的議員，都特別過來向我致意或說謝謝，特別是針對聯準會在危機期間的行動。參議員柯克在「達德—法蘭克法案」辯論時對聯準會多有維護，但他對量化寬鬆可是嚴厲批評，他也過來跟我說：「謝謝你的服務，也感謝你的友誼，不管怎樣我都希望你能過得很好。」五個月前也是在貨幣政策聽證會上，他曾怒斥聯準會壓低利率，讓銀行儲蓄帳戶和定期存單的利率一同遭殃，簡直就像是「把老人推下公車」。我喜歡柯克也很尊敬他，他是個很有能力的國會議員，不過我對政治界這種黑臉、白臉反反覆覆的情況，實在是吃不消。但柯克參議員至少在公開場合和私底下跟我說的話大致上都一樣，跟他的一些同事不同。

這兩場聽證會的時間，大概就是「達德—法蘭克法案」通過三周年的時候，因此我就向國會議員報告我們落實執行的狀況。這可是一段漫長而痛苦的過程。在研擬法條的時候，我們不但要跟國內其他監管機構協調，也要跟國外相關單位溝通，盡可能跟國際規範保持一致。聯準會和美國其他監管機構在七月二日一起採用的銀行資本要求，甚至都比第三次巴塞爾協定更加嚴格。因為聯準會已經在二〇〇九年首度全面實施壓力測試，美國各大銀行的資本已較前增加不只一倍。現在它們更有能力抵抗經濟衰退和金融動盪，能繼續放款給各個家庭和企業。採用第三次巴塞爾協定之後的那一周，由幾個單位合組的金融穩定監督委員會已指定兩家非銀行機構，美國國際集團和奇異資本公司（GE Capital）——後者係奇異電子轉投資的金融服務公司——為「攸關體系安危」。這表示這兩家公司必須接受聯準會的監督。

對於監管機關研擬「達德—法蘭克法案」細則的進度，財長路傑克極為重視，他在公開演講和部內開會時都一再提及。八月十九日歐巴馬總統在羅斯福廳召見我們，為大家加油打氣。他特別急著想在今年底通過「伏克爾條款」，禁止銀行從事許多證券、金融衍生商品、商品期貨及選擇權的自營交易。我理解總統的急切，但事情也要做得圓滿才行。合作研擬「伏克爾條款」的五個機關發現，最困難的是要區分出那些允許及不允許的交易項目。不過我們總算是趕上總統的最後期限，在十二月十日完成定版。

研擬法規細則時我們一向注意的是，要能維護金融的穩定，但又不能過度限制信用妨礙經濟成長。兩年前摩根大通的執行長傑米．狄蒙曾在公開論壇問我，有沒有算過現正準備的新法規累計會有多少經濟效益。我們對於個別法條和相關類別的規定，當然是都分析過成本和效益，但我告訴他，要對整個法規算出整體效益恐怕也不切實際。我的回答讓人不滿意，而狄蒙在公開場合吐槽，為銀行業者出聲，也讓他在華爾街風光了好一陣子。其實更好的答案應該說，如果不能制定足夠嚴格的法規，使得這場危機再次重演，它對經濟和我們所有人帶來的成本也根本是無法估算的。

七月份聽證會是我在九月十七日至十八日的聯邦公開市場操作委員會議之前最後一次公開發言，之後就沒機會。這麼長的時間不出聲，要針對我們是否開始縮減證券收購來引導市場預期，也就變得更加複雜。其實在這段期間裡頭還有八月份堪薩斯市準備銀行安排的傑克森霍爾會議可以利用，我通常都在這個場合發言暗示未來的政策變化，不過這次會議我準備請假。去年的會議我本來也是要請假的，因為我侄女的成年禮剛好排在那個周末。後來是堪薩斯市的總裁艾絲特．喬治特別為我調整會議日期，我才能去參加。現在回想起來，幸好是去參加了。因為我要是缺席，媒體可能以為我是故意讓第一次主辦會議的艾絲特難堪。我絕對不想讓外界有此誤解。當然我對這個會議的關切還有許多，不過它似乎已經淪為媒體炒作的題材。另外我覺得這個會議既然已經成為聯準會的重頭戲，還只是讓十二家準備銀行之中的一家來主辦和負責議程安排，實在是不太恰當。

所以我沒參加傑克森霍爾會議，而是跟安娜去度了五天假，這可是我在二〇〇七年取消美特爾海灘之旅以來第一次跟太太度假。我們到北卡羅萊納州，先去夏洛特市拜訪家人，然後只有我們兩個人去艾西維爾。我們參觀了比爾特摩莊園，這是美國最大的私人宅邸，暢遊知名建築師翁史德（Frederick Law Olmsted）設計的花園，紐約中央公園就是出自他的規劃。後來也去一家酒館欣賞當地的「藍草音樂」。

我原本有點擔心不參加傑克森霍爾會議，可能會對聯準會與外界的溝通造成一些問題，後來發現這段期間的經濟指標好壞互見，趨勢不太明顯，在這種情況下我反正也沒有什麼明確的訊號可以傳送。不過就算經濟頗見逆流，當九月份會議逐漸逼近時，市場人士也漸漸認為聯準會最後還是要開始縮減證券收購了吧。在會議之前的一周，《華爾街日報》調查的四十七位經濟學家中有三分之二預期本會期會有動作。

但在會議前夕，我還是覺得狀況不太明確。八月份失業率是降低了一點，為7.3%，但就業成長的力道看似減弱，七、八月的就業增加人數平均只有十三萬六千個。在金融情勢方面，我有點擔心緊縮太快。三十年期抵押貸款利率從五月時不及3.5%跳升為4.5%以上，其他長期利率也見上揚。而這個時候國會和華府也為了提高舉債上限和二〇一四年度（十月一日開始）聯邦預算案展開總決戰。我從二〇一一年的經驗得知，把政府財政逼上絕境，在最好的情況下也會傷害市場的信心；最壞的話，萬一美國公債出現違約狀況，那絕對就是一場金融大動盪。

結果委員會分裂成兩派，一派贊成適度縮減，說收購金額可以從現在的每個月八百五十億美元減為七百五十億美元；另一派則主張延後。我主張延後，雖然市場是這麼預期，而杜德禮和葉倫都表示非常支持。我強調說，我在六月時也絕沒說過九月就會開始縮減收購，那時候只說「今年稍後」。但更重要的是，展望經濟後市也還沒有明確跡象可以支持縮減。我希望對外界發出的強烈訊息是，我們的政策要看經濟前景和就業市場的狀況。現在對於證券收購都已經不設上限，要把經濟和就業拱上去的決心已經是不計代價。後來聯邦公開市場操作委員會支持我的建議，只有艾絲特．喬治表示反對，她這一年都在唱反調。傑若米．史坦也加入多數派，可是隔周的一次演說中他表示馬上縮減會讓他舒坦一點。

這幾年來我們都很努力對外界溝通，但這次會期決定不行動，又讓市場感到驚訝。不過這個驚訝倒是舒緩了原本讓我們感到猶豫的金融情勢，反而讓收購縮減的條件更成熟。消息公布後，長期利率下降而股市上漲。隔天鴿派的《紐約時報》評論說我們對證券收購做出正確堅持。但批評者可沒被說服，《華爾街日報》痛批「柏南克先生閃爍反覆」，說我不採取行動「很沒膽」。《金融時報》有位專欄作家說我是「縮減的叛徒」，讓我想起瑞克．培里在二〇一二年時的批評。不過我的任期到現在這個時候，我才不在意受到什麼批評或讓債券交易員火大，我只想做正確的事。

事實證明，我們不縮減是對的。當時共和黨控制的眾議院和民主黨控制的參議院很快就為了聯邦政府支出戰成一團。共和黨人堅持要刪除歐巴馬健保計畫的預算，民主黨當然是不同意。結果聯邦政府從十月一日開始「停擺」（這不像未能提高舉債上限或聯邦政府債務違約那麼嚴重）。估計大概有八十萬個聯邦僱員被告知不必去上班，但有一百三十萬個文職僱員還是要去工作，雖然不知道什麼時候才能領到薪水。另外還有一百四十萬軍職人員及五十萬個郵政工人也一樣要上班。至於我們聯準會是由證券部位的利得來提供經費，所以照常運作。

換句話說，還是有許多政府單位會繼續運作，但有些知名的地方例如國家公園等也的確是暫時關閉了（十月十三日星期天，有一群退伍老兵想去參觀國家廣場的二戰紀念碑，憤怒地拆掉國家公園管理處設置的路障。我看，大家都活動到了）。不過我很驚訝地發現，勞工部原定在十月四日公布九月份就業報告，現在因為政府部門關閉，必須延期。要制定有效的貨幣政策，沒這些即時資訊可不成。所以我馬上打電話給勞工部長湯瑪斯·培雷茲（Thomas Perez）說，要是由聯準會來負擔經費，能不能請勞工部照原定日期公布資訊。他跟他的律師討論後回電話給我，說是不行。

在聯邦政府即將關閉之前的九月二十五日，財政部說他們迴避債務上限的會計手段大概也快使完了，聯邦政府很可能十月十七日就要宣告違約。幸虧十月十六日國會同意立法暫停債務上限，並提供明年運作資金，歐巴馬總統過了午夜不久才完成法案簽署。這種衝到懸崖邊緣才緊急剎車的情況又再發生，實在讓人很不舒服。

在政府關門大吉的時候也有好消息。歐巴馬總統正式宣布提名珍妮特·葉倫接替我的職位。三個星期前桑莫斯表示放棄角逐這個職位，後來他說：「如果我要獲得國會同意，必定是要經過一番非常激烈的過程，這對聯準會、對政府都沒有好處，而且也不符合美國持續推動經濟復甦的利益。」我很高興最後是葉倫出線，但對於過程的艱難和爭議頗感遺憾。

十月九日下午兩點，葉倫和她丈夫喬治·阿克洛夫和我都在白宮羅斯福廳。歐巴馬總統的高級顧問瓦萊麗·賈瑞特（Valerie Jarrett）過來做了自我介紹，和葉倫聊了起來。我們一行很快被帶到國宴廳，歐巴馬總統問我要不要說幾句話，我說不。今天葉倫是主角。她站在總統的右邊，我站在左邊。我兩手交疊放在身前，聽到總統說我是「鎮定的象徵」，謝謝我展現「巨大的勇氣和創意……採取大膽行動以避免大蕭條再次發生」。

歐巴馬總統宣布葉倫的提名，稱讚她是「公認的領導者……資歷非常完整……副主席任內……是幫助提振經濟復甦政策的驅動力量」。其實她比我接任主席之前更有政策制定的經驗。她在接受提名的演說中強調將兼顧聯準會的雙重使命，以目前情況而言，尤其是要讓大家找到工作。「聯準會的使命是為所有美國人民服務，現在有太多美國人還是找不到工作，不知道要怎麼支付帳單，養家活口。」她說：「這時候聯準會如果可以有效完成工作，就能提供幫助。」此後我的任務就只剩順利交接工作。

聯邦公開市場操作委員會下次會議是在十月二十九日至三十日。交易員不認為這一次會縮減收購，我們也讓大家如願以償。延後發布的九月份就業報告（在十月二十二日公布，晚了兩個多星期）顯示，失業率回跌到7.2％，但就業人數卻只有增加十四萬八千人。此外，政府關門大吉，兩個星期之前才重新開張，我們也還沒搞清楚它對經濟會有多大影響。此時暫且耐心等待應該是更明智的選擇。

到了十二月十七日到十八日的會議時，大家預期的減緩證券收購的條件已逐漸就位。在那之前，我們已經看到十月和十一月的就業報告。失業率已經下降到7％，比我們原先預期來得快，同時九月份就業人數也修正為接近二十萬人次，比過去三個月還高，所以聯邦公開市場操作委員會同意每個月證券收購減少一百億美元，為七百五十億美元。這也是艾絲特・喬治加入聯邦公開市場操作委員會之後，第一次跟多數派站在一起。

結果這一次是波士頓聯邦準備銀行的羅森格倫提出異議，認為減緩證券收購的時機還不成熟。他說通貨膨脹率還在2％目標以下。為了安撫他和其他成員的疑慮，聲明中關於聯邦資金利率是否調升的段落也做了調整。我們說，「到了失業率下降到6.50％之後一段時間」很可能還會維持零利率，「特別是在通貨膨脹率低於委員會長期目標2％以下時」。加進那句「之後一段時間」就是個訊號，表示我們雖然是持續縮減證券收購，但也不會急著提高短期利率。市場顯然是正確接收到我們的訊息，表現得相當平靜。

那一周，各準備銀行總裁都提早抵達華盛頓，參加十二月十六日威爾遜總統簽署聯邦準備法案一百周年的紀念典禮，他是在一九一三年的十二月二十三日簽署。當天有兩位前主席（伏克爾和葛林斯班）、現任主席（我）和下任主席（葉倫）——囊括了聯準會三十四年的歷史——一起坐在聯準會的長桌前。典禮中熟悉的老面孔還包括前理事成員柯恩、佛格森、華許、蘭迪、畢斯、杜克和馬克・奧森等。最年長的前理事是杜威・丹恩（Dewey Daane），他是甘迺迪總統提名就任，今年已經九十五歲了。聯準會的第一位女性理事也到了，她是八十三歲的南希・蒂特斯（Nancy Teeters），由卡特總統在一九七八年提名就任。這次盛會總共有六十二位的現任和前任聯邦公開市場操作委員會成員歡聚一堂，在聯準會歷史上可謂空前未有。

這次活動也剛好提供了一個適當的機會，讓我來為即將結束的主席任期做個總結。我強調聯準會成立以來所堅持的各項價值，儘管最高層的決策者時有更迭，諸多專業人員一樣秉持冷靜、客觀的態度為大眾服務，根據事實進行分析。而跟其他價值一樣重要的是「勇於對抗政治壓力，做出必要的艱難決策，一向就是聯準會的意願，也的確在某些最好的時候辦到了」。

二〇一四年一月是我最後一個月的任期，又有機會讓我回顧和展望。一月十六日我在布魯金斯學會演講，花了許多時間在分析那次危機和之後的情況，不過沒透露太多我的個人感想。歷史學家利雅卡特・艾哈邁德（Liaquat Ahamed；他的著作《金融之王》（Lords of Finance）是我最喜歡的書籍之一，介紹兩次世界大戰之間主要國家的央行領袖）問我當時是不是擔心得半夜睡不著。那是當然的！不過，隨著狀況愈來愈嚴重，我也把自己的恐懼壓下去，專心解決問題。現在回想起來，就好像自己碰上嚴重車禍一樣，我告訴利雅卡特說：「大概就像是你很小心不要掉下橋去，結果後來就是一聲驚呼『天啊！』」

我任期的最後一周，既有熟悉的決策公務，也有不太熟悉的告別儀式。一月二十八日至二十九日，我要主持最後一次聯邦公開市場操作委員會議。本月稍早，勞工部報告說去年十二月失業率意外大降為6.7%，為五年來最低。這下子可沒什麼理由不再減少證券收購，所以我們又減少了一百億美元，現在每個月只收購六百五十億美元的證券。這一次都沒人反對，為二〇一一年一月以來首見。

此後，貨幣政策正常化的微妙任務就要交給葉倫和她的同事。丹尼爾．塔魯洛和傑伊．鮑威爾都繼續留任。莎拉．羅斯金已獲得同意要出任財政部副部長，不久就要離開聯準會。傑若米．史坦的兩年停休結束後，預料在今年中回去哈佛大學。歐巴馬總統在一月十日已提名傑伊留任完整任期，另外也提了兩個新人選：蕾兒．布蓮娜（Lael Brainard），她曾是歐洲金融風暴最嚴重時負責國際事務的財政部次長；還有德高望重的史丹利．費雪，他要接替葉倫擔任副主席。葉倫力促當局提名費雪，可說是充分展現了自信，並不是每個主席都願意和這麼厲害的副手共事，所以我對此也是非常支持。媒體記者都說如此陣容簡直是「夢幻團隊」。

聯邦公開市場操作委員會議的第一天晚上，同事們請我吃飯。我為很多人歡送過很多次，但接收到大家對我的溫暖致辭倒是不太習慣。葉倫待我尤其親切，她說：「過去八年來大家所看到的最大成就，我想就是你的勇敢無畏。你一直面對許多質疑和批評的雜音……也了解這些批評一旦被落實，很可能在歷史上就會一直流傳下去。但我從沒看到你受到這些雜音的影響。你依然是以堅定而豁達的態度，為了國家最高利益而努力不懈。」

作為回報，我想幫葉倫一個忙，讓我們這個聯邦公開市場操作委員會更積極且發揮功能，而不是在公開場合說話帶刺、劍拔弩張。當我們在狀況未知之際開發一些新的政策工具時，委員之間的意見分歧會公諸於世也是可以理解的，甚至也有好處。「船開到未知的水域，船員難免會起激烈爭執，船要怎麼開、又要航向何處，這些都有得吵，也都不意外。」我說：「但是現在，就算是還沒看到陸地，至少也曉得已經快接近已知水域了……所以我很希望各位在公開場合發言時，除了各自不同的意見以外，不妨也該強調一下大家的共同點。」要讓大家都接受我的看法當然不容易，但我應該為葉倫說出這些話。

一月三十日下午，聯準會的幾百名員工聚在大樓中庭歡送我。這次活動的布置主題是棒球。大家一起吃熱狗、糖米花、爆米花和冰淇淋。不過沒有啤酒。貨幣政策和銀行監管一定要保持清醒。員工為我製作了棒球卡，上頭有我的職業生涯統計表：八十六場聯邦公開市場操作委員會議、七十九場國會聽證會、二百二十六場演講，還有兩次「六十分鐘」電視專訪。

隔天就是我擔任主席的最後一天，和我的祕書麗塔·普洛特吃了一頓退休早餐。她原本也是計畫要退休，為了讓我的工作順利才特意延後的。我開玩笑地說，應該增設一個效率指標叫「麗塔」，我們平常人要是能做到半個「麗塔」就很厲害了。然後我回辦公室整理打包。那天下午，我比平時早些走出辦公室，走過長長的大理石走廊步向鑲板電梯，沿途等候的媒體攝影朝我拍個不停。我和保全人員比爾·麥卡菲（Bill McAfee）搭電梯下到停車場，這可是最後一次，然後搭上聯準會的重裝休旅車回家。

接下來的那個星期一，二月三日，葉倫宣誓就職接任聯準會主席，典禮由丹尼爾·塔魯洛主持，他現在可是現任理事中最資深的。那天早上我穿著運動衫和牛仔褲，吃完早餐後和安娜親吻道別，自己開車到布魯金斯學會（Brookings Institution），我現在是這裡的「傑出駐會研究員」。我開始撰寫這本書，特別商請大維·史基摩來幫忙，他向聯準會公關室請了長假。新辦公室比我上周五離開的那間要小得多，不過這裡也讓我有股熟悉感，因為老朋友柯恩就在樓下！

結語　回顧與展望
LOOKING BACK, LOOKING FORWARD

回憶錄完成的此刻，我離開聯準會剛好超過一年，安娜和我還住在華府，她為都市小孩創辦的教育方案仍蓬勃發展。我沒有擔任顧問、或沒有為會議和研討會奔波、演說時，都在布魯金斯學會從事各種研究。我像平常一樣，密切關注經濟情勢，但閱讀有關政策辯論的報導時，已經能保持優游自在的心情，因為我知道別人會做出艱難的決定、為自己的決策辯護。

葉倫無縫接軌，接下新角色；史丹利．費雪的任命經過惱人的常見耽誤後，獲得批准，在二〇一四年五月二十八日，宣誓就任聯準會副主席，監督聯準會負責安定金融市場的委員會。六月十六日，布蘭納德（Lael Brainard）加入聯準會理事會，同一天裡，傑伊宣誓就任第二任理事，同一個月裡，費城聯邦準備銀行研究處長羅麗泰．梅斯特（Loretta Mester）繼任琵亞納托，出任克里夫蘭聯邦準備銀行總裁。到了秋天，二〇一一年時聯準會的三位反對派普羅瑟、理察．費雪和柯薛拉科塔宣布退休，其中普羅瑟和費雪已經在二〇一五年三月離開，柯薛拉科塔計畫在二〇一六年二月退休。德拉瓦大學校長派翠克．

哈克（Patrick Harker）獲得選任，要接普羅瑟的職位。聯準會理事和聯邦準備銀行總裁任期很長、又互相交錯，確保聯準會的政策能夠像創會先賢所期望的一樣，保持相當高的延續性。

二〇一四年內，葉倫繼續推動她和我制定的政策，購買證券方案順利結束，沒有造成重大的金融風波或經濟傷害。二〇一四年十月，購買方案結束時，聯準會的資產負債表規模接近四兆五千億美元，數字大到令人頭皮發麻，但是跟美國一年超過十七兆美元的產出相比，這樣的規模仍類似其他主要工業國家央行的資產負債表。

結束第三次量化寬鬆政策的條件——勞動市場展望大幅改善——無疑已經達成。二〇一二年八月，我在傑克森霍爾預示第三次量化寬鬆政策時，美國的失業率為8.1%，二〇一四年十月，購買證券方案結束時，失業率為5.7%，而且還持續走低，二〇一四年內，美國增加的就業機會接近三百萬個，是一九九九年以來最大的年度增加數量，也為二〇一〇年到二〇一四年，一共增加一千零七十萬個就業機會錦上添花。

聯準會的證券購買與借券方案為政府創造龐大獲利。二〇一四年內，聯準會撥交財政部的資金將近一千億美元，創下另一個紀錄，從二〇〇九年開始的六年間，聯準會總共撥交給財政部將近四千七百億美元，是危機前六年（二〇〇一年到二〇〇六年）間總額的三倍多，換句話說，聯準會等於為美國每一個人，賺了將近一千五百美元。

二〇一五年初，短期利率維持極低水準，符合過去幾年聯邦公開市場操作委員會的政策方針，但是市場預期到下半年時，委員會應該可以把接近零的利率提高。當然，利率能夠提高多少、能夠多快提高，要取決於經濟。二〇一四年裡失業率雖然下降，工資卻成長緩慢，顯示勞工的需求還沒有超過供應，因此，聯準會似乎還有餘裕可以維持寬鬆政策、支持就業進一步成長，卻不至於引發過高通貨膨脹風險。二〇一五年初，全球經濟成長緩慢，加上美元轉強，傷害美國出口，造成第一季美國經濟走緩，但是，有利的經濟跡象仍然處處可見。大約占整體經濟三分之二的美國消費者支出，表現出多年來最有力的樣子，家庭債務已經減少，利息支出低落，住宅價值升高，大多數退休帳戶也一樣。油價從二〇一四年七月的每桶一百美元，劇跌為二〇一五年初的五十美元，雖然為美國能源生產商帶來問題，卻等於以汽油和取暖油價格下跌的方式，為消費者大幅減稅。多項調查呈現的消費者信心反彈回升，房市雖然還相當疲軟，卻已經比經濟衰退期間大幅轉強。

而且，一般而言，聯邦、州與地方政府的限制性財政政策已經改變，變成既不支持、也不限制成長的中立政策。即使排除能源與食品價格下跌的因素，通貨膨脹率仍然相當低落，低於聯準會２％的目標，而且這種情形看來還會維持一段時間。聯準會表明確實希望把通貨膨脹壓到接近２％目標的決心，對聯準會的信用十分重要，因為全世界的人都已經知道，太低和太高的通貨膨脹率一樣糟糕。

我們不能確實知道美國的經濟復甦中，有多少是貨幣政策促成的，因為我們只能推測如果聯準會不採取這些措施，可能會發生什麼狀況，但是，包括各國央行內外研究在內的大部分證據都發現，包括量化寬鬆和加強政策溝通之類的非傳統貨幣政策，的確有助於經濟成長、創造就業和減輕通貨緊縮風險。

我認為，聯準會的政策有效，原因之一是比起其他工業國家，美國的經濟復甦顯得特別健全（請參閱圖四）。二〇一四年底美國的經濟產出比二〇〇七年底危機前的高峰，多出８％有餘，這種成就不算驚人，因為七年間（包括危機和衰退期間）經濟只成長８％，但是，到二〇一四年底，歐元區的產出仍然比高峰時大約少1.5％；大約占歐元區產出三分之一的德國，產出比高峰時大約高出４％，暗示歐元區

圖四：推動積極的貨幣政策，是美國經濟比其他工業國家更快復甦的原因

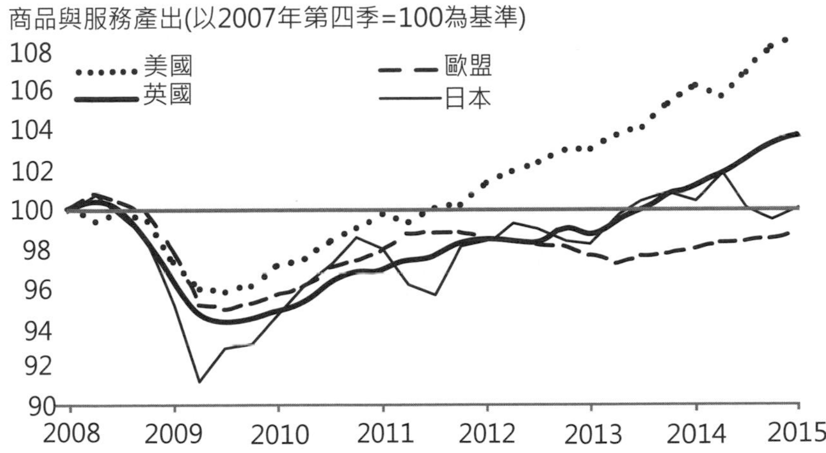

2014 年底，美國的商品與服務產出比 2007 年底危機前高峰多出 8% 有餘，歐元區的產出大約比高峰時少 1.5%，英國的產出比高峰時多 3% 有餘，日本的產出仍然略低於衰退前的高峰。資料從 2007 年第四季開始，延續到 2014 年底。

消息來源：美國經濟分析局、歐盟統計局、英國國家統計局、日本內閣府

其他國家的表現特別差。英國的產出比高峰時多3%有餘，日本的產出仍然略低於衰退前的高峰。

國際間復甦步調不同，部分原因是反映比較長期的因素，如國際間勞動力成長的差異，但是經濟政策的不同似乎可以解釋其中的大部分差異。美國是二〇〇七至二〇〇九年間危機的震央，經濟復甦卻最為強勁，原因之一是聯準會在放寬貨幣政策方面，比其他主要國家央行都積極，原因之二是在大部分的復甦期間裡，美國的財政政策雖然都逆勢而行，限制性卻比其他國家小。我們二〇〇九年的銀行壓力測試也小有功勞，因為壓力測試在經濟復甦的相當早期，就幫助美國銀行體系走上比較健全的道路。

歐元區表現不好，連通貨膨脹率都遠低於歐洲央行設定的目標，原因之一是比起歐元區的經濟狀況，歐元區的貨幣與財政政策遠比實際需要的嚴苛多了。市場也認為，早幾輪的歐洲銀行壓力測試可信度不如美國。歐洲的政策選擇反映特殊的狀況，包括希臘和其他國家的債務危機、歐元區的結構缺陷、以及缺少協調一致國家財政政策的最重要因素。但是，錯誤的總體經濟分析也造成歐洲的問題，就像蓋特納和我警告的一樣，德國及其歐元區盟邦在（包括德國在內）沒有近期財政問題的國家裡，推動的財政緊縮太嚴厲又太快，同時抗拒（量化寬鬆之類的）非傳統貨幣方案。歐洲央行在德拉吉的領導下，終於從二〇一五年初，開始實施大規模的量化寬鬆方案，已經比美英兩國實施類似政策慢了將近六年。

歐洲在沒有經濟成長的情況下，失業狀況惡化，跟美國的差異十分驚人。二〇〇九年金融危機結束時，美國和歐元區的失業率大約都是10%，但是到了二〇一四年底，歐元區的失業率升到大約11.25%，相形之下，美國的失業率卻降到6%以下。而且歐洲失業集中在青年階層，讓青年沒有機會利用工作經驗，培養技能，這種情形遠比美國嚴重多了。勞動力比較沒有經驗、比較缺乏技能，進而可能造成歐洲比較長期的成長展望惡化。

英國和日本的情形介於兩者之間。英格蘭銀行在金恩和卡尼的領導下，大致推動類似聯準會的貨幣政策。英國的表現沒有美國好，可能反映首相大衛．柯麥隆（David Cameron）的保守黨政府財政政策比較緊縮，也反映英國跟歐元區的貿易關係比較密切。

日本的情形雖然勝過歐洲，金融部門受到的危機打擊比其他工業國家小，但從二〇〇七年到二〇一五年間，日本大致上卻維持零成長。日本通貨緊縮和（勞動力萎縮之類）基本面不佳的長期問題，可以說明日本表現不好的一部分原因。然而，日本在總理安倍晉三和央行總裁黑田東彥的領導下，從二〇一三年開始，採用比較具有擴張性的政策，包括和日本經濟規模相比，採用遠比聯準會政策規模大多了的量化寬鬆對策。結果顯示，到二〇一五年為止，日本在對抗通貨緊縮方面有所進展。要創造比較普遍的復甦，日本必須確實終止通貨緊縮，改革政府法規，不再繼續保護既得利益、妨礙服務、營造與農業等產業的國內競爭。

包括中國、印度、巴西、俄羅斯和墨西哥在內的新興市場經濟體，現在占世界產出的一半左右。新興經濟體也受到危機的傷害，主要是受到全球貿易崩潰的侵害。從危機開始以來，這些國家的表現大不相同，決定因素跟他們的政策選擇有關，也要看他們是不是石油出口國之類的其他因素而定。例如中國從危機中復甦的速度相當快，原因之一是二〇〇九年時推動大規模的財政刺激方案，而且現在再度把重點放在比較長期的經濟改革上。如果中國希望繼續創造成就，中國必須降低對出口的依賴，把經濟重新導向為替本國人民生產產品與服務。中國也迫切需要清理環境、加強社會安全網、改善金融監理、減少貪腐。隨著中國經濟成熟、人口老化、趕上西方科技，中國的成長會從過去幾十年的超高速度中放慢下來，但是，和已開發國家相比，仍然維持相當高的速度。

重要的是，聯準會和其他主要國家央行政策變化的力道在二〇一三年縮小後，至少到二〇一五年初為止，並沒有對新興市場經濟體的金融體系形成壓力。而且，就像我們預測的一樣，這些國家都從美國經濟反彈回升造成的進口成長中受惠。

從我當聯準會主席以來，聯準會已經大為改變，我們變得更為透明、更為注重金融穩定。同時，新威脅可能出現，妨礙未來聯準會決策官員採取有力行動、維護金融穩定與支撐經濟的能力。我們無力預測或預防這場危機、加上我們的若干因應對策，尤其是急救美國國際集團和貝爾斯登的做法，在政治上傷害了聯準會，為聯準會的獨立性帶來新風險。

二〇一四年選舉，共和黨控制參眾兩院後，提出的三個議案讓我特別擔心。肯塔基州參議員保羅繼承父親的心願，推動所謂查核聯準會的立法案，以便國會議員有權下令國會審計局，檢討聯準會的貨幣政策決策。如果國會議員在這場危機後的幾年裡擁有這種權力，反對聯準會政策的人就可以利用國會審計局的調查作為恐嚇工具，阻止我們採用協助美國經濟的很多措施。

其次，二〇一四年內，眾議院提出一項議案，要求聯準會決策官員遵守諸如史丹佛大學經濟學家泰勒等人所訂定的利率公式，而非依據自己的獨立判斷訂定利率。這項立法案的弦外之音跟查核聯準會立法案的意義相同，是若干國會議員希望對貨幣政策發揮更大的控制權。國會當然有權、也有責任制定廣泛的貨幣政策目標，要求聯準會負責達成這種目標。然而，如果要聯邦公開市場操作委員會負起真正的責任，國會也應該授予聯邦公開市場操作委員會，不受短期政治壓力影響，追求法定目標的彈性。

第三個提案是二〇一五年初還在發展的議案，由路易西安那州保守派共和黨參議員大衛・維特（David Vitter）、麻州自由派民主黨參議員伊麗莎白・華倫提出，意在針對聯準會基礎廣泛、極為有助於阻止這場危機的緊急貸款機制，增加新的限制。達德—法蘭克（Dodd-Frank）倡議的華爾街改革法，已經大大限制聯準會、聯邦存款保險公司和財政部對抗危機的權力，因為這項法案假設聯邦存款保險公司獲得新的授權，有權解散即將倒閉、重要大型的金融機構。然而，進一步限制聯準會制定基礎廣泛的放款方案、擔任資金最後貸款者的能力，在未來的危機中，可能是代價極為高昂的做法。

我希望聯準會保持民主負責態度、日益透明化後，能有助於維持本身的獨立性。目前聯準會是在包括2%通貨膨脹目標、和通貨膨脹與就業目標衝突時力求平衡的正式架構中，擬定貨幣政策。聯準會主席的記者會、聯邦公開市場操作委員會參與者擴大的經濟與利率預測，以及聯準會決策官員演講中明顯而有力的辯論，都把跟聯準會策略和其理由有關的豐富資訊，提供給國會、大眾與市場。中央銀行保持祕密的時代早已遠去，今天聯準會不但是世界上最透明的中央銀行，也是華府最透明的政府機構。

透明對市場和貨幣政策很重要，對其他事情也很重要。我擔任聯準會主席時，曾經藉著上《六十分鐘》之類的電視節目、到大學發表一系列的演講、離開華府跟各個階層的民眾見面，努力擴大聯準會跟一般美國人的溝通。出身布魯克林中產階級家庭、專攻失業人口研究的葉倫繼續這樣做，例如，在她的指示下，聯準會創立新的消費者與社區發展專家顧問理事會，確保聯準會理事熟知美國民眾關心的事情。

危機除了引導聯準會走向更透明化外，也促使聯準會重新把維護金融穩定當成核心任務。維持穩定需要對金融體系見樹也見林，在見樹方面，我們利用有力的新監理工具、如對大型銀行進行年度壓力測試，重新思考和強化我們對銀行的傳統監理。在見林方面，我們大大提高對整體金融體系穩定性的注意，幕僚人員現在定期監看金融體系中，不在聯準會主要管轄範圍之內的影子銀行和其他部分，這種比較整體性的觀點應該可以讓聯準會，比採用個別監督金融機構方法時，更容易看出可能錯過的危機和風險。

我擔任主席期間，聯準會對貨幣政策的了解和執行有較大改變，聯準會和其他國家央行證明：貨幣政策仍然可以支持經濟成長，甚至在短期利率降到接近零時，仍然如此。我們發展的工具，包括大規模的購買證券和預期貨幣政策路線的溝通等項目，在經濟恢復正常時，可能恢復束之高閣的命運，我預期貨幣政策會再度變成以改變短期利率為主，聯準會的資產負債表在所持有證券到期後，會逐漸萎縮。然而，如果有必要，我們發展出來的非傳統政策工具仍然可能復活。

二〇一五年初，二〇一〇年達德—法蘭克法案規定的改革開始啟動、第三次巴塞爾協定的談判已經進展到完全實施的地步，把新規範加在一起，應該可以創造遠比過去安全的金融體系。然而，將來的金融震撼卻在所難免，除非我們準備排除冒險活動、接受隨之而來的經濟活力與成長下降。危機後最重要的改革目的不是要完全消除震撼，而是提高金融體系承受震撼的能力。這些改革包括提高金融機構資本額與流動性規定，最大型銀行尤其如此；消除讓美國國際集團之類主要機構實際不受監督的金融監理缺口；更透明化、更安全的衍生性金融商品交易；改善消費者保護；以及讓政府關閉搖搖欲墜金融公司、降低金融體系風險的新權限。

然而，截至二〇一五年初，在監理方面，還有很多有待完成的地方，聯邦存款保險公司和聯準會合作，在運用本身安全關閉搖搖欲墜、重要大型金融機構的權力方面，已經獲得重大進展。最大型的金融公司已經提交生前遺囑，說明自己瀕臨倒閉邊緣時，要怎麼拆散退場。然而，關閉一家大型國際金融機構，卻不引發重大破壞，一定是極為複雜的任務。大家仍然需要繼續努力，以便改善重要金融機構的生前遺囑，同時跟外國官員協調關閉多國金融公司的計畫。

短期資金擠兌是這場危機更趨嚴重的主要原因，監理機關已經要求銀行，必須大幅提高所持有容易出售（流動）資產的水準，降低擠兌的風險。此外，銀行監理機構正考慮針對比同業更依賴短期資金的大銀行，實施比較高的資本規定。然而，短期資金擠兌的風險並沒有消除，不受新流動性規則規範的非銀行機構擠兌風險尤其如此。二〇一五年初，聯準會和其他監理機構，考慮提高所有透過附買回交易市場所承做短期借款的擔保品水準，這樣不管借款人是什麼人，應該都會抬高附買回交易市場的借款成本，卻也會使這種放款變得比較安全，同時降低擠兌的風險。

大到不能倒的問題怎麼解決？監理機構正在實施達德—法蘭克法案中採用的基本方針，大型金融機構現在要面對比較高的資本規定，也要面對比較嚴格的監督。因此，大公司的經理人和股東必須決定：公司的規模帶來的經濟利益，是否足以補償額外的監理負擔。二〇一五年四月，奇異公司宣布，要在未來幾年裡，賣光旗下的大部分金融事業部門。如果奇異公司的計畫實現，就代表比較嚴格的監理，的確可以鼓勵重要大型金融機構自行解散。此外，有秩序清算權力的存在，等於通知大型金融機構的債權人，他們可能蒙受虧損，這樣應該可以使理當大到不能倒的機構，跟並非大到不能倒的對手競爭時，用比較低成本借到資金的能力降低。久而久之，國會和監理機構對最大型金融公司的營運安全，應該會愈來愈安心，對於這種金融機構倒閉時，可以在不危害金融體系的情況下關門的可能性，應該也會愈來愈安心。如果監理機構不能得到這種保證，就應該動用現有法律授予權力，拆散或簡化最大型的公司。

雖然徹底改革金融監理很重要，將來的經驗一定會顯示，並非所有的規則都能夠提供足夠的好處，證明額外增加的這種管制負擔確有道理。國會和監理機構必須保護核心的改革，然而，長久之後，他們應該都願意修改行不通的法規，或修改增加沉重負擔卻幾乎沒有利益可言的法規，監理機構也需要監視加強銀行監理後，會不會促使冒險活動轉入金融體系中受到較少管制的領域中。

我們不能說出確切的時間，但是美國經濟最後一定會恢復比較正常的成長，失業率會降到可以維持的水準，通貨膨脹率會趨近聯準會的目標。想到棒球好手貝拉的名言——預測很難，預測未來更難——我們對美國長期經濟展望能夠說什麼話嗎？

美國經濟無疑會面臨重大挑戰，我們在教育和健保上的花費，比大多數工業國家多很多，成果卻好不了多少，而且經常還不如別人。我們的平均年齡正在升高，這點表示，退休人士占工作人口的比率正在上升，提供退休人士社會安全與老人健保的聯邦政府，財政壓力會因此提高，政治僵局和機能失調會漸次妨礙合理的支出與稅務措施，也妨礙可以強化成長的其他步驟，如監理改革、改善教育訓練、有助提升生產力的基礎建設與科技公共投資。

我們沒有實踐美國是機會之國的寶貴夢想，原因之一是從幼稚園到中學教育的缺失，很多美國人缺少在全球化、高科技經濟中成功所需的技巧。教育與技術不足，當然是美國中產階級日漸不平等、日漸「空洞化」長期趨勢的主要原因之一，這種趨勢有助於說明，為什麼在美國經濟復甦好幾年後，仍然有很多美國人相信美國仍然陷在經濟衰退中。不管資料怎麼說，無法從經濟擴張中受惠的人仍然覺得，目前的情況像是經濟衰退。聯準會在經濟復甦期間，可以支持整體就業成長，卻沒有力量處理教育素質和科技創新步調的問題，也不能處理決定新就業機會是待遇優厚好工作之類的其他問題。這就是我經常說貨幣政策不是萬靈丹；我們需要國會善盡本身責任的原因。危機平靜下來後，這樣的援手並沒有出現，可以想見經濟復甦沒有拉抬一切時，聯準會經常會受到批評，讓我覺得不算公允。

美國雖然有不少無可否認的問題，我卻認為，未來數十年內，美國還是最適合生活、工作和投資的地方，我這麼樂觀，主要原因有三個。第一，雖然我們的社會正在老化，美國人口結構仍然遠勝過大多數其他工業國家，甚至遠勝過很多新興市場國家（如正在感受數十年之久一胎化政策影響的中國）；我們的生育率相當高，重要的是，我們比其他國家更歡迎移民。人口比較年輕，又正在成長，會促進我們的出口加速擴張，同時，這樣會創造比較大的高科技產品市場，提高我們的經濟動力。我也樂於猜測美國因為勞力市場比較有彈性，在配合較老齡人口希望繼續工作的層面上，會比很多國家成功。

第二，美國在科技創新方面一直維持領先，這一點對經濟成長愈來愈重要。世界上大多數最好的研究型大學設在美國，我們在推動科技進步商業化方面，又變得比過去擅長多了，其他國家一定羨慕矽谷、麻州劍橋肯德爾廣場（Kendall Square）和北卡羅萊納州三角研究園（Research Triangle）等地區主要大學附近，能夠興起很多高科技公司。創新不限於網路公司、軟體應用程式和智慧型手機之類的電子產品，例如新的鑽探科技創造出油氣熱潮，把美國推上世界頂尖能源生產國的地位。最後，在創造新產業和新產品方面，我們的企業精神傳統和市場動力一直都很成功，這種模式可能繼續維持下去，美國的廣土眾民容許新創企業家，享有挑戰志得意滿既有企業的空間。事實上，最近幾十年內，曾經在經濟上一度落後的很多地區，例如我故鄉的美國南方，已經變得生氣勃勃，連一些比較古老的工業區城市，都找到了重獲新生的方法。

所有這三種因素和其他因素都讓我深感樂觀。然而，成功根本不是必然的事情，良好的政策很重要，例如，我們需要慷慨大方、卻也像現在一樣不歧視大多數技術勞工的理性移民政策。政府必須繼續投資在基本科技、教育和基礎建設上，重要的是，我們必須在幫助大家得到就業技術上，變得更有彈性，改善從幼稚園到中學的教育很重要，卻不是提高技術水準唯一的方法。我們應該更深入研究幼兒教育、技術學校、學徒培育方案、社區大學、成人再訓練和培養終身教育的其他方法。例如，我擔任聯準會主席期間，曾經訪問里奇蒙一項創新的再訓練方案，這個方案由民間僱主、維吉尼亞州和兩所社區大學共同支持，社區大學負責訓練工人，擔任民間僱主企業中的特定職位，僱主支付部分訓練成本。我們也必須確保十年來健保成本成長率放慢的趨勢持續下去，而且聯邦稅法從一九八六年以來，一直沒有徹底修訂過，問題已經浮現出來。

我們必須了解我們的國家可能需要新的領導方式，我覺得，我們的政客、甚至若干技術官僚，太重視打敗意識形態上的反對者，太重視在辯論中獲得勝利，太少注意培養共識，應該要針對共同目標，尋找追求進步、甚至追求不完美進步，讓每一個人都能夠贏得勝利的方法。

我初來華府時，是沉默寡言的教授，具有在金融危機來臨時，相當有用的研究背景，但我很快就發現，在公私領域中，領導和學識一樣重要。我努力配合自己的個性、長處和當時狀況，推動領導，過去的學術經驗促使我看重聯合領導、創意與合作，我強調決策應該以開放的討論為基礎，而不是以唯一的個人看法為基礎，我努力在我們的會議中增進辯論氣氛、鼓勵開創性思考。雖然異議盈耳，我卻從來沒有阻止聯準會決策官員公開表達異見。

聯合領導優點很多，開創性思考會帶來新構想；慎重的討論會去蕪存菁。促請聯邦公開市場操作委員會決策委員到幕僚，人人都努力嘗試開創性思考，會促使每一個人對因此而產生的政策任務，都具有一部分責任感，鼓勵公開辯論可以讓外人安心，知道聯準會努力集思廣益。聯合領導會建立善意和信任，在大事臨頭、迫使我在沒有博採眾議或毫無諮商的情況下就採取行動時，這種善意和信任十分重要。

這種情況是例外而非常規。對央行決策官員的信任、相信決策官員會言行一致，攸關央行能否有效地決策。小心構建、耐心維持的強力共識有助於建立信任，這樣通常會促使大家盡量根據客觀事實的評估，產生比較好的決定，這就是我在聯準會時學到的領導藝術。

華府應該更廣泛地應用這些原則。當然，並非所有的進步都來自聯合領導和妥協。有時候你必須堅持原則，但是，可以確定的是，今日的華府需要的是更多的合作，更少的衝突。如果政府要發揮創造經濟成就的重要功能，就必須明確恢復禮讓、妥協和開放精神，否則美國經濟會悲慘沉淪，無法發揮非凡潛力。

謝辭 ACKNOWLEDGMENTS

感謝聯準會公共事務處媒體關係官員史基默的高明編輯、寫作和研究，本書才得以問世。史基默曾經在美聯社當過記者，為了幫我，他向聯準會請了一年的休假。他在聯準會服務的時間，涵蓋本書描述的整個期間，他在這段期間裡，負責監督幕僚為我準備的公開談話，也負責提供健全的建議。他對我們的寫作計畫投入之深，遠遠超過職務的要求，我非常感激他的辛勞和對每一頁的細心關注，我依靠他的記者經歷，整理出生動的趣事和令人回味的引述，他幫助我把技術性的經濟觀念，轉化為廣大讀者能夠了解的名詞，有了他的幫忙，本書才能精益求精，更趨完善。

珮理・莎思特理（Pari Sastry）以其傑出的研究成果，協助我們完成本書，一向足智多謀、抱持歡欣鼓舞心情的她，為了幫忙我們，在結束紐約聯邦準備銀行兩年半的研究助理任期後，延後法學院的入學，我感謝她的熱心貢獻，建立精確的危機前期、危機本身和事後期間的歷史紀錄。

感謝布魯金斯學會提供適當的工作環境和研究支持，尤其感謝所長塔爾・博特（Strobe Talbott）、哈金斯財政、貨幣政策中心（Hutchins Center on Fiscal and Monetary Policy）主任大衛・韋塞爾（David Wessel）、經濟研究計畫室主任泰德・蓋爾（Ted Gayer）。大衛・韋塞爾主持布魯金斯學會的讀書會，成員包括他自己、泰德・蓋爾、利雅卡特・艾哈邁德（Liaquat Ahamed）、唐・柯恩、路易絲・雪妮（Louise Sheiner）和賈斯汀・沃爾弗斯（Justin Wolfers），他們都提供很多有用的建議，同屬布魯金斯學會的莎拉・福爾摩斯（Sarah Holmes）提供完美的行政支援。

審核全部或部分草稿，提供建議，使本書變得更為完美、更為精確的其他朋友和同事包括：托比亞斯・阿德里安（Tobias Adrian）、艾法雷斯、鮑勃・法蘭克特（Bob Barnett）、布羅（Jeremy Bulow）、比爾・杜德禮、諾曼・艾森（Norman Eisen）、比爾・英格里胥、加里・戈頓（Gary Gorton）、阿尼爾・卡什亞普（Anil Kashyap）、瑞克・密希金、阿南達・羅斯（Ananda Rose）和拉爾斯・斯文森（Lars Svensson）。我感謝他們每一個人，但是，文責我必須自負。

過去的同事慷慨分享他們的回憶，讓我深為感激——包括柯恩、聯準會前理事畢斯和華許、聯準會幕僚長蜜雪兒、聯準會國會關係主任琳達・羅伯森、聯準會銀行監理處金檢官員提姆・克拉克、聯準會前消費事務處長珊蒂・布朗斯坦。聯準會攝影師布里特・雷克曼（Britt Leckman）為本書提供完美的相片。鮑勃・法蘭克特和邁克・奧康納（Michael O'Connor）以法律顧問和文字經紀人的身分，在整個寫作與出版過程中，提供大量建議與支持。

感謝諾頓（W. W. Norton）出版公司總裁德雷克・麥可菲利（Drake McFeely）、資深編輯布倫丹・庫里（Brendan Curry）費心修正草稿、指導本書從發想到出版的過程。我要感謝副主編傑夫・什里夫（Jeff Shreve）協助整理本書所需要的相片，謝謝雷切爾・薩爾茲曼（Rachel Salzman）主導本書的公關宣傳，感激珍妮特・拜恩（Janet Byrne）的精心審核。我還要謝謝在幕後大力協助的諾頓出版公司員工梅雷迪思・麥金尼斯（Meredith McGinnis）、比爾・魯辛（Bill Rusin）、珍妮・盧西亞諾（Jeannie Luciano）、路易絲・布洛基（Louise Brockett）、德文・贊恩（Devon Zahn）和南希・帕蒙圭斯特（Nancy Palmquist），我也感激自由作家辛西亞・科羅娜（Cynthia Colonna）迅速提供採訪紀錄。

包括內人安娜在內，家人的重要鼓勵與支持，在書中清晰可見，我要再次謝謝她，也要謝謝我們的成年子女喬爾和艾麗莎，雖然他們各自要為生活奔波忙碌，卻總是找時間打電話來，探問我的進展。

最後，書有終始，我要對聯準會老同事的努力和決心，表達深深的謝忱。聯準會准許我接觸電子郵件和其他素材，幫助我回想書中記載的大小事。更重要的是，就在華府很多人陷入絕望之際，聯準會繼續展現經濟政策可以用思慮周詳、透明公開、聯合管理、和照顧所有美國人利益的方式完成。

資料來源說明
A NOTE ON SOURCES

本書利用很多資料來源，包括先前沒有人用過的主要資料來源（電子郵件、備忘錄、訪談紀錄）；作者的記憶、當時的公共文件如演說、報導、國會聽證會紀錄、當時的新聞報導、出版的書籍與文章和經濟資料。

為了節省篇幅，我把做好的逐章註釋和精選參考書目放在網上，請參看ww.couragetoactbook.com/。下面我說明準備寫作本書時經常用到的一般資料來源：

聯準會文件

- 聯準會網站 www.federalreserve.gov。提供大量歷史資訊與現行政策資訊。
- www.federalreserve.gov/monetarypolicy/fomccalendars.htm. 提供有關聯邦公開市場操作委員會、政策會

議紀錄、會後聲明等資訊。聯邦公開市場操作委員會委員的經濟預測每季以會議紀錄附錄的形式刊出。

- 聯邦公開市場操作委員會會議紀錄與支援素材謄本落後五年發布，謄本和歷史素材請參閱 www.federalreserve.gov/monetarypolicy/fomc_historical.htm.
- 聯準會新聞稿，包括緊急機制和聯邦公開市場操作委員會的聲明，請參閱 www.federalreserve.gov/newsevents/press/all/2015all.htm.。
- 聯準會理事演說，請參閱 www.federalreserve.gov/newsevents/speech/2015speech.htm.。
- 聯準會理事國會證詞，請參閱 www.federalreserve.gov/newsevents/testimony/2015testimony.htm.。
- 聯準會貨幣政策報告，請參閱 www.federalreserve.gov/monetarypolicy/mpr_default.htm。貨幣政策報告配合聯準會主席的國會作證，每半年發布一次，內容為評估經濟、財政和政策發展。

其他公開文件

- 參議院與眾議院聽證會紀錄，請參閱 www.gpo.gov/fdsys/browse/collection.action?collectionCode=CHRG.
- 金融危機調查委員會提供的材料，包括存檔的訪談與文件，請參閱 fcic.law.stanford.edu/report.

資料來源

除非另有說明，否則文中所提資料都屬於決策官員的即時資料，而非經過修正的最後資料，本書的重要資料來源包括：

- 費城聯邦準備銀行即時資料中心（請參閱 www.phil.frb.org/research-and-data/real-time-center）。該中心編纂產出、通貨膨脹、消費者支出以及就業等重要總體經濟變數的初始資料與後續修正資料，大多數總體經濟原始資料來源為經濟分析局（www.bea.gov）與勞工統計局（www.bls.gov）。
- The FRED database，請參閱 research.stlouisfed.org/fred2, 由聖路易聯邦準備銀行負責維持，提供美國與其他國家的大量經濟與金融資料，也提供使用者製圖或製作資料系列的彈性工具。
- 聯準會理事會的 H.15 新聞文稿每周提供重要利率的資料，請參閱 www.federalreserve.gov/releases/h15/data.htm.。聯準會理事會的 H.4.1 新聞文稿每周提供聯準會的資產負債表資料，請參閱 www.federalreserve.gov/releases/h41。商業本票利率與發行餘額請參閱 www.federalreserve.gov/releases/cp. 美國經濟每個部門資產與負債資料請參閱美國資料庫中聯準會理事會金融帳中的 www.federalreserve.gov/releases/z1。聯準會的國家資訊中心是銀行資產與負債的資訊庫，包括五十大銀行控股公司持有的資產資料，請參閱 www.ffiec.gov/nicpubweb/nicweb/top50form.aspx.。前面提到的向國會申報的貨幣政策報告也是有用的資料來源。
- EDGAR 是證管會的公司會計報告資料庫，包括公司層面的盈餘、資本、資產與負債資料，請參閱 www.sec.gov/edgar.shtml.
- Bloomberg L.P. 提供金融資產的價格資料，包括個股、政府證券和其他貨幣市場工具的當日最高價與最低價。

精選參考書目
SELECTED BIBLIOGRAPHY

更多書目資料，請參閱 www.couragetoactbook.com/

以下列出本書參考過的書籍與文章：

- Ahamed, Liaquat. *Lords of Finance: The Bankers Who Broke the World.* New York: Penguin Press, 2009.
  《金融之王》利雅卡特．艾哈邁德 著，巴曙松／李胜利 譯。中國人民大學出版社 出版。
- Bagehot, Walter. *Lombard Street: A Description of the Money Market.* New York: Scribner, Armstrong & Co., 1873.
  《倫敦貨幣市場》沃爾特．白芝浩 著，楊承厚譯。臺灣銀行經濟研究室 出版。
- Bair, Sheila. *Bull by the Horns: Fighting to Save Main Street from Wall Street and Wall Street from Itself.* New York: Free Press, 2012.
  《正面應戰：拯救美國大眾與華爾街之役》拜爾．希拉 著。紐約：自由出版，二〇一二年。

- Bernanke, Ben S. *Essays on the Great Depression.* Princeton, NJ: Princeton University Press, 2000.
  《論經濟大蕭條》班・柏南克 著。普林斯頓大學出版，二〇〇〇年。
- The Federal Reserve and the Financial Crisis. Princeton, NJ, and Oxford: Princeton University Press, 2013.
  《柏南克的四堂課：聯準會與金融危機》班・柏南克 著。許瑞宋譯。財信出版。
- Cassidy, John. "Anatomy of a Meltdown: Ben Bernanke and the Financial Crisis." *The New Yorker*, December 1, 2008, pp. 48–63.
  〈解剖崩壞：柏南克和金融危機〉約翰・卡西迪 著。紐約客，二〇〇八年十二月一日，第四十八—六十三頁。
- Financial Crisis Inquiry Commission. *The Financial Crisis Inquiry Report.* Washington, DC: Government Printing Office, 2011
  《金融危機調查報告》金融危機調查委員會。華盛頓 DC：政府印刷局，二〇一一年。
- Friedman, Milton, and Anna J. Schwartz. *A Monetary History of the United States, 1867–1960.* Princeton, NJ: Princeton University Press for the National Bureau of Economic Research, 1963
  《一八六七年至一九六〇年美國貨幣史》米爾頓・傅利曼、安娜・史瓦茲 著。普林斯頓大學出版社，一九六三年。
- Geithner, Timothy F. *Stress Test: Reflections on Financial Crises.* New York: Crown Publishers, 2014
  《壓力測試：金融危機的反思》提姆・蓋特納 著。紐約：皇冠出版社，二〇一四年。

- Gramlich, Edward M. *Subprime Mortgages: America's Latest Boom and Bust.* Washington, DC: Urban Institute Press, 2007
  《次貸：美國最新的繁榮與蕭條》愛德華格・拉姆利克 著。華盛頓 DC：城市學會出版社，二〇〇七年。
- Greenspan, Alan. The Age of Turbulence: Adventure in a New World. New York: Penguin Press, 2008
  《我們的新世界》艾倫・葛林斯班 著，林茂昌 譯。大塊出版社。
- Irwin, Neil. *The Alchemists: Three Central Bankers and a World on Fire.* New York: Penguin Press, 2013
  《煉金術士：三位央行總裁和陷入火海的世界》尼爾・歐文 著。紐約：企鵝出版社，二〇一三年。
- Kaiser, Robert. *Act of Congress: How America's Essential Institution Works, and How It Doesn't.* New York: Knopf, 2013.
  《美國國會法案：美國重要機構的能與不能》羅伯特・凱澤 著。紐約：諾普出版社，二〇一三年。
- Paulson, Henry M., Jr. *On the Brink: Inside the Race to Stop the Collapse of the Global Financial System.* New York: Business Plus, 2010
  《危機邊緣：致力遏阻環球金融制度崩潰內幕》亨利・鮑爾森 著。紐約：商務，二〇一〇年。
- Sorkin, Andrew Ross. *Too Big to Fail: The Inside Story of How Wall Street and Washington Fought to Save the Financial System—and Themselves.* New York: Penguin Press, 2010
  《大到不能倒：金融海嘯內幕真相始末》安德魯・羅斯・索爾金 著，潘山卓 譯。經濟新潮社。

- Shiller, Robert J. *Irrational Exuberance*. 2nd ed. Princeton, NJ: Princeton University Press, 2005
  《非理性繁榮》羅伯・席勒 著。中國人民大學出版社。
- Wessel, David. *In Fed We Trust: Ben Bernanke's War on the Great Panic*. New York: Crown Business, 2009.
  《我們相信聯準會：班・柏南克經濟恐慌之戰》大衛・韋塞爾 著。紐約：冠業，二〇〇九年。

2008 年 10 月 14 日，美國總統小布希在白宮羅斯福廳召開緊急會議，照片上方由左至右分別為通貨監理局局長杜根、證管會主委柯克斯、財政部長鮑爾森、我、聯邦存款保險公司董事長貝兒、紐約聯邦準備銀行總裁蓋特納。（白宮官方照片／攝影：Eric Draper）

聯準會理事會總部所在的華府艾寇斯大樓，是1937年竣工的宏偉建築。（聯準會照片／攝影：Britt Leckman）

艾寇斯大樓兩層樓高的門廳。馬瑞納・艾寇斯（Marriner Eccles）從1934年到1948年擔任聯準會主席。（聯準會照片／攝影：Britt Leckman）

聯準會副主席佛格森在艾寇斯大樓門廳，主持我接替葛林斯班、出任聯準會主席的宣誓就職儀式，小布希總統和安娜在場觀禮。（白宮官方照片／攝影：Kimberlee Hewitt）

2005 年 10 月 31 日，白宮宣布提名我出任聯準會主席後一周，6 呎 7 吋高（兩百公分）的聯準會前主席伏克爾在聯準會餐廳，擁抱當時的主席葛林斯班和我。（聯準會照片／攝影：Britt Leckman）

2009 年 3 月 9 日，聯邦公開市場操作委員會圍著長 27 呎、寬 11 呎（約 8.2 公尺長、約 3.3 公尺寬）的紅木與黑色花崗石製成的會議桌開會。照片上方從左至右分別為杜德禮、聯邦公開市場操作委員會副祕書黛比・鄧克（Debbie Danker）、我、柯恩、華許、杜克、塔魯洛、理察・費雪、布拉德。下方由左至右分別為幕僚經濟學家梅迪根、南森・席茲（Nathan Sheets）、麥克・李海（Michael Leahy）、大衛・史塔克頓（Dave Stockton）、大衛・里芬史奈德（Dave Reifschneider）、喬伊・蓋能（Joe Gagnon）和比爾・納爾遜（Bill Nelson）。（聯準會照片／攝影：Britt Leckman）

2010 年 5 月，聯準會幕僚長蜜雪兒・史密斯到我的辦公室來商談公事。（ZUMA Press / Newscom ／攝影：Mary F. Calvert）

坐在我的辦公桌前工作，2013 年 2 月。（聯準會照片／攝影：Britt Leckman）

2009 年 3 月，聯邦公開市場操作委員會委員合影，後立者為各地聯邦準備銀行總裁，由左至右分別為杜德禮、羅森格倫、布拉德、伊凡斯、何尼、費雪、史登、琵亞納托、丹尼斯·洛克哈特（Dennis P. Lockhart）、普羅瑟、雷克、葉倫。前坐者為聯準會理事，由左至右分別為杜克、華許、我、柯恩、塔魯洛。（聯準會照片／攝影：Britt Leckman）

2009 年 8 月 25 日，和歐巴馬總統在麻州瑪莎葡萄園（Martha's Vineyard）的奧克布魯夫學園（Oak Bluffs Elementary School）閒談，隨後歐巴馬總統宣布提名我續任聯準會主席。（白宮官方照片／攝影：Pete Souza）

2012 年 4 月 24 日，《紐約時報雜誌》刊出克魯曼的專欄文章〈柏南克，快回到地球吧〉時，配了一幅漫畫。（Kelsey Dake 畫）

2011 年 4 月 27 日，在我的第一場定期記者會上，傾聽記者的問題。（聯準會照片／攝影：Britt Leckman）

2012 年 11 月 20 日，在紐約經濟俱樂部演講後，跟國家廣播公司商業台記者瑪麗亞·巴提洛摩（Maria Bartiromo）、俱樂部主席羅傑·佛格森（Roger Ferguson）合影。（紐約經濟俱樂部照片／攝影：Brian Stanton）

2012 年 5 月 9 日，在聯準會跟德州眾議員隆恩．保羅（Ron Paul）共進早餐後合影。

1940 年代初期，我祖父喬納斯．柏南克（Jonas Bernanke）（右）跟附近商店老闆，在南卡羅萊納州迪隆市區大街上的傑比藥局（Jay Bee Drug）門口合影。

1916 年，喬納斯．柏南克（坐著的右起第二人）跟俄羅斯軍隊俘虜的其他奧匈帝國士兵，在西伯利亞海參崴附近的拉斯多諾（Rasdolnoe）戰俘營合影。

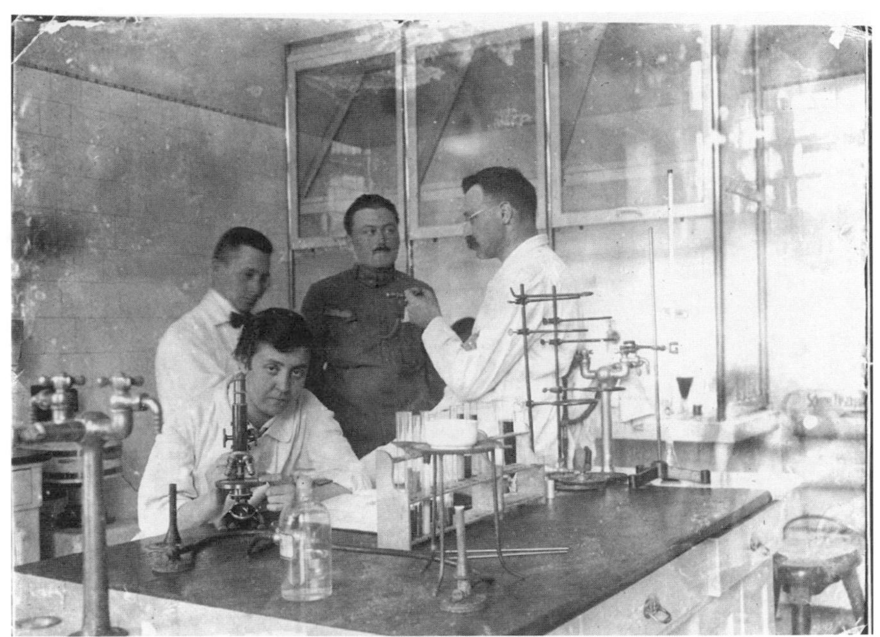

1918 年，暱稱琳娜（Lina）的我祖母寶琳（Pauline），在奧地利維也納法蘭茲・約瑟夫（Franz Josef）醫院使用顯微鏡，她是維也納大學醫學系的學生。

我外祖母梅希亞・佛瑞曼（Masia Friedman）在立陶宛的老家羅莎斯（Rozas）大屋。

我外祖父母合影，赫歇爾與梅希亞・佛瑞曼（移民後更名為哈洛德和瑪希亞），時間可能是 1920 年代初期。

我父母，菲力浦和艾德娜，1952 年 6 月 15 日在北卡羅萊納州夏洛特結婚。

出任聯準會主席後，為了安全的緣故，我不能自行開車，懷念駕駛之樂。

1978 年 5 月 29 日，安娜和我新婚不久，在波士頓的以色列教堂合影。

以年輕教授身分，回到南卡羅萊納州迪隆老家看父母。

攝於普林斯頓大學威爾遜公共暨國際事務學院前，1996 年至 2002 年間，我在這裡擔任經濟系主任。（普林斯頓大學提供／攝影：Denise J. Applewhite）

2013 年 1 月 17 日，我在聯準會理事會為財政部長蓋特納舉辦的歡送晚宴前，與來賓合影。由左至右分別為葛林斯班、魯賓、蓋特納、伏克爾、我、鮑爾森、柯恩、桑莫斯。（聯準會照片／攝影：Britt Leckman）。

2013 年 2 月 5 日，我在橢圓形辦公室對歐巴馬總統表示，自己不希望獲得第三任聯準會主席的任命提名。（白宮官方照片／攝影：Pete Souza）。

2014 年 1 月 27 日，我參加最後一次聯準會理事會議，桌旁站著的人由左至右分別是聯準會祕書長鮑伯．傅利爾森（Bob Frierson）、葉倫和塔魯洛。（聯準會照片／攝影：Britt Leckman）。

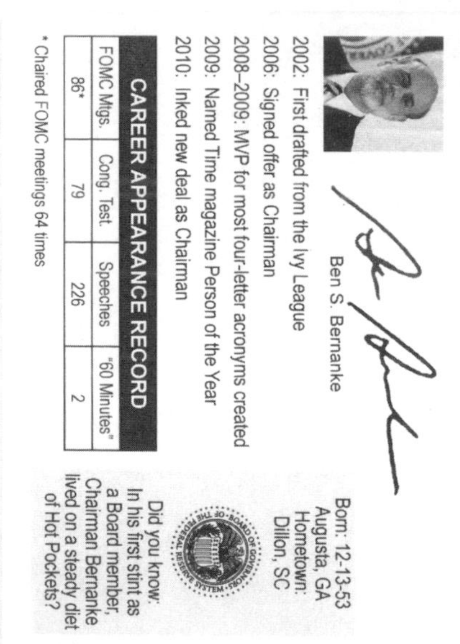

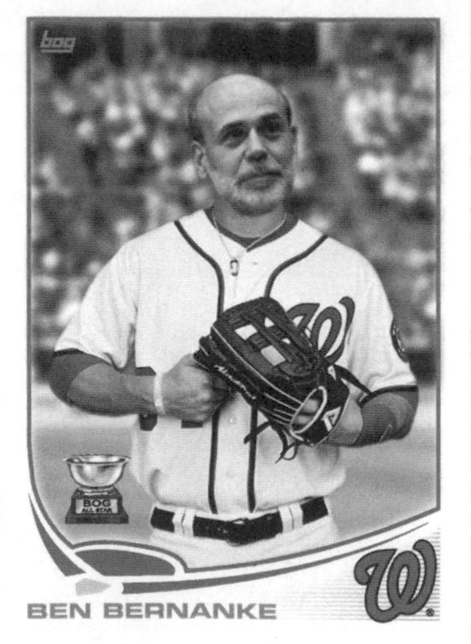

2014 年 1 月 30 日，聯準會幕僚為我舉辦以棒球為主題的歡送會，準備了山寨棒球卡。（聯準會照片／攝影：Britt Leckman）。

2014 年 1 月 30 日，安娜和我出席在艾寇斯大樓門廳的歡送典禮。（聯準會照片／攝影：Britt Leckman）。

我的歡送典禮後，聯準會員工擠在門廳，準備參加酒會。（聯準會照片／攝影：Britt Leckman）。

焦點 23

行動的勇氣

危機與挑戰的回憶錄（慶功新版）

作者　柏南克（Ben S. Bernanke）
譯者　顧淑馨、劉道捷、陳重亨
責任編輯　陳雅如
主編　蔡緯蓉
總編輯　許訓彰
校對　王翠英、林偉國、洪士美
封面設計　陳恩安
內文排版　健呈電腦排版股份有限公司

行銷經理　胡弘一
企畫主任　朱安棋
行銷企畫　林律涵、林苡蓁
印務　詹夏深

發行人　梁永煌
社長　謝春滿

出版者　今周刊出版社股份有限公司
地址　台北市中山區南京東路一段96號8樓
電話　886-2-2581-6196
傳真　886-2-2531-6438
讀者專線　886-2-2581-6196轉1
劃撥帳號　19865054
戶名　今周刊出版社股份有限公司
網址　http://www.businesstoday.com.tw

總經銷　大和書報股份有限公司
製版印刷　緯峰印刷股份有限公司
二版一刷　2022年12月
定價　650元

國家圖書館出版品預行編目 (CIP) 資料

行動的勇氣 : 危機與挑戰的回憶錄 (慶功新版) / 柏南克 (Ben S. Bernanke) 著 ; 顧淑馨 , 劉道捷 , 陳重亨譯 . -- 二版 . -- 臺北市 : 今周刊出版社股份有限公司 , 2022.12
592 面 ;14.8X21 公分 . -- (焦點 ; 23)
譯自 : The courage to act : a memoir of a crisis and its aftermath
ISBN 978-626-7014-89-9(平裝)

1.CST: 柏南克 (Bernanke, Ben.) 2.CST: 傳記 3.CST: 中央銀行 4.CST: 金融危機

562.4521　　111018889